# 中国中车年鉴

ZHONGGUO ZHONGCHE NIANJIAN

2022

《中国中车年鉴》编委会 编

中国铁道出版社有限公司
CHINA RAILWAY PUBLISHING HOUSE CO., LTD.

2022年·北京

**图书在版编目（CIP）数据**

中国中车年鉴 . 2022 /《中国中车年鉴》编委会编 . —北京：
中国铁道出版社有限公司 , 2022.12

ISBN 978-7-113-29753-4

Ⅰ. ①中…　Ⅱ. ①中…　Ⅲ. ①机车－车辆工厂－中国－2022－
年鉴 Ⅳ. ① F426.472-54

中国版本图书馆 CIP 数据核字 (2022) 第 193813 号

书　　名：**中国中车年鉴**（2022）
作　　者：《中国中车年鉴》编委会

策划编辑：罗桂英
责任编辑：田银香　　　　编辑部电话：（010）51873659　　　　邮箱：403195044@qq.com
责任校对：安海燕
责任印制：赵星辰

出版发行：中国铁道出版社有限公司（100054，北京市西城区右安门西街 8 号）
网　　址：http://www.tdpress.com
印　　刷：中煤（北京）印务有限公司
版　　次：2022 年 12 月第 1 版　2022 年 12 月第 1 次印刷
开　　本：787 mm×1 092 mm　1/16　印张：36.75　插页：38　字数：950 千
书　　号：ISBN 978-7-113-29753-4
定　　价：280.00 元

# 《中国中车年鉴》

## 2022

# 《中国中车年鉴》

## 2022

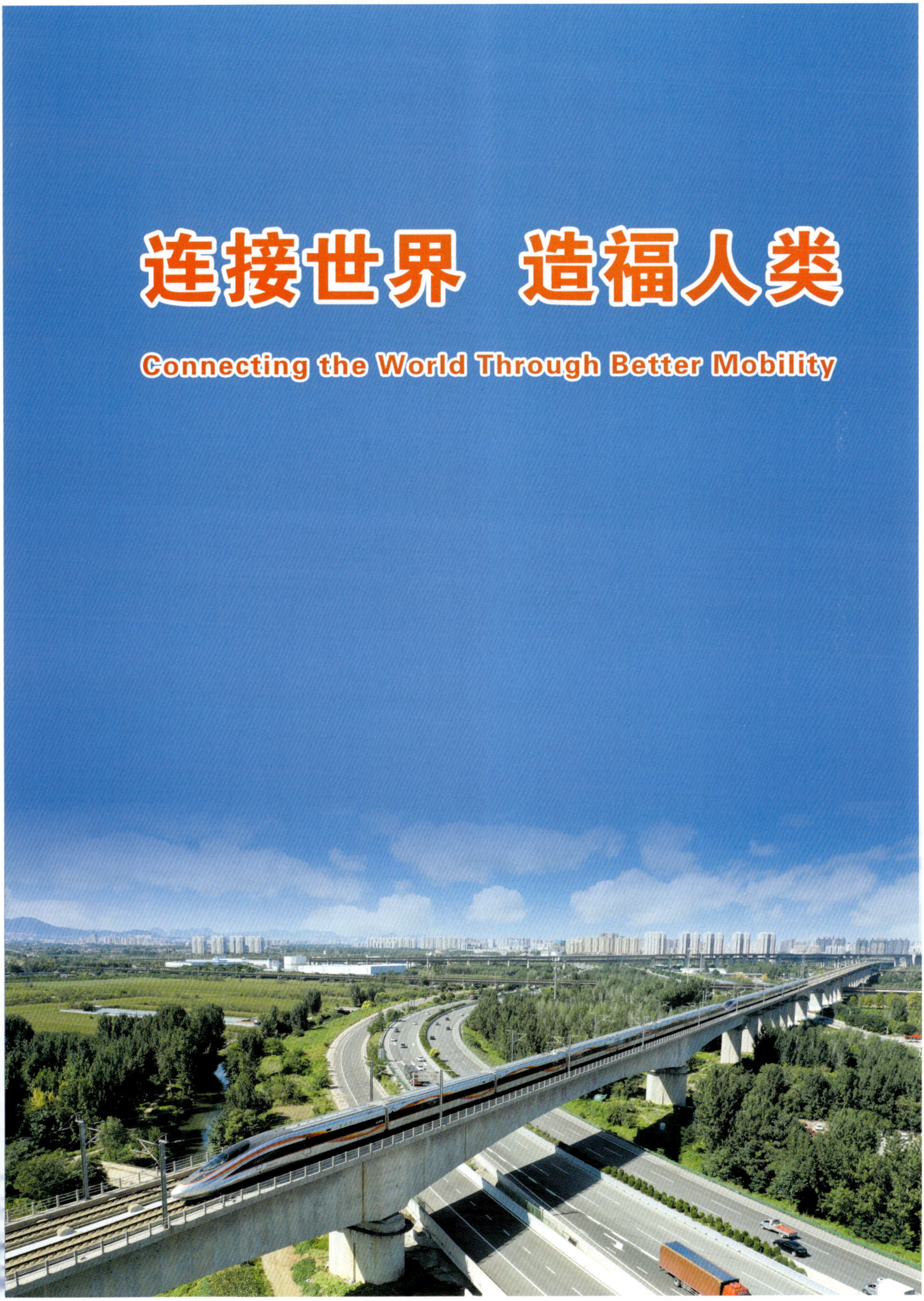
连接世界  造福人类
Connecting the World Through Better Mobility

2021 年 5 月 25 日，在庆祝中国共产党成立 100 周年之际，中国中车党委书记、董事长、总经理（总裁）孙永才到西安公司慰问离休百岁老党员、老英雄贾桢信

2021 年 12 月 29 日，中车集团党委副书记、董事、总经理，中车股份党委副书记、执行董事、总裁楼齐良到四方所调研

2021 年 12 月 9 日，中国中车党委副书记王铵到时代新材调研

2021 年 9 月 15 日，中车集团党委常委，中车股份党委常委、副总裁王军在中国中车科技创新大会上作工作报告

2021 年 1 月 6 日，中车集团党委常委，中车股份党委常委、副总裁魏岩到广西壮族自治区百色市靖西市那坡县调研定点帮扶工作

2021 年 6 月 8 日，中车股份副总裁余卫平到戚墅堰公司调研

2021 年 10 月 15 日，中车集团党委常委，中车股份党委常委、总会计师李铮到浦镇公司调研

2021 年 6 月 3 日，中车集团党委常委，中车股份党委常委、副总裁马云双到贵阳公司调研

2021 年 5 月 27 日，中车集团党委常委，中车股份党委常委、副总裁王宫成到洛阳公司调研

2021 年 5 月 13 日，中国中车独立非执行董事李国安、史坚忠、朱元巢到永济电机公司调研

# 重要会议

2021 年 1 月 14 日，中国中车第二届职工代表大会第一次会议以视频会议形式召开

2021 年 1 月 19 日，中国中车 2021 年工作会议以视频会议形式召开

2021 年 3 月 5 日，中国中车党委党史学习教育动员部署会以视频会议形式召开

2021 年 4 月 15 日，中国中车“十四五”发展战略纲要发布会在株洲召开

2021 年 5 月 12 日，中国中车经营效绩表彰大会以现场和视频会议形式召开

2021 年 7 月 6 日，中国中车对标世界一流管理提升行动暨精准管理工作推进会在齐齐哈尔召开

2021 年 8 月 25 日，中国中车学习贯彻习近平总书记“七一”重要讲话精神专题会暨 2021 年经营管理工作会以视频会议形式召开

2021 年 9 月 15 日，中国中车改革三年行动推进会暨深入实施市场化经营机制改革启动会在北京召开

2021 年 9 月 15 日，中国中车科技创新大会在北京召开

2021 年 9 月 27 日，中国轨道交通工业 140 年峰会在唐山召开

2021 年 12 月 23 日，中国中车 2021 年人才工作会议在北京召开

2021 年 12 月 28—29 日，中国中车 2021 年度企业文化和品牌建设工作评价会在大同召开

# 战略合作

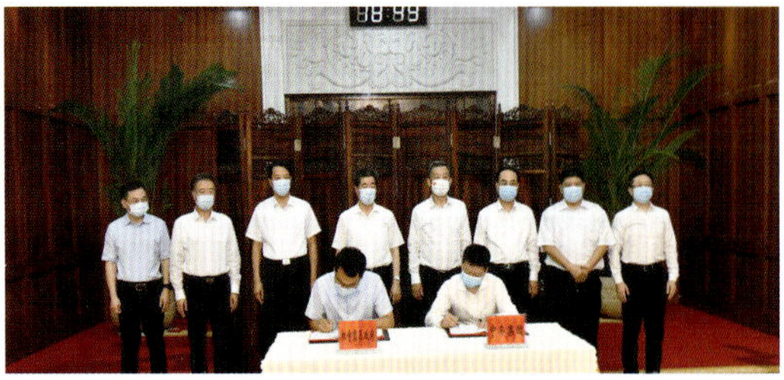

2021 年 8 月 17 日，中国中车与宁夏回族自治区人民政府签署战略合作协议

2021 年 9 月 23 日，中国中车与吉林省人民政府签署战略合作协议

2021 年 9 月 26 日，中国中车与唐山市人民政府签署“十四五”深化合作框架协议

2021 年 10 月 18 日，中国中车与国家电投集团风创中心签署战略合作协议

2021 年 11 月 12 日，中国中车与对外经贸大学签署战略合作协议

2021 年 11 月 12 日，中国中车与中国信保签署专项合作协议

# 国际业务

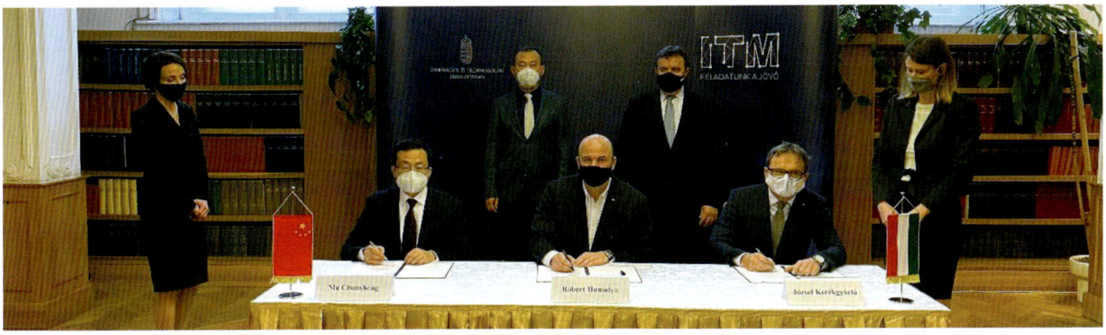


2021年1月21日，中国中车与匈牙利国铁公司、匈牙利铁路客运公司签署动车组领域合作谅解备忘录

2021年3月24日，中国中车与智利EFRRONOR公司通过云签约方式签订铁路货车出口合同

2021年8月6日，中国中车与巴基斯坦签署高速铁路客车采购项目合同

2021年10月25日，中国中车与中国土木工程集团有限公司签约尼日利亚拉各斯轻轨蓝线电力动车组采购合同

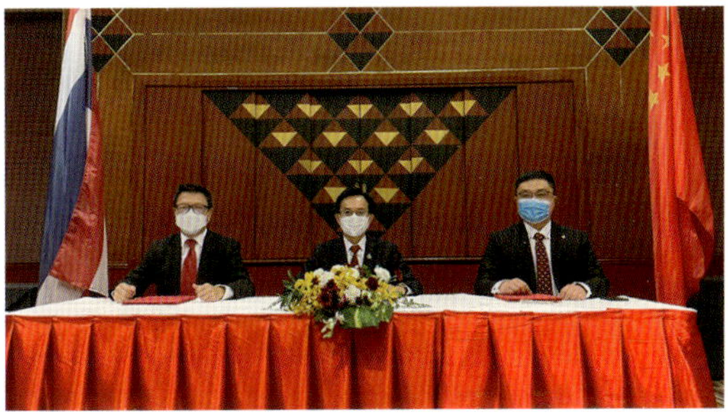

2021年11月12日，中国中车与泰国孔敬市签订智慧城市项目协议

2021年11月30日，中国中车与韩国KRCT公司签订牵引电机项目协议

2021年12月28日，中国中车与孟加拉国铁路公司签署米轨铁路货车采购项目合同

# 展览展示

2021 年 7 月 7 日，中国中车产品亮相北京国际道路运输、城市公交、旅客客运车辆及零部件展览会

2021 年 9 月 2—7 日，中国中车产品亮相中国国际服务贸易交易会

2021 年 9 月 29 日，中国中车出口产品亮相中非经贸博览会

2021 年 10 月 13 日，中国中车蓄冷式智能冷链装备亮相中国西部（重庆）国际物流博览会

2021 年 10 月 17—20 日，中国中车产品亮相 2021 北京国际风能大会暨展览会

2021 年 10 月 21 日，时速 600 公里高速磁浮列车亮相国家“十三五”科技创新成就展

2021 年 10 月 22—24 日，中国中车产品亮相第二十届中国国际装备制造业博览会

2021 年 11 月 15—18 日，中国中车油田装备产品亮相阿布扎比国际石油博览会

2021 年 12 月 8—11 日，中国中车产品亮相中国国际轨道交通和装备制造产业博览会

2021 年 12 月 17 日，中国中车产品亮相长沙智慧交通博览会

# 新品下线

2021年2月23日，全球首台12MW半直驱风力发电机在株洲电机公司下线

2021年5月31日，出口欧盟双层动车组下线仪式在株机公司举行

2021年11月4日，出口加拿大双层不锈钢客车在唐山公司下线

2021年11月17日，杭州机场轨道快线首列车在浦镇公司下线

2021年11月26日，深圳地铁16号线全自动驾驶地铁车辆在株机公司下线

2021年12月20日，首批4MW风电齿轮箱在戚墅堰所下线

# 重要活动

2021 年 1 月 19 日，中国中车改革三年行动在线督办系统正式启动

2021 年 3 月 22 日，浦镇公司所属杭州公司举行成立十周年庆典暨杭州区域第 2000 辆城轨车辆竣工活动

2021 年 6 月 1 日，中国中车举办“百年伟业、红色中车”主题成就展揭幕仪式

2021 年 9 月 7 日，株洲中车时代电气股份有限公司正式在 A 股科创板挂牌上市

2021 年 10 月 14 日，中国中车西安永电—西安交大智能制造与电气系统联合研究中心成立仪式在西安举行

2021 年 4 月 1 日，中国中车在青龙桥火车站和詹天佑纪念馆开展党史学习教育“科技自立自强　百年薪火相传”主题学习活动

2021 年 6 月 24 日，中国中车在长辛店二七纪念馆举办“百年伟业　红色中车”主题活动，发布《红色中车》新书，并分别为“中车党建研究会”揭牌和“中车红色教育基地”授牌

2021 年 6 月 28 日，中国中车在北京举办“中车百年跟党走”主题党日活动

2021 年 7 月 16 日，中国中车创业 140 周年系列庆祝活动在唐山启动

《财富》杂志发布 2021 年最受赞赏的中国公司榜单，中国中车集团位列榜首

2021年5月17日，中国中车党委书记、董事长孙永才到广西壮族自治区百色市靖西市那坡县调研定点帮扶工作

2021年6月8日，中国中车党委书记、董事长孙永才到甘肃省天水市调研定点帮扶工作

2021年5月，中国中车工会在海口举办两期省部级以上劳模培训班

2021年6月23—24日，第十届“车迷有约·走进中车”活动在四川宜宾举办

2021年7月23日，中国中车捐赠价值400万元环卫装备驰援河南抗洪救灾

年内，中车团委组织开展“我为企业发展建新功”主题实践活动

# 新型动车组

复兴号 CR300AF 型动车组

复兴号 CR300BF 型动车组

复兴号 CR400AF-G 型高寒动车组

复兴号 CR400AF-Z 型智能配置动车组

复兴号 CR400BF-Z 型智能配置动车组

复兴号 CR400BF-G 型高寒动车组

复兴号 CR200J 型动力集中型动车组

CRH6F-A 型城际动车组

时速 350 公里高速货运动车组

CRH6F-A 型“和合号”城际动车组

复兴号 CR200JS-G 型高原内电双源动力集中型动车组

复兴号 CR200JS-G 型高原内电双源动力集中型动车组驰骋在拉林铁路线上

# 新型机车

FXN3C 型内燃机车

FXN5C 型内燃机车

大功率氢能源动力调车机车

四轴双源制调车机车

氢燃料混合动力机车

氢燃料电池混合动力机车

# 铁路客车

25T 型软卧车

25G 型“熊猫专列”软卧客车

25G 型硬卧客车

25G 型硬座客车

25G 型空调发电车

25T 型硬卧车

# 铁路货车

X70 型集装箱专用平车

100 米长钢轨运输车组

接触网专用平车

JSQ6 型凹底双层运输汽车专用车

NX70A 型平集共用车

KH70 型粉煤灰漏斗车

地铁工程车

KZ80 型石砟漏斗车

带押运间 LNG 铁路罐车

无押运间 LNG 铁路罐车

KM70 型煤炭漏斗车

KM80 型煤炭漏斗车

# 城轨车辆

中国标准地铁列车

新型时速 160 公里全自动智慧市域列车

凤凰磁浮列车

广州黄埔有轨电车 1 号线列车

广州地铁 22 号线地铁列车

芜湖轨交 2 号线列车

武汉地铁 8 号线列车

磁浮旅游专线列车

深圳地铁 14 号线列车

基于 5G 通信全自动驾驶的时速 160 公里新一代市域 A 型列车

天津地铁 4 号线列车

宁波地铁 4 号线列车

太原地铁 2 号线列车

杭州地铁 3 号线列车

昆明长水国际机场捷运系统有轨电车

# 出口产品

出口欧洲双层动车组

出口老挝“澜沧号”动力集中型动车组

出口波士顿红线地铁列车

出口澳大利亚墨尔本地铁列车

出口智利电动车组

出口洛杉矶地铁列车

出口新西兰内燃机车

出口几内亚 CDA5C1 型机车

出口泰国内燃机车

出口尼日利亚自发电家畜车

出口澳大利亚 DQMY 型集装箱平车

出口阿联酋集装箱平车

# 多元产品

“使命号”智轨列车

13.X 兆瓦半直驱风力发电机

CR240E 型电传动矿用自卸车

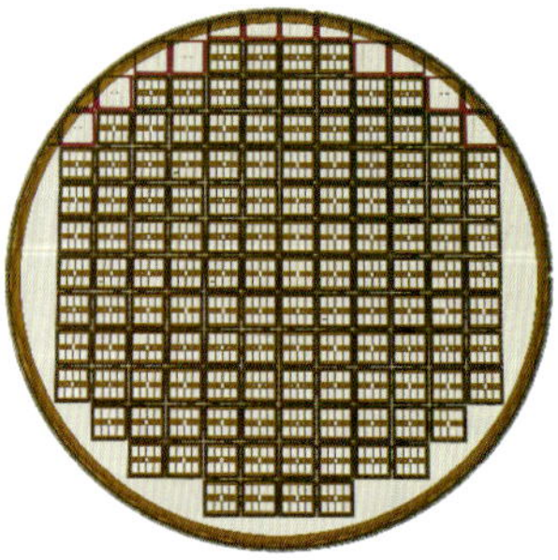

国产化 IGBT

商品汽车装卸无动力轮式爬梯

上海崇明高效一体化污水处理设备

我国主导的首个 ISO 铁路车辆系统部件国际标准

中车 C-Car

18 米纯电动公交车

3T 纯电动洗扫车

系列化中国标准地铁列车辅助变流器

5.X 兆瓦 D175 风电机组

中老铁路客车空调

新能源储能式钢轨闪光焊机组

智能空轨集疏运系统

纯电动旅游船

# 中国中车企业文化建设核心理念

**中国中车使命** 连接世界，造福人类

**中国中车愿景** 成为以轨道交通装备为核心，全球领先、跨国经营的一流企业集团

## ● 核心价值观

“正心正道，善为善成”是公司的核心价值观，是中车人做人做事的基础

## ● 组织氛围

“阳光和谐、简单坦诚、开放包容”是公司倡导的组织氛围

## ● 工作作风

“由我来办、马上就办、办就办好”是公司倡导的工作作风

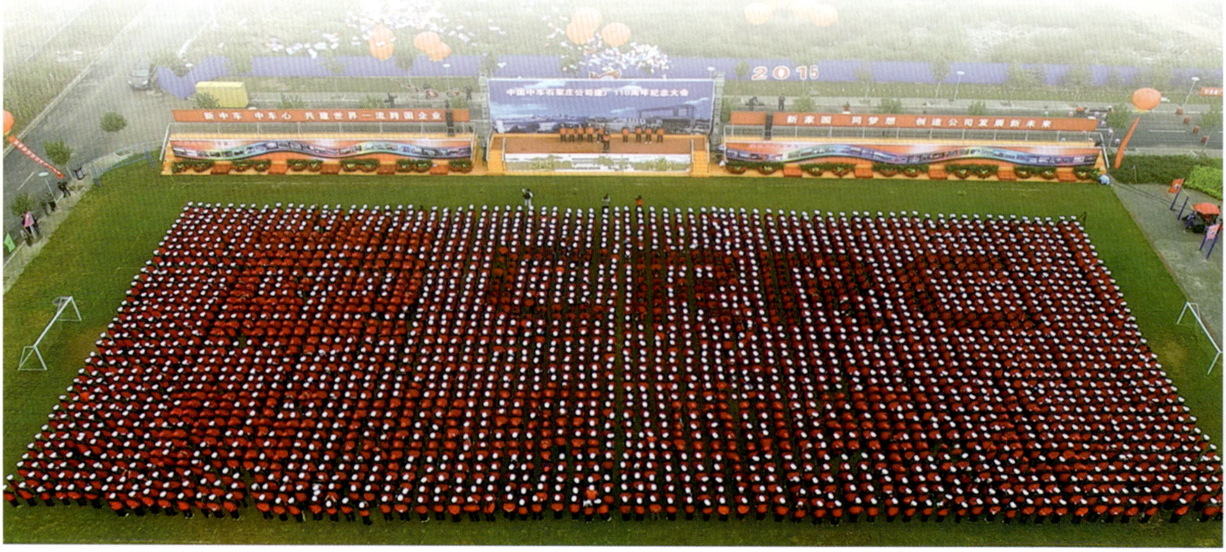

# 编辑说明

一、《中国中车年鉴 2022》是中国中车年鉴编委会编辑出版的第七部年鉴，主要记述中国中车 2021 年 1 月 1 日至 12 月 31 日改革发展、生产经营、科技进步、企业管理和党的建设等各项工作情况，是承载中国中车发展历程的重要文献，也是具有权威性和实用性的资料性工具书。

二、本年鉴设特载、专文、大事记、概况、法人治理、经营与管理、技术管理、人力资源管理、事业部管理与市场营销、党群工作、中车股份所属子公司、中车产业投资有限公司、中车资本控股有限公司、中车新型基础设施投资开发有限公司、中车时代电动汽车股份有限公司、中车科技园发展有限公司、中车北京二七机车有限公司、中车北京二七车辆有限公司、中国共产党中国中车集团有限公司党校、中国中车集团有限公司学习培训发展中心、中车资产管理中心、人物与荣誉、统计资料、附录共 24 个栏目，栏目下设类目、条目。条目为年鉴基本单元和记述信息资料的主要形式，是全书的主体。本年鉴在正文前设目录，正文后设索引，以便读者检索。

三、本年鉴主要由中国中车总部及下属单位供稿，所有稿件均经各部门和单位领导审核。中国中车总部及各部门领导干部名单以总部人力资源中心（党委干部部）提供的名单为准，下属单位领导名单仅体现其公司级党政工负责人。“人物与荣誉”栏目内的先进人物和先进集体根据中国中车党政工团及下属各单位提供的资料汇总，仅收录 2021 年度获得的省部级（含）以上和中国中车级主要荣誉。

四、为叙述简便，中国中车集团有限公司、中国中车股份有限公司在文中统一简称“中国中车”（中国中车总部各部门内容中“中车”“公司”意指“中国中车”），在必须区分时，中国中车集团有限公司简称“中车集团”，中国中车股份有限公司简称“中车股份”。中国中车下属单位的名称除类目标题使用全称外，文中记述时一般使用内部简称或公司。书中“全级次子公司”“全级次子企业”泛指中国中车各级公司（企业）。

五、按照年鉴条目署名要求，本年鉴中多个条目或类目由一个部门或一个单位撰稿，仅在最后一个条目或类目末尾注明 ×× 部门或 ×× 公司供稿。

六、本年鉴的编辑出版工作，得到了中国中车各级领导的关心及总部各部门、各子公司的密切配合，得到了中国铁道出版社有限公司的大力支持，编辑人员也付出了大量的心血，在此一并致谢。

七、由于编辑水平所限，本年鉴难免存在疏漏笔误之处，恳请读者批评指正。

# 目录

## 特载

抓好目标引领　推进战略落地
坚定不移向受人尊敬世界一流中车迈进
中车集团党委书记、董事长，中车股份党委书记、董事长刘化龙在中国中车2021年工作会议上的讲话（摘要）
（2021年1月19日）……3

勇担新使命　再攀新高峰
奋力开启建设受人尊敬世界一流中车新征程
中车集团党委副书记、董事、总经理，中车股份党委副书记、执行董事、总裁孙永才在中国中车2021年工作会议上的经营工作报告（摘要）
（2021年1月19日）……12

## 专文

开启新征程　实现新突破
全力推动中国中车高质量发展
中国中车党委书记、董事长、总经理（总裁）孙永才在《中国中车"十四五"发展战略纲要》发布会上的讲话（摘要）
（2021年4月15日）……29

坚守发展初心　彰显担当作为
全力以赴打赢"十四五"开局第一仗
中车集团党委副书记、董事、总经理，中车股份党委副书记、执行董事、总裁楼齐良在中国中车学习贯彻习近平总书记"七一"重要讲话精神专题会暨2021年经营管理工作视频会上的报告（摘要）
（2021年8月25日）……35

## 大事记

2021年大事记……43

## 概况

行政工作……57
概述……57
经营业绩……57
产业与市场拓展……58

改革与发展......58
科技创新......58
管理提升......59
数字化转型......59
党群工作......60
概述......60
政治建设工作......60
党委领导作用发挥......60
干部人才队伍建设......60
基层党组织建设......61
宣传思想工作......61
党委巡视监督......62
党风廉政建设......62
群团工作......63
民族统战工作......63
保密工作......63
2021 年末中国中车集团有限公司总部组织机构图......64
2021 年末中国中车股份有限公司总部组织机构图......65
2021 年中国中车集团有限公司高、中层领导......66
中国中车集团有限公司党委、纪委领导人员......66
中国中车集团有限公司董事会人员......66
中国中车集团有限公司经理层人员......66
中国中车集团有限公司总师层级人员......66
中国中车集团有限公司副总师层级人员......66
中国中车党委巡视组组长、副组长......67
中国中车所属企业专职外部董事......67
中国中车集团有限公司总部部门负责人......67
2021 年中国中车股份有限公司高、中层领导......70
中国中车股份有限公司党委、纪委领导人员......70
中国中车股份有限公司第二届董事会人员......70
中国中车股份有限公司第二届监事会人员......70
中国中车股份有限公司第三届董事会人员（12 月任）......70
中国中车股份有限公司第三届监事会人员（12 月任）......71
中国中车股份有限公司经理层人员......71
中国中车股份有限公司总师层级人员......71
中国中车股份有限公司副总师层级人员......71
中国中车股份有限公司授权代表等人员......71
中国中车股份有限公司总部部门负责人......72

## 法 人 治 理

董事会工作......77
概述......77
董事会及专门委员会成员调整......77
董事会换届情况......77
董事会会议......77
董事会战略委员会......78
董事会审计与风险管理委员会......78
董事会薪酬与考核委员会......78

董事会提名委员会……79
股东大会……79
信息披露……79
投资者关系管理……79
非执行董事履职……79
**监事会工作**……80
概述……80
监事会会议……80
监事会成员参加其他会议情况……80
监事会专题调研……80

## 经 营 与 管 理

**政务工作**……83
概述……83
调研督办工作……83
社会责任管理……83
信访维稳工作……83
文书档案工作……84
综合事务工作……84
外事管理……84
综合事务管理……84
定点帮扶……85
支部队伍建设……85
**战略发展**……85
概述……85
战略规划管理……86
创建世界一流示范企业……86
产业布局……86
业务重组……86
改革管理……87
市场化经营机制改革……87
混合所有制改革……88
综合改革专项工程……88
战略合作……88
处僵治困……88
压减工作……89
时代电气科创板上市……89
土地资源管理……89
**投资管理**……89
概述……89
投资计划与预算管理……90
固定资产投资管理……90
长期股权投资管理……90
PPP 投资项目管理……90
国家支持资金争取……91
股权（产权）管理……91
外部兼并收购……91
增资类项目管理……92
固定资产处置……92
**运营管理**……92
概述……92
运营管控……92
提质增效活动……92
统计与对标工作……92
亏损企业治理……93
“两金”压控专项治理……93
国资委经营业绩考核……93
子公司效绩评价与考核……93
精益管理……94
管理提升……94
管理创新……95
**金融管理**……95
概述……95
风险防控……95
金融业务顶层设计……96
财务投资预算管控……96
差异化考核……96
产融互动……96

资本运作……97
国际评级……97
财务管理……97
概述……97
预算管理……97
资金管理……97
财税管理……98
提质增效……98
业财融合……98
财务基础工作……98
财会人才建设……98
审计与风险管理……99
概述……99
审计体系建设……99
内部审计……99
“四库一册”专项工作……99
风险管理……100
内部控制……100
违规责任追究……100
审计风控经验传播……100
审计队伍建设……101
法治工作……101
概述……101
法治中车建设……101
合规管理……101
重大项目参与及指导……102
法律纠纷案件处理……102
法律事务工作……102
商标管理……103
课题承接……103


## 技 术 管 理


科技管理……107
概述……107
科技创新大会……107
科技创新体系建设……107
产品开发和技术研究……108
科技项目管理……108
科技投入……108
科技奖励评审……108
通用技术工作……108
标准化工作……109
知识产权工作……109
质量管理……128
概述……128
产品质量安全情况……128
质量发展规划工作……128
质量管理制度建设……128
质量管理体系建设……128
质量审核与督查……128
质量安全保障工作……128
微创新改进活动……128
质量专项活动……128
质量荣誉……129
信息化工作……129
概述……129
信息化规划与制度建设……130
两化融合贯标与数字企业建设……130
智能制造项目管理……130
信息化项目建设与管理……130
IT 基础设施建设……131
网络安全管理……131
安技与环保……131
概述……131
质量荣誉……132
保首都安全……132
“十四五”安全规划……132
安全制度标准……132
安全专项整治……132
安全专项排查……132

安全培训……133
智慧安全平台建设……133
安全生产等级评价……133
健康企业建设……133
安全文化活动……134
疫情防控……134
消防安全……134
应急工作……134
“双碳”计划发布……135
“双碳”数据核算……135
绿色工厂创建……135
能源环保规划工作……135
降本增效……135
污染防治……135
固废管控试点……135
铸锻业务调研……136
能管平台升级……136
督导检查……136
环保投入与成效……136
低碳产业发展……136

## 人力资源管理

**人力资源规划与体系建设**……139
概述……139
人力资源战略管理……139
人力资源体系建设……139
人力资源信息化……139
市场化经营机制改革……139
**领导干部管理与监督**……140
概述……140
干部人事制度改革……140
管理团队建设……140
干部日常监督……140
**人才队伍建设**……141
概述……141
高层次人才队伍建设……141
技能人才队伍建设……141
人才培训……141
人才引进与校园招聘……142
职称评审与技能认定……142
**劳动用工与薪酬管理**……142
概述……142
劳动用工管理……142
员工情况统计……142
薪酬总额管理……143
薪酬分配改革……143
人才激励……143
**总部人事管理**……143
概述……143
总部人力资源管理……144
总部职能管理……144

## 事业部管理与市场营销

**机车事业部**……147
概述……147
新产品开发……147
市场营销……147
运营管理……147
质量管理……147
**客车事业部**……148
概述……148
市场营销……148
技术引进与产品开发……148

经营管理……148
质量管理……149
**货车事业部**……149
概述……149
市场营销……149
运营管理……150
产品研发与推广……150
质量管理……150
**城市交通事业部**……151
概述……151
运营管理……151
业务模式创新……151
产品开发……151
市场营销……152
**产业链管理中心（机电事业部）**……152
概述……152
经营管理……152
采购与供应链管理……152
内部配套管理……153
工业智慧物流业务……153
循环物资交易平台建设……153
技术质量管理……153
**产业发展部**……154
概述……154
市场营销……154
技术开发与成果……154
**国际事业部**……155
概述……155
国际业务发展规划……155
海外政策研究和市场调研……156
国际交流与战略合作……156
市场营销……156
运营管理……156
海外项目执行情况检查……156
海外风险管控……157

## 党群工作

**总部党委工作**……161
概述……161
党史学习教育……161
建党百年系列庆祝活动……161
政治思想引领……161
三基建设……161
作风建设……162
党建与经营深度融合……162
纪律建设……162
党建带群建……162
**巡视工作**……163
概述……163
巡视工作组织领导……163
政治巡视……163
巡视整改……163
巡视联动贯通……164
巡视规范化建设……164
巡察工作推进会……164
巡视队伍建设……165
**组织工作**……165
概述……165
党组织和党员情况统计……165
党组织建设……165
党建工作责任制考核……166
党建研究会建设……166
发展党员情况……166
党员管理……167
创先争优与评先推优……167

"我为群众办实事"实践活动……167
"光荣在党50年"纪念章颁发……167
党内关怀帮扶……167
党费管理……168
**宣传工作**……168
概述……168
意识形态责任落实……168
政治理论学习……168
党史学习教育……168
红色文化建设与传承……168
企业文化沉淀与传承……169
新闻传播……169
传播平台建设……169
品牌建设……169
**纪检工作**……170
概述……170
政治监督……170
专项整治……170
重点监督……171
作风建设……171
纪律监督……171
警示教育……172
纪检组织建设……172
**工会工作**……172
概述……172
思想政治学习与培训……173
产业工人队伍建设改革……173
中车创业140周年活动……173
劳模先进选树……173
劳动竞赛管理与劳动保护检查……173
民主管理……174
劳模工作室建设……174
女工工作……174
"新小家"建设……174
送温暖活动……174
文体活动……175
工会组织建设……175
工会财务经审……175
重要纪事……175
**共青团工作**……176
综述……176
党史学习教育……176
青年思想政治引领……177
青年价值引领……177
宣传工作……177
助力青年成长发展……177
青年典型选树……177
青年人文关怀……178
青年岗位建功引领……178
青年示范岗争创活动……178
青年志愿者行动……179
党建带团建……179
团组织建设……179
团干部和团员队伍建设……179
**学会·协会工作**……180
政研会工作……180
企业协会工作……180
人力资源开发与管理研究会工作……180
财会学会工作……180

## 中车股份所属子公司

**中车齐车集团有限公司**……183
概况……183
规划发展……183
改革改制……183
经营管理……184
科技创新……185
生产运营……185
市场营销……186

多元业务......186
人力资源管理......187
质量管理......187
企业文化建设......187
党群工作......187
重要纪事......188
公司党政工负责人......189
中车齐齐哈尔车辆有限公司......190
概况......190
规划发展......190
改革改制......190
经营管理......190
新产品研发......190
生产运营......191
市场营销......191
基建与技改......191
质量管理......191
人力资源管理......191
企业文化建设......191
党群工作......192
重要纪事......192
公司党政工负责人......193
中车沈阳机车车辆有限公司......194
概况......194
规划发展......194
改革改制......194
经营管理......194
科技创新......194
新产品研发......194
生产运营......195
市场营销......195
质量管理......195
人力资源管理......195
企业文化建设......195
党群工作......195
重要纪事......196
公司党政工负责人......196
中车石家庄车辆有限公司......197
概况......197
规划发展......197
经营管理......197
科技创新......197
新产业发展......198
生产运营......198
市场营销......198
提质增效......198
质量管理......198
人力资源管理......198
企业文化建设......199
党群工作......199
重要纪事......199
公司党政工负责人......199
中车山东机车车辆有限公司......200
概况......200
规划发展......200
改革改制......200
经营管理......200
科技创新......201
新产品研发......201
生产运营......201
市场营销......201
资产管理......201
质量管理......202
人力资源管理......202
企业文化建设......202
党群工作......202
重要纪事......203
公司党政工负责人......203
中车山东风电有限公司......204
概况......204
规划发展......204
改革改制......204
经营管理......204
科技创新......204
新产品研发......204
生产运营......205
市场营销......205
资产管理......205

质量管理……205
人力资源管理……205
提级管理……205
企业文化建设……206
党群工作……206
重要纪事……206
公司党政工负责人……207
中车风电（锡林郭勒）有限公司……208
概况……208
生产经营……208
标准化风电场建设……208
电力业务许可及电价补贴申报……208
公司负责人……208
**中车长春轨道客车股份有限公司**……209
概况……209
规划发展……209
改革改制……209
经营管理……209
科技创新……210
生产运营……210
市场营销……210
基建与技改……211
质量管理……211
人力资源管理……211
企业文化建设……211
长春6号线站台门项目中标……211
高寒动车组担当京哈高铁主力车型……211
“智慧列车”亮相上海地铁15号线……211
新一代储能式有轨电车研制成功……211
8辆编组高速动车组碰撞试验成功……212
公司研制的深圳城轨首列车下线……212
金台铁路动力集中动车组下线……212
公司生产的洛杉矶地铁车辆揭幕……212
公司出口以色列轻轨项目首列车首次试跑……212
公司研制的复兴号智能动车组投入运营……212
中国标准地铁列车投入运营……213
党群工作……213
重要纪事……213
公司党政负责人……214
**中车大连机车车辆有限公司**……215
概况……215
规划发展……215
改革改制……215
经营管理……215
科技创新……216
生产运营……216
市场营销……217
基建与技改……217
质量管理……217
人力资源管理……218
企业文化建设……218
公司复兴号高原双源动车组首登雪域高原……218
公司生产的“澜沧号”动车组运抵老挝万象……218
公司旅顺基地项目建设……219
党群工作……219
重要纪事……219
公司党政工负责人……220
中车兰州机车有限公司……221
概况……221
规划发展……221
改革改制……221
经营管理……221
科技创新……221
生产运营……222
市场营销……222
基建与技改……222
质量管理……222
人力资源管理……222
企业文化建设……223
党群工作……223
重要纪事……223
公司党政工负责人……224
**中车唐山机车车辆有限公司**……225
概况……225
规划发展……225

生产运营……225
市场营销……226
研发制造平台建设……226
新产品研发……226
基本建设……226
质量管理……226
改革改制……227
经营管理……227
人力资源管理……227
售后服务……228
企业文化建设……228
党群工作……228
重要纪事……229
公司党政工负责人……229

**中车北京南口机械有限公司**……230
概况……230
规划发展……230
经营管理……230
节能与安全管理……231
人力资源管理……231
企业文化建设……231
党群工作……231
合资合作企业……232
重要纪事……232
公司党政工负责人……233

**中车大同电力机车有限公司**……234
概况……234
规划发展……234
改革改制……234
经营管理……234
科技创新……235
生产运营……235
市场营销……235
质量管理……235
人力资源管理……236
企业文化建设……236
党群工作……236
下属子公司……237
重要纪事……238
公司党政工负责人……238

**中车永济电机有限公司**……239
概况……239
规划发展……239
改革改制……239
经营管理……240
科技创新……240
市场营销……241
基建与技改……241
质量管理……241
人力资源管理……242
企业文化建设……242
党群工作……242
下属子公司……243
重要纪事……244
公司党政工负责人……244

**中车大连电力牵引研发中心有限公司**……246
概况……246
规划发展……246
改革改制……246
经营管理……246
科技创新……247
生产运营……247
市场营销……247
基建与技改……248
质量管理……248
人力资源管理……248
企业文化建设……248
党群工作……249
重要纪事……249
公司党政工负责人……249

**中车青岛四方机车车辆股份有限公司**……250
概况……250
规划发展……250
经营管理……250
科技创新……251
生产运营……251
市场营销……251
基建与技改……251

质量管理……251
人力资源管理……252
企业文化建设……252
复兴号高寒动车组投入运营……252
创新工作室揭牌……252
公司主持制定并发布国际标准……252
公司品牌案例入选国资委 100 个案例……252
中国首列标准地铁列车下线……252
时速 600 公里高速磁浮交通系统下线……252
公司两项专利获奖……253
党群工作……253
下属子公司……253
重要纪事……253
公司党政工负责人……254
**中车成都机车车辆有限公司**……255
概况……255
规划改革……255
经营管理……255
科技创新……255
生产运营……255
市场营销……255
基建与技改……256
质量管理……256
人力资源管理……256
企业文化建设……256
党群工作……256
重要纪事……257
公司党政工负责人……257
**青岛中车四方轨道车辆有限公司**……258
概况……258
改革改制……258
科技创新……258
生产运营……258
市场营销……258
基建与技改……259
质量管理……259
人力资源管理……259
企业文化建设……259
党史学习教育……259
党群工作……260
重要纪事……260
公司党政工负责人……260
**中车南京浦镇车辆有限公司**……261
概况……261
规划发展……261
改革改制……262
经营管理……262
科技创新……262
生产运营……263
市场营销……263
基建与技改……263
质量管理……264
人力资源管理……264
标准地铁项目落地……265
EHS 数字化平台搭建……265
党群工作……265
下属子公司……266
重要纪事……268
公司党政工负责人……269
**中车戚墅堰机车有限公司**……270
概况……270
规划发展……270
经营管理……270
科技创新……271
市场营销……271
基建与技改……271
质量管理……271
人力资源管理……272
企业文化建设……272
FXN5C 交流传动货运内燃机车……273
采用永磁技术的混合动力调车机车……273
氢燃料电池项目……273
纯电动新能源机车……273
出口几内亚 6000 马力机车……273
出口泰国机车……273
出口肯尼亚米轨机车……273
党群工作……274
下属子公司……274

重要纪事……275
公司党政负责人……275
**中车长江运输设备集团有限公司**……276
概况……276
规划发展……276
改革改制……276
经营管理……277
科技创新……277
市场营销……278
产业发展……278
质量管理……278
人力资源管理……279
企业文化建设……279
党群工作……279
重要纪事……280
公司党政工负责人……280
中车长江车辆有限公司……281
概况……281
经营管理……281
科技创新……281
生产运营……282
市场营销……282
基建与技改……282
质量管理……283
人力资源管理……283
企业文化建设……283
党群工作……284
重要纪事……284
公司党政工负责人……284
中车太原机车车辆有限公司……285
概况……285
经营管理……285
科技创新……285
生产运营……286
基建与技改……286
质量管理……286
人力资源管理……286
企业文化建设……286
党群工作……287
重要纪事……287
公司党政工负责人……287
中车西安车辆有限公司……288
概况……288
经营管理……288
科技创新……288
生产运营……288
市场营销……289
基建与技改……289
质量管理……289
人力资源管理……289
企业文化建设……290
党群工作……290
重要纪事……290
公司党政工负责人……291
中车眉山车辆有限公司……292
概况……292
规划发展……292
经营管理……292
科技创新……292
生产运营……293
市场营销……293
基建与技改……293
质量管理……293
人力资源管理……294
企业文化建设……294
党群工作……294
重要纪事……295
公司党政工负责人……295
中车贵阳车辆有限公司……296
概况……296
规划发展……296
改革改制……296
经营管理……296
科技创新……297
生产运营……297
市场营销……297
基建与技改……297
质量管理……297

人力资源管理......297
企业文化建设......297
党群工作......298
重要纪事......298
公司党政工负责人......298
中车常州车辆有限公司......299
概况......299
规划发展......299
经营管理......299
科技创新......299
生产运营......299
市场营销......300
基建与技改......300
质量管理......300
人力资源管理......300
企业文化建设......300
党群工作......301
重要纪事......301
公司党政工负责人......302
中车长江铜陵车辆有限公司......303
概况......303
改革改制......303
经营管理......303
科技创新......303
生产运营......304
人力资源管理......304
党群工作......304
重要纪事......305
公司党政工负责人......305
中车株洲车辆有限公司......306
概况......306
规划发展......306
经营管理......306
科技创新......306
生产运营......307
市场营销......307
质量管理......307
人力资源管理......307
党群工作......308
重要纪事......308
公司党政工负责人......309
**中车株洲电力机车有限公司**......310
概况......310
规划发展......310
经营管理......311
科技创新......311
新产品研发......312
生产运营......312
市场营销......312
基建与技改......313
质量管理......313
人力资源管理......313
企业文化建设......314
公司入选中国智能制造标杆企业......314
公司出口墨西哥轻轨列车上线运营......314
公司地铁车辆跑出中国地铁第一速......315
中国首列出口欧洲双层动车组下线......315
复兴号动车组驶入青藏高原......315
庆祝中国共产党成立100周年......315
全球首列全景观光山地旅游列车竣工......315
党群工作......315
下属子公司......316
重要纪事......318
公司党政工负责人......318
中车洛阳机车有限公司......320
概况......320
规划发展......320
经营管理......320
科技创新......320
生产运营......321
市场营销......321
基建与技改......321
质量管理......321
人力资源管理......322
企业文化建设......322
党群工作......322
重要纪事......323
公司党政工负责人......323

中车资阳机车有限公司......324
概况......324
规划发展......324
改革改制......324
经营管理......324
科技创新......324
市场营销......325
质量管理......325
人力资源管理......325
企业文化建设......325
党群工作......326
重要纪事......326
公司党政工负责人......326
中车株洲电机有限公司......327
概况......327
规划发展......327
改革改制......327
经营管理......328
科技创新......328
新产品研发......328
市场营销......329
质量管理......329
人力资源管理......329
企业文化建设......330
党群工作......330
下属子公司......331
重要纪事......331
公司党政工负责人......331
中车大连机车研究所有限公司......332
概况......332
规划发展......332
改革改制......332
经营管理......332
科技创新......333
生产运营......333
市场营销......333
基建与技改......334
质量管理......334
人力资源管理......334
企业文化建设......334
党群工作......334
下属子公司......335
重要纪事......336
公司党政工负责人......337
中车青岛四方车辆研究所有限公司......338
概况......338
规划发展......338
改革改制......338
经营管理......339
科技创新......339
生产运营......339
市场营销......340
人力资源管理......340
企业文化建设......340
党群工作......340
重要纪事......341
公司党政工负责人......342
中车戚墅堰机车车辆工艺研究所有限公司......343
概况......343
规划发展......343
改革改制......343
经营管理......343
科技创新......344
市场营销......344
质量管理......345
人力资源管理......345
企业文化建设......345
党群工作......346
全资子公司......346
控股子公司......347
重要纪事......348
公司党政负责人......349
中车株洲电力机车研究所有限公司......350
概况......350
规划发展......350
改革改制......350
科技创新......351
市场营销......351

党群工作……351
下属子公司……352
重要纪事……352
公司党政工负责人……353
**株洲时代新材料科技股份有限公司**……354
概况……354
规划发展……354
改革改制……354
经营管理……355
科技创新……355
新产品研发……355
生产运营……356
市场营销……356
基建与技改……357
质量管理……357
人力资源管理……357
企业文化建设……358
党群工作……358
下属子公司……358
重要纪事……359
公司党政工负责人……360
**中车物流有限公司**……361
概况……361
规划发展……361
改革创新……361
经营管理……361
集采业务……362
智慧物流业务……362
招标工作……362
人力资源管理……363
企业文化建设……363
党群工作……363
公司党政工负责人……364
**中车建设工程有限公司**……365
概况……365
规划发展……365
经营管理……366
科技创新……366
生产运营……366
市场营销……367
质量管理……367
人力资源管理……367
企业文化建设……367
党群工作……368
下属子公司……368
重要纪事……368
公司党政工负责人……369
**中车国际有限公司**……370
概况……370
规划发展……370
改革创新……370
经营管理……370
市场营销……371
人力资源管理……371
疫情防控……371
平台化建设实现新突破……372
党群工作……372
公司党政工负责人……373
**中车财务有限公司**……374
概况……374
规划发展……374
改革改制……374
经营管理……374
金融服务……375
风险管控……375
人力资源管理……375
信息化建设……376
企业文化建设……376
党建工作……376
重要纪事……376
公司党政负责人……376
**中车资本管理有限公司**……377
概况……377
规划发展……377
经营管理……377
党群工作……378
重要纪事……378
公司党政负责人……378

中车金融租赁有限公司……379
概况……379
规划发展……379
改革改制……379
经营管理……380
融资租赁……380
风险管控……380
党群工作……381
重要纪事……381
公司党政工负责人……381
中车投资租赁有限公司……382
概况……382
规划发展……382
改革改制……382
经营管理……382
风险管控……383
党群工作……383
重要纪事……383
公司党政工负责人……383
中国中车香港资本管理有限公司……385
概况……385
规划发展……385
改革改制……385
经营管理……386
疫情防控……386
市场营销……386
人力资源管理……387
企业文化建设……387
党群工作……387
公司党政负责人……388
中车信息技术有限公司……389
概况……389
规划发展……389
改革改制……389
经营管理……389
科技创新……390
质量管理……390
人力资源管理……390
企业文化建设……390
党群工作……391
重要纪事……392
公司党政工负责人……392
中车工业研究院有限公司……393
概况……393
规划发展……393
改革发展……393
课题研究……393
科技创新……394
党建工作……394
公司党政负责人……394
广州电力机车有限公司……395
概况……395
规划发展……395
经营管理……395
科技创新……396
市场营销……396
质量管理……396
人力资源管理……396
党群工作……397
公司党政工负责人……397
天津电力机车有限公司……398
概况……398
经营管理……398
工艺创新与管理……399
生产运营……399
市场营销……399
信息化建设……399
基建与技改……400
质量管理……400
人力资源管理……400
企业文化建设……400
党群工作……401
重要纪事……402
公司党政工负责人……402

## 中车产业投资有限公司


中车产业投资有限公司……405
概况……405
公司治理……405
改革改制……405
经营管理……406
科技创新……406
安全环保工作……406
人力资源管理……407
党群工作……407
重要纪事……409
公司党政工负责人……410
沃顿科技股份有限公司……411
概况……411
经营管理……411
科技创新……411
质量管理……411
安全环保……411
产品研发……411
重要纪事……412
公司党政工负责人……412
中车株洲投资控股有限公司……413
概况……413
规划发展……413
改革改制……413
产业拓展……413
党群工作……414
重要纪事……414
公司党政工负责人……414
中车环境科技有限公司……416
概况……416
规划发展……416
改革改制……416
经营管理……416
科技创新……417
安全环保工作……417
市场营销……417
银企合作……418
质量管理……418
人力资源管理……418
新世代厕所产业化……418
企业文化建设……418
党群工作……418
公司党政工负责人……419
青岛中车轻材料有限公司……420
概况……420
经营管理……420
技术开发及推广……420
党群工作……420
公司党政负责人……420


## 中车资本控股有限公司


中车资本控股有限公司……423
概况……423
规划发展……423
经营管理……423
投资管理……424
人力资源管理……424
党群工作……424
下属子公司……426
重要纪事……427
公司党政工负责人……428

## 中车新型基础设施投资开发有限公司


中车新型基础设施投资开发有限公司……431
概况……431
公司治理……431
规划发展……431
经营管理……432
市场营销……432
资本运作……432
项目管理……432
风险管理……432
人力资源管理……433
党群工作……433
重要纪事……433
公司党政工负责人……433


## 中车时代电动汽车股份有限公司


中车时代电动汽车股份有限公司……437
概况……437
规划发展……437
改革改制……437
经营管理……438
科技创新……439
市场营销……439
产品展出……439
质量管理……439
人力资源管理……440
企业文化建设……440
党群工作……441
下属子公司……441
重要纪事……442
公司党政工负责人……443


## 中车科技园发展有限公司


中车科技园发展有限公司……447
概况……447
规划发展……447
改革改制……448
经营管理……448
项目开发与销售……448
人力资源管理……449
企业文化建设……449
党群工作……449
重要纪事……450
公司党政工负责人……450


## 中车北京二七机车有限公司


中车北京二七机车有限公司……453
概况……453
规划发展……453
经营管理……453

“三供一业”移交......454
基建与技改......454
人力资源管理......454
企业文化建设......454
党群工作......454
重要纪事......455
公司党政工负责人......455

## 中车北京二七车辆有限公司

**中车北京二七车辆有限公司**......459
概况......459
规划发展......459
经营管理......459
市场营销......460
基建与“三供一业”移交......460
疫情防控......460
人力资源管理......460
企业文化建设......461
党群工作......461
下属子公司......461
重要纪事......462
公司党政工负责人......462

## 中国共产党中国中车集团有限公司党校

**中国共产党中国中车集团有限公司党校**......465
概况......465
党校建设......465
教育培训......465
党校负责人......466

## 中国中车集团有限公司学习培训发展中心

**中国中车集团有限公司学习培训发展中心**......469
概况......469
规划发展......469
人才培训......469
产教融合......470
世赛集训工作......470
能力建设......470
中心负责人......470
**常州铁道高等职业技术学校**......471
概况......471
中车职业教育改革......471
高铁工匠协同创新中心建设......471
专业建设......471
中车培训服务......471
党建工作......471
教学成果奖......472
重要纪事......472
学校党政工负责人......472

## 中车资产管理中心


资产管理中心......475
概况......475
存续企业改革......475
解决遗留问题......475
存续企业重组......475
经营与管理......476
中心负责人......476
中车齐齐哈尔实业管理有限公司......476
中车长春长客实业有限公司......476
中车沈阳实业管理有限公司......477
中车大连实业管理有限公司......477
中车唐山实业有限公司......478
中国北车集团北京二七机车厂有限责任公司......478
中车集团北京南口实业有限公司......479
中车石家庄实业有限公司......479
中车大同实业管理有限公司......480
中车集团太原实业有限公司......480
中车永济电机实业管理有限公司......481
中车济南实业有限公司......482
中车集团（青岛）四方车辆资产管理有限公司......482
中车西安实业有限公司......483
中车兰州实业管理有限公司......483
中车南京浦镇实业管理有限公司......484
中车南京浦镇实业管理有限公司常州分公司......484
中车南京浦镇实业管理有限公司铜陵分公司......484
中车长江（武汉）实业发展有限公司......485
中车长江（武汉）实业发展有限公司贵阳分公司......486
中车资阳实业有限公司......486
中车资阳实业管理公司成都分公司......487
中车资阳实业管理公司眉山分公司......487
中车株洲电力机车实业管理有限公司......488
中车株洲电力机车实业管理有限公司洛阳分公司......488
中车株洲电力机车实业管理有限公司时代分公司......489
中车株洲车辆实业管理有限公司......489
北京时代志业机车车辆有限公司......490


## 人物与荣誉


先进人物......493
国家级荣誉称号获得者......493
省部级荣誉称号获得者......493
中国中车荣誉称号获得者......496
先进集体......503
国家级集体荣誉......503
省部级集体荣誉......503
中国中车级集体荣誉......506

## 统 计 资 料

表 23-1 2021 年中车集团主要经营指标完成情况综合表......515
表 23-2 2021 年中车股份利润表及现金流量表相关科目变动分析表.....515
表 23-3 2021 年末中车股份主要固定资产、设备综合汇总表............516
表 23-4 2021 年中车股份固定资产分项情况表......516
表 23-5 2021 年末中车股份所属一级子公司主要固定资产排序...........518
表 23-6 2021 年中车股份主营业务分行业、分业务、分地区情况表......519
表 23-7 2021 年中车股份主要产品产量表......520
表 23-8 2021 年末中车股份资产及负债状况表......521
表 23-9 2021 年中车股份长期股权投资情况表......521

## 附 录

“十四五”现代综合交通运输体系发展规划......527
2021 年铁道统计公报......546
中国中车未来发展的讨论与分析......549
中国中车所属子公司联络信息表......555

索引......557

# 特 载

本栏编辑 冯 睿

# 抓好目标引领　推进战略落地
# 坚定不移向受人尊敬世界一流中车迈进

中车集团党委书记、董事长，中车股份党委书记、董事长刘化龙
在中国中车2021年工作会议上的讲话（摘要）
（2021年1月19日）

2021年是中国共产党成立100周年、中国中车创建140周年，是落实中车第一次党代会精神、“十四五”战略规划的开局之年，做好集团改革发展和党的建设各项工作十分重要。

刚刚过去的2020年，是“十三五”规划的收官之年，是新中车成立的第一个五年。经过五年的持续奋斗，中车改革发展和党的建设取得了历史性的新成就。在去年9月份召开的第一次党代会上，我代表公司党委所作的工作报告中，从抓发展和抓党建两大方面用“13个新”作了系统、全面的总结。永才同志也用“六个全面跃升”简要总结了“十三五”时期取得成绩，指出了“六个亟待提升”的不足，阐述了“九个必须坚持”的经验启示。特别是2020年，面对新冠肺炎疫情冲击、世界经济陷入衰退、中美贸易摩擦加剧、轨交行业深度调整等“四大挑战”，我们在特殊时期采取超常理念和超常思维，统筹疫情防控和经营发展取得重大成果。我们持之以恒加强党的领导，稳住了发展的“方向舵”；我们全力以赴抓好提质增效，稳住了发展的“基本盘”；我们矢志不渝加强科技创新，稳住了发展的“驱动力”；我们蹄疾步稳加快推进改革，稳住了发展的“原动力”；我们上下同欲加强疫情防控，稳住了发展的“保障线”；我们通过与国铁集团和地方政府的高层互动，稳住了市场的“基本面”；我们历经磨难开拓国际市场，稳住了发展的“后劲力”。这“七稳”成就的取得，是我们深入贯彻习近平总书记视察中车重要指示精神的结果，也是我们始终坚持“中车成长之道”的结果，更是全体中车人勇攀高峰、不懈奋斗的结果。

2021年，全球经济有望出现恢复性增长，但受新冠肺炎疫情严重冲击，世界经济形势仍然复杂严峻，复苏不稳定不平衡，不同国家、产业、群体走势分化，单边主义、保护主义、民粹主义仍将作祟，产业链供应链区域化、本地化特征更趋明显，疫情冲击导致的各类衍生风险不容忽视。站在“十四五”的起点上，我们要胸怀“两个大局”，坚定发展信心，保持战略定力，强化底线思维，坚持办好自己的事，深刻把握新发展阶段，贯彻落实新发展理念，促进构建新发展格局，努力推动中车高质量发展，加快建设受人尊敬世界一流中车。如何贯彻落实好中车第一次党代会精神，推动“十四五”发展战略落实落地，向受人尊敬世界一流中车阔步迈进，是“十四五”时期集团及所属企业的首要任务和重要课题。

## 一、坚持政治导航，毫不动摇把握好发展方向

面对严峻复杂的外部环境和艰巨繁重的改革发展任务，我们必须进一步增强政治意识，提高政治站位，从讲政治的高度做好工作，真抓实干把党中央决策部署贯彻落实到位，为战胜前进中的困难和挑战、实现中车高质量发展提供根本保证。

**(一)高站位有定力,坚持正确政治航向**

我们要牢记央企姓党、中车姓党,把握“四个突出”,不断提高“四个意识”,坚定“四个自信”,坚决做到“两个维护”。一是突出习近平总书记视察中车重要指示精神落实落地。新中车成立以来,习近平总书记三次视察中车,勉励我们持续领先领跑,实现新旧动能转换,永远掌握主动权。这是全体中车人莫大的荣耀。要讲政治、明责任、求实效、提效率,加强督导督办,强化检查考核,确保习近平总书记重要指示精神不折不扣落到实处。二是突出迎接建党100周年。要贯彻落实好党中央总体部署,结合企业实际挖掘红色资源、传承红色基因,广泛开展内容丰富、形式多样的庆祝活动,引导广大党员干部员工知史爱党、知史爱国、知责前行。三是突出全国国企党建会召开5周年。要对贯彻落实全国国企党建会重点任务情况进行“回头看”,进一步补短板、强弱项、促提升。四是突出中车创建140周年。要系统总结中车在习近平新时代中国特色社会主义思想指引下取得的重大成就、作出的重要贡献,大力宣传中车改革三年行动和推动企业高质量发展的典型事例,积极主动发声,凝聚广泛共识,激发奋进力量。

**(二)学精神明大势,把准高质量发展脉络**

核心是要把握好“三个立足、三个学深悟透”。一是立足规划,学深悟透党的十九届五中全会精神。党的十九届五中全会提出了“十四五”时期我国经济社会发展的指导方针、主要目标、重点任务,擘画了全面建设社会主义现代化强国的宏伟蓝图,同时也对国资国企工作作出了重大部署。我们必须不负重托、超前谋划、统筹推进、深度思考,实现“三个统一”,即把思想政治站位统一到五中全会精神上来、把企业发展目标统一到规划《建议》上来、把工作成效统一到中车使命担当上来。切实做到“三个引领”,即用会议精神引领中车“十四五”战略规划、引领中车改革三年行动、引领全年工作开展。注重“三个结合”,即政治建设与业务工作紧密结合、统筹谋划与重点突破有机结合、目标愿景与风险挑战全面结合。二是立足当下,学深悟透中央经济工作会议精神。去年12月中旬召开的中央经济工作会议,为扎实做好新发展阶段的经济工作、乘势而上开启现代化建设新征程提供了科学指引和系统指导。要深刻领会会议对全年大势判断和战略部署,把中车工作放在进入新发展阶段、贯彻新发展理念、构建新发展格局的战略抉择中去谋划和推动,进一步增强国有企业的竞争力、创新力、控制力、影响力、抗风险能力,体现出“大国重器、产业引擎”的责任担当,切实当好央企典范。三是立足自身,学深悟透中车第一次党代会精神。党代会取得的重要成果,是全体中车人智慧的结晶。要深刻把握新中车成立以来取得的重大成就,深刻把握发展历程中的“六条经验”,深刻把握面临的形势,深刻把握“两步走”建设受人尊敬世界一流中车的奋斗目标,深刻把握建设“好优美高强”新中车重点任务,深刻把握党的领导、战略落地、深化改革、科技创新、人才队伍、党的建设“六个重要方面”,特别是深刻把握中车党的建设“六个力”,切实用党代会精神引领企业未来发展。

**(三)强基础提质量,推动党建固化攀升**

“十三五”时期,我们牢牢把握“抓好党建是最大政绩”,坚持强基础提质量,梯次开展建强提升、提质换挡、成效跃升、深度融合等专项行动,形成了以“阶梯式·主题年·创一流”为主要路径的党建引领保障机制,构建了深度融合的格局,探索出一条符合央企发展规律、彰显中车特色、具有典范效应的央企党建模式。为固化党建工作成果和“阶梯式·主题年”中车党建模式，加快推动党建工作再攀升，我们将2021年确定为中车党建“固化攀升年”，内涵是全面落实中央企业党建创新拓展年各项部署，凝炼前期成果，优选特色经验，固化有效机制，引领政治方向，凝聚广泛共识，激发生机活力，形成强大力量，保障健康发展。工作目标是走在国企前列，保持央企典范，确保考核优秀，巩固“领先”优势。重点任务是在“八个固化攀升”上下功夫。一是固化政治建设成果，实现党的领导作用再攀升。要始终听党话、跟党走，完善“第一议题”制度，巩固深化主题教育成果，健全企业党委发挥领导作用的体制机制，切实把习近平总书记关于国有企业改革发展和党的建设重要论述转化为破解企业改革发展瓶颈、加快建设受人尊敬世界一流中车的生动实践。二是固化思想建设成果，实现理论武装成效再攀升。要严格落实意识形态工作责任制，加强理想信念教育和对党忠诚教育，推动习近平新时代中国特色社会主义思想进车间、进班组、进头脑。三是固化组织建设成果，实现基层组织力再攀升。要坚持目标导向和问题导向，持续深化“三基建设”，着力推动党建与生产经营深度融合，有效规范和稳妥开展境外党建工作，加强混合所有制企业党建工作，全面提升基层组织力。四是固化干部人才建设成果，实现选人用人工作再攀升。要健全干部选拔机制，让优秀者优先，让有为者有位。要健全科学育人机制，提升人才素质能力。要健全薪酬差异化机制，激发队伍生机活力。五是固化宣传文化建设成果，实现企业软实力再攀升。要深入挖掘企业厚重资源，充分展现企业优质禀赋，探索构建具有中车特色的国际传播话语体系，讲好中车故事，展示中车形象，提高中车品牌影响力和文化软实力。六是固化纪律作风建设成果，实现监督合力再攀升。要坚持“严”的主基调，完善固化“多位一体”大监督工作机制，着力构建“九大监督”工作布局。要贯彻落实好中央最近出台的《关于加强巡视巡察上下联动的意见》，坚守政治定位，加强指导督促，既不能把巡视巡察变成一般的业务检查、工作督查，防止用巡视巡察代替职能部门的管理监督，又要做到有机结合、有效联动，形成监督合力。七是固化群团组织建设成果，实现凝聚力再攀升。要坚持用劳模精神激励奋进热情，深入开展创新创效岗位建功活动，深化“青”字号品牌建设，汇聚发展合力。八是固化机关化问题整改成果，实现总部形象再攀升。

**（四）高标准严要求，抓好常态化疫情防控**

各子公司在集团党委统一领导下，按照国务院国资委疫情防控工作部署，担当作为、主动应对，积极承担企业主体责任，坚决贯彻落实疫情防控工作要求，迅速将防控措施落实到位，实现了中车在岗售后服务人员零感染、复工复产后全员零感染、确诊人员零死亡。其中，长江公司地处武汉，抗疫压力艰巨，在企业全面做好疫情防控的努力下，荣获中央企业抗击新冠肺炎疫情先进集体称号；株机公司、四方股份公司境外长期派出员工超过百人，至今实现境外员工零感染，疫情防控成效良好；南车投资公司服务于北京五棵松和方庄办公区，严格落实病毒消杀、人员测温、扫码登记等管控措施，实现集团总部和多家在京子企业工作人员1100多人零感染。在此，对长江公司、株机公司、四方股份公司、南车投资公司等四家企业提出表扬。抓好新冠肺炎疫情防控是做好今年各项工作的基础和前提。目前，国外疫情防控形势依然严峻，国内多地报告本土散发病例和聚集性疫情，各子公司要坚持“从严”，突出“抓实”，既要落实当地防疫要求，又要落实集团防控部署，毫不放松抓好“外防输入、内防反弹”，坚决防止出现境外输入和本土病例，有力维护员工队伍健康安全。

## 二、坚持战略引领，科学优化配置好发展资源

战略引领实质上就是目标引领，能不能实现战略目标是衡量一个企业特别是企业领导班子战略执行力的重要标准。2020年，中车第一次党代会确定了“两步走”战略目标，用“好优美高强”五个字形象描绘了五年后中车的模样。其中：“第一步”是到2025年，建成以“一核两商一流”为标志的世界一流中车，进入世界300强；“第二步”是到2035年，建成以“受人尊敬”为标志的世界一流中车，进入世界200强。能不能实现上述目标，这个答案要靠今天参加会议的两级领导班子成员和总部副处长以上领导干部用实际行动来回答。“十四五”时期，我们要坚持高起点出发、高目标引领，推动资源向效率高、效益好、动力足、结构优、质量佳的业务或领域倾斜，为实现下一个五年发展目标全面奠定发展基础。

**（一）做好集团、做优股份，努力实现经营业绩一流**

自2015年新中车成立以来，党和国家、资本市场和社会各界对中车充满期待，希望我们把“国家名片”擦得更亮、保持经营业绩持续增长。但从总体趋势上看，“十三五”时期中车经营业绩呈现稳中有降态势，遭遇“发展中的隐忧”。从主要发展目标看，集团营业收入、利润总额等预期目标均未实现，先高位回落，再平稳回升；大多数子公司同样存在类似问题，收入、利润等也均未达到预期目标。从业务板块收入来看，铁路装备业务基本稳定，年均收入维持在千亿元左右，但未实现“十三五”板块收入规划目标，特别是2020年受新冠肺炎疫情、修程修制改革等因素影响，收入首次降到千亿元以下；城轨和城市基础设施业务快速增长，超额完成“十三五”板块收入规划目标，并实现收入翻番；得益于风电装备“抢装潮”，新产业收入稳中有升，基本实现“十三五”板块收入规划目标；主动压减物流贸易，现代服务收入大幅下调，虽然未实现板块收入规划目标，但实现服务业务规范发展。

分析“十三五”预期发展目标未实现的原因，虽然有战略制定与环境变化不适应的客观因素，但更重要的是从资源布局与战略实施不匹配上找主观因素。主要体现在：一是海外资源布局不能满足战略目标要求。海外固定资产投资不足总投资的10%，股权投资更是仅有5%左右，跨国经营指数远低于国际同行企业，在境外工程总包、设备租赁等方面尚处于起步阶段。二是新产业资源配置不能满足战略目标要求。新产业固定资产投资占比15%左右，存在着业务重点不突出、核心资源不集中、规模效益不明显等问题，处于培育期的业务不仅需要持续投入资源，而且短期内效益也难以充分显现。三是子公司资源配置效率不能满足战略目标要求。五年来，集团累计完成投资1009亿元，其中固定资产投资447亿元，但投资效果没有真正转化为绩效提升。受诸多因素影响，许多子公司存在混业经营和同质发展、同业竞争问题，导致业务资源重复投入、产品技术重复开发。四是部分领导干部的思想认识不能满足战略目标要求。部分子公司领导干部战略意识和战略思维不强，解放思想不够，发挥主观能动性不到位，一旦外部市场发生变化，存在等靠要思想，不找市场找领导（总部），片面强调客观条件。

“十四五”期间，面对更加严峻的市场

形势，必须瞄准“经营业绩一流”这个目标，坚持问题导向和目标导向，按照做好集团、做优股份原则，千方百计挖潜增收、降本增效，坚决实现“两个确保”。一方面，要确保股份公司效益实现两位数增长。这不是“能不能”的问题，而是“怎么能”的问题。资本市场期待南北车整合的协同效应持续释放，我们也再无任何客观理由。对标国内先进制造业，中车在提升效率方面的潜力很大。近年来，资产（资源）的互动与经营让我们“有利可图”。2020年“降本增效”实践给予我们信心和勇气。2021年政策红利和构建新发展格局，也会带来有利条件及外部环境支撑。另一方面，要确保集团公司完成国资委考核指标。2021年，为更好引导推动央企实现高质量发展，国资委在2020年中央企业主要经营目标框架基础上，新增“全员劳动生产率”指标，形成“两利四率”指标体系。“两利”指标是净利润同比增长6%以上、努力争取更好结果，利润总额力争与净利润同比增长；“四率”指标是营业收入利润率达到6.2%，资产负债率不高于65%，研发投入强度不低于3%，全员劳动生产率增长5%以上。上述目标不是轻而易举能实现的，达到国资委考核“A级”更是不容易，需要我们统筹考虑、做好安排、付出努力。

**（二）坚持升级“五化发展”，努力实现业务结构一流**

在“十四五”发展战略中，我们将“五化”调整为多极化、高端化、国际化、协同化、数字化，目的是推动构建以轨道交通装备为核心，风电装备、新能源客车、新材料为重要增长极以及若干业务增长点的“一核三极多点”业务结构。主要目标是到“十四五”末，打造铁路装备、城轨与城市基础设施、战略新兴产业3个千亿级规模的业务板块，轨道交通装备业务保持全球行业第一位。确立这样的目标，是与世界200强、300强对标的结果，也是实现“第一步”的客观要求。目前看，打造3个千亿级规模产业是有条件的，但困难和挑战也是现实存在的。从2021年起，我们就要聚焦战略目标，科学辩证施策，优化资源配置，向“一核三极多点”全面发力。一是“深耕厚植”做强核心业务，千方百计保持轨道交通装备业务国内市场份额优势，稳固全球行业规模领先地位，铁路装备业务、城轨及城市基础业务均要达到千亿级规模。二是“三极鼎立”做大支柱业务，推动风电装备、新能源客车、新材料产业成为行业地位突出、效益增长明显的业务增长极，“三极多点”要合计成为千亿级产业。三是以构建“新发展格局”为“要项”，统筹推动“营销中车”举措落地，全领域拓展并开创市场新格局，重点是稳住核心业务，拓展支柱产业，深耕服务业务，关注国际签约。

**（三）坚持提升“两个实力”，努力实现企业形象一流**

“十四五”时期，推进经济硬实力、文化软实力“两个实力”建设是刻不容缓的重要任务。重点是坚持高颜值呈现，努力打造合规经营、开放包容、合作发展、和谐相处的良好形象，到“十四五”末成为践行新发展理念、履行社会责任、拥有全球知名品牌形象的典范企业。现阶段，我们要抓好“三件大事”：一是抓好品牌经营。“十三五”时期，品牌管理进阶品牌经营，中车品牌价值超千亿元，为下一步扩大品牌影响力奠定了坚实基础。要聚焦品牌价值提升和品牌国际化，实施“品牌经营”升级工程，持续推动产品经营向品牌经营转变。二是抓好市值管理。市值规模要力争国内机械制造业第一，这个目标是毋庸置疑的。要靠业绩提升拉动市值，靠品牌影响助力市值，靠并购重组及科创板推出扩大市值。三是抓好社会责任管理。履行社会责任是中央企业的使命和义务所在，也是建设受人尊敬世界一流中车的题中应有之义。要积极参与碳达峰碳中和行动，采取有力措施降低碳排放强度，发挥带头示范作用。要巩固拓展脱贫攻坚成果，做好与乡村振兴的有效衔接。要持续抓好安全生产专项整治和污染防治生态保护相关工作，促进生产方式绿色转型，实现减污降碳协同效应。

## 三、坚持创新驱动，增强优势提升好发展能力

创新驱动发展是国家战略，也是中车的基因禀赋，更是中车未来发展的第一动力。特别是中美贸易摩擦不断升级的大环境下，科技自立自强是中车发展的战略支撑，必须推动科技创新不断取得突破性、标志性重大成果。国家“十四五”规划《建议》把科技创新摆在各项任务的首位，体现了党中央对这个问题的高度重视。“十四五”时期，我们要以新发展理念为引领，强化创新主体意识，大力实施创新驱动发展战略，在科技创新、管理创新、机制创新方面取得新的更大成效。

### （一）向科技创新要动力，增强自立自强能力

作为我国轨道交通装备制造业的领军企业，中车必须把科技自立自强放在首要位置，不仅要确保国家轨道交通产业链供应链安全稳定，而且要引领推动全球轨道交通装备技术发展方向。一是全力抓好关键核心技术攻关。要以高质量完成72181重大专项、1025专项、GCT项目等节点目标任务为重点，发挥社会主义市场经济条件下的新型举国体制优势，持续推进科技创新体制机制深度变革，尽快解决“卡脖子”问题，保证我国轨道交通装备关键核心技术自主可控。当前，特别是要保证战略储备，加快自主攻关，防止美国对中车打压升级，导致轨道交通装备产业链供应链断裂。二是全力推进数字化转型。后疫情时代，制造业发展环境将进一步发生深刻变化，数字化、智能化转型将加快步伐。中车要更加主动地拥抱数字化转型，促进云计算、大数据、物联网、移动互联网、区块链、人工智能等新一代信息技术与轨道交通装备行业深度融合，努力打造数字化、网络化、智能化轨道交通行业生态链，使轨道交通智能产品不断催生新业态、新模式、新场景。三是全力强化科技人才资源优势。要围绕创新链打造开放的人才环境，搭建创新平台，集聚基础性、前沿性技术人才，强化企业创新发展第一资源。要落实好出台的科技创新各项支持政策，完善激励机制和评价机制，赋予科研人员在成果转化中更大自主权，健全以创新能力、质量、实效、贡献为导向的科技人才评价体系，激发广大科研人员创新动力、创造潜能。针对创新资源长期存在分散、重复、低效等老毛病，要研究进行优化组合，发挥共建共享共赢优势。

### （二）向管理创新要效益，增强价值创造能力

管理是企业永恒的主题，同时也要为经营服务。未来几年，要以对标世界一流管理提升行动为契机，以效能、效率和效益提升为目标，尽快形成高效合规、充满活力的经营管理体系。一是着力提升治理效能。要按照中国特色现代企业制度要求，加快构建中国特色现代国有企业治理体系，正确处理党的领导和公司治理关系，企业党委把方向、管大局、保落实，董事会定战略、作决策、防风险，经理层谋经营、抓落实、强管理，全面提升决策效率、经营效率和管理效率。二是着力提升运营效率。通过前期与国际和国内标杆对标，中车在运营能力、盈利能力、发展能力等方面仍存在差距，特别是在全员劳动效率方面存在较大差距。“十四五”时期实现员工收入“翻一番”目标，必须靠

节员和增效，提升企业运营效率，2021年要在缩减员工规模、提升劳产率方面取得突破。三是着力提升盈利能力。效益与效率是一个硬币的两面，两者相辅相成、相互促进。要按照国务院国资委要求，加强成本精细化管控，强化预算刚性约束，确保营业成本增长低于营业收入增长、期间费用占营业收入比重下降；要加快清理高风险“两金”，深入开展亏损企业治理，积极稳妥处置存量风险敞口，坚决止住“出血点”和“亏损源”。

**（三）向机制创新要活力，增强组织柔性化能力**

所谓组织柔性化能力，就是决策反应能力、实践反应能力以及协调度三者综合表现出来的能力。“十四五”期间，百年变局和世纪疫情相互交织，外部冲击和挑战会明显增多，如何防范和化解重大风险变得更加紧迫。面对风险和不确定性，我们要通过机制创新来提升组织柔性化能力，增强集团及所属企业决策反应能力和危机应对能力，积极稳妥应对发展中可能出现的各种挑战。一是探索加大授权放权力度。要在向12家专项改革试点企业授权放权基础上，研究把授权放权落实到各级子企业或管理主体上，全面激发微观主体活力，做到“层层松绑”。各试点企业要结合授权放权要求，加快优化组织架构和管理体制，切实提升管控效能。二是探索试行新产业发展机制。要加快体制机制的破冰之旅，探索“多点”培育业务的体制机制创新，研究出台新产业考核引导机制，突破“三极多点”业务发展瓶颈，推进新产业风险共担、快速成长，从而形成“良性业务架构”的有效支撑。三是探索构建解决历史遗留问题的利益分成机制。因历史遗留问题形成的重大呆坏账、重大风险敞口，若不加快处理就会由“或有损失”变成“事实损失”。在呆死应收账款清收、重大历史风险化解等方面，集团总部和各子公司要共同研究探索利益分成机制，推动历史遗留问题妥善解决。特别是按照“两金”管控三年工作方案，要加大非正常类应收账款清收力度，建立清收责任制和激励约束机制，切实防范损失风险。

## 四、坚持改革支撑，全面推进激发好发展活力

作为进一步落实国企改革“1+N”政策体系和顶层设计的具体施工图，2020年国企改革三年行动出台，其目的就是督促指导国有企业各项改革见行动、见实效，而且按照国务院领导要求，改革三年行动是“可衡量、可考核、可检验，要办事的”。2021年是中车改革三年行动的攻坚之年、关键之年，主要任务能否落地、是否见效直接决定着2022年能否全面实现预期目标。下一步，我们要坚决贯彻党中央决策部署，按照国务院国资委要求，勇于探索，敢于突破，统筹推进，点线结合，全面深化，抓实抓细抓到位，确保把中车改革三年行动抓出成效。

**（一）进一步解放思想，深刻理解“为什么改”**

回顾这些年改革工作，党中央提出的一系列创新理论、采取的一系列重大举措、取得的一系列重大突破都是革命性的，开创了以改革开放推动党和国家各项事业取得历史性成就、发生历史性变革的新局面。在这场改革大潮中，中车敏锐地把握住机遇，顺应大势，积极作为，也取得了一系列重要成果。我们持续推进世界一流示范企业创建工作；7家“双百”、3家“混改”、2家“科改”专项改革工程稳步推进；向21家重点子公司派驻外部董事；新材料、制动、钩缓等关键部件业务整合加速推进；三供一业分离移交、退休人员社会化管理等取得实质性进展；落实“总部机关化”专项整改要求，总部机构进一步精减数量、聚焦管控。

第一，这是一场党中央要求的深刻变

革。党的十八届三中全会以来，党中央以前所未有的决心和力度冲破思想观念的束缚，突破利益固化的藩篱，坚决破除各方面体制机制弊端，积极应对外部环境变化带来的风险挑战，开启了气势如虹、波澜壮阔的改革进程。通过改革，我国各领域基础性制度框架基本确立，为推动形成系统完备、科学规范、运行有效的制度体系奠定了坚实基础，全面深化改革取得历史性伟大成就。党中央从改革的总体目标、主攻方向、重点任务、方法路径等方面提出一系列具有突破性、战略性、指导性的重要思想和重大论断，科学回答了在新时代为什么要全面深化改革、怎样全面深化改革等一系列重大理论和实践问题。

第二，这是一场直面体制机制完善公司治理体系的深刻变革。中央推动的改革是一场国家制度和治理体系的深刻变革，始终突出制度建设这条主线，不断健全制度框架，筑牢根本制度、完善基本制度、创新重要制度。对中车而言，就是一场直面体制机制完善公司治理体系的深刻变革。改革进行到今天，我们仍面临着很多复杂的矛盾和问题。我们必须聚焦完善中国特色现代企业制度、深化混合所有制改革、健全市场化经营机制等制度性基础性改革，聚焦厘清治理主体权责边界、实现董事会应建尽建配齐建强、混合所有制企业转换经营机制、不同类型企业分类核算和考核等重点难点问题，力求突破。

第三，这是一场直面问题短板优化资源配置的深刻变革。我们要加强对全面深化改革的集中统一领导，以全局观念和系统思维谋划推进改革。要坚持问题导向，补短板、强弱项、锻长板，切实提升中车可持续发展能力和核心竞争力。现阶段，重点是通过改革三年行动，着力解决以市场化激励约束机制激发活力的问题；着力解决长期存在的重复投入、重复建设、重复开发问题；着力解决国际化布局和新产业点多面广、资源分散问题；着力解决科技创新资源不集中、共建共享不够问题。

第四，这是一场员工广泛参与激发活力动力的深刻变革。改革很大程度上是为了调动人的积极性、主动性和创造性，从而激发企业内生动力和发展活力。要坚持顶层设计和摸着石头过河相协调，坚持试点先行和全面推进相促进，抓住员工最关心最直接最现实的利益问题推进改革，不断增强员工的获得感、幸福感、安全感，在中车形成改革创新活力充分涌流的生动局面。特别是要大力实施人才队伍建设和激励，激发科技人员主动性、积极性和创造性，做好人才储备与人才梯队建设，充分发挥不同年龄梯队的优势和能动性，使新时代企业家精神、科学家精神、工匠精神和创新精神竞相迸发。

**（二）进一步聚焦重点，深刻把握“改什么”**

“要办事”是国企改革三年行动的核心要求，坚持目标导向也是中车改革三年行动的鲜明特征。本轮改革要在把握“三性”上下更大功夫，全面覆盖，突出重点，务求突破。一是注重改革的全面性。国企改革三年行动是一个全面覆盖的行动，与传统意义上的改革有明显区别。中车改革三年行动实施方案包括 8 个专项方案、20 个子项目方案，也涵盖了企业经营管理的方方面面。各子公司要把握政策窗口期，坚持系统观念，研究策划本企业改革三年行动方案，做到横向到边、纵向到底。二是注重改革的目的性。国企改革三年行动的总体目标是“三个取得明显成效”。各子公司要结合中车改革总体部署，结合各自实际，明确本企业改革的终极目标，努力把改革成效真正体现到效率、效益、活力和竞争力提升上来，切实做到有特色、可衡量、可考核、可检验。三是注重改革的紧迫性。中车改革三年行动，是“深水区”的改革，是涉及利益格局调整的改革。

触动利益往往比触及灵魂还要难，需要以更大的政治勇气来推进。特别是三年改革行动已经过去一年，时间紧、任务重、要求高，开局即决战，起点即冲刺，必须做到快半拍部署、快半步行动、快半年见效。同时，改革的紧迫性还体现在以下“四个方面”：首先是加快转变企业发展方式、促进中车高质量发展的必然选择；其次是提升资源配置效率、推进业务结构调整的正确途径；再次是用好重要战略机遇期、应对外部环境挑战的客观要求；最后是形成更加成熟更加定型的中国特色现代企业制度的迫切需要。

**（三）进一步探索实践，深刻把握“怎么改”**

党的十八大以来，中车改革顶层设计不断完善，改革重大举措层层落地，改革专项工程次第推进。同时，我们也不能忽视，改革要想取得突破性成果，企业层面的勇于探索和实践，是尤为重要的因素。一是规定动作与自选动作相结合。中车改革不是为了改革而改革，应该坚持一切从实际出发，实事求是，奔着问题去。集团部署的8个专项方案和20个子项目方案，仅仅是给各子公司提供了改革的“工具箱”，具体该改什么只有本企业最清楚。各子公司要直面不想改、不敢改、不真改的问题，用好用足政策红利，打通“堵点”、解决“难点”、消除“痛点”，努力实现轻装上阵、强身健体。二是集团部署与基层探索相结合。改革40多年来的一条很重要经验就是加强顶层设计与摸着石头过河相结合，三年改革行动同样如此。有很多改革内容，没有现成路径和经验可供遵循，只有靠大家大胆地试、大胆地闯。三是专项工程与全面改革相结合。12家改革专项工程试点企业，要在三年改革行动中走在前、作表率，做改革的尖兵铁军，打造中车改革样板。其他企业要按照集团总体部署，结合中长期业务发展规划，统筹推动综合性改革和适应性变革，核心是进一步优化完善市场化机制，激发企业发展活力与动力。

同志们，新阶段呼唤新作为，新征程彰显新担当。让我们以习近平新时代中国特色社会主义思想为指导，提高政治站位、勇于担当作为，抓好目标引领、推进战略落地，加快建设受人尊敬世界一流中车，努力实现“十四五”起好步开好局，以优异成绩庆祝中国共产党成立100周年、中车创建140周年！

# 勇担新使命　再攀新高峰
# 奋力开启建设受人尊敬世界一流中车新征程

中车集团党委副书记、董事、总经理，中车股份党委副书记、执行董事、总裁孙永才

在中国中车2021年工作会议上的经营工作报告（摘要）

（2021年1月19日）

这次会议的主要任务是，以习近平新时代中国特色社会主义思想为指导，深入贯彻党的十九大和十九届二中、三中、四中、五中全会精神，深入落实习近平总书记视察中车重要指示精神，全面贯彻中央经济工作会议和中央企业负责人会议精神，全面落实中车第一次党代会精神，全面总结2020年主要工作，系统回顾“十三五”发展历程，深入研判面临的形势任务，安排部署2021年重点工作，谋划推动“十四五”良好开局，奋力开启建设受人尊敬世界一流中车新征程。

## 一、回首2020，逆境中实现新发展

2020年是极不平凡、极具挑战、极其困难的一年。新冠肺炎疫情席卷全球，世界百年未有之大变局加速演变。面对前所未遇的大战大考，在国务院国资委的坚强领导下和董事会的正确决策下，我们牢牢把握“稳中求进”工作总基调，紧密围绕“13369”经营工作思路，行非常之举、用非常之力、尽非常之责，全力做到“六个统筹”，在逆境中取得了新成绩。

**（一）统筹疫情常态防控与经营发展稳定，经营业绩好于预期**

面对疫情影响，我们坚决贯彻落实党中央、国务院决策部署，咬定“两确保两力争”目标不放松，以抗疫和经营“两手都要硬、两战都要赢”的必胜信念，迎难而上，破浪前行。以疫情为令，构建“一本三化五不”常态化防疫体系，开发应用大数据监控云平台，为员工构筑起安全屏障，顺利实现防疫“三零”目标（在岗万余名驻外售后服务人员零感染；复工复产后全员零感染；确诊人员零死亡）。采取超常规措施，克服生产组织、物资保障、订单交付等重重困难，全面落实党中央、国务院“六稳”“六保”要求，超预期完成了全年经营目标。2020年，集团公司实现营业收入2401.2亿元，同比增长0.15%；实现净利润128.4亿元，同比增长21.57%。面对巨大的经营压力，各子公司勇于担当，自我加压，11家子公司调增了收入指标，21家子公司调增了利润指标，其中长客股份公司、四方股份公司、四方有限公司、工程公司、中车科技园等5家企业利润指标调增1.5亿元以上；株机公司、长客股份公司、株洲所、永济电机公司、株洲电机公司、工程公司、金租公司、中车科技园等8家公司完成收入利润“双T3”指标，为集团公司全年经营工作作出了重大贡献。

**（二）统筹轨交业务稳盘与多元产业破局，五大业务全力突围**

坚持“市场为王”，致力“四个延伸”“三个补充”，全力开拓市场，全年新签订单2923亿元。核心业务稳住“基本盘”。面对国铁市场波动和改革影响，协调国铁集团增购货车5000辆、扩大250标动交付量，避免了全年新造“断崖式下跌”。主动融入国铁修程修制改革，充分发挥中车造、修、

服务一体化优势，深耕检修服务后市场，加快推进零部件自主修和属地化合作修。协调解决客修补差价、动客车加改合同签订等历史遗留问题，实现货车检修价格调增，确定和谐型机车C6修定价，有效缓解修理企业的经营困境。抓住城市发展新机遇，不断拓展城轨及城市基础设施业务，全年中标额474亿元。积极开发城轨检修服务市场，成功揽获6个维保项目。支柱业务聚合“协同力”。持续强化“中车+”市场协同模式，风电业务紧抓“抢装潮”，全年新签订单近300亿元，风电整机排名再次提升，风电大基地订单实现突破。新能源客车业务借力总部和属地企业优势，赢得太原、青岛、沈阳等关键市场，全年新签订单45亿元，行业排名稳居全国第三。新材料业务抢抓新基建机遇，持续优化产业布局，全年新签订单80亿元。培育业务拓展“新空间”。环保产业在青岛、株洲等顺利落地。海上风电电缆铺设的浅水挖沟机完成海试。全球首条智能空轨集疏运系统落地青岛港，成为跨行业融合创新典范。轻型材料推广应用步伐加快。支撑业务彰显“价值流”。智慧物流发展势头良好，全年实现营业收入7.4亿元，青岛区域智慧物流试点快速推进。哈尔滨“宜企拍”电商平台新增产权交易业务，全年完成交易额9.13亿元，实现保8争10目标。中车供应链电子采购平台总体上线采购率达到93.5%。平台业务撬动“资源包”。产融结合深入探索推进，完成风电、新能源、新材料、工业数字等多个战略新兴领域的产融结合服务方案，产融结合率近60%。通过永续类债权、产业基金等多种方式融资131亿元，助力主业发展。科技园不动产经营平台作用充分发挥，全年盘活土地为集团、股份分别增收创效14亿、18亿元。国际业务实现“不失速”。创新市场营销模式，有效应对各种围堵打压，成功斩获新西兰、土耳其、印度、韩国、智利、阿联酋等海外市场新订单。特别是成功签订中老铁路动车组合同，实现复兴号首次出海。中标墨西哥地铁1号线整体现代化项目，实现国际业务PPP项目零的突破。全年海外签约额突破60亿美元。

**（三）统筹体制机制变革与重大专项攻关，科技创新再结硕果**

牢牢聚焦产业链供应链安全稳定大局，深化中车科技体制改革，着力破除科技创新体制机制“桎梏”，有效理顺了各研发机构管理关系和职能定位，中车科技创新体系更加完善。持续加大科研投入强度，全年研发投入占比达到6.1%。“72181”等重大专项有序推进。7个国家重点专项取得里程碑成果，时速600公里高速磁浮试验样车成功试跑，时速400公里跨国互联互通高速动车组成功下线。2个重大补短板项目进展超前，高速列车3300V、6500V芯片、转向架用轴承样品样件试制成功，开始装车考核。系列化中国标准地铁列车研制及试验项目稳步推进。8个中车补短板项目完成阶段性目标。中央企业创新联合体项目启动实施。GCT项目有序推进，复合硅橡胶等三种绝缘材料项目完成技术评审，紧固件项目完成方案设计。重大产品研发成果丰硕。京雄智能高速动车组上线运营，时速350公里货运动车组成功下线，30吨轴重货运电力机车等完成样车研制，复兴号高原双动力集中动车组研制提速。数字化发展扎实推进。组建全资中车信息公司，有序推进大数据中心建设。建成数字化车间4个、智能化产线9条。两化融合发展指数达到85，领先全国平均水平30%。获批工信部制造业单项冠军企业（产品）3项、工业互联网创新项目2项。行业话语权和影响力持续增强。全年发布国际标准9项、国家标准24项、行业标准25项，申请专利6437项，其中发明专利4156项、海外专利580项。在第二十二届中国专利奖评选中，获得金奖2项、银奖1项、优秀奖

7项，专利质量排序位列央企A级。

**（四）统筹改革专项提速与产业布局优化，深化改革迸发活力**

坚决落实国企改革三年行动重大政治任务，制定下发《中车改革三年行动实施方案》，全力推进改革攻坚。改革专项深入开展。“双百行动”扎实推进，7家试点企业围绕健全公司治理体系、推行“两制一契”管理、建立健全市场化经营机制等方面大胆探索、发力破局。株洲所、中车产投试点推行“总经理组阁制”。株洲所改革经验入选国资委《改革样本》。深化子公司董事会建设，选派18名专职外部董事入驻21家一级子公司。根据不同功能定位，坚持一企一策，合理设计和优化拟“混改”企业股权结构，积极引入高匹配度、高认同感、高协同性的战略投资者，扎实推进株洲所、株洲电机等企业10个混改项目，实施完成新能源汽车电机业务、高速永磁电机业务等5个“混改”项目。“科改示范行动”加力实施，长江集团、唐山公司完成方案制定并启动相关工作。业务重组稳步推进。株机和资阳、永济电机和大连电牵重组顺利完成；四个“二七”、两个“四方”重组，制动、钩缓、牵引变流等关键部件业务整合启动实施。历史遗留问题有效化解。聚焦主责主业，深入开展“二二三”专项活动，完成“两资”处置5.05亿元。三供一业分离移交、厂办大集体改革、退休人员社会化管理完成率均达到100%。“总部机关化”专项整改成效显著。总部机构由28个减至22个，其中行政职能机构由14个减至9个，总部管控和运行效率进一步提升。

**（五）统筹管理能力提升与降本提质增效，运营品质持续升级**

深入实施对标世界一流管理提升行动。制定中车对标世界一流管理提升行动实施方案，形成“1+10+N”三年管理提升行动纲领文件，瞄准十大领域，着力提升管理能力。启动三年“强基工程”，落实“四基五无”要求，“十大重点突破任务”和30项里程碑节点取得阶段性成果。深化“6621”运营管理平台建设，精益管理迈向体系化。着力推进依法合规管理，持续加强海外风险防控，颁布6个海外重点领域合规指南。深入开展提质增效和降本节支增效活动。全面深化“1618”提质增效活动，突出抓好18个重点专项。多措并举降低采购成本，全年一级集采率达到32.7%，累计降低采购成本37亿元。全面开展对标管理，城轨、货车、机车、动车组、风电装备产品毛利率稳步提升。大力加强亏损企业治理，全年亏损户数降至43家，亏损额降至33亿元，较上年同期下降43.4%。强力压降“两金”占用。修理费、差旅费、办公费等9项可控期间费用同比降低18.1%，累计降低费用16.2亿元。“中车智程”在165家子企业推广应用，国内飞行里程成本大幅下降。积极争取政府减税降费，实现增利约15.06亿元。加强依法治企和依法维权，强化风险防范化解，与14家子公司签订风险化解目标责任书，全力减少事实损失，全年缩减风险敞口22亿元，冲回已计提减值约3亿元。深入抓实安全环保和产品质量。安全生产专项整治三年行动全面启动，污染防治三年行动圆满收官。全年责任死亡事故为零，火灾爆炸事故为零，突发环境事件为零，全面完成国资委安全节能减排指标。持续推进“中车Q”体系贯标，试行质量管理成熟度评价，质量损失率0.42%，同比下降4.45%，源头质量问题持续改善。

**（六）统筹党建业务融合与文化品牌建设，政治优势更加凸显**

党的建设不断加强。始终牢记中车姓党，坚持以政治建设为统领，全面加强党的建设。成功召开中车第一次党代会，擘画“两步走”建设受人尊敬世界一流中车的宏伟蓝图。扎实开展“深度融合年”专项行动，持续打造党建金名片，党的建设与生产经营深度融合，为完成全年目标任务提供了坚强保证。强力正风反腐，严格监督执纪，一体推进“三不腐”体制机制，全面从严治党呈现持续向上向好态势。政治巡视整改全面完成。通过建机制、强管控、抓销号，经过三年集团上下共同努力，国资委党委政治巡视梳理出的259项问题全部整改完成，整改成果得到持续巩固。脱贫攻坚完美收官。牢牢扛起脱贫攻坚的政治责任和社会责任，深入实施教育、培训、基建、产业、消费、党建“六项帮扶”，集团定点帮扶的4个县（区）成功脱贫摘帽。抗疫大战展现担当。中车累计向疫情严重地区捐款捐物折合人民币5000万元，6万余名党员自愿捐款886.8万元，充分展现了中车人的责任担当。特别是长江集团、长江公司地处武汉，勇担战“疫”责任，全力投入武汉保卫战，荣获“中央企业抗击新冠肺炎疫情先进集体”。文化品牌魅力绽放。持续弘扬中车之道，传唱中车之歌，加强品牌建设，中车企业文化的向心力、凝聚力不断增强。2020年中车品牌价值达到1105亿元，持续位居机械类央企首位，荣获2020年度中国品牌创新案例奖。

## 二、回顾“十三五”，成长中收获新启示

“十三五”是新中车走过的第一个五年。五年来，习近平总书记三次视察中车，谆谆教诲和殷切期望，激励我们前行。五年来，我们牢记嘱托、砥砺奋进，取得了显著的发展成就，实现了“六个全面跃升”：一是经营品质全面跃升。始终围绕“双打造一培育”目标，坚持抓发展、提品质，经济效益逐步攀升，规模效益指标位居全球轨道交通装备制造业前列，连续位列世界500强，发挥了国民经济增长的助推器和稳定器作用。二是改革成效全面跃升。南北车重组成立新中车，成为全球规模最大的轨道交通装备供应商，重构了世界轨道交通装备行业格局。中车“双百”“混改”“科改”纵深推进，成为中央企业多领域综合性改革探路先锋。三是科技能力全面跃升。坚持科技自立自强，实现了由跟跑并跑到领先领跑的重大跨越。系列化复兴号、时速600公里高速磁浮、城轨车辆以及核心系统等一系列重大科技创新成果不断涌现，“72181”重大专项陆续突破。习近平总书记点赞，“复兴号高速列车迈出从追赶到领跑的关键一步”。四是产业布局全面跃升。我们加强战略引领，聚焦主责主业，强化“五大业务”，丰富产品谱系，不断满足和引领多元化的市场需求。持续优化海外布局，产品和服务拓展到全球105个国家和地区。五是品牌价值全面跃升。以价值创造树立品牌，深度推进产品、服务、责任、文化融合。中车品牌价值位列国内机械制造类行业第一名，在“最受赞赏的中国公司”榜单中连续位列前茅。六是党建成果全面跃升。坚持高铁“金名片”和党建“金名片”同步打造，探索出一条符合央企发展规律、彰显中车特色的党建引领保障机制，输出一批中车特色党建品牌，开创高质量党建引领高质量发展新局面。

回顾五年来的发展历程，18万中车员工风雨同舟，荣辱与共，披荆斩棘，锐意进取，取得瞩目的经营业绩，铸就璀璨的中车名片，成为改革创新的行业典范。中车作为中央企业，面对新时代的使命召唤、新阶段的发展要求，要胸怀“两个大局”，贯彻新发展理念，打造新发展优势，实现高质量发展。目前，中车与世界一流企业的标准对标，还存在明显短板和不足。一是科技创新支撑能力亟待提升。创新资源分散、重复、

低效老问题仍然存在，科技创新体制机制、人才评价体系尚需完善。部分关键核心技术还没有实现自主可控，仍然存在“卡脖子”问题。前瞻性、基础性和颠覆性技术研究不够，战略性技术储备明显不足。二是产业链供应链现代化水平亟待提升。行业供应链缺乏战略设计，产业链要素支撑不足，安全性稳定性存在风险，提供系统解决方案的能力存在短板。三是运营效率效益亟待提升。对标世界一流企业和国内先进企业，“两利四率”（净利润、利润总额、资产负债率、营收利润率、研发经费投入率、全员劳动生产率）等指标方面还有差距。数字化转型进展较慢，实体经济和数字经济深度融合不够，大数据作为生产要素的发展支撑不够，数字产业发展缓慢。四是改革综合成效和发展活力亟待提升。“双百”“混改”“科改”各项改革还需纵深推进。特别是公司治理机制、劳动用工机制、激励约束机制还不完善，灵活高效的市场化经营机制尚未全面建立。部分领导干部思想不够解放、改革动力不足。五是资源配置效率和协同发展能力亟待提升。缺乏系统观念和战略谋划，业务布局不够优化，一些业务和项目存在风险隐患。新产业战略导向不足，资源布局分散，有效支撑能力不够。“同一个中车”理念还未真正入脑融心，共拓市场机制没有有效形成，各业务板块联动不够，子公司之间发展不平衡不充分的矛盾仍然凸显。六是国际经营能力亟待提升。中车国际化程度不高，国际资源配置能力较低，海外收入占比较小，抗风险和抗打压能力不强。以上六个方面的不足和短板，制约了中车高质量发展，需要全集团上下凝心聚力，重点突破，加快解决。

回首过去的五年，中车人的使命担当、攻坚克难、志在必得的精神，为我们不断超越自我、再攀高峰提供了极其深刻的经验启示：一是必须坚持党的领导，筑牢根魂。要坚决做到“两个维护”，不折不扣落实习近平总书记重要指示批示精神，把加强党的领导与完善公司治理统一起来，加快完善中国特色现代国有企业制度。二是必须坚持服务国家战略，勇担使命。深入贯彻新发展理念，坚定不移助力交通强国、制造强国、质量强国、数字中国建设，肩负强国重任，彰显中车担当。三是必须坚持战略引领，把准方向。致力打造“受人尊敬世界一流中车”发展蓝图，聚焦主责主业，强化战略引领，坚持目标导向，抓实战略落地，切实把战略规划变成经营业绩。四是必须坚持创新驱动，自立自强。秉承“明志笃行、固本培元”的创新方略，精准把握行业发展大势，不断完善科技创新体系，持续提升自主创新能力，实现科技自立自强。五是必须坚持深化改革，积聚动能。聚焦重点领域和短板弱项，持续推进中车改革纵深发展，加快建立健全市场化经营机制，进一步激发企业经营活力。六是必须坚持协同融合，共赢发展。持续推进共建共享，切实加强创新、改革、市场、资源协同，延伸产业链、融通供应链、提升价值链。七是必须坚持人才强企，激发动力。践行“以人为本”理念，以“翻一番”为奋斗目标，持续深化三项制度改革，着力畅通人才成长通道，切实激发全体中车人的奋斗激情和奋斗伟力。八是必须坚持风险防控，夯基固本。持续完善风险防控体系，提升风险防范化解能力，切实筑牢“防火墙”，有效应对各类风险挑战。九是必须坚持文化兴企，汇智聚力。坚持文化兴企战略，以党代会擘画的蓝图为指引，构筑企业共同愿景，塑造企业核心价值观，强化企业品牌传播力，激发广大员工的向心力、凝聚力和创造力。

以上经验启示，是我们在长期实践中摸索出来的，为中车发展提供了重要指引。面对“十四五”新征程，我们必须始终坚持践行这些经验启示，坚定方向，坚毅前行，加速实现“好优美高强”的“中车梦”。

## 三、因时应势，变局中把握新形势

“十四五”时期是开启全面建设社会主义现代化国家新征程、向第二个百年奋斗目标进军的第一个五年。我国发展仍然处于重要战略机遇期，但机遇和挑战都有新的发展变化。进入新发展阶段，面对更趋复杂的内外部环境，我们必须坚持用全面、辩证、长远的眼光看待变局中的新机遇、新挑战、新变化，于变局中开新局、育新机、谋新篇。

**（一）顺势而为，抢抓机遇，于变局中开新局**

党的十九届五中全会提出了“十四五”时期经济社会发展规划和2035年远景目标，为我们推动改革发展提供了根本遵循。我们必须胸怀“两个大局”，勇立时代潮头，形成强大合力，于变局中抢抓新机遇、开创新局面。新发展格局加快构建带来新机遇。构建新发展格局将坚持把着力点放在实体经济上，推出加快发展现代产业体系、提升产业链供应链现代化水平、发展战略性新兴产业、统筹推进基础设施建设、推动能源革命、加快数字化发展等新战略新举措，必将为中车发展拓展新空间，激发新动力。交通强国战略深入实施带来新机遇。国家将加快建设交通强国，完善综合运输大通道，实施川藏铁路、西部陆海新通道等重大工程，加快城市群和都市圈轨道交通网络化，2035年要基本形成“全国123出行交通圈”和“全球123快货物流圈”，全国铁路网将达到20万公里左右，其中高铁7万公里左右。轨道交通装备需求将保持稳定。国企深化改革带来新机遇。供给侧结构性改革持续深化，《国企改革三年行动方案（2020—2022）》深入推进，并陆续出台一系列配套政策，中车用足用活政策，助推深化改革多点发力，可进一步激发企业活力，释放改革红利，提升企业的竞争力、创新力、控制力、影响力、抗风险能力，成为切实担当构建新发展格局的“火车头”和高质量发展的排头兵。

**（二）逆势攻坚，应对挑战，于变局中育新机**

当今世界正经历百年未有之大变局，新冠肺炎疫情加剧了“变”的态势，对全球经济发展带来深远影响。全球贸易保护主义、单边主义抬头，经济全球化遭遇逆流，国际国内形势更趋复杂多变，产业链供应链加速重构，轨道交通装备行业格局深刻调整，我们必须保持战略定力，把握发展规律，于变局中应对新挑战、展现新作为。宏观经济下行带来新挑战。世界经济持续低迷，国际贸易和投资大幅萎缩，多数经济体陷入衰退泥潭。我国经济正处于转变发展方式、优化经济结构、转换增长动力的攻关期，韧性好、潜力足、回旋余地大，但也面临结构性、体制性、周期性问题相互交织所带来的挑战。产业链供应链重构带来新挑战。中美战略博弈具有长期性、复杂性和艰巨性，美国对我们的技术封锁和市场围堵将成为常态。全球产业链供应链正在加速重构，本地化、区域化的趋势愈加明显。中车产业链供应链安全面临挑战。行业格局深度调整带来新挑战。全球轨道交通装备行业重组整合频繁，产业集中度不断提高，跨国企业抢夺技术、市场等资源的竞争将会更加激烈。国内轨道交通装备市场全面放开，各类资本争相抢滩市场，比亚迪、京投等已在布局发力，对中车构成极大威胁。我们必须增强忧患意识，坚持底线思维，牢固树立中车命运共同体意识，专心办好自己的事，把发展的主动权牢牢掌握在自己手中。

**（三）应势谋变，与时俱进，于变局中谋新篇**

当前，新一轮科技革命和产业变革加速发展，供给侧和需求侧改革呈现新趋势、新变化和新特点，我们必须与时俱进，判变势、应变策、抓变机。科技革命带来新变化。以5G、人工智能、工业互联网、大数据、云计算、北斗等为代表的新一轮科技革命加速发展，新技术、新业态、新模式层出不穷，新的竞争合作模式正在形成，新技术与轨道交通的融合创新趋势日趋明显。数字经济带来新变化。党的十九届五中全会提出，要发展数字经济，推进数字产业化和产业数字化，推动数字经济和实体经济深度融合，打造具有国际竞争力的数字产业集群。数字化将会进一步改变企业的生产方式、组织方式、商业模式和业务形态，加速行业价值链和竞争格局的变革与重构。新兴产业带来新变化。新一代信息技术、新材料、新能源等战略性新兴产业是企业培育发展新动能、获取未来竞争新优势的关键领域，近年来国家出台了一系列政策，引导技术、资金、人才等资源向新兴产业聚集。碳达峰碳中和目标的提出，将加快绿色发展，对高能耗、高消耗、高污染、低效率等产品和装备按下“退出键”。我们必须顺应发展大势，胸怀“国之大者”，率先行动发力，打造增长引擎，发挥央企的引领带动作用，让高铁速度助力中国梦提速。

综合研判，我们身处深刻变局中，危机并存，危中有机，危可转机。中车第一次党代会已为我们擘画了未来五年乃至十五年的奋斗蓝图。提出分“两步走”：

第一步，新中车成立十周年，建成以“一核两商一流”为标志的世界一流中车。到2025年要实现“五个一流”目标。经营业绩一流，进入世界300强。员工人均收入超过24万元，力争实现“翻一番”；业务结构一流，在轨道交通装备业务保持全球行业“第一位”的同时，风电装备、新能源客车、新材料“三极”业务营业收入占比超过25%；管理体系一流，要创建成为满足“三个领军”“三个领先”“三个典范”要求的世界一流示范企业；企业形象一流，践行新发展理念，在构建新发展格局中发挥大国重器顶梁柱作用；党建引领一流，输出一批中车特色党建品牌，成为央企党建典范，始终保持国资委经营业绩和党建考核A级企业。

第二步，新中车成立二十周年，建成以“受人尊敬”为标志的世界一流中车。到2035年，进入世界200强。要占据全球高端装备价值链制高点，处于世界级先进产业集群核心地位。要成为新时代交通强国建设的骨干力量，成为社会主义现代化强国的中流砥柱。

实现“两步走”目标，“十四五”至关重要。我们必须深入汲取“十三五”发展经验启示，深刻把握发展规律，增强机遇意识，驾驭复杂局面，乘势而上开启新征程，切实肩负“国之重器”，持续擦亮“国家名片”，努力成为“央企典范”，加快建设受人尊敬世界一流中车，在服务党和国家事业全局中展现更大作为、彰显更大担当。

## 四、聚焦2021，奋进中开启新征程

2021年是中国共产党建党100周年，也是中车创建140周年、“十四五”开局之年。迈好第一步，见到新气象，对于实现五年发展目标乃至中车2035年远景目标具有重要意义。

2021年经营工作的总体思路是：坚持以习近平新时代中国特色社会主义思想为指导，深入贯彻党的十九大和十九届历次全会精神，全面落实中央经济工作会议、中央企业负责人会议精神，全面落实中车第一次党代会精神，立足新发展阶段，贯彻新发展理念，构建新发展格局，坚持“稳中求进”工作总基调，以高质量发展为主题，不断激发创新改革两大动力，着力打造“强基、赋能、攀高”三大引擎，加快构建六大机制，深入推进八项重点任务，加速向世界一流企业迈进，以优异成绩庆祝建党100周年。

2021年主要经营目标是："两利四率"指标持续优化，经营业绩稳步攀高。集团公司实现营业收入2440亿元，净利润128亿元，利润总额同步增长；资产负债率不超过63%，营业收入利润率达到6%，研发投入占比达到6%以上，全员劳动生产率增长5以上。股份公司实现营业收入2330亿元，归母净利润130亿元。员工收入与企业效益同步增长。

2021年经营工作思路概括为"12368"：

"1"：围绕一个主题，即高质量发展。

"2"：激发两大动力，即科技创新和深化改革。要实施科技自立自强战略，推进国企改革三年行动，不断激发创新和改革两个动力，实现双轮驱动，助推中车高质量发展。

"3"：打造三大引擎，即"强基、赋能、攀高"三大引擎。

打造"强基"引擎：深入实施对标世界一流管理提升行动和三年"强基工程"，聚焦十大领域和十大任务，重点推进专项突破，实现里程碑成果目标，推出一批有效的制度标准和规范流程，不断提升公司治理和风险防控能力，形成管理提升长效机制。

打造"赋能"引擎：坚持创新驱动，聚焦"四个面向"，做好技术创新顶层规划，打好关键核心技术攻坚战，着力解决"卡脖子"问题，抢占科技创新高地，推动产业转型升级。坚持改革带动，深入推进改革三年行动，着力突破体制机制束缚，加快优化生产要素配置，持续激发内生动力，不断培育发展动能。坚持数字化推动，加快推进数字经济和制造主业深度融合，高效实施运营、产品、服务数字化，加快打造数字化产业，着力推动中车产业数字化、数字产业化。

打造"攀高"引擎：聚焦业绩攀升，全力打造提质增效"升级版"，持续提升企业运营效率和品质，实现经营业绩再攀高峰。聚焦市值攀升，有效实施品牌战略，持续提升中车品牌知名度和美誉度，提高资本市场满意度，促进中车市值攀升。聚焦党建攀升，切实加强党的建设，持续巩固党建成果，塑造党建"金名片"，成为央企党建的典范。

"6"：构建六大机制。一是市场化经营机制。聚焦国企改革三年行动，加快改革向纵深推进，建立健全市场化经营机制，不断激发企业经营活力。二是协同创新机制。坚持"四个面向"，以协同创新团队建设为抓手，加快健全协同创新机制，全面掌握核心关键技术，牢牢掌握发展的主动权，持续实现领先领跑。三是市场共拓机制。牢固树立"同一个中车"理念，强化中车命运共同体意识，加大市场协同力度，建立完善市场共拓激励机制，充分聚合企业各自优势，共同发力开拓市场，切实提升中车整体竞争力。四是业务引领机制。充分发挥核心优势，突出专业化发展，重点在关键系统、新兴产业、重要零部件等专项业务领域，加快构建业务引领机制，提升业务集中度，努力打造产业头雁，成为单项冠军、隐形冠军。加快建立新产业考核引导机制，引导资源高效投入，推动新产业快速拓展。五是资源共享机制。进一步强化战略导向，加强顶层设计，借助信息化、数字化手段，建立健全技术库、数据库、方案库、人才库，更好地促进各类资源高效流动、优化配置。六是产融互动机制。聚焦主责主业，坚持产融结合，以融促产，撬动社会资源，畅通资产互动、资本流动、资金促动渠道，推动产品经营和资本经营有效联动，促进产业孵化、品质提升和市场开拓。

"8"：推进八大任务。推进"经营攀高、市场突破、战略引领、管理提升、科技创新、深化改革、风险化解、党建攀升"八大重点任务。

围绕“12368”经营思路，要重点做到“八个突出八个确保”：

**（一）突出经营攀高，确保服务国家战略彰显新担当**

启航“十四五”，砥砺再奋进。完成2021年经营指标，事关中车“十四五”良好开局，事关服务国家战略大局。集团上下要进一步提高政治站位，增强大局意识，勇于担当作为，确保完成全年经营目标。

坚持目标导向，盯紧抓实。集团总部、各子公司都要以高目标（T3指标）引领全年经营工作，时刻牢记总书记的殷切嘱托，时刻牢记大国重器的责任担当，时刻牢记职工群众的所思所盼，咬定目标不放松，落实责任不解压，持续加强经营调度管控，有效强化重大专项督导，形成以月保季、以季保年的稳健经营机制。总部各部门、各子公司要自我加压，奋勇攻坚，持续提升经营创效能力，守住底线，勇攀高线，力争超额完成全年经营指标。

坚持问题导向，强弱补短。深入推进业务结构优化和产业链调整，持续优化资源配置，逐步引导增量资源向创新能力强、边际收益高的优势企业、优势产业流动。切实加强经营风险治理，寻找增量效益。全面开展亏损企业专项治理，全力止住“出血点”。全年亏损企业户数和亏损额力争下降30%，逐级签订专项责任书，强化治理责任，建立季度考核机制，督导治理任务完成。

坚持效益导向，强化激励。要牢固树立“过紧日子”思想，持续强化全面预算管理。深入开展提质增效、降本节支工作，持续挖掘内在潜力，实现增收节支创效。强力扩展集采领域，有效降低采购成本，全年供应链降本率不低于1%。深入推进“两金”管控三年工作方案，层层落实压降责任，加强考核督导，年末两金降幅达到5%以上。加大闲置资产盘活处置力度，年内力争完成资产处置约15亿元。各子公司要充分运用国家政策，争取地方政府各类扶持资金和税费减免，有效缓解经营压力。切实管控非生产性费用支出，严控会议费、办公费、差旅费、咨询费和各种协会费用支出，力争全年可控费用同比下降。加快中车智程在全级次子企业推广应用，力争上半年实现全覆盖。全面实施全口径用工劳动生产率和增加值劳动生产率对标提升活动，全力降低人工成本，确保两率提高5%以上。

**（二）突出市场突破，确保融入新发展格局展现新作为**

构建新发展格局是党中央在新时代新阶段提出的重大命题，我们必须立足国内国际两个市场，融入新发展格局，坚持“一核两商一流”目标定位和“一核三极多点”业务方向，着眼中车产业链供应链安全稳定，充分发挥中车整体优势，努力破解市场瓶颈和产业链短板，深耕五大业务，全力破冰突围，发挥支撑带动作用。

铁路业务要力求“稳增”。要以交通强国、装备支撑为使命，着眼“十四五”发展，深入思考业务结构调整方向，致力打造“新造、修理、配件、服务”四位一体的全寿命周期业务经营体系，主动满足市场需求。加强与国铁集团、路外用户的密切沟通，保持新造、检修业务总体稳定，全力争取配件业务较大幅度增长。持续打造中车内部核心供应链，提高内部配套能力，全年力争内部配套率不低于74%。充分发挥中车造、修、服务一体化优势，更好适应修程修制改革。加快区域配件中心建设，探索属地修、合作修、自主修新模式，全力拓展维保、检修、配件销售、智能服务等后市场业务。全年确保铁路装备业务实现收入1006亿元。

城轨及城市基础设施业务要力求“提质”。牢固树立“中车命运共同体”理念，强化区域市场协同，尽快探索建立市场份额与企业毛利率、内部配套率和标准车落地等挂钩的竞争机制，加快城轨检修布局，优化内部“有序竞争”，促进各企业高质量拓展城轨业务。加快搭建“标准地铁列车”平台，抓好时速80公里和120公里的A、B型车项目落地。持续开展成本对标，着力强化内部配套，实现内部最大拉动效应，力争年内城轨业务毛利率提升0.5%，内部配套率提高2%。紧跟城市群和都市圈轨道交通网络化发展需求，创新合作模式、商业模式，加快向全寿命维保运维市场、提供系统解决方案拓展。深度融入新基建、智慧城市和智慧城轨建设，大力拓展城轨PPP、EPC和机电系统总包业务，加快机电系统产业链育成。城轨业务全年确保实现收入600亿元。

新产业要力求“攀高”。加快新产业的战略布局，突出专业化、规模化、协同化发展，完善新产业考核引导机制，以新能源客车、高分子复合材料、风电装备、环境治理等为重点，加强改革破冰，加大资源投入，加速重组整合，持续培育中车新的业务增长极。风电业务，要高度关注“抢装潮”后的宏观政策变化，密切跟踪行业动态，推进资源整合，创新市场经营模式，协同开拓新市场。要有效管控经营风险，全力稳住重点客户，稳定既有市场，在持续提升市场份额的基础上，提升盈利能力。新能源客车业务，要从技术、品质、服务等方面打造出中车品牌，建立风险防控机制，充分借力属地企业优势，共同开拓市场，巩固新能源客车行业前三地位，努力寻求业绩攀高和地位超越。要加强内部产业配套，快速拓展电驱动系统、电机等业务，力争进入国内行业前十。新材料业务，要牢牢抓住新基建机遇，优化产业布局，深化与大客户的战略合作，稳步提升轨道交通线路减振产品、汽车减振降噪、轨道空气弹簧、城市基建减震等业务市场份额，力争全年实现收入85亿元。汽车减振降噪业务要力求突破，确保进入全球前三。其他多点业务，要按照“2×3阵列”（“2”是国际、国内两个市场，“3”是引领、领先、第一梯队三个地位）要求去培育，加大研发投入、市场投入，加快技术创新成果转化，快速响应并抢占市场。加快推进中车氢能城市（企业）示范运营项目，力争年内落地。全年新产业板块要确保实现收入713亿元。

现代服务业务要力求“激活”。要深度参与国家战略，持续深化地企关系，以资本、资产、资源为纽带，着力加强与其他央企、地方国企等的务实合作，加快产融互助平台建设，产融结合、以融促产，撬动社会资源，通过投资、并购、合作等方式，全力培育新业务、拓展新市场。继续盘活各类不动产资源，重点推进长春高新厂区和宽城厂区、青岛四方厂区、天津津浦厂区、大连厂区、二七车辆厂区、兰州武威路厂区等土地盘活项目，力争盘活土地1000亩，为集团和股份公司增收创效18亿元以上。要聚焦数字化赋能，持续推动5G、大数据、物联网、人工智能、北斗等新一代信息技术赋能，加快数字经济和制造主业融合，全力推动产业数字化、数字产业化。深入开展数字企业建设，启动智能制造“灯塔工程”，努力推进设计工艺和制造过程一体化，助力产业链价值提升，年内力争建设完成数字企业2个、数字化车间2个、智能化产线10条。哈尔滨“宜企拍”要加快再利用再制造升级发展，电商平台成交额力争突破10亿元。中车工业智慧物流要立足打造央企典范，加快建立大数据平台，全力推进专业化、区域化发展，稳步推进向产业链上下游、城市物流延伸，年内力争智慧物流业务签单达到15亿元，实现营业收入10亿元。全年现代服务业务要确保实现收入120亿元。

国际业务要力求“走深”。要坚定融入国家“一带一路”建设等战略，紧紧抓住后疫情时代资源重配的机遇，要抢抓境外产业链供应链的空档期，统筹推动系统部件走出去，加快培育国际竞争新优势，形成国际业务发展新格局。要持续优化海外业务布局，加快提升系统解决方案能力，努力扩大市场空间。探索创新海外经营模式，制定差异化拓展策略，健全国际化经营体系，完善海外业务考核机制，加强海外区域资源整合。国际业务全年要确保新签订单60亿美元，力争65亿美元；境外销售收入实现190亿元，比上年增长10%以上。

**(三)突出战略引领，确保“十四五”规划落地再塑新格局**

企业发展，战略先行。中车第一次党代会擘画了中车未来五年，乃至未来十五年的宏伟蓝图，我们要坚持一张蓝图绘到底，守正笃实，久久为功。

精心编制战略规划。要高度重视战略规划的导向和统领作用，紧紧围绕“一核两商一流”和“五个一”奋斗目标，按照《中国中车“十四五”发展战略总体框架》，精心编制《中国中车“十四五”战略规划纲要》，组织做好总体战略的细化、分解、落实。同步推进各业务、职能、区域等专项规划的编制。切实加强对各一级子公司《“十四五”战略发展规划》编制工作的指导，确保做到集团与子公司战略规划有效衔接，形成系统完备、上下贯通、高度协同、互为支撑的规划体系，统领全集团改革发展经营各项工作平稳推进。

切实强化战略管控。要强化战略管控意识，科学谋划企业战略定位，聚焦主责主业，优化业务结构，切实强化战略规划的刚性约束和有效落实。要实施投资全周期管理，提高投资的科学性、有效性，认真落实重点固定资产投资项目责任书，从严加强投资管控，全年固定资产投资要控制在100亿元以内，争取集团公司固定资产周转率提高到3.8次，处于装备制造类央企的前列。分类开展授权放权，建立授权放权动态调整机制，加强跟踪督导，定期评估实施效果。要聚焦核心系统、重要部件和技术、产业、市场短板等，加大投资并购力度，努力获取优质资产，提高企业核心竞争力，今年要实现2~3个项目。要加强战略性投资并购管理，建立健全资本管理体系，提高风险防控能力，促进国有资本保值增值。

扎实推进战略落地。坚决防止战略规划“束之高阁”的情况，要健全战略规划推进工作机制，切实加强战略规划与经营计划、财务预算、投资管理、产业布局等环节的有效衔接，围绕战略落地制定政策、配置资源、建立机制，确保战略目标落地有支撑、按期能兑现。年内要对不少于10家企业开展战略询审，力争实现各一级子公司以及“一核三极多点”业务的三年全覆盖，督导子公司推动战略规划落实落地，形成有效闭环管理，真正实现战略引领发展。

**(四)突出管理提升，确保对标一流管理升级再上新台阶**

全面提升管理水平是建成受人尊敬世界一流中车的基础。我们要对标“三个领军”“三个领先”“三个典范”的要求，聚焦价值创造，强基固本，提升效能，打造具有中车特色的世界一流管理范式。

对标一流抓管理。要加快推进对标世界一流管理提升行动方案有效落实，持续深化对标管理，主动找差距、定措施、补短板，着力提升管理效率和效益。持续完善中车“1+10+N”纲领文件和任务清单，逐项分解任务、逐步制定措施、逐级压实责任，推进各项举措落地见效。持续深化三年“强基工程”，聚焦十大重点领域，夯基定规、提升效能，全面实现年度里程碑成果目标。要切实加强上市公司市值管理，维护上市公司形象，提振资本市场信心，努力提高上市公司市值，为广大投资者创造更大回报。持续加强两级董事会建设，完善外部董事派出等制度，提升企业治理效能。

要素升级促管理。持续完善“6621”运营管理平台，加快构建中车特色精益管理标准体系，大力推进生产要素、管理过程的局部改善向全过程全链条的价值提升。全面推进数字化智能化管理转型。深化中车信息化体制机制改革，重构信息化管理体系，发挥好信息公司平台作用。加强工业互联网平台顶层设计，加快推进大数据中心、集团管控大数据平台、协同办公云平台等信息化项目。全面推进“361”工业软件安全专项、互联网统一出口项目，不断提升工业软件、信息安全管理水平。

协同融合强管理。牢固树立“同一个中车”理念，着眼中车更加充分、更加平衡、更有效率、更高质量的发展，进一步建立健全中车协同共享机制，推动集团与各子公司间、各子公司之间人才、技术、产品、资本、资产、服务等各类资源的高效流动和有效协同。全力推动外部协同联动、内部协同畅通，发挥资源同用、市场互助、技术共享、人才互帮的乘积作用，持续提升中车运营管理水平。

**（五）突出科技创新，确保自立自强再登新高地**

立足新发展阶段，聚焦“四个面向”，我们要坚持创新在企业发展中的核心地位，把科技自立自强作为中车发展的战略支撑，深入实施创新驱动发展战略，加快抢占行业科技创新制高点，把大国重器牢牢掌握在自己手中。

全面深化科技体制改革。坚持自主创新、协同创新和开放创新，推进“十四五”科技发展规划落地实施。加快完善科技体制改革指导意见和科技创新活动评价、科技成果交易等管理办法，形成系统配套的制度体系。加快推进国家创新中心建设，确保顺利通过验收。持续推进国家工程中心、国家重点实验室等国家级研发机构建设和协同。紧紧抓住国家新一轮创新平台大力建设的机遇，做到不失机、不丢项。探索市场化、项目化、订单化管理模式，尽快将研究院打造成为中车科技平台公司。统筹做好海外研发资源优化调整，不断提升海外平台研发能力，年内力争新建海外研发中心1~2家。加快协同创新团队建设，完善协同创新机制，持续推动7个协同创新项目落地实施，年内新建1~2个协同创新团队。加快创新成果转化和市场化应用。

全面提升原始创新和自主可控能力。聚焦“卡脖子”关键技术瓶颈，聚焦产业链供应链安全，聚焦推动产业转型升级，把最优秀的人才、最急需的资源、最先进的设备配备用到攻关任务上来，全面推进“72181”重大专项、“1025”专项和“GCT”项目突破，加快补齐芯片、轴承、制动系统部件等核心基础零部件、关键基础材料、先进基础工艺、产业基础技术等短板弱项，着力推动关键配套技术产品的自主研发和推广应用，打通产业链和供应链，集智聚力攻坚，力争超前完成攻关目标。

全面推进科研项目牵引和重大产品研发。坚持“四个面向”，服务国家战略和市场需求，围绕碳达峰碳中和，系统谋划技术发展方向、技术路线，统筹发挥中车科研项目在重大方向、重大技术、重大产品创新中的牵引作用，主动适应高速化、重载化、服务化、智能化、绿色化、轻量化发展趋势，统筹谋划重大技术和产品布局，集中集团主要研发力量协同创新，提高科研经费使用效率，2021年科技投入占比不低于6%，前瞻基础共性技术研究占比达到15%以上。重点做好川藏铁路移动装备前期关键技术研究，机客货救援等要统一边界、统一平台、统一标准，为国家重大工程建设贡献中车智慧和中车方案。深度参与国铁集团“CR450科技创新工程”的高速动车组研发，加快推进复兴号高原双动力集中动车组、时速160公里客运内燃机车、4400马力货运干线内燃机车、重载和多式联运货车等重大产品的研制。组织好中国标准地铁列车项目研发与市场化推广应用。全力开展轻型材料、高效储能、清洁排放等节能环保，无人驾驶、网络传输、人工智能等技术研究与应用，加快形成新技术产业生态。

全面提升中车行业话语权和影响力。持续加强技术标准化、专利与知识产权管理、计量理化检验检测工作，努力提升科技管理能力，全面夯实中车科技发展基础。积极参与全球轨道交通行业标准的研究和制修订工作。重点围绕新技术、新材料和新工艺，开展机车车辆整车、关键零部件及工艺技术等标准的研究和制定。切实加强中车知识产权创造、运用、保护和管理，有效防范化解知识产权侵权风险。全年主导或参与制修订国际标准不少于10项，新增专利不少于4000项，其中发明专利不少于2800项。

**（六）突出深化改革，确保重点突破再添新动能**

深化国有企业改革，是党和国家站在新的历史方位，对国企改革发展的总要求。贯彻落实国企改革三年行动，按照可衡量、可考核、可检验、要办事的要求，从供给侧与需求侧双向发力，努力实现改革纵深突破。

全面深化改革突破。要深入推进中车改革三年行动方案落地，加强改革顶层谋划和宏观指导。2021年要完成三年改革任务的70%以上。“7+3+2”试点企业作为中车全面深化改革的排头兵，要率先改、大胆试、快行动，争当改革标兵、争创改革典范，打造国企改革样板。7家“双百行动”企业要按照“五突破、一加强”要求，结合各自功能定位、产业特点等，在完善公司治理、“两制一契”管理、市场化选人用人、市场化经营机制建立等方面主动寻求改革突破，年内要出实招、见实效。时代电气年内要力争完成科创板上市。3家“混改试点企业”，要坚持“三因三宜三不”原则（因地施策、因业施策、因企施策，宜独则独、宜控则控、宜参则参，不搞拉郎配，不搞全覆盖，不设时间表），分层分类推进混合所有制改革，支持引入非国有资本的持股比例超过三分之一，支持符合条件的子公司在混改过程中依法合规、稳慎开展骨干员工持股。具备条件的子企业要积极推进“混改”，全面建立灵活高效的市场化经营机制，探索实行差异化管控。2家“科改示范企业”，要在深化市场化改革、提升自主创新能力等方面创新求变，努力成为中车科技型企业的自主创新尖兵，在中车内部形成可复制、可推广的成功经验。新产业板块、平台类企业、存续企业要加大改革的力度。推进构建中车大学（党校）、实训基地、职业教育“三位一体”教育培训业务平台，打造央企职业教育产教融合典范。

加速推进重组整合。要深入学习领会党中央、国务院《关于新时代推进国有经济布局优化和结构调整的意见》，积极推动与其他央企、地方企业的战略性重组和专业化整合，持续优化业务结构和产业布局。坚持“造修一体、以强带弱”原则，加快推进四方股份与四方有限重组，继续推动4个二七公司深度重组，完成租赁公司重组中铁装备公司股权工作。有序推动4个研究所发展定位研究，深入推进制动、钩缓、牵引变流与网络控制、储能等业务重组，着力构建核心系统和关键部件的业务引领平台，加快培育单项冠军、隐形冠军。着眼“三极”业务重点突破，深度谋划风电、新能源、新材料等业务重组和合资合作，强化优势资源互补和产业链协同，尽快形成新的增长极。

持续升级主责主业。聚焦发展实业，深入开展“二二三”专项活动，加快非主业、非优势业务“两非”剥离，推动资源要素向主业集中，到年底要完成70%的剥离任务。要持续推进时代电气、时代新材、南方汇通等上市公司改革，建立健全现代企业制度，提高资本运营效率，助力轨道交通装备等主业升级发展。

**（七）突出风险化解，确保行稳致远再筑新防线**

综合研判后疫情时代，全球经济有望恢复性增长，但形势更趋严峻复杂，风险隐患易发多发，我们必须切实强化风险意识和底线思维，坚决守住不发生重大风险的底线。

抓好风控管理。要对标世界一流企业，持续构建风险防控体系，着力完善内审管理体制机制，做到审计监督早介入、无死角、全覆盖。密切盯牢重点领域和关键环节的各类风险，切实加强风险预警，在稳妥化解存量风险的同时，积极防范增量风险。针对物流和融资性贸易风险，呆、死应收账款风险，低效无效资产闲置风险，总部、各子公司要探索建立风险化解的绩效考核“责任体系”，逐级签订风险管理责任状，鼓励各责任主体千方百计化解风险，最大限度减少事实损失，全年要减少风险敞口 26 亿元，冲回计提减值 5 亿元以上。要切实加强对高负债企业的穿透式管理，严防 PPP、融资租赁等业务风险，对空转、走单贸易和融资性贸易要做到“零容忍”。要进一步完善海外经营风险防控体系，注重防范涉外法律风险，加强对敏感国家、敏感行业的风险研判，特别要高度重视中美贸易摩擦升级带来的风险，强化境外风险应急处置，切实维护境外资产安全。进一步完善保密相关制度，健全保密工作机制，切实加强保密管理。

抓好合规管理。深入贯彻习近平法治思想，强化法治思维，着力健全法人治理体系，持续提升依法治企能力。加快完善合规管理机制，不断促进合规管理与法律、内控、风险管理的有效协同。切实加强招投标管理、采购管理和合同管理，健全完善相关管理制度，推进招投标、采购过程规范化和合同模板标准化，从源头防范招投标、采购和合同管理中的潜在风险。要切实加强劳动用工管理，依法建立完善各类用工制度，妥善处理各类劳动纠纷，有效规避劳动用工风险。要健全完善企业民主管理和信访维稳工作机制，畅通意见反馈渠道，依法依规保障职工群众正当权益和合理诉求，有力有序化解各类矛盾纠纷，保障企业和谐稳定发展。

抓好质量管控和安全环保工作。深度推广“中车 Q”在全次级子企业落地实施，持续开展质量管理标准化建设，切实加强源头质量挂牌督办和实物质量管控，加快建立供应商管理共享机制，强化供应商协同管理水平，逐步构建责任共同体，确保总体质量损失率控制在 0.5% 以下。深入推进安全生产专项整治三年行动，着力构建系统安全责任管理体系，加快安全管理信息化管控建设，切实夯实安全管理基础，持续加强安全隐患排查治理，推进相关方用工、生产、安全、党建等一体化管理，坚决确保全年不发生重大安全事故。全面贯彻“绿水青山就是金山银山”理念，坚决落实党中央、国务院关于生态保护、污染防治的各项要求，强化生态保护和污染防治，全力打造绿色中车、平安中车，助力打赢蓝天碧水净土保卫战。

持续抓好常态化疫情防控。我们要毫不松懈抓好“外防输入、内防反弹”，加强与地方联动，压实各级领导责任，坚决防止在企业出现境外输入和本土病例。继续抓好境外单位疫情防控工作，努力维护境外单位员工队伍稳定。

**（八）突出党建攀升，确保创新拓展再展新成效**

2021 年党建工作主题是“固化攀升”。要在巩固前期成果的基础上，持续加强党的建设，推动党建工作攀升。全面落实党代会精神。要切实加强中车第一次党代会精神宣贯，结合各自企业实际，科学谋定落实举措，以更强大的战略定力、更顽强的决战意志，带领全体中车员工向宏伟目标迈进。围绕迎接建党 100 周年，挖掘红色资源，传承红色基因，广泛开展庆祝活动。持续压实党建责任。持续加强“三基建设”。健全党建工作责任配套制度，加快构建党建责任制和生产经营责任制融合联动的长效机制，更加促进党建和生产经营深度融合，进一步激发强党建促发展的内生动力，持续擦亮两张“名片”。持续激发干部人才活力。要着眼中车事业长远发展，加强干部队伍建设，持续提升“七种能力”。大力选拔敢担当、善作为的领导干部，大力培养优秀年轻干部，大力落实中车青年人才成长战略，进一步加强干部交流任职，真正把想干事、能干事、会干事、干成事的领导干部放在关键重要岗位。加强人才队伍建设，不断激发人才活力。

持续提升品牌价值。要深入践行中车成长之道，着力强化品牌建设，唱响中车之歌，讲好中车故事，塑造高铁工人精神，持续提升中车品牌价值和影响力。要加强中车品牌管理，加强对中车不控股企业运用“中车”品牌的管控，防止损害中车形象事件发生。持续履行社会责任。坚持“四不”原则，继续巩固脱贫攻坚成果，实现与乡村振兴战略有效衔接。主动融入长江大保护、黄河流域生态保护等国家战略，采取有力措施降低碳排放强度，积极践行碳达峰碳中和行动。持续筑牢廉洁防线。坚持构建“九大监督”工作布局，完善“多位一体”大监督工作格局，一体推进“三不腐”体制机制，全面深化全面从严治党，持续营造风清气正的发展环境。

在此，再强调三项重点工作：

一是毫不松懈抓好疫情防控工作。各企业不能有丝毫松懈麻痹，要坚决落实好集团公司疫情防控各项要求，配合地方做好防疫工作。

二是毫不松懈抓好安全生产、环保、维稳等工作。春节将至，容易出现放松心态，越是这个时候，越要绷紧弦，盯紧抓实安全生产、环保、维稳等各项工作。

三是毫不松懈安排好春运保障、售后服务工作。要派出精锐力量，全力保障好春运工作。要关心在外售后服务人员，特别要加强防疫保障，确保不发生感染事件。

同志们，击鼓催征稳驭舟，奋楫扬帆启新程。站在两个一百年奋斗目标的交汇点上，面对中车“两步走”的宏伟蓝图，让我们高举习近平新时代中国特色社会主义思想伟大旗帜，承前启后，乘势而上，勇担新使命，再攀新高峰，奋力开启建设受人尊敬世界一流中车“十四五”新征程，奋力实现全年各项目标任务，以优异的经营业绩和改革成果，向建党100周年、中车创建140周年献礼！

# 专　文

本栏编辑　冯　睿

# 开启新征程 实现新突破
# 全力推动中国中车高质量发展

中国中车党委书记、董事长、总经理（总裁）孙永才
在《中国中车“十四五”发展战略纲要》发布会上的讲话（摘要）
（2021 年 4 月 15 日）

在这芬芳艳丽、万象更新的美好时节，我们在全球最具活力的轨道交通装备产业重镇——湖南株洲，隆重召开《中国中车“十四五”发展战略纲要》发布会，主要任务是宣贯、宣讲、宣传中车“十四五”战略纲要，动员全集团上下统一思想，凝聚共识，汇聚合力，开启新征程，实现新突破，全力推动中国中车高质量发展。刚才，交通运输部范振宇副司长、国家铁路局严贺祥总工程师分别做了关于国家综合立体交通网规划纲要和铁路“十四五”发展规划的报告，描绘了我国综合交通和铁路运输事业的广阔前景，更加坚定了我们践行“交通强国、铁路先行、装备支撑”使命的责任感自豪感；宫成同志就《中国中车“十四五”发展战略纲要》（以下简称《战略纲要》）作了全面系统的宣贯，展示了中车追求高质量发展、建设世界一流企业的信心决心。

## 一、回望“十三五”，中车谱写了改革发展党建的崭新篇章

“十三五”时期是新中车重组后的第一个五年。五年来，在国务院国资委的正确领导下，在交通运输部、国家铁路局、国铁集团以及广大客户、合作伙伴的大力支持下，中国中车以习近平新时代中国特色社会主义思想为指导，认真贯彻党的十八大、十九大和十九届二中、三中、四中、五中全会精神，全面落实习近平总书记视察中车重要指示和对铁路发展、高铁创新的系列重要指示批示精神，积极应对产业变革、市场竞争、疫情冲击等困难挑战，以建设具有全球竞争力的世界一流企业为目标，汇集创新、变革、融合三大动力，全面推动高质量发展。

### （一）经营品质稳步提高

“十三五”期间，累计实现营业收入 11592.5 亿元，较“十二五”增长 12.9%，轨道交通装备业务收入稳居全球第一；累计实现利润总额 702.3 亿元，较“十二五”增长 18.0%；员工人均工资年均增长超过 10%。发挥了国民经济增长的助推器和稳定器作用。在国务院国资委经营业绩考核中实现“9 连 A”，并入选交通运输部交通强国建设试点单位。连续五年位列世界 500 强。

### （二）业务结构不断优化

“十三五”期间，累计新造动车组 1680 组、电力机车 3009 台、内燃机车 754 台、客车 2960 辆、货车 195651 辆，检修动车组 4278 组、电力机车 1630 台、内燃机车 3593 台、客车 22920 辆、货车 261525 辆，新造城轨车辆 34961 辆，为我国轨道交通装备现代化作出积极贡献。稳步发展风电装备、新能源客车、新材料等战略新兴业务，新产业收入占比由 2015 年的 22% 提高到 32%。积极参与“一带一路”建设，有效应对各种围堵打压，国际市场累计签约 328.6 亿美元、实现收入 945.9 亿元人民币，产品和服务覆盖全球 109 个国家和地区。

### （三）科技创新成果丰硕

“十三五”期间，新组建 2 个国家级创

新中心、10个海外研发中心、10个专项技术研发中心；制修订国际标准51项，专利申请量较“十三五”初增长11倍以上；获得国家级科技奖励11项，获得中国专利金奖9项、银奖5项、优秀奖63项，获奖数量位居国内制造业和中央企业前列。“72181”重大专项陆续突破。复兴号中国标准动车组项目荣获国内工业领域最高奖。今年1月19日，习近平总书记在乘坐京张高铁考察北京冬奥会、冬残奥会筹办工作时指出：“我国自主创新的一个成功范例就是高铁，从无到有，从引进、消化、吸收再创新到自主创新，现在已经领跑世界。”

**（四）改革重组持续深入**

重组整合成立新中车，为国资国企改革探索出新模式新路径。按照“小总部、大业务”定位持续优化总部职能，总部部门数量减少40%。扎实推进“双百”“混改”“科改”等专项工程，改革试点企业数量位居央企首位。完善公司法人治理结构，开展落实董事会选人用人权和“总经理组阁制”改革试点。全面推动“两制一契”管理模式，探索实施中长期激励政策。成为中央企业多领域综合性改革探路先锋。

**（五）党建引领显著增强**

以政治建设为统领，坚持一年一个主题，压茬推进“建强提升”“提质换挡”“成效跃升”“深度融合”专项行动，全面建设党建“金名片”，在国资委党建工作责任制考核中连续获评A级企业。成功召开中车第一次党代会，擘画“两步走”建成受人尊敬世界一流中车的宏伟蓝图。坚持党要管党、全面从严治党，深入开展党风廉政建设和反腐败工作，一体推进“三不腐”体制机制。加强品牌文化建设，传唱中车之歌，弘扬中车之道。荣膺2019年“中国品牌强国盛典”十大年度榜样品牌之首，位列2020年全球品牌价值500强第275位，居于国内机械制造行业第一名。中车的品牌价值、市场地位、社会影响、国际形象都得到显著提升。

成绩的取得，得益于习近平总书记的亲切关怀，得益于党中央、国务院的英明决策，得益于我国交通运输事业的蓬勃发展，得益于国务院国资委、交通运输部、国家铁路局、国铁集团和广大用户、合作伙伴以及社会各界的支持信任，得益于全体中车人的不懈奋斗和无私奉献。这些成绩，不仅为“十三五”画上了圆满句号，更为“十四五”奠定了坚实基础。

## 二、提高站位，深刻领会《战略纲要》的重要意义

“十四五”时期是我国全面建成小康社会、实现第一个百年奋斗目标之后，乘势而上开启全面建设社会主义现代化国家新征程、向第二个百年奋斗目标进军的第一个五年；是中车落实第一次党代会精神，全面推动高质量发展，开启建设受人尊敬世界一流中车新征程的第一个五年。未来的中车将会成为一个什么样的企业，不仅是社会各界高度关注、广大员工极为关心的重大问题，更是我们各级经营管理者需要深入思考的首要问题。深刻领会《战略纲要》的重要意义，要准确把握以下五个方面：

**（一）准确把握新发展阶段的时代背景**

“我国进入新发展阶段”，这是以习近平同志为核心的党中央对我国“十四五”时期所处历史方位作出的重大论断。新发展阶段的提出，表明我国已经胜利完成全面建成小康社会发展阶段的历史任务，正式开启全面建设社会主义现代化国家的新征程。进入新发展阶段，贯彻新发展理念，构建新发展格局，既是党中央、国务院作出的重大战略决策，也是《战略纲要》实施的时代背景。各级领导干部特别是在座的各位领导，必须要立足“两个大局”，心怀“国之大者”，不断提高政治判断力、政治领悟力、政治执行力，不断提高把握新发展阶段、贯彻新发展理念、构建新发展格局的政治能力、战略眼

光、专业水平，立足当前，着眼长远，把《战略纲要》领会好、贯彻好、落实好。

**（二）准确把握习近平总书记重要指示批示精神**

新中车成立以来，习近平总书记三次视察中车，多次“点赞”高铁国家名片，并对铁路发展、高铁创新、央企创新作出一系列的重要指示批示，给我们巨大的鼓舞和鞭策。面对习近平总书记的关怀厚望，面对国资委领导的鼓励希望，我们必须提高政治站位，站在践行习近平总书记重要指示的高度，站在落实国资委决策部署的高度，切实把《战略纲要》的宏伟蓝图变成美好现实，切实扛起国之重器、大国脊梁的责任使命。

**（三）准确把握高质量发展的主题**

党的十九大以来，围绕高质量发展，习近平总书记作出一系列重要讲话和重要指示批示。《中华人民共和国国民经济和社会发展第十四个五年规划和2035年远景目标纲要》提出“以推动高质量发展为主题”。《战略纲要》也把高质量发展作为中车“十四五”发展的主题，这是我们综合分析中车发展面临的外部形势、内部环境、现实条件作出的科学判断。可以说，我们当前亟待解决的子公司发展不平衡、不协调的问题，困难企业、亏损企业治理的问题，重大风险防范的问题，资源重复配置的问题，技术、市场话语权不强的问题，子企业业务边界不清的问题，员工收入差距的问题，等等。这些矛盾和问题集中体现在发展质量上，要求我们必须把发展质量摆在更加突出的位置，着力提升发展质量和效益，不断提升资源配置效率，不断提高企业的竞争力、创新力、控制力、影响力和抗风险能力。

**（四）准确把握《战略纲要》的目标任务**

《战略纲要》坚持一张蓝图绘到底，全面落实中车第一次党代会精神，全面对接国家2035年基本建成社会主义现代化强国的目标，提出了中车“十四五”目标任务。把握好“三个关键词”：一是“一核两商一流”。这是围绕构建以国内大循环为主体、国内国际双循环相互促进的新发展格局，提出的“十四五”战略定位。我们将打造以“一核三极多点”为业务组合的高端装备制造商和具备产业链协同优势的系统解决方案提供商，既有利于有效应对国际国内形势的变化，也有利于与时俱进塑造国际经济合作和竞争新优势。二是“两步走”。与中车第一次党代会精神确定的战略目标相衔接，到2025年建成以“一核两商一流”为标志的世界一流中车，到2035年建成以“受人尊敬”为标志的世界一流中车。三是“五个一”。这是“十四五”发展目标的核心内涵，以“好优美高强”为主要特征，从盈利能力、业务结构、运营效率、创新能力、员工发展、品牌形象和党的建设等六个方面设置了19个发展指标，提出打造“五化”业务发展体系，打造“五力”经营管理体系和打造“五大保证”党建引领体系，构筑起支撑中车高质量发展的四梁八柱。各子企业、总部各部门要深刻领会领悟“十四五”目标任务，在专项规划、子企业规划中做好分解落实。

**（五）准确把握《战略纲要》实施的有利机遇**

当今世界正经历百年未有之大变局，企业发展的外部环境日趋严峻复杂，机遇和挑战都有新的发展变化，但总体机遇大于挑战。综合分析，当前和今后一段时期，我们面临着“九大机遇”：一是进入新发展阶段，贯彻新发展理念，加快构建以国内大循环为主体、国内国际双循环相互促进的新发展格局的重大机遇；二是我国深入实施交通强国、制造强国、质量强国、科技强国等战略和深入推进数字中国、智慧社会、智慧城市建设的重大机遇；三是“一带一路”合作不断深入推进的重大机遇；四是加快推动绿色低碳发展，推进碳达峰碳中和的重大机遇；五是全球产业变革和科技变革加速推进的重大机遇；六是后疫情时代资源重构的重大机遇；七是坚持创新驱动发展，发挥新型举国体制优势，实现高水平自立自强的重大机遇；八是纵深推进供给侧结构性改革和《国企改革三年行动方案（2020—2022年）》的重大机遇；九是加强党的全面领导，发挥党的政治优势的重大机遇。这些是我们推进中车战略落实、实现高质量发展的"稳定器""助推剂""压舱石"。所以，我们要辩证地认识机遇与挑战的关系，判变势、思变局、应变策、抓变机，善于化危为机，善于抓住机遇，善于顺势而为，在危机中育先机、在变局中开新局。

## 三、敢破敢立，奋力推动《战略纲要》落地新突破

《战略纲要》描绘了中车"十四五"的美好蓝图。但是，我们也都清醒认识到，当前中国铁路发展进入平稳期，中车发展遇到了瓶颈。国资委领导找我谈话时，希望中车领导班子立足新发展阶段，谋好篇、布好局，关键要创新发展思路，拿出新的思路、新的举措、新的办法来破局，提升发展动能，激发发展活力，突破发展瓶颈，切实实现高质量发展。如何突破发展瓶颈，打破市场"魔咒"，捅破业务"天花板"，实现破僵局、脱困局、开新局，这是我们推动《战略纲要》落实落地首先要面对和解决的重大课题。

在2018年经营管理工作座谈会上，我提出要做到"十五个必须"：一是必须坚持战略管控；二是必须强化目标导向；三是必须全面统筹谋划；四是必须加强顶层设计；五是必须加大改革力度；六是必须加快国际化进程；七是必须推动协同创新；八是必须杜绝重复投入；九是必须实现共建共享；十是必须实行雁行出海；十一是必须做到优势互补；十二是必须严格监督考核；十三是必须打造"同一个中车"，十四是必须共同提升能力；十五是必须共塑"国家名片"。现在来看，我们仍然能够从这"十五个必须"中寻求应对之策，找到破题之法，请大家深入思考。

思路决定出路，眼界决定境界，格局决定结局，大势决定优势，破局决定新局，改革决定命运，创新决定未来。"十四五"期间，我们要继续坚持"十五个必须"，创新发展思路，破解发展瓶颈，努力在以下七个方面寻求新突破。

一是要在业务支撑上寻求新突破。要围绕"一核三极多点"业务结构，立足高质量发展，持续深化改革，打造市场化经营机制。在"一核"上，要坚决落实习近平总书记重要指示，明确目标，明确方向，明确路径，持续领先领跑，做到全球引领，打造原创技术策源地。在"三极"上，要实现规模化、专业化、协同化发展，发出"中车声音"、体现中车优势、展现中车特色，叫响"中车电动""中车风电"等品牌，一体化推进新材料业务发展。在"多点"上，要努力实现技术引领、市场引领，力争进入行业前三。

二是要在市场支撑上寻求新突破。要加强系统解决方案提供能力建设，全力创新市场模式，铁路装备、城轨与城市基础设施、战略新兴产业、国际业务都要全力构建"产品+"市场模式，形成中车新造、运维、检修、配件、服务一体化的整体优势，为用户创造价值、降低全寿命成本，进一步拓展市场空间，打破市场瓶颈

三是要在投资并购、重组整合，打造行业冠军、单项冠军、隐形冠军上寻求新突破。国家"十四五"规划纲要提出要巩固提升高铁等领域全产业竞争力，从符合未来产业变革方向的整机产品入手打造战略性全局性产业链。我们要站在国家安全、行业安全的战略高度，抢抓"三大趋势"机遇（即国企变央企、民企变央企、外企和合资企业退出控股权），立足打造行业冠军、单项冠军和隐形冠军，优化资源配置，通过投资并

购、重组整合，提升中车产业链管控能力，做到固链、补链、强链，增强产业链的安全性、稳定性和竞争力。

四是要在争当科技创新央企范例、原创技术策源地、现代产业链链长上寻求新突破。要认真贯彻落实习近平总书记今年1月19日乘坐京张高铁考察北京冬奥会、冬残奥会筹办工作时重要讲话精神，聚焦“四个面向”，聚焦“卡脖子”技术，聚焦碳达峰碳中和，聚焦中车“一核三极多点”，完善技术创新体系，提高中车整体创新能力，持续打造科技创新范例，充分发挥中央企业优势，争当原创技术策源地和现代产业链“链长”。中车是我国轨道交通装备行业唯一一家产业化集团，轨道交通装备的原创技术就应该产生在中车。这是中车义不容辞的责任。

五是要在聚焦主责主业、推动产融结合、助力培育实体企业、推进“产品+”市场模式上寻求新突破。要发挥金融类企业作用，各有侧重，聚焦主业实业，推进产融结合、以融促产、以融育产，聚合内外资源，防范重大风险，提升专业能力，全面提升系统解决方案能力，带动“一核三极多点”业务发展。

六是要在深化“强基工程”、健全内控体系、防范化解重大风险上寻求新突破。要围绕战略管理、科技创新、安全管理、招投标管理、用户管理、财务管理、新产业管理等方面，提升公司治理能力，深入开展对标世界一流管理提升行动，按照里程碑节点推进三年“强基工程”，强化“基本制度、基础工作、基础能力、基层管理”建设，提升基础管理水平，有效防范化解风险，形成一批规范、流程和标准，逐步建立“中车法典”。

七是要在打造党建“金名片”上寻求新突破。要深入抓好党史学习教育，明理增信、崇德力行，深入挖掘好、总结好、利用好中车红色基因、工业文化，打造一批具有中车特色的爱党爱国教育基地。推动党建固化攀升，打造中车特色典范，以昂扬姿态奋力开启建设中国特色社会主义现代化国家新征程。

### 四、强化组织，致力构建《战略纲要》实施的保障体系

从启动“十四五”发展战略编制到纲要最终形成，经过了重大课题研究、广泛征求意见、专家评审论证、规范履行决策程序等诸多环节，最终形成了今天发布的《战略纲要》。纲要注意把握继承和创新、当前和长远、战略和战术的关系，是内外结合、上下结合的产物，是全集团整体意志的体现，是“十四五”各项工作的总纲。我们各级领导干部要提高政治站位，统一思想认识，强化使命担当，要以“等不起”的紧迫感、“慢不得”的危机感、“坐不住”的责任感，切实推动《战略纲要》落地实施。

**（一）强化班子和人才队伍建设，凝聚推动《纲要》落实的强大力量**

做好各项工作，推动《纲要》落实，关键在各级领导班子和领导干部。要加强中车各级领导班子建设，重点是提高政治力、执行力、凝聚力、向心力和战斗力。一是政治力。要强化政治理论学习，加强政治理论修养，提高政治能力，不断提高政治判断力、政治领悟力、政治执行力。当前正是党史学习教育的关键时期，要加强政治理论学习，不断用党的创新理论武装头脑、指导实践、推动工作。只有理论上的清醒，才有政治上的清醒；才能提高政治站位，提高政治能力。二是执行力。要按照习近平总书记、国资委党委对中车的定位，提高政治站位，牢固树立大局意识，坚决贯彻党中央、国务院决策部署，认真执行好国资委各项工作部署，全面落实集团公司各项工作安排。三是凝聚力。一个企业有没有发展，就看这个企业的领导班子有没有凝聚力。要在工作中加强沟通，在思想上加强交流，精诚团结，和谐共事，真正做到凝聚共识、凝聚人心、凝聚智慧、凝聚力量。四是向心力。要始终牢记习近平总书记“江山就是人民、人民就是江

山”的嘱托，坚持发展依靠员工、发展成果惠及员工，虚心向广大员工学习；要加强调研，深入基层、深入现场、深入员工。中车发展成功与否，关键在于人心向背，要做到同心同德、群策群力，心往一处想、劲往一处使。五是战斗力。要以“我将无我”的精神境界，勇于主动担当，敢于攻坚克难，肯做“热锅上的蚂蚁”，做到跟着问题走、迎着困难上、奔着挑战去，敢于破局、善于开局。各子公司、总部各部门要致力打造“五力班子”，真正做到风清、气顺、心齐、劲足，形成在工作中快乐、在快乐中工作的和谐有为、奋发向上的工作氛围。

要以班子建设为龙头，进一步加强干部队伍建设，坚持正确的选人用人导向，引导年轻干部不断提高“七种能力”，努力练就政治过硬、本领高强。要进一步加强人才队伍建设，全力打造经营管理人才、科技人才、技能人才、党群人才“四支”队伍，让人才活力竞相迸发，变人才优势为企业发展优势，共同汇聚《纲要》落实的强大力量，共同肩负起国之重器的责任使命。

**（二）强化体系保障，大力推进公司治理体系和治理能力现代化**

实施好《战略纲要》，必须坚持以习近平新时代中国特色社会主义思想为指导，深入学习习近平总书记最新重要讲话、重要指示批示，深入落实全国国企党建会精神，坚持“两个一以贯之”，加强党的全面领导，把党的领导贯穿到规划实施的各领域和全过程，始终把握正确发展方向，始终保持战略定力。要不断夯实中国特色现代企业制度基础，充分发挥企业党委把方向、管大局、促落实的领导作用，充分发挥董事会定战略、做决策、防风险的重要作用，充分发挥经理层谋经营、抓落实、强管理的积极作用，形成推动战略规划落实落地的强大合力。

**（三）强化上下贯通，高质量构建“十四五”战略规划体系**

各部门、各子企业要认真学习国家“十四五”规划纲要，系统研究国家综合交通运输体系规划、铁路发展规划以及国资央企发展规划等相关行业规划，深入解读《中国中车“十四五”发展战略纲要》并做好分解，形成以《战略纲要》为统领，以业务、职能、区域等专项规划为支撑，各一级子公司规划为基础，定位准确、边界清晰、功能互补、统一衔接的中车“十四五”战略规划体系。要牢固树立“同一个中车”意识，真正画出中车最大同心圆，建立中车命运共同体，坚决杜绝“各说各的话”“各踩各的点”问题。要进一步明晰各子公司的战略定位和业务边界，明确企业管理架构，原则上到“十四五”末期，营业收入20亿元以下的制造类企业不再作为一级子公司管理。

**（四）强化机制建设，不断完善战略规划管理的推进机制**

要以今天发布会为起点，进一步做好《战略纲要》的宣贯、宣讲和宣传工作。各一级子公司党委中心组要组织一次扩大范围学习，由企业党委书记作专题宣讲。总部各部门、各一级子公司要把《战略纲要》提出的战略目标进一步分解转化成为重大改革举措、重大投资项目、重大产品开发等，明确责任、资源配置和推进机制，建立健全激励导向的考核评价机制，形成共担任务、共领指标、共背绩效、共促发展的工作格局。集团公司将在6月份启动战略询审，年内要对不少于10家企业开展询审工作，力争实现三年对各一级子公司和“一核三极多点”业务的全覆盖，确保《战略纲要》的各项部署落到实处。

同志们，蓝图绘就，重任在肩，征途漫漫，唯有奋斗！让我们高举中国特色社会主义伟大旗帜，以习近平新时代中国特色社会主义思想为指导，传承优良传统，努力接续奋斗，擦亮国家名片，开启崭新征程，加快建设受人尊敬世界一流中车，迈好第一步，见到新气象，以优异成绩迎接建党100周年、中车创业140周年！

# 坚守发展初心　彰显担当作为
# 全力以赴打赢“十四五”开局第一仗

中车集团党委副书记、董事、总经理，中车股份党委副书记、执行董事、总裁
楼齐良在中国中车学习贯彻习近平总书记“七一”重要讲话精神专题会
暨2021年经营管理工作视频会上的报告（摘要）

（2021年8月25日）

## 一、简要回顾上半年重点工作

2021年是启航“十四五”、踏上新征程的开局之年。今年以来，集团上下以习近平新时代中国特色社会主义思想为指导，贯彻落实习近平总书记视察中车重要指示精神和中车第一次党代会精神，紧密围绕“12368”经营工作思路和“固化攀升”党建工作主题，坚持创新驱动，全面深化改革，扎实开展党史学习教育，各项工作取得较好成效。

### （一）着力抓经营提效益，经营业绩稳中有进

坚持以高质量发展为主题，着力打造“强基、赋能、攀高”三大引擎，加快构建六大机制，深入推进八项重点任务，经营业绩稳中有进。上半年，集团公司实现营业收入998.0亿元，完成年度计划的40.9%，同比增长9.1%；实现净利润49.9亿元，完成年度计划的39.0%，同比增长27.5%。四方股份公司、长客股份公司、株机公司、株洲所等企业，开拓创新，奋勇争先，超额完成了调度指标。齐车集团、大连公司、大同公司等企业，力克时艰，积极作为，坚决守住了基本盘，彰显了责任与担当。其他子企业自我加压、开拓经营，作出了积极贡献。

### （二）着力破困局开新局，市场攻坚开拓有为

锁定经营目标，层层压实责任，合力攻坚，拓展市场。上半年，集团公司累计新签订单1104.4亿元。铁路装备业务全力突围。先后斩获160公里（鼓形车体）动力集中动车组、智能配置动车组、城际动车组等市场订单。紧抓检修市场放量机遇，加快“造修一体”发展，大修机车、和谐机车C6修中标数量分别增长13%、127%。城轨业务快速发展。先后中标绍兴、苏州、长沙、长株潭、上海临港等城轨项目。积极推动中车“产品+”方案在雄安、天津、无锡等地应用。新产业加快成长。与华电、国际能源集团等签订风电整机75亿元订单，牢牢锁定国内前三甲。新能源客车业务持续突破，销量排名位列行业第二。现代服务持续发力。土地处置净贡献利润3亿元。“宜企拍”绿色循环经济交易电商平台交易额突破5亿元。长江集团智能空轨集疏运系统落地青岛港，成为轨道交通与港口跨行业融合创新的典范。海外业务着力破局。稳步推进雅万高铁、中老铁路、中泰高铁、匈塞铁路等国家重点项目。墨西哥地铁PPP项目商务合同谈判已经完成。上半年国际业务新签订单25亿美元。

### （三）着力打基础提能力，运营品质提升有效

抓重点、强弱项，提升管理效率和效益，改善经营品质。全面开展提质增效。聚焦“发展高质量、业绩稳提升”主题，全力以赴压成本、提效益、控两金、治亏损，实现上半年经营业绩同比增长。全面深化对标

提升行动。在国资委公布的国有重点企业管理标杆创建名单中，长客股份公司、四方股份公司、齐车集团齐车公司入选标杆企业，“6621”精益管理体系入选标杆项目，中国高铁装备自主创新管理模式入选标杆模式。清单化推动三年“强基工程”，确定重点突破项目487个，制定里程碑成果1605项，执行项目清单2934项。全面深化精益管理。启动建设标准工位9327个，建设精益示范区（线）863条、精益车间280个、模拟线164条，实施81个精益研发和精益供应链项目，全价值链改善体系日臻完善。全面加强风险管控。探索建立中车风险监测中心，对11大类160项重大风险事件实行集中管控、监测预警。风险化解重大项目稳步推进，风险敞口持续缩小。扎实开展金融业务专项审计、境外资产管理审计，强化违规经营投资责任追究。全面推进“二二三”专项。剥离非主业、非优势业务7项。处置低效、无效资产6.87亿元。

**（四）着力补短板锻长板，科技创新引领有道**

坚持科技创新引领发展，创新成果不断涌现。聚焦补短板。IGBT专项超前完成既定目标。GCT专项部分项目进入装车验证阶段。其他重大专项均取得不同程度的进展。聚焦锻长板。时速600公里高速磁浮正式下线。中国标准地铁列车成功下线。复兴号智能动车组在京沪高铁上线运营。氢燃料电池混合动力机车进入试运验证阶段。全球最大功率半直驱永磁风力发电机成功下线。聚焦提升话语权。扎实推进国创中心筹建。积极参与行业标准、国家标准制定，发布国际标准1项。稳步推进专利申请，上半年申请专利1894件，其中发明专利1174件、海外专利108件。15项专利获得中国专利奖，金奖数量和获奖总数均排名央企首位。聚焦数字化转型。7家试点企业云办公平台上线，3个国家智能制造项目结题，形成数字化产线8条、数字化车间2个。唐山公司数字化、网络化、智能化转型升级成效明显。

**（五）着力激活力添动力，深化改革推进有序**

构建完善改革三年行动实施方案体系，全面推进改革举措落实落地。加快推进市场化经营机制改革。173家子企业与经理层签订有关合同或契约，680名经理层成员实现任期制和契约化管理。14家子企业推行职业经理人制度，职业经理人合计75人。38家子企业开展中长期激励，占具备开展中长期激励条件企业总数86.4%。扎实开展综合改革专项工程。株洲所入选全国“双百企业”典型代表，在全国“双百行动”现场推进会上作典型交流发言。稳妥推进混合所有制改革。坚持“三因三宜三不”原则，按照业务分类及企业功能定位，“一企一策”实施混改。

**（六）着力固基础创价值，党的建设坚强有力**

落实“固化攀升”各项部署，持续提升党建质量。扎实开展党史学习教育。坚持规定动作高质量、自选动作有特色，“我为群众办实事”实践活动深入开展，切实解决员工急难愁盼问题。一体推进党建固化攀升。扎实开展“庆祝建党100周年奋进建功新时代”“中车百年跟党走”等主题活动。创建成立中车党建研究会，加强党建工作理论研究。文化品牌展现价值。中车创业140周年庆祝活动启动。中车品牌价值1260亿元再创新高。5项品牌建设成果获国资委表彰，入选数量位居央企第一。

7月以来，多地遭遇极端强降雨，造成重大人员伤亡和财产损失。我们心系灾区，捐赠2000万元，驰援河南，抗击灾情；株机公司、四方股份公司、永济电机公司、洛阳公司、山东公司、大同公司等企业迅速反应，体现了央企的责任担当。

经过集团上下共同努力，中车再次入榜

中央企业负责人经营业绩考核A级企业名单，实现10连A；继2019年后，再次荣膺国内机械设备制造行业品牌价值第一名。

## 二、认真把握前景向好的发展条件

当前，疫情使百年未有之大变局深刻演变，世界经济陷入衰退、增长乏力，我国经济恢复基础仍然不稳固、不均衡，外部发展环境更趋复杂严峻。面对大变局，我们既要坚持底线思维，做好较长时间应对外部环境变化的思想准备和工作准备，又要坚定发展信心，冷静分析中车长远发展所面临的有利条件和市场机会。

### （一）高端装备制造业持续享有政策红利

轨道交通装备制造业关系国计民生，是典型的高新技术产业，受到中央和各级政府的高度重视，是国家产业政策支持的重点，中车发展仍处于“风口”和“窗口期”。交通强国建设纲要、新时代交通强国铁路先行规划纲要、中长期铁路网规划、中国城市轨道交通智慧城轨发展纲要等为我们提供了广阔的发展前景。

### （二）自主创新在“双循环”中具有核心地位

我国正在加快构建“双循环”的新发展格局，其中国内大循环是当前的重点。一方面，我国自主创新原动力还不强；另一方面，美国的科技封锁，导致“卡脖子”问题凸显，促使我们进一步加大自主创新、发展产业的力度。融入新发展格局，首先要在科技创新上发力，既要把关键核心技术掌握在自己手中，又要融入全球科技创新整体格局。

### （三）“双碳”战略为绿色低碳产业发展带来新机遇

“双碳行动”是我国的重大战略决策，实现从碳达峰到碳中和的时间远远少于发达国家所用时间。工业是碳排放的重要领域（约占70%），工业绿色低碳发展是实现“双碳”目标的重中之重。在碳达峰碳中和目标要求下，能源结构、产业结构、交通结构等面临深刻的低碳转型，将给节能环保、清洁生产、清洁能源、生态环境，以及基础设施绿色升级、绿色服务等产业带来广阔的市场前景和全新的发展机遇。

### （四）中车自身具有良好的比较优势

人才队伍优势、技术优势和品牌优势是中车赖以发展的根本基础和前提条件。近年来，通过深入实施人才强企战略、深化人才发展机制改革，培养造就了一大批爱国奉献、勇于创新的高素质专业化人才。正是依靠这样一支优秀团队，推动我国轨道交通装备不断升级换代，建立起“开放、协同、一体化、国际布局”的科技创新体系，具备了面向全技术链、全产品链、全生命周期创新保障的技术创新能力、产品开发能力和科技支撑能力。这些为我们持续擦亮国家名片、建设世界一流企业奠定了坚实基础。

## 三、坚定信心加快推进高质量发展

今年既是中车创业140周年，又是“十四五”开局之年，时期重要、时点特殊。既要立足当前，完成年度经营指标，又要着眼长远，谋好篇布好局。这两件事同等重要，指标完不成，今年就过不去；布局不到位，“十四五”就过不去。全年时间已经过半，必须抓紧抓实抓细各项工作。

后续经营工作的总体要求是：深入学习贯彻习近平总书记“七一”重要讲话精神和三次视察中车重要指示精神，深入推进落实中车第一次党代会精神和“十四五”发展战略纲要，紧密围绕“12368”经营工作思路和“固化攀升”党建工作主题，围绕“两利四率”指标“两高三增一稳”，聚焦兑现年度经营目标，聚焦“七个新突破”，确保经营业绩稳中求进，集团公司力争实现营业收入2440亿元、确保完成净利润128亿元，推动中车高质量发展，实现“十四五”开好局、起好步，加快建设受人尊敬世界一流中车。

当前经营层面，当务之急是深改革、优创新、强管理，力争完成收入指标、务必完成利润指标。

**（一）千方百计完成经营目标**

集团上下必须坚定信心、保持恒心、下定决心，坚持目标不变、力度不减、干劲不松，坚决打赢“十四五”开局第一仗。

一是咬定目标不放松。优势企业要继续发挥引领带头作用，高点站位、高点起步，力争完成收入指标，确保完成利润指标（绝大多数企业都要按照效绩目标责任书完成利润指标，株机公司、大连公司、长客股份公司、四方股份公司、唐山公司、浦镇公司、四方所、永济电机公司、株洲电机公司必须完成利润T3指标，株洲所、中车科技园力争超额完成利润T3指标，长客股份公司、大连公司在确保完成经营指标的基础上实现土地盘活增利目标）。困难企业要树立底线思维，外拓市场，内强管理，切实加强运营管控，确保经营目标兑现。亏损企业要坚决遏制“出血口”，着力提升盈利能力，全力以赴控亏扭亏。

二是压紧责任抓落实。总部各部门、各子公司要提前研判指标缺口，提前部署收口工作，拿出切实举措、有效办法，倒排工期、制订计划，逐项逐月推进落实。对表“两利四率”指标，层层分解任务，层层传递压力，层层落实责任，扎实推进提质增效专项行动，全力抓好风险防范化解工作，消除不确定性因素，确保目标任务完成。

三是协同联动拓市场。各子公司要牢固树立“同一个中车”理念，围绕“一核三极多点”业务，强化联动配合，加强与客户沟通对接，扩展市场营销渠道，争取最大化支持，推动更多合同签订、更多项目落地。

**（二）全面推进中车改革三年行动**

牢牢抓住改革“窗口期”，上下贯通、加压奋进，坚决完成70%硬任务，通过改革激发活力、增添动力。

一是坚决完成改革三年行动目标。集团上下务必提高认识、同心同向、同频共振、争分夺秒，高质量完成各项改革任务。积极营造“想改、敢改、真改”的浓厚氛围，形成抓改革的强大合力。把增强活力、提高效率、提升核心竞争力作为检验改革成效的总标尺，强化督查倒逼，确保改革工作取得实效。每个月要有重点地对1~2家子企业进行督导。

二是坚决推进综合改革专项落地。落实“五突破一加强”要求，加快推进“双百行动”专项。齐车集团、长客股份公司、四方股份公司、大连公司、株机公司、株洲所、株洲电机公司等7家企业要率先实现单项或局部突破。推进“混改试点”专项，年内新增混改子公司5家以上。深入实施“科改示范行动”专项，深化长江集团、唐山公司市场化改革，打造科技型企业的改革样板和自主创新尖兵。全力推进311重组项目，年内力争完成制动、钩缓、牵引变流与网络控制、储能等4个项目重组工作。

三是坚决深化市场化经营机制改革。围绕“优、平、简、去、活”改革思路，对全级次企业实施全覆盖、全穿透、全要素的市场化经营机制改革。三项制度改革是重点，是“活”的关键，也是“硬骨头”，必须通过建立公平、公正、透明的制度机制，真正在“能下”“能出”“能减”上取得实质性突破。市场化经营机制改革与改革三年行动同步“收官”，时间紧、任务重、难度大，后续还要专门召开推进会部署，要早行动、早准备，努力改出新活力、改出高效率、改出好机制。

**（三）持续抓好科技创新工作**

科技自立自强是中车由跟跑并跑到领先领跑的重要宝贵经验。要保持战略定力，聚焦“四个面向”，聚焦碳达峰碳中和，聚焦原创技术“策源地”和现代产业链“链长”，全面创新突破。

一是深化科技体制改革。扎实推进科技体制改革措施落地，优化创新布局，健全创新体系，完善创新机制，释放创新潜能。强化产学研用紧密结合，突出创新主体作用，厘清创新机构职责定位，促进科技资源开放共享，推动创新主体协同合作。加快科技管理职能转变，把更多精力从分钱、分物、定项目转到定战略、定方针、定政策和创造环境、搞好服务上来。

二是深入推进重大专项。持续推进“72181”工程、“1025”专项、“GCT”项目等重大专项，突破关键技术瓶颈，维护供应链产业链安全。着力抓好IGBT、轴承两个“卡脖子”技术攻关，策划开展关键节点评审，确保完成预期目标。加强国家“先进轨道交通”重点专项管理，确保顺利通过综合绩效评价。尽快实施“十四五”重大科技专项，明确里程碑目标，确保项目落地见效。完成国家创新中心公司筹建，确保顺利通过验收。加快知识专利布局，提升中车技术话语权，确保全年主导或参与制修订国际标准不少于10项。

三是加快产品研发。强化市场导向，满足市场需求，切实做到技术引领市场、供给创造需求。轨道交通装备产品，要站在引领行业发展高度，组织好更高速度等级动车组、川藏铁路装备等重大产品研制，加快推出前瞻性、引领性产品。城轨车辆产品，要解决好“造价高”的问题，以多样化产品策略推出与客户多元化、多层次需求相适应的新产品；要实施好智慧城轨建设，尽快在智能列车运行、智能技术装备、智能运维安全等方面取得新成效。新产业领域，要在适销对路下功夫，聚焦风电产品的系统解决方案，聚焦新材料、氢能源等新能源应用项目，抓紧研发新产品并加快推向市场。

长远发展层面，今年的重中之重是落实好“十四五”发展战略并开好局，加快推进“七个新突破”。目前重点任务是围绕“一核三极多点”业务抓好布局。

**（一）以高新技术产品和“卡脖子”工程引领业务布局**

“卡脖子”工程，既是高技术，又有新市场。国家要求中央企业勇打头阵，中车必须大有作为。4个研究所、2个电机公司的领导班子有全局视野、有市场意识，更重要的是市场拓展得比较好，如两家电机公司在风电、光伏方面均有所作为。“十四五”时期，6家企业都要主动寻找“卡脖子”攻关项目，大连所有轴承、株洲所有IGBT，四方所、戚墅堰所、两个电机公司要认真研究自己的抓手在哪里。6家企业都要在“卡脖子”工程上求突破，在引领产业布局上走在前列、作出表率。

**（二）以“工业互联网+”平台产品引领业务布局**

智能化服务在城轨领域有很大空间，重点是城轨的机电设备产品全寿命周期服务，包括通信信号、车辆、供电系统、站场设备等。6家城轨主机企业要重点围绕“一核两商一流”中“一核”，研究怎么来深耕细作，特别是通过智能化技术、互联网技术，研究如何纵向、横向拓展市场空间。

修理企业、货车企业要着重思考如何更好的“节流”或“转型”。货车企业能转型的，要坚决予以支持。山东公司风电业务的销售收入有所提升，关键是多抢抓市场订单，以规模产生效益。

**（三）以“科创板”资本市场和产融结合迅速实现业务布局**

自从2008年原南、北车上市以来，通过A+H上市、定向配发等6次融资，累计获得融资总额602亿元，其中外部融资435亿元，这些融资为原南北车、新中车发展提供了有力的投资支撑，但融资股本比例已接近国资委规定的上限，融资空间有限。

"十四五"时期要实现业务布局新突破，必须通过产融结合来完成。要充分运用"科创板"上市平台，推动高技术产业快速发展（株洲所通过时代电气上市，并购了IGBT等企业，争取到了很大的发展空间，要认真总结经验）。要通过混合所有制改革，转换经营机制，激发发展活力，培育"科创板"上市企业，把中车相关产业做大。金融业务要发挥优势，为高技术产业、高端装备产业、"互联网+"产业服务。

**（四）以数字化转型促进产业数字化、数字产业化**

数字化转型是对传统产业全方位、全角度、全链条的改造和变革，重点是建设数字化企业，打造数字化产品，推动服务智能化。要打造"工业互联网平台"，在产品研发端建立"智能产品研发数字化体系"，在企业经营端建立"经营管理数据驾驶舱"，在产品制造端建立"生产指挥数据驾驶舱"，在产品服务端建立"全生命周期数据驾驶舱"，实现运营技术和信息技术深度融合。

一是加快推动产品研发数字化。构建基于产品构型管理、三维模型驱动的数字孪生体系，推行设计工艺一体化的产品研发过程，建立覆盖设计、工艺、试验过程的产品数字"双胞胎"，将研发数据传递到产品制造过程、质量控制过程、供应链协作过程，高效准确地将客户需求转化为具体产品。

二是加快推动产品制造及运营管理数字化。在精益管理基础上，打造数字化车间、智能化产线，实现准时化生产、柔性化制造。基于订单、生产、采购、质量、人力、财务管理等全业务过程的数字化、可视化，提升数据驱动业务的精细化运营管理能力，提高运营效率、效益和质量。

三是加快打造数字化产品、实现智能化服务。基于数字化、智能化的产品和工业互联网平台，实施PHM、MRO等数字化系统，构建智能运维服务平台，为用户和旅客提供安全预测、运行管理、智能维保、智慧客服，以数字化产品拓展智能化服务的新市场空间。

**（五）加强党的建设，为高质量发展提供坚强保证**

坚持"两个一以贯之"，在完善公司治理中加强党的领导，推进党建与业务深度融合，以高质量党建引领高质量发展。

一是持续深化党史学习教育。以学习贯彻"七一"重要讲话精神为重点，弘扬伟大建党精神，深化党史学习教育，教育引导广大干部员工坚定理想信念、牢记初心使命、勇于担当作为。认真践行以人民为中心的发展思想，深入开展"我为群众办实事"实践活动，真正解难事、办实事、做好事，提高员工的归属感、幸福感、获得感。

二是扎实推进"固化攀升"各项工作。进一步抓好"三基建设"，加快探索"混改"企业党建工作，推动党的建设与企业发展相互促进、相得益彰。围绕全年经营目标，结合中车创业140周年，开展特色鲜明的党建活动，发挥基层党组织的战斗堡垒作用和党员的先锋模范作用，把党建优势转化为治理优势、竞争优势和发展优势。

最后需要强调的是，近年来，随着全球气候变暖，极端天气增多，由此导致的自然灾害、安全事故多发、频发，并造成巨大的人民群众生命财产损失。特别是席卷全球的新冠肺炎疫情，使生产经营、市场拓展等均受到不同程度的影响。各子公司要在贯彻新发展理念上下功夫抓落实，自觉主动统筹好发展和安全两件大事，始终把保护人民生命安全作为最现实的"国之大者"，把安全发展有机统一于疫情防控、安全生产、质量服务等各领域、全过程，以高水平安全工作服务高质量发展。

# 大事记

本栏编辑　程伯瑶

# 2021 年大事记

## 1 月

**5 日** 国务院国资委全面深化改革领导小组办公室在 2021 年第 4 期《国企改革三年行动简报》“科改示范行动”专刊上，刊登长江集团关于“科改”的经验材料《中车长江集团产业转型升级取得明显成效》，长江集团“科改示范行动”获国资委肯定。

**5—9 日** 中国中车在定点帮扶的广西壮族自治区靖西市、那坡县和甘肃省麦积区、甘谷县开展“送温暖”活动。

**7 日** 中国中车召开会议深入学习贯彻习近平总书记对川藏铁路开工建设重要指示精神。

**同日** 唐山公司研制的两款新产品集中推出。新型无线供电制式城轨车辆，首次实现轨道车辆供电制式由“有线”到“无线”的突破；第七代时速 200 公里磁浮列车，融合中低速磁浮和高速磁浮技术，实现多项关键技术突破。

**8 日** 中国中车首单资产支持商业票据（ABCP）“2020 同行 1 号”成功发行。

**12 日** 中国中车改革三年行动工作推进组 2021 年第一次会议召开。

**13 日** 中国中车 46 项成果获得 2020 年度中国铁道学会科学技术奖。

**同日** 中国智能制造系统解决方案大会暨联盟会员代表大会在北京召开，发布“智能制造标杆企业（第四批）”名单，株机公司入榜。

**14 日** 中国中车召开二届一次职工代表大会，表决通过《公司经营工作报告（审议稿）》和大会决议。

**18 日** 长江集团眉山公司再次与澳大利亚客户签订 78 辆三种类型平车订单。

**19 日** 中国中车以视频会议形式召开 2021 年工作会议，中车集团总经理、中车股份总裁孙永才代表经营班子作题为《勇担新使命　再攀新高峰　奋力开启建设受人尊敬世界一流中车新征程》的工作报告，中国中车党委书记、董事长刘化龙作题为《抓好目标引领　推进战略落地　坚定不移向受人尊敬世界一流中车迈进》的讲话。

**同日** 习近平总书记乘坐京张高铁赴张家口赛区考察北京冬奥会、冬残奥会筹办工作，在京张高铁太子城站，习近平总书记指出：“我国自主创新的一个成功范例就是高铁，从无到有，从引进、消化、吸收再创新到自主创新，现在已经领跑世界。要总结经验，继续努力，争取在‘十四五’期间有更大发展。”

**20 日** 中国中车党委书记、董事长刘化龙在《党建》杂志发表署名文章《中国中车：坚持科技自立自强　做强做优民族品牌》。

**同日** 中国中车党委组织学习习近平总书记乘坐京张高铁考察北京冬奥会、冬残奥会筹办工作时的重要讲话精神，誓为科技自立自强再攀高峰再立新功。

**22 日** 永济电机公司与德国 Nordex 公司签署全球合作协议。

**27 日** 中国自主研发的氢燃料混合动力机车在大同公司“云”发布，这是氢能源在中国铁路机车领域应用的最新成果，标志中国氢能利用技术取得关键突破，中国铁路机车装备驶入全球氢能技术高地。

**28 日** 中国中车党委书记、董事长刘化龙参加、指导二七机车公司、二七车辆公司领导班子民主生活会并讲话。

**30 日** 四方股份公司副总经理、总工程师梁建英登上中央广播电视总台“开讲”高速磁浮，在 CCTV1《开讲啦》现场，首次揭秘高速磁浮背后的“硬核”科技和精彩感人的研发故事，带大家领略时速600公里磁浮列车的极速魅力。

## 2　月

**2日**　中国中车党委书记、董事长刘化龙以视频会议的形式参加齐车集团领导班子民主生活会并讲话。

**3日**　中车集团党委副书记、总经理，中车股份党委副书记、总裁孙永才以视频会议形式参加四方股份公司领导班子民主生活会并讲话。

**4日**　中国中车召开2021年党风廉政建设和反腐败工作会议暨集体廉政谈话会议。

**5日**　国务院国资委党委书记、主任郝鹏到中国中车参加指导中车领导班子民主生活会并慰问中车退休老干部。

**6日**　中国中车召开2021年人力资源工作会议。

**7日**　中国中车召开专题会议传达国务院国资委党委书记、主任郝鹏在中车领导班子民主生活会上的讲话精神

**8日**　中国中车党委书记、董事长刘化龙到二七机车公司实地考察二七国家冰雪科研训练基地等设施，并慰问节日值守的后勤保障人员及春节期间"就地过年"的单身员工。

**同日**　中国中车召开精益管理委员会会议。

**20日**　株机公司研制的粤港澳大湾区首列时速160公里地铁列车"活力橙"被吊装进入广州地铁陇枕停车场，落户广州地铁18号线、22号线，为下一步多专业联调联试及移交运营创造条件。

## 3　月

**2日**　南宁市委书记王小东到南宁中车铝材公司新厂房考察。

**4日**　中国中车召开2021年安全环保防疫工作会议。

**同日**　中车股份副总裁余卫平访问中电建集团，就双方合作共赢、携手向碳达峰、碳中和目标奋进进行深入交流。

**同日**　中国中车召开2021年财务工作视频会议。

**5日**　中国中车党委召开党史学习教育动员部署大会。

**同日**　中国中车召开2021年内部审计、风险管理和内部控制工作会议。

**9日**　西安市委常委委员、西咸新区管委会主任康军到访中国中车。

**10日**　中国中车工会召开第八次全委（扩大）会议。

**12日**　中国中车团委以视频会议形式召开一届二次全委（扩大）会议。

**同日**　中国中车召开产融互动促进会。

**14日**　酒泉市市长王立奇到访中国中车。

**16日**　中国中车召开2021年资产管理暨存续企业改革重组工作视频会议。

**22日**　中国中车集团有限公司召开中层副职以上干部大会，国务院国资委企干二局负责人宣布国资委党委关于中国中车集团有限公司领导班子调整的决定：孙永才任中国中车集团有限公司党委书记、董事长；免去刘化龙中国中车集团有限公司党委书记、党委常委、董事长、董事职务，交流到其他中央企业任职。

**23日**　中国中车党委召开2021年中国中车组织工作会议。

**同日**　中国中车组织召开2021年国际业务视频会议。

**24日**　中国中车举办第一期网络安全大讲堂。

**25日**　中国中车召开2021年科技质量信息化工作视频会议。

**同日**　中国中车以现场会议加视频会议相结合的方式组织召开中国中车2021年宣

传工作会议。

**同日** 国资委国际合作局党支部与中国中车国际事业部开展联学联建暨学习中共新民主主义革命史主题党日活动。

**25—26日** 中国中车党委书记、董事长、总经理（总裁）孙永才先后到四方所天津公司、天津电力机车有限公司、长江集团调研。

**31日** 中国中车召开2021年提质增效动员部署会，贯彻落实国资委2021年提质增效工作精神，对中国中车继续开展以“发展高质量 业绩稳提升”为主题的提质增效工作进行动员并提出具体工作要求。

**同日** 中国中车召开2020年度业绩说明会，党委书记、董事长、总经理（总裁）孙永才出席会议并就资本市场投资者所关心的问题进行交流、解答。

## 4 月

**1日** 中国中车在青龙桥火车站和詹天佑纪念馆开展党史学习教育“科技自立自强 百年薪火相传”主题学习活动。

**同日** 中国中车举办新闻宣传工作者党史学习、业务能力提升培训班，进一步贯彻落实中车党委对开展党史学习教育的部署，提高中车新闻宣传工作者的业务水平。

**6日** 中国中车党委书记、董事长、总经理（总裁）孙永才带队拜会海南省委书记沈晓明、省长冯飞，海南省副省长倪强、省发展改革委主任符宣朝、省交通厅厅长邓小刚出席会见。

**9日** 中国中车召开2021年度法治工作视频会议，总结2020年及“新五年”法治中车建设成果，谋划“十四五”时期中车法治工作总体思路和中心任务，部署安排2021年法治中车建设重点工作。

**同日** 中国中车召开2021年精益管理工作会议。

**同日** 中国中车基层党组织换届选举工作培训班在大连召开。

**12日** 中国中车召开采购与供应链工作视频会议。

**12—13日** 全国职业教育大会在北京召开，中国中车党委书记、董事长、总经理（总裁）孙永才代表中国中车在大会上发言。

**13日** 中国中车卓越领导力数字化专题第一期培训在华中科技大学开班。

**14日** 国务院国资委副主任袁野到中国中车在株洲3家企业调研党的建设、生产经营、科技攻关、人才队伍建设等方面工作情况，并就深化科技创新激励保障机制建设开展座谈交流。

**15日** 中国中车在株洲召开发布会，正式发布《中国中车“十四五”发展战略纲要》。

**同日** 中国中车在株洲召开2021年规划改革工作会议。

**15—16日** 中车股份副总裁余卫平率队分别对北京中车重工机械有限公司、南口公司、二七车辆公司、二七机车公司等单位开展安全检查。

**20日** 中国中车召开2021年城轨业务工作视频会议。

**21日** 中国中车召开2021年科技创新委员会第二次工作会议，审议了中国中车2021年科技研究开发计划项目。

**同日** 中国中车办公室党支部与国资委办公厅党支部联合开展“弘扬斗争精神 传承红色基因 共铸国资辉煌”主题党日暨支部联学联建活动。

**同日** 中国中车党委书记、董事长、总经理（总裁）孙永才到由中车建投投资、中车建工承建的无锡至江阴（锡澄）城际轨道交通工程调研指导工作，并慰问奋战在项目一线的员工。

**同日** 以党史学习活动为契机，中国中车党委常委、总会计师李铮，党委常委、副总裁马云双代表中国中车工会，走访慰问无锡中车时代智能装备制造有限公司、无锡中车浩夫尔动力总成有限公司及无锡中车新能源汽车有限公司3家在无锡子企业员工，为奋战在一线的广大干部职工带去公司党委和工会的关怀与温暖。

**同日** 全国推进产业工人队伍建设改革工作经验交流会在江苏无锡召开，中国中车党委书记、董事长、总经理（总裁）、产改领导组组长孙永才代表中国中车在会上发言。

**同日** 由永济电机公司自主研制的7.XMW高速永磁同步风力发电机在山西永济成功下线，这是当前中国最大功率海上高速永磁同步风力发电机，获得北京京鉴衡认证中心认证，技术达国际领先水平。

**23日** 中国中车党委书记、董事长、总经理（总裁）孙永才在中车总部会见邯郸市市长樊成华一行。

**19—23日** 中国中车在中车党校（大学）海南校区举办绿色工厂标准培训，全面解读由中车制定、比国家标准门槛更高、更具行业领先性的轨道交通装备制造业绿色工厂团体标准和企业标准。

**25日** 中国中车党委书记、董事长、总经理（总裁）孙永才与党委副书记、执行董事楼齐良看望慰问中车老党员、退休老领导。

**26日** 中国中车召开2021年定点帮扶工作领导小组会议，全面总结前期脱贫攻坚工作，部署安排2021年定点帮扶相关工作。

**同日** 中国中车完成首次财务高端人才选拔考试。

**26—30日** 全国铁路第十四届运动会羽毛球比赛在广西南宁成功举行。由株洲电机公司、株机公司、株洲所、产投公司和成都公司等5家子公司选派的10名员工，代表中国中车夺得团体第一名。

**27日** 中国中车在浙江中车电车有限公司召开重大安全安全风险隐患排查整治通报视频会议及中车电动安全生产专项整治启动会议。

**28日** 中国中车以现场加视频相结合的方式在中车总部举办党委中心组集体学习暨党史学习教育读书班，邀请党史学习教育中央宣讲团成员、中央党校科学社会主义教研部主任、博士生导师曹普教授讲授中国共产党百年奋斗历程。

**同日** 中国中车和谐型机车C6修提质增效现场会在洛阳召开。

**29日** 中国中车党委召开集中整治总部形式主义官僚主义问题进一步加强作风建设动员会议。

**同日** 中车股份副总裁马云双在中车总部会见中国物资再生协会相关负责人员。

## 5 月

**6日** 中国中车党委副书记、执行董事楼齐良走访慰问戚墅堰公司老党员。

**7日** 中国中车与保利集团在保利集团总部举办党史学习教育专题联学活动。

**9日** 2021年中国品牌价值评价信息发布暨中国品牌建设高峰论坛在上海国际会议中心开幕，根据中国品牌建设促进会现场发布的榜单，中国中车品牌价值1260.15亿元，继2019年后，再次名列国内机械设备制造行业品牌价值第一名。

**10日** 第五个“中国品牌日”活动拉开帷幕，中国中车党委副书记、执行董事楼齐良，中车股份副总裁王宫成分别出席京沪两地活动，并发表主题演讲。

**同日** 在中国企业品牌建设论坛上，国资委发布《2020年度中央企业品牌建设发展报告》，在2020年度中央企业品牌建设能力TOP30排行榜中，中国中车位列中央企业第8名，同比上涨3.69%。

**11日** 四方股份公司和合作方ASTRA公司组成联合体与罗马尼亚布加勒斯特市政厅签署100列有轨电车供货合同。

**12日** 中国中车以现场加视频相结合的方式召开业绩表彰大会，对在2020年经营、党建等工作中取得优异表现的企业进行表彰。

**12—14日** 中国中车独立非执行董事李国安、史坚忠、朱元巢，在董事会秘书谢纪龙的陪同下，先后调研考察永济电机公司和长江集团西安公司。

**13—14日** 中国中车在武汉召开“加强业财融合 落实提质增效”工作交流会，并部署相关工作。

**13—24日** 中国中车工会在中车党校（海南校区）举办两期劳动模范培训班。

**14日** 中国中车在眉山召开货车板块推进工业智慧物流专题研讨会。

**15日** 中国中车领导干部党史学习教育第一期专题培训在中国井冈山干部学院开班。

**16—18日** 中国中车党委书记、董事长、总经理（总裁）孙永才到广西靖西市、那坡县开展定点帮扶调研并参加中车挂职干部交接会。

**19日** 中国中车在北京召开新发展阶段货运新模式研讨会。

**20日** 《中国中车战略新兴产业“十四五”发展规划》发布会在贵阳举行，此次会议以“践行遵义会议精神 实现战新产业大发展”为主题，将战新产业“十四五”发展规划的发布与党史学习教育相结合。

**同日** 第五届世界智能大会在天津开幕，众多亮点技术与智能成果云集展示。中国中车党委书记、董事长、总经理（总裁）孙永才，中车股份副总裁王宫成等到中车展位检查指导工作并登上实车详细了解列车性能和技术创新情况。

**同日** 中国中车党委书记、董事长、总经理（总裁）孙永才亮相央视财经频道（CCTV-2）《红色财经·信物百年》，为全国观众讲述中车传家宝“八一号”汽笛背后的故事。

**21日** 中国中车国际事业部与外交部政策规划司在有着140年历史的唐山公司，开展“百年伟业 红色中车”联学联建活动。

**25日** 中国中车党委书记、董事长、总经理（总裁）孙永才到西安公司调研，并慰问西安公司百岁老党员、老英雄贾桢信。

**24—30日** 中国中车第一期供应链管理专家特训营在长沙成功举办。

**5月30日—6月11日** 中国中车总部党委以“感悟百年党史 勇担时代重任”为主题，在遵义举办两期党史学习教育专题培训。

## 6 月

**1日** 中国中车举办“百年伟业、红色中车”主题成就展揭幕仪式，中国中车党委书记、董事长、总经理（总裁）孙永才出席仪式并致辞。

**2日** 中国中车党史学习教育领导小组召开党史学习教育巡回指导工作会。

**3日** 中国中车召开信访维稳工作视频会议，总结新中车成立以来的信访维稳工作，分析当前面临的信访维稳形势，研究今后一段时期中车信访维稳工作发展规划，部署下阶段主要工作任务。

**7日** 中国中车党委书记、董事长、总经理（总裁）孙永才到兰州公司调研，实地参观生产车间现场，并进行座谈交流。

**7—8日** 中国中车党委书记、董事长、总经理（总裁）孙永才到甘肃麦积区、甘谷县开展定点帮扶调研工作，与甘肃省政协副主席、天水市委书记王锐，天水市市长王国先等进行座谈并深入交流。

**9日** 中央企业党史学习教育第六指导组进驻中车汇报会召开。

**同日** 中国中车召开科技创新工作汇报会。

**同日** 中国国家铁路集团有限公司机辆部会同中国中车股份有限公司，在济南召开

2021年铁路货车造修源头质量会议。

**11日** 中国中车党委书记、董事长、总经理(总裁)孙永才与中国电建集团党委书记、董事长晏志勇座谈交流并见证战略合作协议签约仪式,中车股份副总裁余卫平与中国电建集团副总经理刘源代表双方签署战略合作协议。

**同日** 中国中车召开改革三年行动2021年第五次推进会。

**15日** 中国中车召开新能源商用车“十四五”发展和中车电动风险化解专题会议,研究中车新能源商用车“十四五”发展目标实现路径和模式,研究解决当前存在的问题。

**17日** 中国中车党委书记、董事长、总经理(总裁)孙永才以《坚定不移听党话 矢志不渝跟党走 勇于担当展作为 奋力开创新局面》为题讲授专题党课。

**18日** 人民日报社“党建引领高质量发展”新时代企业党建案例报告会在北京举行,中国中车党委书记、董事长、总经理(总裁)孙永才作《高质量党建 引领高质量发展》主题发言。

**18—22日** 中国中车在中车大学常州校区举办乡村振兴优秀乡镇干部领导力提升培训班——“天鹅计划”第四期。

**20日** 中国中车与南湖革命纪念馆在中国革命红船启航地浙江嘉兴举行党建教育基地共建仪式暨“复兴号”高速动车组模型入馆揭幕仪式,开展党史学习教育联学活动。

**21日** 中央宣传部新命名111个全国爱国主义教育示范基地。长辛店二七纪念馆、长客股份公司高速动车组制造中心入选,中车所属企业首次获评国家级爱国主义教育基地。

**22日** 在第十五届高技能人才表彰大会上,30名高技能人才被授予“中华技能大奖”称号,中国中车首席技能专家、四方股份公司高级技师郭锐获此称号。

**同日** 中国中车党委书记、董事长、总经理(总裁)孙永才到二七公司调研。

**22—25日** 以“庆建党百年 迎全民全运”为主题的全国铁路第十四届运动会乒乓球比赛在贵阳举办。由戚墅堰所、产投公司、株洲电机公司、长江集团铜陵公司6名运动员和戚墅堰公司1名教练组成的中国中车代表队获男女混合团体冠军和男子单打冠军。

**24日** 中国中车在长辛店二七纪念馆举办“百年伟业 红色中车”主题活动,发布《红色中车》新书并分别为“中车党建研究会”揭牌和“中车红色教育基地”授牌,献礼建党百年。

**24—25日** 中国中车2021年度法务管理能力提升培训班在中车党校常州校区成功举办。

**25日** 复兴号高原内电双源动力集中型动车组开始在拉林铁路(拉萨—林芝)上运营,中国中车研制的复兴号动车组实现覆盖31个省(区、市)。

**同日** 中国中车团委面向基层团干部和青年科技人员举办党史学习教育专题培训班,来自所属企业72名基层团干部、71名青年科技人员分别参加培训。

**28日** 由中国中车承担研制的中国首列中国标准地铁列车在郑州下线,中国在地铁车辆技术领域取得重大创新突破。

**同日** 中国中车开展“中车百年跟党走”主题党日活动。

**同日** 中国中车总部举办庆祝中国共产党成立100周年“百年伟业 红色中车”合唱比赛。

**29日** 中央党史学习教育简报第78期再次刊发中车经验。

**同日** 中国中车党委书记、董事长、总经理(总裁)孙永才到大连公司调研指导工作。

**同日** 长江集团与山东港口共同打造的全球首创智能空轨集疏运系统（示范段）在青岛正式竣工，实现空轨技术与港口业务的有机融合，打通集装箱运输港、船、站、场间的“最后一公里”。

## 7 月

**1 日** 中国中车党委领导班子成员、总师级领导及总部部门负责人等200余人集中收看庆祝中国共产党成立100周年大会盛况，聆听习近平总书记重要讲话，进一步坚定“四个自信”，坚定勇担国之重器、大国脊梁的信心与决心。

**同日** 中国中车各级团组织组织团干部和团员青年通过电视、网络“两微一端”等形式，集中收看庆祝中国共产党成立100周年大会盛况。

**5 日** 中国中车党委书记、董事长、总经理（总裁）孙永才到齐车集团调研指导工作。

**同日** 中国中车党委书记、董事长、总经理（总裁）孙永才到齐车集团齐车公司所属哈车公司调研指导工作。

**5—6 日** 中国中车路外新造机车专题研讨会在兰州召开。

**6 日** 中国中车对标世界一流管理提升行动暨精益管理工作推进会在黑龙江齐齐哈尔召开。

**同日** 中国中车在常州筹建的集训基地获批第46届世界技能大赛轨道车辆技术中国集训基地牵头基地，展现中国中车高技能人才培养和职业教育改革工作的新作为，公司首席技能大师罗昭强选聘为第46届世界技能大赛轨道车辆技术中国技术指导专家组组长。

**同日** 中国中车及旗下多家子公司骨干党员齐聚北京中华世纪坛，在“印记初心——庆祝中国共产党成立100周年”大众篆刻作品展现场，举行中国中车“鉴印忆党史 永远跟党走”主题党日活动。

**6—8 日** 中国中车在海南举办“安全事故调查处理及管控培训班”。

**7 日** 中国中车举办金融业务制度培训，进一步提升子公司对集团金融业务管理理念、原则、规定的理解和认识。

**9 日** 中国中车召开党委理论学习中心组集体学习会议，学习习近平总书记在庆祝中国共产党成立100周年大会上的重要讲话精神，并开展集中研讨。

**12 日** 中国中车 & 中国电子轨道交通行业信创适配实验室挂牌仪式在中车总部举行。

**13 日** 国务院国资委公布2020年度中央企业负责人经营业绩考核A级企业名单，中国中车集团有限公司再次入榜，位列第22位，中国中车连续第10年考核结果获得A级。

**同日** 中国中车在北京组织召开轨道交通装备业务再制造发展动员会。

**16 日** 中车创业140周年系列庆祝活动在“中国铁路的起点”唐山正式启动。

**20 日** 中国中车承担研制、具有完全自主知识产权的时速600公里高速磁浮交通系统在青岛成功下线，这是世界首套设计时速达600公里的高速磁浮交通系统，标志中国掌握了高速磁浮成套技术和工程化能力。

**22 日** 国家发展改革委、教育部印发《关于印发产教融合型企业和产教融合试点城市名单的通知》，中国中车集团有限公司被认定为国家产教融合型企业，株洲、唐山、常州等建有中车所属企业的12个城市被认定为国家产教融合试点城市。

**25—29 日** 中国中车独立非执行董事李国安、史坚忠先后调研考察甘肃省天水市定点帮扶工作、兰州公司经营发展情况以及青海省共和县风场设备运营情况。

**26 日** 中国中车召开财务数字化和在京企业财务共享咨询项目启动会。

**27日** 中国中车在北京召开资金风险管理交流研讨会。

**29日** 中国中车审计共享业务中心正式成立，下设经济责任审计、境外审计、管理与效益审计、计算机审计4个分中心，初步建成中车“1+1+N”的审计管理组织体系。

**29—30日** 中国中车国际化人才专题研修项目毕业典礼分别在宁波诺丁汉大学、西交利物浦大学举行，156名学员完成为期4个月的学习并通过毕业考核。

## 8 月

**2日** 《财富》杂志发布2021年《财富》世界500强排行榜，中国中车排名第349位，比上年上升12位，连续6年入榜世界500强。

**5日** 根据国务院国资委发布的中央企业人事任免决定，中国中车党委副书记楼齐良被提名为中车集团总经理人选。

**6日** 中国中车召开中国中车产融互动督导会，总结上半年产融互动项目情况，分析目前开展产融互动存在的困难和问题。

**11日** 中国中车在上海证券交易所2020—2021年度上市公司信息披露工作评价中，再次（连续第6年）获得最高评级A级的考评结果。

**同日** 中国中车党委书记、董事长孙永才主持召开会议，专题听取违规挂靠专项巡视有关工作情况，并对下一步工作提出明确要求。

**12日** 中国中车召开总部作风建设集中整治工作推进会。

**13日** 党史学习教育中央第十八指导组组长赵惠令到中国中车调研。指导组参观长辛店二七纪念馆、留法勤工俭学预备班旧址，并听取中车工作汇报。赵惠令对中车给予高度评价，表示中车的红色文化令人震撼，中车党史学习教育走在央企前列。

**同日** 交通运输部人事教育司、职业资格中心与中车人力资源中心、中车培训中心、常铁校等单位以视频会议形式在北京、常州两地组织召开集训工作推进会议。

**17日** 中国中车、华润集团与宁夏回族自治区人民政府在银川分别签署战略合作协议。宁夏回族自治区党委书记、人大常委会主任陈润儿，中国中车党委书记、董事长孙永才，华润集团董事长王祥明出席签约仪式并就深化合作事宜交换意见。

**18日** 中国中车总部公司办公室（党办）党支部召开党史学习教育专题组织生活会，国资委中央企业党史学习教育第六指导组组长郭建新，成员支文广、王刚到会指导。

**24日** 中国中车总部人力资源中心（党委干部部）党支部召开党史学习教育专题组织生活会，国资委中央企业党史学习教育第六指导组副组长闵玉清，成员支文广、王刚到会指导。

**25日** 中国中车召开学习贯彻习近平总书记“七一”重要讲话精神专题会暨2021年经营管理工作视频会，传达贯彻国务院国资委有关会议精神，全面总结中国中车上半年工作情况。

**27日** 国家交通运输部正式发文批复中国中车集团公司交通强国建设试点实施方案，中国中车交通强国建设试点工作全面进入实施阶段。

**28日** 国资委监督追责局在北京举办中央企业违规经营投资责任追究工作研讨班暨国有资产监督追责信息系统应用培训班，中国中车等2家企业作违规追责工作交流发言，中国石油等3家作追责信息化建设交流发言。

**30日** 中国中车党委以视频方式召开第九次干部警示教育大会。

**31日** 国资委党史学习教育领导小组办公室在北京召开相关单位基层党组织党

史学习教育专题宣传座谈会。中国中车党委工作中心副主任李敏以《与党同心红色铸魂　与国同向重器筑梦》为题作现场交流发言。

**同日**　中国中车党委书记、董事长孙永才，中国中车党委副书记、总经理（总裁）楼齐良到国家能源集团，与国家能源集团党组书记、董事长王祥喜和总经理刘国跃等高层领导举行座谈，就下一步双方加强合作有关事宜深入探讨交流并达成共识。

## 9　月

**1 日**　国家发展改革委员会产业发展司司长卢卫生到中国中车调研。

**2 日**　中国上市公司协会主办的上市公司年报业绩说明会经验交流会在北京召开，会上表彰了举办 2020 年报业绩说明会的全国优秀上市公司，中国中车获“优秀实践案例”奖。

**同日**　民生银行总行副行长石杰到访中国中车，双方高层深入交流，取得良好产融互动效果，为下一步新产业发展和中车项目的推进奠定基础。

**2—7 日**　2021 年中国国际服务贸易交易会全球服务贸易峰会在北京举行，中国中车以“连接世界　与你同行”为主题参展，两个项目获示范案例奖。

**3 日**　中车创业 140 周年火种交接暨唐山公司火炬传递仪式在唐山举行。

**同日**　中国中车召开中车金融子企业专题汇报会。

**7 日**　株洲中车时代电气股份有限公司正式在 A 股科创板挂牌上市，本次公开发行股票 24076.0275 万股，发行价格 31.38 元 / 股，发行后总股本 141623.6912 万股，募集资金总额达 755505.74 万元，是湖南省有史以来募集资金规模最大的 A 股 IPO 企业。

**10 日**　国务院国资委秘书长彭华岗到中国中车总部调研，参观“百年伟业　红色中车”主题成就展，听取公司关于提升轨道交通装备产业链现代化水平的专题汇报，并与中国中车党委书记、董事长孙永才，中车股份副总裁王宫成等进行座谈交流。

**11 日**　第二届“‘一带一路’建设与制造强国建设协同发展论坛”在北京举办，论坛邀请国家发改委、国务院国资委、工信部以及中国中车、中国铝业、三一重工的负责人与会，就科技创新、打造原创技术策源地，保障中国海外大宗商品供应链安全和制造业数字化转型等议题发表主题演讲。中国中车党委书记、董事长孙永才重点从中车打造自主创新成功范例的经验做法、中车推动“一带一路”建设的实践模式、中车新征程上践行“两大战略”的思考三个方面发表主题演讲。

**14 日**　中国中车召开 2021 年重大风险化解工作座谈会。

**15 日**　中国中车科技创新大会在北京召开，国务院国资委科创局副局长柳长森，中国中车党委书记、董事长孙永才及在京班子成员，中国工程院院士刘友梅、丁荣军等出席大会。

**同日**　中国中车在北京召开改革三年行动推进会暨深入实施市场化经营机制改革启动会。

**同日**　“党史学习教育在央企”系列活动启动仪式暨中央企业深入开展党史学习教育助力交通强国建设座谈会在中国中车长辛店二七纪念馆举行，国资委党委党史学习教育办公室副主任、宣传局局长陈国栋，人民网总编辑罗华、中国中车党委副书记王铵，以及人民网、部分交通类央企的有关部门负责人员参加本次活动。

**16 日**　国务院国资委党委书记、主任郝鹏在西藏自治区常务副主席姜杰陪同下，到位于拉萨的拉林铁路中车一体化售后服务站调研。

**同日** 中国中车党委副书记、总经理（总裁）楼齐良到科技园公司总部调研座谈。

**23日** 中国中车参加2021年北京辖区上市公司投资者集体接待日活动，中国中车党委书记、董事长孙永才出席会议，并就投资者关心的问题进行交流解答。

**同日** 中国中车集团与吉林省人民政府在长春签署战略合作协议。

**24日** 中国中车党委书记、董事长孙永才在济南会见山东省委常委、济南市委书记孙立成。

**同日** 第四届中国企业论坛主题论坛在山东济南举行。中国中车党委书记、董事长孙永才以《拥抱新时代　担当新使命　勇担新发展格局下高质量发展的“火车头”》为题发表主旨演讲。

**同日** 中国中车党委书记、董事长孙永才在济南与山东能源集团党委副书记、董事、总经理张宝才举行会谈。

**24—29日** 国家科技部高技术中心在中车研究院组织召开国家重点研发计划“先进轨道交通”重点专项“时速400公里及以上高速客运装备关键技术”等6个项目综合绩效评价会议。

**25日** 2021中国500强企业高峰论坛在长春举行。论坛发布2021中国500强企业榜单，中国中车位列98位，中国中车党委副书记、总经理（总裁）楼齐良出席论坛并发表《创新添动力　改革增活力　转型赋能量　当好高质量发展的主力军和排头兵》的主题演讲。

**26日** 中国中车与唐山市签署“十四五”深化合作框架协议。

**26—29日** 第二届中国—非洲经贸博览会在湖南长沙举行，中国中车作为8家参展央企之一参加此次盛会，展示中非轨道交通装备产品和服务领域合作的成果。

**27日** “行道百卌·思源致远”中国轨道交通工业140年峰会在唐山公司举行。

**同日** 在唐山举行的中国轨道交通工业140周年峰会上，由唐山公司研制具有完全自主知识产权的新型都市快轨列车下线。

**29日** 首届查干湖绿色发展论坛在吉林省松原市开幕，中国中车作为主办方之一，党委书记、董事长孙永才出席论坛，并与与会领导共同发起“查干湖绿色发展论坛合作倡议”。

**同日** 中车集团组织召开2022年投资预算编制暨投资管理信息系统上线培训会。

## 10　月

**9日** 在2021北京国际城市轨道交通展览会上，中国中车发布具有完全自主知识产权的系列化中国标准地铁列车产品平台，包括时速80公里A型和B型、时速120公里A型和B型4种车型，并首次展出首列中国标准化地铁列车“实车”。

**12日** 国务院国资委举行媒体通气会，通报国资央企贯彻落实习近平总书记在全国国有企业党的建设工作会议上的重要讲话精神，以及坚持党的领导、加强党的建设、引领保障企业高质量发展有关情况。中车股份副总裁魏岩出席通报会并介绍有关情况。

**14日** 中国中车党委书记、董事长孙永才在北京与贵阳市委书记胡忠雄举行会谈，贵阳市委副书记马宁宇，贵阳公司党委书记、董事长严世栋，贵阳公司总经理高健参加会谈。

**15日** 中国中车党委副书记、总经理（总裁）楼齐良，总会计师李铮等到江苏中车数字公司调研指导工作。

**同日** 中国中车举办第3期网络安全大讲堂，53家子企业分管网络安全工作的部门负责人和专业人员共计150余人参加会议。

**17—20日** 2021北京国际风能大会暨展览会在北京新国展召开。中国中车以“中车源动力　提速碳中和”为主题，组织旗下从事风电整机、零部件制造及智能运维等全产业链子公司参展。

**21日** 中央政治局委员、国务院副总理孙春兰到中车二七国家冰雪运动训练科研基地调研，听取训练备战工作汇报，考察体育运动综合风洞、模拟训练系统、速滑馆，看望慰问积极备战的运动员、教练员和工作人员。

**同日** 中国中车党委副书记、总经理（总裁）楼齐良到雄安新区考察调研，并与河北省副省长、雄安新区党工委书记、管委会主任张国华举行工作座谈。

**26日** 《财富》杂志发布2021年最受赞赏的中国公司榜单，中国中车位列榜首。

**同日** 中国中车组织召开上市公司会计监管专题视频培训会，加强学习2020年11月证监会发布的《监管规则适用指引——会计类第1号》。

**同日** 智利在比奥比奥大区首府康塞浦西翁车站为四方股份公司制造的12列电动车组举行上线运营仪式，智利总统皮涅拉（Sebastián Piñera）出席仪式并试乘。

**28日** 中国中车党委巡视工作领导小组召开视频会议，听取2021年第一轮巡视工作汇报，中国中车党委书记、董事长、巡视工作领导小组组长孙永才出席会议并讲话。

**29日** 由中国物流与采购联合会主办的“2021全球产业链供应链数字经济大会”在深圳召开，中车物流有限公司提交的《基于“三位一体”业务融合的工业智慧物流云平台建设》方案被评为2021年度全球产业链供应链数字经济典型案例。

## 11　月

**1日** 中国中车召开精益管理暨管理提升行动推进视频会，进一步贯彻落实年度工作会议精神，推进精益管理和管理提升行动年度重点工作。

**同日** 由中国中车、四川省代表队、湖北省代表队、上海市代表队、河南省代表队组成的第46届世界技能大赛轨道车辆技术中国集训队，正式入驻中国集训基地牵头基地（中车·常铁校），开启首阶段参赛集训工作。

**3日** 中国中车召开2021年党风廉政建设和反腐败工作联席会议。

**4日** 第四届中国国际进口博览会开幕式在上海举行，国家主席习近平以视频方式出席并发表主旨演讲。中国中车采购分团团长，中国中车党委副书记、总经理（总裁）楼齐良出席开幕式，并参加商务部与上海市政府主办的“中国加入世贸组织20周年：互利共赢，共创未来高层论坛”。

**同日** 中国中车党委副书记王铵组织召开中车总部作风建设集中整治工作推进会。

**5日** 中国中车与中国出口信用保险公司签署2022年度专项合作协议。

**12日** 中国中车绿色循环经济交易电商平台“宜企拍”实现交易额1005880000元，成功突破10亿元大关，创出历史新高。

**15日** 中国中车召开党委常委（扩大）会，专题传达学习贯彻党的十九届六中全会精神。

**同日** 中国中车以视频形式召开深入实施市场化经营机制改革第四次例会，对市场化经营机制改革指导意见进行政策解读和宣贯指导，以保障各级子公司明晰目标任务，切实将改革落到实处。

**17日** 中国检验认证集团党委书记、董事长许增德率全体领导班子成员和有关部门人员到中国中车交流座谈，中国中车党委书记、董事长孙永才和领导班子成员、有关部门负责人出席接待并作中车改革经验介绍。

**24日** 中国中车党委书记、董事长孙永才在中车总部会见沈阳市代市长吕志成一行。

**29日** 中国中车以视频形式召开“加强和规范混合所有制企业管理专题推进会”。

**30日** 中国中车以视频形式召开“ESG管理提升工作启动会暨2021年社会

责任报告编制工作培训会”。

## 12　月

**3日**　中共中央总书记、国家主席习近平同老挝人民革命党中央总书记、国家主席通伦举行视频会晤，并通过视频连线共同出席中老铁路通车仪式。由大连公司和四方股份公司联合研制的CR200J型动力集中动车组，满载习近平总书记的嘱托及中老两国人民的友谊，分别由中国昆明和老挝万象同步对向始发，这是“一带一路”建设事业的新突破。

**同日**　中国中车与南京航空航天大学召开技术对接视频交流会议。

**8—9日**　中车股份副总裁马云双到株洲调研时代电动公司、株洲所、株洲电机公司等3家企业。

**8—11日**　2021中国国际轨道交通和装备制造产业博览会在湖南株洲召开，中国中车作为支持单位，组织多家子公司携城市公共交通、市域交通、干线铁路、旅游轨道等多款新型车辆实车、创新产品及核心部件参展。

**9日**　中国中车党委书记、董事长孙永才在中国中车总部与大同市委书记卢东亮举行会谈。

**同日**　中国中车党委副书记王铵一行到株洲调研时代新材和时代电动两家提级管理企业。

**14日**　中国中车党委巡视办组织召开巡察工作推进暨交流培训会，29家开展巡察工作的子企业386名专兼职巡察干部以视频连线形式参会。

**15日**　中国中车党委以视频方式召开第十次干部警示教育大会，中国中车党委书记、董事长孙永才作专题讲话，党委副书记、总经理（总裁）楼齐良主持会议并作总结讲话，党委副书记王铵通报了8起违规违纪违法典型案件。

**16日**　中国中车与中国华电在北京签署战略合作框架协议。中国中车党委书记、董事长孙永才与华电集团党组书记、董事长温枢刚出席并见证签约。

**同日**　中国中车组织召开2021年度决算布置视频会议。

**17日**　中车工会以视频形式召开“擦亮金名片　建设新小家”总结提升会。

**19日**　中国中车党委副书记、总经理（总裁）楼齐良到齐车集团石家庄公司调研指导工作。

**23日**　中国中车召开人才工作会议，深入学习贯彻党的十九届六中全会精神、中央人才工作会议精神以及党中央、中组部、国资委党委有关人才工作的一系列重要部署和要求，系统总结新中车成立以来人才工作经验，研究部署中国中车“十四五”和今后一个时期人才管理工作。

**24日**　中国中车召开第六届管理创新成果审定委员会会议，总经理（总裁）楼齐良出席会议，管理创新成果审定委员会成员参加会议。

**28日**　第二十八届全国企业管理现代化创新成果发布，中国中车主要领导挂帅主创的《轨道交通装备企业集团实现全流程价值协创的精益体系构建与实施》成果获评全国企业管理现代化创新成果一等奖。

**28—29日**　中国中车2021年度企业文化和品牌建设工作评价会在山西大同召开。会议全面回顾2021年中车文化品牌建设工作的总体情况，并组织文化品牌建设系列表彰、交流发言、学习研讨等。

**29日**　中国中车党委书记、董事长孙永才在中车总部与贵阳市委副书记陶平生举行会谈。

**同日**　中国中车党委副书记、总经理（总裁）楼齐良、中车股份副总裁马云双到四方所调研。

〔公司办公室（党委办公室）　供稿〕

# 概　况

本栏编辑　程伯瑶

# 行政工作

【概述】2021年是中国共产党成立100周年的大庆之年、中车创业140周年、“十四五”的开局之年，中国中车坚持以习近平总书记视察中车重要指示精神为根本遵循，以庆祝中国共产党成立100周年为强大政治动力，大力弘扬伟大建党精神，以实际行动践行“两个维护”，深入贯彻国资委党委的决策部署，贯彻落实中车第一次党代会精神，紧密围绕“12368”经营工作思路和“固化攀升”党建工作主题，聚焦“七个新突破”，统筹疫情防控和经营发展，圆满完成各项任务，为国资央企“十四五”良好开局作出积极贡献。

始终围绕“实业兴邦、产业报国”重任，扎实推进公司高质量发展。稳效益创价值，克服疫情对行业的深化影响，克服原材料价格上涨影响，强化运营管控，积极提质增效，实现业绩基本稳定，经营净现金流、资产负债率、研发投入强度等经营指标达到预期目标。拓市场优布局，积极推进产业发展，铁路业务方面，拉林铁路开通，“复兴号”成功进藏，时速600公里高速磁浮列车正式下线，“瑞雪迎春”智能型“复兴号”高速动车组服务北京冬奥会；城市交通业务方面，公司数字化智能化支撑下的“产品+”“系统+”模式取得进展；战略性新兴业务方面，公司首个全自主屋顶光伏项目、首个产融互动风电系统解决方案项目实现并网发电，矿用自卸车电驱动系统投入大吨位矿车市场；国际业务方面，首个海外PPP墨西哥地铁1号线项目执行良好，“绿巨人”和“澜沧号”在中老铁路投入运营，公司海外首个整车并购企业——株机福斯罗公司实现盈利。强创新增后劲，制定实施先进轨道交通装备领域原创技术策源地和现代产业链链长工作方案，加快推进国家创新中心建设、科技创新体系更加完善，时速600公里高速磁浮交通系统入选2021年度央企十大国之重器。夯基础提品质，深入开展对标世界一流管理提升活动，不断推进强基工程，“1618”提质增效专项工作成效明显，获评国家级管理创新成果一等奖；发布“双碳”行动计划，引领绿色低碳转型发展。强赋能促转型，坚持把发展数字经济作为高质量发展的关键增量，发布“十四五”信息化发展规划，产业数字化、数字产业化加快推进，“基于北斗的轨道交通车辆定位与控制创新应用”入选央企北斗应用十大典型案例。强引领促融合，贯彻落实“两个一以贯之”要求，深入开展全国国企党建会精神“回头看”，系统盘点35项重点任务落实情况，党建工作固化攀升。中国中车在2020年中央企业经营业绩考核中再次位列A级，实现“10连A”；在《财富》杂志2021年最受赞赏中国公司评选中名列榜首；品牌价值达到1260亿元，在国内机械设备制造行业排名第一。

【经营业绩】把握稳中求进工作总基调，坚持目标引领，强化运营管控，克服各类减利因素，顺利完成国资委下达的主要考核指标。全年，中车集团实现营业收入2384.61亿元，同比降低0.63%；实现净利润130.36亿元，同比增长0.54%；中车股份实现营业收入2257.32亿元，同比降低0.85%；实现归属于上市公司股东的净利润103.03亿元，同比降低9.08%。营业收入利润率、全员劳动生产率、研发投入强度和资产负债率全面达到预期目标。在完成全年经营指标过程中，株机公司、大连公司、四方股份公司、长客股份公司、浦镇公司、株洲所、齐车集团、中车科技园等16户企业完成利润T3指标；其他企业树立底线思维，持续强化提质增效，着力攻坚调增指标，全集团上下共同努力，稳住经营“基本盘”，担负起稳增长的使命责任。

【产业与市场拓展】 聚焦主责主业，全力开拓市场，不断提升产业链韧性和竞争力，全年新签市场订单2658亿元。铁路业务方面，认真落实习近平总书记关于复兴号奔驰在祖国广袤大地上的重要指示精神，在国铁集团的统筹组织下，高原双源动力集中动车组在西藏拉林铁路投入运营，实现复兴号覆盖31个省（区、市）；京张高铁“瑞雪迎春”智能动车组正式上线运行，为北京冬奥会提供安全优质的运输服务保障；铁路货车新造克服种种不利因素，创造月产近万辆的历史纪录。城市交通方面，在战略中心和城市交通事业部的统筹下，数字化智能化支撑下的“产品+”“系统+”模式取得进展，长客股份公司长春地铁两条既有线路项目、株机公司广州地铁新线项目，浦镇公司芜湖单轨项目、唐山公司武夷山有轨电车项目，树立了两个模式的标杆。战略性新兴业务方面，风电业务累计签订风光资源协议30个，中车首个全自主屋顶光伏项目、首个产融互动风电系统解决方案项目（延安风场）都实现并网发电；新能源商用车获得石家庄、太原、唐山、盐城等新订单；污水治理环保业务进入雄安新区市场；矿用自卸车电驱动系统投入大吨位矿车市场；氢燃料电池动力系统实现装车应用。国际业务方面，作为中车海外首个整车并购企业，株机福斯罗公司年内实现盈利，并且在欧洲市场订单取得突破性进展，打出“新造+维保+租赁”组合拳，进一步巩固高端市场“桥头堡”地位；中老铁路全线开通，采用中国标准、融合中老文化特色的“澜沧号”动车组投入运营，为“一带一路”、中老友谊标志性工程贡献中车力量。面对严峻复杂的国际形势，全年实现海外业务签约额55亿美元。

【改革与发展】 坚决落实国企改革三年行动，重点任务总体完成率达到94%，获评国企改革“学先进、抓落实、促改革”专项工作改革典型，进入中宣部国企改革重点宣传企业名单。扎实推进现代企业制度建设，应建董事会的174户子企业全面实现应建尽建，其中有167户实现外部董事占多数；“两制一契”在全级次290家子企业落地，999名经理层成员实现任期制和契约化管理，管理经验入选国资委深化三项制度改革首批范例集；17家子企业推行职业经理人制度，职业经理人合计82人；64家子企业实施中长期激励，累计激励3063人。扎实推进综合改革专项工程，株洲所成为全国“双百企业”典型代表，长江集团、唐山公司改革经验入选国资委“科改示范行动”案例集；分层分类推进混合所有制改革，增强创新创业动力，时代电气在上交所科创板上市。扎实推进市场化经营机制改革，以“优、平、简、去、活”为目标，对全集团、全级次子企业深入实施全覆盖、全穿透、全要素的“四全五能”市场化经营机制改革，印发施行机构改革和“两定两优”两个指导意见。扎实推进业务重组整合，持续深化制造类企业重组，四方股份公司整合四方有限公司完成存续分立，制动、钩缓等核心系统和关键部件业务重组有序实施；租赁公司与中铁装备公司、中车科技园与南车投资公司、国际公司与澳大利亚公司、中车金控与资本公司等平台类业务重组初见成效；时代电动、时代新材、山东风电提级管理，市场效果明显。扎实推进“二二三”专项工作，剥离“两非”10项，处置“两资”8.4亿元，清理参股股权23项，压减法人户数10户，完成“中车”字号整改33户；存续企业重组整合、剥离企业办社会职能和解决历史遗留问题扫尾工作有序推进。

【科技创新】 强化领先领跑意识，重点下好科技创新先手棋。健全完善科技创新顶层规划，组织召开新中车第一次科技创新大会，制定发布“1+5”科技创新规划和制度，进一步明确研究院、信息公司发展定位和模式，加快推进国家创新中心建设及国家级实验室优化重组工作，不断完善中车科技创新体系，完成轨道交通装备行业原创技术“策源地”和现代产业链“链长”顶层设计。围绕国家重点研发计划“先进轨道交通”重点专项攻关，13个项目中有6项完成综合绩效评价、4项完成课题绩效评价，38个课题评价结果为“优秀”；大力攻关“卡脖子”工程，超前完成IGBT项目，并有序开展国产化轴承装车验证；稳步推进“85专项”，1025专项通过国资委评估；“十四五”科技重大专项26个项目117个课题完成“揭榜挂帅”，“72181”等重大专项取得阶段性成效。有效提升行业话语权，发布主持国际标准8项、国家标准1项，挂帅主持4项铁道行业标准修订。城轨标准申报国家标准10项、团体标准23项；全年完成专利申请6000项，其中发明专利4000项、海外专利500项；在第二十二届中国专利奖评选中获得2项金奖、2项银奖、13项优秀奖，金奖获奖数量位居中央企业首位，创历史最好成绩。重大产品研制成果显现，年内时速600公里高速磁浮交通系统入选2021年度央企十大国之重器，首列中国标准地铁列车正式下线。

**【管理提升】** 以效益为中心，挖掘产业链潜力，改善经营品质。高质量推进对标提升活动，在国资委创建“三个标杆”评选中，中车入选标杆企业3家、标杆项目1个、标杆模式1个，是入围最多的中央企业。中国中车精益体系项目和株洲所新产业项目均获评国家级管理创新成果一等奖。围绕“四基五无”管理目标，清单化推动“强基工程”；按照“强基、赋能、攀高”3个维度，持续深化精益管理，着力开展标准工位、精益生产示范区（线）和精益车间建设。深入开展“1618”提质增效专项工作，亏损企业治理成效初步显现，亏损企业户数和亏损总额均较上年同期下降；持续强化“两金”压控专项治理，应收账款、存货余额保持在合理区间；开展“改善不良，杜绝浪费”专项活动，在制造层面释放效益10亿余元；持续深化重大风险化解，风险敞口减少27亿元，冲回计提减值5.4亿元；工业智慧物流营业收入较上年同比翻番，城轨空调首次实现跨项目、跨企业集采；深化财务数字化转型，组建集团财务共享中心，推动核算标准化、内控规范化；探索司库体系建设，提升资金配置效率，财务公司获中国财资卓越司库奖；积极争取财税优惠政策，为中国中车创造直接经济效益13.54亿元。持续强化质量安全管理，“中车Q”落地实施，产品质量总体稳定，质量责任事故持续减少，机车、动车百万公里故障率稳步降低，实现生产安全事故、火灾爆炸事故、新增现岗职业病、突发环境事件、聚集性疫情感染事件“5零”目标。发布“双碳”行动计划，明确6G绿色发展理念，长客股份公司、沈阳公司、株机公司、株洲所、戚墅堰公司、戚墅堰所6家企业获评中国中车级绿色工厂。

**【数字化转型】** 坚持把发展数字经济作为实现高质量发展的关键增量，加快推进产业数字化、数字产业化。落实中央企业数字化转型行动计划，制定发布“十四五”信息化规划，形成“三舱一体系”建设方案，进一步明确数字化发展路径。大力推进智能制造，“基于北斗的轨道交通车辆定位与控制创新应用”入选中央企业北斗应用十大典型案例，完成高铁白车身机器人、标识解析二级节点、株洲电机公司、株机公司智能制造新模式等四个国家项目验收。加快建设数字化平台，集团管控大数据平台完成总体方案评审，统一协同办公平台、中车智程平台全级次子企业推广使用，青岛大数据中心和工业互联网平台建设取得阶段性进展。不断深化数字企业建设，唐山公司两化融合发展指数94.5，达到创新发展阶段；浦镇公司被评为江苏省数字化标杆企业。中车数字公司获得第三届中国工业互联网专业赛一等奖。

〔公司办公室（党委办公室）供稿〕

# 党群工作

【概述】 2021年，中国中车党委以习近平新时代中国特色社会主义思想为指引，深入贯彻中共十九大和十九届历次全会精神，全面落实全国国有企业党的建设工作会议精神和中央企业党建创新拓展年工作部署，以打造党建“金名片”为主线，以“固化攀升”为主题，深入开展党史学习教育，不断加强政治、思想、组织、干部人才队伍和党风廉政建设，积极发挥群团工作作用，以高质量党建引领保障高质量发展。

【政治建设工作】 积极开展党史学习教育，深入学习贯彻习近平新时代中国特色社会主义思想和习近平总书记“七一”重要讲话精神，强化读书自学、集体研学、专家导学、培训专学、现场教学、共建联学、典型讲学，增强“四个意识”、坚定“四个自信”、做到“两个维护”，做到学史明理、学史增信、学史崇德、学史力行。坚持和完善第一议题制度，深入学习贯彻习近平总书记视察中车重要指示精神和考察北京冬奥会、冬残奥会筹办工作重要讲话精神，誓为科技自立自强再攀高峰再立新功，做到学深悟透落实落细。深入学习贯彻中共十九届六中全会精神，印发专项安排，组织学习研讨，推动全会精神进企业、进车间、进班组、进头脑，迅速兴起学习贯彻热潮。夯实主体责任、包保责任和“一岗双责”，坚持和完善巡视整改工作机制，持续巩固政治巡视整改成果。

【党委领导作用发挥】 全面落实“两个一以贯之”要求，把加强党的领导与完善公司治理统一起来，健全党委常委会会议制度、“三重一大”决策制度，完善党委前置把关清单等，构建权责法定、权责透明、协调运转、有效制衡的中国特色现代国有企业治理机制。巩固深化落实全国国有企业党的建设工作会议精神成果，以习近平总书记在此次会议上发表重要讲话五周年为契机，组织开展贯彻落实情况“回头看”，进一步对标检视、深化落实、巩固成果。揭榜挂帅承担中组部课题，组织开展《中央企业所属基层企业在完善公司治理中加强党的领导》课题研究，制定实施《关于中国中车在完善公司治理中加强党的领导的实施意见（试行）》。坚持在深化改革中加强党的领导、党的建设，做到党的建设与企业改革同步谋划、党的组织及工作机构同步设置、党组织负责人及党务工作人员同步配备、党的工作同步开展，实现体制对接、机制对接、制度对接和工作对接。深入开展党建“固化攀升年”专项行动，持续打造党建“金名片”，在国资委党建责任制考核中连续四年获评A级。中车党建工作经验在中央企业党的建设工作座谈会上作了交流发言。

【干部人才队伍建设】 深入学习贯彻中央人才工作会议精神，强化干部人才工作顶层设计，制定实施“十四五”人力资源战略规划、教育培训规划。召开中车人才工作会议，总结经验做法，部署推进“十四五”人才工作。持续推进“才报才图”体系建设，深入推进全球一体化人力资本管理体系落地实施，进一步加强人力资源信息化建设。制定实施全级次子企业规范董事会建设工作方案、落实有关重要子企业董事会职权工作方案，建立由60余人组成的一级子公司外部董事人才库，并向国资委推荐14名外部董事库人选，提前全面完成全级次子企业董事会应建尽建和外部董事占多数改革任务，建立规范董事会的32家一级子公司全部落实董事会有关职权。开展“五强”领导班子建设专项行动，全级次子企业经理层成员100%实行任期制和契约化管理，一级和二级子公司中层以上管理人员年度“下”的比例超过5%。深入推行职业经理人制度，组织开展时代电动、时代新材等企业职业经理人选聘，共有23家全级次子公司聘任90余名职业经理人（高管），提前超额完成改革三年行动任务。全面推行市场化竞聘制度，全集团年度提拔的一级和二级子公司中层以上管理人员竞争性选拔比例超过80%。制定实施《中国中车“十四五”优秀年轻管理人才队伍建设行动方案》，持续实现子公司领导班子成员45岁以下占比1/4的目标。加快推进市场化经营机制改革，制定实施组织机构改革指导意见、科学定岗定编优效优员指导意见，推进实施企业提级降级管理工作，组织子公司扎实编制落实方案，在全集团掀起切实加大改革广度力度深度的热潮。持续加强人才培训培养，举办数字化、国际化和核心技术、管理、技能人才公司级培训68期，培训3700余人次。组织开展院士后备人才中长期培养选拔。加强技能人才队伍建设，强化技能等级认定管理以及金蓝领和劳模创新工作室建设。健全完善人才激励保障机制，编制中长期激励操作指导手册，四方股份公司等6家子公司实施中长期激励。研究制订人才激励管理办法，支持科技创新实施工资总额单列管理。强化总部人事管理工作，调整改革办、重组办机构设置，充实改革工作力量。制定印发总部员工职务职级管理办法。

**【基层党组织建设】** 组织召开领导班子专题民主生活会，国务院国资委党委书记、主任郝鹏出席会议并给予充分肯定。强化基层党组织标准化规范化建设，进一步规范基层党组织换届工作，大连公司、株洲电机公司、四方所、国际公司、物流公司、工程公司、信息公司、租赁公司8家企业先后召开党代会或党员大会，按计划完成党委换届，科技园公司、齐车集团、株洲所、中车研究院4家企业完成两委委员的补选工作。开展党组织“应建未建”专项排查治理，大力消除薄弱区和空白点，实现11500多个生产班组党员全覆盖。全面加强队伍建设，统筹开展党组织书记、组工干部集中轮训和党员培训。坚持服务生产经营不偏离，深化“创岗建区”“创先争优”“联学共建”，聚焦川藏铁路建设重大项目，与国铁集团共同组建复兴号高原双源动力集中动车组临时党支部，把支部建在车上、把复兴号开进西藏，让党旗在一线高高飘扬。扎实开展“我为群众办实事”实践活动，推行清单管理，督办推进落实，进一步提升广大员工的幸福感、获得感，全年为员工办实事、办好事、解难事“2020+37”项。制定实施混合所有制企业党建工作指导意见，加强混合所有制企业党的建设。加强境外企业党的建设，严格落实“五不公开”原则，有效规范、稳妥开展境外党建工作，推动发挥境外党组织凝聚人心、稳定队伍，防范风险、维护安全，保证监督、促进发展作用。强化党建理论研究，成立党建研究会，编辑出版《党建创新与实践》专刊，《党建》杂志刊发中车科技创新理论文章，《求是》杂志编辑部到公司调研。发挥考核“指挥棒”作用，组织10家企业党委书记进行抓党建工作现场述职评议，对36家一级子企业实施党建责任制考核，进一步压实党建工作责任。

**【宣传思想工作】** 按照党中央部署和国资委党委要求，热烈庆祝中国共产党成立100周年，举办“庆祝建党100周年　奋进建功新时代”、“中车百年跟党走”、走访慰问老党员等系列活动，唱响时代主旋律。传承红色基因，打造“四个时期”十个红色教育基地，举办“百年伟业　红色中车”红色展览，出版《红色中车》图书，宣传系列红色人物，开展红色课题研究，“复兴号”高速动车组模型入展南湖纪念馆“新时代”展厅，成为首家在南湖革命纪念馆挂牌党建教育基地的中央企业。持续完善“六位一体”文化传承工程，创作发布中车赋，设计制作《车行于道》影像志，深化“9·28中车日”系列活动，成功举办中国轨道交通工业140年峰会。传播中车好声音，举办祭奠詹天佑活动，开展“车迷有约　走进中车”活动，开通国外领英平台、视频号、快手短视频等，中车《百年信物》在中央电视台播出，《百年前，这些年轻党员点亮了铁路“复兴之光”》在新华社刊发。推进“大品牌体系”建设，以品牌资产化为导向，扩展品牌架构，升级品牌贡献率评价体系，完善品牌活跃度考评机制。按照“五化”理念策划实施风能展、城轨展等系列展会，品牌价值1260亿元，再次获评国内机械设备制造行业品牌价值第一名，位列《财富》2021年最受赞赏的中国公司榜首。

**【党委巡视监督】** 深化政治巡视，分两轮对8家子公司党委开展“常规＋专项＋专题”巡视，常规巡视聚焦“四个落实”，专项巡视聚焦形式主义、官僚主义突出问题，专题巡视围绕国企改革三年行动、科技创新、减利因素整改等方面开展，其中第一轮巡视发现问题139个，受理并移交信访5件11条问题线索。上下联动开展违规挂靠专项巡视，按照三级联动、“三个一致”要求，共成立84个巡视巡察组，对348家子公司党组织开展“全级次、全覆盖、全穿透”的违规挂靠专项巡视巡察，发现共性问题9个，提出针对性意见建议359条，有力推动违规挂靠风险问题的排查整改。不断加强巡视巡察规范化建设，印发《中国中车子企业党委开展巡察工作指导意见》，多次组织开展工作交流会和培训会，进一步强化对子公司巡察工作的分类指导与考核评价，促进巡视巡察工作质量整体提升。统筹推进巡视巡察联动贯通，贯彻落实中央《关于加强巡视巡察上下联动的意见》和国资委党委“七项措施”工作要求，创新开展“巡视带巡察”，督促夯实巡察工作主体责任。发挥巡视综合监督平台作用，持续推进与纪检、审计及其他职能监督共享共用监督信息、资源与成果，保证巡视“透过业务看政治”高质量开展的同时，着力推动问题整改落实。

**【党风廉政建设】** 强化履行“两个责任”，召开年度党风廉政建设和反腐败工作会，与子企业党委签订党风廉政建设责任书并开展年度考核，多次专题研究党风廉政建设和反腐败工作，组织召开集体廉政谈话会。聚焦重点领域加强监督，开展贯彻习近平总书记关于冬奥会项目建设讲话精神、疫情防控、党史学习教育等专项监督检查，推动任务落实落地。全面开展“靠企吃企”专项整治，中车纪委在中央企业深入整治“靠企吃企”问题工作推进会上作题为《抓实专项整治　突出监督质效　为企业高质量发展提供坚强保障》的典型发言。深入贯彻中央八项规定精神有关规定，坚持深化纠治“四风”，组织开展集中整治中车总部形式主义官僚主义问题，建立落实监督检查长效机制。运用“四种形态”，保持执纪审查高压态势，各级纪委共处理信访举报468件次、处置问题线索293件、立案审查46件、党纪处分63人、组织措施98人，其中中车集团纪委本级处理信访举报265件次、处置问题线索56件、立案审查2件、纪律处分8人、组织措施11人；各级纪委运用“四种形态”累计分别为310人次、47人次、10人次、8人次。严把廉洁意见回复关，向干部、组织部门共出具105人次党员干部廉洁鉴定意见。坚持深化纪律教育，把稳筑牢廉洁防线，组织召开中车干部警示教育大会2次，点名通报“靠企吃企”和违反中央八项规定精神问题等18个违纪违法典型案例，累计受教育党员干部1万余人次。组织开发“智廉中车·党规党纪教育系统”，广泛组织开展“百名纪检干部讲纪律”教育活动，着力构建中车廉洁文化。年内，《中国纪检监察》杂志2021年第20期，连续4篇专题文章多次提到中车纪委开展监督工作经验做法；在《中国纪检监察报》上刊发中车纪委借助大数据平台开展监督工作的专题报道；在国资委党委《党风廉政专刊》和驻国资委纪检监察组《纪检监察工作交流》上，先后刊发多篇专题报道。

【群团工作】 坚持党对群团工作的领导，支持群团组织依法依章独立自主开展工作。深化全国产业工人队伍建设改革，持续扩大产改工作标杆效应，在全国推进产业工人队伍建设改革工作经验交流会上，中车作为中央企业唯一代表交流经验。持续扩大劳模创新示范效应，深化金蓝领和劳模创新工作室联盟创建活动，推进“高铁工匠协同创新中心”建设，开展第二届“高铁工匠”评选，截至年末拥有全国示范性劳模创新工作室11个，国家级技能大师工作室32个。围绕目标任务，深入开展保生产、保质量、保安全、增效益“三保一增”主题劳动竞赛，深耕群众性经济技术创新活动，深化“我为企业发展建新功”“慰问高铁售后服务青年”等活动。聚焦福祉攀升，建设尊敬员工环境，建成“中车拉萨职工小家”“中老铁路一体化售后职工小家”等，持续改善一线员工生产生活环境，全面完成“擦亮金名片　建设新小家”专项活动。深入开展困难员工帮扶、送温暖活动，实施“团爱青年”专项行动，强化疫情形势下员工关怀关爱。深入实施青春领航、青春育才、青春创效、青春强基工程，广泛开展“弘扬五四精神　凝聚青春力量”“永远跟党走”等系列活动，加强“号、手、岗”等“青”字号活动品牌建设。全年，获评火车头奖章24个、火车头奖杯4个；获得全国青年文明号等国家级荣誉9项，17名优秀青年个人、29个先进青年集体获得省部级表彰。

【民族统战工作】 坚持以聚焦民族复兴大业为基本定位，强化以人民为中心基本遵循，坚持守正创新为基本路径，讲好中车民族统战故事。强化民族统战基础工作，密切与党外人士的联系，巩固和扩大党的群众基础。强化典型人物引领，坚持系统培养、搭建平台，加强党外人士交流，做好党外代表人士推荐，发挥统战工作室典型引路效应，实现从冯江华工作室“一花独俏”到与张志和工作室“双星闪耀”。强化体制机制建设，重点开展体制机制、特色工作、力量发挥“三项检视”，进一步完善民族统战工作格局。

【保密工作】 落实保密工作责任，组织一级子公司主要领导、“十四五”规划编写组和物业管理人员等签订保密责任书1475份。将保密工作纳入中国中车党建考核。扎实开展保密对标评价，完善中车保密工作评价和对标管理指标体系，开展全集团保密对标评价工作，选择部分重点企业和基础工作薄弱企业进行现场检查，有效提升保密工作水平。持续强化保密宣传教育，开展国家安全和保密宣传月活动、保密宣传教育作品创作征集活动等，同时加强保密日常教育，充分发挥保密综合管理平台作用。发布中车相关保密守则。对2020年保密重点项目，中车总部和各子公司做到按要求配备保密人员、完善保密制度、加强涉密人员管理，并加强涉密文件、科研项目保密和定密管理。强化文件资料保密管理，针对使用内网计算机违规存储国家秘密文件情况开展专项检查检测。开展涉密文件清退销毁工作，销毁内部文件资料4500公斤。组织召开中车保密工作会议，促进全集团保密工作全面提升，中车作为保密标杆单位在国资委保密工作会议上作经验交流发言。在国资委保密工作考核中，中国中车在95家中央企业中名列第四。

〔公司办公室（党委办公室）　供稿〕

# 2021年末中国中车集团有限公司总部组织机构图

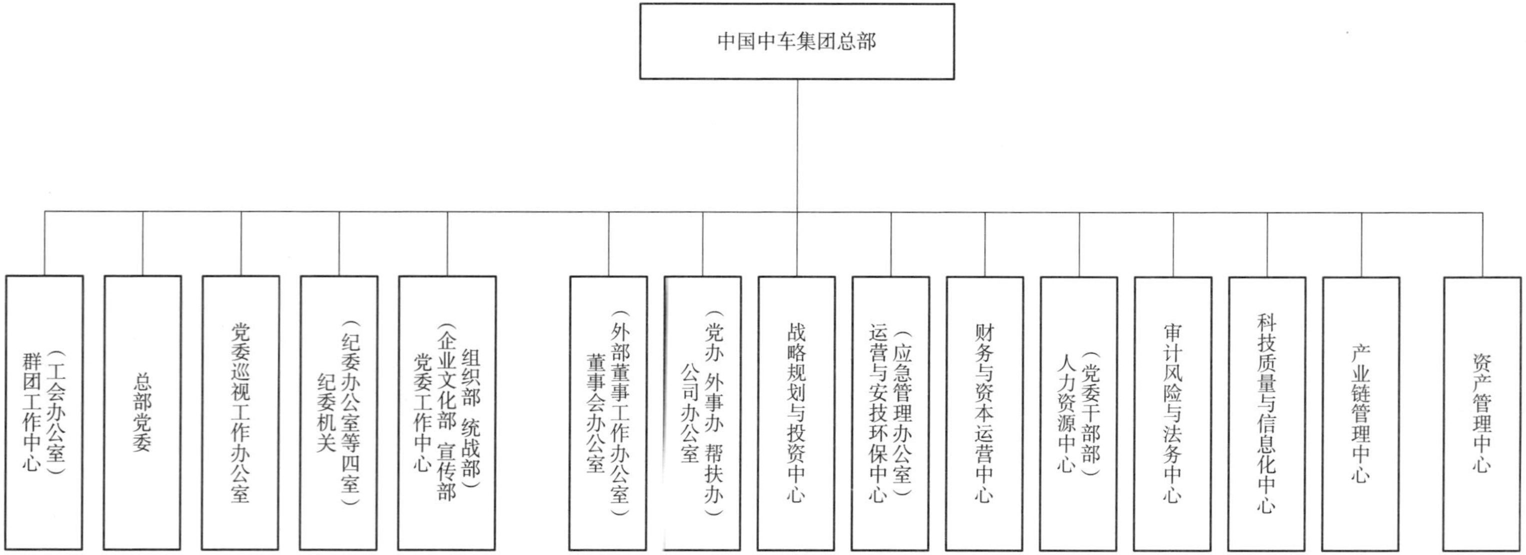


〔人力资源中心（党委干部部） 供稿〕

# 2021年末中国中车股份有限公司总部组织机构图

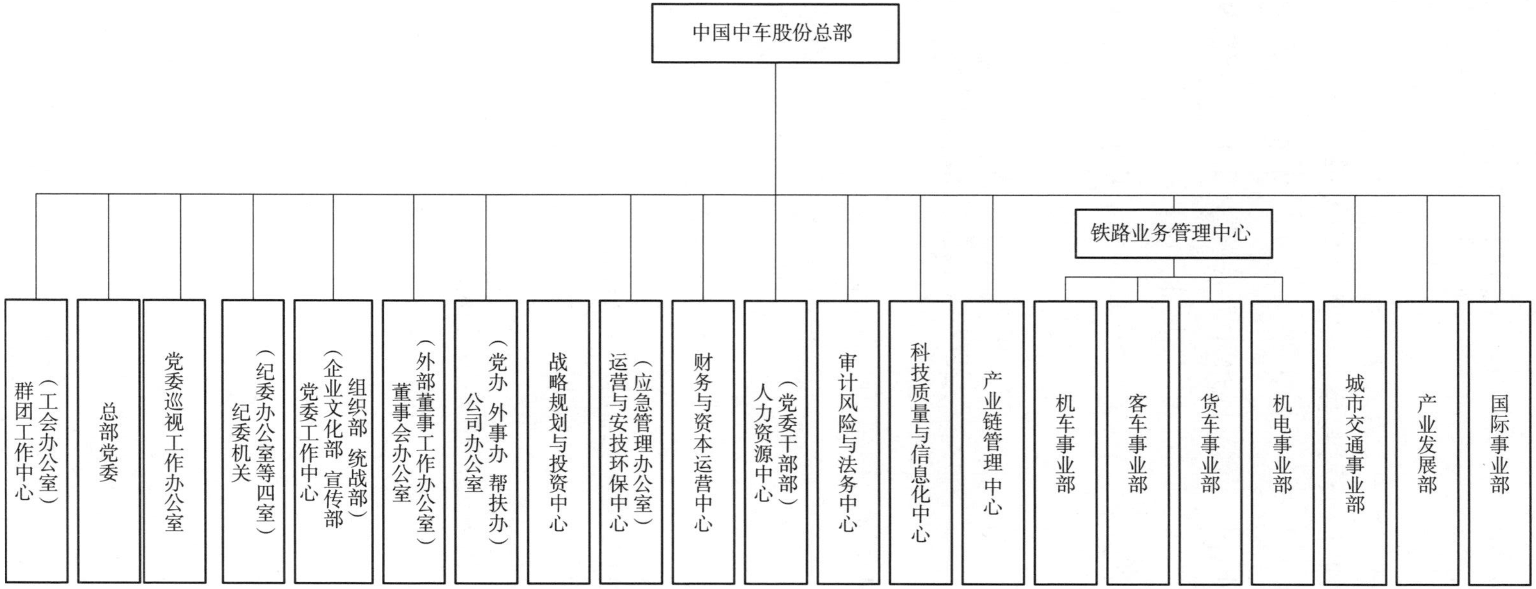


〔人力资源中心（党委干部部）　供稿〕

# 2021 年中国中车集团有限公司高、中层领导

【中国中车集团有限公司党委、纪委领导人员】

| | | | |
|---|---|---|---|
| 党委书记 | 刘化龙（任至 3 月） | 孙永才（3 月任） | |
| 党委副书记 | 孙永才（任至 3 月） | 楼齐良 | |
| | 王　铵（8 月任） | | |
| 纪委书记 | 王　铵（任至 8 月） | | |
| 党委常委 | 刘化龙（任至 3 月） | 孙永才 | 楼齐良 |
| | 王　铵　　王　军 | 魏　岩 | 李　铮 |
| | 马云双　　王宫成 | | |

【中国中车集团有限公司董事会人员】

| | | |
|---|---|---|
| 董事长 | 刘化龙（任至 3 月） | 孙永才（3 月任） |
| 董　事 | 孙永才 | 楼齐良（7 月任） |
| 职工董事 | 楼齐良（任至 8 月） | 王　铵（11 月任） |

【中国中车集团有限公司经理层人员】

| | | |
|---|---|---|
| 总经理 | 孙永才（任至 8 月） | 楼齐良（8 月任） |

【中国中车集团有限公司总师层级人员】

| | |
|---|---|
| 总经济师 | 邵仁强 |
| 工会主席 | 赵　虎 |
| 总法律顾问 | 赵　勇 |
| 安全生产总监 | 赵　勇 |

【中国中车集团有限公司副总师层级人员】

| | |
|---|---|
| 纪委副书记 | 程冬然 |
| | 姜海洋（任至 6 月） |
| | 何学义（10 月任） |

## 【中国中车党委巡视组组长、副组长】

组　　长　　陈孝敏　连家余

副 组 长　　南选义　姚卫东　张秀臣　王合法（任至10月）　邱立成　向　军　何朝阳（6月任）

## 【中国中车所属企业专职外部董事】

苗永纯　林　田　朱三华
夏春生　闵　兴　邹哲贤
赵　蔚　王全乐（任至12月）　赵大斌
张慈宏　陈大勇　房志坚
何树高　梁　兵　南秦龙（任至8月）
张　涛　詹余斌　梁　牪
张振翔（1月任）　侯志刚（4月任）　王洪年（4月任）
王勇智（4月任）　王子长（5月任）　郭凤江（6月任）
周东海（6月任）　马建勋（7月任）　赵维宗（8月任）
姜　冬（12月任）

## 【中国中车集团有限公司总部部门负责人】

**董事会办公室（外部董事工作办公室）**

副 主 任　靳勇刚（主持工作）　刘宏伟　张　纯（任至9月，改任顾问）　巩保欣　周志勇

**公司办公室（外事管理办公室　定点帮扶办公室）**

主　　任　梁　军

副 主 任　李海林　杨英武　王国华

**战略规划与投资中心**

主　　任　赵明德

副 主 任　曹卫东　燕汉民　于彦斌

**业务重组工作办公室（机构撤销）**

主　　任　阴明月光（任至7月）

副 主 任　马建勋（任至7月，改任外部董事）　陈建强（任至7月）

**改革工作办公室**

主　　任　曹卫东（兼，任至7月）　阴明月光（7月任）

副 主 任　陈建强（7月任）

周志勇（兼）

**运营与安技环保中心（应急管理办公室）**

主　　任　郭胜清
副 主 任　向　欣　朱晓东

**财务与资本运营中心**

副 主 任　冯晋春

**人力资源中心**

主　　任　魏　东（任至12月）
副 主 任　张利明（任至10月，改任顾问）
吴新林　郝晓龙
刘　鹏

**审计风险与法务中心**

主　　任　陈震晗
副 主 任　陈晓毅（任至12月，改任高级顾问）
张世东（12月任）

**科技质量与信息化中心**

主　　任　于跃斌
副 主 任　李万程　侯　波
谭绍军

**企业文化部**

部　　长　高　亢
副 部 长　李　敏

**资产管理中心**

总 经 理　李国勇
副总经理　刘文华

**学习培训发展中心（原中车大学，7月更名）**

主　　任　楼齐良（兼，任至10月）
王　铵（兼，10月任）
副 主 任　魏　东（兼，任至12月）
曾金传
吴新林（兼，任至4月）
陈永平（兼）

**党委办公室**

主　　任　梁　军
副 主 任　李海林　杨英武
王国华

**党委干部部**

部　　长　魏　东（任至12月）
副 部 长　张利明（任至10月，改任顾问）
吴新林　郝晓龙
刘　鹏

**党委工作中心（党委宣传部　党委统战部）**

主　　任（部　长）　高　亢
副 主 任（副部长）　李　敏

**党委组织部**

部　　长　高　亢
副 部 长　梁　军（兼）

**党委巡视工作办公室**

主　　任　姜海洋（兼，任至6月）
何学义（兼，10月任）
副 主 任　何学义（任至10月）

**纪　委**

案件审理室主任　熊纯浩
审查调查室主任　何明新
监督检查室主任　于文德
派驻在京非制造类企业纪检组组长　李文刚

**总部党委**

书　　记　杜鹏远

**群团工作中心（工会办公室）**

主　　任　刘　智

**团　委**

书　　记　苏　旭

副 书 记　刘辉辉（兼）

**中车党校**

校　　长　楼齐良（兼，任至10月）

王　铵（兼，10月任）

副 校 长　刘春阳（兼，任至4月）

魏　东（兼，任至12月）

吴新林（兼，4月任）

梁　军（兼，任至7月）

高　亢（兼，7月任）

〔人力资源中心（党委干部部）供稿〕

# 2021年中国中车股份有限公司高、中层领导

## 【中国中车股份有限公司党委、纪委领导人员】

| | | | |
|---|---|---|---|
| 党委书记 | 刘化龙(任至3月) | 孙永才(3月任) | |
| 党委副书记 | 孙永才(任至3月) | 楼齐良 | |
| | 王　铵(9月任) | | |
| 纪委书记 | 王　铵(任至9月) | | |
| 党委常委 | 刘化龙(任至3月) | 孙永才 | 楼齐良 |
| | 王　铵　　王　军 | 魏　岩 | 李　铮 |
| | 马云双　　王宫成 | | |

## 【中国中车股份有限公司第二届董事会人员】

| | | |
|---|---|---|
| 董事长 | 刘化龙(任至3月) | 孙永才(3月任) |
| 执行董事 | 刘化龙(任至3月) | 孙永才　　楼齐良 |
| 独立非执行董事 | 李国安(任至12月) | 辛定华(任至12月) |
| | 史坚忠(任至12月) | 朱元巢(任至12月) |
| 董事会秘书 | 谢纪龙(任至8月) | 王　健(10月任) |

## 【中国中车股份有限公司第二届监事会人员】

| | | |
|---|---|---|
| 监事会主席 | 赵　虎 | |
| 监事 | 陈震晗 | 陈晓毅 |
| 职工监事 | 赵　虎 | |

## 【中国中车股份有限公司第三届董事会人员(12月任)】

| | | | |
|---|---|---|---|
| 董事长 | 孙永才 | | |
| 执行董事 | 孙永才 | 楼齐良 | 王　铵 |
| 非执行董事 | 姜仁锋 | | |
| 独立非执行董事 | 史坚忠 | 翁亦然 | 魏明德 |
| 董事会秘书 | 王　健 | | |

**【中国中车股份有限公司第三届监事会人员（12月任）】**

| | | |
|---|---|---|
| 监事会主席 | 赵　虎 | |
| 监　　事 | 陈震晗 | 陈晓毅 |
| 职工监事 | 赵　虎 | |

**【中国中车股份有限公司经理层人员】**

| | | | | |
|---|---|---|---|---|
| 总　　裁 | 孙永才（任至8月） | | 楼齐良（8月任） | |
| 副 总 裁 | 王　军 | 魏　岩 | 余卫平 | 马云双 |
| | 王宫成 | | | |
| 总会计师 | 李　铮 | | | |

**【中国中车股份有限公司总师层级人员】**

| | |
|---|---|
| 总工程师 | 张新宁 |
| 总信息师 | 王勇智（任至4月） |
| 工会主席 | 赵　虎 |
| 总法律顾问 | 赵　勇 |
| 安全生产总监 | 赵　勇 |
| 总裁助理 | 宁文泽 |

**【中国中车股份有限公司副总师层级人员】**

| | | |
|---|---|---|
| 纪委副书记 | 程冬然 | 姜海洋（任至6月） |
| | 何学义（10月任） | |

**【中国中车股份有限公司授权代表等人员】**

| | | |
|---|---|---|
| 授权代表 | 孙永才（兼，任至8月） | 楼齐良（兼，8月任） |
| | 郑传福（任至12月） | 肖绍平（12月任） |
| 联席公司秘书 | 谢纪龙（任至8月） | 王　健（8月任） |
| | 郑传福（任至12月） | 肖绍平（12月任） |
| 证券事务代表 | 靳勇刚 | |

## 【中国中车股份有限公司总部部门负责人】

董事会办公室（外部董事工作办公室）
副 主 任　靳勇刚（主持工作）
　　　　　刘宏伟
　　　　　吴新林　郝晓龙
　　　　　刘　鹏

办公室（外事管理办公室　定点帮扶办公室）
主　　任　梁　军
副 主 任　李海林　杨英武
　　　　　王国华

战略规划与投资中心
主　　任　赵明德
副 主 任　曹卫东　燕汉民
　　　　　于彦斌
　　　　　张　纯（任至9月，改任顾问）
　　　　　巩保欣　周志勇

业务重组工作办公室（机构撤销）
主　　任　阴明月光（任至7月）
副 主 任　马建勋（任至7月，改任外部董事）
　　　　　陈建强（任至7月）

运营与安技环保中心（应急管理办公室）
主　　任　郭胜清
副 主 任　向　欣　朱晓东

财务与资本运营中心
主　　任　王　健（兼）
副 主 任　白亦兵　辛　丽
　　　　　董绪章（兼）

人力资源中心
主　　任　魏　东（任至12月）
副 主 任　张利明（任至10月，改任顾问）

审计风险与法务中心
主　　任　陈震晗
副 主 任　陈晓毅（任至12月，改任高级顾问）
　　　　　张世东（12月任）

科技质量与信息化中心
主　　任　于跃斌
副 主 任　李万程　侯　波
　　　　　谭绍军

企业文化部
部　　长　高　亢
副 部 长　李　敏

党委办公室
主　　任　梁　军
副 主 任　李海林　杨英武
　　　　　王国华

党委干部部
部　　长　魏　东（任至12月）
副 部 长　张利明（任至10月，改任顾问）
　　　　　吴新林　郝晓龙
　　　　　刘　鹏

党委工作中心（党委宣传部　党委统战部）
主　　任（部长）　高　亢
副 主 任（副部长）　李　敏

党委组织部
部　　长　高　亢

副 部 长　梁　军（兼）

**党委巡视工作办公室**

主　　任　姜海洋（兼，任至6月）
　　　　　何学义（兼，10月任）
副 主 任　何学义（任至10月）

**纪　委**

案件审理室主任　熊纯浩
审查调查室主任　何明新
监督检查室主任　于文德
派驻在京非制造类企业纪检组组长　李文刚

**总部党委**

书　　记　杜鹏远

**群团工作中心（工会办公室）**

主　　任　刘　智

**团　委**

书　　记　苏　旭
副 书 记　刘辉辉（兼）

**铁路业务管理中心**

主　　任　王松文（任至12月，改任高级顾问）
　　　　　叶　彬（12月任）
常务副主任　张振翔（任至1月）
副 主 任　生春林
　　　　　郭　杰（1月任）

**机车事业部**

总 经 理　生春林（兼）
副总经理　于行飞

**客车事业部**

总 经 理　王松文（兼，任至8月）
　　　　　叶　彬（兼，12月任）
副总经理　叶　彬（8月任，主持工作）
　　　　　黄俊辉
　　　　　徐循元（任至7月，改任顾问）
　　　　　杨楠桢（6月任）

**货车事业部**

总 经 理　张振翔（兼，任至1月）
　　　　　郭　杰（兼，1月任）
副总经理　周东海（任至6月，改任外部董事）
　　　　　王武建（6月任）

**产业链管理中心（4月成立）**

主　　任　景　丹（8月任）
副 主 任　钟和军（4月任，主持工作）
　　　　　何翠微（4月任）
　　　　　王明杰（4月任，任至10月，改任顾问）

**机电事业部**

总 经 理　景　丹（8月任）
副总经理　钟和军（主持工作）
　　　　　何翠微
　　　　　王明杰（任至10月，改任顾问）

**城市交通事业部（原城轨事业部，4月更名）**

总 经 理　张洪权
副总经理　郭　杰（任至1月）
　　　　　唐飞龙
　　　　　张　辉（6月任）

**产业发展部**

总 经 理　陈明军

副总经理　战宇宙

**国际事业部**

总 经 理　罗崇甫(任至7月)

武　岩(8月任)

副总经理　武　岩(任至8月)

时圣林　季　强

〔人力资源中心(党委干部部)供稿〕

# 法人治理

本栏编辑　程伯瑶

# 董事会工作

【概述】2021年，中国中车董事会认真履行《中华人民共和国公司法》、公司的《公司章程》等赋予的职责，落实党中央、国务院疫情防控工作要求，贯彻落实国务院《关于进一步提高上市公司质量的意见》和国务院国资委《中央企业董事会工作规则（试行）》，充分发挥“定战略、作决策、防风险”作用，持续加强自身建设，切实维护公司和股东的利益。董事会认真履行职责，根据监管机构的要求和公司发展的需要，适时对公司重大事项进行科学决策，年内召开14次董事会会议，共审议通过55项议案；召开15次董事会专门委员会会议，其中战略委员会1次、审计与风险管理委员会6次、提名委员会7次、薪酬与考核委员会1次，共审议38项议案。

公司第二届董事会任期届满，年内完成董事会换届工作。全体董事为公司的发展出谋划策、勤勉尽责，认真审议各项议案，审慎、客观、公正地发表意见。深入公司现场了解生产经营情况，推动董事会决策事项落实，切实维护公司和股东利益。中国中车的公司治理水平不断提高，公司董事会连续三年在国资委董事会考核评价中获得优秀。同时，在资本市场屡获殊荣，年内获第二十一届中国上市公司百强高峰论坛之中国百强企业奖、2021中国证券金紫荆奖之最佳投资者关系上市公司奖、2020年报业绩说明会“优秀实践案例”奖、公司2020年年报获得美国媒体专业联盟“远见奖”之装备机械仪器行业银奖等10个重要奖项。

【董事会及专门委员会成员调整】3月22日，刘化龙因工作调整辞去公司董事长、执行董事、战略委员会主席及委员、提名委员会委员职务。3月30日，公司第二届董事会第27次会议选举孙永才为公司董事长，同时任公司战略委员会主席。

【董事会换届情况】公司第二届董事会任期届满，李国安、辛定华、朱元巢不再担任公司独立非执行董事以及各专门委员会相应职务。按照有关规定，12月22日，2021年第一次临时股东大会选举产生第三届董事会7名董事，其中执行董事3人，分别是孙永才、楼齐良、王铵；非执行董事1人，姜仁锋；独立非执行董事3人，分别是史坚忠、翁亦然、魏明德。同日，公司召开第三届董事会第一次会议，选举孙永才任公司第三届董事会董事长，并确定第三届董事会各专门委员会人员组成。

【董事会会议】第二届董事会第26次会议，3月16日以书面传签方式召开，审议通过《关于中车金融租赁有限公司通过公开进场交易方式实施增资事项的议案》。

第二届董事会第27次会议，3月30日以现场与通讯相结合的方式在北京召开，审议通过《关于中国中车股份有限公司2020年年度报告的议案》等28项议案。

第二届董事会第28次会议，4月29日以现场与通讯相结合的方式在北京召开，审议通过《关于中国中车股份有限公司2021年第一季度报告的议案》等2项议案。

第二届董事会第29次会议，6月18日以现场与通讯相结合的方式在北京召开，审议通过《关于中车四方车辆有限公司存续分立实施方案的议案》等2项议案。

第二届董事会第30次会议，7月18日以现场与通讯相结合的方式在北京召开，审议通过《关于委托管理资产相关事项暨关联交易的议案》。

第二届董事会第31次会议，8月11日以书面传签方式召开，审议通过《关于聘任中国中车股份有限公司联席公司秘书及确定电子呈交系统授权人士的议案》。

第二届董事会第32次会议，8月27日以现场与通讯相结合的方式在北京召开，审议通过《关于中国中车股份有限公司2021年半年度报告的议案》等4项议案。

第二届董事会第33次会议，9月26日以书面传签方式召开，审议通过《关于中车南京浦镇车辆有限公司参与收购南京中车浦镇城轨车辆有限责任公司32.5%股权的议案》。

第二届董事会第34次会议，10月15日以书面传签方式召开，审议通过《关于聘任中国中车股份有限公司董事会秘书的议案》。

第二届董事会第35次会议，10月29日以现场与通讯相结合的方式在北京召开，审议通过《关于中国中车股份有限公司2021年第三季度报告的议案》等2项议案。

第二届董事会第36次会议，11月25日以现场与通讯相结合的方式在北京召开，审议通过《关于提名中国中车股份有限公司第三届董事会非独立董事候选人的议案》等4项议案。

第三届董事会第1次会议，12月22日以现场与通讯相结合的方式在北京召开，审议通过《关于选举中国中车股份有限公司第三届董事会董事长的议案》等2项议案。

第三届董事会第2次会议，12月22日以现场与通讯相结合的方式在北京召开，审议通过《关于聘任中国中车股份有限公司总裁的议案》。

第三届董事会第3次会议，12月23日以现场与通讯相结合的方式在北京召开，审议通过《关于聘任中国中车股份有限公司副总裁、财务总监的议案》等5项议案。

**【董事会战略委员会】** 公司第三届董事会战略委员会现由执行董事孙永才、楼齐良、王铵，非执行董事姜仁锋，独立非执行董事史坚忠组成，其中孙永才担任委员会主席、姜仁锋担任副主席。

遵照公司《董事会战略委员会工作细则》等制度要求，独立、客观履行职责。3月29日，在北京召开第二届第5次会议，审议通过《关于中国中车股份有限公司2021年度投资方案的议案》等4项议案。

**【董事会审计与风险管理委员会】** 公司第三届董事会审计与风险管理委员会现由独立非执行董事翁亦然、魏明德，非执行董事姜仁锋组成，其中翁亦然具备较丰富的会计专业知识和经验，具备注册会计师资格，担任委员会主席。

遵照公司《董事会审计与风险管理委员会工作细则》等制度要求，独立、客观履行职责。3月29日，以现场与通讯相结合的方式在北京召开第二届第17次会议，审议通过《关于中国中车股份有限公司2020年年度报告的议案》等13项议案。4月29日，以现场与通讯相结合的方式在北京召开第二届第18次会议，审议通过《关于中国中车股份有限公司2021年第一季度报告的议案》。7月18日，以现场与通讯相结合的方式在北京召开第二届第19次会议，审议通过《关于委托管理资产相关事项暨关联交易的议案》。8月26日，以现场与通讯相结合的方式在北京召开第二届第20次会议，审议通过《关于中国中车股份有限公司2021年半年度报告的议案》。10月29日，以现场与通讯相结合的方式在北京召开第二届第21次会议，审议通过《关于中国中车股份有限公司2021年第三季度报告的议案》。12月23日，以现场与通讯相结合的方式在北京召开第三届第1次会议，听取审计师关于公司2021年年度报告审计计划的汇报。

**【董事会薪酬与考核委员会】** 公司第三届董事会薪酬与考核委员会委员现由独立非执行董事史坚忠、翁亦然，非执行董事姜仁锋组成，其中史坚忠担任委员会主席。

遵照公司《董事会薪酬与考核委员会工作细则》等制度要求，独立、客观履行职责。3月29日，以现场与通讯相结合的方式在北京召开第二届第4次会议，审议通过《关于中国中车股份有限公司董事2020年度薪酬的议案》等3项议案。

**【董事会提名委员会】** 公司第三届董事会提名委员会由独立非执行董事魏明德、史坚忠、翁亦然，执行董事由孙永才、楼齐良组成，其中魏明德担任委员会主席。

遵照公司《董事会提名委员会工作细则》等制度要求，独立、客观履行职责。3月29日，以现场与通讯相结合的方式在北京召开第二届第10次会议，审议通过《关于评核独立非执行董事独立性的议案》等2项议案。8月11日，以书面传签方式召开第二届第11次会议，审议通过《关于提名中国中车股份有限公司联席公司秘书的议案》。8月26日，以现场与通讯相结合的方式在北京召开第二届第12次会议，审议通过《关于提名中国中车股份有限公司总裁的议案》等2项议案。10月15日，以书面传签方式召开第二届第13次会议，审议通过《关于提名中国中车股份有限公司董事会秘书的议案》。11月25日，以现场与通信相结合的方式在北京召开第二届第14次会议，审议通过《关于提名中国中车股份有限公司第三届董事会非独立董事候选人的议案》等2项议案。12月22日，以现场与通讯相结合的方式在北京召开第三届第1次会议，审议通过《关于提名中国中车股份有限公司总裁的议案》。12月23日，以现场与通讯相结合的方式在北京召开第三届第2次会议，审议通过《关于提名中国中车股份有限公司副总裁、财务总监的议案》等5项议案。

**【股东大会】** 6月18日，公司召开2020年度股东大会，审议通过《关于中国中车股份有限公司2020年度董事会工作报告的议案》等14项议案。12月22日，公司召开2021年第一次临时股东大会，审议通过《关于选举中国中车股份有限公司第三届董事会非独立董事的议案》等3项议案。

**【信息披露】** 公司董事会坚持“真实、准确、完整、及时、公平”的原则，通过邮件、会议等方式认真审核披露的信息，依法合规地履行信息披露义务。全年，在上海证券交易所发布临时报告106项，在香港联合交易所发布繁体中文公告125项、英文公告78项共计203项；发布合同公告5份，披露合同金额共计1378亿元，约占公司2020年经审计营业收入的61%。中国中车连续六年在上交所年度上市公司信息披露工作评价中获得A级。

**【投资者关系管理】** 公司董事会致力于维护全体股东利益，构建覆盖各层面的投资者管理平台。召开年度、半年度、第三季度业绩发布电话会议，连线近百位分析师、投资者，就公司经营情况、订单情况、海外市场情况等进行交流沟通。召开年度、半年度业绩说明会，参加北京辖区上市公司集体接待日，对资本市场及广大投资者所关心的问题进行详细解答。统筹策划重点股东专项沟通，交流公司发展战略、经营情况、股东大会议案等。组织与主要财经媒体加强沟通，充分发挥媒体作用，合理引导舆情和投资者预期。安排专人接听投资者电话，接收投资者电子邮件，耐心细致地记录、解答投资者提出的问题。全年，组织路演3次，接待投资者来访10批次（约60人到公司调研），召开电话会议90次，参加证券机构策略会9次。

**【非执行董事履职】** 年内，非执行董事分别赴永济电机公司、西安公司、兰州公司等9家各级子公司开展调研，同时还调研公司的风电项目、扶贫项目等情况。

（董事会办公室　供稿）

# 监事会工作

**【概述】** 2021年，公司监事会按照《中华人民共和国公司法》等法律法规和公司的《公司章程》《监事会议事规则》的有关规定，从维护全体股东的利益出发，对公司财务、股东大会决议执行、董事会重大决策程序及公司经营管理活动的合法合规性、董事及高级管理人员履行职务情况等进行监督和检查，促进公司持续、健康发展。

公司第二届监事会任期届满，12月22日公司召开2021年第一次临时股东大会，选举产生公司第三届监事会，陈震晗、陈晓毅任股东代表监事，与职工代表监事赵虎共同组成公司第三届监事会。同日，公司召开第三届监事会第1次会议，选举赵虎任公司监事会主席。年内，公司召开监事会会议7次，审议议案18项。

**【监事会会议】** 第二届监事会第18次会议，3月30日以现场会议方式召开，审议通过《关于中国中车股份有限公司2020年年度报告的议案》等12项议案。

第二届监事会第19次会议，4月29日以现场会议方式召开，审议通过《关于中国中车股份有限公司2021年第一季度报告的议案》。

第二届监事会第20次会议，7月18日以现场会议方式召开，审议通过《关于委托管理资产相关事项暨关联交易的议案》。

第二届监事会第21次会议，8月27日以现场会议方式召开，审议通过《关于中国中车股份有限公司2021年半年度报告的议案》。

第二届监事会第22次会议，10月29日以现场会议方式召开，审议通过《关于中国中车股份有限公司2021年第三季度报告的议案》。

第二届监事会第23次会议，11月25日以现场会议方式召开，审议通过《关于提名中国中车股份有限公司第三届监事会监事候选人的议案》。

第三届监事会第1次会议，12月22日以现场会议方式召开，审议通过《关于选举中国中车股份有限公司第三届监事会主席的议案》。

**【监事会成员参加其他会议情况】** 2021年，监事会成员出席了2020年度股东大会、2021年第一次临时股东大会、公司年度工作会、经营管理座谈会等会议，列席公司董事会会议10次、总裁办公会33次。公司监事会依照《公司章程》，对公司股东大会、董事会会议召开程序、议题、投票表决程序等进行有效监督，在会议表决过程中派出1名监事参与监票。在参加上述会议时，与相关部门进行沟通，对重要议案进行研究质询，对重要事项发表意见和建议，确保各项工作合法合规。

**【监事会专题调研】** 根据公司《监事会议事规则》规定，保障监事会知情权，确保监事对公司财务状况和经营管理情况进行有效监督、检查和评价，公司监事会持续深化调研工作，不断提高监督实效。监事会成员充分结合自身分管工作，利用审计监察、合规审核等工作契机开展调研，为客观评价公司经营管理提供依据。

（董事会办公室　供稿）

# 经营与管理

本栏编辑　俞鸣霞

# 政务工作

【概述】 2021年，公司办公室（党办　外事办　帮扶办）深入贯彻落实习近平总书记关于办公厅（室）工作的重要论述和视察中车重要指示精神，聚焦"固化攀升年"党建工作主题与"12368"经营工作思路，坚持"身在兵位，胸为帅谋"的定位，坚持以文辅政当好参谋、追求极致做好服务，提高政治站位、服务中心大局，强化责任担当、务实主动作为，做精办公室主责主业，做优高质量服务保障，展一流作风，创一流业绩，树一流形象，当好受人尊敬世界一流中车的尖兵铁军，为公司实现"七个新突破"贡献力量。

【调研督办工作】坚持学思践悟、知行合一，高质量完成公司主要领导在2021年工作会议、经营管理工作视频会、季度董事长例会暨党群例会、月度行政例会、对标提升活动推进会、深入实施市场化经营机制改革动员会等会议上的讲话及报告，全年起草各类文字材料逾100万字。揭榜挂帅承接中组部"中央企业所属基层企业在完善公司治理中加强党的领导研究"、国资委"中国特色现代企业制度研究"两项研究课题。研究、编制、印发《关于中国中车在完善公司治理中加强党的领导的实施意见（试行）》，推动进一步完善公司治理。按照公司领导批示要求，深入挖掘信息价值，优化信息报送半年通报机制，促进信息报送工作提质上量提水平。全年编发《中国中车简报》90期，向国资委办公厅上报各类信息67篇，其中被国资委采用信息25篇，被国资委向中办、国办推荐信息7篇，中车信息报送情况在中央企业排名由78位上升至50位。组织各子公司形成调研课题报告109篇，评选出2020年度行政调研课题一等奖10篇、二等奖25篇、三等奖31篇，并在《管理与实践》杂志上予以编发。对153项党委工作要点、149项经营工作要点开展常态化督办，促进公司总部管理数据清晰化、责任落实具体化、考核评价数据化。协调推动集团管控大数据平台建设，组织战略、运营、财务、审计等有关部门梳理国资监管数据和集团管控指标体系，一期工程所涵盖的"三重一大"、运营、投资、财务、第三方服务机构管理、采购物流、设备效能监控和人力资源等子系统基本建成。牵头开发督办管理系统和电子看板，实现决策部署、执行落实、结果反馈等环节的全链条管理。配合做好专项巡视工作，并推动做好国资委政治巡视三年整改"收官"工作，全级次子企业巡视发现问题整改100%完成。

【社会责任管理】 根据《中国中车"十四五"发展战略纲要》，结合绿色低碳发展新趋势，组织编制、印发《中国中车"十四五"社会责任管理规划》，明确"十四五"时期中车及所属企业社会责任管理的总体思路、具体目标和重点任务。组织编制、发布中车股份2020年社会责任报告（中文简体版、中文繁体版、英文版），并如期在上交所、港交所披露。组织召开启动会，部署"十四五"ESG管理提升工作，全面提升MSCI-ESG评级。中车股份连续两年荣获《可持续发展经济导刊》评选的"金蜜蜂优秀企业社会责任报告·领袖型企业奖"。

【信访维稳工作】 紧密围绕公司改革发展中心任务，积极主动适应新形势、新特点，牢固树立稳定压倒一切、稳定是硬任务、维稳是第一责任的意识，切实加强组织领导，建立健全信访工作体系，全力以赴维护重点时期社会稳定，为公司改革发展营造和谐稳定的良好环境。做好全国“两会”期间信访维稳工作，及时回应群众关注的问题，做好矛盾纠纷排查化解工作，确保企业和谐稳定。组织开展建党100周年“七一”系列活动期间信访维稳“零报告”工作，确保“七一”期间和谐稳定。筹备召开公司“十三五”信访维稳工作会议暨表彰会议。通过运用新思路、新方法，着力加强基层基础工作，提高基层预防和妥善处理信访问题的能力。全年，公司总部累计接到来信16件，接待来访40批131人次、集体访6批91人次、电话访75件，完成上级转办信访事项46件，成功化解12起信访积案。

**【文书档案工作】** 规范快速处理公文，全年收发处理各类文件6822份，其中中共中央和国资委文件1592份，公司党委文件233份、行政文件1060份，子公司来文1965份，其他单位来文1972份。盖发中车集团、中车股份印章11000余次。深入学习贯彻习近平总书记关于档案工作重要批示精神，强化档案工作顶层设计，研究制定《中国中车“十四五”期间档案工作专项职能规划》。印发实施《中国中车2021年档案工作要点》，部署十个方面重点工作。印发《中国中车固定资产投资项目档案验收办法》，进一步规范中车建设项目档案业务指导和验收工作流程，完成株洲电机公司、长江集团等单位建设项目档案验收备案工作。组织参与国家档案局科技项目立项申报，申报大连公司产品数字化文档全生命周期应用项目。推进中车电子档案管理系统升级。完成《中国中车年鉴（2021）》组稿、编纂、编校及出版发行。举办中车系统年鉴培训班、国际档案日系列宣传活动，组织完成中车2020年度档案统计年报工作。向国资年鉴的供稿工作获国资委表彰。

**【综合事务工作】** 筹备召开中车集团党委常委会43次、中车股份党委常委会39次，总经理办公会33次、总裁办公会33次，党群例会3次、行政例会5次、碰头会7次。精心打造咖啡室，改善用餐体验，改造总部大楼会议室、培训室。改进中车智程App功能，2020—2021年共节约差旅费用2000余万元。完成会务2413场、前台访客7288人次，收发信件等45689件。做好“我为群众办实事”工作，争取人才公租房47套，进一步解决新入职员工及助勤、挂职员工住房问题。协调解决公司海淀区员工子女入学4人、转学2人。

**【外事管理】** 以习近平外交思想为指导，围绕服务国家总体外交和“走出去”战略，强化外事工作队伍建设，强化服务保障能力建设。统筹组织重大涉外活动，做好国外危险形势预警工作，紧急撤回驻缅甸相关人员等。按照国家防疫政策，抓紧抓实抓细“外防输入”工作，指导子公司做好日常外事工作。升级外事管理系统，进一步优化系统，实现手机移动办公和系统便捷优化。完成与外交部财务对账工作。对个别重要企业进行外事培训、指导、抽查。全年，完成出境任务审批245团组，其中赴港澳团组签注37个，办理护照174本，新办港澳证32本；办理出国签证87个团组，办理出境证明80个团组；注销护照及港澳证53本。

**【综合事务管理】** 做好办公用品采购、发放工作，保障公司总部员工办公需求。加强办公电话管理，规范审批和退还机制。加大食堂安全管理和检查力度，严格供货渠道和食材选取，注重饮食卫生和花样调节，结合现有设备和就餐情况，坚持集中供餐与个性化消费相结合，持续改善员工用餐体验。按照多用多交费原则，在地下一层和二层洗澡间加装刷卡设备，培养员工节水习惯。优化体检方式，组织做好400余位员工体检。做好补充医疗费报销及中车产权房回迁户房屋上市过户、产权房和员工住宅小区设施维修、产权房物业管理移交地方前期准备等工作。持续强化公司总部离退休人员相关管理工作：组织148名离退休人员召开春节团拜会；认真做好退休人员社会化管理移交工作，完成227名拟移交人员信息采集，并一次性全部通过验收；主动与地方各级单位和社区、退休党员沟通，顺利完成199名退休党员移交驻地社区党组织。全年完成补充医疗报销345人次，安排核酸检测2700余人次，组织3次疫苗接种共1280人次，实施设备日常维修1650次、水电维修8705次。

**【定点帮扶】** 在公司党委统一领导下，公司定点帮扶工作取得积极成效，充分彰显了中车作为"国家名片""大国重器"的责任和担当。严格落实党中央、国务院和国资委决策部署，认真落实"四个不摘"要求，巩固"两不愁三保障"成果，紧扣"六项帮扶"，强化组织领导，调整公司定点帮扶工作领导小组，制订定点帮扶工作计划，协调公司领导深入百色市和天水市调研考察帮扶情况。助力广西靖西市、那坡县和甘肃麦积区、甘谷县巩固脱贫攻坚成果，增强发展后劲，全面推进乡村振兴。按照公司援疆援藏安排，加强同西藏和新疆相关部门的沟通联系，积极发挥在疆企业和在藏挂职干部作用，力所能及地做好援疆援藏工作。强化智力帮扶，实施第四期"天鹅计划"培训。全年，公司直接投入定点帮扶资金1525万元，引进帮扶资金68万元，培训基层干部和乡村振兴带头人83人，培训农村技术人员308人，直接购买4个帮扶县农产品3522万元，帮助销售脱贫地区农产品1338万元。公司定点帮扶案例入选《中央企业社会责任蓝皮书（2021）》，并获评"乡村振兴篇"优秀案例。

**【支部队伍建设】** 围绕公司党的建设、经营管理、改革发展中心任务，充分履行公司办公室（党办）"六器"（存储器、合成器、路由器、驱动器、监控器、服务器）职责，坚决落实公司领导对公司办公室（党办）提出的"三高三实三抓"（"三高"即工作中要追求高标准、高质量、高效率。"三实"即态度踏实，做到勤勉敬业、耐心细致；作风务实，做到讲求实干、追求实效；处世真实，做到真心为人、真诚待人。"三抓"即抓好作风建设、抓好督查落实、抓好部门工作）的要求，专心念好党史学习教育"三字诀"，全力办好"三件事"，组织开展"三活动"，认真做好"三服务"，初步实现"三攀升"。全年累计召开党员大会8次、支部委员会会议13次、集体党课5次，开展主题党日活动暨部门业务学习14次。

〔公司办公室（党办　外事办　帮扶办）供稿〕

# 战略发展

**【概述】** 2021年，中车战略规划紧密围绕中国中车第一次党代会精神及年度"12368"经营工作总体思路和经营目标，强化战略管控，编制、印发《中国中车"十四五"发展战略纲要》，组织推进业务、职能、区域等"十四五"专项规划编制，组织审核子公司"十四五"发展规划，完成中国中车"十四五"发展战略和规划体系构建。推进创一流实施方案落实落地，圆满达成创建工作三年阶段性目标。持续深化改革，深入实施混合所有制改革和业务重组，继续推进国企改革"双百行动"、"科改示范行动"、重要领域混合所有制改革试点等改革示范工程，并完成时代电气科创板上市。巩固“处僵治困”和“压减”工作成效。积极开展战略合作，推进土地资源规划工作，全面服务和促进公司改革发展。

**【战略规划管理】** 承接《中华人民共和国国民经济和社会发展第十四个五年规划和2035年远景目标纲要》及“十四五”国资央企规划、相关行业规划重点任务，编制并印发《中国中车“十四五”发展战略纲要》。开展“十四五”战略规划系列宣贯、宣传、宣讲活动，4月15日在湖南株洲召开《中国中车“十四五”发展战略纲要》发布会，交通运输部综合规划司副司长范振宇、国家铁路局总工程师严贺祥出席会议，并就《国家综合立体交通网规划纲要》《“十四五”铁路发展规划》作分享交流，公司党委书记、董事长、总经理（总裁）孙永才出席会议并讲话，公司党委副书记、执行董事楼齐良主持会议并作开幕致辞，公司党委常委、副总裁王宫成就《中国中车“十四五”发展战略纲要》作宣贯。组织构建公司“十四五”发展战略和规划体系，推动公司“十四五”发展战略分解落地。组织开展业务、区域、职能等专项规划编制。指导各一级子公司规范编制并组织审核“十四五”规划，同时提出基于规划的子公司2022年主要发展目标指引。

**【创建世界一流示范企业】** 聚焦国务院国资委关于世界一流企业“三个领军”“三个领先”“三个典范”核心内涵，锚定公司创建世界一流示范企业总体目标，持续完善工作协同推进机制，扎实推动“八大工程”重点工作，组织做好创建工作阶段性总结，圆满达成创建工作三年目标。系统梳理创建工作亮点与经验做法，在国资委创建世界一流示范企业工作推进会上作交流发言。经验材料《中国中车集团加快创建世界一流示范企业》刊登在国资委《国企改革简报》和“国企改革”微信公众号。按照国务院国资委统一部署，积极参与《加快建设世界一流企业的指导意见（征求意见稿）》等研究，为做好建设世界一流企业顶层设计贡献中车智慧。

**【产业布局】** 持续深入贯彻落实国务院国资委“两非”剥离工作部署，将“两非”剥离工作作为聚焦主责主业、优化资源配置和推动高质量发展的重要抓手，系统、全面推进“两非”剥离工作。不断完善工作机制，聚焦政策研究、路径策划、组织实施和验收审核等关键环节，结合企业和业务实际情况选择剥离路径，因企施策，务求实效。中车交通强国建设7项试点任务获得交通运输部批复后，进一步加强顶层设计，建立以“集团统筹、归口对外、分工负责、项目管理”为原则的组织架构，设立里程碑节点，加强任务落实，全面有序推进实施交通强国建设试点工作。

**【业务重组】** 轨道交通装备制造类企业重组方面：推动四方股份整合四方有限公司工作，3月31日下发《关于调整中车四方车辆有限公司重组分立资产分割方案的批复》（中车股份重组〔2021〕19号），经中国中车股份有限公司2021年第16次党委常委会、第13次总裁办公会、第二届董事会第29次会议审议通过，6月22日下发《关于中车四方车辆有限公司存续分立实施方案的批复》（中车股份重组〔2021〕41号），7月1日，分立新设的青岛中车四方轨道车辆有限公司和存续的中车四方车辆有限公司完成工商注册登记；开展大连公司重组工作，经中国中车股份有限公司2021年第37次党委常委会、第31次总裁办公会审议通过，12月16日下发《关于大连公司存续分立重组立项的批复》（中车股份改革〔2021〕91号）。

核心系统和关键部件业务重组方面主要是推动中车制动业务重组：5月19日下发《关于调整中车制动和钩缓业务整合方式

暨评估立项的批复》（中车股份重组〔2021〕28号）。经中车股份2021年第29次党委常委会、第24次总裁办公会、第二届董事会第35次会议审议通过，10月31日下发《关于组建中车制动科技有限公司的批复》（中车股份改革〔2021〕73号）。

平台类业务重组方面：推动租赁公司整合中铁装备公司，经中车股份2021年第8次党委常委会、第7次总裁办公会、第二届董事会第27次会议审议通过，3月30日下发《关于租赁公司重组中铁装备公司方案的批复》（中车股份重组〔2021〕18号）；推动科技园公司整合南车投资公司，经中车集团2021年第31次党委常委会、第23次总经理办公会审议通过，9月22日下发《关于调整南车投资管理有限公司产权层级的指导意见》（中车集团改革〔2021〕131号）；推动国际公司整合澳大利亚公司，经中车股份2021年第28次党委常委会、第23次总裁办公会审议通过，9月22日下发《关于调整中车澳大利亚有限公司产权层级的指导意见》（中车股份改革〔2021〕57号）；启动中车金控和资本公司的重组工作，11月11日召开中车金控与资本公司联合重组项目启动会。

“三极多点”业务重组方面，推动新材料、新能源客车和风电装备等三极业务相关企业管理层级调整：经中车股份2021年第28次党委常委会、第23次总裁办公会审议通过，10月11日下发《关于调整株洲时代新材料科技股份有限公司管理层级的决定》（中车股份改革〔2021〕66号）；经中车集团2021年第31次党委常委会、第23次总经理办公会审议通过，10月11日下发《关于调整中车时代电动汽车股份有限公司管理层级的决定》（中车集团改革〔2021〕135号）；经中车股份2021年第28次党委常委会、第23次总裁办公会审议通过，10月8日下发《关于调整山东中车风电有限公司管理层级的决定》（中车股份改革〔2021〕64号）。

**【改革管理】** 全面推进国企改革三年行动。3月12日印发《中国中车2021年改革工作要点》（中车战略函〔2021〕66号），明确力争在“公司治理机制、结构优化、三项制度改革、科技创新改革、混合所有制改革、改革专项工程”六个方面取得实质性进展的20项改革任务。坚持并完善工作推进机制，通过集团公司党委会定期听取改革工作汇报、国资委改革月例会穿透到重点子企业同步参加、集团推进组定期召开改革专题会重点推进、领导班子成员现场调研实地督导，截至2021年底，集团公司层面，85条改革举措整体推进进度为95%，其中60项已完成；重点子企业层面，31家重点子企业改革举措共计1833条，整体推进进度为94%。

积极建立健全中国特色现代企业制度。公司境内全级次332家企业全部完成党建进章程工作，设立董事会的36家一级子公司全面实现党委书记和董事长由一人担任。集团党委及所属设立党委会和法人治理结构的35户重要子公司，100%制有党委前置研究讨论重大经营管理事项清单。全级次168户企业董事会应建尽建，并全部实现外部董事占多数，明确要落实董事会职权的一级重要子企业全部落实董事会职权。

公司改革工作情况及相关成效与经验全年刊发《国企改革三年行动简报》5期，在国资委10月份印编的情况通报（一年期间）中位列央企第一位。公司荣膺国务院国企改革“学先进、抓落实、促改革”专项工作第二批改革典型，并获选中宣部国企改革重点宣传企业名单。

**【市场化经营机制改革】** 进一步深入实施市场化经营机制改革，8月12日，制定《中车深入实施市场化经营机制改革工作方案》，发布《中国中车科学定岗定编优效优员指导意见》《中国中车组织机构改革指导意见》

两个指导意见。同时，把握改革平行推进和率先完成的关系，大力推进“五个率先完成”，即“产权层级优化、管理层级优化、非制造类企业管理机构优化和定岗定编优化、‘三铸一锻’产业结构优化，以及总部任期考核后的结果运用”率先完成。公司全级次企业经理层成员和中层管理人员100%实行任期制和契约化管理，一级和二级子公司中层以上管理人员年度“下”的比例为5.4%，达到同等规模央企较好水平。16家子公司深化推行职业经理人制度。全面推行市场化竞聘制度，公司年内新提拔的一级和二级子公司中层以上管理人员竞争性选拔比例超过80%。应公开招聘的新入职员工公开招聘比例达100%，解除或（终止）劳动合同4070人，占平均职工人数的2.4%。积极推进中长期激励，实施中长期激励计划17个，涵盖岗位分红、员工持股、股权跟投、科技成果转化奖励等多种激励方式，覆盖72家全级次子公司，累计激励科技、管理、技能等各类人才近4000人。

**【混合所有制改革】** 分层分类推进混合所有制改革。年内批复“混改”项目立项2个、可研5个，完成时代电气科创板上市和时代半导体员工持股2个“混改”项目。制定并实施《中国中车加强和规范混合所有制企业管理指导意见》。改革三年行动以来实施混改的8家企业，近两年的技术投入比例均超过10%，2021年营业收入平均同比增长20.5%，其中7家企业2021年净利润同比增长幅度超过23%。

**【综合改革专项工程】** 深化推进综合改革专项工程，其中7家“双百企业”结合各自功能定位、产业特点等，按照“五突破一加强”要求，主动寻求“破冰突围”。国务院国资委党委书记、主任郝鹏在2021年中央企业负责人会议上表扬株洲所是基层改革先进典型；长客股份公司、四方股份公司探索科技成果应用市场化、科研项目授权放权管理；株洲电机公司在全国国有企业混合所有制改革经验交流会介绍经验；株机公司三项制度改革经验在《中国经济周刊》发表；长江集团、唐山公司两家“科改示范企业”通过创新科研体制促进产业转型升级，改革经验均入选科改示范案例集。

**【战略合作】** 按照新形势、新任务要求，以战略为统领，以市场为导向，以融合为动力，积极搭建战略合作平台。全年共签署战略合作协议15项，累计签订战略合作协议135份。其中，与央企及重点国企签署战略合作协议6项（中国中信集团有限公司、中国电力建设集团有限公司、中国华电集团有限公司、陕西建工控股集团有限公司、太原钢铁〈集团〉有限公司、吉林省能源投资集团有限责任公司），与地方政府签署战略合作协议8项（天津市滨海新区、宁夏自治区、吉林省、唐山市、石家庄市、漳州市、百色市、盐城市），与院校签署战略合作协议1项（对外经济贸易大学）。为拓展市场空间、提升技术水平、促进产业发展起到了积极作用。建立健全战略合作管理体系，修订印发《中国中车战略合作管理办法》。

**【处僵治困】** 公司“处僵治困”工作年内已收官，同时对各子公司“处僵治困”完成情况进行专项检查。根据12月财务数据统计，原国资委督导的1户“僵尸”和17户特困企业已实现正常生产，共计盈利123867万元。资阳公司、二七机车公司、二七车辆公司等7户国资委督导特困企业亏损95916万元，整体实现盈利27950万元，比2015年（亏损259259万元）减亏287209万元（减亏比例110%）。

**【压减工作】** 年内，推动完成中车电动、时代新材、山东风电管理层级提级工作；完成中车金控所属中车股权投资有限公司压减（吸收合并）、唐山公司所属的蓝色工程土耳其公司压减（境外注销）、二七机车公司所属的天津二七康库得曲轴有限公司（破产）、SOIL MACHINE DYNAMIC SUSALLC（境外注销）、中车哈尔滨实业有限公司（注销）、义马金裕机械有限责任公司（股权转让）、广州中车骏发电气有限公司（股权转让）、北京南口资产管理有限公司（注销）、株洲南车时代新材美国有限公司（境外注销）、北京黄土地粮食机械有限公司（注销）、天津二七康库得曲轴有限公司（破产）、株洲中车时代出版有限公司（注销）、上海永电科技有限公司（注销）、襄阳南车专用汽车股份有限公司（注销）共14家企业压减，累计压减企业140家。管理层级保持在4级，法人层级保持在5级（不含境外企业）。

**【时代电气科创板上市】** 完成株洲中车时代电气股份有限公司（简称时代电气）科创板上市。2020年5月正式启动时代电气上市项目，9月完成决策程序，11月获得国资委批复，12月30日完成向上海证券交易所报送材料，2021年5月12日获得上交所上市委审议会议通过，6月22日获取证监会的注册批文，9月7日挂牌上市。时代电气IPO发行价格为31.38元/股，发行比例17%，合计发行规模75.55亿元，发行融资规模达到计划融资规模的97.3%，显著优于市场当期平均水平。时代电气发行引入高管和核心员工参与战略配售，参与人数近千人，创下同期多项行业记录。时代电气募集资金将全部重点投向科技创新领域。

时代电气科创板上市，是中国中车贯彻落实国家战略、响应科创号召、把握发展机遇、筹措发展资金、打造核心技术的重要举措，是新中车以来首个IPO项目，也是有史以来湖南省募集资金规模最大的A股IPO项目，募集资金规模跻身2021年科创板150余家IPO企业前三，是A股资本运作历史上的又一行业标杆。

同时，积极推动其他科创板上市项目。

**【土地资源管理】** 按计划组织推进长春、大连、天津、青岛等四地5宗土地的搬迁腾退及交付工作。其中，长春宽城厂区二期老厂区、长春长客高新厂区两宗土地已交政府征收；四方有限公司老厂区土地完成交付；天津津浦项目完成天津厂搬迁和土地交付；大连公司按计划实现部分土地交政府收储。通过上述土地盘活，截至12月31日，累计为中车股份公司贡献土地处置净收益约19.3亿元。

（战略规划与投资中心　供稿）

# 投资管理

**【概述】** 2021年，中车投资管理工作紧密围绕中国中车年度经营工作总体思路和经营目标，以“一核两商一流”为目标，组织编制年度投资计划和投资预算，统筹安排投资项目，优化业务布局、提升智能制造能力、促进新产业发展，强化固定资产投资项目管理。围绕“一核三极多点”业务结构，严格投资项目审查。全年完成固定资产投资、长期股权投资、增资和股权调整项目审核88项。严格控制PPP项目投资，批复PPP项目3项，涉及中车资本金投入3.67亿元。认真研究国家政策，主动对接国家有关部委，积极争取资金支持，获得首台套保险补助资金1.17亿元。规范国家出资企业产权登记管理，夯实产权登记数据基础。完成低效无效固定资产处置12.19亿元，按期完成“两资”处置任务目标。

【投资计划与预算管理】 年内安排固定资产投资预算100亿元、股权投资预算194.76亿元（为控制投资规模，11月将股权投资预算调整为155.76亿元）。截至12月，共完成固定资产投资77.32亿元，完成率为77.32%；完成股权投资104.49亿元，完成率为67.08%。全面做好年内投资预算编制工作，建立和完善投资预算管理制度，开展中期执行情况检查，全面启动投资预算编制工作，进一步明确工作要求，优化工作流程，制定并印发投资预算管理办法。根据国务院国资委和中国中车2022年度投资预算的整体安排，组织开展2022年投资预算编报工作，并完成投资预算“二上”材料的申报、审查。

【固定资产投资管理】 围绕公司“十四五”发展战略部署，聚焦主责主业，聚焦“七个新突破”，聚焦“一核两商一流”战略定位、“五个优先”基本原则、“一核三极多点”业务结构，把好投资方向，确保投资强度，控好投资规模，创新机制、落实责任、筑牢基础、提升能力。从战略吻合度、效益先进性、项目合规性、方案可行性四个维度审查投资项目，严格控制新增传统产品产能或引发新的内部竞争的投资项目，共推进固定资产投资项目39项；下达常铁校建设中车职业技术学院等项目审查意见11项；完成中车株洲投资控股有限公司高端轴类和锻件工艺提升及产业升级项目等12个授权项目备案；组织专题讨论会9项；组织完成项目立项、可行性研究报告或初步设计批复共6项；终止时代新材襄阳宏吉高压油缸产业化提升项目1项。组织完成固定资产竣工验收项目51个，涉及资金49.08亿元。完成国务院国资委组织开展的长客股份公司时速350公里动车组制造平台建设项目后评价。

【长期股权投资管理】 按照公司年度重点工作安排，积极发挥长期股权投资和股权管理的资源配置作用，稳妥推进产业类长期股权投资和股权管理项目审批工作，推动公司“产品+”“系统+”业务拓展及业务重组整合，开拓国际业务优化全球资源配置，推进低效无效资产处置。全年完成中车产投公司设立上海子公司、四方股份公司设立武汉中车四方武铁轨道交通科技有限公司、浦镇庞巴迪公司设立广西柳州浦镇阿尔斯通运输系统有限公司、时代电气公司设立佛山中时智汇交通科技有限公司、时代半导体公司设立广州青蓝半导体有限公司、四方股份公司设立印度尼西亚中车四方车辆服务有限公司、长客股份公司设立中车长客德国轨道交通科技有限公司等26项长期股权投资项目审批，批复总投资金额3.24亿元。完成永济电机公司西安地区内部资本重组、株洲所襄阳电机产业重组（减资事项）、株机公司转让所持资电公司21%股权、四方资产公司转让所持青岛四机宏达工贸有限公司1.93%股权等股权管理项目。

【PPP投资项目管理】 全年共推进境内PPP长期股权投资项目12项。其中，下达唐山公司参股天津地铁1号线SPV公司、山东公司投资设立常熟生态环保水务有限公司、中车环境公司牵头设立常州新中环境投资有限公司项目可研批复3项目；下达工程公司合资设立北京中德轨道交通运营有限公司立项批复1项；下达中车建投佛山3号线签订补充协议书事项、工程公司参股组建无锡PPP项目运营公司、参与台州PPP项目运营公司审查意见3项。参与评审5项，分别是中车建投天津Z2线、韩城PPP项目公司注销、中车环境澄江项目提前终止、中车建投引入投资人参与投资台州市域铁路S1线一期PPP项目及转让部分台州项目基金份额、浦镇公司协议受让芜湖运达公司7.63%股权项目。

**【国家支持资金争取】** 主动对接国家有关部委，争取资金支持。跟踪工信部首台套重大技术装备、首批次新材料保险补尝机制政策动态，组织有关子公司开展申报，获补助资金1.17亿元。

**【股权（产权）管理】** 进一步规范产权登记管理，认真贯彻落实全国国有产权管理工作会议精神，下发《关于加强产权登记管理 做好产权登记"两随机一公开"核对准备的通知》（中车集团战略函〔2021〕185号），完成产权登记审核登记（含数据核准）399项（次）。开展产权登记随机检查和培训，下发《关于开展产权管理随机检查和专项核对的通知》（中车集团战略函〔2021〕212号），按国务院国资委"两随机一公开"检查要求，对所属企业进行不定期随机抽检和专项核对，并组织现场培训。及时完成产权登记数据核准工作，此次数据核准范围含中车集团本部共597家，审核范围包括企业名称、统一信用编码、与国家出资企业关系等13个项点，审核字段约12000个。按时完成总结资料报送，共向国资委上报材料5项。积极推进完成产权登记核对整改和参股企业产权登记补登，未办理国有产权登记的36家参股企业均完成产权登记。

坚持独立、客观、公正的原则，开展评估备案工作，为维护国有资产出资人合法权益，促进国有资产有序流转，防止国有资产流失，为国有资产保值增值等提供重要保障。对涉及评估行为对应的资产全部开展评估备案，全年共办理资产评估备案项目76个，涉及净资产的账面值1799341.11万元，净资产评估值2823434.38万元，评估增值率56.91%，其中租赁项目为4个，涉及资产年租金评估值为8700.38万元。中车股份连续三年取得北交所"最佳产权交易组织奖"和上交所"产权组织交易金奖"。此外，作为制造业唯一中央企业代表参与财政部《国有资产评估管理办法修订草案（送审稿）》意见反馈工作。

加强对股权多元化一级子公司股东会会议案的管理，积极协调所属一级子公司及总部相关部门，规范行使中车集团和中车股份的股东权利，共完成三会议案审核62次，包括四方股份公司、长客股份公司、天津公司、广州公司、成都公司等子企业，提出并反馈修改意见和建议数三十多条，办理股东代表授权委托事项，确保议案的规范性，有效防范潜在风险。

**【外部兼并收购】** 中车产投公司所属中车株洲投资控股有限公司（简称株洲投资控股公司）拟通过定向增发+表决权委托方式并购江苏亚威机床股份有限公司。9月2日，中车集团通过立项决策，组建项目指导组，组织指导中车产投公司及所属株洲投资控股公司开展相关工作；12月27日，集团公司通过可行性研究决策；12月31日，亚威股份收到中国证券监督管理委员会出具的《中国证监会行政许可申请受理单》（受理序号：213561），正式受理亚威股份非公开发行A股股票行政许可申请，中车集团随后向国资委报送《中国中车集团有限公司关于中车株洲投资控股有限公司并购江苏亚威机床股份有限公司的请示》。

【增资类项目管理】 全年共办理股权调整项目批复14项，备案9项。其中，重大项目包括：将上年取得的国有资本性经营预算作为转增资本处理，涉及5家企业共计5亿元；中车产投公司以非公开协议方式向株洲投资控股公司单方增资3亿元；中车集团以"债转股"方式向中车科技园公司增加注册资本金30亿元。完成中车新投公司增资资金拨付，共计96595万元。

【固定资产处置】 组织相关子公司清理处置低效无效厂房、设备等资产，持续落实2018年制定的部分低效无效固定资产处置工作实施方案。2018—2021年累计盘活低效无效厂房及房屋2212097.72平方米，处置低效无效设备29442台套，其中2021年盘活厂房及房屋632317.35平方米，处置设备2879台套。

（战略规划与投资中心　供稿）

# 运营管理

【概述】 2021年，中车运营管理认真落实中国中车"12368"经营工作思路，在持续做好疫情防控基础上，积极应对错综复杂的内外部形势，克服铁路装备业务需求下降的不利因素，持续加强运营管控，推进提质增效，优化业绩考核，深化精益管理，强化物资管理，打造安环体系，全面落实各项重点任务，全力确保中车生产经营稳定运行，轨道交通装备业务继续稳居全球行业第一，较好地完成了国务院国资委下达的主要考核指标，为国资央企"十四五"良好开局作出了积极贡献。

【运营管控】 认真贯彻落实国务院国资委稳增长要求和中国中车年度工作会议精神，组织制订、下发《中国中车2021年度经营计划》，确定全年主要经营目标。强化"月度运营分析""季度经营调度"过程管控机制，以月保季、以季保年，制订和下发季度经营调度指标计划，进一步增强公司运营管理的执行力与保障力，圆满完成国务院国资委下达的年度考核指标，其中中车集团实现营业收入2384.3亿元、净利润130.2亿元，中车股份实现营业收入2257.3亿元、归属于母公司所有者净利润103.0亿元，营业收入利润率、全员劳动生产率、研发投入强度和资产负债率均达到预期目标，全面完成"两利四率"目标。

【提质增效活动】 以庆祝中国共产党成立100周年为契机，深入贯彻国务院国资委的决策部署，制定《中国中车2021年持续开展以"发展高质量、业绩稳提升"为主题的提质增效工作方案》(中车集团运营〔2021〕40号)，明确"1+6+18"提质增效专项活动：以推进高质量发展、完成年度经营目标为"1"条主线，按照国资委提质增效工作要求，实施6大类18项重点专项工作，并细化45个提质增效专项目标，制定突出战略引领、市场开拓、经营攀高、科技创新、深化改革、风险化解、党的领导七个方面37条主要对策和措施，确保公司经营效益保持合理增长和稳步提升，为建设受人尊敬世界一流中车奠定基础。

【统计与对标工作】 做好国务院国资委、国家和地方统计等部门要求的日常统计报表和定期统计报表工作。按时完成国资委、国家、地方统计部门等日常统计报表填报工作，保持信息渠道畅通、对外报表及时准确。规范统计行为，完善统计数据采集体系，完善中国中车统计数据采集信息平台，逐步将统计数据与信息化手段充分结合，发挥好统计信息、统计咨询和统计服务等职能。强化运营数据分析，开展公司内部和国际可比公司对标工作，同时充分利用公司年报、半年报、季报，广泛收集国际知名企业和国内同行业对标资料，分类整理相关数据，编制、印发《关于发布中国中车2020年度对标资料的通知》，有效提高决策参谋能力。

**【亏损企业治理】** 贯彻国务院国资委关于亏损企业治理工作部署，结合公司2021年提质增效工作安排，制定《中国中车2021年亏损企业专项治理工作方案》（中车集团运营〔2021〕42号），进一步完善亏损企业治理工作组织机构，明确年度工作目标，强化过程管控力度，巩固政治巡视整改亏损治理工作成效，完成重点亏损子企业专项治理收官工作。各子公司按照集团的部署和安排，不断加大治理力度，亏损企业治理工作取得一定成效。截至2021年底，集团全级次亏损户数较上年同期减少6户，亏损面较上年同期下降2个百分点，挂牌督导的的24户重点亏损子企业中19户实现扭亏（其中4户由控亏提前实现扭亏），5户实现控亏，全面完成重点亏损子企业专项治理目标。

**【“两金”压控专项治理】** 贯彻国务院国资委关于“两金”压降工作要求，结合公司2021年提质增效工作安排，制定、下发《关于2021年继续加强“两金”压降工作的通知》（中车集团运营〔2021〕85号）。落实公司2020—2022年“两金”管控三年工作方案要求，持续加强“两金”源头管控，强化“两金”过程管控，定期通报“两金”压降进度情况，督促子公司全力压降“两金”。

**【国资委经营业绩考核】** 在9月3日国务院国资委公布的中央企业负责人2020年度经营业绩考核结果中，公司2020年度经营业绩考核结果被评为A级（连续10年获得A级），位列央企第22名。

按照按《中央企业负责人经营业绩考核办法（试行）》要求，公司与国资委签订2021年度经营业绩责任书。公司全年度经营业绩考核基本指标有五项：净利润目标值128.5亿元，经济增加值目标值117.007亿元，研发经费投入强度目标值6.00%，全员劳动生产率目标值35.00万元/人，承担的5项先进轨道交通专项任务按照节点完成。

年内，公司积极落实国务院国资委要求，坚持“稳中求进”工作总基调，以“高质量发展”为主题，不断激发“创新、改革”两大动力，着力打造“强基、赋能、攀高”三大引擎，加快构建六大机制，深入推进八项重点任务，聚焦“七个新突破”，克服因疫情等因素造成的铁路装备业务下滑及原材料价格上涨等不利影响，全面完成国资委下达的年度经营业绩考核指标，实现净利润130.24亿元，经济增加值118.73亿元，研发经费投入强度数6.38%，全员劳动生产率37.87万元/人，承担的轨道交通系统安全保障技术、磁浮交通系统关键技术、高速列车用IGBT芯片核心关键技术、高速列车转向架用轴承核心关键技术、系列化中国标准地铁列车研制及试验等5项先进轨道交通专项任务全部按照节点完成。

**【子公司效绩评价与考核】** 组织对公司直接管理的39家一级子公司2021年度的经营效绩进行考核评价，其中生产制造型企业21家、协同发展型企业10家、金融资本型企业5家、转型过渡型企业3家。考核评价结果为：19家子公司获评A级，14家子公司获评B级，6家子公司获评C级。

对生产制造型21家子公司的考核评价结果为：11家子公司获评A级，分别是四方股份公司、株洲所、株机公司、长客股份公司、浦镇公司、戚墅堰所、四方有限公司、大同公司、齐车集团、大连公司、四方所；7家子公司获评B级，分别是戚墅堰公司、长江集团、株洲电机公司、永济电机公司、唐山公司、天津公司、广州公司；3家子公司评为C级，分别是资阳公司、大连所、南口公司。

对协同发展型10家、金融资本型5家、转型过渡型3家子公司的考核评价结果为：8家子公司获评A级，分别是中车科技园、工程公司、财务公司、资本公司、中车金控、中车新投、物流公司、中车研究院；7家子公司获评B级，分别是香港资本公司、国际公司、金租公司、南车投资管理、常铁校、信息公司、中车产投；3家子公司评为C级，分别是二七机车公司、二七车辆公司、租赁公司。

**【精益管理】** 公司年内精益管理突出“强基、赋能、攀高”年度精益工作主线，落实“十四五”精益管理实施规划，注重统筹兼顾一体实施，深入贯标精益制造体系，持续完善精益管理体系，系统联动提升管理水平，构建富有中车特色的精益管理体系，持续推动精益管理经验的推广和输出。以“6621”为核心逻辑的精益管理体系日臻成熟，精益管理价值在集团内外得到高度肯定。公司精益管理体系入选国资委标杆项目1个，公司精益管理创新实践荣获国家管理创新成果一等奖。

持续建设完善和落地实施公司精益管理体系，修订完善精益管理评价标准，组织开展精益管理体系评审，其中所属37家制造型企业被评定为中车精益管理一级企业8家、精益管理二级企业8家、精益管理三级企业14家、精益生产一级企业7家；评定为中车“优秀模拟线建设项目”14个、“优秀专项改善项目”35个、“精益管理优秀改善案例”40个；评定中车二级精益车间8个、三级精益车间38个，升级中车一级精益车间6个、二级精益车间12个。

深入开展精益改善体系建设。从领导战略层、职能实施层、全员提案改善层等三个层次，组织开展“改善不良　杜绝浪费”专项工作，发动员工应用精益理念和方法在设计、工艺、生产、设备、供应链、物流配送、质量、安全环境等方面实施改善，并取得较大的改善成效。全年完成领导战略层及职能实施层专项改善项目共计2054项，评选和汇编典型成果案例100个。大力推动实施劳产率提升和数智化转型两个专题改善项目，推进精益工具、思想、方法的深层次应用，完成劳产率提升项目69个、数字化智能化转型项目65个，各项目均取得较好成效。

**【管理提升】** 积极落实国务院国资委对标提升行动决策部署，围绕打造世界一流企业这一根本目标，坚持政治导航、战略引领、创新驱动、改革支撑，加强管理体系和管理能力建设，增强企业的竞争力、创新力、控制力和抗风险能力。制订“阶梯式”的重点计划，将相对长期的工作安排分为“三个阶段、九个步骤”展开。4月，组织召开公司管理提升行动领导小组会议，下发《关于深入推进2021年管理提升行动重点工作的通知》，确保组织落实阶段各项工作稳步推进。7月，以现场形式组织召开“对标世界一流管理提升行动暨精益管理工作推进会”，国务院国资委改革局领导莅临指导，公司党委书记、董事长、总经理（总裁）孙永才作重要讲话，全面推进实施重点工作和任务，确保各项工作落实见效。

公司总部各专项提升工作组和各子公司聚焦短板、弱项、不足等突出问题，围绕战略管理、组织管理、运营管理、财务管理、科技与信息化管理、风险管理、人力资源管理、国际化经营、产业链管理和战略新兴产业发展十大对标领域，制订3334项对标提升工作清单。截至12月底，已完成工作清单中2795项，完成率83.8%。

贯彻落实国务院国资委创建管理提升标杆活动文件精神，组织开展管理提升标杆创建活动，按照创建“三个标杆”工作目标，引导各企业重点突破，着力打造样板工程，制定、下发《中国中车创建管理提升标杆活动方案》，明确标杆遴选范围和遴选标准。在国资委创建“三个标杆”评选中，中车入选标杆企业3家、标杆项目1个、标杆模式1个，入围标杆数量在中央企业最多。组织开展集团层面和子公司层面“三个标杆”创建工作，评选出创建集团管理标杆企业17家，创建集团管理标杆项目64个，创建子公司级管理标杆项目202个。

瞄准世界一流高标准，实施“强基工程”，突出基础提升先行，坚持问题导向，补齐管理短板。制定《中国中车以深化精益管理为主线的三年“强基工程”实施方案》，围绕“基本制度、基础工作、基本能力、基层管理”，着力破解管理粗放、效率不高、资源浪费等管理课题，聚焦“无死角、无漏洞、无隐患、无事故、无风险”管理目标，制定年度“强基工程”清单，落实重点任务、重大突破和里程碑成果，培育与世界一流企业相匹配的先进管理理念、管理标准和管理文化。公司总部各部门、各子公司全年立项重点突破项目1235项，形成里程碑成果1206个。围绕重点项目立项2949项项目清单，实际完成2820项，完成率95.63%，同时建立标准213项，建立规范488项，编制、修订制度475项，改善提升指标408项。

**【管理创新】** 组织开展中国中车管理创新成果申报及评审，审定中国中车第六届管理创新特等奖成果1项、一等奖成果10项、二等奖成果21项、三等奖成果17项。组织申报第28届全国企业管理现代化创新成果，中国中车获评一等奖成果2项、二等奖成果6项。

〔运营与安技环保中心
（应急管理办公室）供稿〕

# 金融管理

**【概述】** 2021年，中车金融管理工作紧紧围绕中国中车年度工作会议要求，以防范和化解金融业务风险、聚焦产融互动新突破为工作主线，强化顶层设计，优化金融业务资源配置，深化差异化考核，提升金融业务服务主责主业能力。开展资本运作，提升公司市场价值；加强金融业务风险管控，助力中车实现金融业务高质量发展。

**【风险防控】** 组织公司所属各单位召开金融业务风险管理座谈会，深入中车金控、金租公司、资本公司进行专题业务调研，下发《关于加强中车金控商业保理业务管理的通知》《关于加强金租公司业务管理的通知》，规范商业保理和融资租赁业务。组织开展国务院国资委央企基金业务专项检查，对基金业务摸家底、查漏洞，对检查组发现的问题进行全面复核，及时与国资委进行沟通，制定整改方案和整改措施，并予以落实。组织开展基金业务违规挂靠清理和专项整改：对公司管理的28支基金（涉及资金约166亿元）开展违规挂靠清理排查，深入现场抽查，形成整改清单，并组织落实；逐户下发《关于做好金融业务专项审计问题整改有关工作的通知》，落实金融子企业专项审计整改意见。积极稳妥化解存量风险，截至2021年底，租赁公司累计化解逾期融资租赁项目45项，累计减少风险敞口约41.16亿元。

**【金融业务顶层设计】** 全面梳理公司控股和参股的金融和类金融子企业及参股投资股权，制定、下发金融业务优化调整工作方案，推动金融业务进一步聚焦公司"一核两商一流"和"一核三级多点"的战略定位和布局。建立督导落实机制，加快落实金租公司引入战略投资者，协调、配合做好中车金控和资本公司重组、中车金证清算注销、天津中车投资租赁吸收合并等金融企业优化调整工作，有序推动参股金融机构股权的清理退出和优化整合。组织修订公司《金融与资本管理办法》《财务投资管理办法》《私募投资基金管理办法》，新制定《上市公司国有股权管理暂行办法（试行）》等制度，进一步优化和完善公司金融业务管理制度和流程。

**【财务投资预算管控】** 聚焦公司战略和主责主业，坚持金融业务"管好总量、优化存量、把准增量、识别变量、提高质量"的五量原则，优化配置金融资源，强化预算管控，促进金融资产质量得到有效改善。严控财务投资预算总量，严禁新增非主业金融业务投资，严控推高资产负债水平和市场化的高风险投资。持续推进"两资""两非"所涉及金融性低效无效资产清理，与2018年集团资产清查相比较，公司股票债券等占用资源多的部分高风险业务规模大幅调低，金融资产结构得到显著优化。

**【差异化考核】** 根据公司战略和金融业务规划，继续实施并优化完善金融企业差异化考核方案。按照"聚焦集团主业、提升业务能力、改善经营品质、体现协同效应"的思路，坚持"创造价值、控制风险、决策支持、解决问题（CCSS）"四大原则，对金融企业经营情况进行深入分析，进一步优化完善考核指标体系。结合企业定位、战略规划、发展阶段、任务要求和工作重点，实施一企一策，形成"少而精"和"基本指标+分类指标"，差异化选取重点指标，并合理设定指标权重，构建以提升净资产收益率水平为主线，以差异化为载体的《2021年金融资本型子公司分类考核方案》。此外，金融业务还建立了重点项目责任考核与年度绩效挂钩的机制，用考核的指挥棒助力和引导子企业加强项目投后管理。

**【产融互动】** 围绕新产业和城轨两个核心业务，组织公司总部相关职能部门、5家金融子企业和30余家社会金融机构召开产融互动促进会，建立产融联动协同机制，为促进公司产业发展做好服务工作。发起设立规模40亿元的中车转型升级基金、规模16亿元的宁夏风资源基金，两支基金中车系认缴出资23.5亿元，撬动社会资本16.5亿元，用于支持中车主业发展。其中，宁夏风资源基金与株洲所已签订延安项目的投资协议，拉动风电装备销售2.23亿元。多渠道筹集资金，支持轨道交通PPP业务发展：与国寿基金、银行机构等探索新的融资商业模式；优化台州基金出资人结构，转让台州基金2.92亿元份额，引入新的基金合伙人（浙交投）；协调永续债提款10亿元，有效解决了

PPP 项目资本金出资问题。发挥供应链金融服务的作用，其中保理公司应收账款保理融资、资产证券化等服务做到一级主机厂全覆盖，累计服务 118 家主机厂、3961 家供应商，较好满足了产业链各方资金需求，也提升了供应链供应保障能力。

**【资本运作】** 在风险可控的前提下，合理开展资本运作。积极推进时代电气 H 股回归 A 股工作，募集资金 75.56 亿元，助力时代电气健康发展。中车集团通过沪港通增持中国中车 H 股，自 2020 年 11 月 10 日起，累计增持 1.78 亿股，累计使用资金 4.26 亿元人民币，增持均价 2.786 元港币 / 股。截至 2021 年末，中车集团持有中国中车股比达到 51.35%，维护了中国中车资本市场的良好形象。

**【国际评级】** 积极组织标普、惠誉、穆迪三家国际评级机构与公司总部相关部门沟通交流，及时有效传递评级机构所需的信息，提供他们参加中车投资者见面会机会，使三家评级机构能够及时客观地了解公司。经过卓有成效的沟通，三家评级机构分别给予中车股份 A+/Stable、A+/Stable、A1/Stable，维持主权级评价并展望稳定，为中国中车的高质量发展创造了条件。

（财务与资本运营中心　供稿）

## 财务管理

**【概述】** 2021 年，中车财务系统全面贯彻落实党和国家的战略部署，贯彻落实中车“12368”经营工作和“固化攀升”党建工作部署，紧密围绕“11281”财务工作思路，做好全面预算、业财融合、资金管理、财税筹划、数据支撑、风险管控、制度及人才建设等重点工作。中车集团全年实现营业收入 2384 亿元、利润总额 153 亿元，营业收入、利润率、全员劳动生产率、研发投入强度和资产负债率全面达到预期目标。

**【预算管理】** 坚持“品质第一、效益优先”原则，以落实中车年度经营目标为引领，联动预算资源配置，通过对标考核方式引导子公司持续优化资产结构，提升盈利能力。预算资源配置上，在坚持从严从紧核定企业资产占用规模预算的同时，兼顾考虑新产业投资及营运资金需求。强化预算过程管控，保障经营指标均衡达成。通过预算问询函等方式，督导企业不偏航、不冒进、不松劲，进而较好地完成年度经营目标。

**【资金管理】** 公司年内资金管理突出强调创新、专业、效益的引领作用，凸显出资金支撑主业发展的成效。创新融资产品，发展银行“中车同行”ABCP 入选中国银行间市场交易商协会经典案例；发行“联合保理”产品，在优化报表结构、助力“两金”压降的同时，为公司节约财务费用；积极拓展双市场债券融资渠道，确保各类资金供给，累计发行债券 33 期，平均融资成本低于市场同期 30 个基点。持续践行资金一体化运作模式，全口径资金集中度 73.39%，进一步凸显内部资金配置效率、效益。积极推进 IGTB 境外资金可视化系统，境外单位银行可视化账户数量已达 213 个，可视化覆盖率从年初的 8.4% 跃升至 81.3%。制定资金安全管控、外汇汇率风险、对外担保细则及控股子公司融资等管理办法，完善和优化资金安全管控制度流程，同时强化重点领域风险管控，对开展金融衍生业务实行资质核准，组织开展网银U盾及印鉴自查自纠、违规融资担保自查自纠、境外资金管控工作的专项延伸排查、境外逾期应收账款风险排查，落实境外机构财务主管人员派出工作，督促全集团80余家境外机构实现“应派尽派”。

**【财税管理】** 及时跟踪国家和地方出台的各项财政税收政策，确保各项财税政策应享尽享，全年减税降费22.1亿元，获取中央财政补助资金3.15亿元。聚焦财税创效，建立季度通报机制，出具4期财税简报，刊发1期研发费加计扣除政策指引，指导和督促各子企业落实财税政策。多维度、多层次、多角度地拓展纳税筹划广度与深度，寻求新的税收筹划点，同时为公司战略规划和重大经营决策提供税务分析和税务风险管理建议。

**【提质增效】** 多措并举开展降杠杆、减负债工作。受部分主产品年底集中交付等方面因素影响，“两金”占用资金规模节节攀升，组织各企业预算管控和资金调度双管齐下。通过催收回款、开展资产证券化、保理盘活应收账款、精准调控支付结算的进度和力度等举措，以最经济的方式实现资产和负债压降，圆满完成利润业绩、资产负债率目标，实现经营现金流转正的管控目标。深入推进“两金”压降工作，加强应收账款源头管控，推动客户分级管理，发布劣质客户和重点关注客户名单，防范客户信用风险，协调客户加快付款。积极参与亏损治理、提质增效、降本节支等专项工作，组织开展费用清理绩效评价，收集整理费用管控问题219项，制定改善措施351项，整改成效明显。

**【业财融合】** 启动中车财务数字化转型和推进在京企业财务共享建设工作，揭牌成立中车财务共享中心，并实现试点期11家在京企业财务共享上线运行。开发业财深度协同的研发费用管理体系，梳理科研经费会计明细科目110余项，形成三项管理办法、两类操作指引、一套识别清单，确保研发费用精准归集和精细管理，有效支撑中车重大科研项目开展和科技发展规划落地。召开“业财融资　提质增效”交流会，选取12家优秀企业介绍具体做法，有效促进先进经验在集团内部复制与传播。

**【财务基础工作】** 坚持合规底线，规范财务核算，保障财务信息质量。高质量完成上年度财务决算工作，中车集团2020年度决算工作获财政部表扬，中车集团业财融合决算功能效用持续提升获国资委表扬，中车股份连续6年在上市公司信息披露工作评价中获得最高评级A级好成绩。组织中车财务系统召开上市公司监管培训视频会，让财务人员理解上市监管规则，提高中国中车在资本市场信息披露的质量。完成集团新会计准则核算政策指导、宣贯和培训工作，确保新旧准则平稳衔接。开展整治财务会计信息虚假问题专项行动，共梳理整治问题27条，建立健全财务管理与内控等相关制度24项。

**【财会人才建设】** 开展财务高端人才选拔和培养工作，经过笔试、面试、综合评价等程序，选拔确定财务高端人才综合方向30人和专家方向40人，建立财务高端人才库。制订财务高端人才培养计划，同北京国家会计学院签署“财务高端人才培养战略合作协议”，打造中车“高级综合管理人才”和“高水平财务专家”两只财务高端人才队伍，并组织一期集中培训。举办一期财务总监素质提升集中培训，以深化专业知识和知识拓展为重点，对一级企业及重要子企业财务总监进行综合能力培训。组织推荐参与国际化高端人才及国管局在京会计领军人才选拔工作，其中时代新材1人进入国家国际化高端人才培养工程入围名单。

（财务与资本运营中心　供稿）

# 审计与风险管理

**【概述】** 2021年，中车审计与风险管理在全面总结“十三五”工作基础上，提出“十四五”审计监督和风险管控总体目标，编制、印发《“十四五”审计监督和风险管控规划》，并制定“341375”规划框架及七个方面40条具体措施。围绕国务院国资委年度审计工作重点和中国中车经营管理要点，组织各级企业开展各类审计项目772项，其中经济责任审计231项、管理审计236项、内控审计130项、财务收支审计35项、其他类型审计140项，提出审计意见和建议3114条，累计促进被审计单位完善制度786项，增收节支1.5亿元。各子公司逐级签订风险管理责任状，千方百计化解风险，全年风险敞口显著降低。同时，积极向国家审计署、国务院国资委及其他央企分享中车经验，传播中车声音，中车审计风控“名片”作用不断显现。

**【审计体系建设】** 深入贯彻党中央关于构建集中统一、全面覆盖、权威高效的审计监督体系要求，制定、发布《中国中车集团有限公司审计管理改革实施方案（试行）》，建立“1+1+N”一体化审计监督管理体制。成立中车审计共享业务中心，建立经济责任、管理与效益、境外、计算机四个审计分中心，实现审计资源集中整合，并从三个层面实行审计管理机构改革，推进审计工作转型。在公司层面，进一步强化公司党委和董事会对审计工作的领导，指定审计风险与法务中心具体负责全集团审计工作，同时定位为集团审计制度的“研发中心”、审计计划的“调度中心”、审计质量的“控制中心”、审计队伍的“培养中心”、审计信息的“资源中心”；在审计共享业务中心层面，四个分中心各司其责、平行推进、资源共享，共同承担各项审计任务和专项任务；在子公司层面，各企业不断健全党委、董事会直接领导下的内部审计领导机制，强化公司总部对内部审计工作统一管控，不断提升审计工作力度、深度和广度。

**【内部审计】** 聚焦党中央和国务院重大决策部署贯彻落实情况、国企改革三年行动落地见效情况、科技资金投入效益、境外国有资产、提质增效措施精准性等方面，纳入每个审计项目检查清单。进一步完善公司审计制度体系和组织模式，以经济责任审计为主线，结合管理审计、内部控制审计，高效统筹协调内控评价、风险评估体系、责任追究，实现“一审多项、一项多果、一果多用”突破，促进内部审计工作成效提升。组织对中车七家控股、参股金融子公司、轨道交通PPP、电动汽车业务及重要子公司内部控制等进行专项审计，公司主要领导召集会议，宣讲审计发现问题，督促问题整改。各子公司积极开展各项审计，在企业、业务、重要经营管理活动三个层面推进审计全覆盖。

**【“四库一册”专项工作】** 按照“四基五无”工作安排，依托审计共享业务中心力量，开展“四库一册”专项工作，建设与审计工作密切相关的四大数据库（审计发现问题库、审计工作方法库、优秀审计案例库、审计工作资料库），并编撰成册，作为审计共享业务中心重要的工作基础和质量保证，进一步提升公司审计工作规范性、科学性、有效性、效率性。截至2021年底，“四库一册”编制工作已基本完成，审计发现问题库存在八大类502个问题；审计工作方法库对应问题库编制完成审计方法426个，并设置专人负责及时维护和更新相关资料内容；优秀审计案例库已录入可供借鉴的审计优秀案例53个；审计工作资料库已搜集入档资料431份。

**【风险管理】** 建立风险化解的绩效考核“责任体系”。在前两年考核基础上，按照“考核力度不减、化解要求不放松”的要求进行风险指标考核。进一步加强风险指标督导，召开两次风险化解座谈会，组织两轮督导，全面覆盖所有指标签订企业，并定期将完成情况向公司党委会汇报，年内发布两次通报。

防范重点领域风险。分别召开金融和境外风险座谈会，组织境外公司和境外项目风险排查，开展电动汽车和无锡轨道交通PPP项目风险评估。继续完善重大项目评审机制，参与重大投资、境内外并购、股权投资及改革改制等106个项目评审，并出具专业评审意见。经多轮评审，公司提交的课题《防范化解重大风险管理体系的构建与实施》入选工信部工业和信息通信业管理会计案例。

编制公司风险偏好管理办法、配套管理指南、2021年风险偏好陈述书，初步落实将风险偏好作为风险管控“总基调、总态度、总开关”的要求。

**【内部控制】** 开展总部《内控矩阵》和《权限指引》梳理工作。完成公司总部一级流程30个、二级流程127个、三级流程64个，明确总部15项权限管理，并组织开展部门内控联络员培训工作。依照《中国中车2020—2022年度内控体系监督评价工作规划》要求，深入推进公司内控体系监督评价工作，以评价促内控水平提升。截至2021年底，累计完成29家子企业内控评价监督检查工作，三年计划已完成70%。通过检查内控评价工作的效果，内控评价工作的效率和成效得到进一步提升。加强资金内控监管，发布中车内控指南第4号《资金内控监管》。

**【违规责任追究】** 根据国务院国资委中央企业违规经营投资责任追究工作体系建设的要求，审计风险与法务中心推进“四项机制”，发挥追责综合效能。建立“四责联动”机制，主要领导挂牌督战，归口管理分层负责，同级部门协作配合，上下联动形成合力。创新“强基工程”机制，构建“1+X+1”责任追究制度体系，即1项基本制度、X项工作指南、1本工作手册，并印发《问题线索移送》《问题线索查处》《资产损失认定》等8项配套工作指南。规范“八个报告”机制，及时、全面向国务院国资委和公司党委报告工作情况。实施“以追促改”机制，全集团共制定、修订完善管理制度168项，全年责任追究35人。

**【审计风控经验传播】** 积极向国家审计署、国务院国资委及其他央企分享中车经验，传播中车声音。公司党委书记、董事长孙永才接受《中国审计报》专访，全面介绍中车审计工作情况，引起热烈反响。公司审计监督、违规追责和风险内控工作得到国务院国资委高度肯定，作为两家央企代表之一在国务院国资委追责研讨会上作交流发言，作为5家央企代表之一在国务院国资委内部控制工作会议上作交流发言。公司创新审计组织模式、强化审计全过程质量控制的工作经验被中央经济责任责任审计联席办公室《经济责任审计工作通讯》第3期刊发；株洲所《战略执行中的企业风险管控体系构建》获得第22届湖南省企业管理现代化创新成果二等奖；长客股份公司《新发展理念下内部审计监督服务优势的发挥》课题荣获吉林省内审协会三等奖，并承担对西藏国资委经责审计的培训课程。多家央企及地方国资企业到中车集团及各级次子企业进行审计监督和风险管控工作交流，中国中车审计风控“名片”作用不断显现。

**【审计队伍建设】** 制定《中国中车集团有限公司审计共享业务中心管理办法（试行）》，搭建多维度的量化积分制度和综合考评体系，为100名审计共享业务中心成员建立档案，对每位成员基本工作表现和参与审计共享业务中心的工作情况进行综合评价。持续开展“铸剑行动”系列培训，对各子公司审计骨干人员进行两期培训，共培训骨干人员150余人次，突出提升审计人员实战能力。对照公司“七个新突破”的目标要求，举办首届审计风控转型突破主题论坛，为公司审计数字化转型开拓思路、奠定基础。组织全级次子公司审计人员收看内审协会解读新修订的《审计法》，进一步增强对新修订《审计法》的理解认识。开展审计风控“两先两优”评选活动，通过树典型、找差距、促提升，发挥模范带头作用，提升各级审计人员工作积极性，创造审计风控团队的良好氛围。选派1人到国务院国资委监督追责局挂职交流，参与国资委重点责任追究事项调查工作，以干代训，培养责任追究工作专业人才。长江集团、株洲所、唐山公司派出审计人员参加审计署审计工作并受到表扬。

（审计风险与法务中心　供稿）

# 法治工作

**【概述】** 2021年，中车法务工作人员深入学习领会习近平法治思想，坚定不移走中国特色社会主义法治道路，着力构建中车高质量发展法治战略，加快实现中车“七个新突破”，推进中车“十四五”战略落地，为创建受人尊敬的世界一流中车提供坚强的法治保障。

**【法治中车建设】** 落实国务院国资委对标世界一流管理提升行动部署，编制《对标世界一流企业法律管理工作一览表》，加强对世界先进企业对标对表。抓好顶层设计，印发《中国中车“十四五”合规建设专项规划》，编制《法治建设“十四五”规划实施方案》和《“八五”普法规划》，擘画“十四五”法治合规建设蓝图。编制《外聘律师事务所管理办法》《重大决策法律审核暂行办法》和《中国中车商标管理办法》等3项专项制度。参加国资委中央企业第五组第一、二次法治工作交流、中央企业法治工作会。

组织召开公司年度法治工作视频会议，总结上年及“新五年”法治中车建设成果，谋划“十四五”时期中车法治工作总体思路和中心任务，部署安排年内法治中车建设重点工作。在法治工作会上，对评选出的优秀总法律顾问、优秀法律顾问和法律事务先进工作者予以表彰。组织全系统法务合规人员参加国资委组织的第33、34、35期法治讲堂，并在常州组织为期两天的年度法务管理能力提升培训，进一步提升参训人员的法治素养和专业能力，为公司法治人才队伍建设提供有力保障。按照国务院国资委要求，组织对子企业专职法务人员专业背景进行摸底和统计，为下一步打造专业化队伍奠定基础。

**【合规管理】** 加强合规管理顶层设计，撰写并下发公司“十四五”合规专项规划，同时指导子公司加强合规建设。起草国际组织合规指南、数据跨境传输合规指南、国家安全审查合规指南，指导子公司合规开展有关业务。

探索推进合规评价体系标准化，划分5个评价领域，设计20个一级、54个二级评价指标。深入开展合规调研、检查，在实地调研的基础上撰写合规性分析报告。摸底8家重点子企业的合规管理体系建设、全级次子企业合规管理人员配置等情况。开展风险识别和预警，发布防范侵犯著作权风险的提示函，撰写境外风险排查报告。下发世界银行制裁风险提示函，提示各所属企业避免受到世行制裁。在公司总部推动各部门设置合规联络员，助力“一道防线”发挥合规风险防控作用。

海外合规管理方面，指导子企业合理处置有关劳动保护审计事项。组织涉外服务机构开展相关排查工作。与中国商务部、机电商会保持紧密联系，积极稳妥处理反倾销、反补贴调查。指导子企业积极应对劳动保护审计事项、国家安全审查事项。安排法务人员密切关注美国经济制裁、出口管制等宏观政策变化，及时研判美国国防部、财政部关于“涉军企业清单”的政策要求，有效应对有关合规风险。修订《佣金管理暂行办法》，制定《境外项目佣金管理实施细则》，组织全系统海外业务员工开展佣金管理相关规定的培训工作，切实防范境外腐败风险。

**【重大项目参与及指导】** 全年参与境内外项目评审63项，均出具专项评审意见，同时针对项目执行中存在的问题，派专人参与项目谈判，并妥善处理分歧。

参与公司提质增效和管理提升行动，强基固本。积极落实国企改革三年行动各项要求，完成15家子企业的章程变更批复，关注混改过程中的法律风险。贯彻落实国资委关于国企改革三年行动重点要求纳入中国中车公司章程等制度体系的要求，牵头制定工作方案并上会通过。专项指导中车产投公司收购某上市公司，在诉讼、合规尽调、同业竞争、关联交易、法律尽调等方面予以指导。

**【法律纠纷案件处理】** 妥善处理美国某公司诉中车股份合同纠纷案。指导子公司妥善应对多起境外诉讼，密切关注重点境外企业所在国家动态，及时开展政策研判。参与某地铁公司诉中车下属一子公司解除钢铁打磨车仲裁案件。现场参与下属一子公司罐车销售合同纠纷专项论证并出具专项论证意见。妥善处理字体侵权事宜，组织相关方及时整改违规行为。以管控减利因素、有效化解把控风险为目标，协调内部优势资源，合力攻坚重大诉讼案件，做好涉外案件应对，分步化解遗留积案，通过依法维权为企业避免9.2亿元损失。结合中车业务实际，完成法务合规系统的开发实施方案，完成制度管理系统与OA系统的贯通，切实加强公司制度线上管理，同时实现案件管理、合规管理等重点领域的信息化，将用户范围扩展到各子企业，有效提高管理效能。

**【法律事务工作】** 修订《中国中车规章制度管理办法》，夯实管理基础，完善依规治企机制，持续推进规章制度建设，尽职履行规章制度归口管理职责。注重利用信息化手段加强制度管理，督促法务信息系统上线运行。参与违规挂靠与境外腐败巡视整改工作，利用大数据手段，系统梳理企业名称中含“中车”的全国企业信息，开展企业筛选识别，起草并发布易混淆企业澄清公告，起到正视听、维护权益的正向作用。

及时做好中车集团、中车股份公司法定代表人变更、章程及董监高的工商备案与信息公示。为30家子企业出具几十份工商变更用材料，指导并督促其完成工商变更登记。完成法定代表人年度授权和专项授权，审核合同文本214份。联系市场监督局核查中车网页里不符合《广告法》的信息、涉嫌虚假宣传问题，并及时组织整改，避免公司遭受行政处罚。

**【商标管理】** 编写《中国中车股份有限公司商标管理办法》，规范商标管理与商标使用行为，维护中车品牌价值。积极开展维权工作，打击各种侵权行为，对CRRC、中车、"车字图形"等商标进行监测，做好国内注册维护工作。针对涉嫌跟中车商标混淆的商标，提出异议申请、驳回复审申请，完成易混淆商标的撤销复审、无效宣告和不予注册复审及答辩等工作。办理中国北车CNR等商标续展，完成涉中车等177个商标再注册申请。

做好商标、专利等方面的国外注册工作，防范各种侵权行为，加强自主品牌在国外的保护力度。做好国际商标续展工作。完成CNR及CSR商标在七个国家（地区）及马德里国际注册的续展申请。

**【课题承接】** 积极配合中央部委课题研究工作、国务院国资委政策法规局调研工作，安排公司开展两项专项调研课题。研究CPTPP有关国有企业内容，结合央企实际提出谈判建议。反馈《破产法》有关修法建议。配合做好国家铁路局规章制定工作，及时给出《国家铁路局权责基础清单（征求意见稿）》反馈意见。参与中组部专项课题调研，撰写《中央企业所属基层企业在完善公司治理中加强党的领导研究》。

（审计风险与法务中心　供稿）

# 技术管理

本栏编辑　肖洪乐

# 科技管理

【概述】 2021年，中国中车科技管理工作围绕“13369”经营工作思路，紧扣“改革、创新、协同”三大主题，立规划、抓纲领、建制度，扎实推进各项工作任务，实现“十四五”良好开局，取得令人瞩目新成绩。时速600公里高速磁浮交通系统入选2021年度央企十大国之重器，高原双源动力集中动车组投入使用，采用中国标准、融合中老文化特色的“澜沧号”动车组投入运营，冬奥列车助力北京冬奥会，符合TSI标准双层动车组成功下线，首列中国标准地铁列车成功下线。中国中车获中国交通运输协会科学技术奖18项，其中一等奖7项；获二十二届中国专利奖金奖2项、银奖2项、优秀奖13项，创历史最好成绩，专利质量排序位列央企A级。

【科技创新大会】 9月15日，中国中车科技创新大会在北京召开，国务院国资委科创局副局长柳长森，中国中车党委书记、董事长孙永才及在京班子成员，中国工程院院士刘友梅、丁荣军，各一级及部分二级子公司相关领导、科技工作者共400余人参加大会。会上，中国中车党委书记、董事长孙永才作题为《坚持自立自强　加快创新突破　为“十四五”高质量发展提供强大科技支撑》重要讲话，回顾中国中车从引进、消化、吸收再创新到自主创新，实现领跑世界历史性跨越，砥砺前行140年发展历程，深刻阐述坚持科技自立自强，实现科技创新新突破的战略意义，分析当前中国中车在科技创新工作中还存在的差距和不足，并通过“四个着力”“十五个聚焦”，对中国中车“十四五”科技创新工作提出具体要求。中国中车党委常委、副总裁王军作题为《勇立潮头再聚力　逐梦前行开新篇　奋力推进中车科技创新工作再上新台阶》中国中车科技发展工作报告。丁荣军院士作题为《新发展时期，我们的机遇和挑战——从技术视角对公司发展的思与行》学术报告。

会议期间，举行中国中车科技创新奖颁奖仪式、中国中车科学家授牌仪式和协同创新团队授牌仪式，现场表彰在“十三五”期间为中国中车科技创新作出突出贡献的项目团队、先进集体和科技人员，其中中国中车重大科技项目奖29个、中国中车数字化与先进制造技术奖18个、中国中车科技创新先进集体53个、中国中车科技创新英才人物奖893人，奖励金额总计5881万元；聘任21名同志为中国中车科学家，授牌8个重大科研协同创新团队。以“揭榜挂帅”签字仪式发布中国中车“十四五”科技重大专项26个项目，发布中国中车“双碳行动计划”。

【科技创新体系建设】 科技创新体制改革取得一定成效。持续完善“开放、协同、一体化、全球布局、自主可控”，具备继承性、科学性和发展性为主要特征的“两纵两横一贯通”科技创新体系。发布《“十四五”科技发展规划》，制定《科技体制改革工作指导意见》《中国中车海外研发机构建设指导意见》《中国中车科技创新评价管理办法（试行）》等“1+5”科技体制改革相关制度，明确研究院、信息公司定位和发展模式，理顺各级研发单位职责和主要方向，完成制定先进轨道交通装备领域原创技术策源地工作方案，创新体系更加完善。持续完善国家高速列车技术创新中心组织模式和治理结构，筹建国家高速列车技术创新中心公司。轨道交通车辆系统集成国家工程实验室优化整合，纳入新序列国家工程研究中心管理，明确管理关系，中车股份为建设依托单位，中车集团是主管部门。依托株洲所组建中国中车电子器件与电器装备RAMS技术研发中心，打造具有中国中车特色的RAMS技术研发平台。发布《中车试验验证与仿真能力发展指导意见》，继续加大试验验证资源建设投入，一大批试验装备建成投用，试验验证能力持续提升。

**【产品开发和技术研究】** 重点产品和关键技术取得突破。实现复兴号高原双源动力集中动车组电气化区段和非电气化区段跨线运营“全能型选手”等6项关键技术创新。完成全球首创智能空轨集疏运系统——青岛港空轨项目建设交付。完成$C_{87}$型运煤专用敞车样车试制、智能监测系统试装车及监测试验。向中铁特货正式交付40英尺铁路运输发电箱。下线亚洲最大功率12兆瓦海上半直驱永磁同步风力发电机等标杆产品，完成全球陆上最大功率风力发电机在国内张北风场并网发电。基于高分子复合材料的柔性联轴器，突破过载保护关键技术，并获得海外销售订单。轨道交通车辆新材料，攻克碳纤维结构挤压成型技术难关，突破酚醛泡沫夹芯结构复合材料制品模压工艺。完成第一代氢燃料电池电堆样机试制。下线大吨位矿用电动轮自卸车330E，达到国内技术领先水平。

**【科技项目管理】** 优化重大科技项目管理模式，在“72181”等重大专项管理经验基础上，全面推进重大科技项目高质量精益化工程管理模式，加速形成“小核心、大协作”协同创新格局。承担国家重点研发计划“先进轨道交通”重点专项7个方向的13个项目，承担8个国资委“1025”专项，设立12个中国中车“85”专项、9个GCT专项、8个协同创新团队项目，所有重大重点项目进展顺利。完成国家先进轨道交通重点专项中8个项目综合绩效评价，完成“高速列车用IGBT芯片核心关键技术”“高速列车转向架用轴承核心关键技术”2个项目中期检查，提前实现IGBT芯片小批量装车运用，完成国产化轴承国铁集团方案评审。通过“85专项”中85-2专项、85-8专项验收，通过1025专项国资委年度评估，有序推进GCT专项、协同创新团队项目等重大科研项目。完成中国中车“十四五”科技重大专项布局，在轨道交通、现代物流、数字化/智能化、碳达峰/碳中和、再制造等技术领域，设立17个研发方向、26个项目、117个课题，完成“揭榜挂帅”并有序启动实施。

**【科技投入】** 主动担负央企使命和职责，持续深化自主创新，科技投入占比稳步提升，持续保持高水平科技投入。全年科技投入占比6.38%，其中前瞻基础共性技术投入占比超过10%。

**【科技奖励评审】** 积极申报国家、行业学会科技奖励，获中国交通运输协会科学技术奖18项，其中一等奖7项。创新方式、科技奖励推陈出新，共授予“2021年度中国中车科学技术奖”222项，其中特等奖6项、一等奖35项、二等奖63项、三等奖118项。

**【通用技术工作】** 统筹开展通用技术管理，组织开展第五届“中国中车通用技术发展论坛”论文征集活动，从质量、机加工、无损检测3个技术领域征集论文211篇，经评审对105篇优秀论文进行表彰。年内，组织开展焊接和无损检测技术及管理培训69班次，共计2650余人次；组织开展计量理化培训4班次，共计644人次。

【标准化工作】 全面贯彻落实《国家标准化发展纲要》，中国中车标准化工作取得重大进展。发布国际标准 10 项，其中主持 8 项，牵头起草中国主导的首个 ISO 铁路车辆系统部件标准 ISO 22752:2021《铁路应用机车车辆车体侧窗》；完成 IEEE/VTS/HSTMSC 高速列车与磁浮标准委员会组建和运行机制建设；中国中车专家获得 IPC 总裁奖。发布国家标准 62 项（主持 12 项），行业标准 20 项（主持 13 项），团体标准 23 项（主持 7 项）。持续完善中国中车企业技术标准体系和城轨、电线路等标准体系，完成复合材料、磁浮等领域标准化体系研究，制定并发布中国中车技术标准 118 项。开展中国中车技术标准复审和贯彻实施专项检查工作，优化完善中国中车标准信息平台功能架构并正式上线运行。

【知识产权工作】 对标世界一流企业，建立适应新发展格局的专利布局规划，专利资产质量稳步提升。年内，完成专利申请 6148 项，其中发明专利 4161 项，海外专利 603 项。对重大科研项目设立知识产权风险评估和专利布局专项，加强核心技术保护力度。

**表 7–1 2021 年中国中车获第二十二届中国专利奖情况统计**

| 序号 | 奖项 | 专利号 | 专利名称 | 专利权人 |
|---|---|---|---|---|
| 1 | 中国专利金奖 | ZL201510061590.3 | 一种高速轨道车辆转向架 | 四方股份公司、中国铁路总公司 |
| 2 | 中国外观设计金奖 | ZL201930063921.6 | 轨道车辆车头（2018-02） | 四方股份公司 |
| 3 | 中国专利银奖 | ZL201510309979.5 | 非完全对称渐开线齿轮及其加工方法 | 戚墅堰所 |
| 4 | 中国专利银奖 | ZL201510803956.X | 一种动力分散型轨迹跟随的胶轮低地板智能轨道列车 | 株洲所 |
| 5 | 中国专利优秀奖 | ZL200710158002.3 | 交流传动电力机车用模块化冷却装置 | 大连所 |
| 6 | 中国专利优秀奖 | ZL201110116974.2 | 超级电容器辅助内燃机车进行柴油机电起动的控制装置 | 戚墅堰公司 |
| 7 | 中国专利优秀奖 | ZL201110436756.7 | 轨道车辆噪声传播途径测试方法 | 武汉中车四方维保中心有限公司、四方股份公司 |
| 8 | 中国专利优秀奖 | ZL201210380268.3 | 铁道货车脱轨自动制动装置 | 长江公司 |
| 9 | 中国专利优秀奖 | ZL201210584473.1 | 一种定子铁心固定结构及箱式电机 | 株洲电机公司 |
| 10 | 中国专利优秀奖 | ZL201310493600.1 | 带自锁装置的开闭机构 | 四方所 |
| 11 | 中国专利优秀奖 | ZL201310654974.7 | 双能源机车控制器、控制系统和双能源地铁工程车 | 株机公司 |
| 12 | 中国专利优秀奖 | ZL201410619825.1 | 一种轻量化轨道车辆车体结构 | 株机公司 |
| 13 | 中国专利优秀奖 | ZL201610404755.7 | 用于轨道车辆中受电弓的控制方法及控制系统 | 唐山公司 |
| 14 | 中国专利优秀奖 | ZL201610834793.6 | 车轮不圆度检测方法及装置 | 唐山公司 |
| 15 | 中国专利优秀奖 | ZL201610875300.3 | 一种适用于储能式有轨电车的主电路系统 | 浦镇公司 |
| 16 | 中国专利优秀奖 | ZL201710203641.0 | 非等幅域值数据压缩方法及装置 | 齐车公司 |
| 17 | 中国外观设计优秀奖 | ZL201730241603.5 | 车头（马来西亚机场线） | 长客股份公司 |

**表 7-2　2021 年中国中车获中国交通运输协会科学技术奖情况统计**

| 序号 | 项目名称 | 获奖等级 | 主要完成单位 |
|---|---|---|---|
| 1 | 复兴号时速 160 公里动力集中电动车组研发及应用 | 一等奖 | 大连公司、唐山公司、永济电机公司 |
| 2 | 轻型跨座式单轨车辆研究与应用 | 一等奖 | 中车浦镇庞巴迪运输系统有限公司、同济大学、芜湖市运达轨道交通建设运营有限公司 |
| 3 | 储能式城市轨道交通关键技术及应用 | 一等奖 | 株机公司、广州有轨电车有限责任公司、宁波中车新能源科技有限公司 |
| 4 | 变轨距转向架地面变轨装置 | 一等奖 | 四方所、长客股份公司、唐山公司 |
| 5 | 深度一体化城际动车组牵引变流系统 | 一等奖 | 四方所 |
| 6 | 大功率电力机车永磁直驱牵引电机研制及应用 | 一等奖 | 永济电机公司、大同公司 |
| 7 | 高端轨道交通车辆激光焊制造技术平台开发与应用 | 一等奖 | 长客股份公司 |
| 8 | 首列超级电容轻量模块化有轨电车 | 二等奖 | 长客股份公司 |
| 9 | 出口欧洲高端轨道交通货车核心装备关键技术研究及装备研制 | 二等奖 | 山东公司 |
| 10 | 高速铁路噪声控制技术—转向架区域噪声控制技术研究 | 二等奖 | 长客股份公司 |
| 11 | 轨道交通永磁交流牵引系统研制 | 二等奖 | 永济电机公司 |
| 12 | 动力分散动车组用内燃动力包技术和产品平台建设与应用 | 二等奖 | 大连所 |
| 13 | 重载铁路智能电分相装置研制及应用 | 二等奖 | 中车时代电气、株洲变流技术国家工程研究中心有限公司、株洲所 |
| 14 | 广深港动车组研制 | 二等奖 | 四方股份公司 |
| 15 | 下一代地铁车辆技术研究及示范应用 | 二等奖 | 长客股份公司 |
| 16 | 转向架综合性能试验台建设及铁路货车滚动制动试验研究与应用 | 二等奖 | 齐车公司 |
| 17 | 时速 350 公里复兴号动车组齿轮传动系统研发及应用 | 二等奖 | 戚墅堰所 |
| 18 | 中国标准动车组直流供电系统 | 三等奖 | 四方所 |

**表 7-3　2021 年中国中车科技创新奖情况统计**

**一、重大科技项目奖**

| 序号 | 项目名称 | 获奖等级 | 主要完成单位 | 参与单位 |
|---|---|---|---|---|
| 1 | 复兴号系列高速动车组研制及应用 | 特别奖 | 四方股份公司、长客股份公司、唐山公司 | 青岛四方庞巴迪铁路运输设备有限公司、浦镇公司、株洲所、四方所、株洲电机公司、永济电机公司、南京中车浦镇海泰制动设备有限公司、戚墅堰所、大连所、北京中车赛德铁道电气科技有限公司、大同 ABB 牵引变压器有限公司 |
| 2 | 复兴号时速 160 公里动力集中动车组研发及应用 | 一等奖 | 株机公司、大连公司、唐山公司、浦镇公司 | 大同公司、四方股份公司、长客股份公司、株洲所、株洲电机公司、永济电机公司、四方所、大连所、戚墅堰所、大连电牵公司 |
| 3 | 铁路货运重载技术提升及系列装备研制 | 一等奖 | 齐车公司 | 齐车集团、长江集团、长江公司、眉山公司、西安公司、太原公司、四方所 |
| 4 | 30 t 轴重大功率交流传动电力机车关键技术研究及应用 | 一等奖 | 大同公司、株机公司 | 株洲所、永济电机公司、株洲电机公司 |

续表

| 序号 | 项目名称 | 获奖等级 | 主要完成单位 | 参与单位 |
|---|---|---|---|---|
| 5 | 系列化中国标准地铁列车 | 一等奖 | 中国中车城市交通事业部 | 长客股份公司、四方股份公司、株机公司、浦镇公司、唐山公司、大连公司、株洲所、四方所、永济电机公司、株洲电机公司、戚墅堰所、大连所、工程公司 |
| 6 | 高性能大功率风电机组及关键部件研制及应用 | 一等奖 | 株洲所、山东公司 | 山东中车风电有限公司、时代新材、中车时代电气、株洲变流技术国家工程研究中心有限公司、戚墅堰所、中车福伊特传动技术（北京）有限公司、永济电机公司、株洲电机公司、兰州公司、四方所 |
| 7 | 出口欧洲的高端轨道交通装备研制 | 一等奖 | 株机公司、山东公司、大同公司、唐山公司 | 株洲所、四方所、大连所、株洲电机公司、永济电机公司、大连电牵公司 |
| 8 | 高速磁浮系统集成技术研究及车辆工程化样机研制 | 一等奖 | 四方股份公司 | 长客股份公司、株机公司、唐山公司、中车时代电气、株洲电机公司、中车研究院、四方所 |
| 9 | 跨国互联互通高速动车组 | 一等奖 | 长客股份公司 | 四方股份公司、唐山公司、中车研究院、株洲所、中车时代电气、株洲电机公司、永济电机公司、四方所、南京中车浦镇海泰制动设备有限公司、大连电牵公司 |
| 10 | 高速列车用 IGBT 芯片核心关键技术 | 一等奖 | 株洲所 | 中车时代电气、株洲中车时代半导体有限公司、时代新材、永济电机公司 |
| 11 | 面向轨道交通装备的综合试验平台开发及关键技术研究 | 二等奖 | 齐车公司 | 四方所、大连交通大学、北京交通大学、天津大学、西南交通大学、同济大学 |
| 12 | 全自动驾驶城轨车辆关键技术研究与应用 | 二等奖 | 长客股份公司 | 四方股份公司、株机公司、浦镇公司、唐山公司、大连公司、株洲所、四方所、株洲电机公司、永济电机公司 |
| 13 | CRH3A 系列动车组 | 二等奖 | 长客股份公司、唐山公司 | 四方所、北京纵横机电科技有限公司、西安中车永电捷通电气有限公司、大同 ABB 牵引变压器有限公司、永济电机公司、大连所、株洲电机公司 |
| 14 | 节能环保型调车机车技术平台 | 二等奖 | 大连公司、资阳公司、戚墅堰公司 | 大同公司、株机公司、株洲所、永济电机公司、株洲电机公司、大连所、四方所 |
| 15 | 时速 350 公里高速货运动车组 | 二等奖 | 唐山公司 | 长客股份公司、四方股份公司、四方所、株洲所、戚墅堰所、中车浦镇海泰制动设备有限公司、永济电机公司、株洲电机公司、中车研究院、大连所、大同 ABB 牵引变压器有限公司、中车时代电气 |
| 16 | 大功率风力发电机关键技术研究及产业化 | 二等奖 | 永济电机公司、株洲电机公司 | 株洲所、山东公司 |
| 17 | 面向北美市场需求的轨道车辆研制 | 二等奖 | 四方股份公司、长客股份公司、唐山公司 | 四方所、大连电牵公司、中车时代电气、石家庄国祥运输设备有限公司 |
| 18 | 下一代城市轨道交通列车 | 二等奖 | 四方股份公司、长客股份公司 | 株机公司、唐山公司、株洲所、四方所、株洲电机公司、永济电机公司 |
| 19 | CRH6 型系列城际动车组关键技术研究及应用 | 二等奖 | 四方股份公司 | 中车广东轨道交通车辆有限公司、浦镇公司、广东珠三角城际轨道交通有限公司、株洲所、南京中车浦镇海泰制动设备有限公司、株洲电机公司、四方所、戚墅堰所、永济电机公司 |

续表

| 序号 | 项目名称 | 获奖等级 | 主要完成单位 | 参与单位 |
|---|---|---|---|---|
| 20 | 4400 马力干线客货运内燃机车技术平台 | 二等奖 | 大连公司、戚墅堰公司 | 永济电机公司、株洲电机公司、大连所、四方所、戚墅堰所、大连电牵公司 |
| 21 | 出口阿根廷系列铁路货车研制 | 二等奖 | 长江集团、齐车公司 | 长江公司、眉山公司、太原公司、山东公司、二七车辆公司 |
| 22 | 中低速磁浮列车技术研究及工程化应用 | 二等奖 | 株机公司、唐山公司 | 长客股份公司、大连公司、株洲所、株洲电机公司、四方所 |
| 23 | 高原双源动力集中动车组（内燃、电力分置式） | 二等奖 | 株机公司、大连公司、浦镇公司、株洲所 | 株洲电机公司、永济电机公司、大连所、四方所、戚墅堰所 |
| 24 | 内燃动力包技术和产品平台建设与应用 | 二等奖 | 大连所 | 株洲电机公司、永济电机公司、长客股份公司、四方股份公司、株机公司、大连公司、浦镇公司 |
| 25 | 分布式网络智能模块机车空气制动控制系统（CAB-B 型） | 二等奖 | 四方所、株机公司 | 大连公司、戚墅堰公司、大同公司、资阳公司 |
| 26 | 基于轨道交通核心技术延伸的矿用重型装备动力传动系统的研制和应用 | 二等奖 | 戚墅堰所、株洲电机公司、永济电机公司 | 株洲变流技术国家工程研究中心有限公司、大同公司、大连公司 |
| 27 | 新能源客车关键技术研究及产业化攻关 | 二等奖 | 中车电动 | 宁波中车新能源科技有限公司、苏州中车氢能动力技术有限公司、中车时代电气、株洲中车时代半导体有限公司、时代新材、株洲电机公司、浙江中车电车有限公司、宁波中车时代传感技术有限公司 |
| 28 | 减振降噪关键技术及其应用 | 二等奖 | 时代新材 | 长客股份公司、四方股份公司、株机公司、大同公司、戚墅堰公司、齐车集团 |
| 29 | 基于人工智能的轨道交通人因状态分析系统 | 二等奖 | 中车研究院 | 四方股份公司、长江集团、永济电机公司、北京交通大学 |

## 二、数字化与先进制造技术奖

| 序号 | 项目名称 | 主要完成单位 | 参与单位 |
|---|---|---|---|
| 1 | “中车Q”质量管理标准体系的构建与实施 | 中国中车科技质量与信息化中心 | 四方股份公司、长客股份公司、齐车集团、株洲所、四方所、唐山公司、永济电机公司、株机公司、大同公司、株洲电机公司、浦镇公司、长江集团、大连公司、戚墅堰所、中车集团学习培训发展中心 |
| 2 | 中国中车主数据标准化工程实施与应用 | 中国中车科技质量与信息化中心、信息公司 | 唐山公司、齐车公司、四方所、株洲所、长客股份公司、永济电机公司、大连公司、浦镇公司、株机公司、大同公司、长江公司、戚墅堰所、四方股份公司 |
| 3 | 轨道交通装备焊接工艺协同创新研究及技术标准体系构建 | 中国中车焊接技术委员会 | 戚墅堰所、四方股份公司、长客股份公司、株机公司、唐山公司、大连公司、浦镇公司、大同公司、眉山公司、齐哈车公司、长江公司、株洲电机公司、永济电机公司、株洲所、太原公司、沈阳公司、戚墅堰公司、资阳公司、四方所、中车广东轨道交通车辆有限公司、山东公司、西安公司、中车研究院 |

续表

| 序号 | 项目名称 | 主要完成单位 | 参与单位 |
|---|---|---|---|
| 4 | 轨道交通装备无损检测技术协同创新研究及技术保障体系构建 | 中国中车无损检测技术委员会 | 戚墅堰所、齐车公司、株机公司、长江公司、长客股份公司、大连公司、四方股份公司、唐山公司、大同公司、四方车辆公司、浦镇公司、太原公司、株洲电机公司、永济电机公司、眉山公司、贵阳公司、戚墅堰公司、山东公司 |
| 5 | 中车工业智慧物流三位一体模式的构建与实施 | 物流公司 | 南京中车物流服务有限公司、青岛中车四方车辆物流有限公司、株洲中车物流有限公司、四方股份公司、浦镇公司、长客股份公司、唐山公司、株机公司、大连公司、四方所、株洲所、戚墅堰所、大连所、永济电机公司、株洲电机公司、信息公司 |
| 6 | 中国中车绿色循环经济交易电商平台“宜企拍” | 中车哈尔滨车辆有限公司 | 齐车公司、财务公司、物流公司、信息公司、长客股份公司、株机公司、大连公司、山东公司、株洲电机公司 |
| 7 | 铁路货车精益研发数字化平台关键技术研究及应用 | 中车齐齐哈尔车辆有限公司 | 齐车集团、沈阳公司、山东公司、石家庄公司 |
| 8 | 轨道车辆全生命周期造修一体化智能制造新模式应用项目 | 长客股份公司 | 中车研究院、工业与信息化部威海电子信息技术综合研究中心、中国电子科技集团公司第三十八研究所、华中科技大学无锡研究院、中国软件与技术服务股份有限公司、天津智通信息系统集成有限公司、工业与信息化部威海电子信息技术综合研究中心、北京国信会视科技有限公司 |
| 9 | 基于工位制节拍化精益制造的数字化技术应用 | 大连公司 | 大连电牵公司、江苏中车数字科技有限公司 |
| 10 | 高速列车车体制造新模式研究 | 唐山公司 | 中车研究院、上海交通大学、燕山大学、机科发展科技股份有限公司、西安嘉业航空科技有限公司、廊坊智通机器人系统有限公司 |
| 11 | 一种适用于电力机车的造修一体的全工序的自主可控的轮对驱动单元制造自动化数字化信息化生产线 | 大同公司 | 江苏中车数字科技有限公司、信息技术公司 |
| 12 | 高速动车组转向架检修数字化生产线研制与智能制造新模式应用 | 四方股份公司 | 中车研究院、北京机械工业自动化研究所、华中科技大学无锡研究院、北京国信会视科技有限公司、西南交通大学 |
| 13 | 基于精益工业云平台的数字企业探索与实践 | 四方股份公司 | 中车研究院、北京国信会视科技有限公司、上海睿励信息技术有限公司、青岛诺亚信息技术有限公司、北京交通大学、华中科技大学 |
| 14 | 基于“6621”的精益制造数字工艺平台研发与应用 | 浦镇公司 | 江苏中车数字科技有限公司 |
| 15 | 转向架数字化制造技术研究与应用 | 株机公司 | 艾普工华科技（武汉）有限公司、沈阳新松机器人自动化股份有限公司 |
| 16 | 轨道交通牵引电机核心制造装备数字化和先进制造体系建设 | 株洲电机公司 | 华中科技大学、艾普工华科技（武汉）有限公司 |
| 17 | 基于精益理念的轨道交通机械传动系统设计、工艺与制造智能化应用平台 | 戚墅堰所 | 信息公司、浦镇公司、大连公司、大同公司、永济电机公司、大连所、唐山公司 |
| 18 | 轨道交通变流器模块智能制造技术研究及应用 | 株洲中车时代电气股份有限公司 | 株洲所 |

续表

**三、科技创新先进集体奖**

| 序号 | 单位 | 所属具体部门名称 |
|---|---|---|
| 1 | 齐车集团 | 齐车集团货车研究院基础研究部、齐车公司技术开发中心货车设计室、山东公司环境工程研究所、齐车公司工艺技术部 |
| 2 | 长江集团 | 中车株洲车辆有限公司信息技术部、西安公司储运装备产品研发团队、眉山公司质量管理创新团队、长江公司产品研究所 |
| 3 | 长客股份公司 | 长客股份公司工程技术中心工艺开发及规划团队、长客股份公司基础研发部、长客股份公司质量保证部 |
| 4 | 大连公司 | 大连公司城铁开发部、大连公司机车开发部、大连公司柴油机技术部 |
| 5 | 唐山公司 | 唐山公司产品研发中心总体开发部、唐山公司制造技术中心总体工艺部、唐山公司运营管控中心数字化部 |
| 6 | 大同公司 | 中国中车网侧高压电器技术研发中心、大同公司技术中心研究院 |
| 7 | 永济电机公司 | 永济电机公司风电产品研发团队、永济电机公司绿色和智能化轨道交通电气系统研发团队 |
| 8 | 四方股份公司 | 四方股份公司科技发展部、四方股份公司技术中心项目总体部、四方股份公司国家工程技术研究中心技术研究部 |
| 9 | 浦镇公司 | 浦镇公司数字化部、南京中车浦镇海泰制动设备有限公司总体部、浦镇公司科技管理部标准化团队 |
| 10 | 戚墅堰公司 | 戚墅堰公司技术管理部 |
| 11 | 株机公司 | 株机公司产品研发中心转向架研发部、株机公司产品研发中心城轨系统研发部、株机公司产品研发中心机车系统研发部 |
| 12 | 株洲电机公司 | 株洲电机公司科技管理部、株洲电机公司研究院牵引电机研究所 |
| 13 | 大连所 | 中国中车换热技术研发中心 |
| 14 | 四方所 | 四方所技术中心轨道车辆核心系统智能化及一体化技术研究团队、四方所轨道交通核心技术标准研究创新团队 |
| 15 | 戚墅堰所 | 戚墅堰所新一代轻量化高性能材料工艺研发及应用团队、戚墅堰所复兴号高速动车组关键零部件研发团队 |
| 16 | 株洲所 | 株洲所科技质量管理创新团队、株洲所先进高分子材料技术攻关团队、株洲所轨道交通高性能牵引电气系统开发团队 |
| 17 | 信息公司 | 信息公司技术中心 |
| 18 | 中车研究院 | 中车研究院技术研究部产品平台研究室 |
| 19 | 工程公司 | 工程公司城市轨道交通研究院 |
| 20 | 中车产投 | 中国中车先进膜材料与分离技术研发中心 |
| 21 | 中车科技园 | 中车科技园产品研发部 |
| 22 | 中国中车专家组 | 中国中车试验技术专家组、中国中车技术标准化专家组、中国中车知识产权专家组、中国中车计量理化人员技术考核和资格鉴定委员会 |
| 23 | 中国中车总部 | 中国中车科技质量与信息化中心、中国中车铁路业务中心、中国中车城市交通事业部 |

续表

## 四、科技创新英才人物奖

| 序号 | 单位 | 姓名 | 奖项 |
|---|---|---|---|
| 1 | 中车研究院 | 孙帮成 | 科技大奖 |
| 2 | 齐车集团 | 魏鸿亮 | 科技大奖 |
| 3 | 长客股份公司 | 于青松 | 科技大奖 |
| 4 | 大连公司 | 曲天威 | 科技大奖 |
| 5 | 四方股份公司 | 丁叁叁 | 科技大奖 |
| 6 | 株机公司 | 廖洪涛 | 科技大奖 |
| 7 | 株洲所 | 尚　敬 | 科技大奖 |
| 8 | 齐车集团 | 李向伟、李　华、唐　晶 | 科技成就奖 |
| 9 | 长客股份公司 | 朱　彦、王金田、王春生 | 科技成就奖 |
| 10 | 大连公司 | 杨守君、赵　刚 | 科技成就奖 |
| 11 | 唐山公司 | 康洪军、刘春明、王立航 | 科技成就奖 |
| 12 | 大同公司 | 仝　雷 | 科技成就奖 |
| 13 | 永济电机公司 | 薛秀慧 | 科技成就奖 |
| 14 | 四方股份公司 | 陶桂东、吴冬华、韩晓辉 | 科技成就奖 |
| 15 | 浦镇公司 | 黄文杰、杨　俊 | 科技成就奖 |
| 16 | 戚墅堰公司 | 谢经广 | 科技成就奖 |
| 17 | 长江集团 | 胡海滨、刘凤伟、贾云龙、姜瑞金 | 科技成就奖 |
| 18 | 株机公司 | 樊运新、陈喜红 | 科技成就奖 |
| 19 | 株洲电机公司 | 李进泽 | 科技成就奖 |
| 20 | 大连所 | 刘俊杰 | 科技成就奖 |
| 21 | 四方所 | 孙国斌、刘宏友 | 科技成就奖 |
| 22 | 戚墅堰所 | 万升云 | 科技成就奖 |
| 23 | 株洲所 | 周桂法、刘国友、杨　军 | 科技成就奖 |
| 24 | 中车研究院 | 李明高 | 科技成就奖 |
| 25 | 中车产投 | 刘　凌 | 科技成就奖 |
| 26 | 齐车集团 | 刘振明、韩俊峰、赵天军、刘寅华、许英奎 | 科技贡献奖 |
| 27 | 长客股份公司 | 康成伟、李雪飞、张欣盟、齐玉文 | 科技贡献奖 |
| 28 | 大连公司 | 敖建安、邢　瑜、王　威 | 科技贡献奖 |
| 29 | 唐山公司 | 张　雷、栗木功、陈彦宏 | 科技贡献奖 |
| 30 | 大同公司 | 原志强、张志和 | 科技贡献奖 |
| 31 | 永济电机公司 | 刘冠芳、王雪迪、李　广 | 科技贡献奖 |
| 32 | 四方股份公司 | 刘　泰、蒋　欣、张振先、刘韶庆 | 科技贡献奖 |
| 33 | 浦镇公司 | 胡基贵、刘寅虎、门永林 | 科技贡献奖 |
| 34 | 戚墅堰公司 | 李友峰、蔡红霞 | 科技贡献奖 |

续表

| 序号 | 单位 | 姓名 | 奖项 |
| --- | --- | --- | --- |
| 35 | 长江集团 | 何远新、刘映安、刘文胜、周增光、郑　涛 | 科技贡献奖 |
| 36 | 株机公司 | 李希宁、沈龙江、王　位 | 科技贡献奖 |
| 37 | 株洲电机公司 | 周黎民、胡　贵 | 科技贡献奖 |
| 38 | 大连所 | 刘淑华 | 科技贡献奖 |
| 39 | 四方所 | 刘　辉、殷培强 | 科技贡献奖 |
| 40 | 戚墅堰所 | 王有虹、杜利清 | 科技贡献奖 |
| 41 | 株洲所 | 张志学、王　进、梅文庆、路向阳 | 科技贡献奖 |
| 42 | 中车研究院 | 刘　昱 | 科技贡献奖 |
| 43 | 信息公司 | 李　丽 | 科技贡献奖 |
| 44 | 中车产投 | 汪　伟 | 科技贡献奖 |
| 45 | 齐车集团 | 马国辉、张俊林、贺茂盛、刘海鹏、付　勇、程　伟、赵亚栋、徐世锋、穆凤军、孟庆民、宋全知、汪明栋、段　晓、赵　磊、侯立新、赵登利、吕晓斌、吕　倩、李现瑾、王胜坤、周国东、葛会超、李宝瑞、于　跃、崔英俊、翟鹏军、万　涛、童山虎、张　宏、陈志民、包海涛、刘庆玉、宇文卧龙 | 优秀工程师奖 |
| 46 | 长客股份公司 | 赵志强、王成强、陆海英、石海明、马永靖、张亮亮、李晓明、刘春艳、哈大雷、沈　迪、刘洪涛、程亚军、李　凯、周伟旭、张云峰、刘　涛、李恩龙、胡　锐、程继辉、田　勐、马　明、徐连萍、王世君、刘孝峰、胡清寒、鲍洪阳、康丽齐、赵雪山、耿　明、王洪潇、刘淑涛、朱艺海 | 优秀工程师奖 |
| 47 | 大连公司 | 于　峥、张　健、蔡　磊、田光兴、李传龙、王景琪、柳占宇、张宗康、魏　宏、李　亮、王晓雷、王明岩、孙　闯、包晓昆、隋锡征、王洪峰、王红兵、管明华、郝宏峰、付建鹏、臧兰兰、孙文新、商　磊、韦　江 | 优秀工程师奖 |
| 48 | 唐山公司 | 王印博、田亚鹏、李志国、高　军、张隶新、陈永盛、李宝泉、张士臣、刘　宇、胡文浩、陈乐恒、邓孝贵、刘　磊、张新永、王永刚、杨仲林、王元伍、冀　云、蔡卫华、霍文彪、贾尚帅、韩国鹏、姜　斌、杨国军、姜茹佳、杨翠芝、李富强 | 优秀工程师奖 |
| 49 | 南口公司 | 褚彦有、姜永升 | 优秀工程师奖 |
| 50 | 大同公司 | 刘　鹏、白　卿、耿海路、白晓玲、赵东波、李华祥、郭彦伟、王海平、赵清海、邢　亮、姚　银、穆岩岩、吕士勇、崔　晨、姜　赞 | 优秀工程师奖 |
| 51 | 永济电机公司 | 王乃福、李　伟、杨春宇、许明夏、马连凤、韩振善、关国华、刘志刚、俞文斌、裴建红、相阿峰、于　凯、唐子辉、于森林、郑守海、何庆峰、张　林、贾喜勤 | 优秀工程师奖 |

续表

| 序号 | 单位 | 姓名 | 奖项 |
|---|---|---|---|
| 52 | 四方股份公司 | 弓海斌、聂　颖、田爱琴、张志强、车聪聪、陈鹏宇、林永强、虞大联、余　进、钟元木、赵长龙、付善强、张信广、韩庆军、张立伟、张朝前、吕晓俊、梁才国、胡广胜、刘龙玺、李　艳、王振中、吴向阳、杨爱莲、朱崇飞、文　勃、郭小峰、梁海啸、周庆祥、邴晨阳、赵延强、孟祥瑞、孙晓光 | 优秀工程师奖 |
| 53 | 四方车辆公司 | 侯新英、王笃勇、赵峰强、秦　臻、刘子静、马　凯、郭世彬、高希妨 | 优秀工程师奖 |
| 54 | 浦镇公司 | 尹洪权、杨智朋、刘云峰、吕红强、王　霖、戴惠新、郁兆旺、胡亚军、朱　超、徐　涛、周　杨、刘伟伟、熊　霓、宗　艳、冯　飞、廖　平、林　业、曾先光、时　蒙、胡佳乔、韩　勇、顾文娟、戴忠晨、刘元清、马晓光、贾小平 | 优秀工程师奖 |
| 55 | 戚墅堰公司 | 丁　可、施国友、高　文、肖海南、许　齐、靳春雷、陈　卫、米　贵、付海芳 | 优秀工程师奖 |
| 56 | 长江集团 | 章寅寅、肖　晨、刘　强、丁守立、何　皋、李旭英、李照明、程洪建、姚川伟、王碾场、林耀华、陶加法、张小明、易　飞、凌　斌、冯存义、周　炯、左世斌、谢志勇、杨冬艳、熊运平、袁　宁、罗汉江、任丽娟、刘爱文、高建华、徐冬华、闫　瑞、何　衎、刘海涛 | 优秀工程师奖 |
| 57 | 株机公司 | 韩　笑、李西宁、王雪芳、陈珍宝、叶　锋、陈　哲、王大平、刘海涛、郑维飞、段怡雄、岳译新、刘永强、伍道乐、李开晔、颜志军、郑小花、李冠军、杨国纪、陈中杰、马明明、刘三平、张婷婷、麻扶波、黎　丹、张文跃、魏晓斌、唐　磊、唐均吉 | 优秀工程师奖 |
| 58 | 株洲电机公司 | 杨振中、黄鹏程、何云风、李　华、邓　苹、申　亮、王建良、艾　润、申　政、李　广、陈国旗、曾　纯、吴　勇、薛长志、崔斯柳 | 优秀工程师奖 |
| 59 | 大连所 | 李　瑜、白　刚、班海波、李文勇、姜　正 | 优秀工程师奖 |
| 60 | 四方所 | 阎　锋、杜锦涛、田学文、陆青松、张利军、贾　涛、夏　猛、李祥瑞、王令军、丁　辉、于全蕾、李　震、崔　雷、位俊雷 | 优秀工程师奖 |
| 61 | 戚墅堰所 | 朱　松、文　超、张再利、郑小康、张　晶、邓　晗、刘晓磊、郑立林、刘　升、张晋伟、雷国伟、吴成攀、周　斌 | 优秀工程师奖 |
| 62 | 株洲所 | 陈广赞、梁　飞、王秋华、周　帅、熊　艳、张东方、吕　阳、甄海玉、江　帆、戴计生、李雪江、贺才春、黄友剑、覃荣震、刘文松、刘　彪、彭　京、林　胜、漆　宇、陈　涛、董　平、罗云飞、刘放平、卜继玲、汪　旭、张　义、阮向艳、程　浩、梁鹏程、冯学斌、李　斌、张陈林、罗文广、袁希文、李伟业、蒋红武、刘红文、李秀珍、刘丽星 | 优秀工程师奖 |
| 63 | 天津公司 | 刘文斌 | 优秀工程师奖 |
| 64 | 广州公司 | 罗　芳 | 优秀工程师奖 |
| 65 | 信息公司 | 范魁元、刘光涛 | 优秀工程师奖 |
| 66 | 中车研究院 | 唐海川、章潇慧、陈朝中、祝弘滨 | 优秀工程师奖 |

续表

| 序号 | 单位 | 姓名 | 奖项 |
|---|---|---|---|
| 67 | 工程公司 | 王　猛、刘德欣 | 优秀工程师奖 |
| 68 | 青岛创新中心 | 刘兴龙、李博睿 | 优秀工程师奖 |
| 69 | 株洲国创轨道科技有限公司 | 肖黎亚、黄志华 | 优秀工程师奖 |
| 70 | 中车产投 | 牛迎春、乔志军、彭再武、王征宇 | 优秀工程师奖 |
| 71 | 常铁校 | 杨海荣 | 优秀工程师奖 |
| 72 | 中国中车总部 | 宫保贵、魏　涛、金剑峰、欧勇辉、刘红军、盛震风、张启胤、唐飞龙、马　腾、刘玉蓉 | 优秀工程师奖 |
| 73 | 齐车集团 | 侯　冲、田长亮、金朋迪、袁　博、李智泽、赵尚超、何　涛、何妮妮、孙洪芹、袁国庆、王小飞、任一凡 | 青年奖（科技人员） |
| 74 | 长客股份公司 | 邵俊捷、张桁铭、邵　南、崔宪伟、闫占奇、肖　宇、冯朝明、王亚男、王利忠、韩庆利、丁　鑫、赵金龙、吕成远、牛　牧、周广浩 | 青年奖（科技人员） |
| 75 | 大连公司 | 马　越、林　峰、邹　欣、王　宸、王贤哲、林景东、李　喆、王世和、张飞飞、张　顺 | 青年奖（科技人员） |
| 76 | 唐山公司 | 王东兴、王大海、刘晨辉、庞学苗、范东宇、张云龙、赵　赛、李秋宝、霍鑫龙、张君默 | 青年奖（科技人员） |
| 77 | 南口公司 | 贾　冕、马秋颖 | 青年奖（科技人员） |
| 78 | 大同公司 | 张　涛、梁宝山、李　前、王　冠、聂　敏 | 青年奖（科技人员） |
| 79 | 永济电机公司 | 刘海宁、黄　娜、任向武、王宇航、廉　琳、刘晨曦、高　闯、朱　烜、李鹤群 | 青年奖（科技人员） |
| 80 | 四方股份公司 | 董　威、王大奎、何佳捷、石国德、李言民、马　寅、孙　禹、孙晓东、周锦铭、蒲　栋、周建升、曲　峰、刘斌普、杨明涛、叶华聪、李智强 | 青年奖（科技人员） |
| 81 | 四方车辆公司 | 李大鹏、赵儒家、赵英男、盛文刚 | 青年奖（科技人员） |
| 82 | 浦镇公司 | 刘英博、李　斌、周　啸、吴　强、张树宇、金文涛、陈　志、柴　柱、庄国明、周正宇 | 青年奖（科技人员） |
| 83 | 戚墅堰公司 | 王海龙、蒋一诚、田雪姣、张永振 | 青年奖（科技人员） |
| 84 | 长江集团 | 王　伟、徐　姣、冯　志、王全虎、熊珍艳、汪家伟、赵祖兴、梁沁宜、张　钦、桂荣孝、刘龙亚、丁　童 | 青年奖（科技人员） |
| 85 | 株机公司 | 王　永、李　超、黄　众、张　波、张健涌、邓学文、张　杨、邹　漫、孟远文、李连凯、钱俊辉 | 青年奖（科技人员） |
| 86 | 株洲电机公司 | 阎　阳、唐赢武、王子彦、蔡超辉、段灿明、黄克旺、钟　珩 | 青年奖（科技人员） |
| 87 | 大连所 | 类延磊、王　硕、程显耀 | 青年奖（科技人员） |
| 88 | 四方所 | 何启金、杨　帆、吕　枭、刘　世、曾凡飞、吴　显、张俊杰 | 青年奖（科技人员） |
| 89 | 戚墅堰所 | 李建林、伍安旭、赵　璐、朱贵华、黎康康、高　扬、吕梦熙 | 青年奖（科技人员） |

续表

| 序号 | 单位 | 姓名 | 奖项 |
| --- | --- | --- | --- |
| 90 | 株洲所 | 罗　俊、龙垚坤、姚运帅、颜渊巍、朱文龙、李　拓、胡　亮、李　程、李润旭、王志林、傅航杰、侯招文、李俊义、张洪彬、向　坤、宋俊辉、黄启钊、史俊旭、刘师扬 | 青年奖（科技人员） |
| 91 | 天津公司 | 耿寸召、蔡世刚 | 青年奖（科技人员） |
| 92 | 广州公司 | 罗　朋、雷秀梅 | 青年奖（科技人员） |
| 93 | 信息公司 | 迟云强 | 青年奖（科技人员） |
| 94 | 中车研究院 | 陆　斌、郑舒阳、刘佰博、咸晓雨 | 青年奖（科技人员） |
| 95 | 工程公司 | 李　勇、刘　亮 | 青年奖（科技人员） |
| 96 | 物流公司 | 黎　俊、陈功锐 | 青年奖（科技人员） |
| 97 | 国际公司 | 邢　旺、杨历恒 | 青年奖（科技人员） |
| 98 | 资本公司 | 王良才、王晋媛 | 青年奖（科技人员） |
| 99 | 金租公司 | 赵英含、何知文 | 青年奖（科技人员） |
| 100 | 香港资本公司 | 曹维佳、汤思淼 | 青年奖（科技人员） |
| 101 | 青岛创新中心 | 吴晓波、杜杰伟 | 青年奖（科技人员） |
| 102 | 株洲国创轨道科技有限公司 | 刘　凯、陈　皓 | 青年奖（科技人员） |
| 103 | 中车产投 | 陈　剑、黄俏梅、姜　影、陈红瑞、李　欢 | 青年奖（科技人员） |
| 104 | 中车科技园 | 李东青、范宏翔 | 青年奖（科技人员） |
| 105 | 常铁校 | 杜　芬 | 青年奖（科技人员） |
| 106 | 中车金控 | 蔺　雪、欧阳路遥 | 青年奖（科技人员） |
| 107 | 中车新投 | 唐旭南、高　杨 | 青年奖（科技人员） |
| 108 | 齐车集团 | 柴美慧、宛忠宝、黄君辉、许文涛、荀少宝、德　欢、宋雨兴、陈铸鑫、胡庆林、朱梓澳、高洪旭、张福江、马龙飞、宗笑凯、申文强、宋秉翰、周丕勇、李伟昌 | 青年奖（产业工人） |
| 109 | 长客股份公司 | 张天义、金　冲、高建龙、马洪伟、马松林、唐建坤、林旭东、刘　森、臧铁军、丁相庆、刘　陆、艾子洋、赵密强、张富军、石永佳、董泽民、王善更 | 青年奖（产业工人） |
| 110 | 大连公司 | 武广友、王永敏、朱厚彬、姚永运、林兴君、陈德材、李　欢、张志丹、于春生、潘春望、潘新虎、王继荣、张向东、孙　强 | 青年奖（产业工人） |
| 111 | 唐山公司 | 王　刚、郑宏岩、陈金彪、刘　刚、孙朋飞、成晓宇、张文杰、高秀明、高栋梁、张连军、张召星、高德佳、付阳阳、朱海永 | 青年奖（产业工人） |
| 112 | 南口公司 | 王柏松、耿靖洋 | 青年奖（产业工人） |
| 113 | 大同公司 | 冯　超、王　强、侯海峰、张晓政、辛　凯、田树旺、王树国 | 青年奖（产业工人） |
| 114 | 永济电机公司 | 樊东浩、薛　攀、杨晓洁、崔武强、贺　苗、赵明阳、畅根强、安　召、邹吉有、沈　辉 | 青年奖（产业工人） |

续表

| 序号 | 单位 | 姓名 | 奖项 |
|---|---|---|---|
| 115 | 四方股份公司 | 许　信、鞠　良、冷康龙、高思旺、李文龙、孙丽伟、陈　鹏、冯大勇、范聪聪、牟世超、何守镇、李启士、姜石林、冯　强、安仲礼、肖云天、赖威任、刘思松 | 青年奖（产业工人） |
| 116 | 四方车辆公司 | 栾小俊、李晓峰、赵文刚、辛仁建、张高飞、唐兆成 | 青年奖（产业工人） |
| 117 | 浦镇公司 | 王银武、郭有东、弓丽君、韩路遥、李刘强、孟　飞、马厚盼、包广镇、王广超、成　晨、沈文圣、刘　聪、崔云超、王　强 | 青年奖（产业工人） |
| 118 | 戚墅堰公司 | 陈士恩、洪　永、夏销俊 | 青年奖（产业工人） |
| 119 | 长江集团 | 刘冰彬、陈娜娜、陈　建、李中迪、李增彪、曾　稳、汪　涛、王莉婕、祁春生、刘雄雄、杨　烨、任舜鹏、甘俊林、李小菊、贺万星、蔡荣平、杨小冬、欧阳王彬 | 青年奖（产业工人） |
| 120 | 株机公司 | 龙　浩、许贤杰、文　凯、张利好、魏陆军、刘　清、邓长贵、邱继文、罗　清、文　献、欧文杰、廖　涛、缪　辉、曾纪云、赵东东 | 青年奖（产业工人） |
| 121 | 株洲电机公司 | 侯晓波、黄　林、张朝望、胡　威、杜　婕、皮金龙、邹金林、陈大为、文　亮、李　辉 | 青年奖（产业工人） |
| 122 | 大连所 | 那志鹏、于运宝、张号颜 | 青年奖（产业工人） |
| 123 | 四方所 | 薛继兵、仇吉臻、马　超 | 青年奖（产业工人） |
| 124 | 戚墅堰所 | 陆忠杰、仇文凡、王　成、董国节、谢　东 | 青年奖（产业工人） |
| 125 | 株洲所 | 李　泽、刘　慧、漆　志、陈智深、成　莉、刘石林、杨督华、周　迪、邓金龙、赵梦玲、孙　葵、杨　艳、张伟涛、刘　帅 | 青年奖（产业工人） |
| 126 | 天津公司 | 常跃鹏、徐凤山 | 青年奖（产业工人） |
| 127 | 广州公司 | 谢珠林、刘汉基 | 青年奖（产业工人） |
| 128 | 中车产投 | 刘武聪、汤　敏、张　韧、肖乾亮、郭　欢 | 青年奖（产业工人） |

**表 7-4　2021 年中国中车科学技术奖情况统计**

| 序号 | 项目名称 | 获奖等级 | 主要完成单位 |
|---|---|---|---|
| 1 | 京张智能动车组研制 | 特等奖 | 长客股份公司 |
| 2 | 3.X MW 平台化高效风电机组研制及应用 | 特等奖 | 株洲所 |
| 3 | 3000 马力节能环保型调车机车研发及应用 | 特等奖 | 大连公司、资阳公司、戚墅堰公司、大连所、永济电机公司、四方所、中国铁道科学研究院集团有限公司、西南交通大学、大连理工大学 |
| 4 | 车规级高电流密度精细沟槽栅 IGBT 开发与应用 | 特等奖 | 株洲中车时代半导体有限公司 |
| 5 | 一种高速轨道车辆转向架 | 特等奖 | 四方股份公司 |
| 6 | 轨道车辆车头（2018-02） | 特等奖 | 四方股份公司 |
| 7 | 铁路货车数字化协同设计平台 | 一等奖 | 齐车公司、齐车集团 |
| 8 | 适应小曲线大坡道运行的新型 As 车 | 一等奖 | 长客股份公司 |

续表

| 序号 | 项目名称 | 获奖等级 | 主要完成单位 |
|---|---|---|---|
| 9 | 轨道列车多源动力驱动系统关键技术研究和应用 | 一等奖 | 长客股份公司、北京交通大学 |
| 10 | 驱动制造的转向架工程一体化平台及应用 | 一等奖 | 唐山公司 |
| 11 | 面向车体复杂结构的高效微变形焊接技术研究与应用 | 一等奖 | 唐山公司 |
| 12 | 大功率机车永磁直驱驱动技术研究 | 一等奖 | 大同公司、永济公司、大连电牵公司 |
| 13 | 高速动车组噪声控制技术研究平台与工程应用 | 一等奖 | 四方股份公司 |
| 14 | 氢燃料电池有轨电车的关键技术研究及样车研制 | 一等奖 | 四方股份公司 |
| 15 | 轨道车辆多学科仿真标准化、自动化集成平台建设 | 一等奖 | 四方股份公司 |
| 16 | 4MW 陆上风电机组平台开发 | 一等奖 | 山东风电公司 |
| 17 | 出口德国 DB 欧标双层小汽车运输车研制 | 一等奖 | 山东公司 |
| 18 | 复兴号时速 250 公里动车组牵引系统研制 | 一等奖 | 永济电机公司 |
| 19 | 平价型直冷式双馈风力发电机研制 | 一等奖 | 永济电机公司 |
| 20 | 一种具备双受流制式的时速 100kmA 型气密智慧地铁车辆 | 一等奖 | 浦镇公司 |
| 21 | 铁路货车制造技术升级关键技术研究及应用 | 一等奖 | 长江公司 |
| 22 | 出口德铁汉堡的多源制混合动力调车机车研制 | 一等奖 | 株机公司 |
| 23 | 时速 160 公里快速磁浮列车研制与示范 | 一等奖 | 株机公司、中车时代电气、株洲电机公司 |
| 24 | 环境友好型城市轨道牵引车关键技术及平台化研究 | 一等奖 | 株机公司 |
| 25 | 轨道交通车辆装备节能减排评价体系研究 | 一等奖 | 四方所、北京航空航天大学、西南交通大学、戚墅堰公司、四方股份公司、唐山公司、长客股份公司 |
| 26 | 高速重载列车齿轮材料开发和关键工艺技术研究 | 一等奖 | 戚墅堰所 |
| 27 | 高速动车组高可靠粉末冶金制动闸片制造工艺关键技术及应用 | 一等奖 | 戚墅堰所、<br>常州中车铁马科技实业有限公司 |
| 28 | 复兴号时速 250 公里动车组牵引电机及牵引变压器研制 | 一等奖 | 株洲电机公司 |
| 29 | 海上大功率分瓣式直驱永磁风力发电机关键技术研究及产业化 | 一等奖 | 株洲电机公司、<br>江苏中车电机有限公司 |
| 30 | 基于深度学习的小型化智能传感器网络 | 一等奖 | 中车研究院 |
| 31 | 高性能列车网络控制系统技术研发与应用 | 一等奖 | 信息公司、清华大学、四方所 |
| 32 | 第六代纯电驱动系统技术平台开发 | 一等奖 | 中车电动 |
| 33 | 主被动协同导向控制的牵制一体新型智轨电车研制与应用 | 一等奖 | 湖南中车智行科技有限公司、<br>株洲所 |
| 34 | 高速列车轮对轴箱柔性加工技术与应用 | 一等奖 | 四方股份公司 |
| 35 | ISO 37164:2021 智慧城市基础设施——使用燃料电池的轻轨智慧交通 | 一等奖 | 四方股份公司 |
| 36 | ISO 22752:2021 铁路应用机车车辆车体侧窗 | 一等奖 | 四方股份公司 |
| 37 | ISO 22749-1:2021 铁路应用　悬挂部件　第 1 部分：橡胶弹性元件性能和试验方法 | 一等奖 | 时代新材 |
| 38 | ISO 22749-2:2021 铁路应用　悬挂部件　第 2 部分：橡胶弹性元件批准程序和质量控制 | 一等奖 | 时代新材 |

续表

| 序号 | 项目名称 | 获奖等级 | 主要完成单位 |
|---|---|---|---|
| 39 | IEC 62499:2021 轨道交通　受电弓滑板试验方法 | 一等奖 | 株机公司 |
| 40 | "一牵引、双驱动、三保障"质量管理模式 | 一等奖 | 长客股份公司 |
| 41 | 双驱动双循环数字化质量管理模式 | 一等奖 | 四方股份公司 |
| 42 | 铁路货车关节连接器及关键技术研究 | 二等奖 | 齐车公司 |
| 43 | 重载系列稳定型转向架 | 二等奖 | 齐车公司 |
| 44 | 机车车辆前瞻性技术研究——混合动力动车组关键技术方案研究 | 二等奖 | 长客股份公司 |
| 45 | 基于整车级噪声控制及测试技术开发 | 二等奖 | 长客股份公司 |
| 46 | CRH5 型动车组转向架关键零部件修程修制优化及服役可靠性研究 | 二等奖 | 长客股份公司 |
| 47 | ZXJ-160 型综合巡检车 | 二等奖 | 宝鸡中车时代工程机械有限公司 |
| 48 | 混合动力接触网检修作业车研制 | 二等奖 | 宝鸡中车时代工程机械有限公司 |
| 49 | 多段式结构棕纤维弹性床垫产业化关键技术及应用 | 二等奖 | 贵州大自然科技股份有限公司（中车产投） |
| 50 | 动车组 EA4T 空心车轴 | 二等奖 | 株洲中车天力锻业有限公司（中车产投） |
| 51 | 中车环保产业技术发展战略研究 | 二等奖 | 中车环境科技有限公司（中车产投） |
| 52 | 大型碳纤维风电叶片关键技术研究及应用 | 二等奖 | 时代新材 |
| 53 | 高端乘用车橡胶液体复合减振关键技术及产业化 | 二等奖 | 时代新材、博戈橡胶金属（上海）有限公司 |
| 54 | 城市轨道交通信号系统关键技术研究和示范应用 | 二等奖 | 湖南中车时代通信信号有限公司、轨道交通信号系统湖南省工程研究中心 |
| 55 | 储能式低地板有轨电车牵引电传动系统研究及应用 | 二等奖 | 中车时代电气、株洲所 |
| 56 | 基于运行状态预测的城轨车辆可视化协同维修平台 | 二等奖 | 株洲国创轨道科技有限公司、湖南科技大学、湖南大学 |
| 57 | 基于机器人技术的铁路货车零部件自动化生产研究及应用 | 二等奖 | 眉山公司 |
| 58 | 不锈钢、铝合金拉铆紧固连接系统及铆接机器人的研制 | 二等奖 | 眉山中车紧固件科技有限公司 |
| 59 | 120 阀智能组装工艺研究与应用 | 二等奖 | 眉山中车制动科技股份有限公司 |
| 60 | 具有高安全冗余性的 AC25 kV 不锈钢地铁研制 | 二等奖 | 大连公司 |
| 61 | 车-地-网一体化方波供电电气车辆技术研究与应用 | 二等奖 | 大连公司、大连电牵公司、四方所、大连所、西南交通大学 |
| 62 | 面向三代核电的高可靠性常规岛应急电站研制 | 二等奖 | 大连公司 |
| 63 | 不同运用环境下的 650 kW 功率等级的内燃动力包产品研制平台搭建 | 二等奖 | 大连所 |
| 64 | 轮驱智能组装工艺技术研究与提升 | 二等奖 | 大同公司 |
| 65 | 双动力钢轨铣磨车研制 | 二等奖 | 洛阳公司 |
| 66 | WX25T 型高速铁路隧道检查车 | 二等奖 | 浦镇公司、中国铁道科学研究院集团有限公司 |
| 67 | 120 km/h A 型地铁平台转向架研制及推广 | 二等奖 | 浦镇公司、西南交通大学、北京交通大学 |
| 68 | 低恒速巡检交流传动桥梁检查车研制 | 二等奖 | 戚墅堰公司 |

续表

| 序号 | 项目名称 | 获奖等级 | 主要完成单位 |
|---|---|---|---|
| 69 | 轨道车辆研发基础数据库系统开发及应用 | 二等奖 | 四方股份公司 |
| 70 | 时速 350 公里高寒动车组研制 | 二等奖 | 四方股份公司 |
| 71 | 高速动车组关键零部件智能制造新模式应用 | 二等奖 | 四方股份公司 |
| 72 | 轨道车辆转向架焊接工艺仿真与数字化协同制造技术及应用 | 二等奖 | 四方股份公司 |
| 73 | 高质量专利培育与评价系统研究 | 二等奖 | 四方股份公司 |
| 74 | 电池型超级电容器制备技术研究 | 二等奖 | 四方所 |
| 75 | 风电变流系统的设计与开发 | 二等奖 | 四方所 |
| 76 | 跨座式单轨车制动系统研制及应用 | 二等奖 | 四方所 |
| 77 | 风电机组塔筒重量优化技术及安全性设计研究 | 二等奖 | 山东风电公司 |
| 78 | 澳大利亚力拓 400 m 钢轨列车关键技术研究 | 二等奖 | 沈阳公司、齐车公司 |
| 79 | 基于先进相变蓄冷技术的多式 | 二等奖 | 石家庄公司 |
| 80 | 压力容器用厚板封头冷压整体成形工艺研究及应用 | 二等奖 | 西安公司 |
| 81 | 动车组关键电气部件测试技术研究与应用 | 二等奖 | 唐山公司 |
| 82 | 基于先进结构的车体关键技术研究 | 二等奖 | 唐山公司 |
| 83 | 轨道交通车辆牵引制动系统故障预测与健康管理关键技术研究及应用 | 二等奖 | 永济电机公司、时代电气、南京中车浦镇海泰制动设备有限公司 |
| 84 | 新一代轨道交通大功率高效直驱永磁牵引电传动系统研制 | 二等奖 | 永济电机公司、大同公司 |
| 85 | 铁路货车海外维保工艺技术研究及应用 | 二等奖 | 长江公司 |
| 86 | 40 英尺国际联运液化天然气罐式集装箱研制 | 二等奖 | 长江公司 |
| 87 | 深远海漂浮式风力发电机关键技术研究及产业化 | 二等奖 | 株洲电机公司、<br>江苏中车电机有限公司 |
| 88 | 10 kV 高压高速大功率永磁直驱平台研制 | 二等奖 | 株洲电机公司 |
| 89 | 悬挂式单轨列车研制 | 二等奖 | 资阳公司 |
| 90 | 油电混合动力城市轨道施工作业车平台研究及应用 | 二等奖 | 资阳公司 |
| 91 | 出口北马其顿的符合 TSI 标准的大功率完全自主化货运电力机车研制 | 二等奖 | 株机公司 |
| 92 | 先进“智能化”全自动化增材再制造修复工艺技术在轨道车辆售后服务中的应用 | 二等奖 | 长客股份公司 |
| 93 | 平板精刮研技术 | 二等奖 | 齐车公司 |
| 94 | 数字化信息化标准动车组调试工艺装备研发 | 二等奖 | 唐山公司 |
| 95 | 非完全对称渐开线齿轮及其加工方法 | 二等奖 | 戚墅堰所 |
| 96 | 一种动力分散型轨迹跟随的胶轮低地板智能轨道列车 | 二等奖 | 株洲所 |
| 97 | IRS 80845:2021 车间贯通道用弹性法兰连接体（橡胶风挡）供货技术条件 | 二等奖 | 四方所 |
| 98 | IEEE 2839:2021 IEEE 推荐规程：轨道交通安全计算机 | 二等奖 | 株洲所 |
| 99 | IEEE 2657:2021 IEEE 指南：直流牵引供电系统能量回馈装置 | 二等奖 | 株洲所 |
| 100 | GB/T 37532—2019 城市轨道交通市域快线 120 ～ 160 km/h 车辆通用技术条件 | 二等奖 | 四方股份公司 |

续表

| 序号 | 项目名称 | 获奖等级 | 主要完成单位 |
|---|---|---|---|
| 101 | GB/T 39334.2—2020 机械产品制造过程数字化仿真　第2部分：生产线规划和布局仿真要求 | 二等奖 | 株机公司、唐山公司 |
| 102 | GB/T 40800—2021 铸钢件焊接工艺评定规范 | 二等奖 | 戚墅堰所 |
| 103 | GB/T 12817—2021 铁路客车通用技术条件 | 二等奖 | 长客股份公司 |
| 104 | 轨道客车转向架关键零部件焊接自动化、信息化及质量管控技术体系研发 | 二等奖 | 四方股份公司 |
| 105 | 力拓侧翻车研制 | 三等奖 | 齐车公司 |
| 106 | 轨道车辆被动安全关键技术研究及样机研制 | 三等奖 | 长客股份公司 |
| 107 | 基于"一带一路"运用条件的高速动车组系列转向架研制 | 三等奖 | 长客股份公司 |
| 108 | 新一代澳标不锈钢双层动车组研制 | 三等奖 | 长客股份公司 |
| 109 | 上海浦东国际机场旅客捷运系统车辆项目 | 三等奖 | 长客股份公司 |
| 110 | 内燃机车主辅一体供电交流传动系统平台的搭建与应用 | 三等奖 | 大连公司 |
| 111 | 电力机车高压系统冗余研究与应用 | 三等奖 | 大连公司 |
| 112 | 时速160公里电力机车维修技术研发与应用 | 三等奖 | 大连公司 |
| 113 | 适用于大坡道可灵活编组的铰接轻轨车辆研制 | 三等奖 | 大连公司 |
| 114 | 村镇水处理系统解决方案及其工程化应用 | 三等奖 | 唐山公司、中科院生态环境研究中心、北京国环清华环境工程设计研究院有限公司 |
| 115 | 整车振动与轮轨接口状态监测及适配能力提升 | 三等奖 | 唐山公司、西南交通大学 |
| 116 | 基于修程修制优化的CRH3C/380B平台动车组数字化检修技术体系构建 | 三等奖 | 唐山公司 |
| 117 | 热带海洋性气候区域铁路客车 | 三等奖 | 唐山公司 |
| 118 | 特需车辆改造技术研究 | 三等奖 | 四方车辆公司、中国铁路乌鲁木齐局集团有限公司疾病预防控制所 |
| 119 | 机车车辆高压电缆关键技术自主化研究及产品研制 | 三等奖 | 北京中车赛德铁道电气科技有限公司 |
| 120 | $HXD_{1D}$型电力机车C6修工艺技术研究 | 三等奖 | 广州公司 |
| 121 | $HXD_{3C}$型电力机车C6修工艺技术研究 | 三等奖 | 广州公司 |
| 122 | 钢轨探伤探轮自动对中系统研制 | 三等奖 | 株洲时代电子技术有限公司 |
| 123 | 新型高效智能机车牵引系统研制及产业化 | 三等奖 | 中车时代电气、株洲所 |
| 124 | 全域地形车多电机一体化集成控制器研制 | 三等奖 | 湖南力行动力科技有限公司（株洲所） |
| 125 | 智慧水务集成控制技术研究 | 三等奖 | 株洲中车机电科技有限公司 |
| 126 | 海上大功率直驱永磁风力发电机关键技术研究及产业化 | 三等奖 | 株洲电机公司、江苏中车电机有限公司 |
| 127 | 高速重载机车牵引电机脂润滑轴承关键技术研究与应用 | 三等奖 | 株洲电机公司 |
| 128 | 高速动车组永磁牵引电机免解体轴承更换关键技术研究 | 三等奖 | 株洲电机公司 |
| 129 | 带式输送机用低速直驱永磁电动机研制 | 三等奖 | 湖南中车尚驱电气有限公司、株洲电机公司 |
| 130 | 印尼KAI集装箱平车研制 | 三等奖 | 长江公司 |

续表

| 序号 | 项目名称 | 获奖等级 | 主要完成单位 |
| --- | --- | --- | --- |
| 131 | 铁路运输宽体隔热保温箱系列产品研制 | 三等奖 | 长江公司 |
| 132 | 北美 32.5 t 轴重集料漏斗车研制 | 三等奖 | 长江公司 |
| 133 | 系列冷冻液化气体储罐研制 | 三等奖 | 长江公司 |
| 134 | 铁路货车故障预测与健康管理关键技术研究及应用 | 三等奖 | 长江公司 |
| 135 | 拉铆连接技术在钢结构桥梁上的应用研究 | 三等奖 | 眉山中车紧固件科技有限公司 |
| 136 | 多用途活动侧帮铁路货车关键技术研究及应用 | 三等奖 | 眉山公司 |
| 137 | 轨道消防车技术研究及应用 | 三等奖 | 眉山公司 |
| 138 | 25T 型客车检修工艺技术研究 | 三等奖 | 成都公司 |
| 139 | 时速 350 公里动车组牵引电机冷却风机研究及应用 | 三等奖 | 大连所 |
| 140 | $DF_4$ 系列机车灭火系统产品研制 | 三等奖 | 大连所 |
| 141 | HX 系列电力机车轴箱轴承检修技术研究与应用 | 三等奖 | 大连所 |
| 142 | 轨道车辆永磁电机高效集成式换热系统研制 | 三等奖 | 大连所 |
| 143 | CR240E 重型矿车研制 | 三等奖 | 大同公司 |
| 144 | $HXD_2$ 型 1000 系机车辅助变流器性能优化及惯性质量问题技术攻关 | 三等奖 | 大同限公司 |
| 145 | 深圳地铁轨道检测车研制 | 三等奖 | 洛阳公司 |
| 146 | 城轨列车可靠性增长方法及风险研究 | 三等奖 | 浦镇公司 |
| 147 | 无锡 3 号线地铁车辆研制 | 三等奖 | 浦镇公司 |
| 148 | 面向节拍化生产的一体化物流技术研究及应用 | 三等奖 | 浦镇公司 |
| 149 | 基于轮盘制动与轮对空心轴技术融合提升的客运架悬转向架研究及应用 | 三等奖 | 戚墅堰公司 |
| 150 | 新一代低排放低油耗 12V260 柴油机开发 | 三等奖 | 戚墅堰公司 |
| 151 | 出口尼日利亚系列内燃机车研制 | 三等奖 | 戚墅堰公司 |
| 152 | 高速铁路大型线路维护车辆走行驱动装置 | 三等奖 | 戚墅堰所 |
| 153 | 大功率船用柴油机关键零部件研制及技术研究 | 三等奖 | 戚墅堰所 |
| 154 | 风缸模块技术研发及产业化研究 | 三等奖 | 戚墅堰所 |
| 155 | 轨道交通装备制动盘无损检测关键技术研究及装备研制 | 三等奖 | 戚墅堰所、株机公司 |
| 156 | 欧洲低地板有轨电车用钩缓系统研制 | 三等奖 | 四方所 |
| 157 | 高铁减振产品智能制造关键技术应用 | 三等奖 | 四方所 |
| 158 | 真空雨污分流排水系统研究与应用 | 三等奖 | 山东公司、<br>山东中车华腾环保科技有限公司 |
| 159 | 轨道车辆数字化装配管控系统研制 | 三等奖 | 山东公司、<br>山东中车同力达智能装备有限公司 |
| 160 | 风电机组智能控制平台研究项目 | 三等奖 | 山东风电公司 |
| 161 | 轮装制动盘智能装配关键技术研究及核心装备研制 | 三等奖 | 山东公司、<br>山东中车同力达智能装备有限公司 |
| 162 | 出口坦桑尼亚米轨集装箱平车 | 三等奖 | 山东公司 |
| 163 | 粉碎型真空泵的研制 | 三等奖 | 山东公司、<br>山东中车华腾环保科技有限公司 |

续表

| 序号 | 项目名称 | 获奖等级 | 主要完成单位 |
|---|---|---|---|
| 164 | 高分子复合材料热成型与柔性加工技术研究及应用 | 三等奖 | 山东公司、<br>山东中车同力达智能装备有限公司 |
| 165 | 新型系列焊接构架转向架研制 | 三等奖 | 太原公司 |
| 166 | 上装下卸式散装氧化铝粉米轨铁路漏斗车技术研究及应用 | 三等奖 | 石家庄公司 |
| 167 | 丁二烯铁路压力罐车研发及应用 | 三等奖 | 西安公司 |
| 168 | 3.0MW（S）集中绕组模块化直驱永磁风力发电机 | 三等奖 | 永济电机公司 |
| 169 | 基于多体系融合的工艺管理体系建设与评价 | 三等奖 | 永济电机公司 |
| 170 | 跨国互联互通高速动车组牵引电机研制 | 三等奖 | 永济电机公司 |
| 171 | 自主化高效能新型有轨电车牵引及储能系统研发与应用 | 三等奖 | 大连电牵公司 |
| 172 | 城轨车辆牵引系统自主化研制 | 三等奖 | 永济电机公司、<br>西安市轨道交通集团有限公司 |
| 173 | 移动式新能源闪光焊轨机供电系统 | 三等奖 | 永济电机公司、<br>成都艾格科技有限责任公司 |
| 174 | 基于一体化多网融合技术的城轨车辆高速智能网络系统研制 | 三等奖 | 大连电牵公司 |
| 175 | 基于自适应互联互通内燃机车网路控制系统 | 三等奖 | 大连电牵公司 |
| 176 | 中低速磁浮列车全液压制动系统研制 | 三等奖 | 株机公司 |
| 177 | 大功率机车齿轮箱润滑密封及试验研究 | 三等奖 | 株机公司 |
| 178 | 基于健康管理（PHM）预研究的轻量化 B 型车辆研制 | 三等奖 | 株机公司 |
| 179 | 电力机车子系统及部件的智能化研究与应用 | 三等奖 | 株机公司 |
| 180 | 深熔焊在钢结构焊接中研究及应用 | 三等奖 | 株辆公司 |
| 181 | 1000 kW 功率等级混合动力机车产品平台搭建及 CKD6E6000 混合动力机车研制 | 三等奖 | 资阳公司 |
| 182 | 大中型曲轴卧式调质关键技术及应用 | 三等奖 | 资阳公司 |
| 183 | 面向轨道交通装备检修的高效激光清洗技术与装备研发 | 三等奖 | 株洲国创轨道科技有限公司 |
| 184 | 转向架智能产线 H 型构架梁体整体磁粉探伤方法应用 | 三等奖 | 株机公司 |
| 185 | 高速动车组车体端部底架组装焊接技术创新与应用 | 三等奖 | 四方股份公司 |
| 186 | 提升 YQ625 动车电机传动端盖斜油孔一次交验合格率 | 三等奖 | 株洲电机公司、<br>湖南铁道职业技术学院 |
| 187 | 高速动车组转向架焊接质量提升技术创新与实施 | 三等奖 | 长客股份公司 |
| 188 | 高速动车组铝合金齿轮箱铸件成型工艺改进及质量控制研究 | 三等奖 | 戚墅堰所 |
| 189 | 球墨铸铁熔炼工艺应用创新研究 | 三等奖 | 戚墅堰所 |
| 190 | 铁路货车箱型中梁焊接变形控制方法的探索 | 三等奖 | 眉山公司 |
| 191 | 电机转子导条滚压机 | 三等奖 | 永济电机公司 |
| 192 | 高效低成本高精度轴箱体加工工装设计 | 三等奖 | 大连公司 |
| 193 | 城轨车辆牵引电机转向测试装备研制及应用 | 三等奖 | 浦镇公司 |
| 194 | 轨道交通车辆关键零部件超声与涡流检测技术创新及应用 | 三等奖 | 长江公司 |
| 195 | 交流传动电力机车用模块化冷却装置 | 三等奖 | 大连所 |

续表

| 序号 | 项目名称 | 获奖等级 | 主要完成单位 |
| --- | --- | --- | --- |
| 196 | 超级电容器辅助内燃机车进行柴油机电起动的控制装置 | 三等奖 | 戚墅堰公司 |
| 197 | 轨道车辆噪声传播途径测试方法 | 三等奖 | 武汉中车四方维保中心有限公司、四方股份公司 |
| 198 | 铁道货车脱轨自动制动装置 | 三等奖 | 长江公司 |
| 199 | 一种定子铁心固定结构及箱式电机 | 三等奖 | 株洲电机公司 |
| 200 | 带自锁装置的开闭机构 | 三等奖 | 四方所 |
| 201 | 双能源机车控制器、控制系统和双能源地铁工程车 | 三等奖 | 株机公司 |
| 202 | 一种轻量化轨道车辆车体结构 | 三等奖 | 株机公司 |
| 203 | 用于轨道车辆中受电弓的控制方法及控制系统 | 三等奖 | 唐山公司 |
| 204 | 车轮不圆度检测方法及装置 | 三等奖 | 唐山公司 |
| 205 | 一种适用于储能式有轨电车的主电路系统 | 三等奖 | 浦镇公司 |
| 206 | 非等幅域值数据压缩方法及装置 | 三等奖 | 齐车公司 |
| 207 | 车头（马来西亚机场线） | 三等奖 | 长客股份公司 |
| 208 | IEC 62973-4:2021 轨道交通　机车车辆　辅助供电系统　蓄电池　第 4 部分：镍氢蓄电池 | 三等奖 | 株洲所 |
| 209 | IEC 61375-2-8:2021 轨道交通电气设备　列车通信网络　第 2-8 部分：以太网一致性测试 | 三等奖 | 株洲所 |
| 210 | ISO/TS 25108:2018 无损检测人员培训组织机构指导方针 | 三等奖 | 戚墅堰所 |
| 211 | ISO/TS 25107:2019 无损检测　无损检测培训大纲 | 三等奖 | 戚墅堰所 |
| 212 | TB/T 2951.1—2019 铁路车辆制动机　第 1 部分：分配阀 | 三等奖 | 唐山公司、眉山公司、中国铁道科学研究院集团有限公司机车车辆研究所 |
| 213 | TB/T 3409—2021 动车组铝合金铸件 | 三等奖 | 戚墅堰所、四方股份公司、长客股份公司 |
| 214 | T/CCIASD 1001—2021　集装箱冲击试验规范 | 三等奖 | 齐车公司 |
| 215 | GB/T 37778—2019 不锈钢激光焊接推荐工艺规范 | 三等奖 | 四方股份公司、哈尔滨焊接研究院有限公司 |
| 216 | GB/T 37863.2—2021 轨道交通　牵引电传动系统　第 2 部分：机车、动车组 | 三等奖 | 中车时代电气、株机公司、大连公司 |
| 217 | 轨道客车企业无损检测质量管理体系构建与实践 | 三等奖 | 长客股份公司 |
| 218 | 基于机电集成产品设计开发全流程的 NVH 质量提升技术研究与应用 | 三等奖 | 中车电动 |
| 219 | 商用车控制软件质量保证技术及其支持平台研究与应用 | 三等奖 | 中车电动 |
| 220 | 轨道交通列车电气系统可靠性保障技术体系研究及应用 | 三等奖 | 株洲所 |
| 221 | 轨道交通牵引电机绝缘系统多环境适应性质量提升技术体系研究及应用 | 三等奖 | 永济电机公司 |
| 222 | 复兴号高铁悬挂减振系统寿命预测与质量提升关键技术的研究与应用 | 三等奖 | 时代新材 |

（科技质量与信息化中心　供稿）

# 质量管理

【概述】 2021年，中国中车质量管理工作贯彻落实中国中车科技质量信息化工作会议部署和要求，全面谋划“十四五”质量管理发展方向，持续优化质量管理制度，全面开展质量安全隐患排查整治，持续实施源头质量问题整治，重点做好“春运”“建党百年”等重要节点质量安全保障工作，确保全年质量安全形势持续稳定。全年质量损失率0.38%。

【产品质量安全情况】 年内，中国中车产品质量安全形势总体保持稳定，未发生特别重大、重大、较大质量责任事故，发生一般C类质量责任事故2件，一般D类质量责任事故46件。

【质量发展规划工作】 印发《中国中车“十四五”质量发展规划》，总结“十三五”质量工作发展基础，分析“十四五”面临形势和任务，提出“十四五”质量工作总体思路和6项发展目标，立足打造“品质中车”，强化“1”个基点支撑，夯实“3”个基础建设，筑牢“1”条安全基线，实施“5”大质量工程。年内，中国中车第一次科技创新大会上，组织对各一级子公司高中层质量管理人员进行质量规划工作目标及要求宣贯。

【质量管理制度建设】 修订印发《中国中车集团有限公司质量管理工作指引》《中国中车集团有限公司质量管理小组和质量信得过班组管理办法》等2项中车集团质量管理制度；修订印发《中国中车股份有限公司质量管理工作规定》《中国中车股份有限公司质量管理体系第三方审核见证管理办法》《中国中车股份有限公司专项质量审核办法》《中国中车股份有限公司质量损失管理办法》《中国中车股份有限公司质量事故调查处理办法》等5项中车股份质量管理制度。

【质量管理体系建设】 持续推进“中车Q”质量管理体系在子企业落地实施，发布“中车Q”质量管理成熟度评价工作方案，组织评审员培训，22家制造类一级子公司完成质量管理成熟度自评价。

【质量审核与督查】 组织专家对戚墅堰公司、资阳公司国际项目履约质量开展专项审核，提出问题及改善建议62项，并督促整改落实。会同中国中车事业部对四方股份公司、唐山公司、浦镇公司、大连公司、株机公司、工程公司、株辆公司、株洲所、株洲电机公司及三极多点企业（8家）共17家企业进行质量督查，发布督查通报，督导相关子公司整改提升。

【质量安全保障工作】 建党100周年之际，开展“迎七一、保安全”质量安全隐患排查整治活动，制定专项售后服务保障方案，有力保障“七一”期间产品运营安全形势稳定。组织开展产品防火、防裂、防脱集中性大检查，策划制定机、动、客、货专项检查方案，推动各子公司全面实施自查，发现并消除质量安全隐患。

【微创新改进活动】 联合群团工作中心组织开展“微创新”质量攻关改进活动，子公司共立项1486项，经子公司初评、中国中车专家组评审，评定中国中车级优秀成果165项，予以表彰。

【质量专项活动】 落实《国家铁路局综合司转发国务院安委会办公室　应急管理部关

于开展2021年全国“安全生产月”活动的通知》《市场监管总局等20个部门关于开展2021年全国“质量月”活动的通知》要求，制定专项活动方案，组织全级次子公司开展“质量安全月”“质量月”活动。各子公司结合实际，以提升质量安全为目标，开展丰富多样活动，打造优秀质量文化，营造良好质量氛围。

**【质量荣誉】** 中车集团荣获铁道企协质委会行业质量管理工作优秀组织奖，获全国优秀质量管理小组成果2项、全国质量信得过班组6个，中央企业优秀质量管理小组成果发表赛二等奖2项，铁道行业优秀质量管理小组优秀成果40项、铁道行业质量信得过班组1个。四方股份公司、长客股份公司蝉联中国质量奖提名奖，长客股份公司李万君获个人提名奖。四方股份公司获中国质量协会质量技术奖一等奖1项，长客股份公司、永济电机公司、中车电动、株洲所、时代新材等单位获中国质量协会质量技术奖二等奖6项。

**表7–5　中国中车获2021年度中国质量奖及中国质量协会质量技术奖情况统计**

| 序号 | 项目名称 | 获得奖项 | 主要完成单位 |
|---|---|---|---|
| 1 | “一牵引、双驱动、三保障”质量管理模式 | 第四届中国质量奖提名奖 | 长客股份公司 |
| 2 | 双驱动双循环数字化质量管理模式 | 第四届中国质量奖提名奖 | 四方股份公司 |
| 3 | 轨道客车转向架关键零部件焊接自动化、信息化及质量管控技术体系研发 | 质量技术奖一等奖 | 四方股份公司 |
| 4 | 轨道客车企业无损检测质量管理体系构建与实践 | 质量技术奖二等奖 | 长客股份公司 |
| 5 | 基于机电集成产品设计开发全流程的NVH质量提升技术研究与应用 | 质量技术奖二等奖 | 中车电动 |
| 6 | 轨道交通列车电气系统可靠性保障技术体系研究及应用 | 质量技术奖二等奖 | 株洲所 |
| 7 | 商用车控制软件质量保证技术及其支持平台研究与应用 | 质量技术奖二等奖 | 中车电动 |
| 8 | 轨道交通牵引电机绝缘系统多环境适应性质量提升技术体系研究及应用 | 质量技术奖二等奖 | 永济电机公司 |
| 9 | 复兴号高铁悬挂减振系统寿命预测与质量提升关键技术的研究与应用 | 质量技术奖二等奖 | 时代新材 |

（科技质量与信息化中心　供稿）

# 信息化工作

**【概述】** 2021年，信息化工作围绕公司“12368”经营总体思路和两化融合工作要点，坚持把发展数字经济作为高质量发展的关键增量，发布中国中车“十四五”信息化发展规划，以推进数字化转型为重点，全面开展各项工作，取得阶段性成果。1个项目获批制造业高质量发展专项，1个项目获评制造业与互联网融合发展试点示范，1个项目获评工业互联网试点示范，3个项目获评新一代信息技术与制造业融合发展试点示范，2个项目获评大数据产业发展试点示范。在2021年度智能制造试点示范行动中，中国中车1个项目入选智能工厂、8个项目入选智能场景。3个项目获评工信部工业互联网平台创新领航应用案例，2个项目获评国资委中央企业“十三五”网络安全和信息化优秀案例。5家企业产品获评工信部第六批制造业单项冠军产品。中国中车“基于北斗的轨道交通车辆定位与控制创新应用”入选中央企业2020年度北斗应用十大典型案例。在第三届中央企业熠星创新创意大赛中，中国中车1个项目获二等奖，1个项目获三等奖，2个项目获优秀奖，中车集团获评优秀组织单位。

**【信息化规划与制度建设】** 落实国资委央企数字化转型行动计划工作要求，完成《中国中车数字化转型行动计划实施方案》草案编制，明确中国中车数字化转型总体思路和工作目标，着力开展治理体系建强、数字技术创新、基础设施建设、数据价值创新、产业数字化赋能、产业链供应链提升、交通强国支撑、网络安全保障等8大重点工程，加快推进中国中车数字化转型进程。

制定《中国中车工业互联网建设方案》，总经理办公会审议通过。以塑造新型能力、培育新业态为目标，构建中国中车工业互联网网络、平台、安全等3大功能体系，依托先进轨道交通装备制造行业优势，培育行业解决方案，创新业务发展模式，支撑中国中车转型升级和高质量发展。

制定《总部信息化资产集中统一管理实施方案》《中国中车总部信息化项目管理办法》等管理制度，推进信息公司深入落实“产业数字化建设者”和“信息化资产管理者”发展定位，进一步推动信息化体制改革。

**【两化融合贯标与数字企业建设】** 持续开展两化融合贯标，长客股份公司等10家企业启动升级版贯标工作，新增6家企业通过贯标评定，累计61家企业开展贯标，贯标企业数量位居央企第4名，2021年中国中车两化融合发展指数达到87.6。

编制《中车集团数字企业评价工作方案》，确定数字企业评价总体目标、评价框架、评价标准等。组织开展2021年度数字企业评估工作，达到数字企业标准企业新增2家，中国中车整体数字化水平达到64.2分。

**【智能制造项目管理】** 有序推进智能制造各项工作。标识解析二级节点、高铁白车身机器人自动化产线、株洲电机公司、洛阳公司等国家项目通过验收。依托项目建成标识管理平台，与国家顶级节点互联互通，实现供应链、健康监测、产品追溯等创新场景应用；建成腻子打磨、油漆喷涂等自动化产线，实现高铁白车身关键部件机器人化制造流程和一体化解决方案；年内建成2个数字化车间、11条智能化产线。

加强智能制造标准建设，组织成立TC278智能制造工作组，完成2项国家标准申报，中国中车参与的国家标准《GB/T 40647—2021智能制造 系统架构》正式发布。依据《GB/T 39116—2020智能制造能力成熟度模型》国家标准，在中国中车34家制造型企业开展智能制造能力自评估工作，引导企业增强智能制造能力。

**【信息化项目建设与管理】** 中车集团管控大数据平台项目，完成总体方案制定和评审，完成指标管理子平台、数据上报子平台、数据采集子平台、分析展示子平台等4个子平台和第三方服务机构管理系统等3个子系统开发并投入运行，实现相关数据采集、汇聚、分析以及向国资监管平台的数据报送。

推进协同办公系统建设，实现国产数据

库应用，兼容国产OFD版式阅读，适配国产中国中车安全浏览器，在自主可控办公系统领域树立示范。在5家试点企业良好应用效果基础上，完成44家一级子公司推广应用。

启动配件电商平台二期建设项目，完成仓储管理11项功能设计开发，实现与国铁物资系统集成应用。以上海、北京配件中心为试点，完成三定合同库存共享、配件信息共享，并在机车企业推广试点应用，年内累计出库配件1588万余件。

开展机车造修数据贯通信息化项目，完成项目总体方案设计与评审，以及一级数据平台功能开发和测试，验证了从中国中车配件企业、主机企业、到总部各应用场景的数据贯通，推进产品全生命周期管理。

积极推进信创工程。组织编制《中国中车信创工程建设工作方案》，推进轨道交通行业信创适配实验室建设，7月12日中国中车 & 中国电子轨道交通行业信创适配实验室正式挂牌，完成13个核心应用系统适配工作。

推进“361”工业软件专项。三项核心技术攻关项目（ERP、MES、PLM系统关键技术研究）完成中车集团级项目技术方案评审；办公软件替代项目完成WPS办公软件和PDF编辑软件全面推广部署；二维CAD替代项目完成与供应商谈判和合同签订，集采效果明显，初步概算节约费用800万元左右；三维CAD替代项目完成多种三维CAD软件评测，仿真软件项目初步建立仿真软件分维度、分类别评价体系，PLM和ERP替代项目初步形成替代方案；适配中心基本搭建完成，启动相关测试工作。

**【IT基础设施建设】** 加快推进青岛大数据中心建设。完成项目初步设计和施工图设计，完成大数据中心一期一阶段机电工程造价编制，以及基础设备和IT设备各标段招标采购工作。目前数据中心主体建筑已经封顶，一期一阶段机电工程施工前期准备工作基本完成。

**【网络安全管理】** 完成38家一级子公司互联网出口统一管理，强化互联网出口安全管控；推进IPv6规模化应用部署，编制《中车基础架构网络系统IPv6改造升级规范》等管理制度，出口机车远程监测与诊断系统IPv6项目获评中央网信办2021年优秀案例。

组织编制中国中车“十四五”网络安全工作指导意见，明确“十四五”时期中国中车网络安全发展方向和重点任务，建立中国中车网络安全保障体系；积极开展护网保障工作，拦截600多万次攻击，成功处置攻击事件1112例，2份溯源案例被评为优秀案例。

（科技质量与信息化中心　供稿）

# 安技与环保

**【概述】** 2021年，安全生产工作在中车集团安委会领导下，深入贯彻落实党的十九大和十九届历次全会精神，以习近平安全生产重要论述为根本遵循，坚守安全红线底线，坚持人民至上、生命至上，统筹发展和安全，持续推进安全生产专项整治三年行动，实现安全生产高质量发展，有效保护全体员工生命财产安全。实现等责及以上生产安全死亡事故为0，火灾爆炸事故为0，新增现岗职业病为0。坚持不懈抓好疫情防控，全年境内外中车企业均未发生聚集性疫情感染事件，无疫情引发重症与死亡事件发生。消防应急态势良好，实现零一类火灾爆炸事故，稳定应对国内自然灾害和境外各类突发事件，无突发事件人员伤亡及重大经济损失事件发生。

**【质量荣誉】** 中车集团获评健康企业建设国家级优秀组织奖，余卫平、季丽丽获国家健康企业建设先进个人，株机公司、株辆公司、时代新材、株洲电机公司、四方股份公司、浦镇公司、唐山公司、大连公司、长客股份公司、大同公司、山东公司、戚墅堰所、石家庄公司、眉山公司、资阳公司等15家企业获评省市健康企业称号，《五位一体大安全文化建设与实践》《强化安全文化引领　持续提升安全管理水平》入选全国首届企业安全文化建设最佳实践案例。

**【保首都安全】** 中国中车党委常委会专题部署，领导带队对所有在京企业全覆盖安全检查和全责任包保。在京企业设立专班，指定专人，采取母公司派驻方式，监督指导在京企业安全生产，并在建党100周年活动期间实行零报告；与中车集团纪委协同开展全级次子企业WZ产品和危化危爆品专项排查，建立危化危爆品清单，对长期不用的剧毒物品积极处置，从源头消除危险隐患。

**【“十四五”安全规划】** 编制印发《中国中车安全生产“十四五”规划》（中车集团运营〔2021〕102号），到2025年，将中国中车建设成为安全形势好、管理效果优、作业环境美、本质安全高、人才队伍强的“好优美高强”世界一流安全企业。

**【安全制度标准】** 修订《中国中车安全生产责任制》《安全生产奖惩办法》《交通安全管理规定》3项管理标准，新增《轨道交通列车动态试验作业安全技术规范》《高压试验安全技术规范》《高处作业安全技术操作指南》《有限空间作业安全技术操作指南》《风电产业安全技术操作指南》《安全生产等级评价标准（2021版）》6项技术标准。同时，建立安全事故整改报批及后评估机制，确保整改到位，预防事故重复发生。

**【安全专项整治】** 开展调车作业安全专项整治，采用视频监控、行车记录仪、执法记录仪、手电筒式录像记录仪等技防手段，提高调车作业标准化作业水平。开展重大安全风险评估、重大安全风险隐患排查整治，做到五个全面、四个到位，对中车集团854个重要风险点全部制定管理方案。同时，组织半导体、氢能产业的安全现状专项调研，形成分析报告。对电动汽车实施专项整治，召开专项整治现场会，组织专家队伍对中车电动等5家企业“回头看”，2020年隐患整改率为98.94%，同时新发现隐患221项。开展道路交通安全专项整治，要求所有自行车不得进厂，生产型一级子公司共配备减速带1226条，安装监控抓拍摄像头211个，安装凸面镜200个。开展建筑施工领域安全专项整治，全面排查建筑施工领域重大安全隐患，制定建筑施工领域安全生产等级评价标准和建筑施工领域重大隐患判定标准（征求意见稿），对武夷山建设项目进行运营前安全模拟评价。开展生产用设备检维修安全专项整治，全面推广涉及危险作业的检维修在线审批，征集25家子公司优秀突发故障维修处置案例287个。

**【安全专项排查】** 对异地服务站点安全生产现状进行排查，共有异地服务站点1541个，其中5人及以上站点796个，异地服务人员共计15631人。对在建工程分包情况进行排查，共有在建项目138个，规模以上项目28个。开展老旧设施专项排查，各类老旧设施共有1805个，其中建（构）筑物519座、涂装线（室）及抛丸间42个、起重设备996台、厂内机动车辆183台、锅炉7台，管道（给水、蒸汽）68条，排查隐患共计584项。开展涉爆粉尘专项排查，初步筛查出12家一级子公司64个涉爆粉尘风险点。

**【安全培训】** 聘请中国安科院职业卫生专家，组织对一级子公司、管理正职企业的职业病防治主管部门负责人、分管领导、安全总监、业务主管122人，开展健康企业建设及职业健康取证培训，学习相关标准，依法持证上岗。组织近百名优秀安全班组长对标世界一流培训，系统学习日资企业、台资企业、欧洲企业基层安全管理经验及做法。组织开展安全讲师授课技巧及课件制作培训，选聘30名优秀安全讲师，分6个小组分别对33家子公司进行安全生产巡回演讲48场次，参培人数达4400余人。组织安全总监及安技部长开展安全生产事故论坛，提高事故分析处置能力。

**【智慧安全平台建设】** 坚持业务主导、典范引领、横向覆盖、纵向穿透原则，完成智慧安全管理平台总体构架设计、技术构架设计。以疫情防控系统为基础，全面推进隐患排查群防群控随手拍系统和9类危险作业审批系统推广使用。以唐山公司双重预防机制为植体，全面植入中国中车安全智慧管理平台，并试点应用。

**【安全生产等级评价】** 联合工会系统分5个小组对27家企业开展2021年安全生产等级评价、安全管理穿透力提升、工位本质安全建设和工会“三项条例”执行情况检查，发现各类问题2437个，全部落实整改。

**表7–6　2021年中国中车安全生产等级评价情况统计**

| 序号 | 安全生产等级 | 单位 |
|---|---|---|
| 1 | 甲级二等企业 | 长客股份公司、四方股份公司、株机公司 |
| 2 | 甲级三等企业 | 大同公司、永济电机公司、时代电气、大连公司、眉山公司、四方车辆公司 |
| 3 | 乙级一等企业 | 山东公司、长江集团株辆公司、太原公司、株机昆明公司、四方车辆物流公司、佛山中车四方轨道公司、内蒙中车长客公司、长江公司、西安公司、大连柴油机公司、山东华腾公司、铜陵公司 |
| 4 | 乙级二等企业 | 西安捷力东营公司、眉山中车物流装备公司、太原中车时代公司 |
| 5 | 乙级三等企业 | 株洲所襄阳宏吉公司、大同爱碧玺公司 |
| 6 | 丙级企业 | 长江斯威公司 |

**【健康企业建设】** 与全国劳模、大国工匠、党的十八大和十九大代表李万君，全国劳模、大国工匠、全国人大代表郭锐签订《健康企业建设标杆承诺书》，与大连公司、四方股份、长客股份公司、株机公司、唐山公司、浦镇公司、株洲电机公司、眉山公司、资阳公司等9家企业签订《健康企业建设标杆责任书》。开展争做“中国中车职业健康达人”活动，评选出62位职业健康达人，中国职业健康公众号专题报道活动开展情况2次。开展中国中车18万员工健康状况调查，全面掌握健康现状。开展《工作场所职业卫生管理规定》对标活动，寻找工作差距，弥补管理短板。围绕“普及职业健康知识助力职业健康保护”主题，征集职业健康传播作品227幅。经过企业层层筛选，32幅作品获中车集团优秀奖，5幅作品获国家级奖项。

【安全文化活动】 组织各级中心组学习近平总书记关于安全生产重要论述165次，参与2723人次；组织集中学习观看《生命重于泰山》电视专题片649场，参与49067人次。联合中车集团工会办公室，持续开展优秀安全班组竞赛活动，评选出71个班前站队安全讲话优秀班组、92名安全讲话先进个人、200名隐患排查小能手。组织安全生产内训师开发80套优秀安全课件、1600余道安全题库，实现资源共享。修订《中国中车生产安全典型事故案例集》(2017版)，补录典型事故案例41个，制作典型事故案例视频36部。开展安全生产“大讲堂”“大家谈”“公开课”“微课堂”，以及基层宣讲467场，参与38487人次；开展“安全红袖章”“事故隐患大扫除”“争做安全吹哨人”等活动1805场，参与19505人次；开展安全宣传咨询活动68场，参与10030人次；开展“安全行为红黑榜”“我是安全培训师”“安全生产特色工作法征集”等安全文化示范企业创建活动84场，参与13593人次。

【疫情防控】 针对境外疫情与风险预防，以员工生命健康为本，与国际事业部、群团工作中心齐抓共管，坚持不懈抓好境外员工疫情防控，印发防控手册、制定应急预案、完善医务室建设、强化三品储备、开展视频巡检、举办云上运动会、实施人文关怀，按时完成国资委境外风险防控各项工作要求，把中国中车大家庭的温暖送到每位境外员工心里。针对中车总部疫情防控，与人力资源中心、公司办公室和南车投资公司，联合做好办公楼进出人员健康码、行程码查验，中车总部员工行程信息筛查、核酸检测、居家隔离、节假日值班等防控工作，确保总部办公楼疫情防控无死角。针对国内局部地区疫情防控，及时组织涉疫地区企业开展员工行程轨迹筛查，全年实施70余次重点排查，排查1200余万人次；强化员工出差管控，加强疫情常态化防控，积极推进核酸检测与疫苗接种，实现中国中车员工应检尽检、应接尽接。

【消防安全】 抓关键、盯重点，时刻预防火灾火险，做好消防安全工作。牢牢把握建党百年、中国中车成立140周年特殊时期，坚持抓好重大节日和重大活动期间消防安全，组织开展重点场所、重点部位防火检查、消除隐患工作，确保重大活动和节假日期间首都安全，确保所属子公司无火情、火险事故。落实国务院安委会办公室、北京市防火安全委员会工作要求，组织在京企业做好春季防火与秋冬季防火等消防安全工作。根据《中国中车集团有限公司动火作业安全管理规定》，全面推进动火作业线上审批，规范动火作业安全管理。组织开展119消防宣传月活动，加强消防宣传教育，提高防火安全意识、落实消防安全责任。开展天然气生产、生活应用领域安全排查，形成调查报告，为强化燃气设施与应用消防安全管理提供依据。编制印发《中国中车视频监控系统应用指南》，提出中车“安网”建设总体构思，为提高子公司视频监控系统效用打好基础。定期编制并发布消防月度工作信息，为子公司提供工作交流渠道。开展现场检查，督促日常消防安全管理措施落实落地。

【应急工作】 在抓好疫情防控前提下，完善应急处置方案，实现突发事件快速响应。修订印发《中国中车集团有限公司突发事件总体应急预案》《中国中车集团有限公司生产安全事故应急预案》等13个专项应急预案。组织编制并印发中国中车《有限空间中毒和窒息事故现场处置方案》等11个现场应急处置方案、5个现场应急处置卡模板，为提升子公司现场应急处置能力提供技术指导。在四川泸州、贵阳等地发生地震后，及时追踪了解中国中车当地企业受影响情况，经确认，所属6家企业无人员伤亡、财产损失。做好中国中车驻肯尼亚员工应对突发事件的善后处置，协助国际事业部完成《中国中车境外中方人员人身安全风险管理指南》编制。与群团工作中心共同在舟山国家应急救援基地，组织中国中车全级次工会系统人员及部分应急管理人员，开展应急救援培训，取得良好实效。通过手机微信平台及时发布自然灾害预警和境外安全预警信息412条。组织做好国庆、春节、“五一”等重大节日期间应急值守，确保安全、环保、消防、交通等安全稳定局面。

**【“双碳”计划发布】** 科技创新大会发布“双碳行动计划”，围绕6G理念（绿色投资、绿色创新、绿色产品、绿色制造、绿色服务、绿色企业），对标国际同行先行企业，制定极具雄心和挑战的“35-50”目标：努力到2035年实现运营碳中和、同时积极引领全价值链碳减排，2050年实现全价值链碳中和。

**【“双碳”数据核算】** 确定采用控制法设定公司碳排放核算边界，从范围1、范围2、范围3三个维度全面系统核算碳排放数据，对15个业务板块脱碳路径进行研究，与中科院达成“双碳目标”战略合作，深入研讨“双碳目标”时间表和路线图，将脱碳工作作为企业绿色持续发展重要内容，全面启动中国中车“双碳”工作。

**【绿色工厂创建】** 在发布《轨道交通装备制造业绿色工厂评价导则》企业标准基础上，印发《绿色工厂评价管理办法》，起草《轨道交通装备制造业绿色工厂评价要求》团体标准并发布，进一步扩大中国中车绿色工厂行业影响力。长客股份公司、沈阳公司、株机公司、株洲所、戚墅堰公司、戚墅堰所等6家子公司通过中国中车绿色工厂评价，累计已有10家子公司通过评价。同时，大连公司、株洲所、天津中车风电公司、常德中车新能源汽车有限公司等4家企业被认定为第六批国家绿色工厂。

**【能源环保规划工作】** 编制发布《中国中车“十四五”能源节约与生态环境保护规划》，提出“构建中车特色的绿色制造体系、强化节能环保体系管理、促进基础设施低碳环保”等13项重点工作内容，科学预测并有效承接国资委“十四五”中央企业规划中关于万元产值综合能耗和万元产值二氧化碳排放双下降2个约束性绿色发展指标。

**【降本增效】** 大同公司将采暖介质由蒸汽改为热水。长江集团推进高效天然气替代切割气、焊保气集中供气改造等项目；所属眉山公司更新9台空压机、安装5台动态无功补偿装置。面对工业用电“双控”带来的压力，各企业积极做好峰电平移管控、电需量管控和主要用能设备管控，寻求生产组织和工艺结构优化，参与直供电交易。

**【污染防治】** 烟尘治理方面，长客股份公司将老厂区10个喷漆室由湿式改为干式处理、新厂区配备10套VOCs净化处理设备，眉山公司更新1#电弧炉及落砂机除尘系统，山东公司、太原公司安装焊烟净化设备，株辆公司完成整车打砂线除尘改造。工艺废气方面，齐车公司采用“干式过滤＋活性炭吸附＋催化净化”三级治理工艺，株洲电机公司安装“碱洗＋干式过滤＋活性炭吸附浓缩＋催化燃烧法”废气处理设备。

**【固废管控试点】** 唐山公司、成都公司、成都中车四方轨道车辆有限公司和宁波中车轨道交通装备有限公司4家试点企业积极行动，从基础管理、硬件设施方面查找问题并组织整改提升，规范化改造危废库房，规范化整顿产废车间危废暂存点。各企业结合固体废物管理指南重新识别危险废物种类、编制年度危险废物管理计划、完成危险废物备案、签订危险废物转移处置合同，确保危险废物合规合法处置。

**【铸锻业务调研】** 全面了解各子公司铸、锻造业务形态及产能现状，印发《关于开展重点用能设备及铸锻业务调查的通知》《关于开展中国中车“三铸一锻”业务普查的通知》。摸清各子公司“三铸一锻”行业现状及存在的问题与挑战，形成《铸造及锻造业务调研报告》《“三铸一锻”业务摸底调研情况通报》，结合对国际国内铸锻产业碳排放情况和减排经验的总结研究，确立面向绿色低碳的铸锻业务改革方案。

**【能管平台升级】** 在原有功能基础上，开发开工指数、绿色工厂指标模块，进一步完善系统功能，千标吨以上51家单户企业受控，中车集团能耗总量的80%实现动态监控，系统在线展示、指标对标、绩效评估、异常反馈、开工指数等功能得到有效应用。通过组织信息公司、石家庄公司、货车企业对能源管控系统深化应用调研和研讨，在单耗指标、成本控制、设备经济运行、节能技改决策基础上，挖掘工艺质量、安全、设备、生产组织等四个方面的系统增值应用实例。配套编制铁路单位产品综合能耗及能源成本计算通则系列标准，在系统中得到应用。

**【督导检查】** 领会中央企业环保典型问题，下发《关于进一步加强生态环境保护工作的通知》，要求各企业引以为戒、强化检查、压实责任、加强整改。组织3个专业检查组，对11家企业围绕18个方面开展全级次穿透性抽查评价。组建2个环保督查组对广州公司等10家企业进行第10轮环保督查。全面做好环境信息公开工作，及时上报重点排污单位名录文件、环境信息公开情况。

**【环保投入与成效】** 大力支持子企业节能环保专项投入，形成正向激励。年内，全级次子公司节能环保技改投入共计2.97亿元，完成节能环保技改项目359个，实现节能降耗、减污增效，获得各级补贴奖励3892.27万元。

**【低碳产业发展】** 整合屋顶光伏资源开发与利用，提级管理时代新材、中车电动和山东风电公司，大力发展风电、新材料、新能源商用车等低碳产业，做大市场份额，做全产业链布局，做强产品研发能力，加快绿色低碳可循环经济发展。拓展天津中车四方所科技有限公司资质，获得售电牌照，打通绿电供应全产业链。新投公司协同四方所首个全自主屋顶光伏项目、株洲所首个产融互动风电系统解决方案项目（延安风场）实现并网发电。长客股份公司践行低碳设计理念，研发京张高铁冬奥智能动车组“瑞雪迎春”。大连公司研制FXN3C型内燃机车通过优化柴油机缸内燃烧，达到国际柴油机排放第三阶段标准（EPA Tier 3），实现中国首创。唐山公司首次提出“全装配无焊接、多级刚度挠性构架”设计理念，开发出具有引领性的原创轨道车辆弓系转向架产品。山东风电公司、新投公司、株洲所等企业筹备建设产业集群——松原“风光1号”产业园、“百色1号”产业园，以规范化建设和管理，形成可复制、可推广的产业园模式。

〔运营与安技环保中心
（应急管理办公室） 供稿〕

# 人力资源管理

本栏编辑　俞鸣霞

# 人力资源规划与体系建设

**【概述】** 2021年，中车人力资源系统全面贯彻中央人才工作会议精神，聚焦“改革攻坚年”主题，持续强化顶层设计，加快实施人才强企战略，全面深化“四全五能”市场化经营机制改革，持续壮大高层次专业化人才队伍，努力激发各类人才价值创造活力，提前完成国企改革三年行动涉及的重点任务。

**【人力资源战略管理】** 组织召开中国中车首次人才工作会议，以“七个强化”系统部署今后一个时期重点任务，对全集团加快建设人才高地和创新高地发出动员令。印发中国中车“十四五”人力资源战略规划、教育培训规划及规划推进实施办法，系统提出“11453”人力资源工作总体思路。督促各子公司细化分解、扎实编制本企业规划，构建形成全集团一盘棋的人力资源战略管控格局，集团公司人力资源战略规划的引领作用更加突出。中车人力资源规划编制工作得到国资委充分认可。

**【人力资源体系建设】** 印发实施《全球一体化人力资本管理体系建设与实施2021年行动方案》，深入推进管理体系落地实施。在达成2018—2020年“攀峰计划”3年目标基础上，“筑基、臻优、攀峰”3个阶段项目落地实施达标率分别又提升3个百分点，促进各子公司人力资源管理成熟度再上新水平。全球一体化人力资本管理体系建设与实施列入集团公司第一批10个“标杆项目”。完成全年5个新建项目研究任务，进一步丰富和完善具有中车特色的人才管理方法研究成果。

**【人力资源信息化】** 完善公司“才报才图”体系，开发数字化信息化展示平台，努力发挥数据展示、效能监控、决策支持等方面作用。立项开发企业领导班子和领导人员综合信息管理系统。持续推进全员信息入库、数据质量提升和系统功能优化，实现员工“可入尽入”。服务推进产业数字化，深度融入全集团信息系统生态，扎实提供基础数据支撑。

**【市场化经营机制改革】** 在加快落实国企改革三年行动部署基础上，围绕公司党委“四全五能”“优平简去活”市场化经营机制改革顶层设计思路，成立工作机构，建立工作机制。在对全级次子企业深入调研基础上，制定、印发《中国中车组织机构改革的指导意见（试行）》《中国中车科学定岗定编优效优员指导意见（试行）》，指导全集团37家一级子公司、28家重点二级子公司制定改革工作方案。通过组织机构改革实现“产权层级优、管理层级优、管理机构优、制造单元优、资源配置优”的工作目标；通过“两定两优”，实现“人员编制优、薪酬结构优、经营机制活”的工作目标。

〔人力资源中心（党委干部部） 供稿〕

# 领导干部管理与监督

**【概述】** 2021年，中车党委坚持用习近平新时代中国特色社会主义思想武装头脑，深入贯彻习近平总书记关于干部人才工作重要论述及三次视察中车重要指示精神，按照国资委党委要求，坚持将党管干部原则与发挥市场机制作用相结合，以加快完成国企改革三年行动相关目标任务为牵引，全力推进选人用人市场化改革，持续激发企业领导人员队伍干事创业活力与动力，为公司实现“十四五”良好开局提供了坚强保证。

**【干部人事制度改革】** 按照统筹谋划、因企制宜、分步推进的总体思路，广泛实施“三层递进”市场化选人用人机制，提前完成改革三年行动相关指标：全级次子企业经理层成员和中层管理人员100%实行任期制和契约化管理，一级和二级子公司中层以上管理人员年度“下”的比例达到5.37%。印发实施全级次子公司规范董事会建设工作方案、落实董事会职权工作方案，建立由60余人组成的一级子公司外部董事人才库，并向国资委推荐14名外部董事库人选。174户应建董事会企业100%实现董事会应建尽建、外部董事占多数。建立规范董事会的32家一级子公司100%落实董事会有关职权。中车电动、时代新材及中车产投、中车金控、株洲电机公司、戚墅堰所等单位所属子公司积极推行职业经理人制度，不断壮大市场化职业经理人队伍。中车市场化选人用人工作得到国资委充分认可，“两制一契”管理经验入选深化三项制度改革首批范例。

**【管理团队建设】** 在全级次子企业组织开展“五强”领导班子建设专项行动，营建风清气顺、心齐劲足的干事创业氛围，提升各级领导人员推动高质量发展的政治站位、全局意识和工作能力。实施子公司动态提级降级管理机制，其中3家子公司实施提级管理、2家子公司实施降级管理。全力推行市场化竞聘制度，全集团一级、二级子公司年内提拔的中层以上管理人员竞争性选拔比例超过80%。制定和实施“十四五”优秀年轻管理人才队伍建设行动方案，持续加大干部年轻化工作力度，全年提拔的一级子公司“75后”正职、“80后”副职分别占相应提拔人数的43%、31%，持续实现中车党委管理领导人员45岁以下占比1/4的目标。各子公司积极选拔任用优秀年轻干部，全集团一级和重点二级子公司中层管理人员35岁左右占比接近1/5，40岁以下占比接近40%。开展子公司领导班子和领导人员2020年度综合考评，并表彰11家一级子公司和79家基层单位“优秀领导班子”，同时对考评结果在本单位排名末位的22名领导进行提醒谈话。持续加大干部交流力度，全年共有33名中车党委管理干部跨单位交流任职，其中中车总部和子公司双向交流任职11人。

**【干部日常监督】** 修订和完善干部日常管理监督办法等9项制度，进一步提升干部工作规范化标准化水平。制定、实施《关于加强对“一把手”和领导班子监督的若干措施》，推动全面从严治党向纵深发展。加强境外企业关键岗位管理监督，要求一级子公司直属境外企业（机构）正职和财务负责人任免前报中车党委备案，建立健全境外出资企业股东代表的选任条件、职责权限、报告程序和考核奖惩办法。持续加强领导干部个人有关事项报告工作，组织569名干部集中填报个人事项报告表，经随机抽查58人、重点抽查206人，填报一致率达97%，位居央企前列。对瞒报或漏报情节较重的3人进行诫勉，其中2人被取消考察对象资格；对漏报情节较轻的5人进行批评教育、限期改正。加大对子公司选人用人工作监督检查的力度，抽调14人参加中车党委两轮巡视及党建考核，专项负责检查选人用人相关工作；持续组织开展干部选拔任用“一报告两评议”，督促子公司进一步提升选人用人工作精准度、公信度、满意度水平。

〔人力资源中心（党委干部部） 供稿〕

# 人才队伍建设

**【概述】** 2021年，中车人才队伍建设紧密围绕公司发展战略和人力资源规划目标、人力资源工作年度任务，持续深化人才发展体制机制改革，坚持高端引领、整体开发原则，创新引才引智模式，持续打造高素质专业化的专业技术人才和技能人才队伍。加强领导力系列开发和数字化人才、国际化人才及各类核心人才的培养，加快推进中车人才高地建设。

**【高层次人才队伍建设】** 加快院士后备人才培养，组织完成院士后备中长期人才选拔，确定4名中期培养人选和8名长期培养人选。组织推荐50余名优秀人才参加国家级、省部级专业荣誉评选，提高公司人才的国际竞争力与行业影响力。新增国家级科技领军人才4名，2人当选中国科协第十次全国代表大会代表，1人入选最美铁道科技工作者，2人入选第六届中国科协（第四届铁路）青年人才托举工程，6人获中国交通运输协会科技奖人才奖，12人获茅以升铁道工程师奖，2人通过商务部驻外使领馆经商机构秘书级人选选拔。

**【技能人才队伍建设】** 深化新时代产业工人队伍建设改革，持续推进新时代产业工人队伍建设改革试点工作，编制、印发《关于加强技能人才队伍建设指导意见》，中车“双师型”人才培养工作经验入选《国资交流》。修订印发《中国中车职业技能等级认定管理办法》，完成职业技能等级认定及证书发放工作。组织参加轨道车辆技术职业世赛选手进行赛前集训。组织有关企业参加工业焊接协会举办的国家级职业技能竞赛。完成第四届中车职业技能竞赛相关筹备工作。修订《中国中车金蓝领和劳模创新工作室指导意见》，持续加强劳模工作室建设。积极组织优秀技能人才参加高层次荣誉评选，四方股份公司1人荣获中华技能大奖，长客股份公司、株机公司、长江集团各有1人荣获全国技术能手。

**【人才培训】** 克服疫情等因素影响，全年策划举办集团级培训项目68期，共培训3700余人次。举办党史学习教育专题培训4期。强化数字化人才培养，举办卓越领导力、优秀领导力数字化专题培训4期，数字化技术专题培训2期，数字化管理专题培训1期。举办国际化人才专题研修2期、国际化人才能力提升培训2期。举办核心技术、管理、技能人才培训5期。举办技能领军人才和精益班组管理等培训38期。株机公司、唐山公司、永济电机公司、长江集团等单位积极强化人才培训、培养，持续提升人力资本质量水平。

【人才引进与校园招聘】 组织开展第四届海外人才招聘，引进各类海外人才100余人，成熟型和高层次人才引进取得较大成效。持续深化“产学研育”校企融合，提升公司雇主品牌影响力。组织开展“未来星”实习生招聘，其中研究生占比85%以上。统一组织所属企业赴26所高校开展高校毕业生中车专场校园招聘，共接收简历5万余份、面试1万余人，签约优秀毕业生近2000人，其中研究生占比近70%。

【职称评审与技能认定】 持续做好职称评审工作，新增正高级专业技术人才393人、高级专业技术人才1709人。修订、印发职业技能等级认定管理办法办法，持续开展职业资格评审，新增高级技师538人、技师1299人。加大“双师型”人才培养力度，98名技能人才取得工程师或高级工程师职称。

〔人力资源中心（党委干部部） 供稿〕

# 劳动用工与薪酬管理

【概述】 2021年，公司人力资源中心围绕国企改革三年行动，聚焦“市场化”改革攻坚，构建灵活高效的市场化劳动用工和收入分配机制。进一步完善全口径用工资源与劳动效率双控指标体系，强化用工总量管控。以精准化、多样化为导向，进一步完善差异化薪酬分配机制与激励机制，系统构建人才激励体系，丰富激励手段，强化考评管理，落实激励效果，充分激发人才队伍活力，尤其是持续加大中长期激励力度，实施科创版上市战略配售，在激励方式上取得新突破。

【劳动用工管理】 积极发挥劳产率决定用工资源配置的导向作用，建立完善全员劳产率和用工总量双控模式，对不同类型、不同规模、不同状况子公司实行差异化管控。完善员工服务期履约评价退出机制，明确企业年度解除或终止劳动合同的人数占平均员工人数的比例原则上不低于1.5%，其中劳动合同服务期履约评价退出人数比例不低于0.5%。在确保企业稳定的前提下，持续开展亏损企业治理、“两非”剥离人员分流安置工作，多措并举畅通员工“出口”。年末，中车集团员工总数比上年末减少4232人，中车集团实现从业人员人均营业收入135.62万元/人、工业总产值劳产率144.89万元/人、增加值劳产率37.87万元/人，其中中车股份实现从业人员人均营业收入134.22万元/人、工业总产值劳产率148.3万元/人、增加值劳产率37.17万元/人。

【员工情况统计】 2021年末，中国中车共有员工168249人（其中中车股份160656人），其中在岗员工156788人、非在岗员工11461人。剔除中车集团与中车股份之间正常的人员流动因素，年内新增员工5377人，其中外部录用4984人、非在岗转入181人、到外集团工作人员返回9人、其他新增203人。年内减少员工9424人，其中退休退职3771人、死亡184人、解除劳动合同4694人（其中履约评价退出1075人）、终止劳动合同358人、调往外企业197人、其他减少220人。

员工学历结构：本科及以上学历71783人，占员工总数42.66%，较上年上升1.56个百分点，其中博士研究生551人（较上年增加16人）、硕士研究生14358人（较上年增加377人）、本科学历56874人；大专学历39245人，占员工总数23.33%；中专、技校学历30234人，占员工总数17.97%；高中及以下学历26987人，占员工总数16.04%。高学历层次员工较上年有较大提高。

员工年龄结构：25岁及以下员工共有8684人，占全部员工总数5.16%；26~35岁员工64032人，占38.06%；36~45岁员工40560人，占24.11%；46~50岁21412人，占12.73%；51~55岁员工19081人，占11.33%；56岁以上员工14480人，占8.61%。员工平均年龄为40.1岁，年龄结构较合理。

员工岗位结构：在岗员工156788人，占员工总数的93.19%，比上年减少5685人，比上年增幅－1.01%。其中生产人员84022人、技术人员35923人、管理人员34254人、服务人员2007人、其他人员582人。非在岗员工11461人，占员工总数的7.31%，其中内部退养8697人、因病因伤长期休假1261人、集体外出劳务84人、其他1419人（含待岗人员）。

**【薪酬总额管理】** 探索实施薪酬总额管理新模式，3家所属子企业试行工资总额备案制，实现薪酬分配从“他律”向“自律”的转变。加大薪酬绩效挂钩力度，根据重点经营指标完成情况，对工资总额和企业负责人薪酬实行正负双向激励。全年，全集团实发工资总额228.63亿元，增幅3.15%，低于效益增幅，控制在国资委下达的预算范围内；实发人工成本总额357.03亿元，增幅7.49%；百元营业收入人工成本14.97元，增加1.13元；人工成本占总成本比例15.66%，提高1.12个百分点；劳动分配率34.34%，降低0.48个百分点。

**【薪酬分配改革】** 持续推进子公司负责人薪酬差异化管理，建立健全“工效联动＋同业对标”双重决定机制，根据企业效益和职工平均工资增幅对其进行调节管控。落实企业董事会对经理层成员的薪酬管理权，指导企业科学制定管理办法、依法合规组织实施。持续加强全员绩效管理，强化考核结果应用，合理拉开薪酬差距，努力做到“应高尽高、应低尽低”。

**【人才激励】** 制定和实施关于加强人才激励的指导意见、支持科技创新实施工资总额单列管理办法，重点将科技人才纳入中长期激励范围，对核心技术攻关团队和骨干科技人才实行工资总额单列。编制、印发中长期激励操作指导手册，持续加大中长期激励力度，拓宽激励范围，丰富激励模式，提升激励效果。全年，新增中长期激励计划6个，其中所属子企业（时代电气）以科创板上市为契机，聚焦核心骨干员工，实施战略配售，在激励方式上取得新突破。中车人才正向激励工作得到国资委充分认可，在国企改革三年行动月例会上作经验交流。

〔人力资源中心（党委干部部） 供稿〕

# 总部人事管理

**【概述】** 2021年，中车总部人事管理以制度化、人本化为核心，持续强化“五型”总部建设，优化总部运行机制和人力资源配置，梳理和调整各部门分工与工作流程，加强总部员工管理，拓宽总部员工职业发展通道，发挥集团总部在战略制定实施、资源配置协调等方面的关键作用，着力打造高素质专业化创新型的总部人才队伍，进一步提升统筹规划、执行战略、推动变革、组织领导和服务基层的能力，深入推进世界一流的集团总部建设。

**【总部人力资源管理】** 深入实施市场化经营机制改革，进一步拓宽总部员工的职业发展通道，畅通员工晋升空间，构建公平、竞争、择优的总部选人用人机制和科学有效、充满活力的激励约束机制，激励员工立足本职、履职担当、提高能力、提升效率，推行宽带薪酬制度，制定和印发总部员工职务职级管理办法。优化公司总部人力资源配置，深入实施“下派上挂”机制，通过调入、挂职、助勤等方式补充28人，充实总部员工力量。积极为集团总部和中车在京单位解决引进人才和毕业生落户指标。持续加强总部部门和员工绩效管理，发挥导向激励作用。落实“我为群众办实事”实践活动，推进员工住房保障相关工作，开展完善补充医疗保险专项工作，初步建成总部员工多层次医疗保障体系。深入推进全集团干部人事档案专项审核，在中组部召开的人事档案专项审核座谈会上作经验交流。

**【总部职能管理】** 突出总部“战略管控型”的职能定位，强化总部战略控制、财务控制、风险控制、资源配置、核心人事管理和党建纪检等6项核心职能作用的发挥。结合总部组织机构调整后的运行情况，坚持战略引领、问题导向、精减高效、专业协同的原则，将总部职能相关、相近或协同性较强的主要职能部门进行整合，梳理、调整各部门分工和工作流程，编制印发《中国中车集团有限公司总部部门主要职责（2021年版）》《中国中车股份有限公司总部部门主要职责（2021年版）》，减少分工接口与协调环节，发挥协同合力，实现职能有效衔接，提高管理效率。

〔人力资源中心（党委干部部） 供稿〕

# 事业部管理与市场营销

本栏编辑　肖洪乐

# 机车事业部

【概述】 2021年，机车业务板块包括干线铁路装备的机车整车造修业务和轨道工程装备整车造修业务。成员企业有：株机公司（含洛阳公司、资阳公司）、大连公司（含兰州公司）、大同公司、戚墅堰公司、广州公司和天津公司。开展轨道工程装备整车业务企业有：株洲所、株机公司（含洛阳公司、资阳公司）、大连公司（含兰州公司）、戚墅堰公司、四方车辆公司、齐齐哈尔公司、永济电机公司、山东公司。全年机车业务（含轨道工程装备）营业收入229亿元；新造机车752台，检修机车1164台。

【新产品开发】 稳步推进机车新产品研发工作，取得阶段性成果。完成复兴号高原双源动力集中动车组和中老铁路动车组研制，并投入运营；复兴号高原双源动力集中动车组开进西藏，实现复兴号动车组覆盖31个省（区、市）；中老铁路动车组实现中国复兴号品牌动车组首次出口国外。取得时速160公里交流传动客运内燃机车型号合格证（FXN3），成为客运装备重要平台产品。完成3000马力节能环保型内燃机车（轻混）所有技术环节工作，进入申请行政许可阶段。开展4400马力货运干线内燃机车运用考核，进入技术审查阶段。完成永磁直驱客运电力机车全部型式试验，进入线路运行考核，取得交流电力机车领域新突破。

【市场营销】 聚焦用户需求，持续跟进铁路建设动态。加强与用户沟通，针对产品市场需求新变化、新形势，统筹调配资源。加强营销组织，针对不同市场类型制定差异化营销策略，满足用户需求。建立激励机制，推动企业持续提升产品市场竞争力，提高用户满意度。年内，国铁市场采购新造机车502台，金额109亿元；直流大修机车664台，合同额15亿元；和谐机车C6修机车653台，合同额52亿元。

【运营管理】 加强与国铁集团相关部门、铁路局集团公司沟通，密切关注行业发展动态。以“造修一体、三链融合、全面对标”思想为指导，以全面对标工作为抓手，深入开展提质增效工作，全面完成和谐机车C6修定价工作，提升和谐机车C6修盈利能力；以“打造模式、构建模型、多点突破”思想为指导，组织相关企业与用户围绕“产品+”“系统+”，开展多层次、多渠道沟通、交流，为用户提供系统解决方案。按照年度总体工作要求，结合业务板块市场需求形势预测，分解落实年度经营目标，制订年度经营计划。组织企业建立生产经营月报制度，实现产品从合同签订、生产组织到收入实现闭环管理，动态管控企业生产经营情况，确保合同按时履约。开展月度运营分析工作，监控各项经营指标完成情况，对相关企业生产经营情况进行横纵向多维度对比分析，发现问题及时管控纠偏；进一步强化“两金”管理，督导企业做好应收账款情况及积压存货处置工作，提升资产效率和效益。

【质量管理】 贯彻落实中国中车及用户年度工作会质量工作要求，以年度质量工作纲要为抓手，以突发质量问题整改、惯性质量问题攻关、质量对标提升、服务用户、保障机车运用为重点工作方向，通过固化周节点质量问题督办机制，横纵向传递压力，形成正向激励。坚持用户对接交流机制，加强信息沟通，定期召开用户企业对接落实会，解决用户痛点，开展既有机车大修和和谐型机车C6修检修工艺标准专项提升活动、结构件焊接裂纹专项研究和“八防”质量安全保障知识库建设，企业质量问题逐步由整治向防治转变，系统提升产品质量、增强竞争力。

（机车事业部　供稿）

# 客车事业部

**【概述】** 2021年，动客车业务板块包括动车组和铁路客车业务。动车组业务主要包括动车组新造和动车组检修业务，动车组整车业务企业主要有长客股份公司、四方股份公司（含中车广东公司）、唐山公司、四方有限公司（AST公司）、浦镇公司和株机公司等6家企业；铁路客车业务主要包括客车新造和客车检修业务，客车整车业务企业主要有长客股份公司、四方股份公司（含成都公司、四方车辆公司）、唐山公司、浦镇公司以及从事客车检修业务的西安公司共5家企业。动车组业务和铁路客车业务形成“产品+服务”产业体系。发布《中国中车动客车业务“十四五”发展规划》。动车组业务实现收入410.99亿元，客车业务实现收入106.99亿元。动车组新造交付162组，动车组高级修交付731组，客车新造交付1019辆，客车修理交付4458辆。

**【市场营销】** 强化与用户的沟通，推进企业融合，规范市场竞争行为。年内，面对严峻经营形势和复杂市场环境，针对不同用户制订差异化营销策略，不断满足用户需求，重点完成21组时速350公里复兴号智能动车组、9组时速350公里复兴号高寒动车组、78组时速160公里复兴号动力集中动车组和15组城际动车组等新造投标与合同签订工作。

**【技术引进与产品开发】** 重大新产品研制取得新成绩。如期完成复兴号高原双源动力集中动车组（拖车）研制项目，从项目正式启动，到6月25日拉林线正式开通运营，设计研发、制造、调试、线路试验和交付，仅用234天，实现复兴号动车组覆盖31个省（区、市）。高质量完成时速350公里复兴号智能动车组研制项目，按期批量交付，确保“七一”铁路运输用车需求。完成中老铁路动力集中动车组（拖车）研制工作。10月16日正式交付老中铁路有限公司第一列动车组，11月15日正式交付老中铁路有限公司第二列动车组，12月3日中老铁路开通运营，复兴号动车组产品走出国门，为中老昆万铁路开通运营提供高质量产品。

**【经营管理】** 克服疫情影响，确保订单按期交付。组织协调采购、合同签订、材料预投、配属下达和生产交付，按期交付上半年采购21组复兴号智能动车组。针对下半年招标启动晚、交付周期短的65组时速160公里动力集中动车组，加强联合体内部纵向协同，特别是控制车关键零部件供应的组织协调，做到进度追踪和问题及时处置，按期履约全部合同。

开展配件中心评价，促进配件业务增收。组织开展配件中心规范建设和运营评价活动，克服疫情影响，采取现场检查和视频抽查相结合方式，完成 7 大配件区域中心全部检查评价工作。围绕中车集团提出“五位一体”市场突破新模式，制定并落实动车配件中心收入增长路径和措施，实现从内部规范管理上降成本，从高效运营上要效益，从局厂双赢中强合作目标任务，超额完成全年配件中心业务销售同比增收目标。

推进“检修 + 服务”模式，开展业务拓展专题研究，编制新模式推进计划和开展试点，印发《动车组“检修 + 服务”业务模式拓展推进方案》，提出新模式拓展方案三类模型，编制项目试点推进计划，明确新模式拓展总体要求。四方股份公司与中国铁路武汉局集团有限公司组建的武汉中车四方武铁轨道交通科技有限公司于 11 月 19 日正式揭牌运营。唐山公司上海减震器检修项目、长客股份公司西安合资公司项目和长客股份公司沈阳检修合作项目均按计划顺利推进。

推进动车组高级修全要素成本对标工作，编制印发《动车组高级修全要素成本对标工作方案》。开展平台内自检自查和平台间差异分析，确定修程优化、减少委外修、采购价格压降等工作项点计划，提出 CRH380A/380B 型动车组四、五级修为样本的《中车动车组高级修全要素成本压降提升方案》，企业据此制定各自《动车组高级修全要素成本压降提升方案》，按计划完成年度推进工作目标。

**【质量管理】** 优化产品实物质量管控机制，聚焦产品实物质量管控关键环节，持续推进国铁轨道交通装备安全专项整治三年行动，稳步提升动客车实物质量。深化产品源头质量问题整治，组织编制和落实年度整治实施方案，跨企业协调专家进行横向技术支持。动客车产品实物质量形势总体良好，动车组百万公里故障率完成年度目标值。强化产品实物质量协同合作，督导企业间及时沟通和同步有关图纸修改、软件升级等内容，坚持问题导向，调动业务板块整体资源，加强技术方案审核把关。突出质量管控重点专项工作，加强挂牌督办问题的组织和推进，结合季节性特征、产品运用质量安全态势，组织开展专项检查等工作，提升质量安全保障能力、降低质量安全风险。巩固产品实物质量管理基础，坚持节假日运用保障、售后服务督查、即时信息管理、交班制度、技术方案审查等常态化管控措施。

（客车事业部　供稿）

## 货车事业部

**【概述】** 2021 年，铁路货车业务板块主要包括铁路货车新产品研发，铁路货车新造、修理及配件等。成员企业有齐车集团和长江集团 2 个货车子集团。全年铁路货车业务收入 159 亿元。

**【市场营销】** 针对货车企业 6 个月没有国内订单生产的严峻形势，组织各货车企业打破常规，积极与国铁集团主要领导和各有关部门反复沟通，分析后疫情时代货运形势和当年物资价格走势，密切跟踪年初采购计划动态，最终国铁集团启动三次国铁新造货车招标采购，共计采购 3.6 万辆货车，年内国内铁路货车新造市场累计签订订单 30822 辆，国内铁路货车检修市场累计签订订单59365辆。针对近几年自备车市场萎缩情况，分析近10年自备车用户需求，积极策划，指导企业有重点地对接有采购意向自备车用户，为用户提供技术服务，协助用户办理审批手续，力促采购项目落实，先后促成落实冀中峰峰集团、内蒙古中电物流、上海大屯等小批量自备车项目招标采购。经过与国铁集团有关部门沟通，将2022年到期厂修车一部分提前到2021年，在常规1年2次国铁检修货车招标基础上增加1次招标，招标总量4000辆，新增合同金额2.5亿元。

**【运营管理】** 面对年初以来铁矿石、钢材等原材料价格持续上涨，货车造修成本激增严峻形势，组织专家进行专题研讨分析，分别提出$X_{70}$、$KZ_{70}$、$T_{11BK}$等货车新造成本分析报告，多次与国铁集团相关部门就货车成本价格进行沟通，争取2021年国铁新造货车单价上调1.9万元/辆。针对原材料价格上涨实际情况和供应商提出涨价诉求，在确保货车业务毛利率前提下，组织货车成本价格专家和物流公司采购人员对18种主要货车零配件价格进行分析并提出建议。组织完成货车2016—2020年货车整机拆解抛丸、转向架拆解及部件抛丸、修理油漆涂装、新造油漆涂装委外价格对标。基于货车造修对标平台，指导两个货车子集团制定子集团层面对标工作计划，确定对标项目。积极探索货运新模式，为实现“产业布局、市场拓展、产融结合”新突破，探寻货运增量新机遇，积极推进“产品+”新模式，开展《中车冷链物流系统解决方案研究》项目，并研讨新形势下如何利用金融租赁平台，促进货车产品销售、市场开拓以及产业链上下游客户的合作黏性，从整体上推动货车企业优化资源配置，以创新金融工具为突破口，推动产融结合升级，助力中国中车产业发展焕发新生机和新活力。

**【产品研发与推广】** 结合货车“十四五”规划，研讨重点工作相关内容，组织“铁路货车制造工艺标准化研究及实施”和“铁路货车制造工艺技术平台研究”2个项目，实现企业间协同研究。组织对“重载列车制动系统理论研究”进行阶段总结，对相关研究内容和项目组构成进行调整；组织开展“适应川藏铁路高寒及长大坡道等复杂环境的货运模式及车辆装备关键技术研究”“铁路冷藏集装箱技术创新及关键技术研究”等研究项目。组织对长江集团“阿联酋铁路货运装备及配套设施关键技术研究和系列装备研制”进行设计评审。组织交通强国建设试点任务申报工作。货车产品研发方面，$C_{87}$型运煤专用敞车完成样车试制、智能监测系统试装车及监测试验；$C_{96(H)}$型运煤专用敞车及$DZ_4$型、$DZ_5$型转向架完成相关技术程序，准备申请型号合格证及制造许可证；敞集共用车完成可行性论证及总体方案设计；$KM_{81}$型铝合金煤炭漏斗车开始运用考核；$X_{70B}$型2×40英尺集装箱专用平车完成样机试制，准备进行线路动力学试验；$BH_{10}$型机械冷藏车通过国铁集团设计方案评审，正在进行样车试制。组织开展蓄冷车、货车环保顶盖等技术研究。$BH_1$型铁路隔热保温车和45英尺新能源锂电池冷藏集装箱继续进行运用考核。40英尺新能源锂电池冷藏箱完成相关试验，开始进行运用考核。40英尺铁路运输发电箱完成向中铁特货正式交付。出口产品方面，先后交付智利平车、罐车，澳大利亚BRC煤炭漏斗车、DQMY型和DQHY型集装箱平车，新西兰集装箱平车等产品。

**【质量管理】** 组织召开铁路货车源头质量会议，与路局站段进行面对面交流，强化各子公司质量安全意识、风险意识，以顾客需求为目标，持续抓好产品质量管控、产品质量整治和货车产品技术升级。针对铁路货车共性质量问题，组织开展铁路罐车造修质量交流活动，各子公司从设计、工艺、制造、采购等源头入手，开展对重点质量问题联合研究和攻关。组织各子公司开展季度源头质量反馈问题整改、防火防裂防脱大检查、春运及迎“七一”保安全专项保障工作。在新造货车批量生产前后，要求各子公司提出质量管控具体要求，并到相关子公司进行现场检查，对出现质量问题进行督导整改。组织行业19家企业开展造修货车质量互鉴活动，查找问题、交流经验、共同提高。

（货车事业部　供稿）

# 城市交通事业部

【概述】 2021年，城市交通事业部全面贯彻落实中国中车第一次党代会精神，以“12368”工作思路为主线，以高质量发展为主题，“强基”补短，不断提高系统解决方案提供能力；“赋能”激发，持续推动协同创新、融合发展；“攀高”提质，强化目标引领，进一步提升业务经营质量。全年新造城轨车辆8245辆，修理城轨车辆634辆。城轨和基础设施业务实现销售收入545.6亿元；工程公司实现营业收入40亿元，完成归母净利润2.2亿元。

【运营管理】 组织召开2021年城市业务工作会议，总结上年城轨业务工作情况，研究部署全年重点工作任务、明确年度经营目标，加强业务联动，采取切实措施，发挥中车集团整体优势，不断增强协同发展能力。明确目标压实责任，开展提质增效工作，实现板块毛利率20.35%，同比提高0.91%；不断提升成本管控水平和能力，组建“精细化”成本对标小组，透过数字看管理，树立标杆找差距，提升城轨整体盈利水平；促进提升内部配套，跨企业、跨业务开展业务协同。全年实现城轨业务内部配套率70.05%，同比提高5.63%。

【业务模式创新】 完善业务顶层设计，面对国内外市场需求变化，强化工业思维、低碳绿色思维和全寿命周期系统思维，围绕数字化、智能化支撑下的全寿命周期服务，确立以智慧城轨、车地一体化机电系统集成为核心的新业务形态。启动以产业数字化为抓手、以“5+5”能力建设为支撑的强基补短专项工作，并根据发展需要，优化调整平台业务分工，明确子公司协同机制，全力推动新业务落地。同时，强化存量项目管理，武夷山、芜湖PPP项目顺利实现开通试运营，台州、无锡项目工程进度稳步推进。以项目为依托，开展高标准、可复制项目管理体系建设，“产品+”“系统+”发展基础愈加坚实、稳固。

【产品开发】 稳步推进标准地铁项目，时速120公里B型标准地铁列车在郑州正式下线，系列化中国标准地铁列车产品平台在北京轨道展上发布，实现了30项自主化攻关部件的装车应用和236项中国标准替代；满足城市对轨道交通多样化需求，世界首列光电磁数字化导向胶轮低地板列车在上海临港开通运营，时速160公里市域A型车和D型车在成都和广州成功开跑，时速200公里磁浮列车正式下线，时速80公里全自动旅客捷运系统（APM）在深圳宝安国际机场正式开通运营，全国首条磁浮观光快线时速100公里凤凰磁浮列车开始试运行；技术创新研发加快推进，智慧城轨、“车地一体化”机电系统集成研究完成顶层规划及系统融合研究，TACS系统在青岛1号线上试点应用。

**【市场营销】** 抓住市场需求增长机遇，构建城轨市场有序竞争格局，奠定城市交通业务持续发展基础。强化组织协调，中标国内22个城市52个新造项目，合计4839辆车，中标金额约343亿元，涵盖地铁、有轨电车、磁浮列车、市域车、齿轨和电子导向胶轮车等多种制式产品，市场占有率超过97%。积极开展商业模式创新，培育新经济增长点，组织开展“产品+”业务专题研究，与市场开拓相结合，全年“产品+”业务实现签约金额约156亿元，同比增长112亿元。

（城市交通事业部　供稿）

## 产业链管理中心（机电事业部）

**【概述】** 2021年，产业链管理中心（机电事业部）职责包括物资采购与供应链管理体系建设、供应商管理、供应链数字化建设、产业链管理等，所辖业务包括轨道交通装备及相关延伸产业、关键系统和核心零部件业务、智慧物流业务、循环物资交易等。成员企业包括株洲所、四方所、永济电机公司、株洲电机公司、戚墅堰所、大连所、南口公司、物流公司8家，实现营业收入850亿元、归母净利润22.7亿元，年度指标完成率分别为103%、103.5%；机电业务实现营业收入299亿元，年度指标完成率为107%。

**【经营管理】** 以高质量发展为主线，坚持稳中求进工作总基调，在疫情多点反复、国际形势复杂多变、大宗原材料成本不断上涨多重压力下，围绕“12368”经营工作思路和全年目标，持续强化经营调度，4个季度均超额完成调度指标。深入推进“两金”压降、风险化解、亏损企业治理等工作，为经营效益提质赋能。围绕提质增效、强基工程、对标世界一流管理提升等专项活动，组织永济电机公司、株洲电机公司开展牵引电机全要素对标，印发《关于时速350公里标准动车组牵引电机全要素对标情况的通报》，平均毛利率提升1.65%。组织编制并印发采购与供应链、机电业务、工业智慧物流业务“十四五”规划，强化顶层设计。

**【采购与供应链管理】** 优化完善采购与供应链制度体系，按照“前台分工执行、中台分类管控、后台统一标准”思路，完善采购与供应链管理制度体系，完成11项办法制（修）订、下发4项；参加中央企业采购管理对标获小组第二名；组织第一期供应链专家特训营、“中车好采购”优秀案例评选，持续提升管理水平。发挥集采规模优势，深入挖掘增值空间，一级集采率34.02%，供应链降本1.9%，超额完成年度目标。组织长客股份公司和浦镇公司开展城轨空调跨项目、跨企业集采，实现兰州地铁2号线、南京地铁10号线增购2个项目城轨空调集中采购；推动快递、办公用品、劳保用品等非生产性物资集采；完成新产业板块集采调研，将电线电缆、联轴器、风电叶片、风电主轴、风电电池、新能源汽车电池和新能源汽车用钢板纳入2022年一级授权集采目录。

**【内部配套管理】** 持续强化内部供应链建设，着手推进内部配套差异化管理，挖潜增效提升内部资源配置效率。优化内部配套目录，建立城轨板块齿轮传动装置、空调、电连接器、拉铆紧固件、钢弹簧5项产品差异化管控方案，全年总体内部配套率为81.8%，同比提升7.2%，其中城轨板块内部配套率70%，同比提升5.6%。

**【工业智慧物流业务】** 持续推广“三位一体”模式，初步构建VMI（供应商管理库存）管理标准、RFID（基于无线射频）循环包装标准体系和大件运输体系，实现上游物资集中取存运、下游物资集中收存配的物流业务一体化、网络化、平台化运作。完成工业智慧物流平台主要模块搭建，实现产业链上下游贯通。完善交通强国试点方案和任务分解以及“十四五”重大科技立项推进部署。全年中国中车工业智慧物流签单金额18.69亿元，实现营收12.65亿元，同比增长一倍以上，为供应链企业降本5660万元。

**【循环物资交易平台建设】** 贯彻落实新发展理念，聚焦绿色减排，积极打造再循环再利用再制造平台，助力“双碳”战略落地。按照新造和检修类型，对比各板块子公司营业收入和闲废物资产出比例，打好后续大数据智能分析、管理平台升级基础。持续开拓外部市场，在中国联通、中建产业和天水电传动等企业取得突破。全年交易额11.70亿元，超额完成考核目标，平均溢价率24.33%。截至2021年底，累计注册会员5708家，其中中国中车内部企业285家，占中车集团境内企业87%。

**【技术质量管理】** 着力推进再制造，加强中国中车在再制造领域能力建设，组织召开全集团再制造启动会，下发再制造相关重点工作任务，编制实施情况总结和2022年重点工作计划，推动再制造从理论普及、概念导入阶段逐步转向工程方法和规模实施阶段。引导用户需求，构建业务发展新模式。组织11次动车组齿轮箱、牵引电机、牵引变压器、牵引变流器关键部件维修资质初步审查；积极推动永济电机公司与中国铁路沈阳局集团有限公司成立合资公司；指导大连电牵公司开展板卡专业修调研，推进与中国铁路北京局集团有限公司合作。组织城市轨道交通机电系统集成、供电系统调研，形成2份报告。推进重大科技专项，支撑自主可控。围绕产业链供应链双打通，扎实推进7个“85”专项和3个“GCT”专项，组织4次关键节点评审、2次季度例会，按计划有序推进各项目；组织再制造、工业智慧物流、列车低碳化3个“十四五”科技重大专项任务书评审。

〔产业链管理中心（机电事业部） 供稿〕

# 产业发展部

【概述】 2021年，产业发展部负责“三极多点”战略新兴业务发展。成员单位包括时代新材、信息公司。贯彻中国中车年度工作会议精神，紧抓双碳机遇，攻坚克难，全年新签合同订单604亿元，营业收入489.2亿元。

【市场营销】 风电产业：全年新签合同订单416亿元。与华能、华电、华润、国电投、国能投及中国电建等重点客户保持稳固合作关系，开拓山东能源、浙江能源等新客户。中国中车首个自建自营风电场——后水泉风电场正式投入商业运营。与整机厂商Nordex签订全球合作框架协议，并签订合同订单，实现风力发电机单独出海，填补印度、欧洲及巴西等海外市场空白。风电变频器年交付量稳定在千台级规模，迈入年装机量3吉瓦、稳定发展。

新能源商用车产业：聚焦“6+15+X”城市群布局，获得沈阳、太原、重庆、宁波、无锡及盐城等重点区域市场订单共计2200余台。

新材料产业：轨道交通产品线保持全球第一，汽车产品线保持全球前三。轨道新材料业务稳中有进，海外大客户新增订单超3.5亿元，韩国、西班牙及印度等重点主机厂新增订单超7000万元。在汽车零部件市场，陆续斩获特斯拉全球几大区域订单，并获得吉利、红旗等多个国内新项目，成功进入理想等多家新能源车企供应名单，在手新订单超15亿元。

环保产业：在工业污染治理领域，中标河钢项目、黄石新兴新港项目订单额约1.25亿元。以污泥处置装备为切入点，成功获取西安临潼污泥处置政府购买服务项目，形成中国中车污泥处置综合解决方案，实现污泥市场零的突破。

重型机械产业：矿用自卸车整车，与云南某矿签订5台50吨级自卸车纯电改造订单。矿用自卸车电驱动系统，获得准能、太重等220吨级以上电驱系统订单22台套，订单过亿；在南美市场，首次获得18台290吨电动轮系统总成批量订单。

工业数字产业：扩大在轨道交通行业占有率，积极拓展工程机械、汽车、电气设备及水利水务等新领域；在轨道交通智能扭紧装备、自动化产线、大部件打磨喷涂及智慧出行等领域保持市场领先地位。

船舶电驱动和海洋工程装备产业：深海工程装备业务在国内市场取得重大突破，先后获得长江电力大坝检修用ROV、广海局2台6000米150马力ROV及中通服1台QT1000铺缆挖沟机等市场订单。

【技术开发与成果】 风电产业：完成5.2兆瓦D175旗舰机型整机立样，并斩获首届“风电领跑者”技术创新论坛“最佳陆上风电机组奖”(5~6兆瓦陆上风电机组)。下线13.X兆瓦半直驱发电机、新型10.X兆瓦海上中速永磁发电机、7.X兆瓦双馈发电机及7.X兆瓦海上高速永磁发电机。叶片业务持续突破聚氨酯叶片设计技术、成型工艺技术及成型装备等核心关键技术，并在行业内率先批量应用。

新能源商用车产业：客车产品谱系创新升级，逐步实现主销产品迭代，中高端产品研制获成效，部分实现小批量生产和出口。完善环卫装备主流产品型谱。自主知识产权纯电动环卫底盘平台完成测试并将批量使用。国内首条自动驾驶公交进入常态化试运行阶段，试用效果良好。优化车联网系统“云智通”，推出“云盾”等产品系列，物流车运营平台正式上线。

新材料产业：复合材料腕臂支撑装置填补行业空白，超容隔膜材料和固态电容隔膜材料实现关键特性突破。有机硅产品具备小批量生产能力，汽车复材板簧高压 RTM 技术实现重大突破，间位芳纶蜂窝纸关键技术及应用成果首获中国轻工联合会技术发明一等奖。

环保产业：开展与盖茨基金会合作，签订新世代厕所研究合作协议，开启国际合作路径。大通量家用膜 ULP3113-1000 荣获全球净水市场峰会组委会颁发“泰利斯卓越核芯奖”，耐酸碱纳滤膜荣获中国石油和化学工业联合会颁发“化工新材料 2021 年度创新产品”。

工业数字产业：自动化智能打磨系统取得重大突破，并成功应用。持续更新迭代现有 PLM 和 MDM，推进中国中车工业互联网平台、智能云 PLM、企业资源计划 ERP 及轨道交通行业 MES 关键技术研究。

重型机械产业：成功下线大吨位矿用电动轮自卸车 330E，技术达到国内领先水平。矿用自卸车电驱动系统搭建主辅一体式平台、攻克永磁技术、混合动力技术，推动矿用车高效节能发展，开发适用于 100 吨级、200 吨级、300 吨级矿用车电驱系统，具备为客户提供成套矿山高端设备解决方案能力。完成神延煤炭西湾露天煤矿矿用无人驾驶技术首台改造改装，为智慧矿山建设提供中国中车方案。

船舶电驱动和海洋工程装备：海工装备开展水下智能化控制平台技术研究，建立 ROV 系统全状态数学模型，完成在 Linux 系统下仿真软件编制，建立 ROV 模型辨识算法仿真程序。船舶新能源直流组网电力推进系统，成功应用于“大湾区 1 号”、“大湾区 2 号”豪华游船，获得中国电源协会科技进步二等奖及中国中车技术进步一等奖。

（产业发展部　供稿）

# 国际事业部

**【概述】** 2021 年，国际事业部主要负责研究制定并组织实施海外业务发展规划、产业布局规划，对重点项目订单进行过程管控，统筹、规范海外市场管理，组织海外市场业务开拓、产品推介、售后服务、品牌传播等工作。国际化经营业绩逆势而为，成效显著。全年出口机车、客车、货车、城轨车辆、小众产品 8000 余辆 / 份至欧洲、南美洲、澳洲、亚洲、非洲多个国家，实现国际业务稳步前行。

**【国际业务发展规划】** 深度聚焦本业务单元，印发《中国中车国际化经营“十四五”发展规划》《中国中车境外特许经营业务“十四五”发展规划》《“一带一路”沿线国家“十四五”市场发展规划》《欧洲轨道交通发展战略纲要》，强化战略目标引领，优化构建“平台公司 + 优势企业”海外市场主体顶层设计，为中国中车“十四五”国际化经营发展指明方向和实施路径。

**【海外政策研究和市场调研】** 科学研判境外市场最新发展形势及变化，组织编制《印度新政影响分析报告》《美国市场形势分析报告》，为市场决策提供参考。针对创新业务模式，研究并编制《全球轨道交通PPP项目市场研究报告》，为中国中车布局“一核三极多点”业务提供有力支撑。

**【国际交流与战略合作】** 开展中国中车英文网站信息动态更新管理，及时传递中国中车声音；持续推动海外社会化媒体传播工作，做好中国中车四大社交平台账号日常维护，提高海外影响力。与中国驻尼泊尔大使馆开展线上联学联建活动，与泰雷兹总部、亚投行总部、中信保等企业开展多次视频交流，线上参加阿联酋货车二期项目签约仪式，以中国中车成立140周年为契机，与境外供应商及知名同行企业建立密切联系，进一步扩大中国中车“朋友圈”。积极参加中国国际服务贸易交易会、中非经贸博览会、中国国际进口博览会、意大利20国集团工商界活动峰会，展现中国中车国际化企业良好形象。

**【市场营销】** “一带一路”建设取得标志性成果。主动服务国家战略，中老铁路全线开通，采用中国标准、融合中老文化特色“澜沧号”动车组投入运营，稳步推进雅万高铁、中泰高铁、匈塞铁路等政府间重大合作项目。首个境外“系统+”项目执行良好，墨西哥城地铁1号线整体现代化项目顺利启动并实施，为中国中车境外投建营一体化业务推进和项目执行积累宝贵经验。并购企业管理实现突破性进展，中国中车海外首个整车并购企业株机福斯罗公司打出“新造+维保+租赁”组合拳，不断夯实高端市场“桥头堡”地位，获得卢森堡、荷兰、瑞典等多个订单，年内实现盈利。轨道交通出口业务持续巩固，长客股份公司签约哥伦比亚波哥大有轨电车增购和澳大利亚墨尔本地铁增购项目；四方股份公司签订阿联酋DMU和印尼雅万综合检测车等合同；唐山公司获得巴基斯坦客车和孟加拉客车等项目；大连公司中标新西兰机车项目；长江集团和齐车集团获得澳大利亚、德国、加蓬等多个国家货车项目；戚墅堰公司签约几内亚内燃机车等。积极统筹优化中国中车境外业务结构，三极多点业务取得新突破，永济电机公司与德国Nordex恩德公司签订批量供货框架协议，并完成样机试制和发运；株洲电机公司获得西门子歌美飒风力发电机、斯里兰卡风电维保和印度风电试验服务订单；中车电动产品进入新西兰、韩国、新加坡、马来西亚、法国、匈牙利等市场。

**【运营管理】** 坚持固化、深化、优化“择优扶强”原则，优化完善轨道交通整车国际市场划分方案，充分释放市场主体活力，实现资源合理配置和向优势企业集中，国际市场竞争秩序持续提升。加速构建“平台公司+优势企业”市场拓展模式，精准定位平台公司角色，明确职责权限、业务流程、合作模式等，完善机制，汇聚发展合力。成立中国中车“一带一路”重点项目领导小组和工作小组，定期召开调度协调会，高质量、高标准保障政府间合作项目顺利推进。

**【海外项目执行情况检查】** 继续完善海外项目月度报告制度，对在跟踪项目、新签订单、质保期项目进行分类督导管控，重点保障“一带一路”及政府间合作项目按期顺利推进。全面排查境外合规经营情况，完成12家境外机构清理工作。开展境外腐败治理专项工作，对发现问题及时落实整改。

**【海外风险管控】** 编制下发《中国中车国际化经营全面风险管理指引》《中国中车产品出口贸易业务风险管理指南》等文件，规范国际化经营风险管控流程，推动境外合规体系建设，防范和控制各类境外风险。继续坚持“12345”境外疫情防控模式，时刻保持高压疫情防控态势不放松；深化7个区域协同疫情防控，定期开展境外疫情防控督导检查、每日报告、境外慰问等，做好境外疫情常态化管理工作，确保外派人员生命安全和身体健康。积极推动与中信保战略合作，与中信保签署2022年度《专项合作协议》，充分利用中信保丰富经验和优质资源为业务保驾护航。

（国际事业部　供稿）

# 党群工作

本栏编辑　俞鸣霞

# 总部党委工作

**【概述】** 2021年，总部党委认真贯彻集团公司党委党建“固化攀升年”工作要求，扎实开展党史学习教育，不断夯实“三基建设”，深入推进党建创新，增强支部活力，进一步改进工作作风，着力构建“专业、创新、高效、服务、廉洁”五型总部，公司总部各党支部的组织力、凝聚力、战斗力得到进一步提升。

**【党史学习教育】** 系统策划明确党史学习教育方案，认真组织公司总部员工学习习近平总书记在党史学习教育动员大会上的讲话精神，制定和印发总部党史学习教育工作方案和任务分解细化表，督促各支部按照方案和分解表要求开展党史学习教育。5月30日至6月11日，先后组织总部各支部书记、支部委员和党员骨干共计98人分两期在遵义开展党史学习教育专题培训，发放党史学习教育书籍3000余本，充分利用中车大学网络学院开展公司总部党史学习教育系列在线课程培训。按照公司党委要求，组织总部各支部8月底前召开党史学习教育专题组织生活会，公司领导以普通党员身份参加各支部组织生活会，推动广大党员干部强化党性、锤炼作风，达到了振奋精神、凝聚力量的目的。组织开展党史教育知识竞赛、支部书记讲党课等活动，各支部围绕参观中国共产党历史展览馆、“百年伟业　红色中车”展览、长辛店二七纪念馆等红色教育基地，通过联学联建等多种形式，开展党史学习教育主题党日活动，取得良好成效。

**【建党百年系列庆祝活动】** 制定和实施公司总部庆祝建党100周年活动方案，开展观看一次革命电影、参观一次革命纪念馆等“七个一”系列活动，进一步强化党性观念，坚定理想信念，激发公司总部全体员工干事创业的热情。通过发放学习教育书籍、开展在线视频培训、制作学习宣传展板、集中学习研讨等方式，组织公司总部全体党员结合工作实际，开展丰富多彩学习活动，系统学习领会习近平总书记“七一”重要讲话精神，学以致用。组织公司总部各党支部开展庆祝建党百年红歌比赛，各党支部组成13支演唱队参加红歌比赛，诠释爱党爱国爱企情怀，充分展示总部员工的风采和凝聚力。组织公司总部全体员工开展“迎接建党100周年”专项答题活动。

**【政治思想引领】** 组织公司总部各党支部通过开展专题学习、党课、集中培训、主题党日活动等方式，深入学习习近平新时代中国特色社会主义思想和党的十九大及十九届历次全会精神、习近平总书记在庆祝中国共产党成立100周年大会等重要讲话精神及关于国有企业改革发展和党的建设重要论述等内容，确保党中央决策部署和习近平总书记重要指示贯彻落实到位。传达学习公司年度工作会议、公司党委常委扩大会议、公司党风廉政建设和反腐败工作会议精神，使公司总部员工更好了解形势任务，统一思想认识，抓好工作落实。经常性开展中车核心价值观、战略愿景宣传，统一认识，营造氛围，凝聚力量，推动公司总部员工文化深度融合，唱响“同一个中车”主旋律。

**【三基建设】** 通过基础检查、互评、综合评定等方式，在公司总部扎实开展支部工作考核，完成支部党建考核测评，各党支部在保障监督、纪律建设、“三会一课”、党员管理、基础工作、方法创新等方面取得明显进步，党支部的战斗堡垒和党员的先锋模范作用明显增强。人力资源中心党支部、群团中心党支部、纪委机关党支部、党委巡视等党支部按时完成换届选举工作，支部换届应换尽换。编写完成《总部党支部工作手册》，深入推进标准化、规范化党支部建设，推进支部工作有遵循有标准，工作流程统一。完善党建活动阵地，完成公司总部党员活动园地改造、建设工作，实现党员学习有教室、党建活动有阵地、相互交流有平台。开展“两优一先”评选表彰活动，评选表彰优秀共产党员54名、优秀党务工作者3名、先进党支部3个。

**【作风建设】** 按照“专业、创新、高效、服务、廉洁”五型总部建设要求，深入推进公司总部形式主义官僚主义问题集中整治工作，按时完成25项问题整改，有效提高了公司总部作风建设的自觉性。开展“我带头、我担当、我争先，为金名片添光彩”竞赛活动评选，评选出“创佳绩”“添光彩”优秀项目43个，其中“创佳绩”一等奖项目9个、二等奖项目8个、三等奖项目8个，“添光彩”一等奖项目5个、二等奖项目8个、三等奖项目5个。在公司总部员工中组织开展“服务之星”评比表彰，进一步激励各部门改进工作作风，提升管理效能，勇创工作佳绩，46位员工受到表彰。

**【党建与经营深度融合】** 把党建工作融入经营管理的各个方面，将党的创新理论学习和实际工作特别是支部中心工作难点工作紧密结合，增强理论教育的针对性和实效性。开展党建“结对共建”“联学联建”等特色工作，公司总部各党支部与相关党支部结对共建、联学联建，相互学习、优势互补、共同提高，努力提高党建引领保障作用。开展“党员先锋岗”评选表彰活动，评选“党员先锋岗”54个，制作“党员先锋岗”标牌，亮明身份，进一步激励基层党组织和广大党员在建设受人尊敬世界一流中车新征程中奋发有为、建功立业。

**【纪律建设】** 强化公司总部员工的纪律观念，使大家知敬畏、存戒惧，增强不想腐的自觉。各支部经常性地开展党规党纪学习，让员工明纪律、知红线。各支部每年至少开展两次党风廉政教育。认真落实中车纪委关于持续纠正“四风”，确保元旦、春节、清明、端午等节日期间廉洁过节的有关要求。组织公司总部党员干部参加公司干部警示教育大会，以案释纪说法，用身边事教育身边人，警钟长鸣，坚决严防“四风”问题反弹回潮，扎牢制度的笼子，营造风清气正的发展环境。

**【党建带群建】** 常规性地组织公司总部员工开展各类文化体育活动。结合公司总部疫情防控要求，组织春季云健步行、秋季云健步行，两次活动分别有350人、370人参加。指导各兴趣小组开展相关活动，如助力足球兴趣小组先后与上汽集团、中国电建集团开展两场足球联赛。组织的年度性活动主要有春节期间总部迎春趣味运动会、元宵节员工猜灯谜迎春活动，共300人次参加活动。创新开展各类丰富多彩活动。新组织成立公司总部长跑兴趣小组，开展三次集体活动，共有100余名员工参加。结合党史学习教育部署，开展以“博学多识·受人尊敬”为主题的读书活动，鼓励员工学习党史书，精读业务书，研读经典书，选读兴趣书。组织公司总部员工开展“中车总部学习‘十四五’发展战略纲要”等专项竞赛答题活动。组织公司总部青年开展“学习百年党史　牢记初心使命”为主题的意识形态培训教学活动，开展“缅怀铁路先驱　传承詹天佑精神”主题团日活动，激励青年积极作为、勇于担当，在推动中车高质量发展的新征程中贡献青春和力量。

（总部党委　供稿）

# 巡视工作

**【概述】** 2021年，中车党委以习近平新时代中国特色社会主义思想为指导，认真贯彻习近平总书记关于巡视工作的重要论述，落实中央企业巡视工作部署要求，坚持做到对“国之大者”心中有数，对巡视定位、方针、重点、方法等心中有数，对被巡视党组织职责使命、地位作用等心中有数，立足中国中车改革发展大局，紧扣高质量发展“七个新突破”部署，精准有效深化巡视监督。全年派出4个巡视组，完成2轮对8家子企业党委的“常规+专项+专题”巡视。按照党委统一部署，上下联动对境内348家子企业党组织开展“全级次、全覆盖、全穿透”的违规挂靠专项巡视巡察，并收到预期效果。

**【巡视工作组织领导】** 公司党委认真落实巡视工作主体责任，全年先后召开12次党委常委会议和党委巡视工作领导小组会议，学习传达有关精神，专题研究部署巡视有关工作，听取巡视工作汇报，提出重点意见，统筹巡视整改。巡视结束，公司党委巡视工作领导小组按照要求向国资委党委巡视机构报告工作情况，两次报告上下联动工作开展情况，两次报告备案巡视点评情况。公司党委书记坚决扛起第一责任，坚持对巡视工作的直接领导、以上率下落实工作责任，认真研究、部署巡视工作方案，全面听取每一轮巡视工作汇报，并撰写点评材料，针对巡视发现的问题深入分析、研究，对子企业存在的问题深刻点评，向被巡视子企业、党委巡视办、巡视组提出具体的整改意见和“九个强化”的工作要求，有力推动巡视工作高质量开展。

**【政治巡视】** 5月和11月分两轮对株洲所、中车产投、中车金控、株机公司、齐车集团、四方股份公司、长客股份公司、长江集团等8家子企业党委开展“常规+专项+专题”巡视。其中，常规巡视聚焦“四个落实”，专项巡视聚焦形式主义、官僚主义突出问题整治，专题巡视紧扣“七个新突破”，围绕国企改革三年行动、科技创新、减利因素整改等强化政治监督。两轮巡视共听取汇报67次，个别谈话1444人次，调阅和复制资料3900余套份，发现问题214个，受理并移交信访19件26条问题线索。7月，按照“三个一致”要求，成立84个巡视巡察组，对中车境内348家子企业党组织开展“全级次、全覆盖、全穿透”的违规挂靠专项巡视巡察，在贯彻国资委巡视巡察联动部署要求的同时，结合实际编制专项巡视巡察工作手册，做到层级、任务、方法、节点“四个明确”，强化过程控制，形成“七要”工作机制、“四抓”联动机制、“1234”疫情防控机制。全级次巡视巡察期间，共听取汇报322场次，个别谈话2449人次，调阅资料15800余套份，核查比对企业信息3600余条，针对发现的各类问题提出针对性意见建议359条，有力推动了违规挂靠风险问题的排查整治。

**【巡视整改】** 始终把抓好巡视整改作为践行“两个维护”的具体行动，确保以巡促改、以巡促建、以巡促治。一方面，统筹推进国资委违规挂靠专项巡视反馈意见整改，将国资委党委专项巡视反馈的三个方面13项问题细化分解形成35项整改措施，逐项明确完成时限、责任单位和包保领导。通过抓整改第一责任、抓整改包保责任、抓职能监管责任、抓各级主体责任、抓整改监督责任“五责联动”，建立联席会议机制、专项推进机制、督查督办机制、民主监督机制和考核问责机制“五大机制”，系统推进巡视整改。以整改台账为抓手，多次组织召开协调会议、推进会议，持续加强督导力度，逐项收集确认整改完成证明材料，确保整改过程扎实并取得实效。另一方面，通过“双反馈”“双报告”，压实被巡视企业党委主体责任、党委书记第一责任人责任和班子成员的“一岗双责”及包保责任，认真抓好中车内部巡视整改。组织开展巡视整改督导检查，把巡视反馈意见整改落实情况纳入党建责任制和领导班子业绩考核。运用“智廉中车·巡视整改监督”信息系统，组织子企业及时梳理汇总十九大以来巡视反馈问题整改情况，将整改数据录入系统，以信息化手段抓好巡视整改日常监督，加强被巡视子企业整改完成情况、未完成销号项目进展情况等通报，压实各级纪检组织整改监督责任。

**【巡视联动贯通】** 坚持巡视巡察“一盘棋”，在常规巡视和上下联动专项巡视中创新开展“巡视带巡察”。通过带思想贯通，着力提升巡察工作的政治性，确保巡视巡察同心共向；通过带组织联动，着力提升巡察工作的严肃性，确保巡视巡察同频共振；通过带队伍联动，着力提升巡察工作的规范性，确保巡视巡察标准一致；通过带成果贯通，着力提升巡察工作的实效性，确保巡视巡察携手共赢。各巡视组与被巡视子企业党委密切沟通协调，针对中国中车党委和被巡视子企业关注的重点单位、重点事项，巡视组会结合工作实际合理选择监督内容和方式，开展机动灵活的巡视巡察上下联动，有的对子企业巡察队伍进行系统培训，有的“下沉”参与企业巡察组工作，有的子企业纪委书记带队上下联动。发挥巡视监督组织优势和平台作用，打通党内监督和职能监督贯通渠道，深入推动信息、资源、力量、监督成果等要素的共享共用。在每轮巡视启动前，公司纪委机关根据需要巡前“交底”，职能部门强化政策咨询和技术支持；常态化抽调业务专家参与专项专题巡视，汇聚监督力量；巡视中“组”“办”联动，“纪”“巡”联动，及时协调处理巡视过程中的问题，打破“信息孤岛”；巡视后，纪委机关及时组织处置巡视移交的问题线索，加强对整改工作的日常监督，职能部门加强信息互通，用好巡视成果，推动问题整改的同时，举一反三建立健全长效机制。

**【巡视规范化建设】** 加强巡视底稿和信息化建设，坚持“一问题一底稿”，通过信息化手段提高巡视底稿质量。全年两轮常规巡视和一轮违规挂靠专项巡视均按要求形成问题底稿，作为档案材料留存备查。组织编制3套巡视巡察应知应会题库，对新进巡视干部进行培训。每轮巡视前，邀请业务系统领导、专家对巡视组全员进行集中培训。加强巡察工作指导督导，修订《子企业党委开展巡察工作指导意见》和巡察工作考核指标，从贯彻中央巡视工作方针、精准落实巡察政治监督要求、推进巡察与其他监督有机衔接等方面，强化对子企业巡察工作的系统性指导与考核评价。召开巡察工作研讨会，成立专项工作组，并组织开展调研，编制、印发制造类企业巡察工作手册。

**【巡察工作推进会】** 公司党委12月组织召开巡察工作推进会，宣贯中央《关于加强巡视巡察上下联动的意见》和国资委党委贯彻落实《意见》“七条措施”通知精神，中国中车党委副书记王铵作题为《进一步加强巡视巡察上下联动　推进巡察工作高质量发展》的讲话，齐车集团、长客股份公司、大连公司、永济电机公司、四方股份公司、浦镇公司、长江集团、株机公司等8家子企业分别作交流发言，会议取得统一思想、交流经验、业务培训的良好效果。中车党委所属一级子企业、设立巡察机构的二级及以下子企业巡察工作骨干均参加会议。

**【巡视队伍建设】** 持续强化巡视队伍建设。年内，选配4名子企业优秀年轻中层干部或业务骨干进入巡视专员岗位；选配1名经验丰富的子企业党委副书记担任巡视组副组长；选拔114名子企业优秀年轻干部进入巡视“以干代训”人才库，并先后从中抽调9人参加巡视工作；抽调子企业人事、财务、审计、投资等方面26名业务骨干参加违规挂靠专项巡视。加强巡视机构党组织建设，将巡视办、巡视组合并设立巡视党支部，实现支部工作与巡视工作的深度融合，支部党史学习教育党课《“增强纪律性、革命无不胜”’以高质量巡视助力企业高质量发展》被《党建参阅》杂志刊载。落实巡视组负责人年度述职评价机制和《巡视专员管理考核办法》，组织召开巡视组负责同志工作交流会，总结收获，分享经验，激发巡视干部活力。重视巡视安全与保密建设，锻造纪律严明、作风优良、忠诚担当的巡视干部队伍。

（党委巡视工作办公室　供稿）

# 组织工作

**【概述】** 2021年，中车组织工作以习近平新时代中国特色社会主义思想为指导，深入学习贯彻习近平总书记三次视察中车重要指示精神，贯彻落实中车第一次党代会精神，牢牢把握新时代党的组织路线，以“固化攀升”为主题，以“三基建设”为抓手，以党建金名片“九个一”为路径，强化思想淬炼把准政治方向，突出政治能力建强过硬队伍，深化改革创新激发基层活力，推进组织工作体现新担当、实现新突破、展现新作为。深度融入、有效服务中心大局，确保组织工作在服务改革发展中出凝聚力、出创新力、出生产力，为建成受人尊敬世界一流中车提供坚强组织保证。

**【党组织和党员情况统计】** 截至2021年12月31日，中国中车各级党组织总数2106个。其中，党委145个、总支部160个、党支部1801个；国有经济控制企业党组织2062个，集体经济控制的企业党组织41个，事业单位党组织3个。年内任期届满的党组织总数446个，其中党委43个、党总支27个、党支部376个；完成换届选举431个，其中党委31个、总支部27个、党支部373个；15个党组织因人员机构调整、疫情形势等经批准延期换届。全集团党员总数为59552名，其中女党员11368名，少数民族党员1986名，大专及以上学历党员46946名。在岗职工党员58048名，离退休人员党员1498名，学生党员6名。在岗职工党员中，管理人员17777名、专业技术人员20183名、工勤技能人员20088名。年内发展党员1607名。2名党员分别被评为全国优秀共产党员、全国优秀党务工作者，5名党员被评为中央企业优秀共产党员，3名党员被评为中央企业优秀党务工作者，4个党委、2个党总支、1个党支部被评为中央企业先进基层党组织。

**【党组织建设】** 高质量召开公司领导班子专题民主生活会，国资委党委书记郝鹏出席会议并给予充分肯定。积极落实“四同步、四对接”要求，指导设置基层党组织，做到“应设必设”“应建必建”，调整四方有限公司等9家企业党组织设置。认真贯彻《中国共产党基层组织选举工作条例》，制定《中国中车集团有限公司基层党组织选举工作实施细则》，按照公司党委换届选举程序规定，指导推进大连公司等9家企业党委换届选举。强化基层党组织标准化、规范化建设，开展党组织“应建未建”专项排查治理，大力消除薄弱区和空白点，实现11500多个生产班组党员全覆盖。稳妥推进公司境外党建工作，并针对疫情防控形势，指导公司境外党组织在疫情防控中发挥战斗堡垒作用。在推进“混改”的同时，出台《中国中车混合所有制企业党的建设工作实施意见》，对40家参股企业党组织建设进行督办整改，做好党建整体设计，把党建要求纳入改革方案，同步设立党的组织，实现“应建必建”。组织10家子企业党委书记进行党建工作现场述职评议，进一步压实党建工作责任，开创党建引领企业发展的新局面。

**【党建工作责任制考核】** 中国中车党建工作连续第4年获评国资委党建工作责任制考核A级。严格实施子企业党建工作责任制考核，坚持正向激励的原则，将制造类和非制造类企业进行分类考核，综合年度考核与日常情况，经党委常委会研究得出考核结果，并将党建工作考核评价结果与所属企业领导班子成员薪酬挂钩。制造类2021年度党建工作责任制考核结果是：评为A的企业有四方股份公司、大连公司、株机公司、浦镇公司、长客股份公司、唐山公司、长江集团、株洲电机公司、齐车集团、株洲所、大同公司、永济电机公司；评为B的企业有戚墅堰公司、天津公司、戚墅堰所、中车产投、四方所、广州公司；评为C的企业有大连所、四方车辆公司、南口公司。非制造类2021年度党建工作责任制考核结果是：评为A的企业有工程公司、中车新投、中车科技园；评为B的企业有中车金控、物流公司、国际公司、常铁校、金租公司、中车研究院；评为C的企业有财务公司、信息公司、二七车辆公司、二七机车公司、资本公司、租赁公司。

**【党建研究会建设】** 经公司党委研究决定，中车党建研究会于6月24日揭牌成立，并创刊《党建实践与创新》，进一步加强中车党建工作研究的深度和广度，打造中车各级党组织党建工作交流共享平台，营造党建工作研究的浓厚氛围，争创中央企业党建理论创新研究的典范。党建研究会成立后，指导各单位紧扣新形势下促进中车党建工作质量固化攀升、实现党建“金名片”建设新突破、以高质量党建引领高质量发展的目标，深入开展党建理论研究和创新实践。各单位全年报送党建理论研究和创新实践成果296篇，经严格初评、复评、终评，最终评选出优秀党建理论研究和创新实践成果70篇，其中一等奖作品12篇、二等奖作品23篇、三等奖作品35篇。年末，首期《党建实践与创新》编印发行。

**【发展党员情况】** 根据上级精神和企业党建发展需求，制订年度发展党员计划，及时进行中期指标调整。全年发展党员1607名，其中发展管理人员党员467人、专业技术人员党员549人、工勤技能人员党员587人、学生党员4人；发展硕士研究生学历以上高知识群体党员246人，发展各级各类专家人才党员40人，发展女党员285人，发展少数民族党员70人。完成对党外高级知识分子、高级技能人才等5200余人的调查摸底，加大在科学家、工程师、大国工匠等专家人才中发展党员工作力度，在庆祝建党100周年之前圆满完成既定目标。持续推动落实发展党员必备材料“一袋两表22项”要求，持续关注发展党员工作覆盖面、均衡性，全年未出现无党员班组。

**【党员管理】** 指导督促常态化做好全国党员信息管理系统维护，运用系统加强党员、党组织日常管理。继续做好企业退休党员社会化移交工作，协助企业完成离退休和改制企业党员829人整建制转出。部署开展2020年度组织生活会、党史学习教育专题组织生活会，并对年度民主评议党员进行评定和处置。按照中组部统一部署，在组织全系统培训的基础上，加强工作指导，严格审核把关，高质量完成2020年度党内统计年报表、2021年党内统计专项报表工作，保证了党内统计的真实性、准确性。

**【创先争优与评先推优】** 指导各级党组织开展“创岗建区”“创先争优”活动。各级党组织通过设立党员责任区、党员示范岗、党员突击队、党员服务队，组织党员攻坚克难，精准着力，围绕中心任务促进融合提升。根据上级要求部署，认真做好“七一勋章”、全国“两优一先”及中央企业“两优一先”评选推荐工作，长客股份公司高速中心装调工罗昭强被评为全国优秀共产党员，齐车公司党委书记、董事长张玉祥被评为全国优秀党务工作者，5名共产党员、3名党务工作者、7个党组织分别被授予中央企业优秀共产党员、中央企业优秀党务工作者、中央企业先进基层党组织称号，其中长江集团党委副书记何朝阳作为中央企业优秀党务工作代表参加表彰大会并接受颁奖。

**【“我为群众办实事”实践活动】** 将“我为群众办实事”实践活动作为学史力行的重要落脚点和开新局的重要转化器，切实把党史学习和观照现实办实事、推动企业高质量发展、提升人民幸福感获得感安全感结合起来，聚焦“突出宗旨使命、围绕贯彻新发展理念办实事，突出责任担当、围绕巩固拓展脱贫攻坚成果办实事，突出优势特色、围绕服务保障社会民生需求办实事，突出科技创新、围绕高端装备惠及全体人民办实事，突出攻坚克难、围绕提质增效风险化解保增长办实事，突出为民惠民、围绕关心关爱职工群众办实事”，高起点启动，高标准要求，高质量推进，高成效落地。截至2021年末，集团公司层面37项具体措施和子公司层面2020项具体措施均按计划兑现，目标完成率达到100%。

**【“光荣在党50年”纪念章颁发】** 按照中组部、国资委要求和有关管理办法，着眼增强党员的荣誉感、归属感、使命感，认真组织开展“光荣在党50年”纪念章颁发工作，做好调查摸底，逐一登记造册，坚持工作流程。公司党委及所属党委采取不同形式，结合“七一”表彰等载体，按时将729枚纪念章颁发给所有“光荣在党50年”老党员。公司领导分赴14个省市、15家企业，走访慰问“光荣在党50年”离退休老党员代表17名。太原公司曹帮力作为中央企业“光荣在党50年”代表，参加庆祝中国共产党成立100周年系列活动。

**【党内关怀帮扶】** 根据中组部和国资委党委要求，安排做好2021年元旦春节期间和“七一”前夕走访慰问生活困难党员和老党员工作。两次慰问，公司和所属企业党组织共使用党费605.5万元（其中公司党委下拨338万元），慰问党员群众5576人，慰问基层党组织719个，帮助解决生产生活困难380个，听取意见建议317条。广大党员和职工群众深切感受到中央和各级党组织的关怀温暖，进一步凝聚起坚定信仰、坚守初心、勇担使命、奋勇争先的干事创业激情。

【党费管理】 指导所属企业做好党费收缴使用管理，做好全系统党费统计报表核算和转账汇款。及时下拨两节和“七一”慰问款、国资委表彰款及支持疫情防控、开展庆祝建党100周年和中车创业140年专项活动经费等。全年，公司党委党费收入864.6万元，所属企业党委上交586.5万元，国资委党委下拨276.1万元；党费支出802.5万元，其中上交国资委党委391万元，元旦春节和“七一”前夕下拨慰问款338万元。公司党委党费管理坚持落实审批流程，抓好过程监管，及时做好账目核对和凭证处理。进一步推动补交党费使用管理，除示范党支部专项经费外，全系统补交党费余额全部清零。

（党委工作中心　供稿）

# 宣传工作

【概述】 2021年，中车党委宣传部门高举习近平新时代中国特色社会主义思想伟大旗帜，充分发挥“举旗帜、聚民心、育新人、兴文化、展形象”的作用，把握“红色、厚重、温暖”六字基调，以党史学习教育、建党100周年、中车创业140年、文化传承工程、“十四五”开局等为重点，积极开展媒体宣传和企业文化建设，为建成受人尊敬世界一流中车提供坚强的思想保障和文化力量。

【意识形态责任落实】 年初，公司党委会专题研究意识形态工作，深入分析意识形态工作形势、研究风险隐患、制定针对性措施，积极推进意识形态责任制在企业落地。聚焦和落实公司党委意识形态责任制，严格执行《意识形态工作责任制实施办法》，将意识形态工作纳入党建工作责任制，纳入执行纪律监督检查范围，纳入党建述职考核评议、组织生活会等。

【政治理论学习】 进一步加强公司党委中心组政治学习，全面深入学习习近平新时代中国特色社会主义思想，把学习贯彻习近平总书记重要讲话和重要指示批示精神作为公司党委中心组“第一议题”，全年共组织中心组学习13次。在加强集中研讨、改善学习效果上下功夫，确保公司党委中心组学习质量，做到凡学习必研讨。围绕习近平新时代中国特色社会主义思想、党史学习教育、国企改革三年行动方案、十九届五中、六中全会开展专题研讨。邀请专家对党史、习近平外交思想等进行专题讲座辅导，强化学习效果。

【党史学习教育】 通过“读书自学、集体研学、专家导学、培训专学、现场教学、共建联学、典型讲学”七种方式，开展学习党史学习教育，“四先”“五红”“六围绕”“七个新突破”成为中车党史学习教育特色。中车党史学习教育情况及相关经验多次在国资委交流会上发言，被中央简报刊发6次、国资委简报刊发33次，被中央第十八指导组组长赵惠令盛赞“中车党史学习教育走在央企前列”。

【红色文化建设与传承】 6月20日，中国中车与南湖革命纪念馆党建教育基地共建仪式暨复兴号高速动车组模型入馆揭幕仪式在南湖革命纪念馆举行，是首家央企在嘉兴南湖首创共建党建教育基地。先后组织到青龙桥火车站和詹天佑纪念馆、长辛店二七纪念馆等地开展现场学习活动。规划建设全覆盖“四个时期”的十个爱国主义教育基地，其中两个获评国家级、5个获评部委级，在央企中遥遥领先。各级基地全年共接待各类参观近4000场共10余万人次，接待省部级以上领导35人次。举办“百年伟业　红色中车”展览，通过五个篇章、180余幅图片，展现中车永远跟党走所取得的辉煌成就。策划编写《红色中车：国家名片的红色基因》图书，提炼和总结中车在党的领导下与党同行、不断壮大的历史，既是对建党100年的纪念，也是中车人认识自己、传承历史、明晰使命与责任的有效载体。成立课题组，系统梳理中车的红色文化，立项开展“中车红色文化弘扬与传承”课题研究，并承接国资委“揭榜挂帅”重大课题“国有企业红色基因传承弘扬研究”。

**【企业文化沉淀与传承】** 凝聚“同一个中车”，持续完善文化传承工程。“六位一体”的文化传承工程越来越完善，“前四司”已经基本成型。“中车日”期间，统一部署“中车日”系列活动，成功举办中国轨道交通工业140年盛大峰会，配套设计制作《车行于道》历史画册，通过媒体全面播放“南有江南造船厂，北有唐山胥各庄”的历史发端，牢固确立中国中车的行业领袖地位（成为《财富》杂志“中国最受赞赏企业排行榜”榜首），同时助力各子公司分别开展各式各样的庆祝活动，增强广大员工对中车文化的认知和认同。坚持广泛传唱中车之歌《与你同行》，使“合唱中车之歌”成为各个重要场合的规定项目。司书《中车成长之道》再增新内容，并成为员工必读书目。组织创作完成《中车赋》，并创新策划、周密部署、精心实施《中车赋》发布会活动，使《中车赋》在中国轨道交通140年活动上得到完美呈现，随后在全集团开展系列《中车赋》推广活动。

**【新闻传播】** 进一步加强策划和传播中车好声音，并取得满意成效。年内截至11月15日，在副部级以上媒体共刊发新闻2866条，其中《人民日报》发布42篇、新华社发布13篇、中央电视台发布69篇。其中重大宣传亮点有：入选中央电视台“大国工匠”栏目、新华社《年轻党员点亮铁路复兴之光》聚焦党史学习、央视重磅栏目《信物百年》、人民网《党建大家谈》“高端访谈”，《国资报告》发布公司党委书记、董事长孙永才署名文章（聚焦企业家形象打造）、央视《大国重器》两集节目（聚焦中车品牌宣传）、清明节祭奠詹天佑活动。

**【传播平台建设】** 公司年内传播平台建设卓有成效。《中国中车报》“七个突破”系列文章，解读战略部署，引导全集团各单位解放思想，推动中车更好地实现高质量发展。中车微信公众号平台吸引粉丝17.3万人，成为集团内外获取中车信息的第一平台。举办第十届“车迷有约　走进中车”活动，服务中国中车“一核三极多点”布局，走出两条钢轨，聚焦株洲所宜宾ART智轨列车，策划藏族儿童中车游学之旅活动，并推出“车迷有约　走进中车”网站，全面深化活动社会影响。在国外新开通领英平台、视频号、快手短视频等，并启动小语种网站改版及维护；推出中车在澳大利亚网站，策划并实施澳大利亚中车社会责任月，完成《中车在澳大利亚》社会责任报告，并与有关机构合作推出一个智库课题，完成一份《形象传播策略白皮书》，在海外社交媒体推出中国中车140周年主题漫画，在昆士兰大学设立“品质奖学金”。

**【品牌建设】** 组织编写完成中车品牌、文化“十四五”子规划，做好顶层设计系统规划，品牌价值再创新高。系统梳理5年来的工作，以提升品牌价值为基础，以品牌经营为抓手，设计面向“十四五”的“大品牌体系”；以品牌资产化为导向，扩展公司品牌架构；升级公司品牌贡献率评价体系，设计品牌活跃度考评机制。开展品牌资产化研究课题，对品牌授权管理体系、品牌价值评估架构、品牌资产化案例进行研究，已形成报告，构建出品牌价值模型。启动“五化”展会课题研究相关工作，完成中国中车EI设计。紧扣“一核三极多点”，按照“五化”展会要求，策划实施风能展、城轨展等系列展会。筹划设计柏林展，组织项目推进会，系统推进项目实施。中车品牌价值2021年达1260.15亿元，再创历史新高。在国资委等品牌成果评比中，中车两个品牌案例入选国资委品牌优秀案例，3个品牌故事获奖，1个品牌案例获中企联品牌案例评比特等奖。

（党委工作中心　供稿）

# 纪检工作

【概述】 2021年，中车各级纪检组织坚持以习近平新时代中国特色社会主义思想为指引，学习贯彻十九届中央纪委五次全会、国资委党风廉政建设和反腐败工作会议精神及工作部署，紧紧围绕中车改革发展和生产经营中心任务，全面贯彻中车“七个新突破”重要战略部署，与时俱进把握职责定位，持续把纪律挺在前面、把监督放在首位，聚焦立足新发展阶段、贯彻新发展理念、构建新发展格局，以推进新时代中车纪律建设高质量发展为主题，为建成受人尊敬世界一流中车保驾护航。

【政治监督】 组织公司各级纪委围绕习近平总书记关于科技创新重要指示批示精神贯彻落实情况、国企改革三年行动、科技自立自强和管理提升等重大项目开展专项监督，并督促公司各级党组织深入贯彻落实习近平总书记三次视察中车所作的重要指示精神。贯彻落实习近平总书记关于冬奥会项目建设讲话精神，督促相关子企业打造精品京张智能动车组和为冬奥会运动员训练场馆提供服务保障工作等两项冬奥会任务，保证各项工作顺利推进。把党史学习教育开展情况作为政治监督重点，会同10个巡回指导组，对39家一级子企业党史学习教育进行全覆盖、全方位、全过程巡回指导。探索创建“智廉中车巡视整改监督”信息系统，实现巡视整改日常监督可跟踪、可评价、可问责。贯彻落实《中共中央关于加强对“一把手”和领导班子监督的意见》，制定中车纪检系统9项具体贯彻措施，落实落细“一把手”和领导班子监督工作。印发《中国中车纪委关于加强政治监督的指导意见》《中国中车纪检机构日常监督实施办法》《中国中车集团有限公司党组织纪检委员工作细则》等文件，进一步完善监督工作体系。协助公司党委开展专题研究党风廉政建设和反腐败工作31次，召开2021年度党风廉政建设和反腐败工作会议，安排部署年度重点工作任务，与子企业党委签订党风廉政建设责任书，组织召开领导干部集体廉政谈话会议，开展对子企业纪委书记的履职述职和业绩评价工作，夯实管党治党责任落实。

【专项整治】 围绕贯彻落实习近平总书记关于“加大国有企业反腐力度”重要指示和国资委党委关于整治“靠企吃企”问题部

署，落实国资委专项巡视和专项检查具体要求，纪委协助党委在全集团范围内全面开展专项整治工作。印发《中车集团党委深入整治“靠企吃企”问题总体工作方案的通知》，共涉及国企改革、管理提升、科技创新和“一把手”监督等7个领域23个专项，明确重点任务和工作分工。印发《中车集团党委配合国资委党委专项巡视和专项检查工作方案》，对违规挂靠专项巡视巡察和境外腐败治理专项检查有关工作做出总体安排。会同相关部门完成《中车集团党委关于开展境外腐败治理工作情况的汇报》《中车集团纪委监督境外腐败问题相关工作情况》等6份报告。组织中车总部7个部门，对部分子企业整治“靠企吃企”问题进行现场监督检查。组织召开专项巡视和专项检查沟通会、工作汇报会、巡视反馈会，协调公司总部9个部门和10余家子企业提供专项巡视和专项检查材料，专项巡视组和专项检查组与集团领导及相关业务人员谈话50余人次，国资委检查组对中国中车此次专项工作开展情况和治理成效予以较高评价。

**【重点监督】** 针对国内出现的新冠肺炎疫情多点散发特点，持续做好疫情常态化防控监督，在中车全级次范围部署开展自查整改工作，督促疫情防控责任制层层压实。利用新创建的“廉洁风险”信息化防控平台，加强督导子企业纪委对重点领域、关键环节开展廉洁风险评估，督导各级纪委对境外单位党的建设、财务管理、物资采购、选人用人等6个方面开展专项监督检查。利用“三重一大”决策与运行监督系统，采取随机抽查的方式，对权力行使和重大决策情况进行在线实时监督。督导有关部门和子企业对科研项目管理制度执行、经费使用等方面开展自查自纠。督导相关职能部门开展危化危爆品安全排查，并对有特殊制造资质的12家子企业进行“点对点”式排查。对领导人员配偶、子女及其配偶经商办企业进行排查、整改。各一级子企业纪委全年共开展重点领域日常监督检查88项，发现问题902个，下发纪律检查建议书39份，提出意见建议226条，推动完善制度流程184条。梳理当前中车监督工作中需要解决的系统性问题，研究构建“多位一体”大监督体系，提出“多位一体”大监督体系的总体思路和6个具体目标，下发《关于构建“多位一体”大监督体系的指导意见》等4个相关制度，整合监督资源，提高监督效能。

**【作风建设】** 印发《关于做好总部形式主义官僚主义问题查摆的通知》，组织开展集中整治中车总部形式主义官僚主义问题，并结合部门工作实际开展问题自查。编制《中国中车总部作风建设集中整改方案》，提出6大体系重点任务整改措施256项，部门自查发现问题整改措施271项，推进中车总部作风建设问题集中整改。制定印发《中国中车集团有限公司纪委贯彻落实中央八项规定精神及实施细则监督检查办法》，建立落实中央八项规定精神监督检查长效机制。贯彻落实国资委党委严控领导人员关联交易的工作要求，研究制定中车集团《规范领导人员配偶、子女及其配偶经商办企业行为的规定》。紧盯元旦春节，“五一”端午，中秋国庆等重要节点，下发纪律提醒通知，开展监督检查和明察暗访，并以纪委书记名义向全集团领导干部发出廉洁过节提醒短信，警示党员干部廉洁过节。

**【纪律监督】** 年内，全集团共处理信访举报468件次，处置问题线索293件，立案审查46件，党纪处分63人，组织措施98人。各级纪委运用“四种形态”累计分别为310人次、53人次、11人次、11人次，占比分别为75.8%、17.2%、3.5%、3.5%。中车纪委向子企业共下发纪律检查建议书11份，提出整改建议26条，督促问题整改49项。对子企业问题线索核查工作进行业务指导

38件次。全面梳理2015年以来案件查办过程中收缴的涉案款物管理情况，加强各级纪委涉案款物收缴、保管和处理工作。探索开展区域纪律审查中心试点工作，制定《中国中车纪委区域纪律审查中心试点工作办法》，跨区域跨单位开展部分案件的审查调查工作。研究制定《中国中车纪委党纪处分决定执行工作实施办法》《中国中车纪委案件质量评查工作办法》，提升案件管理和查办质量。做好干部选拔任用、评优评先和各级党代会代表推选等廉洁鉴定工作，全年共出具105人次党员干部廉洁鉴定意见，坚决防止“带病提拔”“带病入围”。

**【警示教育】** 组织召开两次中国中车干部警示教育大会，点名通报“靠企吃企”和违反中央八项规定精神问题等18个典型违纪违法案例。指导各子企业通过多种方式开展警示教育大会72次，累计受教育党员干部近1.5万人次。扎实开展党史学习教育，各级纪委坚持集中学与自主学、专题学与研讨学相结合，并通过纪委书记讲党课、专家辅导、情景剧等方式，深化学习效果，坚定理想信念，弘扬革命精神。组织开发“智廉中车党规党纪教育信息化系统”，创建党规党纪千道题库，全面推进集团全体党员干部党规党纪应知应会的学习培训和“点对点”的理论知识学习测评。对各子企业持续深化“四必谈、五确保、一测评”纪律教育常态化、长效化工作机制提出要求，持续督促指导子企业结合党史学习教育，全面落实中车党员干部纪律教育实施办法，深入组织开展“百名纪检干部讲纪律”教育活动，探索构建中车廉洁文化。

**【纪检组织建设】** 组织各子企业纪委有序落实“双创行动”实施方案，制定“双创行动”实施管理办法，首批评审确定创建项目63项，探索推进纪检工作特色品牌建设。选派纪检干部赴中国纪检监察学院参加集训。组织全级次纪检干部学习中央纪委编写的《审查调查课程讲义》手册，全年培训1922人次，完成对纪检干部业务培训的全覆盖。中车纪委派驻纪检组持续深化派驻监督，有效防范驻在单位“三重一大”决策风险和廉洁风险，重点盯住“七个异常”，督促驻在企业党委落实主体责任。全年参加驻在单位党委会、董事会、总经理办公会268次，书面审阅各类议案1240余项，针对经营风险和廉洁风险提出建议和提醒135条。《中国纪检监察杂志》连续4篇专题文章多次提到中车纪委开展监督工作经验做法;《中国纪检监察报》刊发中车纪委借助大数据平台开展监督工作专题报道；国资委党委《党风廉政专刊》和驻国资委纪检监察组《纪检监察工作交流》刊发中车纪委多篇专题报道。2021年度中车纪检工作被中央纪委国家监委驻国资委纪检监察组考核评定为“优秀”。

（纪委机关　供稿）

# 工会工作

**【概述】** 2021年，中车各级工会组织在上级工会和中车集团党委领导下，认真学习党的十九届六中全会精神，深入领会习近平总书记在中国共产党成立100周年庆祝大会上的重要讲话精神，深入把握习近平总书记关于工人阶级和工会工作重要论述的精神实质，围绕公司党建“固化攀升”主题，紧扣公司经营“12368”主线，坚持“三实”工作导向，较好完成集团工会第八次全委（扩大）会议确定的任务，助力公司圆满完成党建和生产经营目标，为“十四五”良好开局作出了积极贡献。年末，中车集团工会下属一级子公司工会38个、公司总部工会1个，共有工会会员172481名。

**【思想政治学习与培训】** 组织观看中国共产党成立100周年庆祝大会盛况，并深入学习习近平总书记在大会上的重要讲话精神，汲取精神营养、坚定理想信念。“七一”期间，公司12位优秀员工代表进京参加系列庆祝活动，公司工会会同党委工作中心对优秀代表进行宣传，展示中国高铁工人团队的精神风貌。邀请全国人大常委会副委员长、全国总工会主席王东明，全国总工会党组书记、书记处第一书记、副主席陈刚分别到二七纪念馆参加党史教育专题学习活动。以“党史学习教育暨‘两实’领导力培训”为主题，举办两期工会主席、副主席培训班，120名基层工会干部参加培训。积极落实全国总工会“工会进万家”活动部署，下拨专项资金支持各级工会深化“我为群众办实事”活动，重点走访慰问劳模先进、外派员工家属和困难员工家庭。

**【产业工人队伍建设改革】** 持续深化产业工人队伍建设改革，并取得良好成效与反响，公司党委书记、董事长孙永才作为央企唯一代表在全国产改深化推进会上作经验交流发言。选派戚墅堰所万升云等13人参加全国第七届职业技能大赛并担任裁判，占全部裁判的20%，中车工会获大赛优秀支持单位。组织开展第二届“高铁工匠”评选，表彰“高铁工匠”58人、提名奖27人。推进中车“高铁工匠协同创新中心”建设，下发《“高铁工匠协同创新中心”专项经费管理办法（试行）》。指导下属有关单位工会完成全国首届“大国工匠”创新交流大会筹备工作。长客股份公司罗昭强、王洪潇主创的项目分获“第六届全国职工优秀创新成果交流活动”二等成果、优秀成果。中国中车首次科技创新大会表彰青年技能人才200名，技能人才表彰机制实现重大突破。会同科信中心完善技术工人创新成果申报机制，在2020年中车科技进步奖评选中，11项技术工人创新成果入选，较上年度实现翻番。

**【中车创业140周年活动】** 按照中车创业140周年活动总体安排，中车集团工会主办、唐山公司工会承办、有关单位工会协办的三项活动，历时两个半月圆满完成。近万人参加的“百年伟业 · 薪火相传”火炬接力传递，向社会宣传中车企业形象，“百卌承初心 · 思源致长远”文艺晚会精彩演绎中车踔厉奋发的光辉历程，“与你同行再出发 · 善为善成逐梦行”健康跑喻示中车开启“十四五”再出发的新征程。三项活动充分传承了中车的红色文化、展示了中车的品牌力量、激发了员工的工作热情，得到与会领导、中外嘉宾高度评价和广大员工的广泛赞誉。

**【劳模先进选树】** 中车系统全年获评全国五一劳动奖状2个、五一劳动奖章5个、工人先锋号1个。唐山公司张雪松获2021年度“最美铁路人”称号，大连公司臧兰兰、戚墅堰公司张忠作为2021年“新时代 · 铁路榜样”在铁路系统进行重点宣传。6个单位、29名个人荣获火车头奖杯、奖章。中车集团工会举办省部级以上劳模交流培训班2期，并组织调研问卷，倾听劳模意见建议。

**【劳动竞赛管理与劳动保护检查】** 围绕公司“两利四率”目标，对34个一级子公司报送的149个竞赛项目进行审核，确认30个一级子公司2021年度竞赛项目99项。对上年度“三保一增”主题劳动竞赛项目成效进行评审，表彰成效显著的单位，下拨劳动竞赛支持经费470余万元。针对货车企业保交付、保安全的艰巨任务，投入专项经费500

万元，助力打赢货车生产任务攻坚战。会同运营安技中心围绕安全生产三年行动方案，开展专项检查和班组安全喊话、安全隐患随手拍、职业健康管理对标、职业健康传播作品征集、争做职业健康达人等活动。对工会劳动保护监督“三个条例”落实情况进行专项检查，命名表彰62名优秀劳动保护监督检查员。举办应急技能培训1期。

**【民主管理】** 组织完成中车集团第二届职工代表大会换届，召开中车集团二届一次职工代表大会。组织召开中车集团二届一次职工代表团（组）长联席会，选举产生中车集团职工董事、股份职工监事。组织4家子公司工会对国资委《关于进一步加强中央企业职工代表大会建设的指导意见（征求意见稿）》提出针对性建议。中车集团工会就企业“混改”“双百”“科改”实施方案，落实职代会职权，提出工会的意见和主张。对4家子企业民主管理工作进行抽查。组织召开“三有”创新成果发布暨业务知识培训会，首次开展组织民管“三有”（有特色、有影响、有成效）成果评审，表彰最佳成果11项、优秀成果9项。总结推广一批有特色、有影响、有实效的基层组织建设民主管理经验，编印《中车组织民管工作专项制度及特色案例选编》。

**【劳模工作室建设】** 启动中车金蓝领和劳模创新工作室联盟创建活动。召开调研会议，就《金蓝领和劳模创新工作室联盟管理办法（讨论稿）》征求意见，探索建立跨工种、跨企业的中车级创新工作室联盟。开展全国示范性劳模创新工作室和国家技能大师工作室成果汇总整理，为中车劳模创新工作室品牌推广和宣传奠定基础。截至2021年末，中车共有全国示范性劳模创新工作室11个、国家级技能大师工作室32个。全年拨付劳模和金蓝领创新工作室支持经费65万元。

**【女工工作】** 中车年内获评全国五一巾帼奖状1个、全国五一巾帼标兵岗2个、全国五一巾帼标兵3名。通过中车微信公众号，对这些先进单位和个人进行宣传。推荐长江集团眉山公司余向其家庭荣获“全国最美家庭”称号。组织“巾帼心向党·建功新中车”庆祝“三八”国际妇女节系列活动，激发女员工的劳动热情和创新激情。以“百年初心恰风华”为主题，开展第五届“书香中车”女员工读书季系列活动，收集征文157篇、家书154篇、视频87个，择优报送给铁路总工会。组织参加“情系女职工·法在你身边”全国职工线上法律知识竞赛活动，为女职工提供法律知识服务。“六一”期间，组织开展女职工和困难职工子女关爱慰问活动。组织开展“巾帼心向党·奋斗新征程”主题宣讲活动，表彰优秀活动项目30个。

**【“新小家”建设】** 工会围绕“新小家”建设，总计下拨经费近1亿元。截至2021年底，全集团累计建成“新小家”6370个，有效满足了员工就餐、饮水、更衣、洗浴、文体健身等需求，将“新小家”建成民心工程、舒心工程、暖心工程和品牌工程。召开“新小家”建设总结提升大会，表彰“新小家”建设优秀单位15个、先进单位21个、“示范小家”60个。编印《擦亮金名片　建设“新小家”工作指引》，促进“新小家”建设做深做实做在基层。经统筹谋划和协调，大连公司工会牵头建立“中车拉萨职工小家”。支持四方股份公司、大连公司工会分别在昆明和万象筹建“中老铁路中车一体化售后职工小家”。沈阳公司牵头建立中车（沈阳）区域职工小家。

**【送温暖活动】** 就《困难职工帮扶工作实施意见》及其实施办法落实情况开展调研，为进一步精准帮扶提供依据。春节、元旦“两节”期间，开展“心系员工·情暖中车”送温暖活动，投入慰问资金2374万元，慰问各级各类劳模先进、售后服务和困难员工及家庭成员2.7万人。"七一"期间，开展对省部级以上困难劳模专项慰问，发放慰问金20万元。组织开展防暑降温专项活动，下拨慰问金150万元，对外派员工和部分高温作业员工开展"送清凉"活动。组织有关单位工会为省部级及以上劳模配备外出会议、活动的标准工装。所属4个单位、9名员工分别荣获铁路困难职工解困脱困工作先进集体、先进个人。下拨疫情防控专项经费54万元，为地处疫区企业提供资金支持。在中车定点帮扶的四个市区县开展"送温暖"活动，走访慰问贫困群众，看望慰问公司派出的帮扶干部。继续组织各级工会开展消费帮扶采购工作，超额完成采购计划。

**【文体活动】** 组织和选派株洲电机公司、株机公司、株洲所、戚墅堰所、长江集团、产投公司、兰州公司员工参加全路第十四届运动会，获得羽毛球、乒乓球、气排球3项球赛团体冠军、足球赛第三名、围棋赛第六名、健排舞赛第六名，中车集团工会获全路运动会体育道德风尚奖。株机公司获全国群众体育工作先进单位，9个单位、18位员工分别荣获铁路体育先进单位、先进个人。四方股份公司工会代表集团工会参加"印记初心　庆祝中国共产党成立100周年大众篆刻"展、"印记冬奥大众篆刻"展，得到主办方高度赞赏。继续举办外派员工"十个一"和"五个一"文体活动，丰富外派员工生活。

**【工会组织建设】** 首次组织实行系统化的工会工作考核评价，通过单位自评、现场考评、专业分评、常委会审定四个环节，评定A级单位11家、B级15家，C级11家，表彰考评优胜单位"优秀工会工作者"45名。组织召开考评工作座谈会，多方征求考评意见与建议，为后续改进完善考评办法提供依据。联合信息公司完成中车工"HUI"云系统搭建，组织召开6家试点单位上线培训会议，经对系统分项运行进行调试和完善，对栏目内容进行补充修正，对工作流程进行优化调整。配合完成铁路工会第十五次代表大会筹备工作，选举12名中车代表，推荐"两委"委员候选人。指导有关单位完成工代会换届和主席、副主席、经审会主任、女工委主任替补。调整部分单位工会组织隶属关系。开展2020年度工会信息评比工作，表彰一批先进单位和个人。

**【工会财务经审】** 严格落实中央八项规定精神和工会经费"八不准"要求，加强工会财务预算管理和经费收支管理。全年下拨重点、常项、专项经费5000余万元，占经费支出的90%，强力支持基层工会开展工作。试点探索经费报销审批网络化，并继续扩大试点，推进子公司工会财务账户资金归集管理。组织工会财务新旧制度转换业务培训。中车集团工会年度财务工作获全国铁路工会财务工作特等奖，下属1个单位获全国总工会财务先进集体、3个单位获铁路总工会财务先进集体。完成对下审计项目13个，以及对专项资金使用效能的检查，对审计发现个别单位存在的突出问题进行约谈和审计意见交流。

**【重要纪事】** 1月14日，中国中车二届一次职工代表大会以视频形式召开。公司党委书记、董事长刘化龙出席会议并讲话。253名与会职工代表审议通过公司总经理（总裁）孙永才所作的工作报告。4月21日，全国推进产业工人队伍建设改革工作经验交流会在江苏无锡召开。公司党委书记、董事长、总经理（总裁）、产改领导组组长孙永才作为央企唯一代表在会上发言。5月13—24日，中国中车劳动模范培训班（两期）在中车党校海南校区举办。公司工会主席赵虎在开班仪式上作动员讲话，全国铁路总工会生产宣传部部长王勇出席并与劳模座谈交流。7月8日，中车(沈阳)区域职工小家举行揭牌仪式，中车13家驻沈阳地区一级子公司300余名售后服务人员从此有了“新小家”。7月22—23日，公司工会联合运营与安技环保中心在浙江舟山中化岙山安全与应急管理学院举办应急技能培训班，来自基层单位的79名工会干部和应急管理人员参加培训。7月29日，公司工会召开“三有”创新成果发布暨业务知识培训，现场发布工会组织民管创新成果27项，表彰民管工作最佳“三有”创新成果11项、优秀创新成果9项。中华全国铁路总工会组织部副部长吴文斗应邀参加发布会并担任评委、授课。公司战略规划与投资中心领导、专家对中车“十四五”战略规划纲要和三年改革行动计划作专题宣贯。9月16日，国资委党委书记、主任郝鹏在公司党委书记、董事长孙永才陪同下，到拉林铁路中车一体化售后服务站调研，充分肯定大连公司工会、株机公司工会牵头建设的拉林铁路“一体化职工‘新小家’”。9月26日晚，中国轨道交通工业140年峰会文艺晚会在唐山市保利剧院隆重举行。11月4日，公司召开第二届职工代表大会第一次职工代表团(组)长联席会议，54名与会代表通过无记名投票方式，选举王铵为中车集团职工董事，选举赵虎为中车股份第三届监事会职工监事。12月3日，中老铁路正式开通运营，四方股份公司、大连公司联合承担中老铁路线维保工作，拉开中老铁路“一体化职工‘新小家’”建设序幕。12月16日，中国中车工会新会计制度培训暨年度财务预决算会议以视频形式召开，学习贯彻财务部新颁布的《工会会计制度》及全国总工会、铁路总工会有关要求，安排部署工会2021年财务决算及2022年财务预算工作。

〔群团工作中心(工会办公室) 供稿〕

## 共青团工作

【综述】 2021年，中车团委以习近平新时代中国特色社会主义思想为指导，在集团公司党委和上级团组织的坚强领导下，以庆祝中国共产党成立100周年、中车创业140周年为契机，紧密围绕公司党建“固化攀升”工作主题和“12368”经营工作主线，全面落实年度各项工作部署，深入推进“四大工程”，多项工作成果得到人民网、《中国共青团》杂志、“国资小新”公众号等主流媒体的广泛报道，为公司实现“十四五”良好开局贡献了青年力量。

【党史学习教育】 扎实推进“学党史、强信念、跟党走”团内党史学习教育，开展专题学习会、党史读书班、红色大讲堂、演讲朗诵辩论等学习活动855次，举办专题团课1271场次、学习交流活动529场次，组织173个企业团组织353名青年骨干开展党史接力宣讲218场次，评选出党史宣讲先进个人100名。以清明节、“五四”、“七一”等重要节点为契机，从“缅怀铁路先驱　传承天佑精神”到参观京张铁路陈列馆、恽代英纪念馆、革命烈士陵园，从开展“弘扬五四精神，凝聚青春力量”主题活动到举办五四运动史团课宣讲竞赛，从组织7800余名团干部、团员青年集中收看庆祝中国共产党成立100周年大会盛况到25500余名团员青年共话学习体会，公司各级团组织累计开展专题学习1240余次，座谈交流、红色体验、与党旗合影等主题团日活动1030余场，引导青年学习党的光辉历史、体认党的精神谱系、传承党的红色基因。

【青年思想政治引领】 始终坚持以习近平新时代中国特色社会主义思想为指引，深入学习贯彻党的十九届五中、六中全会精神，深化“青年大学习”行动。通过团委书记带头上讲台、研读原文、宣讲分享、座谈交流、线上答题竞赛等多种形式，引导团员青年把思想和行动统一到公司党委贯彻落实全会精神的各项重点任务中，为推进企业高质量发展、加快建成受人尊敬世界一流中车贡献青春力量。先后开展三期“党的十九届六中全会精神”线上知识竞赛，累计参与学习、答题3.2万余人次，100名青年分别获得一、二、三等奖及优秀奖。

【青年价值引领】 聚焦中车“十四五”发展规划、“七个新突破”战略部署等重点内容，邀请企业劳模、高铁工匠、先进代表、青年讲师走进一线、走进青年，开展158场宣讲报告会、专题培训会、政策解读会，引领青年与企业思想同心、目标同向、行动同步。围绕中车年度工作会议精神，以专题学习会、云团课、参会青年代表宣讲等形式，引导广大青年深入了解企业面临的形势任务，争做企业改革发展的推动者、实践者。举办企业简史编辑制作评比和学习活动，评选优秀成果45个，以图文展播、专题学习、逐级宣讲等方式，引领青年回顾中车创业发展历程，见证企业改革发展成就，感悟中车之道，传承优秀文化，将凝聚高度共识的价值追求有效转化为推动企业长远发展的青春动力。

【宣传工作】 依托中车新闻网站、《中国中车青年工作通讯》、“中车青年”微信公众号等媒体，及时发布工作动态，同时加强团属媒体特别是新媒体管理，10余家优质团属新媒体长期活跃，构成中车青年新媒体矩阵，增强了团的工作传播力、引导力和影响力。9月份，通过视频形式组织43家企业的240名青年分别在主赛场和38个分赛场开展首届团的信息宣传能力竞赛，评选出104名新闻基础理论强、新媒体实操技能高的团内宣传骨干，进一步强化团的宣传队伍建设，提高团的信息宣传工作质量和水平。年内共编发《中国中车青年工作通讯》42期，中车“两微一端”、《中车党史学习教育工作简报》刊发共青团综合信息18篇。加强同上级团组织同频共振，年内先后受邀参加《中华儿女》杂志专访和“中日韩创新创业大赛暨中日韩青年创新创业论坛”主旨演讲。

【助力青年成长发展】 持续推动落实中车青年工作会议精神，加快推进青年人才队伍建设。6月，公司团委面向基层青年科技人员和团青骨干举办党史学习教育示范培训班，通过专家讲、系统学、现场看、团队练等形式，采用“5个课+”联动模式，教育引导青年筑牢思想根基、提升专业素养能力。其间，专门组织召开专题座谈会，进一步了解青年科技人员的所思所需所困，共征集建议、想法40余条。所属各级团组织充分利用各种培训资源，通过青年夜校、飞鹰训练营、星火人才、技能比武等形式，开设德语培训班、“青年网络学院”，创建“先锋青工坊”“青春驿站”等青年之家，广泛开展“青匠杯”技能大赛、青年英语训练营、PLC培训班等活动575次，培训1687课时，服务青年员工27630人次，促进青年在工作实践中增才干、快成长。

【青年典型选树】 坚持本级选树与向上推优相结合，聚焦“选、培、联、帮、带”关键环节，及时发现并推荐优秀青年典型。组织长客股份公司、四方股份公司、株洲所3个课题项目参加第十七届“挑战杯”全国大学生“揭榜挂帅”专项赛。指导所属企业团委积极申报2021年中国青年创新创业交流营暨第八届“创青春”中国青年创新创业大赛科技创新项目，并完成《高温超导磁体保冷结构优化研究》等10项创新项目推荐与申报工作。选推《高原双源动力集中动车组研制》等5个青年科技创新项目参评第七届“全国铁路青年科技创新奖”。推荐勇于创新、成绩突出的青年工程技术人员和青年产业工人参加中车科技创新大会相关奖项评选，其中200名青年荣获创新先锋称号。严格标准规范程序，对中车已获得国家、中央企业及其他省级、行业级青年文明号集体进行摸底调查，开展第20届全国青年文明号申报和往届全国青年文明号星级认定工作，复合并申请星级认定全国青年文明号集体11个。全年获评全国青年文明号4个，全国“两红两优”等荣誉5项，全国优秀志愿者优秀个人1名，58名优秀青年个人、37个先进青年集体荣获省部级表彰。

**【青年人文关怀】** 聚焦青年“成长成才、急难愁盼、岗位建功”三重需要，深入开展“我为青年做实事”主题实践活动，全面实施“团爱青年”专项行动。广泛开展选车购房内部团购、申办“青年人才卡”、亲子家庭教育、心理健康讲座、“交友联谊＋爱心公益”、鲜花派送、集体婚礼等活动，面向就地过节和节假日坚守岗位的青年员工开展形式多样的慰问活动，累计办实事3780余项。持续开展“青春起航　筑梦中车”服务新入职员工活动，提供报到接站、手续办理、公寓入住等一站式暖心服务，邀请企业党政领导、相关领域专家、优秀员工代表参加新入职员工座谈会，开展“@新员工，我想对你说”主题视频征集、“‘萌新’看中车”主题短视频大赛、“时光邮局——写给自己未来的一封信”等活动，组织“中秋·国庆”慰问、破冰团建、素质拓展等人文活动，把新入职员工团结凝聚在团组织周围。不断创新开展“岗位建新功，服务展风采”慰问高铁售后服务青年活动，采用“8+N”片区联动协作模式，走访慰问高铁售后服务站141个，慰问青年1640余名，切实解决相关人员生活实际困难，中车共青团“售后青年驿站”文化视觉标识正式亮相，读书分享、摄影沙龙、联谊座谈等文化阵地相继建立，有效满足了售后青年文化需求。集中开展“情暖中车　团爱青年”主题送温暖活动，走访慰问患病和困难青年、优秀青年、苦脏累一线岗位青年、宿舍单身青年及售后服务与境外派出青年家属等12141人，筹集慰问金267万余元，使青年充分感受到各级团组织关怀和企业大家庭温暖。

**【青年岗位建功引领】** 通过团内会议、研讨交流、青年论坛、网络宣讲等多样形式，开展“我为企业发展建新功”主题实践活动，把青年思想和行动统一到企业决策部署和落实好“十四五”发展战略、实现良好开局上来。聚焦企业市场拓展、科技创新、深化改革、降本增效、产融结合、管理提升、风险防范等领域重点难点工作，以“三力一赛”为抓手，组织开展“我为中车代言”“我为企业找订单”等活动300余场，组建海内外“青年突击队”“青年创新团队”1850余支，征集降本节支、精益改善、管理提升等方面“金点子”2300余条，开展三维建模竞赛、青年创新创效主题实践活动397场次，将共青团工作深度融入公司中心工作，助力企业高质量发展。聚焦“市场拓展上实现新突破”，加强与售后站（段）团组织和青年联动共建，以文体文化、技能比武、团建共建等为载体，积极推动“产品＋服务”市场模式拓展。

**【青年示范岗争创活动】** 依托“安全生产月”活动，开展深化青年安全生产、评选青年安全生产示范岗等工作，命名61个青年集体为“中车青年安全生产示范岗”。组织观看《生命重于泰山——学习习近平总书记关于安全生产重要论述》电视专题片，举办“安全生产　青年先行”青年大讲堂，创新开展“我当一天安全员”实践体验、征集

"亲子安全漫画"，积极参与应急演练、隐患"随手拍"、安全知识竞赛等活动，进一步深化青年安全生产工作。重点围绕"提升工作质量、工序质量、产品质量"目标，鼓励青年在"微创新"质量攻关改进活动中主动查找、分析和解决制约产品质量的各类问题，为全面提升质量管理水平发挥团组织和青年作用。大力实施"号、手、岗"创建活动，积极发现和选树青年典型，发挥示范引领作用，命名表彰杰出青年岗位能手10人、青年岗位能手71人、青年文明号67个。

**【青年志愿者行动】** 围绕员工群众生活、企业生产经营、央企责任担当等内容，积极开展助力企业生产、美化厂容厂貌、服务疫情防控、保障大型会议、参与社会公益等形式多样的志愿服务活动。中国轨道交通工业140周年峰会期间，指导唐山公司团委组织208名青年志愿者全程投入到接送站、酒店签到、现场参观、主题峰会、信息讲解、文艺晚会、文创义卖、专业论坛、健康跑、综合机动等10余项服务工作，以"我参与、我奉献、我快乐"的青春态度，累计服务嘉宾746人次、工作项点123个，为峰会顺利、圆满进行作出了突出贡献，得到广泛赞誉和高度评价。以"3·5学雷锋纪念日"为契机，立足企业、面向社会，集中开展"学习雷锋好榜样　志愿服务我先行"主题活动，组织青年志愿者深入社区、养老院、幼儿园，开展便民利民服务、疫情防控宣传、助老爱幼、植绿护绿等社会活动，彰显中车青年担当。中车青年志愿者事迹被登载在国资委官网上，较好展示了中车青年的良好风貌。

**【党建带团建】** 按照中央企业团工委相关工作部署，积极做好中央企业党建带团建会议筹备工作，协调做好建党百年素材征集、二七纪念馆影像拍摄、青年团队汇报交流等工作。及时传达学习中央企业党建带团建会议精神，并协助公司党委制定《关于进一步加强中车党建带团建工作的意见》，明确四个方面的15项工作内容，细化为54条具体措施，为团组织做好青年工作提供坚强引领和政策保障。齐车集团沈阳公司、兰州公司、信息公司、工程公司、中车产投等企业团委协助其党委召开青年工作会议、青年座谈会，充分发挥团组织桥梁纽带作用。

**【团组织建设】** 召开中国中车共青团的一届二次全委（扩大）会，总结上年度工作，研究部署年内重点任务，发布年度优秀工作成果，开展专项工作交流，增选公司团委委员3名、常委1名。完成2021年度共青团报表汇总统计工作，结合"智慧团建"推进情况，对所属各级团组织数量、团员数量、青年数以及专兼职团干部数量进行统计，全面掌握团组织建设总体情况，为团的各项工作深入开展提供数据支撑与决策参考。完成中央企业共青团基础信息数据统计申报工作。全面开展团费收缴、使用和管理情况专项检查，识别问题101项，建立整改台账，制定整改措施，确保全面整改。加强企业团组织建设，完成对中车科技园、中车新投两公司团委书记调整。指导天津公司做好团代会的筹备组织工作。调整四方车辆公司、时代新材、中车电动团组织隶属关系。

**【团干部和团员队伍建设】** 注重加强公司团委常委会建设，定期召开常委会，整体研究部署工作任务，集体决策重点工作，常委分工负责制日渐成熟，常委牵头推动作用日渐高效。大力推行团内重点工作项目制，加强团干部岗位实践锻炼，以子企业团委为主体，通过项目制认领方式，推进完成专项重点任务，全面锻炼和提升团干部的工作能力和水平。扎实开展团员教育、民主评议、团籍注册等基础工作，通过上团课、过团日、与团旗合影，不断提高团员的政治意识、组织意识和模范意识，切实加强团员队伍建设。不断提高“推优”工作数量和质量，全年“推优”426人次。集中开展“两红两优”评选表彰工作，修订完善《中国中车“五四红旗团委”“五四红旗团支部”“优秀共青团员”“优秀共青团干部”评选表彰办法》，命名表彰五四红旗团委17个、五四红旗团（总）支部49个，表彰优秀团员68名、优秀团干部84名。

（群团工作中心　供稿）

# 学会·协会工作

**【政研会工作】** 2021年，中国中车党建思想政治工作暨企业文化建设研究会以习近平新时代中国特色社会主义思想为指导，紧紧围绕集团党委中心工作，深入开展重大课题研究，形成一批具有理论价值和实际指导意义的研究成果。其中，《中国中车传承和弘扬红色文化实践研究》《推动中央企业巡视整改体系建设的实践与探索》分别荣获中央企业政研会优秀研究课题一等奖、三等奖。中国中车政研会立项年度重点研究课题60个，经过专家评审，共评出一等奖11篇、二等奖15篇、三等奖23篇。

（党委工作中心　供稿）

**【企业协会工作】** 年内，中车企业协会紧扣“高质量发展”主题，建强《管理与实践》期刊交流平台，充分发挥期刊“聚智”桥梁作用，服务中车深化改革，展现中车管理创新和改革活力。全年聚焦集团经营改革的重点、热点课题，共征集稿件超过320余篇，采纳193篇，编辑出版《管理与实践》期刊6期、超60万字，策划、出版《中车2020年度行政调研课题》专刊1期。充分发挥期刊舆论导向和价值引领作用，策划“高层之声”“经营方略”“特别策划”等栏目，培育上下一致的经营理念。推出6期“子公司专栏”，汇编出版《中国中车第五届企业管理创新成果》，推动优秀经验成果共享。

（运营与安技环保中心　供稿）

**【人力资源开发与管理研究会工作】** 年内，人力资源开发与管理研究会以《中车人才》为主阵地，重点围绕推进人才工作数字化转型、强化人才培养开发、创新薪酬激励机制等专题，持续组织开展理论研讨和论文征集工作，努力发挥参谋咨询作用。《中车人才》全年共征集论文172篇，刊用89篇，评选出年度优秀论文一等奖10篇、二等奖20篇。成立劳动定额分会，研究建立高铁产品劳动定额行业标准。加强与业内专家学者和先进单位的沟通联系，定期开展专业培训和交流研讨，积极发挥业务交流平台窗口作用。

〔人力资源中心（党委干部部）　供稿〕

**【财会学会工作】** 年内，中车财会学会积极发挥《中车财会》平台作用，发行4期《中车财会》杂志，促进业务交流。围绕突出价值创造、聚焦效益效率、深化CCSS财务工作理念开展课题研究，收集课题研究报告187篇，评选出一、二、三等奖和优秀奖共50篇。组织筛选优秀论文、课题并推荐铁道财会学会，获奖10篇。积极开展管理会计推广应用工作，向工信部推荐10篇优秀管理会计案例，其中3篇案例入选2021工业和信息通信业管理会计案例集。

（财务与资本运营中心　供稿）

# 全面建设以“五个一”为核心内涵
# 以“好优美高强”为主要特征的
# 受人尊敬世界一流中车

2021 年 3 月 4 日，齐车集团石家庄公司承担的石家庄地铁 3 号线 27 列地铁车辆订单全部交付

2021 年 3 月 11 日，齐车集团召开 2021 年工作会议，全面部署党委工作和经营工作

2021 年 3 月 25 日，齐车集团齐车公司苏打粉漏斗车再次出口博茨瓦纳

2021 年 4 月 27 日，齐车集团总部党委在哈尔滨举行“红色齐车　一心向党”主题党日活动

2021 年 5 月 12 日，在中国中车业绩表彰大会上，齐车集团荣获多项大奖

2021 年 8 月 19 日，齐车集团沈阳公司 2021 年首批 100 辆国铁 $X_{70}$ 型集装箱专用平车圆满交付

2021 年 9 月 8 日，中国中车创业 140 周年火炬在齐车集团传递

2021 年 10 月 18 日，齐车集团山东公司自主研发的关节式集装箱运输平车获得欧盟型号注册授权

2021 年 2 月 9 日，公司出口尼日利亚的 EP70 型棚车在大连港装船发运

2021 年 3 月 24 日，公司出口博兹瓦纳苏打粉漏斗车在大连港装船

2021 年 8 月 16 日，公司出口新西兰的 IK 型集装箱平车在大连港装船发运

2021 年 6 月 3 日，公司出口尼日利亚 130 吨铁路起重机及配套吊臂平台

2021 年 10 月 15 日，重载快捷货运载运装备技术铁路行业工程研究中心技术委员会在公司大连基地成立

2021年9月4日，在中国国际服务贸易交易会上，公司“肯尼亚蒙内铁路全寿命周期维保服务”入选《中国服务实践案例》

2021 年 10 月 18 日，公司与必维国际检验集团签订合作框架协议

## 中车沈阳机车车辆有限公司

CRRC SHENYANG CO., LTD.

2021 年 4 月 27 日，公司党委组织开展“百条红路砥初心　学思悟用开新局”党史学习教育主题党日活动

2021 年 6 月 25 日，公司党委开展“永远跟党走　聚力谱新篇”主题党日活动暨党建文化广场落成揭幕仪式

2021 年 7 月 8 日，中车（沈阳）区域职工小家在公司落成揭牌

2021 年 7 月 23 日，公司和齐车公司联合研发的澳大利亚 400 米长钢轨车组项目在澳验收完工

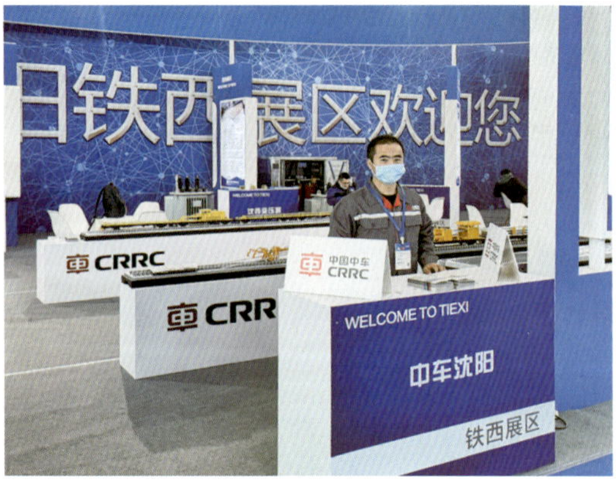


2021 年 10 月 22—24 日，公司参加第二十届中国国际装备制造业博览会

公司生产的 $C_{70E}$ 型通用敞车

中车石家庄车辆有限公司
CRRC SHIJIAZHUANG CO., LTD.

2021 年 3 月 4 日，公司完成石家庄地铁 3 号线地铁列车全部订单

2021 年 6 月 22 日，公司“石门星火”党史馆开馆

2021 年 6 月 23 日，公司举行庆祝建党 100 周年暨 2021 年创先争优表彰大会

2021 年 6 月 23 日，中国共产党中车石家庄车辆有限公司第一次代表大会召开

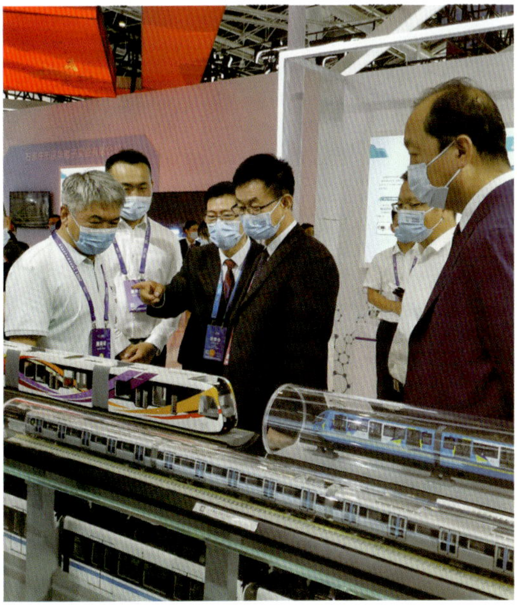

2021 年 9 月 6 日，公司新能源汽车和智能轨道快运系统等项目亮相中国国际数字经济博览会

2021 年 11 月 1 日，公司中标的 11 米级新能源纯电动城市客车顺利交付

公司生产的 $X_{70}$ 型集装箱专用平车

## 中车山东机车车辆有限公司

CRRC SHANDONG CO.,LTD.

2021 年 6 月 5 日，公司出口尼日利亚铁路货车项目完成第一批交付

2021 年 7 月 21 日，公司与水发众兴集团有限公司签订战略合作框架协议

2021 年 12 月 21 日，公司 CWT3300-D165 风电机组涉网测试

公司出口德国 Laaers 560.3 型双层汽车运输车

公司出口瑞士关节式集装箱平车

公司生产的 45 英尺全铆接结构集装箱平车

公司出口伦敦地铁敞车

2021 年 1 月 23 日，公司研制的上海地铁 15 号线列车实现全自动运行

2021 年 3 月 2 日，8 辆编组高速动车组碰撞试验在公司取得成功

2021 年 6 月 2 日，公司举行金台铁路动力集中型动车组下线仪式

2021 年 6 月 8 日，公司在北京市房山区举行中车北京轨道交通装备产业园开园暨北京中车长客二七轨道装备有限公司投产仪式

2021 年 6 月 17 日，以色列特拉维夫红线轻轨项目首列车实现联调运行目标

2021 年 6 月 23 日，公司与中土集团签署合作框架协议

2021 年 10 月 20 日，重庆轨道交通 4 号线二期首列车在重庆中车长客公司下线

公司制造的复兴号 CR200JS-G 型高原内电双源动力集中型动车组

2021 年 3 月 19 日，公司与东北财经大学签署校企合作协议

2021 年 6 月 26 日，公司创先争优表彰大会暨庆祝中国共产党成立 100 周年举行合唱汇演

2021 年 11 月 16 日，公司柴油机公司加入中国船用清洁燃料应用技术创新联合体

公司出口老挝的“澜沧号”动力集中型动车组

公司出口南非矿业集团 CKD8F 型内燃机车

公司生产的 12V265B 型高原柴油机

## 中车兰州机车有限公司
CRRC LANZHOU CO., LTD.

2021 年 4 月 24 日，公司承制京能尚义闫家梁 200 兆瓦风电的塔架制造项目

2021 年 6 月 4 日，公司举办“颂歌献给党　奋进新征程　庆祝建党百年员工红歌”演唱会

2021 年 8 月 17 日，公司首台 $HXD_3$ 型 0715 号机车成功落车

2021 年 9 月 18 日，公司召开中国共产党中车兰州机车有限公司第二次党员代表大会

2021 年 9 月 24 日，公司喜获国铁集团 2021 年度第二次和谐机车 C6 修、机车大修综合评价排名第一的佳绩

公司沙井驿新厂区冬景

2021 年 1 月 20 日，公司召开第二届四次职工代表大会暨 2021 年工作会议

2021 年 4 月 14 日，公司承办 2021（第五届）中国轨道交通新材料及创新技术发展论坛

2021 年 5 月 20 日，公司产品亮相第五届世界智能大会

2021 年 7 月 16 日，公司承办中国中车创业 140 年启动仪式

2021 年 9 月 3 日，公司举行“百年伟业　薪火相传”中国中车创业 140 周年火种交接传递仪式

2021 年 9 月 28 日，公司承办中国中车“与你同行再出发，善为善成逐梦行”中车日健康跑活动

公司出口加拿大蒙特利尔双层车

上海福伊特公司

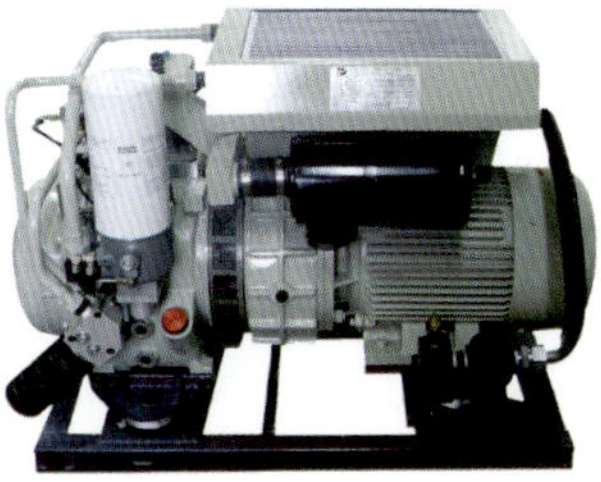
公司空压机产品

公司轨道齿轮箱产品

克诺尔·南口公司

公司风电齿轮箱产品

公司螺杆压缩机转子产品

斯凯孚公司

公司道岔产品

公司轴承产品

铁科装备公司

北京福伊特公司

公司齿轮产品

2021 年 4 月 16 日，公司技术提升 $HXD_2$ 型八轴电力机车圆满完成型式试验

2021 年 5 月 11 日，公司与国家电投内蒙古公司、氢能科技发展公司就联合打造全国首个氢能机车示范项目等 4 方面内容，签订框架合作协议

2021 年 7 月 20—21 日，国铁集团 2021 年第二季度和谐机车和动集动力车源头质量问题现场对接会在公司召开

2021 年 9 月 24 日，公司召开产品质量提升工程推进暨 $HXD_2$ 型 C6 修质量提升现场观摩会

2021 年 10 月 22 日，公司研制的 CR330E 型矿车正式投入工业性试验

2021 年 10 月 29 日，公司研制的 700 千瓦氢燃料电池混合动力机车上线试运行

2021 年 12 月 18 日，公司研制的永磁直驱客运电力机车圆满完成型式试验

2021 年 3 月 5 日，公司召开 2021 年度经营、党建及党风廉政建设和反腐败工作会议

2021 年 6 月 8 日，公司举行媒体开放日活动

2021 年 8 月 15 日，公司开展“青春起航　筑梦中车”服务新入职员工主题活动

2021 年 9 月 23 日，公司研制的系列化中国标准地铁列车牵引辅助系统全系列产品下线

公司功率模块检修生产线

公司转子轴压生产线

# 中车永济电机有限公司
CRRC YONGJI MOTOR CO., LTD.

## 中车大连电力牵引研发中心有限公司
CRRC DALIAN R&D CO., LTD.

2021 年 3 月 8 日，公司召开 2021 年经营工作会议

2021 年 4 月 9 日，公司产品亮相中国（西安）智慧交通博览会

2021 年 6 月 9 日，公司与北京铁路物资公司举行合作意向书签字仪式

公司研制的 350 马力拖拉机电传动系统实现国内批量供货

公司研制的机车构架焊接智能产线

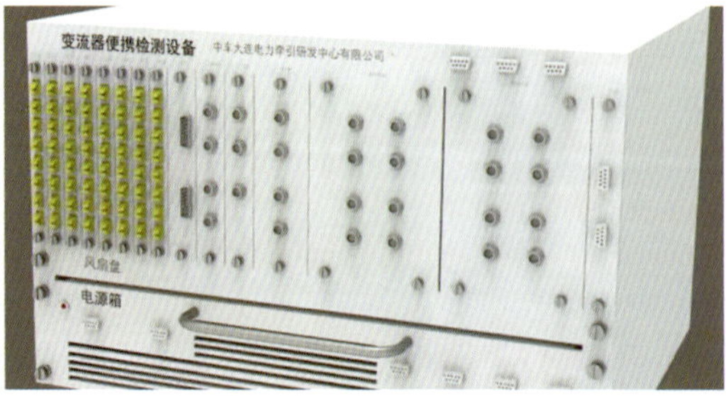


公司研制的变流器便携式检测设备

公司列车网络控制系统及电力机车牵引控制单元两项产品获大连市专利奖

2021 年 3 月 12 日，公司召开第二届职代会第一次会议暨 2021 年工作会议

2021 年 7 月 20 日，公司牵头承担研制的时速 600 公里高速磁浮交通系统在青岛下线

2021 年 10 月，“中央企业爱国主义教育基地”“中国中车红色教育基地”在公司揭牌

公司研制的复兴号 CR400AF-BZ 型智能配置动车组

公司研制的时速 600 公里高速磁浮交通系统

公司研制的中老铁路复兴号 CR200J 型动力集中型动车组

## 中车成都机车车辆有限公司
CRRC CHENGDU CO., LTD.

公司办公楼

2021 年 4 月 9 日，公司与成都铁路局集团公司开展路企党建联创共建活动

2021 年 4 月 22 日，公司产品亮相首届成都国际工业博览会

公司生产的 CRH6A-A 型城际动车组

公司存车线

公司生产的新一代全自动市域 A 型列车

公司研发的 2025 智慧型全自动行车试验平台

中车青岛四方机车车辆股份有限公司

CRRC QINGDAO SIFANG CO., LTD.

青岛中车四方轨道车辆有限公司

QINGDAO CRRC SIFANG ROLLING STOCK CO., LTD.

2021 年 1 月 20 日，公司召开党史学习教育总结大会

2021 年 6 月 30 日，公司举办庆祝七一合唱比赛

2021 年 7 月 1 日，青岛中车四方轨道车辆有限公司举行揭牌仪式

公司改造的高端旅游车（内饰）

公司改造的高端旅游车

公司四方土地盘活工作圆满收官

2021 年 1 月 1 日，公司制造的世界首列数字轨道胶轮电车（DRT）列车在上海成功试跑

2021 年 1 月 22 日，系列化中国标准地铁评审会在公司召开

2021 年 3 月 24 日，公司制造的合肥地铁 2 号线增购项目首列车顺利交付

2021 年 6 月 25 日，公司制造的复兴号 CR200JS-G 型高原内电双源动力集中型动车组首次驶入雪域高原

2021 年 6 月 28 日，公司制造的常州轨道交通 2 号线列车上线运行

2021 年 6 月 30 日，公司党委举办庆祝中国共产党成立 100 周年党史故事汇演

2021 年 11 月，公司制造的芜湖单轨 2 号线一期列车上线运营

2021 年 1 月 28 日，公司召开二届四次职代会

2021 年 4 月 29 日，公司举行推进新时期产业工人队伍建设暨“群创”活动总结表彰会

2021 年 6 月 16 日，公司举行首台氢燃料混合动力机车下线仪式

2021 年 9 月 14 日，公司举办中国中车创业 140 周年火炬传递活动

2021 年 10 月 29 日，公司举行首台几内亚马西铁路 CDA5C1 型机车样车下线仪式

2021 年 11 月 18 日，公司举行出口泰国国家铁路局 50 台内燃机车首批交付仪式

2021 年 5 月 25 日，长江集团举办第二届职工文化体育艺术节开幕式暨 2020 年度表彰会

2021 年 1 月 27 日，长江集团召开 2021 年党建暨党风廉政建设和反腐败工作会议

2021 年 6 月 25 日，长江集团召开第二届员工职业技能竞赛暨第二届青年职业技能竞赛

长江集团在青岛港建立全球首创空轨集疏运系统示范段

2021 年 6 月 29 日，长江集团举行智能空轨集疏运系统（示范段）竣工仪式

2021 年 9 月 8 日，长江集团举行中国中车创业 140 周年火炬接力传递活动

2021 年 9 月 29 日，长江集团产品参加第二届中非经贸博览会

## 中车太原机车车辆有限公司
CRRC TAIYUAN CO., LTD.

2021 年 7 月 19 日，公司举行太原救护车暨配套医疗设备交接仪式

2021 年 9 月 14 日，公司举行中国中车创业 140 周年火炬传递活动

2021 年 10 月 29 日，公司的新能源产品、电动多功能抑尘车和电动餐厨垃圾车亮相第十一届山西省节能环保、低碳发展博览会

2021 年 11 月 16 日，公司承办"科创中国"技术路演新材料（山西）专场

公司制造的 70 吨级水泥熟料漏斗车

公司制造的 KH70B 型不锈钢粉煤灰漏斗车

## 中车西安车辆有限公司
CRRC XI'AN CO., LTD.

2021 年 7 月 14 日，公司与长客签署城轨车辆转向架检修项目

公司生产的 J29 型大容积乙二醇罐箱

公司生产的地铁列车出厂

公司生产的矿山洒水车

公司出口欧洲浓硫酸罐箱

公司酸类罐车生产线

# 中车长江运输设备集团有限公司
CRRC YANGTZE GROUP CO.,LTD.

## 中车常州车辆有限公司
CRRC CHANGZHOU CO.,LTD

2021 年 2 月 2 日，公司召开 2021 年党建暨党风廉政建设和反腐败工作会议

2021 年 4 月 21 日，公司举行出口加蓬敞车项目启动仪式

2021 年 10 月，公司组建青年突击队助力公司生产攻坚

公司出口阿联酋单层集装箱平车

公司出口阿联酋双层集装箱平车

公司出口智利 80 英尺集装箱平车

## 中车长江铜陵车辆有限公司
CRRC YANGTZE TONGLING CO.,LTD.

2021 年 10 月 29 日，公司与戚墅堰所签订合作协议

公司生产的 ZZC5 型侧架

公司生产的 ZZC5 型自导式转向架

公司生产的转 K6 型侧架

公司生产的转 K6 型摇枕

公司轮对压装生产线

公司一次清理节拍化流水线

# 中车长江运输设备集团有限公司
CRRC YANGTZE GROUP CO.,LTD.

## 中车长江车辆有限公司
CRRC YANGTZE CO., LTD.

2021 年 2 月 2 日，公司召开二届二次职代会暨工作会议

2021 年 4 月 12 日，公司与青岛港举行党建共建交流

2021 年 11 月 18 日，公司与湖北轨道交通职业技术学院签署校企合作协议

2021 年 12 月 25 日，公司召开第二次党代会

公司研制的智能货运空轨集疏运系统

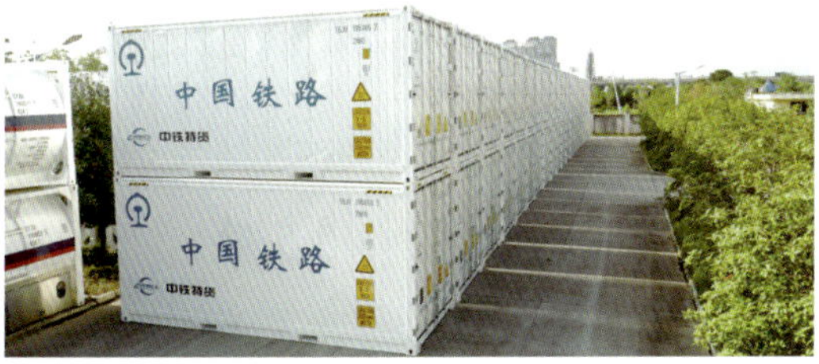


公司生产的 20 英尺隔热保温箱

公司生产的 40 英尺 LNG 船用燃料罐箱

# 中车长江运输设备集团有限公司
CRRC YANGTZE GROUP CO.,LTD.

## 中车眉山车辆有限公司
CRRC MEISHAN CO., LTD.

2021 年 6 月 24 日，全国企业党建峰会参会代表到公司调研

2021 年 9 月 24 日，公司与攀钢集团签订战略合作协议

公司制造的 N65-AUS 型窄轨集装箱平车

公司制造的 N66-AUS 型钢梁运输平车

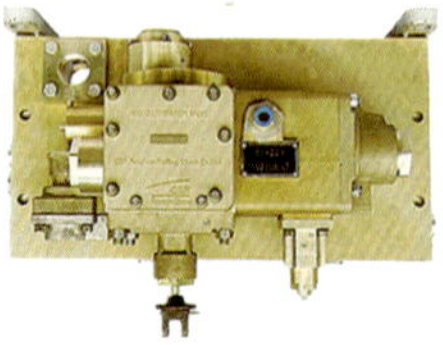

MUD 型分配阀

E 系列制动缸

副风缸

UIC 折角塞门(左/右)

RGC-1A 型传感阀

ZT1-600 型闸调器

UIC 软管连接器

节流堵

公司生产的符合 UIC 标准的 MUB 铁路货车空气制动系统

**中车长江运输设备集团有限公司**

CRRC YANGTZE GROUP CO.,LTD.

**中车株洲车辆有限公司**

CRRC ZHUZHOU CO.,LTD.

2021年4月13日，公司电焊工易冉荣获“2021年湖湘工匠年度人物”

2021年7月13日，中央企业团工委授予公司备料车间团支部“中央企业五四红旗团支部”

公司研发的FM型智能装卸系统——“快首”科技项目

公司研发的特种货物吊装联运设备

公司制造的香港地铁打磨车

公司制造的香港高台平车

## 中车贵阳车辆有限公司
CRRC GUIYANG CO., LTD.

2021 年 2 月 2 日，公司召开 2021 年度工作会议

2021 年 2 月 5 日，公司举办第三届职业技能大赛

2021 年 7 月 20 日，公司举办党史知识竞赛

2021 年 6 月 30 日，公司举办庆祝建党 100 周年文艺晚会暨党建表彰大会

2021 年 9 月 18 日，公司举办国铁货车造修质量互鉴活动

公司获 2021 贵州制造业企业 100 强

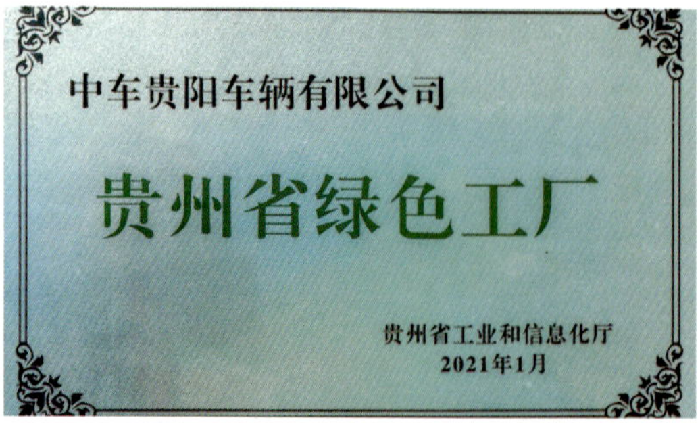


公司获贵州省绿色工厂

2021 年 3 月 25 日，公司召开第一届第六次职代会

2021 年 4 月 28 日，公司党委举办“红色专列　初心之旅”主题活动

2021 年 6 月 28 日，公司举办第十五届“理想之歌”合唱艺术节

2021 年 12 月 8 日，公司参加中国国际轨道交通和装备制造产业博览会

2021 年 12 月 8 日，公司制造的丽江有轨电车在轨博会展出

公司入选中国“智能制造标杆企业”

公司出口巴西淡水河谷调车机车

公司获全国五一劳动奖状

公司出口德国柏林混合动力调车机车

## 中车洛阳机车有限公司
CRRC LUOYANG CO., LTD.

2021 年 4 月 28 日，中国中车和谐机车 C6 修提质增效现场会在洛阳召开

2021 年 5 月 11—16 日，国铁集团组织专家针对“机车检修工艺标准提升年”等活动开展情况，在洛阳公司洛襄两地进行检查调研

2021 年 5 月 13 日，公司与株洲中车物流有限公司合资成立的襄阳中车物流有限公司举行揭牌仪式

2021 年 7 月 1 日，公司开展“中车百年跟党走”主题党日活动

$DF_{12}$ 型内燃机车和 $SS_8$ 型电力机车大修出厂

$HXD_{1D}$ 型电力机车和 $HXD_{1B}$ 型电力机车 C6 修出厂

## 中车资阳机车有限公司
CRRC ZIYANG CO., LTD.

2021 年 1 月 26 日，公司国家级、省级和公司级技能大师工作室揭牌

2021 年 4 月 6 日，公司员工洗衣中心正式开业

CRRC

中国中车科学技术奖
证 书

为表彰中国中车科学技术奖获得者，
特颁发此证书。

项目名称：HXN6 型混合动力调车机车研制

奖励等级：一等奖

获奖单位：中车资阳机车有限公司

中国中车集团有限公司

2021 年 3 月 25 日

证书号：CRRC-2020-01-12-D01/01

2021 年 3 月 25 日，公司 3 个项目上榜“2020 年度中国中车科学技术奖”名单

2021 年 6 月 3 日，公司改造的混合动力机车装车交付

2021 年 10 月 19 日，MTU 公司大中华区总裁一行到公司就双方合作进行沟通交流

2021 年 12 月 3 日，公司首条汽车曲轴生产线在锻造分公司落成投产

2021 年 12 月 30 日，公司举行棚户区改造项目安置房建设工程结构封顶仪式

2021 年 2 月 5 日，公司召开 2021 年度工作会议

2021 年 12 月 9 日，公司举行“一磁伊始　永动我心”永磁动力技术与市场应用论坛

2021 年 12 月 23 日，公司召开科技创新大会

公司生产的复兴号高原内电双源动力集中型动车组牵引变压器

公司生产的复兴号高原内电双源动力集中型动车组牵引电机

公司出口欧洲双层动车组电机

公司生产的 6.45 兆瓦海上半直驱永磁风力发电机

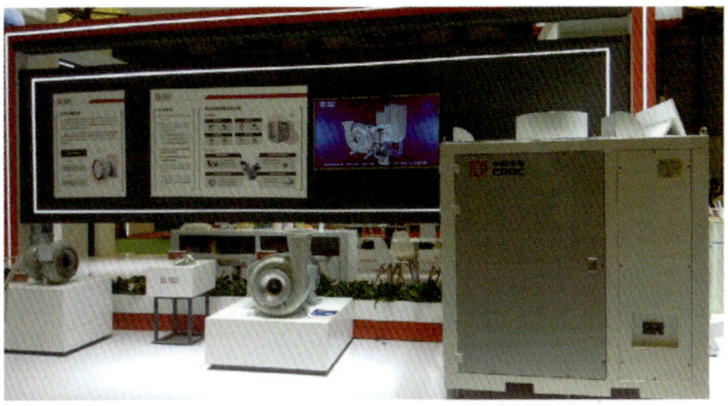

2021 年 4 月 20-22 日，公司研制的 LSC 系列磁悬浮鼓风机、三元流叶轮及增压器产品亮相第 22 届中国环博会

2021 年 6 月 17 日，公司举行高新所区启用揭幕仪式

2021 年 7 月，公司生产的大连地铁 1 号线、2 号线车辆空调系统顺利交付客户

2021 年 9 月 30 日，用于 GKD1 型内燃机车的尾气黑烟净化装置顺利装车交验

公司生产的 LSC 系列磁悬浮空压机

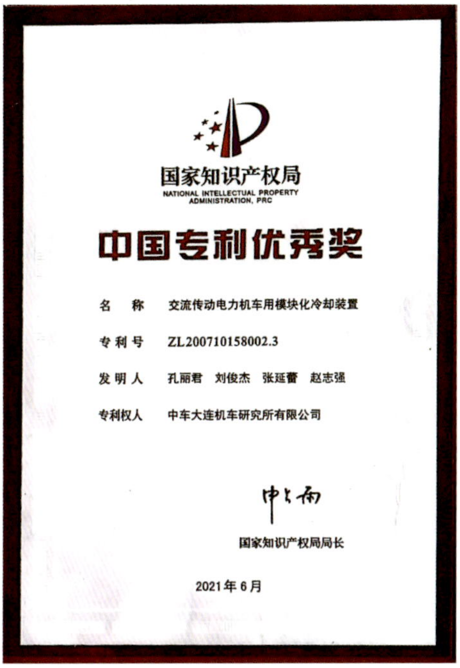

国家知识产权局
NATIONAL INTELLECTUAL PROPERTY ADMINISTRATION, PRC

中国专利优秀奖

名　称　交流传动电力机车用模块化冷却装置

专利号　ZL200710158002.3

发明人　孔丽君　刘俊杰　张延蕾　赵志强

专利权人　中车大连机车研究所有限公司

申长雨

国家知识产权局局长

2021 年 6 月

公司发明专利“交流传动电力机车用模块化冷却装置”获第二十二届中国专利优秀奖

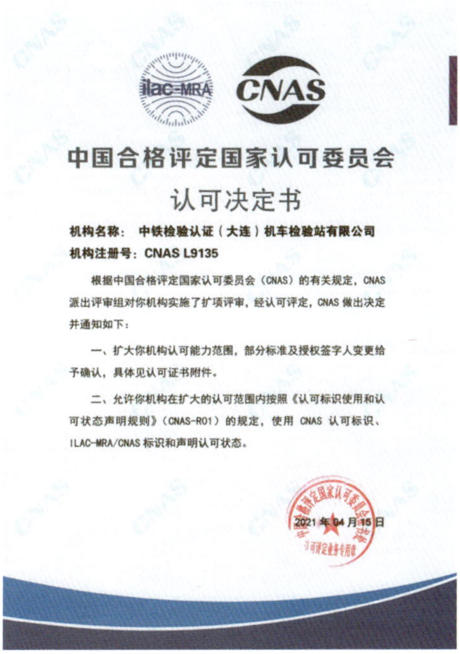

ilac-MRA　CNAS

中国合格评定国家认可委员会

认可决定书

机构名称：中铁检验认证（大连）机车检验站有限公司

机构注册号：CNAS L9135

根据中国合格评定国家认可委员会（CNAS）的有关规定，CNAS 派出评审组对你机构实施了扩项评审，经认可评定，CNAS 做出决定并通知如下：

一、扩大你机构认可能力范围，部分标准及授权签字人变更给予确认，具体见认可证书附件。

二、允许你机构在扩大的认可范围内按照《认可标识使用和认可状态声明规则》（CNAS-R01）的规定，使用 CNAS 认可标识、ILAC-MRA/CNAS 标识和声明认可状态。

2021 年 04 月 15 日

公司通过 CNAS（中国合格评定国家认可委员会）扩项评审

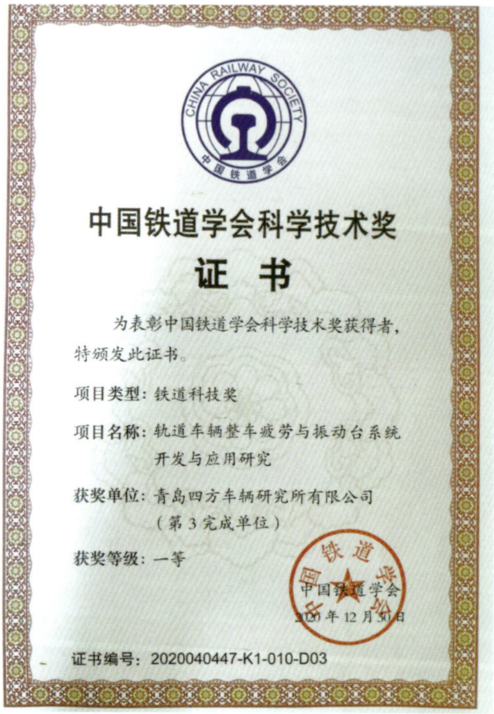
CHINA RAILWAY SOCIETY
中国铁道学会

中国铁道学会科学技术奖

证　书

为表彰中国铁道学会科学技术奖获得者，特颁发此证书。

项目类型：铁道科技奖

项目名称：轨道车辆整车疲劳与振动台系统开发与应用研究

获奖单位：青岛四方车辆研究所有限公司
（第3完成单位）

获奖等级：一等

中国铁道学会
2020年12月30日

证书编号：2020040447-K1-010-D03

2021年1月8日，公司荣获2020年度“中国铁道学会科学技术奖”特等奖

2021年2月5日，公司召开二届一次职代会

2021年5月9日，公司举行列车自主运行系统（TACS）成果展示会

2021年5月19日，公司党委举办“奋进百年路　启航新征程”党员领导干部专题培训

2021年9月，央视报道公司党建引领，打造中国轨道交通的“智慧方案”

2021年10月9日，公司参与的系列化中国标准地铁列车制动系统亮相北京城轨展

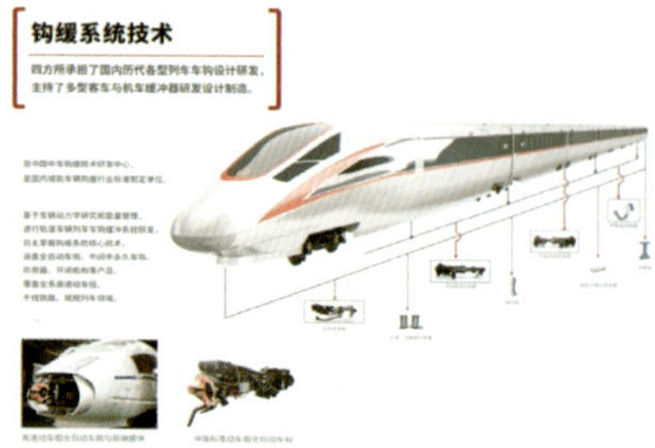


2021年12月，公司“钩缓装置”产品，荣获国家“单项冠军”称号

2021 年 1 月 22 日，公司 2020 年度星火人才培训营结营

2021 年 4 月 22 日，公司获全国模范职工之家

2021 年 6 月 24 日，公司入驻常州市经开区轨道交通产业园并签订共创协议

2021 年 6 月 25 日，公司“非完全对称渐开线齿轮及其加工方法”获中国专利银奖

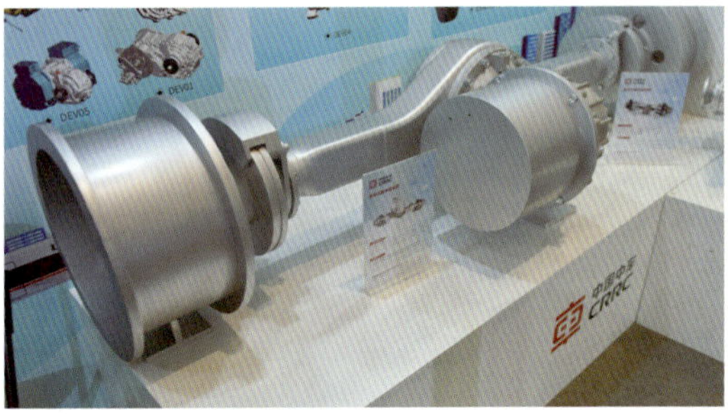

2021 年 7 月 8–9 日，公司新能源汽车电驱传动产品参加 TMC 展会

2021 年 10 月 9–11 日，公司标准地铁列车齿轮箱亮相北京国际城市轨道交通展览会

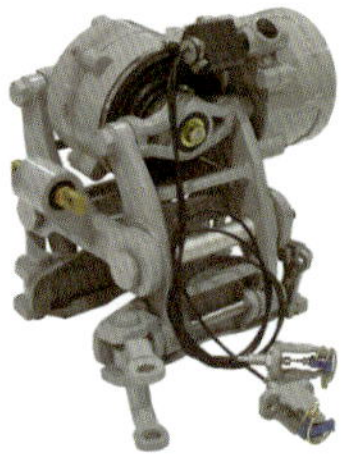

2021 年 10 月 16 日，公司轴装带停放夹钳交付中老铁路“澜沧号”动车组

2021 年 10 月 16 日，公司铸钢轴装制动盘交付中老铁路“澜沧号”动车组

2021 年 4 月 7 日，公司举办首届科技节

2021 年 11 月 1 日，公司苏州吴江智轨 T1 示范线一期工程通车仪式在苏州智轨同里停保场举行

2021 年 11 月 21 日，公司举办“讲危机　讲问题　讲发展”论坛

公司研制的 PCU2.0

公司参与研制的复兴号 CR200JS-G 型高原内电双源动力集中型动车组

公司研制的矿卡无人驾驶系统

公司研制的纯电动餐厨垃圾车

公司研制的 5 米纯电动公交车

2021 年 3 月 9 日，公司与广东省交通规划设计研究院联合研制的可调高隔震橡胶支座成功应用

2021 年 5 月 28 日，公司生产的 TMT160 型风电叶片出口越南

2021 年 7 月 8 日， 公司首台视觉检测职能检查车成功应用于国家重大水利建设引江济淮工程

公司生产的高铁扣件系统非金属部件

2021 年 7 月 19 日，国家级“大型风力发电叶片数字化工厂建设”智能制造项目通过验收

2021 年 9 月 17 日，公司空簧产品通过德国 DB 公司和西班牙 Talgo 公司联合首检

第十八届
全国交通企业管理现代化创新成果
成果名称：高速动车组悬挂部件智慧制造体系建设与创新
等级：二等
创造单位：株洲时代新材料科技股份有限公司
交通行业优秀企业管理成果评审委员会
中国交通企业管理协会
二〇二〇年十二月

《高速动车组悬挂部件智慧制造体系建设与创新》获第十八届全国交通企业管理现代化创新成果二等奖

ecovadis
ZHUZHOU TIMES NEW MATERIAL TECHNOLOGY CO LTD (HAITIAN 18 SITE)
被授予
铜牌
作为对其 EcoVadis 评级的认可
-2021年11月-
BRONZE
2021
ecovadis
Sustainability Rating

2021 年 11 月 19 日，公司通过 EcoVadis 全球供应链评估平台认证

天津滨海新区首列本地化制造地铁车辆在公司下线

2021 年 2 月 3 日，HXD3D 型 1886 号（朱德号）电力机车修竣出厂

2021 年 2 月 7 日，公司召开第一届十大杰出青年表彰会

2021 年 6 月 21 日，公司召开管理协会成立大会

2021 年 9 月 10 日，公司召开第一次团代会

2021 年 11 月 18 日，公司举办滨海新区首列本地化制造地铁车辆完工活动

2021 年 4 月 1 日，公司党委召开党史学习教育推进会

2021 年 6 月 30 日，公司举办“颂歌献给亲爱的党”庆祝中国共产党成立 100 周年主题合唱比赛

2021 年 7 月 8—10 日，公司举行“重温湘江战役　传承革命传统”党史学习教育专题培训班

2021 年 8 月 26 日，公司召开 2020 年度股东会及二届八次董事会、二届四次监事会

2021 年 9 月 28 日，公司举办“中车日”系列活动

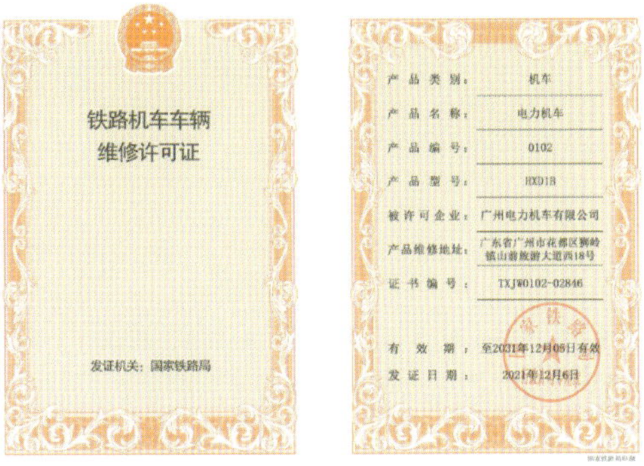


2021 年 12 月 6 日，公司喜获 $HXD_{1B}$ 型电力机车 C6 修维修许可

# 《中车赋》

泱泱华夏，轩辕始张；欣欣中车，源远流长。洋务肇始，唐胥滥觞；辛巳创业，车舆兴邦。荜路蓝缕，谋实业以振兴；栉风沐雨，图交通而自强。睡狮甦醒，赤子壮怀激烈；雄鸡唱白，万众高歌引吭。百年奋发，飞龙腾跃书青史；三世求索，金凤和鸣奏华章。

车轮滚滚，道途弥坚；汽笛声声，踔厉向前。革故鼎新，立行业之标杆；踵事增华，树功成之典范。匠石运斤，千锤百炼；轮扁斫轮，乃立前沿。韶山东风，堪称工业引擎；复兴和谐，皆为金色名片。山海雄关，畅行钢铁巨龙；雪域莽原，技惊昆仑九天。大漠孤烟，扬子天堑，通达弹指挥间；秦川无坎，蜀道何难，纵横万里江山。

天下才俊，四方辐辏；当代奚仲，各显千秋。大国工匠，长风破浪敢为首；创新先锋，直挂云帆立潮头。高铁无极，产业报国成就；中车有道，矢志圆梦可求。连接世界，温暖广布四海；造福人类，大爱远播五洲。正心正道，承东方之律韵；善为善成，扬时代之精神。煌煌誓言，孰比壮志凌云？拳拳丹心，且看锦绣乾坤。

凤凰鸣矣，其声铿锵；鲲鹏展翅，羽翼翕张。五千年文明赓续，浸明浸昌；八万里风光同域，融济万邦。思源致远，初心不忘；盛世伟业，与君共襄。

中国中车，大道无疆！

# 中车股份所属子公司

本栏编辑 韩长城 宁 娜
周 娜

# 中车齐车集团有限公司

（统一社会信用代码：91230200057435769W）

党委书记、董事长　谷春阳

总经理　兰　叶

【**概况**】 齐车集团下辖齐车公司、沈阳公司、石家庄公司、山东公司、锡盟风电公司、山东风电公司等6家全资一级子企业。拥有参控股企业38户（含本体），资产总额235亿元，拥有员工17051人。核心主业为铁路货车造修，多元产业主要包括风电装备、环保水务、智能装备、制冷空调等高端装备制造业务，以及城轨地铁车辆、新能源汽车销售制造、循环物资第三方处置、市政公用工程等现代服务业务。2021年，实现营业收入163亿元，归母净利润2.55亿元，完成中车双T3考核指标。

【**规划发展**】 健全"十四五"战略规划体系，进一步明确企业及各功能单元的战略定位和业务边界，构建以总体规划为统领、业务与职能专项规划为支撑、成员企业规划为基础的"1+6+5"战略规划体系，并陆续颁布实施。立足打造"一核一极两柱多点"的业务格局，对山东风电公司管理层级进行提级调整，完成治理体系重构、组织机构优化和企业名称变更。开展120阀、轴承等配件造修集约化工作调研。确立锻铸件类和金属橡胶复合件类两个城轨内部配套业务项目。沈阳公司参股广铁集团高铁换轨一体化维保公司获得中车批复。持续推进国际化布局和优化，PRE公司作为第一家货车海外全资公司平稳运营，并购后首个财年经营超过预期。全力推进瘦身健体，深入实施"二二三"专项清理，沈阳公司完成大连挖掘机分公司注销，山东公司的润和分公司达到验收审核基本条件，非主业、非优势业务剥离取得突破性进展。落实境外机构应清尽清要求，完成4个境外机构清理。山东公司通过"宜企拍"挂牌转让中建、恒泰2项参股股权清理项目。齐车集团低效、无效资产年度处置指标完成率达到155.51%。

【**改革改制**】 推进落实国企改革三年行动攻坚实施方案，立足规定动作不折不扣落实中车部署、自选动作聚焦企业活力效率提升、特色动作切实解决企业痛点难点，拓展广度深度，构建完善"1+22"改革三年行动方案体系。建立定期点检通报机制，上下穿透、点面结合、项目推进，齐车集团改革三年工作台账累计完成率95%，改革经验六入中车简报、三上中车讲台，中车信息得分始终保持前三。设立集团董事会2个专门委员会，全级次15家应建董事会企业实现外部董事占多数全覆盖；制定优化党委研究决定事项清单、前置研究讨论事项清单及负面清单；构建“1+9”投资管理制度体系，有效承接中车授权放权方案；规范董事会授权管理、“三重一大”决策制度，治理机制基本实现制度化规范化。总部中层管理人员、全级次子企业经理层成员任期制和契约化率100%，中层管理人员竞争性选拔上岗比例达到80%；完成山东同力达公司职业经理人选聘；依法合规解除劳动合同381人，年退出员工比例2.15%，集团在册职工同比降低3.92%，用人机制更加差异化市场化。完善工资与效益联动、效率对标调节、工资水平调控、工资总额激励等薪酬决定机制，形成以岗位绩效工资制为主，年薪制、协议工资制、项目工资制为辅的多种薪酬分配方式；积极探索中长期激励、项目跟投等机制；山东公司推进新产业科研项目激励机制示范建设，激励机制更加精准化多样化。山东同力达公司混改方案获得中车批复；邢台环保公司纳入中车加强和规范管理混改企业范围，完成对标提升方案制定；金缘公司全要素精准推进亏损企业治理；石家庄公司建立盈利模型，结束本体企业连年亏损局面。贯彻中车深化市场化经营机制专项改革要求，完成制定两级组织机构改革和“两定两优”方案。

**【经营管理】** 加强投资管理，修订投资管理制度6项，新建制度1项，构建“1+9”投资管理制度体系。加强预算管控，主动调控投资规模和投资节奏，全年完成投资5.23亿元，其中固定资产投资1.6亿元，长期股权投资0.17亿元，PPP在建工程投资3.46亿元。抓好重点项目管理，完成常熟四期PPP项目公司设立、中车成型科技（青岛）有限公司注资、齐车公司能源管控及关键设备智能监控平台项目竣工验收。有序推进“二二三”专项工作，成员企业与中车签订责任书范围内“两资”清理任务完成率100%；山东公司济南润和分公司破产清算获法院受理。完成山东公司持有的中建（山东）产业发展有限公司34%股权和济南实业公司持有的济南恒泰机车车辆配件有限公司11.3%股权公开挂牌转让，济南实业公司转让济南东方新兴公司45%股权完成决策和批复。加强国有产权登记管理，组织完成8项国有产权登记。强化运营管理，制定下发齐车集团2021年度经营计划，确定七大类25项52条经营目标保障措施。深化提质增效，“两金”周转率连续三年超过2.5次，位居中车各企业前列。经营现金流净额同比增加10亿元以上，盈余现金保障倍数同比改善1.94，利润现金含量不断增加。可控费用同比降低8.16%。战新业务盈利能力提高到15.27%，利润占比首次超过40%。全级次亏损户数同比减少66.7%，亏损金额同比减少82.5%，经营性亏损户数实现清零，超额完成中车目标。组织三次齐车集团二级集采，10种配件降采1076万元。制定优惠政策和项目“双清单”，实现管理“可视化”，全年争取优惠政策1.75亿元，同比增利近900万元。遵循“重而大、少而精、高目标”原则，依据7个课题方向开展重大专项征集，采用“揭榜挂帅＋领导指派”模式，组织推进33个项目，建立“课题＋项目”运作机制。深度参与中车货车企业对标，主动开展公司外部企业对标，印发《中车货车企业“提品质”专项对标资料（2018—2020）》。持续深化成员子企业效绩考核，设定市场营销和多元业务差异化考评，对标评价指标值选用货车行业指标水平，进一步实现考核内容和对象差异化。修订总部部门绩效考核办法，绩效考核结果突破百分制上限，取消部门考核结果划分等级确定绩效工资等级系数。修订重大专项项目制考评奖励、年度经营双向激励特别政策，有效补充常规绩效考评，充分发挥绩效考评对公司发展战略和经营业绩的保障作用。

**【科技创新】** 全年开展科研课题研究96项，围绕重载、快捷、多式联运、专用特种、出口货车及相关多元等领域，开展产品研发工作，全年完成轨道车辆整机产品开发21项，铁路货车配件新产品开发34项，相关多元新产品开发12项。货车技术方面，采用嵌入式下侧门的新C70E-A型通用敞车设计方案及样车通过国铁集团技术评审；完成吊装式QT5型驮背运输车方案和工作图设计，完成满足“一带一路”运输需求的新型40英尺集装箱车方案设计；沙鲅铁路100米钢轨运输车组攻克国内最小300米曲线半径、卸轨作业技术等多项技术难点。欧洲标准80英尺集装箱平车完成全部设计，开展样机试制。完成欧洲标准轻油罐车研发，产品性能达到欧洲市场主流水平。新产业技术方面，HJB型系列净化槽实现批量应用；在线污物粉碎式真空排水系统得到市场应用；完成6款康养辅具研制；完成数字化焊接平台搭建；完成高性能拧紧轴及数显工具批量化市场应用推广；3.3兆瓦风机实现批量交付，5.X兆瓦风机完成样机试制；铁路工务机械装备和智能非标装备研制取得积极进展，成功开发全液压轮对除锈机、锂电式垂磨机等多项产品。获中车科学技术奖20项，全年申请专利344件，其中国内发明专利200件，海外发明专利24件。

**【生产运营】** 有效应对货车造修市场形势，制定下发《应对市场波动指导意见》，通过“摸清底数、建立模型、营建机制”，形成七大方面26条应对市场波动的具体措施。紧盯打赢国铁货车新造生产攻坚战，提前预判、组织协调、专题部署重要原材料、重点配件供应，组织协调齐车公司通过出口产品延期交付和优化生产品种，充分释放产能，“七顶七”奋战抢制车钩，从根本上解决了整个主机企业的车钩需求问题，确保了国铁新造货车订单按期履约。承接制定中车“1+10”管理提升行动方案系系列文件对标提升工作清单任务，补充完善《齐车集团总部对标世界一流管理提升工作清单》，制定102项改善措施任务清单，年度评价完成94项，完成率92.16%，达到中车年度完成85%的目标。持续开展强基工程，制定总部亏损企业治理能力、市场拓展和盈利水平提升等10大突破任务、40个里程碑成果和93个实施项目清单，其中10大突破任务、40个里程碑成果年度评价全部实现既定目标，项目清单完成90项，完成率96.77%。响应中车“三个标杆”创建工作，制定《齐车集团“三个标杆”创建工作推进方案》，确定4个管理标杆企业、19个管理标杆项目创建任务，并组织落实。推进供应链管理，参加中车采购管理对标评估工作，并对采购管理进行自评和互评。落实中车招标采购调研要求，组织成员企业分析企业招标采购管理基本情况、招标采购管理机制和方式、供应商管理等方面的做法和成效，查找问题、制定措施、改进提升。以构建中国中车精益管理体系为核心，编制下发年度精益管理工作要点，持续引领成员企业深化精益管理，四家一级成员子企业全部达到中车精益管理层级，其中精益管理一级1家、精益管理二级1家、精益管理三级2家。开展精益人才队伍建设，建立齐车集团精益人才库，精益专家27人、精益内审员23人，完成精益课题任务40项，支撑成员企业精益管理深化。组织成员企业持续开展“改善不良、杜绝浪费”活动，完成战略层改善22项、职能层改善53项，员工创意提案改善8785项，总计8860项，全年实现改善效益1.28亿元。编制下发《中车齐车集团“十四五”精益管理实施规划》。

**【市场营销】** 全年国内新造货车签单15399辆，市场占有率40.54%；签订修理货车订单30195辆；克服限电限产、疫情多点散发等严峻挑战，全年交付新造货车15288辆、修理货车29877辆，配件销售收入实现5.55亿元。交付的拉林铁路接触网专用平车整机首次登上青藏高原，沙鲅铁路长钢轨运输车组履约交付，锻铸件产品首次获得城轨企业供应商准入资格。积极开拓国际市场，累计完成国际业务签约4.46亿美元，签约额再创历史新高；累计实现国际业务销售收入11.98亿元，同比增加1.33亿元。首次获得智利市场整车订单，再次获得蒙古市场整车项目；采取“产品＋服务”出口模式，肯尼亚维保项目在2021年第四届中国国际服务贸易交易会上获得“中国服务实践案例”奖；相关多元产品、空调系统等出口业务稳步发展，风电塔筒项目签约出口大额订单。

**【多元业务】** 2021年，战略新兴产业板块规模接近齐车集团年度总收入的50%，各业务板块总计实现收入78.3亿元。其中风、水、调、箱四个主要业务板块全年新签订单87.27亿元，同比增长40%。风电业务成功实施提级管理。采用轻资产模式，获取包头固阳30万千瓦光伏资源指标，锁定三峡电能“十四五”期间不低于150万千瓦整机设备订单；承接中车“风光一号”工程松原新能源产业基地建设；中车后水泉风电场正式进入商业运营，在锡盟特高压36家外送风电场综合发电能力排名中名列前茅；7兆瓦级195米大直径陆上风力发电机组平台在北京国际风能大会上发布；CWT3.3兆瓦165米风电机组刷新国内高低穿测试最快通过记录。成功签订欧洲塔筒订单，完成海上塔筒生产基地选址调研。水务环保业务完成上海崇明岛项目提标改造，中标常熟四期PPP项目，总投资规模约2.4亿元，涉及10328户农户；厨余资源化利用装备研发示范项目成功落地，并成功中标第一个厨余垃圾处理项目。真空集便器业务完成2列冬奥会京张智能高铁集便器交付，质量排名第一；牵头组织国铁集团旅游车集便器技术方案制定、评审相关工作，完成样车供货；完成康养团队组建，开展康养产业调研、辅具研发和样机试制，实现康养市场零的突破，首批订单全部完成。金属橡胶件检修产量突破“万吨大关”，技术成果转化进程取得新突破，完成5000辆份罐车尼龙鞍座垫生产销售。空调业务把握中车集采和城轨统型的机遇，城轨空调市场占有率同比增长7%；正式获得纽约地铁合格供应商资质，成为中国首家获此殊荣的地铁空调供应商；积极参与国家重点项目，与“澜沧号”动车组共同担负起中老铁路运输使命；大力开拓海外市场，获得布加勒斯特等订单；“低碳、负碳”技术研究取得进展，大冷量、高能效比空调研发成功并实现技术出口；第二代高速磁浮列车空调成功装用青岛600公里高速磁浮列车项目；第三代$CO_2$空调成功装用石家庄地铁3号线。集装箱业务推动35吨液体罐箱铁路上线运行；40英尺铁路蓄冷型冷藏集装箱完成首次铁路试运；首次实现沥青罐箱批量出口澳洲；首次接受国外客户试验委托，并通过试验。散装合成树脂箱开启国内散装颗粒货物运输新模式。台架式卷钢箱、乙二醇罐箱进一步升级。城轨地铁业务完成邯郸市新一代跨座式轨道系统研究平台初步设计。交付37列222辆生产订单，实现地铁车辆新造的批量化。“沈阳地铁4号线一期工程车辆段工艺设备采购”项目，作为总承包方中标，成功取得直接供货地铁公司的市场业绩。“宜企拍”电商平台全年实现交易额11.7亿元，同比增长28.04%，全年累计为客户创造溢价收益2.29亿元。蓄冷式智能冷链装备在服贸会、物博会、西安抗疫和中老铁路受到广泛认可。新能源汽车业务分别中标唐山市30辆和石家庄市437辆新能源汽车，合计金额约4.60亿元。

**【人力资源管理】** 制定齐车集团“十四五”人力资源规划，实现战略统领系统业务。梳理完成干部、劳资、人才开发等人资制度35项。全级次子企业全面实施“两制一契”管理，签订“两书”，配套“两办法”，职业经理人制度实现突破。优化激励机制，完善薪酬总额预算管理，实施工资总额“双预算+三线”管控模式。推进《领导干部队伍建设三年行动方案》落地实施，开展领导班子建设专项行动。组织开展核心管理人才、技术人才、国际化人才等专业培训，推行“双管双控”人才资源共享模式，建立智库专家队伍，入库专家116人，推进“总部+企业”挂职平台建设，加强干部日常管理监督，有序推进干部队伍长效机制建设与实施。

**【质量管理】** 组织落实《国铁轨道交通装备运营安全专项整治三年行动方案》，开展防火防裂防脱、惯性问题整治等两次专项质量安全整治。组织开展春运服务保障、质量安全月、质量月等专题质量活动，开展“迎‘七一’、保安全”质量安全隐患排查整治活动。建立售后服务协同轮值组长工作机制，协同开展对古城湾运用车间服务走访。组织开展“微创新”质量攻关改进活动，成果获评中车一等奖2项、二等奖4项、三等奖15项；获得中车级优秀QC成果7项、行业级优秀QC成果5项;《中车Q质量管理标准体系的构建与实施》项目获中车科技创新大会数字化与先进制造技术奖。

**【企业文化建设】** 强化文化引领新闻营销，12期“形势任务教育大讲堂”媒体课覆盖全员。“两会”期间央视专题报道驮背运输车创新成果，出口车生产发运新闻助力再签海外新订单。传唱《中车之歌》，诵读《中车赋》，推出《商业行为规范》，促进BI建设。山东公司展厅被国资委和中车授予红色教育基地，齐车公司展厅被中车授予红色教育基地，沈阳公司新建党建文化广场，石家庄公司新建“石门星火”党史馆，哈车公司新建“三十六棚”纪念馆，有力提升社会影响力。印发《中车齐车集团商业行为规范》，落实中车“五化”展会要求，牵头组织2021年国际服贸会中车参展设计，组织参加中非贸易博览会等国际展会。齐车集团获评“中国中车2021年企业文化和品牌建设卓越企业”。

**【党群工作】** 齐车集团党委贯彻落实习近平总书记视察中车重要指示精神，构建长效机制，并将总书记“三个继续”重要嘱托作为核心发展任务纳入企业“十四五”发展规划。坚持“第一议题”制度，全年党委会研究学习贯彻习近平总书记重要讲话和重要指示批示精神近40项；坚持“第一专题”制度，党委理论学习中心组集体学习研讨近20次。组织全体党员深入学习贯彻习近平总书记“七一”重要讲话精神，开展226场专题宣讲；扎实开展“追寻红色印迹、讲好精品党课”等特色庆祝建党百年活动。以全国国企党建会召开5周年为契机，深入开展“回头看”，抓好问题整改，系统提升党建质量。完善修订“三重一大”决策制度实施办法、董事会议事规则和授权管理办法等制度，厘清各治理主体权责边界，实现清单化精细化管控，持续推动党的领导融入公司治理各环节。深入开展党史学习教育，两级宣讲团累计作报告和党课60多场次，邀请党的一大代表王尽美后人讲授《家国传承》专题党课，各企业党委开展“五老讲党史”“党员读书会”等活动，全体党员深入学习《红色中车》《红色齐车》，大力传承企业红色基因。被国资委和中车授予红色教育基地的山东公司展厅、被中车授予红色教育基地的齐车公司展厅、沈阳公司新建的党建文化广场、石家庄公司新建的“石门星火”党史馆，成为当地社会各界热门思想政治教育基地。两级党委围绕办实事确定267个项目，赢得群众好评。以“红色中车一心向党”为主题，大力开展文化活动，热烈庆祝建党100周年、中车创业140周年。坚持落实“四同步”工作要求，开展基层党组织建设专项摸底调研，建立动态台账、识别覆盖盲区，做到“应建必建”。深入开展标准化示范党支部创建活动，推动基层党组织目视化、功能化，党建阵地有效覆盖。严格执行党员发展计划，全年发展新党员150名，完成率100%。组织党建理论研究和创新实践课题立项，10项成果在中车获奖，获奖数量排名中车首位。建强基本制度，推动基层党组织规范落实“三会一课”等党内组织生活制度。全方位完善党建工作制度，现已健全党建工作制度90余项。组织党建责任制落实与考评专项培训，推进整体党建工作水平持续提升。深化“同心筑梦、先锋齐车”党建品牌创建，开展示范党建品牌评选，编印《党建品牌特色案例选编》。以“形势任务教育大讲堂”为载体，统筹宣贯“齐车之道”。聚焦“百日货车生产攻坚战”等重大任务，开展专题宣传专栏报道，营造战必胜攻必克的浓厚氛围。人民网、光明网等10余家网络媒体走进齐车集团深度采访，多篇新闻纷纷登上权威媒体。召开党风廉政建设和反腐败工作会议，部署44项重点任务。开展政治生态分析研判和政治“画像”，4次专题研究部署党风廉政建设工作。开展国企改革三年行动、疫情防控等监督检查。开展“靠企吃企”问题专项整治，推动18项问题整改。开展驻京办清理“回头看”，防止问题隐形变异。开展业务外包专项整治，提出纪律检查建议24条。开展违规挂靠专项巡察，推动7项问题整改。截至2021年末，两级党委完成110个党组织巡察，巡察覆盖率93.22%，有效打通从严治党的“最后一公里”。深入推动产改向纵深发展、向基层延伸，全年196个项目全部按计划完成。组建齐车集团劳模工匠创新联盟，实现资源共享，促进协同发展。首次评选出11名劳动模范、25名先进生产工作者。“擦亮金名片、建设新小家”三年行动圆满收官，全年投入574万元，建家178个，实现生产一线班组全覆盖，特别是集团工会协同沈阳公司工会创立中车首个区域职工小家。深入开展“六送三关注”，全年各企业工会投入送温暖工程资金1500余万元。开展“先锋杯”青年创新创效大赛，评选首届“十大杰出青年”和首批“百名青年先锋”，激发了青年干事创业热情。齐车集团党委荣获“中央企业先进基层党组织”称号，在中车党建考评中获A级评价。

**【重要纪事】** 2月2日，齐车集团党委组织召开2020年度领导班子民主生活会，中国中车党委书记、董事长刘化龙以视频方式参加会议并讲话。4月5日，黑龙江省委副书记、省长胡昌升到齐车集团调研。7月5日，中国中车党委书记、董事长、总经理（总裁）孙永才到齐车集团调研工作。8月19日，齐车集团召开干部大会，宣布成员企业董事会调整决定，下属一级子企业全面实现外部董事占多数。9月24日，中国中车党委书记、董事长孙永才到山东公司调研指导工作。10月21日，中车在山东公司召开山东中车风电有限公司管理层级调整大会，山东风电公司调整为中车股份党委管理正职企业。10月24日至25日，黑龙江省委书记许勤到齐车集团调研。10月27日，齐车集团劳模工匠创新联盟正式成立。11月12日，齐车集团表彰首批十大杰出青年和45名青年先锋。11月24日，党的十九届六中全会精神中央宣讲团成员欧阳淞到山东公司开展宣讲。12月30日，齐车集团“百日货车生产攻坚战”三战三捷，按期交付国铁货车。

**【公司党政工负责人】**

党委书记　谷春阳
董事长　谷春阳
总经理　兰　叶
副总经理　常文玉　李宏阁
　　唐绍明　张贤彬
　　邵文东
总工程师　邵文东（兼）
财务总监　唐绍明（兼）
党委副书记　兰　叶
　　高永君（正职待遇）
纪委书记　张全勇
监事会主席　张全勇
工会主席　高永君

（齐车集团　供稿）

# 中车齐齐哈尔车辆有限公司

（统一社会信用代码：912302006638574352）

**【概况】** 齐车公司是中车货车业务板块支柱企业，也是中国铁路货车、铁路起重机的设计主导单位、制造领军企业和产品出口基地，下设哈车公司、金缘公司、大齐公司、集装箱公司、PRE公司5家全资子公司和2家控股子公司、2家参股子公司（其中1家为海外合资公司）。2021年末，公司在册职工7661人，其中在岗职工6812人，占地面积215万平方米，资产总额66亿元，拥有各类设备4835台（套）。围绕“11561”经营工作思路，加速构建“一核两翼多点”业务格局，克服物资配套紧张、疫情反复不定、多地拉闸限电、极端暴雪天气等诸多困难，全年累计完成新造货车销售9973辆，实现营业收入51.57亿元，归母净利润6227万元，入选国务院国资委国有重点企业管理标杆创建行动“标杆企业”。

**【规划发展】** 编制“十四五”发展规划，提出全面建成以“三力、三新、三高”为标志的铁路货运装备行业领军企业的奋斗目标，明确实施“八大工程，打造行业领军新齐车”的重点任务，绘就企业未来五年发展新蓝图。扎实推进国企改革三年行动，优化法人治理结构，组织编制与配套服务企业龙铁公司、金车公司及物业公司2021年合作框架协议。

**【改革改制】** 进一步推进改革减负，提升组织效能，实施金缘公司控亏扭亏经营管理提升工作，做好“改革健体、开源增效”两篇文章，打出“压层、拆庙、优员、精员”改革组合拳，实现优员215人，职能部门由12个调整为7个，压缩42%。推出“拓市场、降成本”经营新举措，持续推进“两制一契”干部管理，优化干部结构，推进竞争上岗扩大到中层副职层面。

**【经营管理】** 聚焦公司组织绩效痛点、难点，多维度、差异化完善公司组织绩效管理体系，初步构建较为完整的符合企业实际的“1+3+N”组织绩效考评体系。对物资供应链、经营规划、财务管理、信息化和企业文化5个系统制度进行整建和优化。完成营销、设计、工艺、制造、售后五个过程制度框架和大纲细目的设计和公司级平衡审查。

**【新产品研发】** 围绕重载快捷、多式联运、特种专用货车、出口货车及铁路起重机、关键零部件等领域开展产品研发，全年开发完成货车整机产品16项、起重机产品2项、配件产品34项。采用嵌入式下侧门的$C_{70E-A}$新型通用敞车通过国铁集团的设计方案及样车技术评审；国能集团$KM_{81}$型煤炭漏斗车运用考验接近10万公里；大秦铁路$C_{80B}$型敞车完成换装集成制动装置方案评审和小批量样车试改，6辆样车投入运用考核。完成吊装式$QT_5$型驮背运输车方案和工作图设计；完成满足“一带一路”运输需求的新型40英尺集装箱车方案设计，完成中梁承载集装箱车车体、触碰式煤炭漏斗车车体等5类产品平台的技术方案、信息化方案设计。全年申请专利163

件，其中发明专利 82 件，海外专利 16 件。

【生产运营】 全年共完成新造货车 18 个品种 9826 辆，创造日产 95 辆、月产 2300 辆历史最高纪录。策划并组织实施公司“保质量、稳安全、抢配套、夺高产”百日攻坚。$X_{70}$ 型平车创造日产 63 辆纪录。枕架、车钩、车轴等配件均超计划完成。完成 $X_{70B}$ 型平车、新西兰 IK 型平车等车型试制生产。

【市场营销】 国际市场方面，全年签约 2.65 亿美元，实现销售收入 8.51 亿元人民币。持续发掘既有客户需求，进一步提升市场份额。获得必和必拓公司两个订单共计 740 辆车；与力拓公司签署 550 辆矿石车订单；与智利公司签订 207 辆铁路货车订单；再次向博茨瓦纳出口 34 辆苏打粉漏斗车；出口尼日利亚 2 台 130 吨铁路起重机。国内市场方面，坚持“大客户营销”，实施“专业化营销、项目化运作”，深化市场研究和客户服务，大力开拓整机、配件市场，创新售后服务模式，国内铁路货车签单 9016 辆，实现收入 30.45 亿元。持续改进新型售后服务模式，加强售后服务项目筹划，做好故障处置和质量索赔控制，严格控制外部质量损失支出。

【基建与技改】 完成固定资产投资 7960 万元。“能源管控及关键设备智能监控平台项目”竣工验收。“特种集装箱研发制造基地能力提升建设项目”完成安全专项验收及所有资产入固工作。完成铸造数值模拟软件升级、多功能铸造钩舌水平射芯机、电感耦合等离子体发射光谱仪等设备的升级改造添置等工作。完成宽轨距起重机载荷试验轨道及曲线调平试验轨道、110 千伏 GIS 北车乙线气室改造等项目建设。完成金缘公司缓冲器相关设备改造升级、大连基地有机废气治理工艺改造等项目。

【质量管理】 树立“质量就是员工饭碗、产品品质就是企业品格、质量标准就是企业法律、质量就是企业尊严”的质量理念，积极应对国铁集团体制机制改革、重点客户质量要求提高、生产不均衡等形势变化，加速质量考核机制营建，加强供应商质量管控、生产过程“质量门”管控、源头质量问题整治、质量监督检查力度，产品质量得到总体提升。2021 年，未发生运用产品一般 D 类以上质量事故，新造货车一次交验拒收率为 0.82%，质量损失率为 0.25%，各项质量指标持续改善。

【人力资源管理】 加强中高层管理人员梯队建设，持续优化完善干部管理制度体系。全年通过组织调整、公开竞聘等方式，中层副职及以上岗位交流 16 人、提拔使用 16 人，新提拔中层助理 20 人。加强专家人才梯队建设和考核管理，完成公司新一届 322 名专家人才的聘任，修订《专家职务评聘办法（试行）》，实现专家人才“能上能下”。加大优秀青年人才培养力度，开展技管人员多岗交流轮换、交叉任职和“专兼挂”。涉及岗位交流调整的技管人员 132 人，其中“80 后”青年人才 97 人，涉及跨单位交流的 21 人、兼职岗位调整 12 人。落实公司重点专项工作，研究并实施金缘公司“四定”及机制营建等专项工作，按照全力价值创造、科学评价、合理分配的原则，深入推进全员绩效管理。

【企业文化建设】 通过媒体宣传、专题培训等形式，大力宣传中车、齐车集团核心理念，庆祝中车创业 140 周年，落实中车司歌、司书、司赋、司史、司节文化奠基工程。持续建设行为文化，推进文化制度与管理的有效融合，对技术、营销、国际等系统管理制度进行文化审计，推进BI融入各单位绩效考评制度。持续有效规范VI管理，保证视觉形象规范统一。参加2021年中国国际服贸展，“肯尼亚蒙内铁路全寿命周期维保服务”荣获该展“中国服务实践案例奖”，有效助力中车提升品牌价值。

**【党群工作】** 2021年，公司党委持续落实习近平总书记视察齐车集团重要指示精神，深入开展党史学习教育，开展庆祝建党一百周年系列活动，成功召开公司第二次党代会。紧扣创建特色党建品牌这条主线，固本强基，培根铸魂，持续夯实“三基建设”，着力推进示范党支部创建，聚焦党建与生产经营深度融合，强化思想政治建设，提升改革发展的引领力。强化基层组织建设，提升服务发展的战斗力。强化干部队伍建设，提升干事创业的支撑力；强化党风廉政建设，提升推动发展的保障力。强化群团建设，提升职工队伍的凝聚力，开创了党建引领发展新局面。

**【重要纪事】** 1月，公司荣获“全国文明单位”称号，是第五次获此殊荣。2月5日，公司生产的41辆EP70型棚车在大连港装船，发往尼日利亚。3月16日，在国际罐箱组织（ITCO）发布的2020年罐箱调查报告中，集装箱公司成功跃升全球罐箱制造商第四位。3月24日，公司生产的34辆苏打粉漏斗车在大连港装船，发往博茨瓦纳。3月26日，中国中车党委常委、副总裁马云双到公司大连基地调研指导工作。4月5日，黑龙江省委副书记、省长胡昌升到公司调研。4月10日，公司技术中心试验室完成韩国DALIM公司53英尺LNG罐式集装箱冲击试验。4月12日，中铁检验认证中心专家组对公司17个单元85种规格型号零部件实施复评审核。4月15日，哈车公司DA16型凹底平车设计方案通过国铁集团评审。4月20日，中国中车党委常委、副总裁魏岩到金缘公司调研指导工作。5月份，公司荣获“黑龙江省脱贫攻坚先进集体”称号。5月12日，公司荣获“中国中车科技创新协同专项奖及创新成果二等奖”。6月3日，公司研制的2台出口尼日利亚130吨铁路起重机及配套吊臂平车在天津港装船整备，这是公司首次出口具备桥梁救援能力的铁路起重机。6月28日，公司党委书记、董事长张玉祥被中共中央授予“全国优秀党务工作者”称号。6月24日，公司展厅入选“中国中车红色教育基地”名单。7月9日，公司入选国有重点企业管理标杆创建行动标杆企业名单。7月26日，中国中车党委常委、副总裁马云双一行3人到公司调研指导工作。7月26日，集装箱公司为法国友诺罐箱租赁公司生产的10只29立方米大容积T2罐箱顺利交付。9月4日，公司“肯尼亚蒙内铁路全寿命周期维保服务”项目荣获“中国服务实践案例奖”。9月13日，公司通过国家技术创新示范企业复评。9月23日，公司货车分厂制动组装班组被命名为“全国青年文明号”。12月26日，哈车公司厂史馆暨“三十六棚”纪念馆隆重揭牌开馆。同月，公司技术中心产品研究试验室顺利通过中国合格评定国家认可委员会（CNAS）实验室认可复评审。

**【公司党政工负责人】**

党委书记　张玉祥
董　事　长　张玉祥
总　经　理　于　维
副总经理　王会武　王立文
　　　　　张贤彬　邵文东
　　　　　刘慧春　吴天园
　　　　　崔世海　李　华
　　　　　闫玉贵　李虎健
总工程师　邵文东
财务总监　刘慧春
党委副书记　于　维　孟庆江
纪委书记　孟庆江
工会主席　孟庆江

（齐车公司　供稿）

# 中车沈阳机车车辆有限公司

（统一社会信用代码：91210106117919299A）

**【概况】** 2021年，沈阳公司下设24个职能部室、8个生产分厂、5个参股公司、1个全资子公司、2个分公司。截至年末，在册员工总数3154人，固定资产原值17.09亿元，净值8.45亿元，拥有设备5325台（套）。全年实现营业收入17.06亿元，同比增长6.37%；利税总额1.12亿元，同比增长5.38%；归母净利润4200万元，同比增长0.41%。

**【规划发展】** 制定《沈阳公司“十四五”发展规划》和21个专项业务规划及职能规划，以“党建引领、核心发展、业务协同、多元支撑”为战略方针，确定“一核三元多点”的业务布局，形成“1+21”发展规划体系。年末，公司整体规划通过齐车集团评审并发布，公司未来五年的行动纲领基本形成。

**【改革改制】** 稳步推进国有企业改革三年行动，建立“1+8+55”改革工作任务台账，策划制定“定设计、知蓝图、建机制、抓重点、促销号”的“五步走”推进方案，工作台账累计完成率超额达成。重点改革任务稳步实施，党的领导融入公司治理更加科学规范。制定组织机构改革和“两定两优”方案。发布实施《市场化高层次人才选聘管理办法》。在设备分公司实行超利分享激励机制试点。历史遗留问题加速化解，“两非”剥离专项工作稳妥推进，完成大连分公司注销工作。启动实施存续企业改革重组工作，梳理形成8项销号清单。

**【经营管理】** 扎实推进对标世界一流管理提升行动，项目清单完成率达到95%，1个项目入选中车管理标杆创建项目，4个项目入选齐车集团管理标杆创建项目。深化推进三年强基工程，年度重点突破项目全部完成，形成里程碑成果25项。持续加强精益载体建设，精益车间建设在8个分厂全面开展。物资供应完成“三采一配”目标，全年降采总额1039万元。能源精细化管理取得积极成效，通过精细核算，混合气供应实现最经济配比，节约费用约96万元。

**【科技创新】** 持续推进长钢轨列车组应用70吨级货车技术研究和高速铁路换轨一体化关键技术和成套装备研究。城轨车轴通过供应商资格审核，沈阳地铁防尘挡圈、车轮加工等实现批量生产。取得$L_{18}$型粮食漏斗车维修许可。弹簧智能分选线、门板折页自动化生产线、成型磨床上下料机械手等多项智能装备投入使用。能耗在线监测系统、竣工车辆数字成像系统、门板制造数字化工位建设等多个数字化项目得到应用。全面启动造修货车基础信息数字化建设一期工程。

**【新产品研发】** 开发沙鲅铁路100米钢轨运输车组并交付。该产品攻关国内最小300米曲线半径收、卸轨作业技术、钢轨自动夹取技术等多项技术难点，解决了现场铺设作业施工困难，提升了作业效率，减少了用工数量和员工作业强度。开发天津地铁工程车并交付，包括轨道平板车、轨道平板吊车和接触网放线车等三种车型。铁路工务机械装备和智能非标装备研制取得积极进展，成功开发全液压轮对除锈机、锂电式垂磨机等多项产品。

**【生产运营】** 下半年提前6天兑现全年造修货车订单，并创造多项历史记录。X70型平车日产达到24辆，刷新历史记录。车轴等配件生产连续突破历史最好水平。全年完成新造货车2599辆，完成检修货车10829辆，生产外销车轴14495根、交叉杆4100根、制动梁150辆份。全年未发生安全生产责任事故、一类火灾事故、一般突发环境事件及现岗职业病，疫情防控实现零感染、零疑似目标，“绿色工厂”创建通过中车评审。

**【市场营销】** 全年签订新造货车订单2619辆、厂修及改造货车订单10828辆。城轨工程装备业务成功中标天津地铁工程车、沈阳地铁工程车和武夷山地铁装备等项目，并首次作为总承包方，直接中标沈阳地铁工艺装备项目和上海地铁换轨车组项目。持续拓展铁路工务机械装备和智能非标装备业务，高速轮对除锈机等多项产品陆续打入市场。参股广铁合资公司投资项目获得中车批复。

**【质量管理】** 扎实推进“中车Q”质量标准落地，公司四项课题均被评为集团公司级优秀QC成果。开展“微创新”质量改进攻关活动，1个项目获集团公司二等奖，4个项目获得集团公司三等奖。全年HMIS网络抽查故障件数及源头质量件数呈下降趋势，造、修货车典型故障反馈率排名均多次进入前三，总体稳定在中上游水平。公司通过ISO/TS 22163质量管理体系认证审核。

**【人力资源管理】** 积极推进市场化经营机制改革，开展“两制一契”管理，公司中层管理人员实现100%契约化管理。中层管理人员队伍结构不断优化，评聘公司级核心人才118人，员工总量同比减少95人。出台《加快推进青年员工成长成才保障措施》。制定并实施《2021年沈阳公司落实新时代产业工人队伍建设改革工作实施计划》。深入推进市场化人才选聘工作，组织开展23个中层管理人员岗位竞争上岗工作，竞争上岗率达到100%。

**【企业文化建设】** 持续强化“同一个中车”意识，加强中车核心理念和齐车集团理念宣贯，并加强“家文化”特色子文化建设。围绕建党百年、中车创业140周年，策划开展“十百心向党、沈车先锋行”系列活动。开展“升中车旗、唱中车歌、颂中车赋”和《红色中车》《红色齐车》颂读等系列活动。深化党史学习教育，落实公司党建文化广场和相关主题雕塑，编印《沈车印记》书籍。持续开展“VI回头看”工作，持续深化BI建设，推动行为规范落地。参加中国国际装备制造业博览会等展览展会。

**【党群工作】** 扎实开展党史学习教育，创新开展全员党史学习教育线上培训。扎实推进“我为群众办实事”实践活动，完成改善现场环境等一系列实事共224项。将“经营成果普惠全体员工”作为办实事的最大体现，员工平均工资稳定增长。推动党建“固化攀升”，深化“深融致远·先锋领航”党建品牌建设。压实党风廉政建设责任，召开2次干部警示教育大会。全力抓好国资委党委政治巡视整改成果巩固，以及齐车集团党委政治巡察整改工作，积极主动配合中车党委政治巡视。大力推进“新小家”建设，承担建成中车（沈阳）“区域职工小家”，建成公司“新小家”115个。召开公司首次青年工作会议，评选公司首届“十大杰出青年”，出台保障青年成长成才相关文件。公司党建工作在齐车集团2021年度党建工作责任制考核中获得“A级”并排名前列。

【重要纪事】3月3日，中国中车党委常委、副总裁马云双到公司调研指导工作。3月24日，辽宁省高级人民法院党组书记、院长郑青到公司调研。4月2日，齐车集团总经理兰叶到公司开展专项调研。6月25日，公司开展“永远跟党走、聚力谱新篇”主题党日活动暨党建文化广场落成揭幕仪式。7月8—9日，中车工会工作座谈会暨中车（沈阳）区域职工小家揭牌仪式在公司举办。7月27日，全国企业民主管理工作调研检查工作组到公司调研工作。7月，与齐车公司联合研发的澳大利亚400米长钢轨车组项目在澳大利亚验收完工。10—12月，开展生产经营全面攻坚战，提前6天造修货车收关。12月，公司自主研发的100米长钢轨运输车组交付沙鲅铁路分公司。

【公司党政工负责人】

| | | |
|---|---|---|
| 党委书记 | 张海涛 | |
| 董事长 | 张海涛 | |
| 总经理 | 张明东 | |
| 副总经理 | 张　进 | 信恒文 |
| | 许英奎 | 樊金成 |
| | 门　亮 | 熊岚松 |
| 总工程师 | 许英奎 | |
| 财务总监 | 樊金成 | |
| 党委副书记 | 张明东 | 王剑秋 |
| 纪委书记 | 王剑秋 | |
| 工会主席 | 王剑秋 | |

（沈阳公司　供稿）

# 中车石家庄车辆有限公司

（统一社会信用代码：91130100663692052X）

【概况】2021年末，石家庄公司员工总数2365人，在岗员工1770人。其中，正高级职称10人，高级职称132人，中级职称229人；管理技术人员436人，技能操作人员1334人；女员工337人，占员工总数14%。下设21个职能部室、2个生产经营单位、4个生产车间、1个托管企业，拥有3家实际控制子公司。公司占地面积56万平方米，建筑面积18.3万平方米。拥有各类设备2199台（套）。公司资产总额32.8亿元，负债总额20.79亿元，资产负债率为63.34%；固定资产原值14.85亿元，固定资产净值9.53亿元。实现营业收入22.20亿元，归母净利润1023万元，资产运营质量良好。

【规划发展】成立战略规划委员会，设立"十四五"规划编制专项工作机构，制定下发规划编制工作推进方案。修订完成"十三五"战略规划实施情况评价报告。科学编制"十四五"发展规划，认真分析公司发展的内外部环境，以"卓越领先"为发展理念、"一核两翼三商一流"为发展目标，确立各业务板块发展定位，明晰发展路径、具体目标和任务举措。公司"十四五"发展规划经反复征求意见、修订完善，履行决策程序后下发实施。

【经营管理】深入实施"1+6"一体化创新体系，全面贯彻"对标＋创新"管理机制。建立由绩效指标、重大专项、专项经营计划和季度经营管理工作计划等构成的公司年度经营计划体系。以本体盈亏平衡模型为导向，完善"1+6+N"组织绩效考评体系，建立精干高效的岗位体系，初步形成薪酬分配结构模型。开展以"深化管理保目标、改革提速增效益"为主题的"1+6+18"提质增效活动。基于战略的流程与组织体系建设工作，推进公司实现从职能型组织到流程型组织的转变。全面畅通"工程技术、专业管理、党群管理、技能操作"四大人才专家通道。实现全级次中层及以上管理人员"两制一契"全覆盖。制定实施《青年管理技术人才培养方案》《中层后备人才选拔培养使用管理办法》，加强青年和后备人才培养。推进数字革新，运营数字化基础设施建设稳步推进，数字化产线建设取得积极成效。借助信息化手段，推进生产组织由传统经验型向创造型、价值型跃升，生产管理效能进一步提升。

【科技创新】完成增效天然气替代丙烷项目改造，年内节约成本约35万元。技术创新54项，微创新数量累计达到181项。提升工艺技术保障能力，累计获取15种车型检修资质，扩大了产品谱系。以项目制为特色的工艺提升三年计划落地见效，一次切割成功破除货车检修拆车瓶颈，标准化制动室改造带动质量控制薄弱点提档升级，智能焊接开启货车检修领域的崭新探索。新造车底架附属件及锁头定位工装、车号喷涂等工艺项目创新要素齐全，工艺引领作用开始显现。地铁工程平车研发取得重要进展，训练平车项目体现技术与市场的高度契合。《装备制造企业助推高质量发展的多维创新体系建设》，获评第二十八届全国企业管理现代化创新成果二等奖，《铁路货车造修工业互联网平台创新应用》获评国家工信部2021年工业互联网平台创新领航应用案例；省级创新平台"河北省铁路货车特种车辆技术创新中心”通过验收。

**【新产业发展】** 重点开拓石家庄及周边新能源汽车市场，签订唐山市30辆、石家庄市437辆新能源纯电动公交车订单。蓄冷式冷链产品在服贸会、物博会、西安抗疫和中老铁路等场合亮相，技术产品受到广泛认可。能源管控项目成功开拓浦镇、长江、山东公司等市场，签订沈阳公司、常州公司追加项目订单。依托产业协同和政策支持，启动再制造项目。牢牢把握政策机遇，成功推动中车与石家庄市人民政府、公司与石家庄市交投集团签订合作框架协议。

**【生产运营】** 生产组织实现由传统经验型向创造型、价值型的转变。造修综合日产由38.83辆提升至48.77辆。3月、4月、10月、11月检修月产突破1000辆大关，国铁检修货车在厂修时由19.6天降至11.94天，成功进入货车行业前三名。11月初石家庄疫情期间，在近300名员工封闭的情况下，实现从“30检修+6新造”到“44检修+10新造”的日产恢复仅用时3天。四季度生产攻坚时期，公司以科学的生产方案和坚实的要素保障，完成4194辆车造修生产任务。

**【市场营销】** 全年累计完成货车检修交付11275辆，其中，国铁检修恢复至1万辆水平，累计交付10239辆，同比增长42.1%。完成中铁特货检修交付958辆，市场占有率为24.64%。累计完成新造车生产交付889辆，其中国铁新造800辆，同比增长33.3%；自备车89辆，同比增长64.81%，市场营销能力稳步提升。

**【提质增效】** 深入开展以“深化管理保目标、改革提速增效益”为主题的提质增效活动，“六大类18项”专项对标指标同比变优16项，5项处于齐车集团最优水平。检修车料费成本占收入比降至41.18%，主要检修车型C64型单车大五金用量同比降低8.79%，车门、车轮、轴承等重点配件成本处于行业先进水平。大力降低期间费用，财务费同比降低55.04%，“两金”占用多年来第一次达标，公司本体资产负债率降到100%以下。2021年，公司货车业务综合毛利率为19.41%，排名齐车集团第一。

**【质量管理】** 深刻吸取轴承后档松动等质量教训，以“双归零”理念，提升质量保证能力。提高专检能力，新定职大学生加入质检队伍，专检队伍结构进一步改善，能力不断增强。持续改善现场作业环境和员工质量意识，从根本上提高产品质量保证能力。完善制度体系建设，以《质量考核管理考核办法》为主的制度体系有效压实质量责任。

**【人力资源管理】** 系统完善干部“1+8”管理制度体系，修订《中层干部选拔任用管理规定》《中层后备人才选拔培养使用管理办法》。深化选人用人制度改革，扎实推进“两制一契”管理，领导人员契约化管理、“两书”签订率达100%。制定《定岗定编实施方案》，员工队伍结构进一步优化。制定《“十四五”人力资源配置与继任计划》，建立与子公司人力资源共享机制。全面搭建“技术、管理、技能”三大人才通道，出台《青年管理技术人才培养方案》，120人获评公司专家人才，34人进入中车级核心人才，30名优秀劳务员工正式入职公司。实施《技能操作职业发展通道建设方案》，完成技能操作职业发展通道专家选拔。制定《劳务派遣工转招管理办法》。创新班组建设与管理机制，采取“1+1+3”的模式夯实班委建制，班组逐步由“生产型”向“经营管理型”转变。全年组织体系管理、职业资格、职业技能等各类培训班450个，培训15676人次，新入职员工培训率达到100%，员工能力培训合格率达到96.3%。针对职能部室实施双效提升激励，增强部室分配自主权。

针对生产攻坚，通过实施超产奖励、全勤奖励等方式实施精准激励，取得良好效果。

【企业文化建设】 宣贯中车和齐车集团企业文化核心理念，提炼形成包含管理共识、经营哲学、质量观、安全观、精益观、诚信观等内容的公司特色文化理念，并集印成册。精心策划设计折扇、车模、萌娃、纪录片套盒等一批具有鲜明中车和石车特色的文创产品。参加2021中国国际服务贸易交易会、中国国际数字经济博览会和中国西部（重庆）国际物流产业博览会，公司蓄冷式智能冷链装备和新能源汽车、智能轨道快运系统、城轨车辆以及智慧能源管控等项目在展会上引起关注。组织评选“石车奖章”“十大党员标兵”等各类先进200余人次。

【党群工作】 扎实开展党史学习教育和庆祝建党100周年活动。召开第一次党代会，“石门星火”党史馆揭牌开馆，《铁血抗争》《石门星火》相继发布，向党的百年华诞献礼。深入开展“我为群众办实事”实践活动，累计解决员工急难愁盼问题164项。落实“固化攀升年”部署，党建“金名片”建设走深走实，国祥公司党支部“王牌铸王牌”等5个品牌被评为齐车集团“最具实践性”党建品牌。完善“四个一”党政一体化考评模型，创新实施数字化党建，积极探索标准化示范党支部建设，有力促进基层党建工作质量稳固攀升。“廉政微课堂”开讲50余场。完成巡察工作全覆盖，政治巡察定位更加清晰。“新小家”建设、“心灵驿站”、“点对点”帮扶、创新工作室比拼等工作广受称赞。召开公司第二次团代会。

【重要纪事】 3月16日，中车股份副总裁余卫平到公司调研指导。3月下旬，国祥公司正式获得纽约地铁合格供应商资质，成为中国首家获此殊荣的地铁空调供应商。4月1日，公司取得河北省高新技术企业证书。5月20日，公司为拉林铁路生产的9辆接触网专用平车运达拉萨，完成车辆验收及交付工作。6月22日，作为石家庄市职工思想政治教育基地的“石门星火”党史馆开馆。6月23日，公司召开第一次党代会。8月25日，国家铁路局向公司颁发C62BT、NX17BT、P64T、P64AT、P64GT车型维修许可证，公司新增5种车型维修许可资质。9月6日，公司的新能源汽车和智能轨道快运系统、城轨车辆、蓄冷式智能冷链装备以及智慧能源管控等项目亮相2021中国国际数字经济博览会。9月下旬，公司员工刘志彬荣获“2020年度河北省政府质量奖个人奖”。10月13日至15日，公司自主研制的“蓄冷式智能冷链装备”参加中国西部（重庆）国际物流博览会。11月1日，公司中标的30辆11米级新能源纯电动城市客车完成上牌，交付唐山公交公司。12月初，公司“蓄冷式鲜花恒温冷库供冷装备系统”入选2021年度河北省重点领域首台（套）重大技术装备产品首台（套）目录。12月24日，公司成功中标石家庄市公共交通总公司2021年新能源纯电动车4个标段，累计437辆新能源公交车辆。

【公司党政工负责人】

党委书记 王　华  
董事长 王　华  
总经理 张建武  
副总经理 高崇生　孙瑞林  
　　　　 尹立涛　姚　勇  
　　　　 张建新　马　松  
财务总监 高崇生  
党委副书记 张建武　陈伟京  
纪委书记 陈伟京  
工会主席 陈伟京

（石家庄公司　供稿）

# 中车山东机车车辆有限公司

（统一社会信用代码：91370100664851254J）

**【概况】** 2021年末，山东公司员工总数2736人。其中，正高级专业技术职称31人，高级职称188人，高级技师53人，技师163人。下设9个管理机构、12个业务机构、8个党群机构、6个全资子公司、3个控股子公司。设有济南东、西两个厂区及常熟生产基地，占地面积合计152万平方米。拥有各类设备3643台（套）；固定资产原值18.28亿元，净值10.41亿元。全年实现营业收入72.5亿元，同比增长1.44%；归母净利润1.66亿元，全部超额完成集团下达的最高经营指标，荣获中车“特别贡献奖”。

**【规划发展】** 完成公司“十四五”总体规划编制，明确“三核心、一支柱、两培育”的产业发展定位。其中，三个核心产业分别是轨道交通装备产业、风电整机产业、环保装备产业；一个支柱产业是钢构产业；两个培育产业分别是真空排导和康养产业、智能装备产业。搭建总体规划、业务规划和职能规划“1+6+13”三层规划体系，实现对各产业全方位、全级次覆盖。运用平衡计分卡理念，从财务、客户、内部流程、学习成长四个维度分解制定年度绩效评价指标，推动战略落地。

**【改革改制】** 认真贯彻落实国企改革三年行动要求，稳步推进同力达公司混改，积极寻找战略合作者，并签署战略合作协议、投资意向协议，“混改”方案立项获得中车批复。推进“两制一契”管理，中层管理人员“两书”签约率100%。在同力达公司、环保公司开展职业经理人选聘，并在同力达公司实行“总经理组阁”。深化收入分配制度改革，制定《总部部室工资与绩效挂钩分配办法（试行）》《职业经理人薪酬管理办法》。探索实施与企业效益效率联动的薪酬激励机制，激励各产业选取更具挑战性的经营指标。以康养项目为试点，探索实施项目跟投专项激励机制，有效激发项目初创团队活力。完成参股恒泰公司股权退出工作。

**【经营管理】** 首次制定《决策事项管理清单》，厘清各治理主体权责边界。制订实施“十大标杆”工程实施方案和推进计划，持续开展“固本”工程，公司入选“中车管理提升标杆企业”，2个项目入选中车管理标杆创建项目。加强“两金”控制，“两金”年度平均占用同比降低9.9%。持续开展降本节支增效，可控费用同比下降6.4%。对各产业一次采购金额超过5万元的项目纳入EC平台实行统一招标，两级集采率达到99.4%，上网采购率达到99.77%。深化“6621”运营管理平台建设，在年度精益管理评价中，位列中车货车系统前三名。以审计、风险、内控、合规“四位一体”融合为手段，构建公司全面风险管理体系，设立六大方向的风险化解专家团队。强化安全、环保管理，通过中车安全生产等级评价和职业健康安全管理体系评审，通过省级“健康企业”评估。全年环保零约谈、零处罚、零挂牌督办。常态化开展疫情防控，实现“三零”防控目标。风电公司提级管理后，采取“两个企业、一套部室”的管理模式。

【科技创新】持续加大科技研发投入力度，投入比率达5.01%。全年申请专利91件，其中发明专利71件，海外专利8件。加强技术标准管理，构建欧洲货车技术标准体系，发布国家标准1项，团体标准3项，中车标准1项。通过“国家企业技术中心”复评，获评2021年度“山东省高端品牌培育企业”和“山东省技术创新示范企业”称号。初步构建数字化转型实施纲要和建设路径，完成智能制造发展规划编制。分阶段开展产品研发数字化、生产制造数字化、财务共享一体化建设。

【新产品研发】重点推进完成32项公司级、9项中车级科研项目研发工作。研制的90英尺瑞士关节车获得第二张ERA注册证书。完成欧洲标准80英尺集装箱平车全部设计，开展样机试制。完成欧洲标准轻油罐车研发，产品性能达到欧洲市场主流水平。研发设计的HJB型系列净化槽实现批量应用，有效支撑常熟三期项目的运营。在线污物粉碎式真空排水系统等研制项目已得到市场应用。完成6款康养辅具研制。完成数字化焊接平台搭建及货车枕横梁产线设计建设。完成高性能拧紧轴及数显工具批量化市场应用推广。加快推进新产业孵化，初步搭建专家智库和人才团队，揭榜挂帅中车“十四五”重大专项唯一一项环保类课题。

【生产运营】全年生产交付12种车型3257辆货车。其中，$X_{70}$型平车生产节拍压缩35.2%，班产效率提升30%，日产达到28辆历史最高水平。环保产业实现常熟四期项目、上海崇明污水处理运维项目落地；完成常熟固废项目土建及配套施工。真空排导产业完成2列冬奥会京张高铁集便器交付。集便器产品通过5列四方股份公司时速350公里长编组标动批量运用考核。

【市场营销】中标各型货车2966辆，其中，中标国铁货车2800辆，企业自备车166辆；中标上海地铁隧道清洗车、台州地铁工程车等项目。签订300组德国DB双层小汽车运输车追加订单和730辆改造车配件订单，再次刷新中国铁路货车行业出口欧洲市场的单笔最大纪录。签订300辆莫桑比克敞车和220辆加蓬维保项目合同。成功中标580辆孟加拉米轨车项目，全年新签国际业务订单1.23亿美元（不含孟加拉国项目）。环保业务，深入实施“水务+固废”双轮驱动战略，新签订单4.5亿元。康养产业完成康养辅具产业调研，形成4种模式8种场景下的康养系统解决方案，并实现市场突破。智能装备产业拓展株洲、武汉等重点客户，产品首次进入风电行业。

【资产管理】按照货车生产线自动化升级改造三年规划，组织实施枕横梁自动化组焊生产线、侧梁数控钻生产线、敞车侧开门自动化组焊线、激光切割机等设备采购合同的签订、入厂、安装及调试。加大低效无效资产处理力度，盘活东厂区低效无效土地212亩。全面完成中建公司股权转让，彻底解决“238”亩闲置资产处置问题。完成泰山疗养院资产处置。积极推进不动产权证办理工作，通过机车新村消防验收，完成土地、地上物及综合测绘成果挂接，为机车新村新区11栋楼1174户居民办理不动产权大证。为十三宿舍67户办理个人不动产权证。利用“宜企拍”平台，处理废旧设备112台（项），竞拍溢价率41.5%，最大程度回收低效无效设备价值。获评济南市“节水型企业”称号。

【质量管理】 全面实施质量管理部门负责人委派制，建立周沟通、月例会制度，强化总部质量管控、资源共享和平台支撑能力。实施集团化认证模式，推动各产业质量管理持续改进。编制下发《质量奖惩管理办法》《质量部门负责人绩效评价细则（试行）》，进一步强化质量主体责任。组织各产业对标“中车Q”管理体系开展成熟度自评价，持续优化质量管理体系。两项优秀QC质量成果获得“行业级”评价，其中一项代表中车参与铁路行业协会成果发布。推进重点过程质量能力提升，策划编制《项目质量计划编制指南》《DFMEA应用指导手册》等。以华腾公司为试点，编制下发《质量要素参与分配管理办法（试行）》。成功承办2021年铁路货车造修源头质量会议，提升了公司行业影响力。

【人力资源管理】 完成29个管理业务部室的职责修订，调整各类人员973人次。积极推进优员增效工作，全级次共减编194个，通过设置副岗、转岗培训再上岗、协商解除劳动合同等方式，合法合理安置未上岗员工。开发中层管理、青年骨干和新员工岗位学习地图，构建三类人员课程体系，开发微课90余门。加大核心人才培养力度，有65人被评为中车核心人才，其中首席专家1人、资深专家6人、专家58人。加强高技能人才队伍建设，评定高级技师2人、技师7人，1人获评“济南工匠”称号，高技能人才在技术工人中占比达68%。

【企业文化建设】 中央宣讲团成员、原中央党史研究室主任欧阳淞到公司宣讲十九届六中全会精神，并在中央电视台集中报道3次。聚焦公司红色文化、高端货车、绿色多元等品牌元素，在人民网、新华网等省部级以上媒体宣传报道55次，提升了公司品牌影响力和美誉度。作为火炬传递第三路线的首站，举办中车创业140周年火炬传递仪式。承办“红动齐鲁·我心向党”山东省第三届红色故事讲解大赛启动仪式。厂史馆入选国资委首批100个中央企业爱国主义教育基地和中车红色教育基地，全年累计接待各类团体300批6000余人次。

【党群工作】 2021年公司党建工作紧紧围绕“固化攀升”主题和“改革·标杆年”目标任务，以党建“十个做实”为统领，以“三好”标准为发力点，坚持强功能、建机制、抓基础、补短板、提质量，党建工作取得显著成效，在齐车集团党建责任制考核评价中获评A级，并首次排名第一。坚持党的全面领导，全面落实“第一议题”制度，创新开展“首要任务集中学”。扎实推进党史学习教育，开展了多种形式的主题实践活动和“十、百、千”庆祝建党100周年系列活动。在“诸城尽美干部学院”和“中共刘集支部旧址”揭牌成立两个党性教育基地。在基层单位推行党政“一肩挑”。制定党建“十个做实”清单。制定“好支部书记”“好党务工作者”“好党员”三个标准。实施基层党组织党建品牌固化攀升，涌现出“领头雁”“红管家”等一大批特色党建品牌。坚持全面从严治企，开展靠企吃企、违规挂靠等专项监督检查，逐步构建“多位一体”大监督体系。加强青年思想政治引领、价值观引领，密切联系服务青年，搭建青年才能展示平台，引导团员青年为企业发展建功立业。创新劳动竞赛方式，获评“中车劳动竞赛红旗单位”称号。精准开展“六送三关注”，慰问工作充分向海外、长期驻外职工和直接生产人员倾斜。完成新小家建设三年计划，并被中车授予“新小家建设优秀单位”称号。

**【重要纪事】** 3月5日，公司出口德国DB项目Laaers 560.3型铁路运输车全部完成生产交付。4月8日，公司荣获“中国中车精益管理三级企业”“中国中车精益管理最快进步企业”称号。5月12日，公司荣获中车“特别贡献奖”。5月18日，公司在诸城尽美干部学院和中共刘集支部旧址揭牌成立两个党性教育基地。6月1日，公司入选中国中车红色教育基地。6月5日，公司出口尼日利亚铁路货车项目完成第一批交付和第二批发运。6月9日，由中国国家铁路集团有限公司机辆部与中国中车共同举办、公司承办的2021年铁路货车造修源头质量会成功在济南召开。7月23日，公司入选国资委首批100个中央企业爱国主义教育基地。8月9日，齐车集团对公司董事会进行调整，公司董事会由5人构成，其中外部董事3人。8月14日，公司首批出口尼日利亚JJ2A型双层家畜车出厂运抵港口。9月9日，公司举行中车创业140周年火炬传递仪式。9月24日，中国中车党委书记、董事长孙永才到公司调研指导工作。10月13日，公司与德国DB铁路公司签订300组双层小汽车运输车辆增购合同。10月13日，公司成功中标莫桑比克CFM公司300辆敞车项目。10月18日，公司自主研发的瑞士Sggmrss90’型关节式集装箱运输平车获得欧盟铁路局注册授权。10月21日，公司召开山东风电公司管理层级调整大会，风电公司被调整为中车1.5级公司。中车党委常委、副总裁王宫成，齐车集团党委书记、董事长谷春阳出席会议。11月11日，公司44辆坦桑尼亚集装箱米轨平车在坦交付。11月24日，中央宣讲团成员、中央党史研究室原主任欧阳淞，在山东省委常委、济南市委书记孙立成陪同下，到公司宣讲党的十九届六中全会精神。12月28日，公司与孟加拉国铁路公司签署580辆米轨铁路货车采购项目合同。

**【公司党政工负责人】**

| | |
|---|---|
| 党委书记 | 王子长（任至5月） |
| | 李广伟（5月任） |
| 董事长 | 王子长（任至5月） |
| | 李广伟（5月任） |
| 副董事长 | 李广伟（任至5月） |
| 总经理 | 李广伟（任至6月） |
| | 杨知猛（6月任） |
| 副总经理 | 杨知猛（任至6月） |
| | 郑旺春　耿家声 |
| | 李长江　代西恩 |
| | 刘寅华　吴树梁 |
| | 吕　超 |
| 总工程师 | 刘寅华 |
| 财务总监 | 李长江 |
| 党委副书记 | 李广伟（任至5月） |
| | 杨知猛（6月任） |
| | 魏俊杰 |
| 纪委书记 | 魏俊杰 |
| 监事会主席 | 魏俊杰 |
| 工会主席 | 杨海峰 |

（山东公司　供稿）

# 中车山东风电有限公司

（统一社会信用代码：913701006898166909）

**【概况】** 2021年末，山东风电公司员工总数865人。其中，正高级专业技术职称21人，高级职称92人，高级技师10人，技师32人。公司下设10个管理机构、16个业务机构、8个党群机构、8个分公司。固定资产原值8.30亿元，净值5.48亿元。全年实现营业收入52.15亿元，归母净利润2.11亿元，同比增长25.97%；全员劳动生产率增长7%。

**【规划发展】** 制定“十四五”发展规划并上报齐车集团备案，明确公司发展定位，即“十四五”时期，实施产业链“纵向一体化”扩张战略，系统构建“风资源开发、EPC工程总包、风电场股权持有、装备销售”“四位一体”业务发展体系，成为风光新能源产业的综合解决方案提供商，打造百亿规模企业。

**【改革改制】** 年初，成立风电事业部，确定部门职责、定编定岗，分层级开展内部中层管理、一般技术管理、销售等岗位竞聘上岗，优员34人，基本实现协同共享、资源集约、强化管理的预期目标。10月，中车对公司进行提级管理。11月，为适应外部环境变化和内部管理提升要求，与山东公司采取“两个企业、一套部室”的“双跨”管理模式，进行一系列组织机构和人员调整。

**【经营管理】** 深化“两金”及现金流管理，加大项目回款力度，“两金”月度平均占用额度同比下降16.85%。处置低效资产，完成238亩土地股权转让。盘活212亩低效土地。用足用好上级和政府扶持政策，全年获得各类扶持资金520余万元，实现财税收益1533万元。采取有效措施，关闭大虎台项目所有敞口风险项点，实现项目回款2100万元，超额完成回款指标。完成泰来广源项目股权转让，回款1.6亿元。运用法律诉讼等手段，维护自身合法权益，完成清欠2425万元，避免直接经济损失1759万元。强化合同审核，对外合同的合法性审核实现100%覆盖。开展合同、业务外包管理专项审计，识别并处置8项风险问题，进一步筑牢风险管控防线。

**【科技创新】** 2021年，公司科技投入比3.78%。公司荣获“2020年度中车科学技术奖”一等奖1项、三等奖2项。公司“高性能大功率风电机组及关键部件研制及应用项目”获中车科技创新大会“重大科技项目奖”一等奖，“大功率风力发电机关键技术研究及产业化项目”获“重大科技项目奖”二等奖。3.6兆瓦陆上风电机组平台项目入选2021年度山东省首台（套）技术装备项目。加强知识产权管理，获得专利授权24件，其中发明专利19件。发表核心论文7篇，获得软件著作权登记3项。参与10项国家标准的制修订工作，发布5项。

**【新产品研发】** 结合目标市场需求，围绕整机产品关键技术开展重点攻关，新研制的3.3兆瓦风机、5.X兆瓦风机具备度电成本低、电网适应性强等优点，其中3.3兆瓦风机实现批量交付，5.X兆瓦风机完成样机试制。在2021年北京国际风能大会上，成功发布两款7.X兆瓦大功率风机平台，以及多项代表未来产业发展方向的新技术。2.5兆瓦双馈风力发电机组平台研发项目，荣获中车科技成果一等奖。揭榜挂帅中车“十四五”科技重大专项，即大功率风力发电系统关键技术研究及示范项目。

【生产运营】 后水泉风电场是中车首个自行建设运营的风电场，已成功并网发电，安全运行一周年，全年累计发电1.36亿千瓦时，在锡盟特高压风场综合发电能力排名中名列前茅。强化生产组织，全年完成157台风机、13.5万吨塔筒生产任务。提高运维调试效率，全年完成456台风机并网调试工作。8个新建风场项目通过试运行考核并进入质保期。36个在运行项目保持良好状态，风场年平均可利用率达99.34%。紧跟风电塔筒市场趋势，成功开发项目总包类业主，完成海上风电塔筒生产基地选址调研。

【市场营销】 以资源获取为目标，提前抢点布局，积极承担中车松原“风光一号”项目建设任务，为风电产业未来发展储能蓄力。松原基地项目成为公司第二个风电产业发展基地，标志着风电产业进入发展壮大的新阶段。采用合作开发等模式开拓市场，力求与客户形成长期稳定合作关系。新增山东能源、浙能、华润、三峡电能等4家客户，成功入围中国电建2022年集中采购供应商名单。整机业务实现新签订单34.9亿元，累计获得风光资源开发权益指标955万千瓦，塔筒业务市场占有率上升至8%，新签订单13亿元，成功签订出口欧洲塔筒项目订单。

【资产管理】 公司拥有各类设备1207台（套）。全面启动公司园区房产证办理。实施集中供热改造，建设完成换热站房，实施办公与公寓供暖系统分离，更新办公采暖系统。按照中车松原产业基地建设要求，迅速启动6号地块建设的前期准备工作，同时完成1号地块部分基础施工。完成公司“中车绿色工厂”申报。

【质量管理】 组织召开公司2021年质量工作会议。组织对标“中车Q”管理体系，开展成熟度自评价工作，持续优化质量管理体系。策划开展“迎‘七一’，保安全”、质量安全月、质量安全大检查等质量专项活动，推动全员牢固树立质量安全理念。搭建交流平台，组织召开精益研发与优秀质量成果交流会、研发过程质量与可靠性项目阶段成果发布会。开展质量经理人培训，搭建公司质量人才专家库。全年无重大质量事故，聚粮屯项目获得“5A级优胜风电场”称号，阜新台吉、平度大泽山项目获得业主锦旗嘉奖。

【人力资源管理】 根据“两个企业、一套部室”管理模式，全面梳理公司薪酬体系，重点研究策划“双跨”部门工效挂钩方案。开发中层管理人员、青年骨干和新员工岗位学习地图，构建三类人员课程体系，开发微课50余门。加强高技能人才队伍建设，新增技师1人，1人获评“中车高铁工匠”称号，1人获评“济南工匠”称号，高技能人才在技术工人中占比达66%。同力钢构公司技师工作室被山东省总工会评为“创新工作室”。加大核心人才培养力度，共有核心人才19人，其中中车技术专家13人，建立核心人才储备库，共储备核心人才31人。

【提级管理】 2021年10月，中车对风电公司进行提级管理。公司党委第一时间组织召开各层级动员会，全面深入解读中车对风电公司提级管理的目的和意义，并通过业务研讨会、“头脑风暴”务虚会等形式，对提级管理后面临的形势和任务进行深入分析研判，快速统一了思想、提高了认识，为提级管理各项安排和部署的迅速落实，奠定坚实的思想基础。为适应外部环境变化和内部管理提升要求，公司采取“两个企业、一套部室”的管理模式，进行了一系列组织机构和人员变革。完成29个管理业务部室的职责修订，调整各类人员973人次。开展“双跨”部室“两要两可”管理提升专项行动，以“工作时间要保证、分配结构要调整、工作目标可衡量、工作效果可检验”为目标，分阶段、有重点制定工作任务，并抓好落实，保证提级管理各项工作有序推进。

**【企业文化建设】** 全面策划实施厂区内VI统一工作，设计制作文化墙、屏风、党建宣传栏、党建宣传灯牌、宣传标语等各类宣传标识。利用多种渠道宣传推介公司，在专业期刊发表文章4篇，编发公众号信息23期，刊发《风电魂》10期，编发各类宣传稿件90余篇。成功举办中车风电松原基地二期提升扩建工程开工仪式，参加2021年北京风能展会，以全新方案塑造具备实力和品牌影响力的良好企业形象。

**【党群工作】** 公司党委坚持以习近平新时代中国特色社会主义思想为指导，围绕“固化攀升年”主题，牢固树立“抓党建就是抓发展、抓发展必须抓党建”的理念，着力推动党建工作与经营深度融合。提级管理后，按照“四同步、四对接”要求，成立8个党群机构，同时成立综合、风电装备研究所、采购销售质保、运维工程、制造物流、钢构公司6个党支部。深入开展党史学习教育，以党课、读书学史、专项培训等多种方式，组织党员学党史、学厂史，开展“首要任务集中学”，进一步统一思想、凝聚力量。坚持以“十个做实”标准为引领，着力打造“驭风者”等特色党建品牌，实现党建与业务“双提升”。

**【重要纪事】** 1月1日，成立风电事业部，统筹负责风电公司和钢构公司各项经营管理工作。3月9日，经国家市场监管总局（国家标准化管理委员会）批准，公司参编的四项国家标准正式颁布，年度参编标准发布数量创历史新高。4月1日，公司荣获“2020年度中国中车科学技术奖”一等奖1项、三等奖2项。4月2日，公司与华润电力投资有限公司华东分公司签订新能源项目合作框架协议。4月27日，公司与甘肃酒泉经济技术开发区管委会合作签约仪式在酒泉举行，签署《新能源及新能源装备制造产业链项目投资合作协议》。7月8日，山东省工业和信息化厅公布2021年山东省工业企业“一企一技术”研发中心企业名单，公司通过认定进入榜单。9月15日，公司荣获中车“十三五”重大科技项目一等奖1项、二等奖1项。9月24日，中车党委书记、董事长孙永才到公司调研指导工作。9月28日，中车风电松原基地二期提升扩建工程开工仪式在吉林省松原市宁江区雅达虹工业园区举行。10月18日，2021年北京国际风能大会开幕，公司携7.XMWD195机组、陆上7.X兆瓦风电机组平台亮相本次展会。10月21日，召开管理层级调整大会。中国中车党委常委、副总裁王宫成，齐车集团党委书记、董事长谷春阳出席会议。11月11日，公司党委正式成立。12月21日，公司CWT3300-D165风电机组涉网测试刷新国内高低穿测试最快通过纪录，成功取得检测报告。

【公司党政工负责人】

党委书记　李广伟（11 月任）
董　事　长　李广伟（11 月任）
总　经　理　杨知猛（11 月任）
副总经理　耿家声（11 月任）
　　　　　郑旺春（11 月任）
　　　　　李长江（11 月任）
　　　　　代西恩（11 月任）
　　　　　刘寅华（11 月任）
　　　　　吴树梁（11 月任）
　　　　　吕　超（11 月任）
总工程师　刘寅华（11 月任）
财务总监　李长江（11 月任）
党委副书记　杨知猛（11 月任）
　　　　　魏俊杰（11 月任）
纪委书记　魏俊杰（11 月任）
监事会主席　魏俊杰（12 月任）
工会主席　杨海峰（12 月任）

（山东风电公司　供稿）

# 中车风电(锡林郭勒)有限公司

(统一社会信用代码:91370100664851254J)

【概况】锡盟风电公司专业从事风力发电设备及主要零部件的研发、制造、销售及风力发电工程的设计、建设和技术服务,涵盖电力生产、销售,具备年产500套1.5~4兆瓦风力发电机组及风机配套机舱罩、变流器、主控柜、变桨系统等大部件的能力,市场辐射内蒙、河北、山西等地。公司占地300余亩。公司已投运的中车后水泉风电场,是中车投资建设的首个风电场,装机容量50兆瓦,于2020年12月26日实现全部机组投运、全容量并网发电。

【生产经营】风电场在职员工10人,其中副场长1人、运行检修人员9人。风电场采用“运检一体”的生产管理模式,全面开展设备状态监视、运行操作等工作。面对不同程度的限电形势,风电场制定抢发电量措施,强化运行分析,合理安排日常检修维护。风电场全年发电1.36亿千瓦时,安全运行365天,可利用小时数区域对标名列前茅。全年实现营业收5638.7万元,利润752万元。

【标准化风电场建设】公司依托后水泉风电场投入运营,固化运营经验,推进标准化风电场建设,健全制度、细化流程、明晰权责,全年建立健全《安全生产责任制》《设备巡回检查制度》《设备缺陷管理制度》等30余项风电场管理制度,为自营风电场建设提供了制度保障。

【电力业务许可及电价补贴申报】5月,后水泉风电场取得电力业务许可证,正式进入商业运营期。12月,项目电价补贴申报工作已通过电网初审。

【公司负责人】

董 事 长 李宝明
总 经 理 杨 凯
副总经理 杲和刚

(锡盟风电公司 供稿)

# 中车长春轨道客车股份有限公司

（统一社会信用代码：9122000735902224D）

党委书记、董事长　王　锋

总经理　刘长青

【概况】 2021年末，长客股份公司员工总数12520人。其中，具有高级专业技术职称936人，中级职称1207人；高级技师903人，技师1801人；硕士及以上学历711人。公司拥有29家子公司（全资及控股18家），其中境外子公司9家（全资及控股6家）。厂区占地面积453万平方米，建筑面积137万平方米；固定资产原值118亿元，净值45.9亿元；全年实现销售收入300.2亿元，净利润18亿元，完成中车下达的主要经营指标。

【规划发展】 经过多轮多层次的研讨和共创共识会，完成“十四五”战略规划，并掌握战略谋划的方法论及战略编制解码落地的理论工具。组织各系统、子公司编制完成专项职能规划12项，区域战略6项，重点工作规划15项，形成以总体战略为主体，分战略为支撑的定位准确、边界清晰、功能互补、统一衔接的战略规划体系。完善战略管理制度，优化战略解码过程，将战略目标与年度经营目标相结合，有效落实工作责任制，推动了战略执行与落地。

【改革改制】 明确未来发展的四个业务定位，即新造、后服务、机电总包和研发服务。组建新业务工作团队和执行机构，探索系统解决方案的经营管理模式。构建“1+11+N”的区域经营模式，稳住基本盘。形成组织绩效与个人绩效联动管控方案，优化中层干部年度考核评价机制，建立“分级分层”的绩效评价体系。基于平台和项目两条主线构建增量绩效管理体系，从产品和平台、能力和创效等不同维度，完善绩效指标库，并实施对各项指标的日常跟踪和月度管控。整合同质化生产制造单元，调整零部件制造业务相关机构，保证了组织机构与业务发展形势相匹配，实现机构层级、数量的精简。

【经营管理】 稳步推进数字化转型，形成数据架构设计，初步具备独立开展数据治理的能力。稳步推动产品全寿命周期贯通工作，以BOM为数据之源，以构型为载体，构建“产品数据立方体”等业务模型，初步实现产品全寿命周期服务范围内的技术状态管理、基线管理、产品履历管理。开展动车组数字化产线建设，以转向架总成二车间为试点，初步建成具备智能制造特征的数字化产线，完成结构化工艺策划数据直达生产现场的功能验证。完善数字化供应链建设，实现采购策划、物资供应齐套、库存控制等方面数据贯通。以北京12号线、贵阳市域项目为试点，实现全过程数据化管控，实现项目节点计划兑现率92%、风险提前识别率98%。全面推动数字化、无纸化办公，促进各环节业务数据可视化管控。构建开放式预算和增量式核算体系，细化各类成本管控。全年咨询费、海外售后服务费、招议标费、工装费等较年初预算调减1.1亿元。利用两年时间，实现外租库房全部清退，节约费用2200万元。按照虚拟利润中心模式，开展成本梳理工作，初步形成虚拟利润中心创建方案。全面加强项目成本管控，CR400BF动车组材料成本压降3.39%，毛利率提升1.8%；CR300BF动车组材料成本比研发样车材料成本降低10.7%，毛利率提升7.75%；国内城铁车辆毛利率提升3.6%。

**【科技创新】** 完成欧洲科技公司注册及成都研发分中心的组建，并开始运营。初步构建“四大”技术领域技术规划平台。强化技术和专利管理，全年共获得授权专利208项，策划完成中国标准地铁、磁浮、齿轨车等项目的专利布局。荣获中国专利外观设计优秀奖、吉林省科技成果转化贡献奖等19项大奖。充分发挥实验室资源，重点开展8辆编组列车碰撞试验、车辆结构拓扑优化技术研究等25项专项技术研究。CNAS检测资质由37个项点扩充到100个，提高对外研发试验服务的权威性。搭建中低速悬浮控制研究试验台、磁浮交通半实物仿真测试平台、整车车体疲劳试验台、转向架高频激振试验台。打造7条产品线，构建25个产品平台。智能型复兴号动车组和京张高铁“瑞雪迎春”智能动车组亮相，成为网红产品。新一代市域车亮相成都轨道展，获得各界好评。完成新一代600公里/时常温常导样车和高温超导原理样机研制。以北京地铁12号线项目为导航，完成设计工艺的技术协同模式验证，初步打通端到端流程。规划建设新造项目标准化产线70条，搭建39项标准化生产线模型。开展APS、SRM、MOM等信息化系统数据贯通及深度应用，提升大制造体系的数字化、柔性化、智能化水平。

**【生产运营】** 推进精益生产，初步建成产线“期量标准”体系。建成精益产线54条，标准工位1707个。各平台项目生产周期平均压缩比例5.71%，最高达到11.2%。各项目异常数据逐步下降，生产周期达成率从80%提升到92%。全年实现无死亡、零重伤的管控目标，千人轻伤率0.3‰。

**【市场营销】** 签订贵阳城际车，实现城际市场订单零突破。中标重庆5号线加车项目。完成兰州、广州、北京、深圳四地标准化地铁推广及落地工作。取得郑州局集团公司运维业务，实现销售收入约1550万元。与长春地铁成立合资公司，并获得长春地铁1号线、3号线日常维保业务。获得长春地铁6号线站台门系统集成项目，实现机电总包业务的首单突破。与中土集团签订哥伦比亚轻轨项目框架合作协议，将双方合作扩展到包括工程车、屏蔽门以及车辆段设备在内的机电总包业务，实现业务链延展和新业务拓展。签约哥伦比亚波哥大有轨电车项目、沙特麦加地铁大修项目，完成澳大利亚墨尔本地铁加车项目合同签署。全年实现市场签约额217.42亿元，其中国内铁路板块100.74亿元，国内城铁板块98.76亿元，海外市场17.92亿元。

**【基建与技改】** 通过强化资产和能源管理，减少固定资产原值8133万元，备件采购费用同比减少1000万元。研判国家政策，提前错峰采购煤炭，节省动能成本4000余万元。积极应对限电问题，通过与省市相关部门积极沟通协调、灵活高效排产，降低了限电对企业生产经营的影响。

**【质量管理】** 全面开展ISO/TS 22163体系标准对标工作，取得ISO 10012测量管理体系AAA级认证，公司“一牵引、双驱动、三保障”质量管理模式荣获第四届中国质量奖提名奖。加强供应商质量管控，采购不符合项同比下降14%。各类产品质量问题和运行故障整体呈下降趋势，质量损失率同比下降13%，国内城铁项目和海外项目每百列故障数分别下降13%和23%。

**【人力资源管理】** 实施“人岗薪绩”一体化项目，顶层规划人力资源管理体系。优化岗位设置，完成辅助工定员梳理和在产项目技术工时阶段性归真。完善薪酬管理，推行工资总额承包机制，初步构建“基础+增量”的薪酬模式。深入推进委外压降工作，委外费用降低14%。完成8个典型平台人力成本归真工作。依托同质化车间合并，车间管辅比降低7%以上。补充关键核心人才220名。加强人才培养和培训，全年有63人被新聘为中车技术专家，选派36名国际化人才加入区域化营销团队，人才支撑力得到增强。

**【企业文化建设】** 大力弘扬“同一个中车”企业文化，围绕中车文化落地生根，广泛开展为中车庆生、传唱司歌、诵读司赋、学习司书等文化推广活动。为庆祝中车成立140周年，公司员工精心雕琢以铝合金焊接作品《中车赋》为代表的等近600个文艺作品。《红色中车》发布后，各基层党支部书记自觉担当宣讲员，掀起学史爱企的热潮。在“中车日”，员工自发开展唱司歌、为中车庆生活动。

**【长春6号线站台门项目中标】** 2月18日，公司首次通过联合体投标的方式，成功中标长春6号线站台门项目。该项目是公司通过“中车模式”在长春落地，获取的首个机电系统业务，公司首次以独立的身份参与机电系统项目，为公司后续在机电业务体系搭建、能力建设以及拓展“产品+”“系统+”业务奠定坚实基础。

**【高寒动车组担当京哈高铁主力车型】** 1月22日，京哈高铁迎来全线贯通，线路上运行的11列动车组中，有9列是由公司研制的CR400BF-G型复兴号高寒动车组。该车在复兴号动车组“金凤凰”的基础上进行高寒适应性技术提升，通过采用密封防雪结构、低温防冻、冷凝水防治等措施，有效解决高寒气候下运行的防寒保暖、转向架积雪、关键部件冻结等难题，能够在-40℃以350公里/时运行。

**【“智慧列车”亮相上海地铁15号线】** 1月23日，上海地铁15号线开通全自动运行初期运营。该线路运行车辆由公司生产，采用A型铝合金车体，每列车六节编组，四动两拖，最高速度80公时/时。车辆融合最新行业技术，是当今行业最先进、最前沿技术的代表，将进一步改善上海市民的乘坐体验，提高出行效率。

**【新一代储能式有轨电车研制成功】** 2月3日，由公司研制的新型储能式100%低地板有轨电车在嘉兴市正式亮相。在项目首列车接车暨命名仪式上，嘉兴市有轨电车正式命名为“南湖号”。“南湖号”融入国内最新技术成果，通过运用轻量化、高能量密度的超级电容储能供电方式，列车运行时，仅利用在车站正常停车时间进行快速充电，即可满足全线无接触网的运营需求。

**【8辆编组高速动车组碰撞试验成功】** 3月2日，两列8辆编组高速动车组在公司成功完成碰撞试验，这是世界首次在符合实际工况的线路上进行的整列车被动安全碰撞试验。此次试验有效采集列车吸能系统的变形次序、防爬车、防脱轨性能等重要数据，成功验证由公司自主研发的高速动车组碰撞吸能系统的安全有效性，标志着我国轨道客车被动安全技术研究达到世界领先水平。

**【公司研制的深圳城轨首列车下线】** 4月17日，深圳市城市轨道交通20号线一期工程首列车下线仪式举行。该列车是深圳市首列采用最高自动驾驶技术的轨道交通车辆，标志着深圳市轨道交通即将进入全自动驾驶时代。该列车采用A型铝合金鼓形车体，8辆编组，6动2拖，最高运行速度120公里/时。全自动驾驶系统赋予列车自动唤醒、自动发车、精准停车、自动检测等一系列功能。20号线项目还在世界首次批量应用车—车通信技术，与传统的车—地—车通信技术相比，优化了车辆控制流程，提升了列车运行效率和安全可靠性。

**【金台铁路动力集中动车组下线】** 6月2日，公司在高速动车组制造中心列调现场举行金台铁路动力集中动车组下线仪式，标志着浙江省铁路史上第一辆自主采购运营的动车组即将投入使用。2020年11月，金台铁路有限责任公司与大同公司和长客车股份限公司正式签订金台铁路时速160公里动力集中动车组采购项目合同。

**【公司生产的洛杉矶地铁车辆揭幕】** 6月8日，公司在位于马萨诸塞州的春田工厂举办洛杉矶地铁项目首批车揭幕仪式。2017年3月，公司签订洛杉矶地铁车辆采购合同，订单总计282辆车。这是继2014年公司成功中标美国波士顿地铁项目之后，在美国市场的第二次突破。2018年，春田工厂正式投产，开始美国地铁项目的本地化制造。当前，公司已为当地创造300多个就业岗位，并带领车辆牵引、照明和空调等关键系统供应商在洛杉矶郡实现本地化生产。2020年初，洛杉矶地铁项目在长春总部正式进入装配试制阶段。2021年4月将首批洛杉矶地铁车发运到春田工厂。

**【公司出口以色列轻轨项目首列车首次试跑】** 6月17日，以色列轻轨项目首列车亮相特拉维夫红线正线东段线路，车辆正线联调正式启动，完成首次试跑。特拉维夫红线项目是以色列建国以来最大的政府特许基础设施建设项目，也是公司服务“一带一路”沿线国家的重要项目。车辆采用全球低地板轻轨车最高技术标准，在网络安全、防弹、防爆、可靠性、舒适性以及性能表现方面均可达到世界一流水平。

**【公司研制的复兴号智能动车组投入运营】** 6月25日，由中国国家铁路集团有限公司组织、公司研制的复兴号智能动车组在京沪、京广、京哈等高铁线路投入运营，其中公司研制的复兴号智能动车组占上线运营车辆总数的2/3。列车以复兴号CR400BF动车组为基础，结合公司研制的京张高铁复兴号智能动车组的智能技术、优势配置和运用实践，在16个方面增设智能配置，服务功能再次优化，让更多旅客群众享受到复兴号智能动车组的乘车体验。

【**中国标准地铁列车投入运营**】 12月，代表中车联合深圳地铁集团、广州地铁集团，共同研制的系列化时速80公里A型中国标准地铁列车在深圳、广州投入运营。该列车拥有完全自主知识产权，“中国标准”覆盖率达到85%以上，核心技术、关键部件全面自主研发，所有关键零部件均实现自主研发制造，具有标准更统一、结构更安全、运行更节能、乘坐更舒适、运维更智能、配置更灵活等技术优势。

【**党群工作**】 围绕建党100周年，以“三充分”“六结合”为特色，深入开展党史学习教育。全力搭建“一条主线、多点固化、一体攀升”等“1+N+1”工作体系，探索党建工作与业务工作的深度融合，从党的“三基建设”、干部队伍、思想文化、保障监督、群团建设、保密等层面，提炼固化党建“金名片”建设成果。加强党的纪律建设，集中整治形式主义和官僚主义，深入开展“靠企吃企”专项整治。围绕“三个聚焦、一个着力”开展两轮常规巡察，助力企业管理效能提升。

【**重要纪事**】 1月19日习近平总书记乘坐京张高铁赴张家口赛区考察北京冬奥会、冬残奥会筹办工作。奥运版复兴号智能动车组“瑞雪迎春”在京张高铁上首次亮相并担当首发。1月21日，吉林代省长韩俊到公司调研。1月22日，京哈高铁迎来全线贯通，承担线路首日运行的11列动车组中，有9列是由公司研制的CR400BF-G型复兴号高寒动车组。2月3日，公司研制的新型储能式100%低地板有轨电车在嘉兴市正式亮相。2月，公司创新成果《智慧型长客建设中的数字化运行体系》获2020全国国企管理创新成果二等奖。3月31日，长春市2021年春季项目集中开工暨长春中车轨道车辆有限公司整体搬迁建设项目开工仪式举行。3月，两列8辆编组高速动车组在公司完成碰撞试验，这是世界首次在符合实际工况的线路上进行的整列车被动安全碰撞试验。4月17日上午，深圳市城市轨道交通20号线一期工程首列车下线仪式在公司举行。5月，“高速列车本构安全技术铁路行业工程研究中心”技术委员会成立大会在公司召开。5月17日，中国中车党委常委、副总裁马云双到公司调研。5月，中标兰州地铁2号线车辆和段场设备项目，中标金额5.05亿元。6月2日，公司在高速动车组制造中心调试车间列调现场举行金台铁路动力集中动车组下线仪式。6月25日，具有完全自主知识产权的复兴号智能动车组首次在京沪亮相。6月27日，公司自主研发制造的香港沙中线D401号、D402号地铁车辆从宋皇台站缓缓开出，标志香港地铁屯马线全线正式开通。7月29日，公司与北京交通大学举行合作协议签约仪式。8月17日，吉林省委书记景俊海到公司调研。9月，中标西安北至机场城际轨道项目增购（第二次）电动客车采购项目，中标金额1.74亿元。9月8日，中国工程院党组书记、院长李晓红一行到公司调研。9月10日，吉林省长韩俊到公司调研。9月14日，中车创业140周年火炬传递仪式在公司举行。9月，公司成功中标武汉市轨道交通7号线北延线（前川线）工程车辆系统采购项目，中标金额11.36亿元。9月24日，中国中车党委副书记、总经理（总裁）楼齐良到公司调研。10月，公司参建的“武汉东湖国家自主创新示范区有轨电车试验线工程”获得第十八届中国土木工程詹天佑奖。10月，重庆轨道交通4号线二期首列车在重庆中车长客下线。10月29日，由公司研制的深圳地铁14号线首列车正式交付用户。12月17日，公司成功中标重庆5号线北延伸线项目。

【公司党政负责人】

党委书记　王　润（任至6月）
　　　　　王　锋（7月任）
董 事 长　王　润（任至6月）
　　　　　王　锋（7月任）
总 经 理　王　锋（任至7月）
　　　　　刘长青（8月任）
副总经理　娄彦君（正职待遇）
　　　　　于洪波　徐汝君
　　　　　张　波　刘长城
　　　　　王贵久　沙　森
　　　　　鲍玉军
财务总监　徐汝君
总工程师　沙　森
党委副书记　王献红
纪委书记　邸晋英
监事会主席　邸晋英

（长客股份公司　供稿）

# 中车大连机车车辆有限公司

（统一社会信用代码：91210200241283929E）

党委书记、董事长　林存增

总经理　孙荣坤

【概况】2021年末，大连公司员工总数9563人，其中在岗员工7912人。具有高级专业技术职称691人，中级职称1006人；高级技师251人，技师461人。固定资产原值71.91亿元，净值42.41亿元。设备总数4368台（套）。厂区占地面积267.16万平方米，厂房建筑面积65.71万平方米。全年实现营业收入122.63亿元，全员劳动生产率31.99万元/（人·年），利税总额3.26亿元，利润总额3111万元。

【规划发展】发布《“十四五”发展规划》，提出坚持“顾客导向、技术引领、管理增效、创新驱动、高质量发展”的发展方针，持续深化“一转变、一突出、四强化”工作理念，明确打造一个“创新、数字、坦诚、开放”的新连车，全力建设以“11366”为主要特征的轨道交通及相关领域最值得信赖的综合服务供应商的发展目标。11月，参加国家级单项冠军评审项目，成功入选国家“第六批单项冠军企业”。

【改革改制】完成改革三年行动任务的86%。设立国铁事业部和路外事业部，进一步优化事业部内部机构及职责。按照公司海外市场布局规划，注销公司驻俄罗斯代表处，设立公司尼日利亚代表处。撤销公司代管的大连实业公司所属物业管理中心。首次建立职责运行监督考核机制，修订完善《组织机构及职责管理办法》《履职情况指标组织绩效评价考核细则》等规范性文件，梳理优化组织机构调整流程，进一步推进公司组织机构规范管理。9月，对11家一级子公司实施差异化的管控模式，清晰界定母子公司管控18个方面主要职责和150余个管控项点。将大连中车有轨电车系统有限公司迁移至西安，公司名称变更为西安中车城市轨道交通装备有限公司。

【经营管理】开展“全面提质保发展、价值创造争更优”主题活动，落实降本节支增效要求，可控期间费用增幅低于收入增幅13个百分点。积极争取减税降费和政策性搬迁税收优惠等政策支持，加强亏损企业治理，公司全级次亏损企业实现亏损额和亏损户数双归零目标。管理提升重点项目完成率达到86%。“强基工程”年度里程碑成果全部达成。公司及两个项目成功入选中车“三个标杆”名录，着力打造组织、技术、制造、成本、信息、人员结构六大“精益+”主题特色企业管理模式。完善流程分类分级框架清单，制定流程管理制度。搭建流程管理常态化机制，以流程显性和优化持续推动业务改善，22条端到端业务流程发布试行。制定母子公司管控方案及管理办法，明确母子公司管控原则和管控模式，分类实施差异化管控，促进母子公司战略协同、融合发展。实施项目管理委员会机制，强化里程碑计划执行，实现项目进度、质量、成本等要素一体化协同管控。完善项目管理体系，推动订单类项目管理模式向研发类项目平移。公司项目管理在年度ISO/TS 22163经营管理体系审核中首次获评A级。成立公司产业数字化专项工作机构，明确公司“三舱一体系”的数字化精益企业建设思路和重点任务，初步完成公司数字化转型顶层设计。持续开展PLM系统优化，深化MES平台建设与推广。深化ISO 27001国际信息安全体系建设，完成云平台部署及网络分区分域建设，统一分子公司互联网出口管理。落实公安部“护网2021”专项行动要求，实现全年无重大网络安全事件。加强精益管理，完成产线梳理及方案优化，重构生产组织模式，推进方案落地实施，HXD3C型机车制造周期缩短10%。全年无重伤以上生产安全事故。

**【科技创新】** 成功研制高原双源动力集中动车组内燃动力车，复兴号首登“世界屋脊”。中老铁路动车组动力车率先驶出国门，“澜沧号”领跑“一带一路”。承担的国家先进轨道交通任务全部通过结题验收。中国标准化地铁项目落地大连地铁5号线，成为中车首个时速80公里B型不锈钢标准化地铁示范项目。完成轻量化变压器、小齿轮空心轴驱动装置施工设计，新一代牵引传动技术加快攻关。永磁直驱货运机车技术研究获批国铁集团“揭榜挂帅”项目。搭建基于云平台的智能运维系统，全面掌握城轨智能运维平台前端应用开发技术。主动践行国家“双碳”战略，路外市场率先形成混合动力机车改造产品、无人化运输系统解决方案、远程智能运维的能力。深入开展“再制造”技术研究，完成轴箱轴承、主动齿轮等修复标准制定。完成内电双源集成机车、动车组方案设计，开始试制3000马力重混机车、电电双源制电力机车、D180-20型高速柴油机，FXN3C型机车开展运用考核，HXN3B型高原调机开始小批量生产，产品谱系进一步完善。国家级工业设计中心、中车发动机技术研发中心获批建设，国家级研发平台实现新突破。标准信息服务平台上线运行。深化振动噪声学科建设，机车振动噪声测试能力全面形成，计算仿真能力、基础保障能力实现新跃升。深入推进并行研发，设计—工艺—制造一体化联动、协同化实施，新产品研发周期进一步缩短，产品质量明显提升。深化粘接工艺技术研究，公司首次通过DIN 6701粘接质量体系认证。深化智能拧紧和防缓系列工装研究，部件连接可靠性全面提升。“复兴号时速160公里动力集中动车组研发与应用”等4个项目荣获中车重大科技项目奖。“时速160公里动力集中动车组内燃动力车平台研发及工程示范”成为辽宁省首批“揭榜挂帅”项目。“多轨距大功率交流传动电力机车平台建设与应用”项目荣获辽宁省科技进步一等奖。

**【生产运营】** 利用SAP、MES等信息化手段，通过资源优化整合，HXN3B等主力车型生产周期缩短5%，促进品种实现率和合同交付率双提升。完成新造内燃机车117

台，其中复兴N3-J型动力车3台、和谐N3型机车8台、和谐N3B型机车91台、东风4DH型机车7台、东风4DD型机车4台、东风10DD型机车4台。新造电力机车137台，其中和谐D3C型货运机车63台、和谐D2型机车10台、复兴D3-J型动力车43台、CEA3A1型机车5台、CEA3B2型机车16台。新造城市快速轨道车辆75辆，其中城市快速轨道车辆（四动二拖）36辆、城市快速轨道车辆（二动一拖）15辆、城市快速轨道车辆（二动二拖）24辆。修理机车94台，其中谐N3型机车（C6修）2台、和谐D3型（C6修）23台、和谐D3B型（C6修）16台、和谐D3C型（C6修）8台、和谐D3D型（C6修）45台。修理城轨车辆32辆。

【市场营销】 国铁市场方面，获得各型电力、内燃机车订单，新造市场占有率持续稳定。和谐型机车C6修、大部件检修、配件销售等业务持续增长，后市场业务收入取得突破。城铁市场方面，锚定“第一增长极”目标，实施“一城一策”营销策略，建立重点市场区域服务中心，客户满意度不断提升。签订沈阳地铁4号线、大连地铁5号线、沈阳地铁2号线南延线地铁合同。中标大连地铁1号线、2号线增购项目。签订天津、大连、淮安等地区城铁车辆大、架修项目，承揽广州、西安等地铁车辆配件合同，“产品+”市场模式效应明显。海外市场方面，签订新西兰、老挝、尼日利亚、缅甸等市场合同。签订泰国全电池机车项目，新能源机车实现首次出海。加强与中信保、中车金租战略合作，签订土耳其货运电力机车项目，公司首个海外融资租赁项目落地，产融结合实现新突破。海外“产品+”业务首次进入北美市场，墨西哥服务项目落地。公司产品和服务出口国家和地区总数增加至31个。路外市场方面，重点培育大型工程局及地方铁路市场，与工程局客户签订电力机车合同，HXD3CA型机车首次进入国能集团联运市场。全力打造“系统+”模式，成功签订鞍钢钢水智慧化运输系统解决方案项目，业务边界实现从单纯产品销售到无人化系统解决方案的拓展。实现“产品+”的新突破，以全寿命周期服务为抓手与瓮马铁路签订电力机车维保项目。能源动力业务方面，签订中核集团和中广核集团核电应急发电机组项目。新产业方面，推进“风光储氢”一体化产业布局，与旅顺口区政府、长兴岛管委会签订《新能源产业项目合作框架协议》。兰州公司成为中车广西百色、青海德令哈新能源产业基地风电塔筒独家供应商。

【基建与技改】 完成大修计划项目共9项，费用305.04万元；完成老厂区维修项目共161项，费用197.23万元；完成旅顺新厂区维修项目共137项，费用552.68万元；完成老厂区和旅顺新厂区管道局修项目共37项，费用118.84万元。参与中车公司向国家发改委申报“标准市域车项目”立项工作，投资约1.23亿元。完成城轨总装厂房第四跨生产线改造，铺设2条534米轨道，实现节拍化生产。兰州公司D厂房实现地铁组装维保能力的改造项目，总投资514万元。柴油机公司气缸盖生产线数字化升级改造项目，总投资2000万元；新建1条阀座装配线、1条气缸盖数字化装配线，升级信息化系统和装备，并进行融合集成，构建与信息系统集成的数字化制造体系。

【质量管理】 首次完成“中车Q”成熟度评价工作，评价等级达到Ⅲ级。开展内外部审核及成熟度评价等工作，持续优化公司管理体制和制度体系，共修订36个公司级管理标准。认证场所增加金州驱检、广州基地、太原基地、天津基地，充分满足高级修资质对质量体系的要求。国铁机车源头质量问题和机破数量得到有效控制，未发生C类及以上质量事故。专项工艺质量攻关改进有效推进，轴箱、抱轴箱、气缸盖、轮芯等关键件成品合格率大幅提升。

**【人力资源管理】** 聚焦干部能上能下，完善“两制一契”管理体系，形成任期管理长效机制，综合考核评价机制持续完善。聚焦员工能进能出，开展全员岗位胜任能力评价工作，建立健全履约评价退出机制。聚焦收入能增能减，首次搭建13档9级的基础薪酬体系，以岗位价值评估、绩效考核、职业发展通道评聘为基础，建立多元化薪酬分配模式。深入实施干部能力提升工程，丰富干部培训培养模式，全年累计培训2300余人次，实现领导干部全覆盖。全面开展员工能力提升工程，完成首次职业发展通道评聘，有效激发各类人才价值创造活力。建立导师培育机制，签订核心人才岗位带教协议272份。夯实分层分类培养模式，开发、优化岗位“培训包”1100余项。组织岗位“应知应会”考核，合格率达到98%以上。

**【企业文化建设】** 召开纪念《东风报》创刊65周年暨大连公司“十三五”新闻宣传工作表彰大会。策划召开高原双源动集项目表彰大会。在中车品牌故事评选中，创作的《大机车1924》微电影获一等奖，《“画”说“摇篮”记忆》长图文、《送你一朵小红花》微电影获二等奖。持续规范VI体系管理，按实际需求设计制作新标牌。公司被列为“百年伟业　红色中车”社会主义革命和建设时期的教育基地之一，公司历史文化展厅被列为中车爱国主义教育基地。组建爱国主义教育基地调研小组，到国内知名工业展馆学习考察，完成大连“红馆”基地的前期规划。向工信部申报“满铁沙河口工场遗址”为第五批国家工业遗产。

**【公司复兴号高原双源动车组首登雪域高原】** 6月25日，拉林铁路开通运营，复兴号高原双源动力集中动车组在拉萨火车站首发运行。中国中车党委书记、董事长、总经理（总裁）孙永才出席开通仪式并添乘首发列车。该动车组最高运行时速160公里，采用国际首创的内、电双端双控策略，可根据运用需求切换内燃、电力动力模式控制运行，并兼具内燃、电力协同牵引能力，涵盖动车组操纵一体化、供电一体化、保护一体化、信息一体化、运维一体化及系统功能自动唤醒、应急自救援、运行状态健康管理等多项国际先进控制理念，提高了动车组运行的稳定性和可靠性。针对高原运用环境及客运舒适性，内燃动力车提升了部件绝缘、密封、抗紫外线等关键性能。装用的12V265B型柴油机为世界范围内运用海拔最高、功率最大的高原机组，可覆盖海拔跨度5100米以内的性能运用需求。

**【公司生产的“澜沧号”动车组运抵老挝万象】** 10月16日11时，“澜沧号”动车组运抵中老铁路万象站，正式交付老中铁路公司。该动车组是由老中铁路公司组织招标采购，由公司和四方股份公司联合制造，为动力车牵引拖车、两端均可操作驾驶的动车集中型动车组。该车依托中国复兴号动力集中型动车组成熟技术，为适应跨境运输环境和线路条件，满足用户需求，进行了适应性改进，具有技术先进、安全可靠、载客量大、乘坐舒适、运营成本低等特点，主要性能指标完全满足中老铁路全线运营要求。“澜沧号”动车组最高运营时速160公里，编组为9辆，其中动力车、一等座车和餐车各1辆，二等座车6辆，定员720人，需要时可实现两列重联运行。该动车组车体外观呈流线型，采用老挝国旗色红、蓝、白三色涂装，动车组内饰采用“占芭天香”“锦绣江山”两种主题设计，寓意老挝人民对未来美好生活的憧憬和中老两国人民无私、高尚、圣洁的友谊。

【公司旅顺基地项目建设】 截至年底，旅顺基地二期（机车部分）建设项目配套的物流中心、检测中心、物流出入口（二）、物流出入口（三）、危废品库、桶装油品库、化学品库全部施工完毕，并完成移交工作。厂区主通道迁车台已安装调试完成并投入使用。各单体辅房完成施工并具备使用功能。生产厂房中车体钢结构厂房投入使用。车体检修总装厂房完成移交，实现首台检修机车总装。电气厂房、联合备料厂房、构架厂房均已完成改造，开始进行试生产。项目投资执行方面，全年共下达项目执行通知共计 119 项，下达资金计划共计 97 项。完成项目内付款 3.62 亿元，累计完成付款 11.70 亿元。设备购置方面，累计完成新增工艺设备购置 336 台套。柴油机板块项目完成项目自验收并形成自验收鉴定意见。机车板块项目已经完成所有单体的冷封闭，完成项目内所有新增工艺设备前期交流工作和 382 台套设备采购。实验室项目完成辅房、厂房主体验收。

【党群工作】 深入贯彻落实全国国有企业党的建设工作会议精神，推进中国特色现代企业制度的研究实践，深度参与中车承担的中组部和国资委两个重要课题。对标中车“1+3+N”制度体系，修订完善党委会会议制度、“三重一大”决策制度，首次建立党委会、董事会、总经理办公会决策事项清单，确保党的领导融入公司治理组织化、制度化、规范化。巩固深化“第一议题”制度和落实习近平总书记视察中车重要指示精神定期报告机制。公司荣获“中央企业先进基层党组织”称号，蝉联全国文明单位；在中车党建工作责任制考核中，位列 A 档第 2 名。对照“八项本领”“七种能力”“五强领导班子”标准，开展领导班子建设专项行动。以高原双源动集项目为实践载体，构建多维度党建联学共建引领促进保障重大研制项目机制。中车党委 2019 年“常规 + 专项 + 专题”巡视反馈问题全部完成销号，中车党委 2021 年违规挂靠专项巡视反馈问题年度整改任务全部完成。完成对 18 家单位的巡察、问题反馈及指导整改，通过线上 + 现场进驻等方式，完成对 10 家单位的违规挂靠专项巡察和对 36 家单位的监督检查，实现巡察工作全级次全覆盖。各级工会组织深入开展“保生产、保质量、保安全、增效益”劳动竞赛。全年组织职工开展合理化建议、立项攻关、先进操作法等群众性经济技术创新活动，参与人数达 4000 余人，征集有价值的合理化建议 829 项、立项攻关 290 项。公司团委开展团内党史学习教育，举办《追寻百年足迹、传承红色基因》五四主题团课；31 个单位开展青年岗位能手活动，组织 160 余次岗位业务培训和 30 余次技术大赛，共 3000 余人参与；全年征集“五小”项目 1092 项，实现“五小”成果 920 项。

【重要纪事】 1 月 19 日，公司制造的首批出口阿联酋的内燃机车实现交付。2 月 3 日，由公司设计并提供车辆的“沈抚示范区有轨电车建设及西延工程”竣工通车仪式在沈抚示范区举行。2 月 25 日，公司出口的 2 台 CKD8F 型南非矿业内燃机车装船起运。5 月，大连市公布第一批大连工业遗产保护名录，东清铁路机车制造所为入选核心物项最多的优秀工业遗产保护单位。6 月 25 日，拉林铁路开通运营，复兴号高原双源动力集中动车组在拉萨火车站首发运行。6 月 29 日，中国中车党委书记、董事长、总经理（总裁）孙永才看望慰问公司 75 年党龄的离休百岁老党员、老劳模胡长满，为他颁发“光荣在党50年”纪念章。7月18日，公司研制的FXN3C型干线货运内燃机车在新疆吐鲁番完成排放测量试验。9月21日，公司出口中老铁路首批2台HXD3C型电力机车发运。10月1日，由公司研制的大连202路100%低地板现代有轨电车正式载客运营。10月16日，公司和青岛四方股份公司联合制造的“澜沧号”动车组运抵中老铁路万象站，正式交付老中铁路公司。10月25日，公司与中国土木工程集团有限公司签约《尼日利亚拉各斯蓝线轻轨电力动车组采购项目》合同。11月3日，公司工业设计中心被确定为国家级工业设计中心。11月12日，公司向日照港交付首台HXN3B型大功率内燃机车。

**【公司党政工负责人】**

党委书记　林存增
董 事 长　林存增
总 经 理　孙荣坤
副总经理　张　健　王顺强　曲天威　高中德　王大伟　陈柏宁　孙石栋　宋协鹏　张　乐　王旭东（任至4月）
总工程师　曲天威
财务总监　张　乐
党委副书记　孙荣坤　张　健
纪委书记　代兴军
监事会主席　代兴军
工会主席　王顺强

（大连公司　供稿）

# 中车兰州机车有限公司

（统一社会信用代码：9162010366004384X5）

【概况】2021年末，兰州公司在册员工1719名，其中高、中级技术人员及高级技工900名。厂房面积28万平方米，资产总额35亿元。拥有各类高、精、尖和重型设备2750台（套）。下设1个全资子公司、4个分公司、22个部室、8个生产车间。全年实现营业收入11.93亿元，完成年度收入指标的104%，比上年增长8.75%；利润851万元，完成大连公司总部下达的T3指标。

【规划发展】在认真总结公司“十三五”成果的基础上，研究制定公司“十四五”发展规划。按照“围绕一个目标、推进三大战略、构筑四大支撑、布局六大业务”的“1346”发展构想，确定到2025年公司实现收入50亿元、员工收入翻一番的奋斗目标。根据中车“一核三极多点”业务结构和“6+24+N”新能源基地战略布局，结合公司风电新能源产业发展实际，按照“公司领导挂帅，风电领导主责，业务骨干负责，专业部室协同，资源配置到位，政策机制到位”的保障原则，成立风光电新能源产业开拓专业工作组，全力推进风电产业做大做强。

【改革改制】创新组织效绩变革，对公司组织机构进行诊断并形成变革方案，编制适应新组织架构的绩效考核办法。制定公司《定岗定编优效优员工作方案》。持续优化薪酬机制，修订下发《工资管理制度》《员工工作质量工资考核管理办法》，建立以绩效考核为导向的分配制度，提高工作质量工资在薪酬分配中的占比。根据风电业务拓展需要，成立乌兰察布分公司、佳木斯分公司。

【经营管理】持续优化“两金”占用管理，应收账款余额3.70亿元，比年初下降7.57%。立足生产需求全面梳理存货，合理储备物资，期末存货余额2.20亿元，比年初下降13.47%。常态化开展物资采购对标管理，全年降低采购成本1662万元，完成全年指标的138.5%。全年能耗较年初指标节约159万元；机车系统各车间累计节约物耗1062万元。加快节奏盘活资产，全年累计处置低效无效资产203项，实现收益134万元。积极联络税务机关，全力争取退税奖补，全年累计争取退税及奖补资金2609.45万元。持续改善经营品质，全年确定提质增效重点突破项目62项，统一纳入年度绩效考核指标，通过提质增效增加收入3081.36万元、利润3790.61万元。完成重点改善项目40项，实现效益122.94万元；完成“改善不良、杜绝浪费”项目38项，累计节约成本326.57万元。持续强化制度执行，坚持管理制度执行情况监督检查，修（制）订管理制度56项，制度执行效力显著提升。

【科技创新】取得HXD3型机车C6修资质及9个直流车型11种检修资质。持续深化科技创新，完成逻辑控制单元试验台、工矿机车变频器试验台等研制。陆上风电最大装机容量6兆瓦风电塔筒生产投运。全年在执行科研开发项目25项，结题奖励19项；完成工艺攻关项目13项；全年获授权专利16项，其中发明专利1项。获得第25届全国发明展1金5银9铜的好成绩。工程机械分公司砂浆搅拌传动装置及应用、风电事业部可拆卸米字架支撑，分别获得甘肃省职工经济技术创新二、三等奖。

**【生产运营】** 全年组织完成国铁机车检修171台，其中电力机车35台；成功试修$HXD_3$型电力机车2台；地方铁路大中修内燃机车31台。强化“双控”体系建设，推进隐患排查治理。提高企业本质安全度，持续提升安全管理水平，不断完善安全生产动态监控及预警预报体系，累计安全生产6324天，实现第17个安全年。严格按照能源管理体系要求，持续加强能源环保管控工作。围绕新厂建设、新产品研发和老厂区改善，全面推进精益工具应用，着力提升改善质量，组织实施强基工程。常态化进行疫情防控，高效组织复工复产，开展疫情紧急排查42次，累计120990人次；组织接种疫苗1456人次，接种率高达96%。

**【市场营销】** 铁路机车检修方面，在直流机车检修市场持续低迷的情况下，全年承揽国铁机车订单166台，比上年增加33台，增幅近25%，市场份额持续稳定在25%左右；大力开拓地方铁路大中修机车检修市场，开发寿阳广通等6家路外机车用户，全年承揽地方铁路大中修机车45台，合同总额1.01亿元；试修兰州局集团公司4台和谐机车，实现产值2381.5万元。风电业务板块方面，在风电市场招标项目减少、原材料大幅涨价、竞争激烈的情况下，全年累计新签订单210套，合同额4.41亿元，全年累计持有订单387套，合同金额8.21亿元。工程机械板块方面，全年新签订单2468万元，其中工矿机车整车销售1677万元，铁路起重机大修832万元，新拓展工矿机车大修改造业务及配件销售606万元。

**【基建与技改】** 经过三年时间建设，公司沙井驿新厂区基本建成，可以满足正常生产要求。至年底，累计签订合同23.07亿元，实际完成投资20.26亿元，占项目复投资24.36亿元的83.16%。项目建设完成总体工程量的99%。新厂区涉及生产的厂房、设备、设施、工装等均已具备正式运行条件。搬迁工作稳步推进，至年末，已完成75台设备工装和质量保证部计量室的搬迁；152台统一搬迁设备工装、3588台（件）自行搬迁设备工装已开始搬迁。

**【质量管理】** 瞄准机车大修综合质量排名前三目标，持续完善质量管理体系和质量考评制度建设，以工位质量管理为中心，坚持落实“零缺陷、零容忍”质量管理理念，深入开展机车质量问题专项整治与专项检查活动，系统落实各项保障机制。加强供应商质量管理，供应商质量责任数量明显下降。组织全员开展“质量月”、质量安全大检查、质量攻关和“QC小组”活动。不断完善修订公司《质量管理办法》，狠抓机车检修、工程机械、风电塔筒产品实物质量。公司连续六次取得机车大修综合质量排名前两名的成绩。

**【人力资源管理】** 严格执行干部选拔任用程序，持续加强中层管理人员任期管理和契约目标考核。对照“八项本领”“七种能力”，开展领导班子建设专项行动。举办干部“三力”提升培训。加强员工培训，联合打造竞赛平台，优化青工培养机制，加强劳动用工管理，强化劳动纪律保障。深入推进“产改”试点工作，研究制定《员工职业生涯规划管理实施方案》，全年共组织培训294期，培训9064人次；开展7个工种职业技能大赛，其中4人取得高级以上职称，新增高级技师9人，技师80人；7人荣获“甘肃省技术能手”称号；23人荣获“甘肃省技术标兵”称号；深入推进导师带徒活动，全年签订师带徒合同165对，培养“双师型”人才4人。

**【企业文化建设】** 开展“颂歌献给党、奋进新征程”红歌会等9大类23项系列庆祝活动。围绕建党百年和中车创业140周年，开展文艺作品征集活动，向上级选送的6篇优秀作品获奖；广大员工唱红色经典、诵中车赋、读《红色中车》。利用报纸、广播、微信公众号等各类宣传阵地，围绕新厂建设、整体搬迁等主题，开展全媒体品牌传播工作。品牌案例《彰显央企责任担当、助力脱贫攻坚》荣获国家品牌网“十佳”案例，《“八朵金花”绚丽绽放》在甘肃省总工会主题征文大赛中获一等奖。加强新厂区企业文化规划建设，征集公司文物22件并建立保护清单；对新厂区开展航拍25次，挽回经济损失约100万元。携手兰州日报社拍摄微视频《红色印记》，与网易新闻合作，策划“易+1会客厅——政协委员”采访实录，亮相全国发明展，获得15项创新成果奖和“优秀展团奖”。

**【党群工作】** 开展党史学习教育，两级党组织共确定为群众办实事190项，其中公司党委22项，完成19项，完成率86%；基层支部168项，完成158项，完成率94%。召开公司第二次党代会。开展联学联建、党史竞赛、红色教育基地参观等主题学习活动，积极营造建党百年浓厚氛围，持续推进特色党建品牌建设。党建项目化管理课题立项26项，评选表彰优秀成果11个，有力促进党建与生产经营深度融合。开展地企党委（支部）联学共建，两级党组织分别与省政府办公厅、武威路社区等结成联学共建对子，进一步拓展党建工作空间。固化党建工作责任制量化考核，坚持对基层党建工作的日常指导、季度检查通报、年度评价，实现基层党支部书记述职评议全覆盖。对年度党建考核结果为“A”的6个支部、为“B”的8个支部进行组织绩效加分。开展整治“靠企吃企”问题、政治生态分析研判和班子成员政治“画像”等工作，大力加强纪律建设和政治监督，建立警示教育常态化机制，打造“廉·创兰车”纪律建设品牌。深入开展“学党史、勇担当、八大会战做先锋”等一系列劳动竞赛活动。职工大病医疗互助帮扶35人次，支付资金10万余元。深入推进“六送三关注”，慰问会员、金秋助学、为在岗职工发放生日福利。广泛开展青年大学习、技能大比拼、岗位勇担当等特色鲜明的团建品牌活动，组建59人“兰车青年抗疫志愿者服务队”，坚持常态化助力公司疫情防控。评选表彰公司第一届十大杰出青年。

**【重要纪事】** 4月7日，公司通过$HXD_3$型电力机车C6修静态评估。4月8日，公司通过直流机车大修（轻大修）静态评估。5月20日，公司荣获“甘肃省脱贫攻坚先进集体”。6月7日，中国中车党委书记、董事长、总经理（总裁）孙永才到公司调研指导工作。9月2日至3日，铁科院集团公司组织相关专家对公司$DF_{4B}$、$DF_{8B}$、$SS_{7E}$机车大修和$SS_{7C}$、$SS_{7E}$机车轻大修进行维修样车技术评价。9月24日，公司在国铁集团2021年度第二次和谐机车C6修、机车大修综合评价中排名第一。12 月 27 日，公司正式起动整体搬迁工作。

【公司党政工负责人】

董 事 长　王旭东（任至 5 月）
　　　　　高中德（5 月任）
党委书记　王旭东（任至 5 月）
　　　　　高中德（5 月任）
总 经 理　周颜忠
副总经理　张　军　袁立新
　　　　　刘志祺　栾俊先
总工程师　张　强
财务总监　栾俊先
党委副书记　周颜忠　王　波
纪委书记　王　波
工会主席　王　波

（兰州公司　供稿）

# 中车唐山机车车辆有限公司

（统一社会信用代码：911302216636887669）

党委书记、董事长　周军年

总经理　谭　沐

**【概况】** 2021 年是唐山公司建厂 140 周年及“十四五”开局之年。截至年末，公司在册员工 9949 人。其中，高级专业技术职称 891 人，中级职称 1503 人；博士研究生 8 人，硕士研究生 1065 人。公司下设 20 个职能部室，5 个技术中心，11 个事业部（国铁事业部、城市基础设施事业部、海外事业部、国铁服务事业部、城轨服务事业部、资源保障事业部、车体事业部、组装事业部、转向架事业部、客车检修事业部、动车检修事业部），13 个子公司。占地面积 218.80 万平方米，建筑面积 98.55 万平方米。资产总额 264 亿元，其中流动资产 167 亿元、固定资产 51 亿元。设备总台数 9019 台（套），其中进口设备 1026 台（套）。全年实现销售收入 120 亿元、归母净利润 2.72 亿元。

**【规划发展】** 完善公司治理体系，加强战略引领，整合战略、投资、新产业等业务，成立战略发展部，并将其作为公司战略主管部门，与公司董事会办公室合署办公。发布“十四五”战略规划纲要和 11 个专项规划，编制“十四五战略地图”，加强整体管控，涵盖六大板块、29 个条款、194 项任务、69 项指标、186 项分目标或重点事项，涉及 5 家盯控单位、31 家实施单位，与年度经营、党建重点工作深度融合，打造战略落地保障体系。“以战略为牵引的经营管理体系构建与实施”管理项目，获得第十八届全国企业管理现代化创新成果一等奖。

**【生产运营】** 首次完成高寒动车组的生产交付，全年新造时速 350 公里动车组 11 标准列，新造时速 250 公里动车组 1 标准列，并完成动车组检修 57 标准列。完成新造碳钢车 327 辆，完成检修客车 752 辆。首次实现时速 160 公里动力集中动车组（鼓形车体）批量生产交付。全年新造城轨车 42 列、检修城轨车 9 列。福州地铁 1 号线客车架修项目和天津地铁 3 号线客车大修项目相继交付，其中天津地铁 3 号线客车大修项目首次实现跨设计平台、检修周期短、多供应协同的突破。公司美国和加拿大项目共完成 4 辆车的交付，实现公司在北美高端市场不锈钢客车项目的交付。

【市场营销】 全年签订9列CR400BF-G（8编组）动车组和58列动车组高级修销售合同。动车组合作修及加装改造等服务类项目，签约额12.59亿元。签订309辆新造碳钢客车销售合同，其中，时速160公里动力集中动车组（鼓型车体）304辆，时速160公里动力集中动车组教学车2辆，普通碳钢客车24辆。签订628辆检修普通客车销售合同。签订天津地铁3号线客车大修项目，签约额3.9亿元，签订5项配件、备件和转向架销售合同，签约额234.2万元。签订3项污水处理设备销售合同，签约额850.5万元。签订孟加拉帕德玛大桥铁路连接线客车项目销售合同，签约额8165.5万美元；签订巴基斯坦客车项目销售合同，签约额14888.9万美元。

【研发制造平台建设】 产品研发平台建设方面，公司技术研究中心向中国合格评定国家认可委员会（CNAS）申请99项试验能力资质复审，同时扩项40项。牵头制定国际标准、国家标准、城郊协标准及行业标准共计4项。完成燃料电池8电堆4串-2并能量控制程序开发。基于氢能源实验室，完成自主开发的能量控制程序的系统验证，具备氢能源燃料电池系统自主集成选型设计、能量控制程序开发及地面配套测试验证的能力。建立无损检测专业技术研究室、VOC检测实验室。首次按照美标体系开展整车级型式试验，完成加拿大司机室车及拖车18项国内型式试验工作。制造技术平台建设方面，推进制造数字化转型与产线升级，从打造定制化柔性制造能力出发，打造全面数字化、局部智能化的智能制造模式。实现焊接自动化、工艺装备柔性化、检测数字化、智能成果的固化，形成了“多品种、小批量、快交付”车体数字化制造能力。支撑制造板块改革方面，以时速160公里动力集中动车组项目为推演，实现工位交接后的责任与成本转移，有效降低制造成本。

【新产品研发】 高速动车组研制方面，时速350公里高寒动车组是公司首个高寒高速动车组项目，共9列。依托CR400BF型动车组技术平台，针对−40℃～+40℃环境气候特点，充分考虑国内高寒运用条件，在防寒保暖、材料低温适应性方面进行了优化提升。国际产品研制方面，葡萄牙区域通勤动车组采用3辆铰接式编组，具备适应900毫米、760毫米及685毫米三种站台的能力，主要设备采用顶置安装形式，具有模块化率高、可靠性高、设备小型化轻量化等特点。普通铁路客车产品研制方面，时速160公里动力集中电动车组（鼓形车体）采用1Mc+7T+1Tc编组方式，定员720人，动拖车采用鼓形断面，增加车内空间，提升乘坐舒适度。城轨车辆研制方面，时速200公里新型都市快轨列车为一辆概念车，最高运营速度200公里/时。福州地铁4号线列车项目共32列，采用6辆编组、最高设计速度80公里/时。天津地铁11号线一期工程项目为B2型不锈钢地铁列车，采用6辆编组。全年申报国内专利330项，其中发明专利237项，通过专利合作条约（PCT）途径申请专利40项，进入国家阶段的外国专利10项；获得国内授权专利224项，其中发明专利121项；获得中国专利优秀奖2项。

【基本建设】 截至年末，公司拥有固定资产总数26518项，新增固定资产1619项，价值3.12亿元。其中，新增设备1580台（套）、房产4953平方米；新增费用化工装336项，价值0.33亿元。

【质量管理】 组织“中车Q”成熟度评价准则及实施指南培训和成熟度自评，通过ISO/TS 22163:2017标准监督审核。强化质量风险管控能力，编制《质量风险库》，推行质量风险清单化管理，建立质量风险网格化管控机制。搭建质量标准地图，从质量体系、质量策划、技术质量等6个维度构建质量标准体系，编制《数字化质量管控操作手册》，明确数字化质量管理要求。规范供方资源配备、工艺能力，细化供应商工艺资质分类和管理颗粒度，有效提升海外供应商准入管控能力。推动质量检验策略优化改进，完善系统检验标准和信息化执行逻辑，实现检验资源高效聚焦。推行“里程碑工序一次交验合格率”，依托信息化自动统计，引导质量管控重点向工序间交付质量倾斜。启动数字化质量运营平台建设，搭建质量数据治理、业务数据挖掘等五大功能模块。持续开展“质量月”活动，举办以“质量文化建设”“质量管理研讨”等为主题的系列质量论坛。积极推进QC小组、质量信得过班组建设活动，“降低制动漏风问题率”等2项成果的攻关团队荣获“全国优秀QC小组”称号，12项成果的攻关团队荣获“省、市级优秀QC小组”称号；公司客车检修事业部电器车间电源班等2个班组荣获“全国质量信得过班组”称号，3个班组荣获“河北省质量信得过班组”称号。

**【改革改制】** 围绕“优、平、简、去、活”的方针，对公司国铁事业部、城市基础设施事业部、海外事业部、服务事业部、天津公司、泉州公司、北京公司的组织机构和职责分工分别进行调整，设立区域营销组织。成立战略发展部和运营管控中心，健全战略管理组织，强化新产业孵化功能，提升运营管控能力。撤销铝合金厂、钢结构厂、涂装厂、总装配一厂、总装配二厂、调试厂、内饰件厂、转向架厂，成立车体事业部、组装事业部、转向架事业部，将生产制造部和物流管理部整合为计划物控部，将资源管理部、能源管理部、动能厂整合为资源保障事业部，并下放职权，释放活力，激发潜能。成立城轨服务事业部，将服务事业部更名为国铁服务事业部，针对天津公司、泉州公司增加城轨产品售后服务、机电系统集成、机电系统维护及机电总包等业务，激发服务板块创新活力。

**【经营管理】** 搭建完成公司一体化高质量经营指标体系，公司级、事业部级、产线级经营管理数据驾驶舱投入使用，实现经营管理数据自动采集、自动汇总，精细化综合管控能力和经营管理感知能力不断提升。通过构型管理、结构化数据应用构建数字化产品，数字化研发体系初步形成。转向架试点实现三维模型驱动的设计、工艺、制造、服务一体化协同研发，转向架产品数字孪生初步形成。生产作业现场实现生产要素、制造过程可视化、透明化，生产效率全面提升。重点工序实现数字化检测，智能扭矩系统实现应用，产品质量大幅提升。安全双控平台作为公司首例数字化成果向集团公司输出。获评国家级第三批服务型制造示范企业、河北省现代服务业和先进制造业融合发展试点企业。持续加强能源管控，通过第三方能源体系再认证。充分运用能源监控系统和设备管控平台，纠正不合理用能现象，全年共节约标煤1093吨。

**【人力资源管理】** 搭建十余种渠道构成的复合型引才体系，全年引进技管人才107人。搭建项目经理职业发展通道，项目经理选拔方式由传统的组织任命模式转变为揭榜挂帅的选拔模式，规范项目经理薪酬、激励和评价标准，为一般技术、管理人员提供新的职业发展目标。持续做好职称评审工作，172人取得中级及以下专业职务任职资格，168人（含技工系列9人）取得高级及以上专业职务任职资格，7人取得技工系列中级专业职务任职资格。加强国际化人才培养，组织12人参加集团公司国际化人才专题研修班培训，3人参加中车集团国际化人才能力提升项目培训。建设具有唐车特色的“结构树”课程体系，完成中层管理人员和项目经理课程开发，在“唐车智训”系统中实现岗位变化与课程变化的自主识别与匹配，实现智能化课程推送。组织参加各级各类职业竞赛，获得国家一类竞赛第五名，新增全国技术能手1名；获得省部级竞赛第一名1项、第二名1项、第三名1项；获得市级竞赛第一名3项、第二名2项、第三名2项。积极向国家、省、市和中车集团推荐优秀人才，公司员工王永刚、曹永胜获得国务院政府津贴，杨博获得詹天佑科技奖，选拔推荐茅以升铁道工程师奖1人、院士后备人才中长期培养人选1人。

**【售后服务】** 年内，公司动车组安全稳定运营里程3.66亿公里，动车组百万公里故障率0.33件，同比2020年降低17.5%，售后服务过程关键部件自主服务能力掌握完成率达到17%，超过预期200%。公司城轨（国内）售后服务业务实行区域化管控模式，将服务业务资源进行高效整合，建立标准化的售后服务技术管理体系，提升公司城轨售后服务质量。推广使用、运维数据平台，为公司城轨产品的全生命周期数据精准、快捷获取提供支撑。公司城轨车辆故障率0.013件/月列。完成土耳其伊兹密尔项目，尼日利亚客车项目等售后服务工作，处理车辆故障88起，技术更改8项，保证海外产品稳定运行。

**【企业文化建设】** 启动仪式暨火炬接力活动、文创集市、扶贫地区产品义卖等一系列的活动。选取景观石镌刻《中车赋》，全文留存展示。在中国轨道交通工业140年峰会现场，组织140名员工合诵《中车赋》，代表集团公司正式对外发布。公司内部开展形式多样的系列庆祝活动。围绕中国共产党成立100周年、中车创业140周年，大力开展对外新闻宣传和品牌宣传，全力服务公司经营和市场开拓。在公司文化展示中心开辟新的展区，建成“唐山工人运动领袖邓培烈士事迹展”。在2021年中车企业文化和品牌建设评价中，公司获得“企业文化和品牌建设特别贡献奖”。

**【党群工作】** 深入推进党建与经营深度融合，32家基层党组织开展党建共建活动，全年共评选表彰党建特色活动64项，党员立项攻关168项。在庆祝建党100周年系列活动中，开展“七个一”党员政治生日活动。修订《党委会议事规则》和《“三重一大”决策实施管理规定》，完善党委会议事清单、“三重一大”决策事项清单，制定党委会、董事会、总经理办公会“三会决策清单”，厘清各治理主体的权责边界和决策流程。推进企业高质量发展190项重点任务，累计完成187项。组织开展全国国有企业党建工作会议“回头看”工作，自查出6项问题，全部完成整改。深入推进“我为群众办实事”主题实践活动，累计为员工办实事461项。累计接收预备党员85名，按期转为正式党员90名。围绕改革发展和生产经营中心任务，对党史学习教育、巡视巡察整改、疫情防控等情况进行常态化监督。组织开展“靠企吃企”等专项整治工作。组织开展“保生产、保质量、保安全、增效益”等竞赛活动，以及“走进身边劳模，传承工匠精神”主题活动。举办2021年“工匠杯”职工职业技能大赛。承办“百年伟业·薪火相传”火炬接力传递、“百卌承初心·思源致长远”主题文艺晚会、“与你同行再出发·善为善成逐梦行”健康跑等系列活动。共青团组织持续开展“思想领航、建功育才、服务聚力、强基提质”四大工程。组织开展“青年大学习”主题团日活动、“青年跟党走·建功唐车梦”主题系列活动、“中国轨道交通140年”志愿服务活动等形式多样的活动。被中央企业团工委和中国中车团委分别授予“五四红旗团委”称号。

【重要纪事】1月13日，公司与西南交通大学共同开发研制的世界首列时速600公里高温超导高速磁浮工程化样车及试验线在四川成都正式启用。1月13日，经欧洲铁路行业协会（UNIFE）审核，公司被正式授予ISO/TS 22163:2017标准“银级”质量绩效等级证书，成为中车一级子公司中首批获得该等级证书的企业。4月2日，中车党委常委、副总裁马云双到公司调研。4月20日中车党委副书记、执行董事楼齐良就数字化建设情况到公司调研。5月23日，公司通过视频连线方式举行孟加拉帕德玛大桥铁路连接线100辆宽轨客车项目签约仪式。7月16日，公司承办的中车创业140周年系列庆祝活动正式启动。河北省委常委、唐山市委书记张古江，唐山市委副书记、代市长田国良，中车党委书记、董事长、总经理（总裁）孙永才，中车党委副书记、执行董事楼齐良等出席启动仪式。8月20日，公司与巴基斯坦铁路局正式签订出口230辆铁路客车项目合同。9月3日，中车创业140周年火种交接暨中车唐山公司火炬传递仪式在公司隆重举行。9月26日，唐山市人民政府与中国中车集团合作框架协议签约仪式在唐山举行。9月27日，中国轨道交通工业140年峰会在公司举行。9月27日由公司研制具有完全自主知识产权的新型都市快轨列车下线。9月27日，由公司承办的中国轨道交通工业140年峰会创新发展论坛在唐山举行。10月17日，公司自主研制的新型无接触网供电有轨电车荣获金芦苇工业设计奖绿色设计金奖。11月4日，公司加拿大蒙特利尔双层客车项目首批车下线，实现中国造干线双层不锈钢客车首次出口北美市场。12月13日，公司河北省轨道车辆转向架技术创新中心通过省级验收，成为河北省首家轨道交通行业技术创新中心。

【公司党政工负责人】

| | |
|---|---|
| 党委书记 | 侯志刚（任至4月） |
| | 周军年（4月任） |
| 董事长 | 侯志刚（任至4月） |
| | 周军年（4月任） |
| 总经理 | 周军年（任至4月） |
| | 谭　沐（4月任） |
| 副总经理 | 吴胜权　王文平 |
| | 叶　彬（任至8月） |
| | 李　娇（任至4月） |
| | 黄烈威 |
| | 周新远（任至5月） |
| | 邱宝光　刘春明 |
| | 郭良金（任至12月） |
| | 王洪奇（5月任） |
| | 陈　亮 |
| | 代玉东（4月任） |
| 总工程师 | 陈　亮 |
| 财务总监 | 郭良金（任至4月） |
| | 代玉东（4月任） |
| 党委副书记 | 周军年（任至4月） |
| | 李　娇（任至4月） |
| | 谭　沐（4月任） |
| | 郭良金（4月任至12月） |
| 纪委书记 | 王洪奇（任至5月） |
| | 周新远（5月任） |
| 监事会主席 | 王洪奇（任至5月） |
| | 周新远（5月任） |
| 工会主席 | 刘春明（任至6月） |
| | 代玉东（6月任） |

（唐山公司　供稿）

# 中车北京南口机械有限公司

（统一社会信用代码：91110000664625580F）

党委书记、董事长　陶　逯

总经理　穆乃利

【概况】2021年末，南口公司在岗员工总数187人，其中硕士及以上学历25人，本科学历115人，专科学历27人，中专及以下学历20人。公司本部固定资产原值4222万元，净值369万元，长期股权投资5.8亿元。设置行政部室7个、党群系统部门2个、经营实体单位1个、合资合作企业6个。全年实现营业收入3.01亿元，归母净利润－1.21亿元，完成中车下达调整后的年度经营指标。

【规划发展】修订完善公司《“十四五”发展战略规划》。以“百年南口厂、百亿产业园”为愿景，优化业务布局，打造中车在京产业新标杆，培育在京高端装备制造和高新技术服务商集群。以打造高端智能装备制造产业园和高新技术孵化园为目标，创建一流的园区规划、一流的在园企业、一流的投资规模和收益、一流的服务功能、一流的党建保障等五个“一流”，推动园区建设和高质量发展。

【经营管理】收购南口实业公司持有的铁科装备公司股权项目立项报告，获得中车批复，并持续推进项目实施。加强“两金”管控，实现减值冲回利润1000万元；公司本部存货原值由年初的3.4亿元下降到2.42亿元，减少9800万元；一年期以上应收账款期末余额由年初的1.64亿元下降至1.56亿元，减少900万元。制定改革三年行动任务举措66项，完成55项，完成率83%，达到中车要求完成70%改革任务目标。提高防范化解风险能力，累计梳理2016年至2020年内外部审计问题68个，完成整改66个，完善规章制度18项；加强审计管理，完成采购销售等合规审计137项、招标审计3项、其他合规审计16项，累计审计金额2.02亿元；强化合规管理，落实工程审计、合同审核合规性要求，严格把控重要事项前置程序和流程，发挥审计监督职能。压缩机公司全年实现销售收入6991万元；道岔合同能源管理项目投入使用，运行安全稳定；与中铝环保节能集团有限公司签订《战略合作意向书》，积极推动新项目落地。

【节能与安全管理】 主动运用供用电规则办理主变减容，节约基本电费364万元。竞标选择电交易平台购电供方、准确预测下月购电需求，节约电费约200万元。加强供水系统维护检修，供水回收率提高5%。按照优先腾退、高利用率、合理分类原则，腾退仓储库房约9000平方米。保证电力能源供应4240万度，安全运行无责任事故。组织安全月、质量安全月、消防月等活动，组织开展重大安全风险隐患排查治理、厂内道路交通安全风险专项整治，保持轻伤以上安全生产责任事故为零，突发环境事件为零。深入落实疫情防控要求，园区内无疫情发生。

【人力资源管理】 按照中车“两个指导意见”精神，制定公司市场化经营机制改革工作方案。编制公司《中层管理人员“两制一契”管理办法》，完善干部考核评价结构和考核结果应用体系，实现管理人员能上能下、薪酬能增能减。搭建人力资源共享平台，深化与各合资公司业务联系，综合运用劳务派遣、业务外包、非全日制用工等多种用工方式，协调解决各合资公司急需用工和人员安置问题。利用地方政府职业技能等级认定双备案政策机遇，逐步开展对外技能鉴定业务，建设涵盖多工种的职业技能鉴定中心。组织公司本部、中车重工等单位开展职称评审和职业技能等级认定，参加职称英语考试40人、职称评审23人、技师评审和职业技能鉴定79人。开展内外部培训51项，其中内部培训25项117人次，委外培训26项438人次，全面提升员工队伍综合素质。

【企业文化建设】 推送微信230篇，阅读量近5万人次，更新广播35期。推动VI、BI建设，促进企业文化落地。与地方政府和高校开展党建共建，创建中共南口特支展馆，参与策划昌平区委编排的大型史诗话剧《京张魂》，与北京化工大学利用双方红色文化资源举办党史学习教育活动，持续提升公司影响力和知名度。举办大型歌咏和朗诵比赛，成功举办中国轨道交通工业140周年火炬接力南口站传递活动。

【党群工作】 制订党委中心组2021年学习计划，集中学习20次。制订下发形势任务教育、“两学一做”学习计划。深入开展全国国企党建会精神“回头看”，系统盘点30项重点任务落实情况。认真开展领导班子建设专项行动，围绕“八项本领”“七种能力”以及领导班子建设标准，学习和对标检视，查摆问题115项，制订整改提升计划40项。开展“我为群众办实事”活动，制订任务清单，建立工作台账，解决员工子女入学、天然气入户等一批惠及员工、家属切身利益的实际问题。承办中车党史学习教育“科技自立自强、百年薪火相传”主题学习及在京企业主题团日活动，荣登国务院国资委和中央简报。持续深化降本节支增效活动，建立党员示范岗22个、党员责任区13个、党员突击队11个，全年节约创效共计2247.23万元。开展支部品牌升级工程，在“可复制、可推广”方面深耕品牌内涵，凝练形成党委“创融赋能6+N”品牌，创建党建品牌共计20个。启动党建管理指导手册编撰工作，完成手册框架编制。全面深化党风廉政建设，组织基层党组织、党员签订廉洁承诺书395份，组织集体廉政谈话，开展廉洁教育月专项活动，修订完善“不能腐”体制相关制度15项。加强统战管理，举办统战对象新春座谈会。公司工会全面推动产业工人队伍建设改革方案实施，深入开展“三项活动”“六送三关注”活动，巩固新小家建设成果，拓宽服务功能，推动公司完成经营任务。持续带动团组织汇聚青春合力，深入推进“一团一品”建设，发挥“青年大学习”等专栏教育指引作用；实施“青苗计划”，为青年成长成才搭建平台；深化各级“青”字号品牌建设，开展“我为青年办实事”活动，为公司发展汇聚合力、注入活力。

**【合资合作企业】** 公司控股的中车福伊特传动技术（北京）有限公司，现有员工 274 人，全年实现营业收入 1.69 亿元。公司以风电业务为核心，开发新产品，开拓新市场。根据模块化、标准化、系列化设计理念，搭建不同产品设计平台，实现功率等级 2.5-5.0 兆瓦陆上风电齿轮箱系列机型全覆盖。在北京北四环单独设立研发中心，吸引和培养高端技术人才，持续提升研发能力。与中车山东公司签订 22 台 4.5 兆瓦风电齿轮箱订单。交付完成远景能源风电齿轮箱批量部件代加工订单，并签订 150 台风电齿轮箱部件和 50 台 EN55 风电齿轮箱采购意向书，建立良好合作关系。完成时速 250 公里中国标准动车组 CR300 齿轮箱 4 台样机试制。与大同 ABB 公司合作开发 CR300 动车冷却系统，完成 2 台样机生产和焊接件首检；电动大巴传动系统首批 3 台齿轮箱 A/B 样机顺利交付中车时代电动公司，投入装车试验。持续引入福伊特先进管理经验，强化现场管理、质量管理、工艺管理等方面工作，实现降本节支增效。高性能大功率风电机组及关键部件研制及应用项目，荣获中国中车重大科技项目一等奖。

公司参股的北京南口斯凯孚铁路轴承有限公司，现有员工 383 人，全年实现营业收入 4.58 亿元，净利润 4485 万元。与北京市昌平区政府签订战略合作协议，开展新产品认证，逐步引入地铁、机车轴承，完成地铁轴承批量销售。完成株洲、大同公司机车轴承客户审核。签订国铁集团批量货车轴承大修订单。推动大秦线 353130B 轴承延长检修周期项目，用于满足铁总新的修程规定，延长轴承使用寿命，降低客户使用成本。完成生活污水处理设施建设和危险废弃物仓库建设。通过产品设计和开发过程 ISO/TS 22163 外审认证，扩大质量管理体系范围。

公司参股的克诺尔南口供风设备（北京）有限公司，现有员工 161 人，全年实现营业收入 2.28 亿元，净利润 1991 万元。签订乌兹别克斯坦、哈萨克斯坦和中老铁路、雅万高铁机车等批量订单并成功交付，海外市场稳健增长。SL16 型空压机在大连动力集中动车组鼓型车实现批量装车，配套中车“澜沧号”动力集中车出口老挝。SL22 和 SL24 高原型螺杆空压机在复兴号高原双源动力集中动车组电力动力车和内燃动力车取得 100% 装车率，在“拉林线”安全运行。SL16 型供风单元在全系列复兴号 CR400 及 CR300 标准化动车组实现批量装车。获得标动风源框架优化项目 CRCC 产品认证证书，通过 IRIS 和 ISO 9001 质量管理体系监督审核，通过机车空压机、城轨空压机和动车组供风单元的 CRCC 年度换证审核，通过 HSE ISO 14001、ISO 45001 职业健康、安全和环境年度监督审核，自修电机业务通过北京局集团公司监造资质审核。

**【重要纪事】** 4 月 1 日，承办中车党史学习教育“科技自立自强、百年薪火相传”主题学习及在京企业主题团日活动。4 月 15 日，中车副总裁余卫平到公司检查指导工作。5 月 18 日，与南口镇共同举办中共南口特支纪念馆开馆仪式。6 月 15 日，中车党委常委、副总裁王宫成走访慰问公司“光荣在党

50年”老党员。9月9日，举办中车创业140周年火种交接暨中车南口公司火炬传递仪式。

**【公司党政工负责人】**

党委书记　孙　凯（任至12月）
　　　　　陶　逯（12月任）
董 事 长　孙　凯（任至12月）
　　　　　陶　逯（12月任）
总 经 理　陶　逯（任至12月）
副总经理　穆乃利　樊学军
财务总监　穆乃利
党委副书记　陶　逯（任至12月）
　　　　　宋焕其
纪委书记　宋焕其
监事会主席　宋焕其
工会主席　宋焕其

（南口公司　供稿）

# 中车大同电力机车有限公司

（统一社会信用代码：91140200602161186E）

党委书记、董事长　黄启超

总经理　付拥军

【概况】 2021年末，大同公司在册员工5448人。其中，硕士及以上学历214人，本科学历1618人；高级专业技术职称419人，中级职称623人。注册资本6.56亿元，占地面积233.75万平方米。下设22个行政部室（中心）、2个事业部、7个党群部门、12个生产车间（分厂）、7个控股（包括合资控股）企业。全年实现营业收入55.44亿元，归母净利润2.23亿元。

【规划发展】 公司高标准编制“十四五”发展规划，构建“1+4+17+6”战略规划体系，确立到“十四五”末实现营业收入翻一番、员工人均收入翻一番的发展目标。以战略主导产业布局和业务发展，深化构建符合企业自身发展实际的“一体两翼一支柱”产业布局。以“造修一体化”为“核”和“体”，积极打造新造、运维、检修、配件、服务“五位一体”全链条优势，提升核心业务全寿命周期服务和提供系统解决方案能力。以轨道交通装备配件和矿山装备作为“极”和“翼”，增强网侧高压电器等强匹配业务的技术市场及品牌优势，积极培育矿山装备新的效益增长点。将环保产业打造为支柱产业，以环境工程业务、活性炭等多元业务为支撑，扩大整体经营发展的“多点”增量。

【改革改制】 制定公司《改革三年行动实施方案（2020—2022年）》，重点围绕“完善法人治理结构，落实董事会职权；突出抓好科技创新，自主创新取得突破；不良存量清退和社会职能剥离；改革组织管控模式，加快产业布局发展；完善市场化经营机制，激发活力动力；全面加强党的领导和党的建设”等六方面，制定15条改革任务及63项具体改革举措。截至年末，63项改革任务整体完成比例达到87.76%，超额完成年度改革任务目标。启动深化三项制度改革项目，实施北京中车赛德铁道电气科技有限公司岗位分红激励计划，完善事业部运行模式，企业活力动力显著提升。

【经营管理】 深入开展“1+6+19”升级版提质增效活动。“三大提升工程”突出管理能力建设，优化目标指标得到有效落实。持续加强“七大管理平台”规范化、协同化和信息化建设，平台功能和效率持续改善。全面开展对标世界一流管理提升行动，深入实施三年“强基工程”，启动标杆企业创建工作，“运营能力提升工程”成功入围集团公司标杆项目创建名单。发布一体化运营管理体系。严格遵循“收支匹配”原则，年度期间费用比年初预算减少近1.24亿元，压降幅度达13.93%。遏制“两金”增长，收回一年期以上欠款1045万元。加大低效无效资产处置力度，盘活原材料及在产品2025万元。推动节能降耗，万元增加值综合能耗同比降低10%。深度实施HXD2机车C6修目标成本管理。

【科技创新】 完成新八轴技术提升机车型式试验，并开展双机重联牵引单元万吨列车适应性试验。完成永磁直驱客运机车型式试验、永磁直驱客运机车转向架试制，并以技术首创优势“揭榜挂帅”国铁集团永磁直驱货运机车研制项目。全年科技投入占比4.51%，并牵头承担中车和省市级科研项目42项。完成CR240E重型矿车研制项目结题验收，在中车年度科技成果评价中获评“国际领先”。加快“数字化”建设步伐，新版ERP系统投入运用，并深入实施MDM主数据贯标、三维工艺系统建设以及PLM、QMS系统建设优化等项目，企业信息化水平不断提升。轮驱组装数字化产线、转向架组装流水线建成投入运用，MES系统投入使用并实现系统兼容，转向架车间被评公司首个“数字化车间”。年内获评山西省“智能制造示范企业”。

【生产运营】 全年组织完成40台新八轴机车、34台HXD3C机车、6台FXD1机车，以及10台套新八轴机车大部件等3种车型的新造生产任务，并对2台神华机车进行了技术改造，合同订单全部如期履约。面对急剧增长的HXD2型机车C6修任务量，发挥造修协同效应，迅速提升C6修产能，检修周期从批量试修45天压缩至常规修30天，高效率完成93台HXD2型机车C6修任务，并交叉检修4台SS4G机车。全年共检修交流机车186台节，达到整车检修产量峰值。持续深化精益管理建设，推广“作战室”模式，现场精益运营管理水平有效改善。开展制造过程全价值链改善，主产品生产周期压缩3.5天，各专项改善项目共节约成本268万元。持续加大安全生产工作力度，严格执行疫情防控各项要求，实现连续安全生产4144天。公司晋级成为中车精益管理二级企业。

【市场营销】 中标40台八轴9600千瓦货运机车、34台六轴7200千瓦货运机车、6台160公里/时复兴号动力集中（鼓型）动车组订单，销售八轴机车大部件10台套。签订2台孝柳铁路八轴机车订单。全面实施“造修一体化”战略，累计中标93台HXD2型机车C6修订单，签订2台神华机车C5修及技术改造和4台SS4G机车大修理合同。新签受电弓及高压电器等产品订单6.84亿元、铸钢车轮等产品订单7.67亿元。高铁及动车组变压器产品市场份额稳定，营业收入实现3.23亿元。与中煤平朔集团签订矿车工业性试验协议，四季度CR330E型矿车正式开始工业性试验。

【质量管理】 完善《质量保证能力检查评价管理办法》，健全质量保证能力管理机制。修订《质量管理考核办法》，强化质量问题追责和警示教育。运用QMS系统，推行产品质量管理数字化及全寿命周期可追溯管理。实施“质量红线”管控，提高了预防保障效力。突出质保能力提升，深入开展走行部及车体关键部件焊接能力提升、铸锻件质量保证能力提升、高压电器质量标准及品牌建设3项专项工作。落实《强化 $HXD_2$ 型机车C6修质量管控方案》，开展检修工艺标准提升年活动，切实形成检修工艺质量亮点和业务特色。ISO/TS 22163标准通过再认证，并荣获第三届“山西省质量奖”。深化售后服务信息管理平台建设，加强产品运用数据库管理，增强了分析和解决产品运用质量问题的能力。全年公司在段运用机车机破率为0.07件/百万公里，临修率为2.27件/百万公里，均实现同比降低。

**【人力资源管理】** 启动公司深化三项制度改革项目，引入专业咨询机构。深入实施“两制一契”管理，全面建立干部个人绩效与部门绩效、经营目标、战略规划联动考评体系。持续完善干部选拔竞聘、试用期管理、综合考评、教育培养等制度机制，中层干部人数比2019年精简20人，35周岁以下年轻干部占比提升3个百分点。扎实开展两级领导班子建设专项行动。持续转变高端人才培养思路，深入推进技能、科技、党群以及青年人才队伍建设实施意见。制定新员工“入职培养十条”，持续提升公司吸引人才“软实力”。全面加强新入职员工基层锻炼，大力改善车间工艺技术岗位员工待遇水平，企业与员工黏着度持续增强。制定新时代产业工人队伍建设改革实施方案，年内4名员工荣获“全国技术能手”称号。

**【企业文化建设】** 全面加强融媒体平台建设，组建党建专家委员会，以“揭榜挂帅”模式开展21项政研课题研究。总结推广统战工作品牌创建经验，固化“五彩团结小家”“张志和工作室”建设成果。坚持文化兴企战略，紧密结合建党100周年和中车创业140周年，积极策划“共筑百年梦、启航新征程”等系列主题宣传活动。实施新时期前进精神谱系化研究工程，率先启动技术团队精神的提炼宣贯。编撰发行公司文化品牌书籍《中国火车工厂》，持续丰富企业文化核心理念内涵。实施“品牌经营”工程，全力打造企业高端形象和产品高端品质。加大文化品牌市场植入，举办氢燃料机车下线仪式、试运行启动仪式等系列品牌传播公关活动，全国首台氢燃料混合动力机车成为践行“双碳”战略的明星品牌。

**【党群工作】** 组织开展党史学习教育，制定12个方面37项党史学习教育重点任务，开展党委中心组专题学习研讨15场、专题读书班6场、党史微党课104场，并在遵义举办两期领导干部专题培训班。建立党支部结对交流机制，策划“讲读学谈”系列活动。深入开展“我为群众办实事”实践活动，策划开展421项办实事清单。落实“第一议题”“第一专题”要求，建立健全党委决策事项督办、党委调查研究、党群部门月度例会等工作制度，实现贯彻落实党中央重大决策部署工作闭环。实施重大决策“制度化、清单化、信息化、常态化”工程，细化明确党委会前置研究事项55项，厘清了各治理主体权责边界。成立董事会4个专门委员会及董事会专职服务机构，系统梳理落实出资人授权放权事项。定期召开党建工作推进会，开展党建工作提升专项调研，组织5场支部书记经验交流分享会、2期组织委员经验交流和工作研讨会。完善党支部书记党委培训、优秀党员示范培训、基层党组织全覆盖培训三级培训模式，年内共组织各类培训149场，受训6105人次。策划开展党建制度对标升级工程，累计完成26个党建制度规程的制修订工作。大力提炼基层党组织党建特色成果，各基层党组织共申报特色党建工作47项。公司被评为中车党建工作责任制考核A级企业。建立车间（分厂）廉洁风险防控工作机制，全面落实对545个廉洁风险岗位人员的教育、管理和监督。持续深化国资委党委政治巡视整改，动态增补63项措施，推动整改工作融入日常。开展“靠企吃企”问题专项审计监督，专题部署重大风险防范化解工作，年内累计缩小重大风险敞口800余万元。聚焦经营主线，策划开展“聚焦五个确保，党建固化攀升”等主题劳动竞赛，开展各类立项攻关项目267个。精心策划组织“永远跟党走，前进新征程”员工合唱比赛等系列活动，庆祝建党100周年。完善公司级“标兵、工匠、劳模”进阶模式，组织召开劳模座谈会。深化“青”字号品牌建设，扎实开展“青年文明号”“青年岗位能手”等创建活动；实施“我为企业发展建新功”主题实践活动，组建20支“青年突击队”，为年度生产经营重点任务完成和公司发展持续汇聚青春力量。

**【下属子公司】**

**大同中车爱碧玺铸造有限公司** 成立于1996年4月28日，是大同公司与美国ABC铁路产品中国投资公司共同投资组建的中国第一家以生产铸钢车轮为主的中外合资企业。现有各类设备1500余台（套），生产的铸钢车轮覆盖美国、巴西、印度等众多国家。全年新签合同订单7.67亿元，实现营业收入6.72亿元，同比增长8.04%。

**大同中车煤化有限公司** 成立于2001年6月，注册资本2770万元，主要从事活性炭生产、销售，机车相关产品，环保设备等业务，是以活性炭为主业、喷涂和气体多元发展的综合企业。2021年，公司持续推动产线工艺优化改造，压块、炭化等工序产量同比提升，全年实现营业收入1.61亿元。

**北京中车赛德铁道电气科技有限公司** 成立于2003年4月，注册资本7116万元，是由大同公司投资组建的国家高新技术企业，是车顶高压电器产品系统集成供应商。公司总部位于北京开发区，有北京、大同两个生产基地，占地面积约2万平方米，公司有各类设备138台（套）。主要从事机车车辆关键部件的研发和制造，拥有轨道交通行业高压电器产品先进技术。2021年，公司发挥技术型企业创效优势，新签合同订单6.84亿元，营业收入实现5.53亿元，同比增长7.8%。

**大同中车重工有限公司** 成立于2013年1月1日，是大同公司立足多元化产品发展组建的全资子公司，注册资金1亿元，厂房面积3万多平方米，拥有各式桥式天车23台，各类生产设备210多台，其中数控及高精尖设备30多台，具有现代化下料、铆焊、数控加工、组装、退火、试验等全套专业化生产设备。2021年，公司强化产业内部配套，围绕机车检修、矿车维保服务和轨道车业务，全年新签订单1.17亿元。

**世纪华扬环境工程有限公司** 成立于2008年，2017年9月正式并入大同公司，注册资本金5110.2万元。拥有环境工程设计专项（水污染防治工程、大气污染防治工程等行业资质），并拥有水、气、固废环保处理先进成熟技术。2021年，公司有效发挥EPC（设计采购施工）能力和专业化运营优势，在工业园区固废处理、烟气超低排放和污水零排放等项目中取得新进展，全年实现签约额4.42亿元，同比增长22.62%。

**和县中车环保科技有限公司** 是大同公司的控股子公司，于2017年3月24日注册成立，注册资金2520万元，是为服务和县乡镇污水处理PPP项目而组建的SPV（特殊目的实体）公司。2021年，公司完成项目验收，全面进入运营期，并实现收益。

**惠州中车环保科技有限公司** 是大同

公司的控股子公司，成立于2017年5月，注册资本金为5989万元，是针对“惠城区PPP模式整区推进农村生活污水处理设施建设项目”组建的SPV（特殊目的实体）公司，项目合作期15年。2021年，公司完成项目验收，全面进入运营期，并实现收益。

**【重要纪事】** 1月27日，公司首台700千瓦氢燃料电池混合动力机车成功下线。4月20日，公司启动“两化”融合管理体系升级贯标工作。5月11日，公司与国电投内蒙古公司、氢能科技发展公司就联合打造全国首个氢能机车示范项目等四方面内容，签订框架合作协议。6月6日，公司时速160公里/时复兴号动力集中动车组驶入金台铁路。7月14日，公司召开深化三项制度改革启动会。7月20日至21日，国铁集团2021年第二季度和谐机车和动集动力车源头质量问题现场对接会在公司召开。8月10日，公司与宁东铁路等公司签订《氢动力技术合作协议》。8月10日，公司技术提升$HXD_2$型八轴电力机车通过国铁集团技术评审。10月22日，CR330E型矿车正式投入工业性试验。10月29日，700千瓦氢燃料电池混合动力机车正式上线试运。12月8日，技术提升$HXD_2$型八轴电力机车完成双机重联牵引单元万吨列车适应性试验。12月18日，永磁直驱客运电力机车圆满完成型式试验。12月28日，中国中车党委副书记王铵到公司指导工作。12月28日至29日，中车2021年度企业文化和品牌建设工作评价会在大同召开。12月29日，公司召开全业务流程优化建设项目启动会。

**【公司党政工负责人】**

| | |
|---|---|
| 党委书记 | 黄启超 |
| 董事长 | 黄启超 |
| 总经理 | 付拥军 |
| 副总经理 | 沈立德 |
| | 赵明元（任至8月） |
| | 杨东平　王宇飞 |
| | 余党会 |
| 总工程师 | 赵明元（任至8月） |
| 财务总监 | 余党会 |
| 党委副书记 | 付拥军　郭同生 |
| 纪委书记 | 边东宏 |
| 监事会主席 | 边东宏 |
| 工会主席 | 郭同生 |

（大同公司　供稿）

# 中车永济电机有限公司

（统一社会信用代码：91140881664458751J）

党委书记、董事长　邢晓东

总经理　王彬

【概况】 2021年末，永济公司在岗员工4373人，其中管理人员768人，本科及以上学历人员占比73.2%；工程技术人员1137人，本科及以上学历人员占比94.5%；技能操作人员2182人，中专及以上学历人员占比72.7%，高技能人才占比71%；中级及以上职称占技管员工比例63.7%。公司占地面积160万平方米，拥有设备固定资产10279台（套），其中数控设备228台（套），关键设备812台（套），固定资产原值28.1亿元。设立党群工作平台、战略管控平台、管理服务平台、技术研发平台、产业平台等五大平台组织框架，下设31个部门。拥有子公司11个，其中境外2个。全年实现营业收入111.5亿元，归母净利润2亿元。

【规划发展】 组织完成公司《“十四五”发展战略》编制，经中车备案后正式下发。策划编写职能子规划6项、业务子规划9项。并先后组织8场次的公司战略宣贯、11场次公司研讨。以战略规划为主线，形成《深化改革高质量发展三年行动计划（2021—2023版）》，工作任务共107项，其中2021年任务节点550个，全年完成率98.57%。统筹永济地区产业布局优化调整，完成园区产业布局规划调整方案及阶段性实施方案制定。牵头陕西特色产业链发展，编制下发《西安市轨道交通产业链建设提升方案》。

【改革改制】 全面推进公司深化改革工作任务目标落地实施，2021年度改革任务完成率79%，超额完成中车70%的进度要求。全面推进中车电气“B平台”建设，统筹整合永济电机公司与大连电牵公司实验检测相关资源，筹备设立实验检测事业部，已完成策划方案的编制。加快与四方所公司业务重组工作，提前布局开展相关融合工作。统筹开展混合所有制改革，编制下发公司《深化推进混合所有制改革指导意见》，系统指导公司混改工作；组织完成工业电传动混合所有制改革可研报告及配套文件编制；积极探索IGBT、风电产业等业务混改。根据中车“优、平、简、去、活”顶层设计思路，全面深化市场化经营机制改革，在优化产业结构、组织机构、优效优员3个方面，策划量化具体指标，建立指导规范，编制下发公司

《深入实施市场化经营机制改革工作方案》。抢抓国家“科改示范”政策机遇，完成“科改示范行动”示范企业申报，为打造原创技术策源地夯实基础。

【经营管理】 深入推进提质增效、降本节支，降低各项成本2.8亿元。严控可控费用支出，期间费用同比下降1.8%，其中销售费用同比下降8.62%。积极利用国家政策，累计节省电费支出479万元，争取各级政府补助2556万元。持续加强“两金”控制，年末“两金”总额47.4亿元。防范化解重大风险方面，冲回应收账款坏账准备1663万元，催收不良债权573.6万元。加强呆滞物料处置，盘活长期无动态物料4357项，共计4962.57万元。全年完成固定资产投资9010万元，年度投资预算兑现率94.8%；重点项目完成3730万元，完成年度投资预算93.26%；非重点项目完成5281万元，完成年度投资预算96%。加强供应链建设，优化供应商选择体系，与供应商在技术协作、质量提升、储备保供、成本优化方面建立战略合作关系。按照“四基五无”要求，积极开展以精益管理为主线的强基立项，已发布131项强基项目清单。公司安全环保形势稳定，未发生轻伤及以上安全生产事故、突发环境事件，无新增现岗职业病，无新冠肺炎病例出现。深入开展对标世界一流管理提升行动，全面完成2021年工作任务清单。深化“放、管、服”落地，形成安全与环境保护管理、资产管理两个优化方案，并稳步推进。管理创新成果《高铁电机企业以合作共享为导向的数字化运维管理体系建设》荣获国家级二等奖。

【科技创新】 2021年公司科技投入比达到5.22%，满足中车KPI指标要求。公司与大连电牵公司联合开展科研项目申报工作，截至年末，科研项目申报共计434项，其中启动388项，正点运行378项，计划结项237项，实际结项200项。承担各类外部科研项目申报共计39项，其中国家级4项，省市级8项，中车级27项。完成中车科技成果评价14项，其中国际先进技术水平6项、国际领先技术水平5项、国内领先技术水平2项、国内先进技术水平1项。全年累计获得省部级奖项22项。制修订上级标准18项，其中在绝缘技术方面首次主持起草上级标准3项（国家标准2项、行业标准1项）。完成国内专利申请275件，其中发明专利229件，获国际授权专利1件，获国内授权专利91件。揭牌成立西安永电–西安交大智能制造与电气系统联合研究中心、“秦创原”风电传动系统研发中心。获评山西省科技成果转化示范企业、陕西省单项制造业冠军企业，作为中车旗下首家子公司进入全球风能理事会，创新平台数量达到36个。依托各类创新平台，获得科技创收2500余万元。科技部“揭榜挂帅”项目高效能牵引电机关键电磁材料与集成技术研究获批立项。完成高速智能网络系统研制项目运行考核。完成HXD2车型国产化芯片控制系统装置装车验证。“一带一路”专项轨道车辆独立轮控技术研究、板卡检修技术深度自主化研究等国家专项、中车重大和大连市揭榜挂帅项目高质量推进。氮化镓电源、基于碳化硅器件的电传动系统实现应用。完成适用于风力发电机、工程机械等重防腐领域环保型无溶剂涂料研究，相比溶剂型涂料VOC含量降低93%。搭建基于5G终端设备和时间敏感网络（TSN）原型机试验平台完成车地通讯实验。突破国外主要控制系统检修技术，完善“大连控制产品检修基地建设项目”方案，并按计划落地实施。全球首套应用于电力机车的永磁直驱牵引电传动系统完成型式试验。成功研制系列化中国标准地铁列车牵引辅助系统全系列产品。完成时速200公里磁浮列车网络控制系统阶段实验。成功下线全球最大13.X兆瓦半直驱风力发电机。完成7兆瓦空空冷双馈风力发电机样机试制并交付用户。

**【市场营销】** 国铁市场方面，复兴号时速250公里标动电传动系统实现双平台全覆盖。签订时速160公里动集（鼓型车）电传动系统批量订单。首次签订钢厂自备车改造项目电传动系统、智能化电传动系统检修业务订单。城市交通市场方面，签订3条线路电传动系统、20余条线路供电系统项目订单，签约额7000余万元，同比实现近3倍增长。风电市场方面，全年新签订单74亿元，市场占有率由上年的29%提升至37%，稳居行业第一。紧抓海上“抢装潮”机遇，海上风电业务获取订单超10亿元，同比“翻两番”。启动实施“风力发电机+”战略，“发电机+齿轮箱”产品成功交付用户，基于人工智能与无线传感网的风力发电机故障辨识系统在风场装机运行近一年。工程机械装备业务方面，全年交付轨道车30余台，交车数量再创历史新高。工业电驱业务方面，全年实现销售收入逾4亿元，同比增长9.6%。国际市场方面，城际车牵引电机市场、油田电机市场再获海外批量订单。签订轨道交通空压机变流器订单，实现欧洲铁路市场零突破。多元市场方面，船舶市场全年签约突破8000万元，智能装备业务签订近1亿元订单。高端农机业务获得市场零突破。

**【基建与技改】** 全年累计完成设备（含计算机）转固474台，设备调拨173台，设备报废103台套、房屋报废拆除702平方米。截至年末，累计处置低效无效设备450台（套），净值1470.72万元，完成中车下达指标，完成率为100%。其中通过修理、提升改造，延长使用寿命及开拓新市场，再利用420台套，有效利用设备数量占比93.33%。报废状态差、无修复价值的设备30台（套）。对设备设施进行年度检验、状态评估，共检查设备技术状态3662台，其中一级设备2015台，二级设备1574台，三级设备36台，四级设备37台，设备完好率达98.01%。全年共计完成设备大修项目27项，投入费用466.9万元；基础设施大修项目32项，投入费用703.3万元。非重点基建项目1类，主要围绕易燃夹心彩钢板改造，改造彩钢板面积1.3万平方米，投资预算534万元。

**【质量管理】** 实施“过程+专项”体系内审。实施“双月审核、半年覆盖”“专项+过程”相结合的滚动内审，识别体系运行中的管理短板。依据各产业单元产品管控类型和程度，明确首件鉴定（FAI）分类管理要求，对首件（批）产品的生产过程和产品实物质量进行检查、检验和试验，确保有能力持续生产符合要求的产品。搭建上级文件信息化管理平台，强化文件及时分发、有效落实的应用。对12个管理制度文件的执行情况进行检查，发现问题23项，跟踪落实关闭。修订测量管理文件19份，明晰各产业单元与检测实验中心职责分工，优化计量检验业务流程。深化质量管理信息化系统协同，与“中车购”系统建立接口，确保供应商质量证明文件以电子文件方式进行传递，与DIDS（计量理化系统）建立接口，确保公司计量理化报告以电子文件方式进行传递。质量管理体系通过德国莱茵检测认证公司年度换证审核，审核中共发现一般不符合项15项。测量管理体系通过中启计量认证中心的年度审核。完成焊接体系年度审核工作，共发现一般不符合项5项，取得ISO 15085和EN 3834证书。组织开展DIN 6701（铁路行业标准）和DIN 2304（汽车风电行业标准）的粘接体系认证，审核发现非重大偏离项2项，注意项22项，提出建议项6项，通过粘接体系认证。积极开展"QC小组"、质量信得过班组建设及"微创新"活动，营造公司质量文化。对各产业单元及生产基地生产过程巡查和实物质量抽查，对供应商进行飞行检查，共发现不符合项267项，其中涉及供应商问题64项，监督整改措施落实并关闭。

**【人力资源管理】** 制定并发布《劳动合同履约评价及续签管理办法》《人才度量管理办法》等制度。组织完成2021年度公司171名中层管理人员的业绩考核评价工作。制定下发公司党委《关于推动高质量发展开展领导班子建设专项行动实施方案》，完成全级次35个单位20场领导班子建设专题会。持续加强干部队伍能力建设，完成大连高级经理学院党史专题20课时和十九届六中全会专题7门课程学习，完成2期高管卓越领导力、5期中层人员综合素质能力提升培训。完成全部1527名中共党员专题班学习，其中成绩为"优秀"的有1258人，占比82.4%。完成189名中车核心人才2020年度业绩考核及薪酬兑现工作。共举办各类培训班252期10830人次，各类外部直播课学习18期，内部直播课11期。全年累计签约毕业生40人，其中本科6人，硕士34人，并完成秋季新大学生入职92人。依据企业经营现状，对年度和月度工资总额管控进行动态测算及调整，确保工资发放与经营指标同步。制定《岗位分红实施细则》，涉及565人，其中工程技术人员502人，管理人员63人。

**【企业文化建设】** 扎实推进党史学习教育"十个10"专项任务。编发公司党史学习教育简报23期，报送中车及省部级以上媒体近100篇，采用率达50%以上。建立健全品牌建设工作评价机制，实现月度督导常态化，联合督导网格化、品牌管理一体化的格局。开展"永远跟党走　奋进新征程"品牌文化月"十个一"系列活动，通过主题宣讲、城市推广、文化研讨等活动，激发奋进热情。线上线下开展红色展览，宣传研读红色书籍，推广诵读《中车赋》。聚焦党史学习教育，开展"奋斗百年路、启航新征程"主题宣传，通过主题征文、读书会、海报展览、短视频等多种形式，营造庆祝建党100周年的浓厚氛围。《电传动时讯》出版发行46期，专版59个，开设专栏15个，撰写评论员文章24篇，先进模范102篇（个），广播播出1500余条。全年发布原创新闻74篇，比上年增长5.2%。在中车级各媒体及省市级媒体发稿105篇，官方新媒体发布信息455条，短视频179条。

**【党群工作】** 公司党委坚持把跟进学习习近平总书记最新重要讲话、指示批示精神作为"第一议题"。发布实施《党建"金名片"建设实施方案（3.0版）》，进一步明确抓党建、促融合的职责清单、任务清单和评价体系。坚持"两个一以贯之"，建立"权责法定、权责透明、协调运转、有效制衡"的公司治理机制，持续加强管控体系构建和管控能力建设。差异化明确党支部书记职责，健全支委会议事决策机制，形成党政勤沟通、会前深酝酿、书记来主持、讨论做决定、分工去实施、检查抓落实的支委会程序“六步法”，强优配置支委班子成员，切实抓实组织建设提升执行力，确保党支部按规定参与重大问题决策。全面落实干部竞聘制、任期制和契约化管理，两书签订率100%，新提任中层管理人员26人，竞争上岗率80%，其中后备人才提拔使用17人。修订完善《公司领导班子成员联系包保工作制度》《党支部工作制度》《基层党支部考评办法》等制度。加强纪律建设，常态化开展警示教育和纪检干部讲纪律活动。深化形式主义官僚主义、“靠企吃企”等专项整治工作。根据中车党委巡视反馈意见，公司党委梳理出3方面5类7个具体问题，制定13条整改措施。截至年末，整改措施共完成11条，年内5个问题全部整改完毕。组织开展两轮常规巡察和一轮专项巡察，共巡察了16个基层党组织，一届巡察基层党组织覆盖率累计实现82%。推进“新小家”建设，共建成新小家21个，补充完善新小家29个。开展“员工生日送祝福”等活动。做实驻外连心工程，“三线”（生活线、卫生线、文化线）建设覆盖全国各地120余处站点、基地，实现异地员工关爱全覆盖。实施2021年度“青年工程”项目，征集选题立项55项，累计获得经济效益658.4万元。开展“金点子”活动征集，共征集好经验好方法46条，“践行岗位承诺”32项，为公司”降本提质增效”提出改善意见及建议24项。

【下属子公司】

**西安中车永电电气有限公司**　是永济公司全资子公司，全年实现营业收入1.79亿元。参与国家级项目1项，主持省部级项目1项、公司重大项目2项，《18米级纯电动航道快艇》项目获中车科技三等奖，高档轨道交通电传动系统研发团队获山西省“十大创新创业团队”称号。成功在昆明、武汉、大理等内湖内河拓展新能源船舶业务。完成苏州S1线、杭州机场线、长株潭西环线等12条线路的供电系统业务订单签订。IGBT业务与国电南瑞签订批量封装合同，封装技术得到市场认可。

**西安中车永电捷力风能有限公司**　是永济公司全资子公司，全年实现营业收入6.54亿元，完成双馈、笼型、永磁直驱、永磁半直驱四大平台研发项目59项，发布全球最大功率18兆瓦发电机，下线全球最大功率13.X兆瓦半直驱发电机、新型10.X兆瓦海上中速永磁发电机、全球最大功率7.X兆瓦双馈发电机、国内最大功率7.X兆瓦海上高速永磁发电机，其中13.X兆瓦半直驱发电机获得了2021年度风电行业最佳零部件产品奖。完成7个系列18种型号直驱发电机1554台，机舱叶轮381台套，双馈电机1652台，直驱定子1616台，半直驱电机409台，合同修电机交付150台。疫情期间与全球排名第六的整机厂商Nordex签订全球合作框架协议和订单，实现发电机独立出口零的突破。

**永济中车电机电器修配有限公司**　是永济公司全资子公司，全年实现营业收入1.34万元。矿山市场中标电动机组国产化项目，合同金额600余万元。与中煤平朔签订战略合作协议。风电市场与维斯塔斯中国签订2021年框架合作协议。地铁市场获得上海地铁9号线二期维修项目，共计41列车。获得上海地铁9号线三期维修项目，共计35列车。成功中标申通北车3号、4号线维修项目，共计32列车，合同金额660余万元。铁路市场首次获得大板段8台新造订单。中标北京局集团公司158万元，与大同公司签订SS4牵引电机维修，合同金额120余万元。

**南非中车永济电机有限公司** 是永济公司全资子公司，全年实现销售收入9万元，获得尼日利亚铁路机车车辆维保市场订单。

**中车大连电力牵引研发中心有限公司** 是永济公司控股子公司，全年实现营业收入6.05亿元，共开展科研课题53项，承担国家战略性科技创新合作专项、中车“十四五”重大专项、大连市首批“揭榜挂帅”科技攻关以及大连市“科技之星”等一批重大科研项目。日照港电动牵车产品，首次实现跨行业为用户批量定制新能源装备。网络控制产品首次适配第七代时速200公里磁浮列车。中标浦镇公司构架焊线、大连公司构架组装线项目，实现近1亿元合同。

**西安中车永电捷通电气有限公司** 是永济公司控股子公司，全年实现营业收入5.12亿万元。系列化中国标准地铁列车牵引辅助系统下线并成功获取浦镇公司80B型和株机公司120A的采购订单。完成城市轨道交通牵引供电能源管理系统挂网调试、产品投入正线运营，中标台州市域铁路S1线一期工程0.4千伏低压柜、环控柜、能源管理系统采购项目，取得供电系统总包模式的新突破。

**沈阳中车永电铁路装备有限公司** 是永济公司与沈阳铁道工业集团有限公司共同出资设立的动机车部件检修企业，在轨道交通电传动系统和备品、配件的检修服务、售后及研发方面开展合作，于2021年12月2日共同出资成立，两家股东分别出资1750万元，各占股比50%。合资公司将依靠永济公司的技术优势，加强技术创新、形成核心竞争力，成为修理行业标杆，致力成为中国铁路东北地区最具影响力的轨道交通检修产业基地。

**印度中车先锋电气有限公司** 是永济公司控股子公司，全年实现营业收入3023万元。4月获得6FRA6068牵引电机批量交付资质，全年累计交付牵引电机整机58台，定、转子大部件316套，累计完成80台牵引电机检修，海外经营稳定。

**西安阿尔斯通永济电气设备有限公司** 永济公司参股子公司，全年实现销售收入2.31亿元，共交付产品4239台，其中电机整机占比70%。2021年先后荣获西安市环保C级企业、西安市经开区优秀工会、国家高新企业、优秀外商投资企业卓越运营前十强等称号。8月，第20000台电机成功下线，12月，在中国区开展的AZDP（阿尔斯通零偏差计划）审核中取得中国区最高分95分。

**【重要纪事】** 1月22日，公司与德国Nordex公司全球合作云签约仪式在西安举行，本次签约的Nordex Delta 4000风力发电机是目前全球陆上最大功率等级双馈风力发电机。4月18日，公司正式加入全球风能理事会（GWEC），成为该协会C0级别会员，拥有董事席位。6月29日，公司列车级电传动系统半实物仿真实验室成功取得CNAS资质。7月10日，公司研制的全球最大功率13.X兆瓦半直驱永磁风力发电机在山东基地成功下线。9月17日，公司隆重举行中车创业140周年火炬传递活动。10月14日，西安永电—西安交大智能制造与电气系统联合研究中心揭牌仪式暨第三届轨道交通与能源装备科技论坛在西安举行。12月2日，公司与沈阳局集团公司合资的沈阳中车永电铁路装备有限公司正式注册成立。

**【公司党政工负责人】**

党委书记　肖安华（任至12月）
　　　　　邢晓东（12月任）
董 事 长　肖安华（任至12月）

邢晓东（12月任）
总 经 理 王 彬
副总经理 史治国（任至1月）
郭建斌（1月任，正职待遇）
孙永奎 张红卫（兼）
李咏梅
郭永安（1月任）
张 帆 戴碧君
代玉东（任至4月）
贾 健
何永科（1月任）
胡天召（1月任）
王永亮（4月任）
财务总监 代玉东（兼，任至4月）
王永亮（兼，4月任）
总工程师 戴碧君（兼，1月任）
党委副书记 王 彬 张红卫
纪委书记 孙永奎
监事会主席 孙永奎
工会主席 史治国（兼，任至1月）
郭永安（1月任）

（永济电机公司 供稿）

# 中车大连电力牵引研发中心有限公司

（统一社会信用代码：91210212079459729R）

**【概况】** 2021年末，大连电牵公司在岗员工总数461人，其中35岁以下占比77%；具有高级及以上专业技术职务人员占比28%，技术人员超50%；研发团队中硕士以上学历超过90%，中车核心人才66人，享有国务院特殊津贴1人、大连市特殊津贴1人，茅以升工程师奖获得者5人，辽宁省百千万人才22人。公司拥有大连、旅顺两个基地，其中，旅顺办公区为注册地，占地面积6万平米，总投资3.3亿元。在大连市高新技术产业园区租用办公区，面积6498平米。公司设有23个部门、2个全资子公司。总资产14.54亿元，负债总额10.68亿元，所有者权益3.85亿元，固定资产共3796项，净值约2.15亿元。全年实现营业收入6.04亿元。

**【规划发展】** 组织编制公司“十四五”发展规划，参与永济电机公司轨道交通业务、新产业业务、科技发展等“十四五”专项规划编制。制定公司“1+2+N”的产业结构规划，围绕做优轨道交通装备业务、做强控制产品与板卡检修、智能制造装备业务、做大高端农机装备、氮化镓电源业务、矿用设备业务等新产业业务，细化落实措施。策划建设“中车大连控制产品及板卡检修基地”，支撑公司检修业务战略布局。与西安重装智慧矿山工程技术有限公司、西安交通大学自动化科学与工程学院签订关于智能化综合管控平台战略合作框架协议。

**【改革改制】** 制定公司《市场化经营机制改革专项工作方案》、组织机构优化和科学定岗定编的具体实施方案，在优化中层干部和管理人员比例、优化薪酬结构、加大考核力度、畅通进出机制上，进行了系统策划并陆续推进实施，部门数量从32个压降至23个，全面取消二级机构设置，管理层级更加扁平化。持续进行岗位调整，推动人员向技术、市场、工艺等价值创造端和紧缺端流动。持续深化薪酬分配改革，实施差异化薪酬，建立技术人员末位淘汰机制，实现月度考核结果强制比例分布与薪酬联动，完善专项激励和绩效奖励举措，增强员工干事创业活力。

**【经营管理】** 开展提质增效、“改善不良、杜绝浪费”、“降本节支增效”等专项工作，强化全面预算管控，提升资金管理水平和运营效率，坚持月度资金平衡机制。加大力度整治批量返工、无效等待，杜绝损失和浪费，减少管理隐性成本。管住两端价格，成立价格评审委员会，从销售和采购两端形成约束机制。采取设计统型、供应商拓展、技术人员参与价格制定、加强招标和竞争性谈判等手段，采购降低成本成效显著。强力压降“两金”，逐条组织回款、压减存货。以精益管理为主线，聚焦内部管理突出问题，设立管理专项31个，逐一推进落实整改。开展精益制造对标专项提升工作，运用信息化手段提升生产、采购、库房管理效率，拉动精益车间七条管理链搭建，将现场管理向联动和纵深方向推进。优化组织绩效考核体系，重新制定考核办法，配套制定经济指标挂钩奖惩实施方案和专项激励实施方案。履行对子公司的管控职责，梳理参股经营投资问题并按时整改落实，及时掌握境外机构的运营情况和综合信息。强化投资过程管理，落实投资责任制，注重项目验收和后评价，不断完善投资管理制度。围绕公司经营重点、难点，关注可能存在重大风险的领域，编制《公司级年度风险清单》，确定风险应对方案23个，制定应对措施107项。对合同授权、劳务用工、采购流程、招标流程等主要风险，逐一立项整改。

**【科技创新】** 全年科研投入合计6195万元，共开展科研课题53项，完成48项，课题计划兑现率90.57%。其中，国家科技研发计划科技部重点专项课题1项，省市级课题1项，中车集团级课题11项，子公司级课题40项。开展产品简统化、系列化、模块化和全寿命周期设计技术研究，搭建技术开发平台和产品设计平台。承担并开展国家战略性科技创新合作专项、中车“十四五”重大专项、大连市首批“揭榜挂帅”科技攻关以及大连市“科技之星”等科研项目，争取外部资金600余万元。全年申请专利48件（发明专利43件）、登记软件著作权20件，获得大连市专利奖2项。主持中国中车企业标准1项，参与起草13项，制定公司企业技术标准6项。完成基于国产芯片的列车控制系统研制，已成功实现部分车型自主可控。开展带电自动过分相技术研究，在八轴车小批量应用并反馈良好，车辆综合运输效率提升。开展系列化标准地铁牵引系统及网络控制系统的研发。开展阿尔斯通、庞巴迪、西门子等进口板卡检修技术攻关，并形成检修能力。自主研发的机车节能控车技术助力和谐型电力机车实现节能减排，节约成本200余万元。开展武钢内燃机车新能源改造、日照港新能源工程车等项目产品研制，为用户批量定制新能源装备。自主研制的氮化镓电源产品配套大连地铁2号线，实现高效节能轻量化。

**【生产运营】** 全年实现机车控制单元交付77套，地铁及轻轨项目车辆牵引系统交付54套，网络系统207套，定型产品平均一次交检合格率达到95%以上，平均生产计划兑现率达到95.6%。规范物资采购组织，中车采购平台线上采购率达到90.22%，组织完成101次招标采购。累计实现采购降低1411.6万元，降采率达2.95%。完成144个项目启动工作，共办理结题项目68个。制定标准化项目管理工作包模板和项目执行看板，实现对重大和关键市场项目可视化实时监控。利用MES系统，开展工艺管理、生产计划管理、生产执行管理等业务。规范现场管理，持续推进安全风险防控和隐患排查整改，严格控制污染物排放。全年实现安全生产零事故、零职业危害事件、零火情、零环境异常事件，实现各类环境污染物达标排放，未发生任何环境污染和环境负面事件。完成环境与职业健康安全管理体系的监督审核评审工作，通过辽宁省级安全标准化（二级）企业复审评定。

**【市场营销】** 成立营销服务中心，建立6个营销团队，营销人员由原来10多人增加到60多人。完成$HXD_2$新八轴电力机车、时速160公里动力集中动车组等订单交付。签订3000马力重混调车机车、高原适应性$HXN_{3B}$机车、鞍钢混合动力机车等订单。获取武钢内燃机车、日照港工程车等项目。获取北京局集团公司$HXD_{3B}$高级修资质，并签订41台合同。获取大连地铁1号线、2号线牵引与网络、大连地铁5号线网络、长春轻轨4号线南延等项目。获取中铁磁浮车项目并顺利交付，公司永磁牵引系统实现首次装车应用。获取长春轻轨三期改造项目，中标广州地铁首次委外修项目，拓展上海地铁电子板卡检修市场。中标浦镇公司构架焊线、大连公司构架组装线项目，与中国一重集团签订3台套农机电传动系统订单，中标天水旅游观光小火车项目，实验业务与3家企业签订合作协议，签订合同81项。

【基建与技改】 全年投资290余万元，用于实验业务、检修业务以及工艺流程和管理能力提升。其中，远程监控系统的实施，提升单相25千伏和DC750伏供电系统的远程控制。新购置的测试台、除尘操作台、超声波清洗机等设备，有力支撑检修业务的拓展。新增产品标识代码与序列号管理平台，确保公司铁路产品的标识管理和正常交付。通过MES系统（制造执行系统）的升级，进一步完善电子产品的产线布局，提高公司产品实现的保障能力。

【质量管理】 开展专项质量提升，成立由质量总监带队的工艺质量专班。建立一票否决机制，打造战略供应商，细化数据跟踪，切实强化产品质量和供应商管控。通过ISO/TS 22163:2017国际铁路行业质量管理体系标准认证，并获得铜牌认证资质。展CRCC认证工作，CR200J型机车网络控制系统保持铁路产品CRCC资质。牵引逆变器、辅助变流器和网络控制系统产品获得城轨装备CURC认证资质。组织开展2次质量月活动、16项质量攻关活动，获得辽宁省优秀质量管理小组6项，大连市质量管理小组6项，中车公司级奖励4项，获得国家级优秀质量信得过班组。针对现场批量、重点质量问题，成立重大产品质量整改项目，关注重点质量问题解决情况，组织完成11项重大产品质量问题整改工作。将质量检验与工艺审查有效结合，提高质量检验科学性、有效性，产品最终检验合格率97.59%，最终客户满意度为98%。对供应商执行产品全生命周期管理，实现供应商管理、项目质量管理横纵交叉管理。截至年末，公司共有合格供应商150家。

【人力资源管理】 持续推进科学定岗定编，完成职业发展通道评价标准的优化，并修订完善全员绩效考核相关制度。规范市场化用工管理，优化工时核算方式，科学防范各类用工风险。完成多媒体培训室建设，按季度制定分层级分类别的培训计划，累计开展各类培训87项，举办中层赋能培训班、营销理念培训、技术创新论坛等。申报各类人才和奖励，获评1名大连市特殊津贴、2名大连市科技之星、8名大连市核心骨干人才、5名城市紧缺人才。高质量开展专业技术任职资格的申报和评审，新评审通过中级22人、高级25人、正高级8人。通过稳岗红包、骨干技术人才补贴、学费补贴、住房补贴，累计获得政府资金近100万元。修订《中层管理人员综合考评办法》，细化评价标准、确立目标导向、强化日常考核，实现中层管理人员月度考核上线运行。以培养复合型人才为目标，强化中层管理人员岗位交流力度，全年累计交流31人次。开展全级次领导班子专项建设行动，并将活动范围扩大到各基层党支部领导班子，实现各级干部的对标查摆、自我提升。举办中层赋能专题培训班，提升中层管理人员的履职能力。

【企业文化建设】 加强企业文化品牌建设，修订完善《新闻宣传管理办法》，更新公司中英文宣传册，制作产品手册和产品单页，参加西安智慧交通展，建设高新办公区企业数字化展厅，升级改造旅顺办公区展示厅。借助公司高新办公区企业文化目视化建设，将中车文化理念、公司发明专利、产品、荣誉上墙，使企业文化虚像化为实像。加强宣传报道，发布电子内刊《电牵公司报道》14期，通过办公协同平台发布信息71篇，发布形势任务教育宣传提纲4期。持续跟踪公司重大举措、重要事件和重点题材，对外宣传报道65篇次，“电牵之道”微信平台推送稿件200余篇。推进企业文化BI建设，对

2021版“中车心、中车行”文化手册进行全覆盖、多角度宣贯。围绕中车创业140年周年系列活动和“中车日”主题，组织“百年伟业、红色中车”全员线上知识答题，并通过文艺作品征集、员工领读等形式，组织员工学习《中车赋》。开展正向宣传引导和典型选树，通过电子内刊、办公协同平台、微信公众号等媒介，共宣传13个先进集体和23个优秀个人的典型事迹。

**【党群工作】** 贯彻中车“固化攀升年”各项部署要求，制定并推进六个方面工作重点任务。持续推进党建“金名片”建设，共输出3个品牌。修订完善公司两级理论中心组学习制度，与永济电机公司党委理论中心组联动联学17次，公司党委集体学习5次，组织10次集中研讨（含4次专题读书会），下发4期两级理论中心组自学内容。以“四个突出抓好”将党史学习教育与公司各项重点工作深度融合。通过专题讲座、观看党史纪录片、建企20周年专题活动等形式，深化全体员工对四史、中车史、公司发展史的认识。强化对两级党组织特别是主要领导干部的监督，把管理和监督贯穿于实施领导全过程。组织召开2次干部警示教育大会，对关键岗位人员进行廉政谈话。做实“擦亮金名片、建设新小家”专项活动，已建成使用31个“新小家”，签订并执行四项集体合同，立案并落实2件职工代表提案，切实维护好职工利益。开展“百年·百日”青年行主题教育实践活动、“青年大讲堂”等活动，调动发挥青年的生力军和突击队作用。

**【重要纪事】** 1月29日，装载公司牵引与网络控制系统的全国首条跨市有轨电车在沈抚新区开启全线试运行。4月29日，搭载公司自主研发的牵引控制系统的时速250公里复兴号标准动车组列车在银西高铁首次载客试运营。6月18日，公司开展纪念建党百年暨建企20周年专题活动。6月28日，装载公司网络控制系统的杭海城际铁路列车顺利开跑。8月12日，公司自主研发的机车节能控车技术通过兰州局集团公司评审验收。9月1日，装载公司牵引与控制系统的时速160公里动力集中（鼓形车体）动车组上线运营。10月9日，公司标准化地铁牵引与网络控制系统、自主化列车网络控制核心芯片等前沿产品亮相“2021北京国际城市轨道交通展览会”。11月30日，公司获评“2020年度大连市百强企业”。

**【公司党政工负责人】**

| | |
|---|---|
| 党委书记 | 贾　健 |
| 执行董事 | 贾　健 |
| 总经理 | 吴　涛 |
| 副总经理 | 慕　楠 |
| | 蔡景荣（任至11月） |
| | 于　跃（4月任） |
| | 张桂成（4月任） |
| 财务总监 | 慕　楠 |
| 党委副书记 | 张永军（任至7月） |
| 纪委书记 | 张永军（任至7月） |
| 工会主席 | 张永军 |

（大连电牵公司　供稿）

# 中车青岛四方机车车辆股份有限公司

（统一社会信用代码：91370200740365750X）

党委书记、董事长　田学华

总经理　马利军

【概况】 2021年末，四方股份公司在册总人数12399人。其中，女员工1438人；高级专业技术职称1252人，中级职称2156人；高级技师355人，技师1645人；博士研究生学历82人，硕士研究生学历1509人。设置总部、事业部、技术本部及制造本部等4大系统，下设38个单位；设立全资与控股子公司17个。占地面积177.66万平方米，建筑面积97.60万平方米；固定资产总原值87.11亿元，总净值39.25亿元。全年实现营业收入380.13亿元，利税总额45.92亿元，归母净利润24.36亿元。

【规划发展】 编制下发“十四五”规划，提出“一主两翼”主业生态战略定位，制定“三强三优”指标目标体系。持续夯实投资管理，“十三五”产能类重点项目全面收官，完成11个重点投资项目的竣工验收。改革三年行动实施进度超过90%，国企重组整合经验作为改革典型案例荣登国资委例会经验分享。深入推进对标世界一流管理提升行动，成功入选国资委国有重点企业管理标杆创建行动标杆企业名单，2个项目入选中车管理标杆创建行动名单，荣获国家级管理创新成果1项。

【经营管理】 突出强基固本，持续创新市场化经营机制，完善组织绩效指标体系，强化投入产出匹配。持续深化全面预算管理，匹配组织绩效变革，完善“边际贡献式”预算管控体系。常态化开展提质增效工作，大力开展子公司治亏，全力压降“两金”，从严控制期间费用，提质增效成果明显。持续推进法治建设，制定法律风险防范指引，全员法治意识有效提升。不断完善合规管理体系，持续加强风控工作，扎实开展保密工作。不断加强供应商管理，开展供方专项审核帮扶，优化供应商业绩评价。扎实开展采购管理，持续推进采购指挥中心建设。聚焦供应链健康发展，实行战略采购管理试点，电商采购实施范围进一步扩大。不断优化招标管理，持续扩大线上竞标范围和比重，实现远程协同评标应用。推进物流提效，实现VMI供应商管理库存系统资源和信息化整合，固化青岛区域物流运作模式。扩大直供配送应用范围，提升仓储资源周转利用率，实现物流降本增效。

**【科技创新】** 不断完善精益研发体系，编发17项协同产品全寿命周期业务的结构化流程。搭建城轨产品模块化和配置化设计平台。完成动车组牵引、制动、网络等关键系统部件RCM维修系统分析试行，掌握修程正向优化方法。时速600公里高速磁浮交通系统成功下线。荣获2项中国专利奖金奖、1项优秀奖，首次主导并主持发布2项国际标准。不断深化各平台新产品开发，完成智能、双层等高速动车组研制，持续丰富高铁产品谱系。完成新一代市域概念车、国内首列标准地铁研制，形成具有技术引领性的全新城轨平台。完成埃及、智利等海外订单研制。完成智能控制、磁悬浮、新材料等15类80个“根”技术项点梳理和重要度分级。持续推进4DL+云链四方工业互联网平台建设，为业务洞察、资源优化和高效决策提供支撑。推进生产过程数字化，建成总装MES系统（制造执行系统）（一期）并在青岛4号线上线应用，补齐公司生产过程数字化短板。搭建公司三级制造指挥平台，基于“指标预警、事件驱动、资源赋能”的生产指挥新模式已具雏形。推进母子公司数通，完成子公司信息化建设方案和子公司数通顶层架构设计。深化最小作业单元工艺设计，推进工艺设计标准化、规范化、平台化，实现在产项目全面推广应用。探索建立集团化工艺工作模式，促进母子公司工艺设计一体化协同。

**【生产运营】** 强化本质安全，全面推进安全生产专项整治三年行动“1+10”方案和职业病前期预防，全系统专项治理重复隐患，应用“双盲”应急实战演练模式，通过国家安全生产标准化一级企业评价，获得“山东省健康企业”称号。践行“双碳”理念，开展大绿色工厂建设，动车组水性漆通过运用考核，绿色供应商评价机制初步形成，被评为“山东省清洁生产先进单位”。统筹推进常态化疫情防控，实现零聚集性感染。

**【市场营销】** 实现智能动车组和跨境项目双突破，实现首列京雄动车组样车和首列鼓形动力集中动车组样车销售。签订17组城际动车组订单。开拓检修市场空间，深化厂局合作，组建武铁科技公司，实现厂局新合资合作模式落地。坚持“市场＋技术”双驱动，中标深圳13号线等5个车辆新造项目。获得阿联酋、印尼雅万、中老铁路动车组等项目。磁浮业务加速推进，实现磁浮零部件市场从“0到1”的突破。

**【基建与技改】** 全年完成5404辆车的生产交付。深化最小作业单元工艺设计，推进工艺设计标准化、规范化、平台化，实现在产项目全面推广应用。探索建立集团化工艺工作模式，促进母子公司工艺设计一体化协同。自动焊接、打磨应用范围进一步扩大，绿色激光清洗技术实现集成和试点应用。以技术为牵引，开展制造提质增效。持续推进生产数据互联互通，产线数字化改造工作稳步推进，转向架新造、检修实现数据贯通。三维总图建模基本完成，工厂数字孪生初现雏形。以转向架B7指挥中心为试点，进一步完善S3QDCIT指标体系，探索指标驱动的模式。

**【质量管理】** 质量管理体系ISO/TS 22163第三方复评审核得分78分，创历史新高，再次荣获“中国质量奖提名奖”。加强供应商质量管控，新增21家供应商的“扶管服”，提高质量要素参与供方产品订单份额分配系统中质量售后评分权重，供方责任质量问题明显下降。子公司质量管控有序推进，初步搭建子公司质量监管机制，制定12项质量评价指标，对各子公司质量管控情况进行评分、排名，督促子公司持续实施自主质量改进。稳步推进质量信息化建设，完成质量指挥中心一期建设并投入运行，实现92项指标的应用分析和50项异常的在线评价。

**【人力资源管理】** 持续深化改革工作，“两制一契”管理实现全覆盖，建立专兼职外部董事队伍，实现外部董事占多数。工资总额备案制及岗位分红方案获批，优化共享用工机制，全员增加值劳动生产率提升15%。不断优化人才队伍建设，优化科技人才评价体系，落实岗位任期制管理，主管及以上人员年内落聘超3%。优化科技人才交流机制，进一步盘活技术人才资源。实施数字化人才专项培养工程，完善青年人才培养体系。建立母子公司人员“上挂下派”机制，年内实施母子公司中干、助理及后备等30余人交流培养。数字化人力资源建设初具雏形，开发建设人力资源数据中心，推动与其他信息系统的数据贯通。

**【企业文化建设】** 聚焦“建党百年”的时代主题，开展“大国顶梁柱、永远跟党走”“庆祝中车创业140周年”等主题教育活动，升级打造爱国主义教育基地。实施“素养铸魂”专项行动，推进33项重点任务落实落地。把握国家战略、社会关注和企业发展契合点，融合国内国际、线上线下权威传播平台，开展时速600公里高速磁浮下线、复兴号智能动车组投运等重要产品、典型成就和高端形象传播，持续擦亮中车“金名片”。

**【复兴号高寒动车组投入运营】** 1月22日，公司研制的时速350公里CR400AF-G型复兴号高寒动车组，在京哈高铁北京至承德段开通之际投入运营。该型动车组是复兴号的高寒版，拥有耐高寒、防冰雪的特殊技能，能在−40℃的寒冷环境运行。

**【创新工作室揭牌】** 2月23日，中华全国总工会命名的“全国示范性劳模和工匠人才创新工作室”，在公司“郭锐劳模创新工作室”揭牌。该工作室为全国总工会第三批命名的100个“全国示范性劳模和工匠人才创新工作室”之一，为青岛市首个，山东省仅有4个。

**【公司主持制定并发布国际标准】** 5月24日，公司主持制定的《智慧社区基础设施——使用燃料电池的轻轨交通》标准项目按程序要求完成WD稿、CD稿、DIS稿和FDIS稿，经ISO/TC 268/SC1/WG3国际标准化组织智慧城市技术委员会组织投票通过并发布。这是公司主持制定并发布的第一项国际标准。

**【公司品牌案例入选国资委100个案例】** 5月，国资委在中国企业品牌建设论坛期间正式发布2020年度100个国有企业品牌建设典型案例和100个优秀品牌故事。公司《构建中车行为品牌，塑造高铁工匠之魂》品牌案例，从905个作品中脱颖而出，入选100个国有企业品牌建设典型案例。

**【中国首列标准地铁列车下线】** 6月28日，公司研制的我国首列中国标准地铁列车在郑州下线，标志着我国在地铁车辆技术领域取得重大创新突破。该列车为公司研制的时速120公里B型车，是在中国标准地铁列车技术平台下诞生的首个车辆产品，也是首个示范应用的标准地铁项目。

**【时速600公里高速磁浮交通系统下线】** 7月20日，公司牵头承担研制、具有完全自主知识产权的我国时速600公里高速磁浮交通系统在青岛下线，标志着我国掌握了高速磁浮成套技术和工程化能力。

**【公司两项专利获奖】** 12月，公司两项专利“一种高速轨道车辆转向架”“轨道车辆车头（2018-02）”分别获第二十二届“中国专利金奖”“中国外观设计金奖”，成为此届全国唯一同时摘得两项金奖的企业，公司连续三届荣获中国专利奖金奖。累计申请专利6163件，目前有效专利3377件，其中包括海外授权发明专利210件。

**【党群工作】** 认真落实“第一议题”制度。推进完成政治巡视新增13项整改措施和长期坚持事项，抓实高质量发展、科技自立自强等专项方案实施，推动习近平总书记重要指示精神在公司内有效落实。深入开展党史学习教育，聚焦“五个围绕”，深化“我为群众办实事”实践活动，医疗卫生服务站建设、更衣室卫生间环境改善、停车位拓建等765项办实事清单全部兑现。稳步推进党风廉政建设，强化关口前移，突出抓早抓小，持续推进监督向基层延伸。统筹推进“三不腐”体制机制建设，深入开展专项整治，营造风清气正的干事创业氛围。充分保障员工民主权利，持续落实平等协商、民主评议及职代会制度，集体合同兑现率100%。新建员工“新小家”43个、国内外售后服务站“新小家”76个，有效改善广大员工的工作生活环境。持续组织先模员工健康疗休养。大力开展典型选树培育，持续推进劳模创新工作室建设，形成劳模、工匠工作室创新体系。征集“树工匠、亮绝活、促产改”先进操作法64项，开展攻关课题699项，提报改善提案3000余项。持续开展员工关怀及帮扶救助，以“六送、三关注”为载体，持续开展帮扶慰问、金秋助学、心理咨询等员工关爱活动。勇担社会责任，实施乡村振兴帮扶，捐赠抗疫、救灾物资，开展爱心帮扶、无偿献血等公益活动。关心关爱青年成长，为青年员工办实事、解难题750余项，助力青年员工快速成长成才。

**【下属子公司】**

中车广东公司，签订23列CRH6A-A和7列CRH6F-A型城际动车组订单，有效补充公司签单。武汉公司，持续推进修程压缩、零部件自主修和检修资质获取工作，超额完成经营指标。郑州公司，努力克服暴雨等不利因素影响，持续深耕中原市场，经营效益再创新高。佛山公司，有效发挥广佛市场“桥头堡”作用，市场开拓能力显著提升。温州公司，持续提质增效，年内实现扭亏为盈。成都装备公司，充分发挥合资平台优势，实现建设当年即投产并盈利。成都轨道公司，全面开启了城轨业务“检修+服务”新征程，实现持续盈利。天津公司，核心部件自主修能力持续提升。科技公司，持续夯实配件中心基础建设。美国公司，芝加哥项目首批10辆车顺利载客试运营。

**【重要纪事】** 1月6日，公司员工李启士获“全国优秀农民工”称号。1月7日，全国首列基于5G车车通信全自动驾驶的时速160公里新一代市域A型列车在中车成都公司下线。1月7日，国内首个2025智慧型全自动行车试验平台正式揭牌。1月15日，公司复兴号CR300AF型动车组担当D2809次列车首次在贵州正式载客运营。1月22日，京哈高铁全线贯通，公司研制的时速350公里CR400AF-G复兴号高寒动车组上线开跑。1月，公司“轨道交通装备制造业5G创新应用项目”成功入选山东省5G试点示范项目（第二批）名单。2月23日，公司“郭锐劳模创新工作室”被中华全国总工会命名为“全国示范性劳模和工匠人才创新工作室”。4月18日，公司举行与青岛科技大学校企合作协议签约暨共建实验室揭牌仪式。4月26日，公司为哥斯达黎加研制的全新内燃动车组在哥首都圣何塞投入运营。4月31日，印尼雅万高铁项目综合检测车供货合同签字仪式在北京举行。6月21日，公司基于香港市区线C6014-14E项目2020年度项目执行的卓越表现，被授予港铁2021年项目及工程拓展品质金奖。6月22日，全国第十五届高技能人才表彰大会在北京举行，中国中车首席技能专家、公司钳工首席技师郭锐荣获“中华技能大奖”，成为新晋“工人院士”。6月25日，公司研制的CR400AF-Z（8辆编组）和CR400AF-BZ（17辆超长编组）两种编组的新型复兴号智能动车组“瑞龙智行”，在京沪高铁等线路投入运营。6月28日，公司承担研制的我国首列中国标准地铁列车在郑州下线。7月20日，公司牵头研制的具有完全自主知识产权的时速600公里高速磁浮交通系统在青岛成功下线。8月9日，公司研制的“和合号”CRH6F-A城际动车组在浙江台州市郊铁路正式亮相。8月23—27日，公司通过莱茵检测认证服务（中国）有限公司审核组对公司实施ISO 9001复评审核。9月7日，公司为斋月十日城铁路项目制造的市域列车抵达埃及，埃及总统塞西亲自为列车揭幕并登车参观。9月15日，国务院国资委党委委员、副主任翁杰明到公司和国家高速列车技术创新中心考察调研企业技术创新、改革发展情况。9月15日，中国中车党委副书记、总经理（总裁）楼齐良到公司调研数据驱动型企业建设情况。10月19日，成都轨道交通集团与公司及中车成都公司联合研发制造的首列自主化新一代市域列车在成都地铁18号线正线完成列车超速运行试验，最高试验速度首次突破176公里/时，为目前国内市域列车最高线路试验速度。10月25日，济南轨道交通集团与公司合作签约暨济南中车四方轨道交通装备有限公司首列车投产开工。10月26日，智利政府在比奥比奥大区首府康塞浦西翁车站为公司制造的电动车组举行上线运营仪式。10月26日，公司主持制定的国际标准《铁路应用——机车车辆车体侧窗》（ISO 22752:2021），在国际标准化组织（ISO）官网正式发布实施。11月13日，海南环岛高铁老城镇站至美兰机场段市域列车开通，公司为澄迈量身打造的CRH6F-A城际动车组上线开跑。11月19日，武汉局集团公司与公司合资组建的武汉中车四方武铁轨道交通科技有限公司在武汉正式揭牌，标志着公司动车组部件检修开启“局厂合作新模式”。12月3日，中老铁路开通，公司和大连公司联合研制的复兴号CR200J型动车组和“澜沧号”动车组，分别由中国昆明和老挝万象同步始发。

**【公司党政工负责人】**

| | |
|---|---|
| 党委书记 | 田学华 |
| 董事长 | 田学华 |
| 总经理 | 马利军 |
| 副总经理 | 姚林强（正职待遇） |
| | 倪胜义（任至6月） |
| | 王成龙　罗　斌 |
| | 兰玉贞（6月任） |
| | 梁建英 |
| | 吕任远（任至6月） |
| | 刘　彩 |
| | 刘　杰（6月任） |
| | 李永乐　邓小军 |
| | 徐　磊　余　江 |
| | 张安营　弓瑞明 |
| | 曹　瑞 |
| 总工程师 | 梁建英（兼） |
| 财务总监 | 刘　彩（兼） |
| 党委副书记 | 马利军（兼） |
| | 姚林强 |
| 纪委书记 | 张忠敏 |
| 监事会主席 | 张忠敏 |
| 工会主席 | 刘　彩（兼） |

（四方股份公司　供稿）

# 中车成都机车车辆有限公司

（统一社会信用代码：91510100663026922P）

【概况】2021年末，成都公司共有员工1938人，其中管理人员293人，工程技术人员275人，技能人员1370人。固定资产原值13.59亿元；主要生产设备1167台，占地面积71.56万平方米，建筑面积23.63万平方米。全年完成地铁新造58辆，客车修理983辆，动车组检修19组。全年实现营业收入20.02亿元，归母净利润1.46亿元。

【规划改革】编制下发公司“十四五”发展规划及17项专项子规划。启动国企改革三年行动，改革任务完成83%。持续推进公司股权调整暨战略投资者引进项目，可研报告通过决策审批。深化存续企业改革，完成成都实业公司改革重组。

【经营管理】持续开展以“稳定经营、强基攀高”为主题的提质增效工作，可控期间费用同比降低14.9%，客车委外成本降低0.95%，“改善不良、杜绝浪费”增利317万元，税费减免2770万元，实现资金收益1086万元。搭建虚拟利润中心运营机制，推进制造分厂由生产型向经营型转变。坚持“强链补链、价值创造”两个导向，持续夯实精益管理，公司获评“中车精益管理三级单位”称号，在14家精益管理三级企业中排名第一。城轨分厂晋升为中车一级精益分厂（车间），客车分厂晋升为中车二级精益分厂（车间），客修“1+N”工时定额体系项目获评中车精益管理优秀改善案例。

【科技创新】持续提升科技创新能力，推动西南研发中心实体化建设，设立轨道交通装备实验室，2025智慧型全自动行车试验平台搭建揭牌，具备车辆型式试验、车车通信全自动无人驾驶试验、智慧城轨场景验证等能力。新一代全自动无人驾驶市域A型列车成功下线，完成型式试验。完成双制式列车检修、调试。完成城际动车组三级修整车试修、轮对分解检修，获取异地（成都）维修资质。形成动车组、城轨部件自主修能力。“熊猫专列”旅游列车、“健康专列”体检列车广受好评。“25T型客车检修工艺技术研究”项目通过中车科技成果评价。主持制定团体标准1项、中车标准项目1项，参与制定中车标准2项。新增铝合金化学成分分析等7个项目能力验证，申请专利36件。推动MRO系统上线运行，实现动车组数字化检修管理落地。两化融合管理体系监督审核评定等级达到“A+”级。

【生产运营】客车生产实现计划一览到底、节拍生产有序、异常管控有效、资源调配合理的生产常态，完成客车检修983辆，厂修合同兑现率保持第一。统筹动车组检修资源，协调四方股份公司动车组检修资源，逐步形成全面承接能力和批量生产能力，交付动车组高级修19组。三级修动车组修时均≤31天/组，创历史新高。优化客修总组装工位制物料配送模式，物料配送齐套率达91.28%，准时率达到97.43%。劳动效能提升4.39%。建成中车精益分厂4个、精益生产线14条、精益班组79个、标准工位312个。

【市场营销】全年共签订铁路客车订单998辆，其中国铁客车732辆，市场份额第一，合同兑现率保持第一。签订改造车、加集车等国铁外市场订单266辆，订单总量创历史新高。获取CRH6型城际动车组三级修资质，签订16列订单。CRH380A型高速动车组三级修业务担纲上量，轮对换修业务上量扩型，并实现部件自主修、属地修。深化与成都动车段在高压系统改造、配件专项修、工序检修、售后服务等领域的产业协同，全面增强客户黏度。牵头成立成都轨道交通产业生态圈联盟，推进超过25家本地配套企业资质扩展，持续提升本地化配套率。与四方所、成都交投、四川荣创等多家企业开展业务合作。

**【基建与技改】** 完成固定资产投资5075万元，其中续建重点投资项目1599万元，续建非重点投资项目2795万元，新增非重点投资项目681万元。主要为产业园建设项目的尾款支付、动车组高级修装备新增、城轨水性漆喷涂恒温恒湿系统以及生产所需的设备更新改造。

**【质量管理】** 深化“136+”质量管控模式，以“双归零”为核心狠抓质量管理提升，质量体系外审评分71分，达到银牌获取标准。强化供应商“扶、管、服”，供方质量问题同比下降16.09%。以“三个回归”为核心，实施项目质量差异项管控，建立巡检机制，抓好常态化过程巡检。践行“六种质量文化”入脑、入心、入行，实施质量问题“双归零”分析。公司荣获“四川省企业质量信用AAA示范企业”称号。

**【人力资源管理】** 以“两制一契”提升干部履职能力，组织选拔、部门长组阁与竞争上岗有机结合，选聘干部66人。深化人才培养体系，持续加强人才培育，新增高级职称10人、工程师42人，初、中、高、技师、高级技师技能等级提升人员78人，1人获评中国中车“高铁工匠”，8人获评“成都工匠”，2人入选成都市“成都市产业生态圈人才计划”。开展客修“1+N”工时定额体系建设，各车型定额工时优化9%。有产员工劳动效率提升8.2%。

**【企业文化建设】** 公司荣获中车2020年品牌专项突出贡献奖。《以“一体五化”党建品牌推动深度融合，引领企业高质量发展》获四川省企业党建文化优秀成果一等奖。开展庆祝建党100周年、中车创业140周年系列活动。举办党史知识竞赛、“百年伟业、红色中车”展览、环厂跑等活动。编发员工故事，并精选百例出版《奋进的中车成都人》。宣传报道新一代市域列车、熊猫旅游专列、“健康列车”开入大凉山等，获央视朝闻天下、人民日报、央视新闻联播等媒体关注，展现公司品牌形象。参展首届成都国际工业博览会、第十八届西部国际博览会。

**【党群工作】** 以打造“党建金名片”为主线，以党建“固化攀升年”为主题，扎实开展党史学习教育，有序推进党建任务落地。公司党委荣获成都市委国资国企工委“先进基层党组织”“新时代企业党建创新典范单位”等称号，党建工作责任制年度考核再获A级评价。认真落实“第一议题”制度，召开党委会18次，开展党委理论中心组学习18次，学习研讨10次。扎实开展党史学习教育，开展“我为群众办实事”实践活动，完成率100%、满意度100%。实施献礼工程，“七个一”项目100项活动圆满完成。持续深化政治巡视整改，33项长期坚持项成效持续巩固。与成都局集团公司开展路企党建联创共建活动，构建党建工作新格局。3个党建品牌载入上级党委案例推广手册。发展党员35名。开展16期专题培训、2期红色主题教育。持续开展EAP员工幸福帮助计划、新小家建设、生日慰问与“六送三关注”活动。搭建青年成长平台，开展青年大讲堂、青年座谈会等活动，为公司及社会贡献青春力量。

**【重要纪事】** 1月7日，公司举行新一代全自动市域A型列车下线暨2025智慧型全自动行车试验平台启动仪式。1月28日，全国首列“熊猫专列”升级改造工作在公司完成。3月24日，公司量身打造的“熊猫专列”精品旅游列车从成都发车，上百名记者前往体验。4月22日，公司在首届2021成都国际工业博览会上，展示2025智慧型全自动行车试验平台和新一代全自动市域A型列车。4月22日，公司与成都市新都区联合主办的轨道交通产业生态圈联盟揭牌仪式暨2021年一季度项目签约仪式在成都举行。6月22日，中车股份副总裁余卫平到公司慰问老党员、开展安全检查工作。10月22日，公司新一代全自动市域A型列车完成176公里/时正线超速试验。12月8日，公司获得CRH6A-A城际动车组异地（成都）三级修维修资质，标志着公司首次进入城际动车组检修业务领域。12月17日，公司通过两化融合管理体系监督审核，推荐评定等级达到“A+”级。12月29日，公司入选2021年四川制造业企业100强，位列第65位。

**【公司党政工负责人】**

| | |
|---|---|
| 党委书记 | 王成龙 |
| 董事长 | 王成龙 |
| 总经理 | 杨　松 |
| 副总经理 | 杨　明　胡　彬 |
| | 张　敏（任至12月） |
| | 高　恒 |
| | 梁君海　石业勇 |
| 财务总监 | 张　敏（任至12月） |
| 总工程师 | 梁君海 |
| 党委副书记 | 杨　松 |
| | 曾得江（任至9月） |
| 纪委书记 | 曾得江（任至9月） |
| 工会主席 | 曾得江 |

（成都公司　供稿）

# 青岛中车四方轨道车辆有限公司

（统一社会信用代码：91370200MA94DTH3X2）

**【概况】** 2021年末，四方车辆公司本体（单户+物流）共计在册正式员工2590人。注册资本3亿元，公司占地面积约38.12万平方米，建筑面积15.92万平方米。行政组织设置公司总部、事业部、技术中心三大板块，其中总部设9个单位，事业部设6个单位，技术中心设1个单位。参控股公司1个（物流公司）。全年与BST并表口径实现营业收入54亿元，其中本体实现营业收入18.56亿元，归母净利润3.5亿元，超额完成中车下达的主要经营指标。

**【改革改制】** 完成组织机构调整、中层干部竞争上岗、主要制度修订、“两制一契”管理等多项改革重点任务，改革三年行动任务总量完成率超过70%。建立“小总部、大业务”管控模式，行政单位由28个减至16个。稳妥推进机锻业务转型，完成157名员工分流安置。7月1日，青岛中车四方轨道车辆有限公司完成工商登记工作，中车四方车辆有限公司存续分立工作完成，重组工作取得阶段性成果。以重组改革为契机，强化与四方股份公司对接协同，编制《公司“十四五”发展规划》，确定5大总体发展思路、5项主要发展目标和8个方面39项发展措施；编制专项发展规划。完成四机宏达、中颐华凯公司股权处置，完成四方厂区全部厂房和土地移交。处置低效无效资产907项。

**【科技创新】** 持续加强公司技术资源与高端技术平台的对接和融入，实现城际动车组电气台柜的设计创新，获取中车广东公司CRH6A-A城际动车组19列市场订单，市场份额达到61%。围绕淋浴车、体检车、旅游车等20余种车型部件开展客车特色加改设计开发，初步搭建形成谱系化、系列化技术体系。完成专利申请26项，其中发明20项。完成专利授权16项，其中发明11项。完成公司专利权人的转让、更名等工作。现有有效专利146项，其中发明专利72项。

**【生产运营】** 与四方股份公司开展专业管理常态化、专业化、深层次对接，对标业务流程306项。全年客车检修日计划兑现率82%，国铁集团综合合同兑现率A1指标13.65%，同比分别提高24和2.2个百分点。构建三级成本核算管控体系，围绕源头设计、材料费用、工时定额等关键环节挖潜增效，主营产品毛利率取得显著提升。各项可控费用较年初预算压降1447万元，较上年压降4601万元。“九项费用”同比压降1003万元。持续推进客车检修委外业务整合，委外费用同比降低1568万元。开展VMI仓储服务式“零库存”管理，一年期以内原材料库存较年初压降2231万元。采购降低成本1500万元。全年化解风险敞口5315万元，现金回款5761万元，减值冲回利润1577万元。清收关闭15家。

**【市场营销】** 客车检修业务方面，标内检修客车年度市场占有率达到13.64%；标外加改接连获得路用车改造、集便器加改等项目，承揽全路年内唯一旅游车改造项目，标外签单收入超过2亿元。配套业务方面，完成转向架中小件落车件、地铁侧梁、端部底架、动车组端墙业务平移。四方股份公司转向架中小件、碳钢车体、地铁端墙等项目继续保持100%市场占有率。依托热工行业技术服务优势，打造锻造产品“毛坯、加工集成供应”的供货新模式。实现与国祥公司动车空调检修资质和检修能力的优势互补，并获取600台动车组空调检修订单。获取中车广东公司CRH6A-A城际动车组19列司机室台柜订单。获取四方股份公司城际动车组电气柜新造资质，并完成试装车。新产业市场方面，强化区域协同合作，获取四方股份公司磁浮牵引车项目订单并完成交付。推进铜梁导轨电车项目，组织完成后六列车生产任务以及铜梁基地厂房建设和工艺设备采购工作。海外业务方面，完成刚果（金）12辆客车交付。与四方股份公司联合开展中老铁路项目、万向公铁牵引车项目投标。智慧物流业务，获取中车江门公司智慧物流管理平台项目。持续拓展检修配件循环取货业务，造修配件储运一体化包装得到推广应用，初步实现技术成果转化。

**【基建与技改】** 全年完成固定资产投资5253万元。其中，客车检修业务板块投入3246万元，配套业务板块投入1689万元，其他投入318万元。完成动车组空调检修、转向架分解工艺优化提升项目22项。

**【质量管理】** 推进源头质量问题、过程工序重点质量问题和运用信息重点管控，客车厂修源头质量问题数量降幅超过40%。产品一次交验合格率99.2%，产品运用故障率0.04%，创历史新低。结合供应商运用和入库反馈质量问题，共对41家供应商进行了监督审核。对1家供应商进行了专项审核，对5家重点外协供应商组织进行了联合检查，共提出48项问题，已整改完毕。

**【人力资源管理】** 全年共实现170余人次的公司内部调转，32名员工解除劳动合同，130余人次的人才资源共享，员工服务期评价退出比例达到1.2%。以“优员优效”为根本出发点，实现“小总部，大业务”初步建立。严控管技辅人员占比，精简岗位及编制179个。组织开展公司分立运营以来首次全体中层干部竞争上岗工作。完成选拔94名中层干部，实现9人降级和5人退出。全面构建以工资总额预算为基础，以业绩贡献为导向的“工资包”薪酬分配模式，完善“增人不增绩效、减人不减绩效”的人工成本管控机制。分配向价值创造倾斜，充分发挥薪酬激励作用。完成30名因前期改革改制、人员调整仍保留劳动关系员工的安置工作。制定公司《产品工时定额标准》，不断促进工时定额管理趋于科学合理，平均超额率由45%降低到26%。

**【企业文化建设】** 全年公司官方微信发布168期241条信息，向中车新闻平台及简报推送并发布信息42条。党政融合、重组改制、攻坚目标等主题宣传10余项。骨干先模选树典型40余人次，出刊1期政研会理论内刊《品鉴四方》。企业报《四方时讯》出版10期，策划专版17个。新增基层单位抖音平台1个、公司级官方微信1个。开展“一家人、一盘棋、一股劲”“聚力攻坚、冲刺目标”主题宣传。全年组织策划发布信息百余条，发布专题报道10余期。开展客车加装改造业务策划推广，发布微信推文取得良好宣传效果。

**【党史学习教育】** 公司党委以“学党史、创特色、树典范、促发展”为目标，全面启动党史学习教育。分解任务63项，按公司层面和基层党组织层面分类指导，动态管理，及时推进。通过党委会、专题会议、党政例会专题研究部署党史学习教育方案及推进落实情况18次，组织督导检查7次；通过两级领导班子学习、形势任务教育、座谈会等形式，开展丰富的学习活动；成立“百名干部百堂党课”学习党史宣讲团，年内实现中层领导干部“学党史、悟思想”全覆盖，公司各级领导干部讲授党课106次；共梳理办实事工作五大类26项，完成率100%。

**【党群工作】** 研究制定《公司2021年党委工作要点》《公司党建“固化攀升”工作方案》，编制《党建工作指引》，涵盖公司党委、党群部门及基层党组织。编制《公司党委和基层党组织党建“金名片”合集》。编制《党群制度汇编（2021年版）》和党支部标准化建设模板，推动党建规范化，理顺了全流程。编印党群制度105项，梳理党支部标准化建设模板75个。开展党史学习教育，分解任务63项，按公司层面和基层党组织层面分类指导、动态管理、及时推进。通过党委会、专题会议、党政例会，专题研究部署党史学习教育方案及推进落实情况18次，组织督导检查7次。积极推进党建“固化攀升”，打造党委党建“金名片”1个、基层党组织党建“金名片”21个，打造公司纪检、群建、团建品牌各1个，形成谱系化成果。持续开展“双创”行动，打造党建纪检工作“固化攀升”新高地。党委中心组年度集体学习研讨9次，基层党组织学习覆盖率100%。编发4期《员工思想动态及舆情信息》、10期《形势任务教育提纲》。各基层党组织的“三会一课”平均召开率为133.07%。新发展党员23人，完成预备党员转正22名。制定《开展“庆祝建党100周年、奋进建功新时代”主题活动方案》。开展庆祝建党100周年“客车杯”党史知识竞赛、“转向架杯”党史故事演说比赛等冠杯系列活动、“两优一先”表彰等20余次党建主题活动，共评选年度优秀共产党员标兵、优秀党务工作者、党风廉政先进个人33名、先进集体23个，季评“先锋党员”343名、“先锋共产党员示范区”85个。各基层党组织共成立突击队33个，开展志愿者服务28次、技术攻关52个，开展管理创新40个，提报改善提案2089条、改善课题39个，确定科技立项28项，累计降本节支增效7670余万元。

**【重要纪事】** 1月29日，公司召开中层干部竞争上岗（内部推选）及“两制一契”实施动员大会。2月8日，中车党委副书记、总经理孙永才以视频形式参加公司领导班子民主生活会并讲话。3月26日，中老铁路客车底架T1~10车完成交付后工序，标志着公司中老铁路项目如期兑现。7月1日，青岛中车四方轨道车辆有限公司举行揭牌仪式。

**【公司党政工负责人】**

| | | |
|---|---|---|
| 党委书记 | 兰玉贞 | |
| 董事长 | 兰玉贞 | |
| 总经理 | 张安营 | |
| 副总经理 | 尹建忠 | 李效伟 |
| | 殷红姝 | 陈剑鹏 |
| | 王晓峰 | |
| 总工程师 | 王晓峰 | |
| 财务总监 | 殷红姝 | |
| 党委副书记 | 张安营 | 周建乐 |
| 纪委书记 | 周建乐 | |
| 工会主席 | 周建乐 | |

（四方车辆公司　供稿）

# 中车南京浦镇车辆有限公司

（统一社会信用代码：91320191663764650N）

党委书记、董事长　李定南

总经理　杨　奇

**【概况】** 2021年末，浦镇公司从业人员总数7077人，有高级专业技术职称572人（其中正高级职称67人），高级技师159人、技师474人。公司行政组织架构主要由管理本部、技术中心、营销中心、制造中心、控股公司组成，共有34个单位、6个生产车间、12个控股公司。公司占地面积1109308.9平方米；建筑面积232733.83平方米；拥有各类机械动力设备2650台，拥有固定资产原值250261.91万元，固定资产净值114717.78万元。全年实现销售收入165亿元，归母净利润7.5亿元。

**【规划发展】** 根据中国中车"十四五"发展战略总体工作部署和要求，组织谋划制定浦镇公司"十四五"发展规划。在充分研判公司外部发展形势和内部资源能力的基础上，深入开展公司内部研讨，确定"一核两商一流"的发展定位，拟定17项重点发展举措，完成浦镇公司"十四五"发展规划制定工作，经公司内部决策审议并上报中国中车备案通过。贯彻落实中国中车改革三年行动动员部署会精神，结合企业改革发展实际，研究制定《浦镇公司改革三年行动实施方案（2020—2022年）》，确定74项具体工作举措，报中车备案后下发实施。2021年，中国中车批复浦镇公司固定资产（含无形资产）投资调整预算2.86亿元。截至年末，浦镇公司实际完成投资2.53亿元，投资完成率88.4%。实施的重点固定资产投资项目共9项，投资总额约12亿元，累计付款约7.2亿元，完成率60%，其中2021年完成付款约1.63亿元。加强投资后期管理，以公司"十四五"重点发展方向为依据，对客车检修能力提升、企业级数据中心建设、苏州基地、芜湖基地等项目开展投资后评价工作。完成《中车低效无效固定资产和股权处置责任书》内4台（套）、43.26万元低效无效固定资产处置，全部完成《中车低效无效固定资产和股权处置责任书》内771台（套）、净值6131.75万元的低效无效固定资产处置。聚焦主责主业，以提高客运轨道交通装备业务市场竞争力和盈利能力为目标，优化公司城轨主业布局，收购城轨公司32.5%股权，完成股权受让，浦镇公司持有城轨公司95%股权。

**【改革改制】** 根据集团公司关于开展存续企业土地占用情况统计工作的通知要求，对实业所属土地面积、地理区位、权证持有以及使用权类型等情况逐一核查，填报土地占用调查表；对在京不动产状态及其租赁情况进行分析并形成异地不动产情况报告。严格按照规定流程做好项目招（议）标与合同审批、签章、分发、签收、归档等工作，并对合同进行台账化管理，全年共签订房屋和车辆租赁、房建物等固定资产维保合同65份。持续抓好存续资产维护与经营工作，全年组织并完成近30个维保项目施工；结合土地调查和资产清查，全面梳理分析存续资产租用情况，收回相关单位借用房屋；全年共签订房屋租赁协议17份，车辆租赁协议1份。召开存续企业改革重组工作会议，将浦镇实业探索区域整合与管理的做法上升到可复制、可推广、可借鉴的成功经验。围绕构建三单位协调、稳定和顺畅的联系沟通机制和经营管理格局，实行存续企业重组整合问题（事项）销号管理。支持存续企业做好改革重组等各项工作，全面推动历史遗留问题解决；浦镇实业公司全年实现营业收入631万元，净利润24万元。

**【经营管理】** 根据中车“十四五”发展总体部署，制定公司“十四五”发展规划，确定“一核两商一流”的发展定位和力争“十四五”末实现营业收入300亿元的发展目标。积极开展投资管理行权能力建设，完成公司章程、董事会等行权制度的修订，公司董事会在固定资产投资、长期股权投资、国有股权转让等10个方面新获得了23项决策权限。调整优化组织机构，设立总装、车体、转向架“三大分厂”，同时对管理部室职能进行了优化调整，梳理解决行政部门职能接口不清等各类问题52项。持续深化精益管理，纵深推进集团化管控，分类做好对子公司、事业部和分厂的管理；通过重构实物流、打通信息流、优化价值流，探索出了具有公司特色的敏捷协同价值创造模式；年内公司获评集团第二批标杆企业创建单位，两个项目获评集团标杆创建项目。公司精益管理成果获中车管理创新一等奖和江苏省企业管理现代化创新成果一等奖。不断加强合规管理，推动法治合规标准化与体系化建设，制定18类合同标准模板，建立合规评价指标体系；夯实法律基础管理工作，全面落实重大决策、规章制度、经济合同的法律审核要求，公司法治合规工作水平稳步提升。

**【科技创新】** 国铁产品平台，完成时速160公里复兴号高原双源动力集中动车组研制和鼓形车优化定型；开展时速200公里动力集中电动车组关键技术研究；CRH6F型动车组牵引、制动和网络控制系统成功通过国铁集团试用评审。城轨技术创新方面，公司完成系列化中国标准地铁列车研制，并通过南京等项目实现落地；完成新一代数字轨道胶轮电车（数轨）研制工作，在上海实现首个项目交付运营；完成拥有自主知识产权的导轨式胶轮智慧捷运系统平台搭建，全国首列导轨式胶轮系统列车（RRT）在公司顺利下线；基于滁宁城际项目，完成时速160公里市域D型车样车研制；公司首个无人驾驶自动旅客捷运系统（APM）机场项目，在深圳实现正式开通运营；完成架悬永磁直驱转向架试制。全力做好集团“72181”项目推进，公司参与的5个85专项和7个国产化替代（GCT）专项按计划推进；通过有效执行好新加坡地铁翻新、上海3号线翻新改造等项目，进一步提升架大修技术能力，形成完善、高效的维保体系；公司全年开展工艺科研14项，通过完成轨道车辆涂装扫描测厚机器人研制，有效掌握轨道车辆涂层自动检测和打磨关键技术。试验能力稳步提升，积极推进冲击振动试验台和测力轮对标定试验台建设，已基本完成安装调试工作；完成静电放电实验室建设，基础实验能力得到有效提升；完成智慧列车工程实验室一期建设并投入使用，实现全自动驾驶各场景的模拟测试和功能研究。科技管理水平不断提高，主持编制国家级技术标准1项、参编2项；参编国铁集团企业级技术标准2项、暂行技术条件4项；主持编制中车级技术标准4项、参编98项，承担中车重大、重点科研项目23项，牵头主持中车“十四五”重大专项课题2项、参与29项；申报专利180件、软件著作权14项。

**【生产运营】** 累计完成上海、南京、杭州等城轨项目车辆新造2170辆，动力集中动车组及铁路客车新造245辆；地铁修理186辆，铁路客车修理447辆，利润大幅增长50%。城轨市场先后中标上海、深圳、绍兴、贵阳、滁州等城市12个项目，共计1693辆车，其中绍兴2号线的中标实现公司在绍兴市场的突破，滁宁城际的中标实现公司市域D型车项目的落地。国铁市场中标时速160公里复兴号高原双源动力集中动车组3列27辆、时速160公里复兴号动力集中动车组27列216辆、特种车9辆；中标修理客车438辆。年内，公司重点跟踪了加纳客车和巴林地铁等26个海外项目，成功取得泰国孔敬总包项目中标通知书。维保市场中标上海地铁2号线、苏州有轨电车架修、上海地铁3号线大修等项目，总金额11.7亿元；中标芜湖地铁1号线、2号线全寿命周期大机电维保项目，总金额62.5亿元。

**【市场营销】** 产业布局不断调整优化，新成立了柳州、贵阳等2家子公司，助力“产品+”业务拓展；调研高速动车组高级修市场，建成新厂区铁路专用线，着手启动CRH2G动车组三级修的技术准备。大力推动智慧物流、数字化服务、智能制造等新产业发展，累计中标项目订单14.7亿元；中车数字公司完成B轮融资2.2亿元。芜湖轨道交通1号线、2号线的相继开通运营，打造了政府与社会资本合作的优质示范项目精品工程，成为中车首个成功进入运营的PPP项目。股权投资完成城轨公司32.5%股权回购；受让芜湖运达公司7.63%股权；受让徐州公司60%股权；参股成立了中车成型科技有限公司；稳步推进311海泰重组工作。浦镇阿尔斯通公司完成芜湖、深圳、成都等运维项目合同签订，总金额59.23亿元；杭州公司机电新产业规模迅速提升，固定式架车机、洗车机、单轨工程车等系列化设备销售额1.17亿元，同比增长近6倍；合肥公司机电产品在北京、贵阳等市场实现突破，独立中标8个项目，累计中标额488万元；工业物流公司加快外部市场拓展，实现智能化产品、配件中心市场销售801万元。

**【基建与技改】** 新区铁路专用线与国铁线路实现成功接轨，新厂区铁路专用线工程自4月正式开工，9月29日完成与国铁支线连接贯通，10月13日通过上海局集团公司验收，共计完成投资3800万元。项目的全线贯通打通了新厂区对外铁路连接的“最后一公里”，为车辆和货物运输的“公转铁”国家战略在公司的实施创造了条件，满足了时速250公里标准动车组及地铁车辆在不解编的条件下直接通过国铁正线出厂，以及动车组车辆直接入厂进行高级修的条件，也使公司成为国内首个新老厂区铁路线路互通的主机厂，为公司“十四五”高质量发展提供了强有力的基础设施保障。为落实“双碳”方案，组织对高耗能设备进行升级改造、对供水管网进行水平衡测试、对供电系统进行电容补偿改造、对照明系统进行LED智能改造、对天然气撬车进行管道直供改造，利用厂房屋顶加装了13.5兆瓦容量的光伏发电装置，并开发能源智能化监控系统，对各生产车间、作业工序的电、水、气等使用和消耗数据进行在线检测、统计和分析，指导各单位合理调整生产班次，避峰填谷。公司在推进绿色低碳企业中取得的初步成效被省市级等多家新闻媒体宣传报导。先后完成时速160公里动车化改造项目、地铁车辆架大修改造项目、车体水性漆改造项目；启动并推进自动化涂装流水线和构架焊接数字化智能产线项目，已完成合同签订和配套基础设施前期施工工作。同时推进公司数字化产线MES系统建设中的硬件部分实施。全年预计完成重点技改项目合同签订1.5亿元，设备交付投用预计200余台(套)。在组织实施固定资产投资项目时，通过精细化调研和合规性采购，完成项目采购金额比计划节约950万元；完成部门预算审核312项、核减金额150万元；在低效无效资产处置方面，共计完成低效资产处置46项、处置金额28万元，无效资产处置121项、处置金额42万元；通过出租闲置厂房和库房，增加收益984万元；通过出租闲置设备，增加收益322万元；通过对49台高耗能的电机进行更新改造，年节约用电量60万度。资产系统在公司推进智能制造的过程中率先进行设备智能运维实践，应用感知技术对设备运行状态数据进行实时采集、传输和处理；应用算法技术对设备运行数据进行分析、比对和计算，实时对设备状态做出健康诊断；应用信息技术智慧决策设备维修，并对维修结果进行评估、改善和建模。

**【质量管理】** 以公司“复兴品牌—质量强基年”活动为载体，加强质量文化建设，深入推进“坚守质量红线，消除质量陋习”活动，发现整改各类问题1549条；结合深入开展质量改进、质量攻关等活动，促使广大员工敢于直面质量问题，营造了良好的质量氛围。梳理形成“中车Q”体系差异点清单，并进行了专项对标；坚持以“痛点”质量问题为切入点，开展专项整治23项，切实解决了一批造修及运用过程中的突出问题，稳步提升了公司产品实物质量，年内公司获得了经营管理体系审核“银牌”证书。扎实开展“四个一致”质量管理提升工作，加强质量安全风险点防控，联合监造开展标准化检查；组织对供应商制造过程实施远程监控，提出供应商经济考核及责任买单，对12家单位进行责任交班，重点解决了“买进来”的问题。面对7月下旬南京突发疫情，公司迅速启动应急预案，组织全员在公司内开展了两轮核酸检测，共计12700余人次；积极引导员工做好疫苗接种工作，基本实现应接尽接。通过建立EHS数字化系统，进一步提升了公司风险管控和隐患排查治理能力；持续加大环保投入，组织对调漆间、腻子厂房等废气治理设施进行了改造，公司被评为江苏省环保信用等级“蓝色企业”和“江苏省健康企业”；积极推进消防安全专项整治三年行动，重点对老旧建筑、易燃易爆场所消防隐患进行了排查，保证了公司消防安全。落实“双碳”行动方案，组织对公司高耗能设备进行了升级改造，对车间照明系统进行了LED智能改造，结合开发能源智能化监控系统，对车辆制造设备、能源计量状态进行实时监测，实现整体节能降碳。

**【人力资源管理】** 实施“两制一契”干部管

理新模式全覆盖；完善竞争性选拔机制，竞聘上岗中层副职 14 人、后备干部 50 人，开展干部轮岗交流 52 人；修订完善干部综合考核评价办法，推动干部能上能下。全年招聘大学生 157 人，其中研究生 75 人，重点院校 46 人；公司科技人才的中高级及以上职称人员占比 64.4%，高技能人才占比 64.2%，学历、职称、技能等级均得到较大改善；公司被评为中国中车人才工作先进单位。建立用工总量与全员劳动生产率相匹配的工作机制，全口径劳产率达 203 万元 / 人，较上年增长约 3%；全力推进分厂生产用工结构优化，“160”总装生产线在产能不变的情况下，计件人数由 537 人减至 339 人，调减约 200 人。坚持推动员工共享企业发展成果，为全体员工购买了补充医疗保险、提供了线上点餐服务，并将企业年金企业缴费比例由 5% 调增至 8%，员工满意度进一步提升。

**【标准地铁项目落地】** 芜湖轨道交通项目是公司总包业务的首个 PPP 项目，同时也是安徽迄今为止单体最大的 PPP 项目。1 月 31 日，芜湖轨道交通 1 号线成功完成环网电缆一次性送电；4 月 23 日，项目正式进入动车调试阶段；6 月 11 日，顺利通过项目工程验收；9 月 25 日，启动为期约四周的试乘活动；10 月 23 日，通过竣工验收；10 月 26 日，通过初期运营前安全评估；11 月 3 日，芜湖轨道交通 1 号线正式开通试运营，标志着皖江明珠、创新之城的芜湖市已然跨入轨道交通新时代，是芜湖城市公共交通发展史上的一个里程碑。

**【EHS 数字化平台搭建】** 打造 EHS 数字化平台，提高管理透明度。完成危险源管理、隐患排查与治理、教育培训、职业健康管理、相关方管理及环境在线监测等模块的开发和试用，提高了公司安全、环保、职业健康工作数字化管理能力。搭建子公司集团化管控模式，制定子公司管理体系建设实施方案，优化了子公司考评指标和信息通报机制；通过“浦镇 EHS”系统在子公司的应用，实时把握子公司安全动态；开展子公司安全生产等级评价，促进子公司安全管理绩效提升。从源头辨识风险，落实安全措施；建立了《浦镇公司隐患排查标准库》，利用“浦镇 EHS”数字平台，结合工位、网格、全员隐患排查，加大对生产作业过程的监督和隐患治理；建立典型隐患考核机制，对现场典型隐患加大考核力度，促进员工安全意识提升；持续推进相关方“一企一册”管理，规范发包单位、属地单位安全责任和管理内容，明确 A、B 类安全管理评价标准，有效降低相关方安全风险。

**【党群工作】** 坚持用习近平新时代中国特色社会主义思想武装头脑，深入开展党史学习教育。通过开展“我为群众办实事”、庆祝建党 100 周年党史故事汇演、“品重柱石杯”党史知识竞赛等活动，确保党史学习入脑入心。深化公司“1+15”党建名片建设，公司打造党建名片经验做法在中车集团简报进行推广，公司党委荣获中央企业先进基层党组织称号。深入贯彻落实《中车 BI 建设 2021 登高计划》，出版发行《江畔红星》红色图书，推出系列文创产品，传承百年伟业，宣传红色中车文化。深入实施“双创行动”，系统建立“451”（四必谈、五确保、一测评）纪律教育体系，不断巩固监督执纪成效；坚持围绕“三个聚焦、一个着力”，扎实推进政治巡察，巡察工作取得实效。全年共帮扶困难员工 2163 人次，发生帮扶资金 206 万元；组织劳模、先进员工集体疗休养；发放全员节日大礼包、电影票、蛋糕券，员工福利持续改善。深入开展“我为青年办实事”活动，以青年技师郭有东当选全国青联常委为契机，创建先锋“青工坊”阵地，话剧巡演《王荷波的浦镇岁月》得到了广大员工的一致好评。

【下属子公司】

**南京中车浦镇城轨车辆有限责任公司** 全年实现销售收入65.7亿元，净利润7210万元。完成城轨板块新造2213辆（其中包含整车1403辆，配套基地车体810辆），大修30辆。全年成功中标绍兴地铁2号线、苏州地铁8号线、上海临港数轨T1线、贵阳地铁3号线、滁宁城际、苏州地铁7号线等12个项目，共计1693辆车，中标总金额119.4亿元。其中，绍兴地铁2号线中标，实现公司新市场的突破；滁宁城际中标，实现公司市域D型车产品及“产品+服务”业务的成功落地；上海临港数轨T1线中标，实现公司数轨项目落地。积极争取财税优惠和保险补贴，享受补贴约为7100万元，累计降低城轨车辆采购成本约为8879万元。

**南京中车浦镇海泰制动设备有限公司** 全年实现销售收入80026万元。动车组制动系统新造304辆，检修4016辆；地铁车辆制动系统新造640辆，APM项目等液压平台87辆。城轨业务共获得订单742辆，其中南京地铁6号线258辆，南京地铁9号线120辆，贵阳地铁3号线264辆，滁宁城际线56辆，绍兴地铁2号线44辆。城轨维保业务获得南京机场制动盘检修订单、南京地铁3号线踏面制动器试修订单，实现城市维保市场零的突破。动车业务保持稳定，获得四方股份时速350公里复兴号项目制动系统预投订单20列，城际动车组制动系统订单50列；累计获得检修订单410列，其中CRH2型高速动车组制动系统检修订单25个，城际动车检修订单3个。液压平台市场持续发展，获得上海临港T1数轨车9列、T2数轨车5列；获得胶轮快捷有轨车1列，与浦镇阿尔斯通APM车框架协议50列；获得柳州跨座式单轨车1列，签署500辆车框架协议。

**杭州中车车辆有限公司** 全年实现营业收入222300万元，净利润7290万元。累计取得政府补助到账487万元，实现减税降费527万元。3月，合肥轨道交通4号线项目中杭州公司自主研发生产制造的地坑式架车机顺利完成架车试验，标志杭州中车首套自研地坑式架车机完成预验收工作。公司协助浦镇公司顺利中标绍兴市轨道交通2号线一期项目，中标金额3.48亿元，共计车辆44辆。机电业务有序推进，累计中标杭州、绍兴、柳州、温州、徐州等城市共6个项目，新增订单11685万元。维保业务实现主合同外备品备件订单超过2000万元，协助浦镇公司获得杭州地铁走行部、杭港地铁PIS等备件订单超1000万元；承接浦镇公司分包的杭州地铁1号线和深圳地铁4号线转向架大修项目，并取得杭州地铁2号线二、三期部件委外修以及杭州地铁1号线、4号线维修劳务项目，共计3731万元。

**合肥中车轨道交通车辆有限公司** 全年实现营业收入13亿元，净利润7833万元。整车新造市场，协助浦镇公司中标滁宁城际（滁州段）一、二期工程车辆（含牵引系统、含3年日常维保）采购项目，项目共计14列56辆，中标额5.71亿元。维保架修市场，中标合肥地铁运营分公司2020年车辆专业备品备件采购项目、苏州地铁4号线电客车制动电阻箱及风机架修委外项目和合肥地铁运营分公司2021年车辆专业备品备件采购项目，中标额2324.32万元。机电产品市场，实现在北京市场与贵阳城际市场的突破，全年独立中标9个项目，累计中标额535.66万元。完成11个政府项目申报，已获批国家工信部“专精特新小巨人企业”、合肥市关键共性技术研发和重大科技成果工程等7个项目，共计获得政府项目奖励220.65万。2021年度被授权专利7项（发明专利2项、实用新型5项），并完成10项（发明专利6项、实用新型4项）专利申报工作。

**苏州中车轨道交通车辆有限公司** 2021年，公司全面完成上海地铁10号线大修17列102辆车大修、上海地铁10号线及2东线共20列118辆车电缆改造、苏州有轨电车1号线3列车架修、上海临港数轨T1线2列车生产、贵阳教学车项目1辆车生产、香港轻轨项目6列12辆车劳务性生产，苏州地铁1号线车钩大修5列，实现销售收入3.1亿元、净利润1100万元。获得苏州地铁1号线增购车钩架修、苏州地铁4号线制动电阻箱架修、苏州地铁1号线齿轮箱、联轴节大修以及苏州地铁2021—2023年橡胶弹簧等物资采购项目订单，合同金额2840万元；签订维保服务、配件销售订单27份，合同金额2200万元。强化技术营销推介，中标苏州高新区有轨电车1号线批量架修15列车，合同金额5547万元。签订香港轻轨组装、苏州有轨电车1号线架修试修、上海临港数轨T1线等项目分包合同，金额1.24亿元。

**常州中车轨道交通车辆有限公司** 2021年，为筹备建设世界技能大赛轨道车辆技术中国集训基地（以下简称集训基地），常州公司在中车批复收尾相关工作基础上，按照集训基地建设需要，完成厂房水电安装、广场铺设、辅房一楼装修、围墙道路、大门门卫、绿化等建设工作，收尾工作全部建设完成并完成竣工验收，取得不动产权证书。达到了集训基地使用条件，顺利出租给常州铁道高等职业技术学校。2月5日，根据《关于印发压减法人户数专项工作计划的通知》，常州公司被列入压减企业，需在2022年底前完成压减工作。5月28日，常州公司城轨基地厂房通过常州经济开发区建设工程质量安全监督站竣工验收。10月29日，与常州铁道高等职业技术学校签订厂房租赁合同，常州公司部分厂房出租给常铁校用于集训基地培训。截至年末，经信永中和会计师事务所（特殊普通合伙）南京分所竣工决算审计，常州公司实际完成固定资产含税投资额14937.95万元。

**南京中车浦镇工业物流有限公司** 全年实现销售收入14712.51万元，在职员工117人。全年签订15个合同，订单主要分为物流托管、物资销售及配件中心物料服务等，合同总金额2283.61万元（含配件中心实际结算）。12月，公司与南昌局集团公司签订合同，合同金额18.18万元。该合同的签订将搭建“三局联采”模式，为公司新产业发展贡献力量。2021年新增客户为南京全信传输科技股份有限公司、宁夏天地重型装备科技有限公司、宁夏天地奔牛实业集团有限公司、神州城轨技术有限公司、北京昊科贸易有限公司，主要为智能工具箱、智能料箱的销售，合同金额约84万元；针对软件开发业务，公司与金航特自动化建立了合作关系，开发了信息化设备管理系统和数据推送管理系统，合同金额26万元；跟踪隆建泰项目，合同金额10万元。协助浦镇公司完成长春配件中心和昆明配件中心项目的配件供应工作，与浦镇公司签订销售合同，实际结算金额116.76万元。

**中车浦镇阿尔斯通运输系统有限公司** 全年实现194辆单轨，28辆单轨包件，9辆APM，共计231辆车辆交付。实现销售收入168466万元，净利润13656万元，在册员工963名（含外包员工）。国内市场，签订了深圳运维、成都运维、芜湖维保项目、柳州二期道岔和MSRDS合同，合同总金额59.23亿元，实现“产品+服务”战略布局。海外市场，主要完成马来西亚吉隆坡APM项目、巴西圣保罗15号线单轨项目的商务谈判。统筹推进多项目开通调试及运维工作，完成芜湖1号线及2号线各项测试。搭建单轨及APM系统维保体系，形成了维保控制程序、维保技术开发程序、标准化的APM及单轨维保工艺文件。导轨式胶轮系统RRT列车的顺利下线，构建了中国导轨式胶轮智慧捷运系统自主知识产权平台。配合跨座式单轨国家标准编制，推动相关地方标准编制、推动APM系统机场行业的验收标准编制效果显著，全年共有安徽省地标、中国民用机场协会、ISAM联盟、中车企标等8项标准正式发布。申报专利25项，申报政府支持项目6项。降低采购成本3153万元，采购降本率达7.4%。

**新加坡中车浦镇车辆服务有限公司** 新加坡中车浦镇车辆服务有限公司（以下简称新加坡公司）于2019年11月5日在新加坡成立。新加坡公司注册资本50万美元（折合人民币约345万元），浦镇公司持股比例100%。全年，新加坡公司实现销售收入3185万元，净利润61万元。12月10日，新加坡翻新项目首列车于正式交付新加坡地铁。新加坡公司利用软件平台，推动会计电算化实施进程，将日记账、发票、合同、报表等统筹管理，方便在中国、新加坡两地的管理层及财务人员及时、安全、高效地管控子公司的财务信息。12月16日，新加坡公司收到新加坡新捷运公司灯具供应项目订单。作为新加坡公司组织投标并中标的第一个项目，该订单标志着新加坡公司在项目投标全流程方面已具有初步的经验，为新加坡公司建设成为浦镇公司国际贸易平台迈出坚实的一步。

**印度中车轨道交通车辆有限公司** 印度中车轨道交通车辆有限公司（下称“印度公司”）于2019年12月17日在印度注册成立。2021年，印度公司实现营业收入468万元，净利润14万元，在册员工32人。3月，斯里城的基地建设正式启动，土建施工、设备购置和信息化建设等有序推进。7月，斯里城基地建设施工以及工厂工艺设备的采购工作暂停，并将推动审批获批作为重点工作推进。截至年底，现场建设基本完成土地平整、厂房基础施工等，约完成建设工程的10%。印度公司全力推动班加罗尔项目执行，A/B类产品供应商已经基本确定，模型车车体已试制完成。10月，公司班加罗尔项目暂时停止推进工作。全年，印度公司重点跟踪纳西克胶轮电车项目、金奈地铁二期78辆、金奈地铁二期126辆租赁、德里地铁四期、苏拉特地铁以及班加罗尔二期318辆等项目。

**【重要纪事】** 1月1日，公司研制的数字轨道胶轮电车（DRT）列车在上海临港中运量T1示范线成功试跑。1月13日，公司成功中标绍兴地铁2号线一期全自动驾驶地铁项目共计44辆地铁车辆。1月18日，公司为南通城市轨道交通1号线一期工程首列车举行交车仪式。2月7日，国铁集团机辆部副主任张大勇到公司考察调研。2月26日，南京地铁建设公司党委书记、总经理陈志宁到公司调研。3月3日，公司印度基地在安得拉邦斯里城工业园举行奠基仪式。3月22日，公司杭州子公司举行成立十周年庆典暨杭州区域第2000辆城轨车辆竣工活动。3月26日，公司中标上海3号线168辆地铁车辆二次大修项目。3月份，公司成功中标苏州市轨道交通8号线246辆工程车辆采购项目。4月28日，公司生产的贵阳地铁2号线车辆上线运行。5月10日，公司成功中标芜湖市轨道交通1号线、2号线一期车辆、机电、工务设备设施维保项目。

6月1日，南京地铁集团董事长佘才高到公司参观调研；中国进出口银行行长吴富林一行到公司参观调研。6月8日，公司生产的宁句城际首列车交车仪式在镇江句容车辆段举行。上海轨道交通3号线03A01型电动列车二次大修项目首列车在公司正式开工。6月23日，中车股份副总裁王军到公司调研。6月26日，公司复兴号动车组列车在太中银铁路吕梁至太原南段上线运营。6月28日，公司为杭海城际铁路、杭绍城际铁路、杭州地铁8号线、常州轨道交通2号线开通、徐州轨道交通3号线生产的车辆上线运行。7月23日，公司成功中标深圳地铁6号线支线及其二期54辆地铁车辆项目。8月20日，公司中标上海轨道交通2号线168辆02A02型电动列车第二次架修项目。9月5日，中国国家铁路集团有限公司机辆部相关人员考察公司拉萨动车组售后服务站。9月6日，公司中标贵阳市轨道交通3号线一期工程车辆采购项目。9月10日，江苏省铁路集团党委书记、董事长常青到公司调研。9月29日，公司新厂区铁路专用连接线全线贯通，实现线路与国铁正线接轨对接。10月9日，公司研制导轨式胶轮智慧捷运系统（RRT）在北京国际城市轨道交通展览会正式发布。10月10日，公司中标54辆东莞2号线增购项目。10月15日，中国中车党委副书记、总经理（总裁）楼齐良赴江苏中车数字公司调研；中国中车党委常委、总会计师李铮到公司走访调研。11月3日，公司生产的芜湖轨道交通1号线车辆上线运行。11月10日，公司与徐州地铁签订配件服务超市合作协议。11月12日，公司泰国孔敬智慧城市项目签约仪式在孔敬举行。11月17日，公司研制的中国标准地铁A型列车暨杭州机场轨道快线列车首列车交付。11月26日，公司研制的南京地铁7号线项目首列车顺利交付。11月，公司中标南京地铁258辆6号线、120辆9号线一期、90辆10号线二期工程车辆采购项目；中标56辆滁州市域D“车辆+”项目。12月4日，公司重点项目架悬式永磁直驱转向架顺利通过装车评审。12月7日，中车浦镇阿尔斯通研制深圳机场APM车辆正式运行。12月24日，公司组建的贵阳中车服务公司正式成立。12月26日，公司研制的深圳地铁12号线项目首列车顺利交付；公司研制的合肥轨道交通4号线正式开通运营。12月28日，公司生产的芜湖单轨2号线一期车辆上线运行。公司研制的车辆宁句城际、南京地铁2号线西延线开通运营。12月30日，公司研制的全自动无人驾驶上海地铁14号线车辆上线运行。

【公司党政工负责人】

| | | |
|---|---|---|
| 党委书记 | 李定南 | |
| 董事长 | 李定南 | |
| 总经理 | 杨　奇 | |
| 副总经理 | 李　立 | 杨　威 |
| | 唐永明 | 李春广 |
| | 宋雪松 | 曾要争 |
| | 王　卫 | 薛海峰 |
| 总工程师 | 王　卫 | |
| 财务总监 | 杨　威 | |
| 党委副书记 | 杨　奇 | 李　立 |
| 纪委书记 | 郭　新 | |
| 监事会主席 | 郭　新 | |
| 工会主席 | 杨　威（任至5月） | |
| | 赵小文（5月任） | |

（浦镇公司　供稿）

# 中车戚墅堰机车有限公司

（统一社会信用代码：913204006638182170）

党委书记、董事长　徐世保

总经理　秦　辉

**【概况】** 2021年末，戚墅堰公司在册员工3731人，其中技能人员2579人（高级技师113人、技师289人）。公司占地面积97.8万平方米，房屋建筑面积37.78万平方米，拥有各类设备3610台。全年实现营业收入301961万元，实现归母净利润3040万元。公司下设职能部门18个、生产单位11个、党群部门7个，有下属子公司1家。

**【规划发展】** 编制公司“十三五”规划总体评价报告编制，并通过公司决策程序后完成集团公司备案，结合各层次战略规划情报、各专项规划条线发展设想及公司经营发展实际情况，明确公司“十四五”战略发展目标及愿景，根据集团公司审核意见不断修订完善，最终形成《戚墅堰公司“十四五”发展规划》，并通过公司OA平台、微信公众号等方式开展宣贯工作。2021年中车批准戚墅堰公司固定资产项目总投资为3500万元，全年实际完成投资1450.83万元，完成计划金额的41.45%，投资偏差率为58.55%。中车要求公司2021年固定资产周转率目标达到2.15次，实际固定资产周转率为3.73次，达到中车下达的指标。

**【经营管理】** 公司全面开展“强基固本促发展、稳中求进提业绩”为主题的“1+6+62”提质增效活动。全年新造机车87台、修理机车284台。资本回报率（ROIC）1.02%，资产负债率57.45%；国际业务完成率101.8%；完成35台低效无效设备处置，净值合计1027.63万元。“提品质”专项对标中，15项指标同比改善，1项同比持平。制定实施HXN5型机车C6修提质增效工作方案，毛利率较2020年提升4.39%；持续推进高价值产品深度修，完成创效741.6万元；设计降本工作实现创效723万元；引进外部资金1819万元，减税降费产生增利668万元。强化精益载体建设，组织精益车间、精益示范线“回头看”工作，优化建设9条标准化产线，32项产线运行指标稳步提升。向中车集团申报管理创新成果2项，其中《基于客户导向的出口产品交付标准化流程构建与实施》获第六届管理创新成果二等奖。

【科技创新】 全年公司科技工作计划共141项，新立项目课题97项。其中国铁集团项目1项，中车项目16项，地方项目1项。年末共结题79项。全年公司研发费用投入为13665万元，技术投入比4.52%，完成中车下达的技术投入比≥4.5%的指标。积极组织上级成果评价，6项成果通过中车评价，“新一代低排放低油耗12V260柴油机开发”成果项目达到国际领先水平，“出口尼日利亚全系列内燃机车谱系化技术研究与应用”等5项达到国内领先水平。积极组织上级奖项申报，“超级电容器辅助内燃机车进行柴油机电起动的控制装置”获评第22届中国专利优秀奖；“地铁网轨检测车的研制”等4项成果获得中车科技进步三等奖。公司获批筹建江苏省轨道交通装备技术标准创新基地。

【市场营销】 国内市场全年落实合同220466万元（除税，下同），实现销售收入214162万元。其中，国铁市场首次中标6台HXN5B型宽轨新造机车订单；中标40台HXN5B型新造机车订单；在国铁集团两次招标中，中标165台大修机车；在两次C6修招标中，共中标66台C6修机车订单。巩固扩大路局市场，签订上海局集团公司东风系列机车修理合同；完成北京局集团公司DF11Z大修机车价格写实并形成销售；签订二七造2台DF7G型机车大修试修合同。实施路外市场“产品+技术”的新模式，永磁混动机车、纯电动铁水运输车市场取得突破。密切跟踪柴油发电机市场需求，中标山东黄金三山岛矿柴油发电机组项目等合同。做好机车高价互换配件、机车轮对业务开拓及延伸服务市场，全年配件及服务市场实现销售收入36739万元。聚焦国内增值市场开发，签订了湖南瓦松机车维保技术服务协议。国际市场签约1.88亿美元，全年实现销售收入5.89亿元人民币。签约方面，实现整车签约31台，包括4台肯尼亚米轨机车项目、24台几内亚特里梅里铁路机车项目和3台阿根廷圣马丁线增购机车项目，为后续国际市场工作的开展打下良好基础。在整车业务开发基础上，继续推行“制造+服务”理念，业务模式创新深耕化，与欧亚资源公司完成几内亚特里梅里铁路项目内燃机车维保服务协议的签订工作；继续深入开发配件市场，完成肯尼亚、几内亚、澳大利亚、马达加斯加、阿根廷、尼日利亚、泰国等地区配件项目的签约工作。销售方面，全年实现整车销售30台，包括泰国米轨机车20台、肯尼亚米轨机车2台、几内亚CDA5A1型机车6台和CDA5C1型机车2台。通过不断创新境外维保检修能力，建立了蒙内铁路内燃机车中修能力，为公司深化国际经营奠定了基础。完成肯尼亚客户制定的年度生产作业计划，完成蒙内铁路机车整备检查作业5690台次；完成辅小修208台次、中修16台。

【基建与技改】 全年共完成设备、工装购置513项4416台（件），购置总金额2511.24万元，总预算费用为2792.28万元，购置费用比预算费用减少281.04万元，减少比率10.06%。其中应招标项目502项4404台（件）全部组织了招标，招标项目采购总金额为2325.14万元。年内完成基建更新改造项目1项，总投资约59万元。

【质量管理】 保持ISO/TS 22163体系有效运行，举办ISO/TS 22163新版标准培训，完成质量手册及程序文件的修订工作，顺利通过年度监督审核。组织开展“中车Q”成熟度自评价工作，编制完成公司“中车Q”成熟度评价报告。保持EN 15085焊接质量体系有效运行，通过德国TÜV莱茵上海公司审核专家监督审核。组织公司CRCC换证认证工作，通过中铁检验认证中心复评认证。组织推进船级社认证工作，做好球墨铸件、灰铸件CCS中国船级社的日常管理工作，通过铸铁件CCS船级社年度定期审核，确保证书持续有效。通过法国BV船级社年度审核，保持R6280ZC型柴油机认证证书持续有效。开展“迎‘七一’、保安全”质量安全隐患排查整治和质量安全大检查活动。完善质量门管理，编制2021年质量门工作方案，公布《关于2021年质量门工作方案的通知》。开展质量安全生产月活动和$DF_{11}$、$DF_{11G}$机车“三对三查”活动。开展质量攻关，确定质量攻关项目29项。完成109个QC小组注册登记工作，组织2个QC小组参加常州市QC发布；提交4个QC小组相关材料，参加中国中车QC项目评价，全部获优秀奖。

**【人力资源管理】** 持续做好中车专项巡视整改决议、整改措施的巩固和再提升，整改率100%。落实业务信息化管理数字化总体要求，持续推动业务模块上线运行和HCM系统数据质量提升。坚持党管干部、党管人才原则，积极配合中车选优配强经营管理团队。制定中层管理人员“两制一契”实施方案、综合考评办法，完成公司、子公司经营管理人员“两制一契”全覆盖。中层管理人员不胜任退出率4.16%，员工市场化退出率0.5%。落实“青年十条”，35周岁以下领导干部27人，占全体中层领导干部22.13%，建成35岁以下青年领导干部后备池。加大领导干部“五查五治”责任追究，落实质量安全违纪责任考核。制定公司人力资源部“十四五”发展规划绘制供领导决策的核心人才地图，提前谋划第四届核心人才培养，申报推荐江苏省333工程专家6人入选。加强工资总额预算管理，制定公布《深化分配机制改革实施意见》补充规定、《子公司薪酬总额预算管理办法》，完善与效率效益挂钩的工资总额决定机制。配合集团“两定两优”指导意见实施、推进领导干部“两制一契”，起草全覆盖的经营效绩评价考核办法、领军人才市场化薪酬激励办法。推动产业工人队伍建设，累计培养“双师型”人才51人。响应政府加快产业工人队伍建设号召，深入开展产教融合、校企合作、高技能人才研修班，提高苦脏累岗位待遇，落实职业技能提升行动、新型学徒制培训、以工代训补贴等政策支持近200万余元，公司荣获江苏省产教融合型企业称号。鞠波、朱黎明被授予“江苏工匠”称号，缪玮技能大师工作室被评为江苏省技能大师工作室，潘德昌技能大师工作室获评中车金蓝领和劳模创新工作室，公司金蓝领和劳模创新工作室建设由1+2+3升级为2+3+5梯队式发展。

**【企业文化建设】** 突出建党100周年主题，组织开展“永远跟党走”百年奋斗成就展暨红色主题门券展，开展“书香车城·红色阅读”活动，举办“致敬红色经典”征文活动。突出中车创业140周年主题，开展火炬传递常州站活动，开展庆祝中车创业140周年暨“中车日”主题活动。实施文化奠基工程，抓实司歌、司书、司赋、司史、司节等文化传承工程，推进中车文化理念落地。弘扬新时期“280创业精神”，挖掘典型故事、典型案例，发挥先进典型的示范引领作用。开展公司首届文化月活动，开展“以员工姓名命名双创成果”申报评选活动、员工故事征集、道德讲堂等特色创新文化项目。挖掘工业遗产和红色文化资源，配合常州市和经开区在公司建设常州大运河工业遗产展示馆，“常州戚墅堰机厂”项目获评第五批国家工业遗产项目。深入推进全员BI建设。推进“查典型陋习、补管理短板”BI建设融入管理活动，持续开展“规范对标、红牌作战”活动。完善VI应用整改机制，改进整改流程，提升管理成效，开展 VI 整改应用情况专项督导检查，完成泰国标准化售后服务站建设。策划氢燃料混合动力机车下线仪式，全年在中央电视台、新华社、学习强国、省市主流媒体刊发报道 40 余篇次。

**【FXN5C 交流传动货运内燃机车】** 稳抓市场需求，推进复兴号（FXN5C）机车项目，积极与国铁集团、铁科院、质检中心和乌鲁木齐局集团公司等相关单位沟通，完成整车全部 31 项型式试验、4 项研究性试验和互联互通试验，实现国产机车首次排放达到 EPA Tier3，实现首次不同厂家内燃机车之间实现互联互通互控。成立专业团队开展机车运用考核，对机车运用考核备品、技术支持、现场跟车及维保服务进行系统策划，累计运用考核里程超过 15 万公里。机车型式试验和运用考核期间安全可靠、性能优异。

**【采用永磁技术的混合动力调车机车】** 持续推进采用永磁技术的混合动力调车机车项目，与潜在路外市场用户的运用考核交流工作，7 月，与淮南铁运公司签订了运用考核协议。组织编制运用考核大纲，包括机车运用维护手册、培训课件等相关资料。8 月，完成氢燃料电池机车恢复成 3000 马力内电永磁混合动力调车机车相关技术方案。12 月启动 3000 马力内电永磁混合动力调车机车的恢复工作。

**【氢燃料电池项目】** 持续推进氢燃料电池机车项目，完成厂内首台原理样车制造及试验，完成厂内加氢站设计、制作组装及试验验收，完成加氢试验、氢能能量转换效率验证试验、机车电传动研究性试验、整车控制软件验证及燃料电池额定功率、燃料电池动态特性等研究性试验，完成燃料电池、二级 DCDC、冷却系统、供氢系统等主要部件地面试验，为公司搭建了氢燃料电池机车技术平台。

**【纯电动新能源机车】** 对典型路外企业进行走访调研，积极寻找市场需求，大力推进纯电动新能源机车项目调研与研发工作，与重点用户保持技术跟踪对接，策划与马钢、中铁物总签订共同研发协议。系统研究机车运用工况、机车力能指标需求，迅速完成机车技术方案评审，并组织完成机车施工设计、设计文件和采购规范编制工作。

**【出口几内亚 6000 马力机车】** 充分借鉴公司既有交流机车技术平台，积极推进公司首款出口几内亚 6000 马力机车研制工作。完成公司和中车级技术方案设计评审，并于 5 月完成整车图纸归档和设计 BOM 发布。积极配合生产现场的试制工作，完成车体静强度试验、整车厂内试验验证、装用 R16V280ZJ 型柴油机出厂试验和性能试验。完成零部件手册、维保手册等编制工作，编制机车拆解发运方案。

**【出口泰国机车】** 全力推进泰国 16 吨轴重机车项目，1 月，完成整车三维设计。完成车体架静强度试验、机车定置试验、滚动台试验等，为机车批量生产奠定基础。完成机车设计文件、操纵驾驶手册、维保手册、零部件手册等中英文版本资料。首次开展出口机车项目云监造，认真组织策划项目监造项点，对用户 TQ 等问题积极回复，力争最快速度关闭落实。完成机车发运技术方案，完成 20 台机车厂内交付和发运。

**【出口肯尼亚米轨机车】** 肯尼亚 12.5 吨轴重米轨项目是公司历年来研发周期最短、研发难度较大的项目，项目要求在两个月内完成技术方案设计及施工设计，为确保项目的顺利开展，形成了由总指挥（总体设计师）、作战参谋（老专家）、一线作战员（设计师、项目管理工程师）组成的项目团队，并积极开展了机车系统集成技术、首次装用 MCA-DA 型车钩缓冲装置技术、适应性改进设计等技术难题研究。首台机车于10月2日发运。

【党群工作】 深入开展全国国有企业党的建设工作会议精神“回头看”，以开展党史学习教育、庆祝建党100周年和中车创业140周年系列活动为主题主线，以贯彻中车“十四五”发展战略纲要和实现“七个新突破”重大战略部署为重点，围绕打造“受人尊敬世界一流”中车和党建“固化攀升年”总体部署，构建完善“四体系、七转化”基层党组织高质量党建总体框架，制定实施“固化基础、增强活力、精准融合、攀升价值”16字党建固化攀升工作路径，深化党建经营深度融合、精准融合，打造党建“金名片”，紧抓党的“三基建设”，持续推进全面从严治党向基层延伸，以高质量党建引领保障企业高质量发展。修订完善《公司“三重一大”决策制度实施办法》《党委会会议管理办法》等制度，健全完善党委会、董事会、总经理办公会决策主体权限和事项清单，严格落实公司党委前置研究讨论重大经营管理事项清单。公司党史学习教育信息被《中央党史学习教育简报》第139期采用；公司党委《深度融合、创造价值——基层党组织高质量党建框架、路径、载体探索实践》获2020年度中车党建调研成果一等奖，《搭框架 建机制 强队伍 促创新 见实效——戚墅堰公司党建“金名片”建设的探索与实践》获2021年中车党建研究会成果一等奖。公司纪委完成集团纪委部署的专项监督8项，自主开展13项专项监督，开展14项职能再监督工作，通过“五查五治”专项监督发现问题严肃追责，开展责任追究。修订巡察管理办法，围绕“巡察准备、巡察进驻、巡察反馈、巡察整改、巡察回头看”五个阶段，建立12个机制模块，制定16个工作模板，形成可复制、可持续的标准化巡察工作体系。完成首轮第三批内部巡察，实现三年对27个直属基层党组织的巡察全覆盖。全年发现问题393个，制定整改措施828条，提出意见和建议152条。公司工会围绕中国共产党成立100周年、中车创业140周年、“中车日”等重大主题，举办在常四企员工书法美术摄影展、百年奋斗成就展暨红色主题门券展，举办中车创业140周年火炬传递（常州站）活动。首次在公司职代会上签订《公司职工技术创新专项集体合同》。公司产改工作先进经验在“学习强国”刊登。召开推进新时期产业工人队伍建设暨“群创”活动总结表彰会，选树50名岗位技能带头人。修订《公司困难职工帮扶实施办法》，开展“心系员工 情暖中车”送温暖活动，重点对象620户，发放慰问金近109万元。开展“金秋助学”“圆梦微心愿”活动，为63名员工子女发放助学金近18万元。公司团委引领凝聚青年工作，开展“青年读党史”“青年映初心 青春共党情”主题演讲比赛等党史学习教育活动，开展“致敬革命先烈·传承红色基因”清明主题团日活动。开展“先进青年（标兵）”评选活动，进一步搭建青年展示自我的平台，榜样选树典型有力。开展青年专业技术管理新秀奖和青年专业技术管理论文征集评选，开展“助提质增效 保产品质量 争创青年示范岗”主题实践活动。

【下属子公司】

**常州中车西屋柴油机有限公司** 是由中车戚墅堰机车有限公司和西屋运输系统有限公司合资建立的内燃机车柴油机生产制造、服务型企业，主要从事主干线EVO16型机车发动机的涡轮增压器及动力组新造、修理，青藏线7FDL型机车发动机大修及其部件维修。截至年底，资产总额达22759万元，销售收入16648万元。全年完成增压器修理285个，动力组修理1120个，缸头组件修理78个，缸套加强套维修42个，QTR

动力组维修5个，QTR柴油机修理25台，QTR增压器维修7个，QTR水泵修理6个，QTR中冷器修理29个及QTR主机油泵修理4个。

**【重要纪事】** 1月22日，公司申报的《江苏省轨道交通装备技术标准创新基地》获得江苏省市场监督管理局批准筹建。1月，公司获得中车宜企拍平台颁发的“交易之星”称号。公司“潘德昌技能大师工作室”通过“国家技能大师工作室”的认定审核。3月11日，公司向连云港港口集团有限公司交付新造HXN5B型大功率内燃机车并举行剪彩仪式。3月19日，公司举行江苏省轨道交通装备技术标准创新基地建设启动仪式。3月20日，公司与马钢公司及中铁物总装备公司举行新能源铁水运输机车项目签约仪式。4月26日，中车集团纪委副书记、党史学习教育巡回指导组组长姜海洋到戚墅堰公司巡回指导党史学习教育工作。4月28日，兰石集团总工程师陈建玉到公司参观交流。5月6日，中国中车党委副书记、执行董事楼齐良走访慰问公司老党员。6月8日，中车股份副总裁余卫平到公司开展安全生产检查。6月16日，公司举行首台氢燃料混合动力机车下线仪式。7月9日，公司与淮河能源（集团）股份有限公司淮南铁路运输分公司举行永磁混合动力机车现场运用试验合作项目签约仪式。7月22日，国铁集团科信中心副主任张大勇到公司调研。7月23日，公司研制的FXN5C-0001号机车在吐鲁番顺利完成高温试验、司机室温度测试、排放和油耗试验。9月12日，公司研制的氢燃料电池调车机车顺利完成机车牵引试验。9月16日，公司首台出口肯尼亚米轨机车在总组装生产线成功落车。9月27日，国家工信部工业文化发展中心工业遗产研究所研究员马雨墨带领专家组对公司申报的国家级工业遗产项目“常州戚墅堰机厂”进行实地核查。10月15日，江苏省总工会党组书记、副主席徐大勇一行来公司调研指导新时期产业工人队伍建设改革工作。10月29日，公司举行首台几内亚马西铁路CDA5C1型机车样车下线仪式。11月18日，公司为泰国国家铁路局供应的50台内燃机车首批交付仪式隆重举行。12月3日，公司工业遗产项目——“常州戚墅堰机厂”被认定为国家工业遗产。12月20日，公司出口泰国的CDA5B1型米轨交流传动内燃机车在常州市西港码头装船发运。

**【公司党政负责人】**

| | |
|---|---|
| 党委书记 | 姚国胜（任至4月） |
| | 徐世保（4月任） |
| 董事长 | 姚国胜（任至4月） |
| | 徐世保（4月任） |
| 总经理 | 徐世保（任至4月） |
| | 秦　辉（5月任） |
| 副总经理 | 沈永平 |
| | 陈永平（任至4月） |
| | 钟　平（任至4月） |
| | 仲怀清　管艳华 |
| | 杨善伟　管敏玮 |
| 总工程师 | 仲怀清 |
| 财务总监 | 管艳华 |
| 党委副书记 | 徐世保（任至4月） |
| | 秦　辉 |
| | 钟　平（4月任） |
| 纪委书记 | 秦　辉（任至5月） |
| | 钟　平（4月任） |
| 监事会主席 | 钟　平 |

（戚墅堰公司　供稿）

# 中车长江运输设备集团有限公司

（统一社会信用代码：91420115MA4KYAEH3B）

党委书记、董事长　胡海平

总经理　张　磊

【概况】2021年末，长江集团员工总数17450人，其中在岗员工15949人，非在岗员工1501人。拥有正高级职称145人，高级职称918人，中级职称1538人，初级职称1744人，高级技师549人，技师1109人。长江集团总占地面积575.18万平方米，固定资产原值954459万元、净值502984万元。总部设12个职能部门，下辖8个一级子公司。全年，新造货车15649辆，修理货车29699辆，修理机车154台，修理客车371辆。实现营业收入135.18亿元，归母净利润2.19亿元。

【规划发展】完成《长江集团“十三五”发展规划评价报告》，编印《长江集团“十四五”发展规划》。组织专家组评审长江集团“十四五”发展规划重大课题研究成果，评选出一等奖成果2篇、二等奖成果4篇、三等奖成果7篇。组织长江集团“十四五”发展规划评审专家组对产业规划、行政职能规划及党建工作规划等21个专项规划进行分类（管理组/产业组/技术组/党建组）评审。分解细化《长江集团“十四五”发展规划》及各专项规划，编制本单位“十四五”规划。修订印发了《长江集团投资管理办法》《长江集团固定资产投资管理办法》。印发《长江集团股权管理办法（试行）》《长江集团固定资产投资项目竣工验收管理办法》《长江集团投资项目后评价管理办法》等制度，达到中车投资授放权管控的必备条件。组织子公司开展“三铸一锻”业务普查工作，并督促提交业务情况报告。对2021年开展的10个重点投资项目进行了专家评审，共计压减重复投资近3000万元。下达项目批复7项，向中车报批2项，完成投资项目批复和投资责任书的签订。修订发布《长江集团总部组织机构主要职责》。年计划处置低效无效资产56台，实际完成190台（含增量计划），资产净值1855.73万元，完成率179.7%。纳入责任书处置计划的15台全部处置完毕。

【改革改制】长江集团以“改革行动年”为主题，贯通改革三年行动和“科改示范行动”方案和推进思路，全面推动完成8个领域24条重点改革措施落地。坚持月例会制度，公司领导参加部署；坚持挂图作战，并贯通改革台账和中车在线督办系统；坚持把改革工作与各单位重点工作结合起来推进，确保系统统筹；坚持把新兴产业作为主要载体，把市场化改革与科技创新的融合作为改革重点，明确增量导向；坚持改革强保障，在调研、绩效考核、巡察、氛围营造等方面都持续在加大力度。2021年，长江集团改革三年总体目标和任务完成率超过97%，在2021年国资委“科改示范企业”改革创新专项评估中评价结果为优秀，在中车改革三年行动和深改专项行动专项考核评估中评价结果为A。

**【经营管理】** 围绕公司“双主”战略目标和“改革、升级、突破”工作主题，制定并落实经营计划，确定八个重大专项，下发十大关键因素，实现经营目标。强化对标管理，发布7篇对标报告，优化15种材料规格，生产耗材降幅明显，累计节约2157万元。探索组织集采新模式，采购价格涨幅低于工业行业平均值。树牢“过紧日子”思想，压缩管理费用4207万元，“两金”规模有效控制。通过简报共享财税优惠信息，积极争取政策扶持，强化政企关系建设，全年获得各类补贴及减免8497万元。争取海运费补偿3000余万元。坚持精益治企理念，230项“改善不良，杜绝浪费”创效千余万，3个标杆企业和9个标杆项目入围中车“三个标杆”。持续防范化解重大风险，构建“多位一体”大监督体系，天道案件得到妥善解决。完善《安全环保奖惩管理办法》《安全生产责任制》，各子公司编制或修订管理制度265项、安全操作规程867项，促进了管理的制度化、流程化。广泛开展安全教育培训，共培训74300余人次，员工安全能力意识持续提升。全年长江集团未发生主责及以上死亡事故、未出现新增现岗职业病、未发生一类火灾爆炸事故或其他重大影响事故，全面实现安全生产新“三零”目标。严格落实中车防疫要求，完成中车疫苗接种率不低于90%的目标要求。

**【科技创新】** 搭建长江集团科技创新评价体系和相关规范，制定科技分公司运营方案和研发经费统筹管理规则，保障科技分公司各项科研活动顺畅开展，推进市场化改革进程。建立健全管理机制，制定完善科技管理、信息化、知识产权等10余项管理制度，形成统一科技管理体系，管理基础不断夯实。形成发明专利成果247项，海外专利成果58项，铁路移动发电装备等17项成果获得中车科学技术奖，液氨罐车等4项成果获得铁道学会科技奖，《铁道货车脱轨自动制动装置》获中国专利优秀奖。铁路货车方面，开展国能集团铁路货车车轮磨耗改善等4个重点项目研究，持续推进$KM_{81}$及环保顶盖运用可靠性技术研究。完成面向国际市场需求的手制动机、弹性旁承等核心零部件关键技术研究，逐步健全进口配件国产化替代技术储备。完成高平稳性转向架等10余项前瞻性技术研究。持续推进重载货车运用考验及推广应用，组织完成$C_{96}$（H）型运煤专用敞车、$KM_{70}$（H）型煤炭漏斗车技术提升方案评审，$KM_{100A}$（H）、$KW_{100A}$（F）煤炭漏斗车研制项目顺利通过国能集团验收；全面完成$TB_3$型保温车、加蓬矿石敞车等近30项国内外产品研制任务，市场履约能力进一步增强。冷运装备方面，国家重点项目子课题“流体储运、真空冶炼等制造领域的示范应用”通过外部评审，国铁集团重大项目20、45英尺铁路锂电池冷藏箱完成试运用工作，$BH_{10}$型冷藏车研制项目通过国铁集团方案评审，完成$BH_1$型保温车试运行技术服务，锂电池冷藏箱试运用工作圆满结束。联运装备方面，全面完成青岛港智能空轨示范线系统研发、生产技术服务及联调联试工作，顺利通过青岛港项目验收，实现港区集疏运技术由平面向立体的革命性转变，为智能空轨技术推广应用及产业发展奠定了坚实基础。完成天津港总体技术方案优化、鄂州港空轨集疏运系统调研、鄂尔多斯物流园区集装箱单侧装卸系统方案设计、广西贺州里松项目、桂平大藤峡翻坝项目可研方案等工作，主动对接市场开展技术服务，为获取市场新突破提供技术支撑。

**【市场营销】** 完成长江集团“十四五”国内市场职能规划编制。持续深化国家能源集团等重要客户的战略合作，积极协调国家能源集团 $KM_{81A}$ 智慧货车运行试验顺利进行，梳理 $KM_{81A}$ 试制成本，协助国家能源集团做好 $KM_{81A}$ 投资预算，推动《基于 $KM_{81}$ 适应翻车机卸货漏斗车技术方案研究》等科技项目立项及合同签订。积极配合中车推动国铁集团下半年启动新造车项目招标，并上调新造车价格。搭建生产信息平台，适时掌握各子公司生产进度，确保日交付计划落实。积极推进联保互保服务体系建设，重载维保配件库建设初见成效，完成重大节假日及冬奥会、冬残奥会等专项售后服务保障工作。全年，长江集团在国内铁路装备市场中标新造货车（含自备车）15649 辆，市场占有率 41.49%；中标国铁修理车（工厂系列，含特货公司 $JSQ_6$ 厂修）29699 辆，市场占有率 44.3%；机车修理项目中标 154 辆，客车修理项目中标 371 辆。加强海外业务战略引领。印发《长江集团“十四五”海外产业发展规划》。制定《海外项目毛利率提升专项方案》，2021 年提升出口项目平均毛利率 1.3%。印发《空白市场协同开发实施方案》，规范和拓展了市场开发机制。开辟 3 个“一带一路”沿线新市场，在加蓬、毛里塔利亚连续斩获新订单，几内亚、塞拉利昂维保基地实现稳定运转。全年实现海外新签 2.88 亿美元，出口销售整车近 2000 辆，海外收入 12.40 亿元，海外收入连续 3 年保持稳定增长。

**【产业发展】** 印发《长江集团新兴物流装备产业“十四五”发展规划》，进一步理顺产业板块“分级分类”管理，推进了部分产业单元市场化经营机制改革；冷运装备、多式联运装备、氢能、储能、紧固件列入中车“一核三级多点”重点发展业务。其中，冷运装备产业市场突破，营收同比增长 46%，年内签约各类罐箱 480 台；新能源锂电池冷藏集装箱完成 1 年铁路试运营，并获 2021 年度中国国际贸易服务博览会“绿色发展奖”。全球首创智能空轨系统首个示范项目在青岛港落地完工；集装（罐箱）产品实现批量供应达 300 余个，部分产品首次签约欧洲市场；智能装卸系统完成首台套试用及产品迭代升级。紧固件公司获国家首批“专精特新”小巨人企业认证，产品海外市场签约超过 1 亿元，中车“GCT”专项 43 种“卡脖子”城轨动车紧固件完成国产化研制。全年产业板块实现营收 41.8 亿元（并表），占总营收比例 30.9%。

**【质量管理】** 开展货车修理企业质量安全隐患排查整治，先后对太原、西安、贵阳和常州公司进行了质量安全隐患排查整治情况督导检查。针对下半年新造车任务重、交期短的困境，指导开展了 $X_{70}$、$NX_{70A}$、几内亚等产品的督导检查工作，促进各子公司质量管理水平提升。对错漏装等源头质量共性问题组织开展专项质量攻关，同步推进“中车Q”成熟度自评价、“质量安全月”等系列活动，大力推广“整车落成三十六步法”等特色有效的管理方式，坚持质量互查、督导检查并行并重，全年未发生D类以上质量事故及以上质量责任事故，无重大、批量质量故障，质量损失额1996.32万元，创历史新低，货修招标质量排名包揽前四，质量管理整体水平大幅提升。

**【人力资源管理】** 制定长江集团《关于推动高质量发展开展领导班子建设专项行动的实施方案》，学习对照八项本领、七种能力及领导班子建设标准，聚焦年度经营指标，进一步建强、建好干部队伍。大力推进双向交流工作，在成员企业副职后备干部中选派6名中层正职及以上干部，在成员企业和总部之间开展“双向挂职”培养锻炼。全面推进“两制一契”管理工作，分批次开展“两书”签订，中层以上管理人员契约化管理达到100%。梳理全级次子企业董事会建设情况，11家董事会实现应建尽建。持续加强干部选拔任用，配合中车完成长江集团及眉山公司总经理选拔任用，长江集团党委全年共调整任免干部60余人次，其中提拔使用10人。持续开展竞争性选拔，全级次范围内中层竞争性选拔比例为80.16%。因考核末等调整、降职、不胜任退出中层干部39人，占比为5.15%。落实中车“青年十条”，加大优秀年轻干部选拔任用力度，年内共提拔45岁以下成员企业副职2人，35岁以下中层干部33人。成员企业领导班子45岁以下占比达18.2%，中层干部35岁以下占比达到17.1%。印发《长江集团党委巡察组负责人管理办法（试行）》，推进党委巡察组负责人管理工作科学化、制度化，进一步加强和规范长江集团党委巡察工作。选拔首届长江集团核心人才233名。积极推动“双师型”人才培养和评价工作，全年共有8人评为“双师型”人才。在株洲举办长江集团第二届员工职业技能竞赛暨第二届青年职业技能竞赛，共有4个工种117名选手参赛，39名个人和5个团体获得奖励。开展长江集团首届绝技绝招评选，评选出一等奖10项、二等奖20项、三等奖30项、入围奖30项。根据《长江集团总部全员绩效管理办法》，进一步完善绩效方案制定、计划制订、指标设置、考核评价结果运用的工作。

**【企业文化建设】** 高质量落实“六位一体”的“中车文化传承工程”，中车创业140周年火炬在长江集团和长江集团太原公司、常州公司、长江公司接续传递。深化践行“同一个中车　同一个长江”文化理念，组织开展贯穿全年的“三力长江”暨改革行动年主题宣教活动，系统谋划长江集团“十四五”企业文化和品牌建设规划，开展长江集团企业精神征集活动。开展“百年风华　三力长江”文化体育艺术节、长江集团第二届职业技能竞赛、“三力长江”周末学校等，推动文化落地。以“重大项目＋业主联动＋媒体融合”的方式落实品牌经营要求，集中开展空轨示范段项目竣工新闻宣传，形成了显著的全球性、行业性、产业性、引领性品牌效应，中央、省市、行业媒体传播量5000余条，官方抖音点击总量超过3000万。融媒体节目“走进太原公司”在人民日报、央视频等20个网络平台同步直播。全年组织参加展览站展会16项，新能源锂电池冷藏集装箱获绿色发展服务示范奖。

**【党群工作】** 开展“百年风华　三力长江”庆祝建党百年系列活动，长江集团2名高铁工匠、1名老同志光荣赴京参加了庆祝建党百年大会。开展“我为群众办实事”主题实践活动，推动实施了惠民大事124项、群众身边事1000余项。眉山公司《以“无我”初心践行为民办实事》典型案例在中央党史学习教育官网发布。长江公司撰写的报告文学《中国工人运动的先驱林祥谦》入选国资委《“央企楷模”报告文学作品集》。以创建“六强六好”标杆党组织推进党建工作“固化攀升”，设立25项标杆党委标准、22项标杆党支部标准。以党建工作对标对表强化两级党建管理体系建设，共查找320项问题短板，制定436项重点措施，确定出328项攀升成果。以党建创新实践成果输出长江方案，系统总结2019—2021年“三力长江”党建“金名片”创建行动经验做法，形成了一批高质量党建创新实践成果。眉山公司《基于体系融合的党建六字品牌塑形》成果入选全国国有企业党建创新优秀案例，株辆公司《基于项目化管理的“五心五力（五轴五心）”党建品牌创建》获评湖南省企业管理现代化创新成果。增强群团组织桥梁和纽带功能，全面落实18类77项产改工作，党员先锋、金蓝领和劳模创新工作室联盟工作室由41个扩充到65个。建成“新小家”963个，9个新小家被授予中车示范小家。举办长江集团第二届文化体育艺术节，举办6项文化艺术比赛、6项体育比赛，谱写了聚合力、忆百年、展活力、绘美力的新篇章。深化推进党建带团建。制定《进一步加强长江集团党建带团建实施方案》。组织开展“情暖长江　团爱青年”网络春晚、青年英语风采大赛、“节能降耗当先锋　提质增效青年行”等活动，团结动员广大青年全身心投身改革发展之中。

**【重要纪事】** 1月27日，长江集团召开一届三次职代会暨2021年工作会议，部署“三大主题、七大重任”。2月3日，中车股份副总裁马云双参加并指导长江集团2020年度领导班子民主生活会。3月5日，中铁特货物流股份有限公司总经理于永利到长江集团考察并作合作交流，双方就铁路冷链物流运输装备共商一体化系统解决方案。3月25日，长江集团与天津港签署合作协议。3月26日，中国中车党委书记、董事长、总经理（总裁）孙永才到长江集团调研指导工作。4月30日，长江集团党委理论学习中心组举行（扩大范围）学习，特邀湖北省委党史学习教育宣讲团成员、华中科技大学国家治理研究院院长欧阳康教授作专题辅导。5月13日，中车股份总会计师李铮到长江集团调研指导工作。6月29日，长江集团与山东港口共同打造的全球首创智能空轨集疏运系统（示范段）在青岛完成“首秀”正式竣工。7月26日，长江集团召开干部大会，中国中车党委副书记、执行董事楼齐良出席会议并作讲话。9月24日，长江集团召开改革推进会暨深入实施市场化经营机制改革启动会。10月，中车股份副总裁王宫成到长江集团调研指导。11月12日，中国中车党委巡视四组巡视长江集团工作动员会在公司召开。12月7日，中车股份副总裁马云双到长江集团调研指导工作。12月，长江集团党委召开党建工作“深度融合、固化攀升”总结交流会。

**【公司党政工负责人】**

| | |
|---|---|
| 党委书记 | 胡海平 |
| 董事长 | 胡海平 |
| 总经理 | 赵维宗（任至6月） |
| | 张　磊（7月任） |
| 副总经理 | 王红卫　胡海滨 |
| | 王洽军 |
| | 张　磊（任至7月） |
| | 蔡德权（任至10月） |
| 总工程师 | 胡海滨（兼） |
| 财务总监 | 王洽军（兼） |
| 党委副书记 | 赵维宗（兼，任至6月） |
| | 张　磊（兼，7月任） |
| | 何朝阳（任至6月） |
| | 曲　强（8月任） |
| 纪委书记 | 赵向东 |
| 监事会主席 | 赵向东 |
| 工会主席 | 何朝阳（任至11月） |
| | 高利昌（11月任） |

（长江集团公司　供稿）

# 中车长江车辆有限公司

（统一社会信用代码：914201157924166282）

【概况】2021年末，长江公司员工总数3115人，其中在岗员工2943人、非在岗员工172人、其他从业人员210人。拥有高级职称92人，中级职称195人，初级职称295人；高级技师114人，技师188人。长江公司总占地面积224.26万平方米，固定资产原值314377万元、净值178858万元。公司设置35个职能部门，货车造修分别由货车制造部、修理业务部承担。全年销售国铁新造货车2100辆，国铁修理货车4893辆；实现营业收入24.01亿元，实现归母利润−0.22万元。

【经营管理】围绕“深化改革、提质增效、强基工程、成本改善、合规经营”等年度重点，精心组织管理创新工作。年内，管理创新课题质量稳步提升，获湖北省管理创新成果一等奖1项、二等奖2项、三等项2项。扎实推进环保治理，公司列入2021年武汉市生态环境监督执法正面清单。有力织好疫情“防控网”，疫情防控和经营发展实现两不误，实现年度安全“三零目标”。编制年度投资预算5017万元，其中重点项目完成1089.25万元，非重点项目付款3632.17万元，兑现“两率”指标。全年可控费用实际发生额较中期压降后的预算少发生506万元，费用压减4%。主产品目标成本实现全过程管理，国铁新造边际贡献率达24.6%，国铁修理边际贡献率达50%。降本节支专项行动落地增效，梳理出42项降本创效工作项点，全年降本创效746万元。推动购销两端价格管理全流程创效，全年独立审减价格614万元。扩渠融资减费用，获得3亿元三年期低息政策性贷款，三年可节约财务费用837万元，其中，当年可节约财务费用93万元。全年申请退税4676万元，申请税收缓缴668万元，享受企业所得税加计扣除3833万元，获得政策性补助2266万元。完善内控体系，防范化解重大风险，“两金”风险敞口化解2830万元并全部回款，天道房产纠纷一案取得重大突破，实现了3.17亿元的债权确认。搭建“1+4+N+1”工作推进模式，有机融合改革三年行动、“科改示范行动”“对标一流”“创一流”4项专项工作，形成四合一《2021年重点改革任务台账》，配合多个子实施方案，输出1次改革成果，一体化推进改革工作走深走实。截至年底，改革任务总体完成进度为80.5%，超进度实现75%的三年改革行动的目标任务。不断夯实保密工作管理体系，顺利完成二级保密资格换证工作。

【科技创新】围绕国铁及市场订单，开展新产品试制及生产制造工艺升级。在新产品研发中，完成4立方米液氢储罐、2立方米液氧储罐、青岛港货运动车等13项新产品试制工作。技术升级方面，完成侧墙生产线“以机代人”改造，启动单片梁生产线、型钢中梁线、板柱式端墙线“以机代人”改造，实现各生产线单班减员45人；启动切割件自动分拣、激光自动焊、底架过跨转运车等设备新增改造，实现相关工序单班减员9人。研发冷链新能源锂电池冷藏集装箱技术，降低燃油费用78%，完成LNG罐箱关键技术、太阳能供电关键技术、CT方舱关键技术研究。开展冷链物流模式研究、新型铁路单节机械冷藏车核心工艺研究、几内亚铁路车辆维保工艺研究及应用、激光复合焊试验研究及应用等重大项目科技攻关，结题67项。强化资质管理，完成TP9型特种货车制造许可取证，完成C80E、GQ70、NX70、NX70A等车型铁路货车制造许可续证，完成TP9、P66H、P66K、GQ70、G70K等车型维修资质取证及NX70、D26B等车型的维修许可续证，通过YST-280型闸调器大修资质审查；完成30个品种和C2类，D1、D2类压力容器资质集装箱工厂认可的续证。全年实施科技立项51项，申报专利88项，其中申请发明专利67项，参与完成修订国家标准《铁路货车翻车机及散粒货物解冻库技术条件》、制定行业标准《铁路无损检测材料》《三大件式转向架》；主持及参与制定行业标准《冷冻液化气体铁路罐车》、中车标准《螺栓连接智能装配管控系统技术》。

**【生产运营】** 新造货车方面，8—9月，完成几内亚海外出口订单，9—12月，NX70A型平车产量稳定在28辆/天。货车修理系统制订了科学详细的生产计划，监管大修程车辆检修动态，建立60T级敞车生产动态表，大修程敞车的产能由5~7辆/班提升到11 ~ 13辆/班。建立特种车项目管理管控模式，推行项目里程碑计划，细化生产计划，逐步理顺特种车产业管控机制，特种车年度造修总量创历史新高。创新供应链模式，提升采购协同化水平，与涟钢、湘钢建立战略合作伙伴关系，和江北冷弯型钢公司开展党建共建，实现销售收入400余万元，消化积压存货300万元；抢抓资源，保障了国铁造修、出口车及冷链产品的物余资供应，共签订外购合同3164份，合同金额136771万元。完成集团下达的国内集采物料全供应链降本降幅1%指标。通过阳光采购，全年循环物资累计交易金额1429.85万元，溢价110.57万元，溢价率8.3%；以项目管理为抓手，稳步实施“大物流”项目。完成了中心库、备料成品库和线边轮轴库改善升级，库房容积利用率提升60%；实施精益配送，推广使用液压叉车、小火车，有效提高物流效率。完成对修理业务部二级库的收编，减少管辅人员8人；试点物流市场化，创收14万元。全年完成国铁新造2100辆、国铁检修4596辆、出口车新造辆326辆、企业自备车新造73辆、特种车造修139辆、铸钢件18776吨，其中完成3个客户的4种车型厂段修共计309辆，创历史新高。

**【市场营销】** 全年国内铁路货车造修市场实现销售收入11.11亿元，特种装备实现销售收入1.45亿元（含特货箱、车），成功中标南京晨光特种车、LJ学院某箱等特种装备研制项目4个，拓宽了未来特种装备市场产品谱系。冷链装备先后获得中铁特货300台20英尺隔热箱、100台40英尺冷藏箱市场订单，湖南某企业600台20英尺粉粒罐箱、泰国LNG罐箱、马来西亚LNG罐箱、韩国冷藏箱市场订单，全年实现销售收入约8207万元。“青岛港示范线”建成并完成交付；几内亚维保项目正式落地；阿联酋维保项目实现首次承担长江集团所属公司全工序海外交车工作。全年售后服务质量问题处置完成率100%，事故、行车设备故障和批量质量故障有效处置率100%，顾客满意度达到93.6%。

**【基建与技改】** 创建巡检巡修维保模式及资产信息化管理，全面推进“手机一键报修”系统运用，多措并举保障几内亚车、NX70A平车生产装备稳定运行，全年装备总巡检10000余台次，总巡修1000余台次，主要在用重点装备平均故障间隔时间（MTBF）由2020年292.04小时延长至359.92小时，比2020年在用装备平均故障间隔时间延长23.24%、平均故障修理时（MTTR）0.98小时；年内低效无效处置收款180.28万元；加大危险废物规范化管理，完成长江公司《挥发性有机物一厂一策治理方案》《中车长江车辆有限公司危险废物安全专项整治三年行动实施方案》编制，年内完成“废气在线监测系统项目”建设并联网运行。公司列入2021年武汉市生态环境监督执法正面清单、公司《水性漆替代油性漆项目》获评市环保局示范项目；完成110千伏变电站新增冷备用主变工程，有效提高了武汉园区的供电可靠性；完成展厅布展工作，开展厂区环境改善建设，完成1、2号楼间便民通道建设和厂区内停车场道路扩宽工程、目视化宣传栏项目；投入260万元完成对新造片区车间约76.95万平方米厂房内墙翻新。6月29日，2辆青岛港智能空轨集疏运动车组竣工，现场安装安全质量达到建设需求；“以机代人”项目完成平车单片梁生产线、中梁生产线、侧墙生产线安装及调试投入生产配套工作。

**【质量管理】** 持续推进“中车Q”、ISO/TS 22163质量管理体系贯标，实施体系夯实两年行动方案，开展中层管理人员ISO/TS 22163质量管理体系、“中车Q”质量管理体系标准培训和考试以及质量管理体系程序文件优化和学习及考试，不断提升质量管理体系运行有效性，ISO/TS 22163质量管理体系顺利通过换证审核，管理成熟度得分较2020年提升1分。修订完善《质量管理考核办法》《生产工序质量工资管理办法》《工序质量红线管理办法》《自检、互检、专检管理办法》，落实质量奖惩制度，全年质量损失率0.17%。开展批量质量安全风险管控，产品批量质量问题风险及“八防”风险控制措施执行情况检查，全年未出现批量质量问题及D类及以上事故。扎实开展三板破损、制动关门车等典型故障攻关，持续加强源头质量问题整治，不断提高售后服务质量；全年HMIS网络质量抽查排名位于前列。

**【人力资源管理】** 严格控制用工总量，全年净减员200余人。新招录大学生47人、市场化招聘紧缺人才3人。加大人才队伍建设力度，制订年度培养计划，完善“导师制”，强化两级后备人才培养。推进金蓝领和技能大师创新工作室建设，创建技能大师工作室2个，积极推荐申报国家级技能大师工作室2个，刘闻忠、张文胜技能大师工作室获评武汉市级技能大师工作室，坚持组织开展绝招绝技评选活动。组织青年技能员工开展技能提升培训，举办2021年“湖北工匠杯”技能竞赛暨长江公司第五届技能竞赛，组织中车、长江集团、武汉市技能竞赛集训和参赛工作，4人被授予“湖北省技术能手”称号。完善青年人才培养机制，制定《高校毕业生管理办法》。搭建学习平台，2021年共计实施培训项目150余个，参培达13000人次，培训总学时8万余课时。推荐31人次参加各类人才评选，其中李中迪、李增彪、曾稳获评中车科技人才之青年人才奖，尹利、付兵、王晓梅、张文胜获评江夏英才之匠才，邱涛、付兵获评武汉市技能大师。

**【企业文化建设】** 围绕“建党100周年”“中车建企140周年”等主题开展系列活动。围绕“建党百年绽芳华　长江奋进谱新篇”歌咏比赛开展氛围营造、宣传报道等各项工作，将“同一个中车　同一个长江”“三力长江”理念有机融入庆祝活动。协助组织中车创业140周年火炬接力传递仪式，传递公司继续传承红色基因。结合“中车日”活动，策划组织“冲刺四个月　决胜第三标　献礼党代会”誓师大会暨劳动竞赛启动仪式，以升国旗、唱司歌、咏司赋、发倡议等形式激发广大员工斗志。开展公司“书香长江激活力，学史力行作表率”全员读书活动。持续优化宣传文化阵地建设方案，完成中棚区宣传文化长廊建设并印发实施《中棚区域文化宣传长廊管理规范（试行）》。协助开展班组管理，全年面向班组长、青工、劳务工、相关方人员开展企业文化及员工行为规范培训20余次，培训人数逾1000人次，共计覆盖82个班组。进一步巩固VI整改成果，持续强化BI执行落地，更新下发《员工行为规范管理办法（2021版）》，建成14个吸烟室并严格执行《吸烟室管理规范（试行）》，全年共发布12次BI考核通报。

**【党群工作】** 扎实开展党史学习教育，“我为群众办实事”实践活动主动深入，35件惠民大事、122件群众身边事被有效解决。完成“庆祝建党100周年、中车创建140周年”系列主题活动。全面落实中车党建“固化攀升年”各项部署，推进党建工作与生产经营深度融合、固化攀升。召开公司第二次党代会，选举产生新一届“两委”领导班子，擘画建设“四好四优四智”新长江宏伟蓝图。纵深推进“四智”新长江特色党建品牌建设，品牌效应不断彰显。持续开展“三亮三来三先锋”等党内主题实践活动，发挥党员的先锋模范作用。树立新闻营销理念，首创智能空轨集疏运系统在青岛港竣工获人民日报、湖北日报等媒体平台广泛宣传报道。沉浸式廉政纪律教育入脑入心，精益、质量领域形式主义、官僚主义及“靠企吃企”等专项整治精准有力，对基层党组织的巡察扎实开展，年度纪检“双创行动”项目典型经验获中车、长江集团交流推广。持续深入推进“新小家”建设，公司工会获评中车“擦亮金名片建设新小家专项行动优秀单位”。重视先模培养，程琪获评湖北省“荆楚工匠”，张文胜被评为中车“高铁工匠”。扎实开展“青”字号品牌创建，公司青年抗疫突击队获评中央企业“青年文明号”，24个先进青年集体及个人荣获中车及以上荣誉。

**【重要纪事】** 2月5日，公司组织召开领导班子专题民主生活会。3月5日，中铁特货物流股份有限公司总经理于永利率队到公司考察并作合作交流，双方就铁路冷链物流运输装备共商一体化系统解决方案。4月1日，公司党委召开党史学习教育动员部署会，对全公司开展党史学习教育进行动员部署。4月27日，长江集团外部董事房志坚、赵蔚到公司调研指导工作。6月27日，长江集团第二届员工职业技能竞赛暨第二届青年职业技能竞赛在公司闭幕。9月28日，武汉市总工会党组成员、副主席李兵一行到公司座谈。9月28日，长江公司组织召开“冲刺四个月、决胜第三标、武献礼党代会”誓师大会暨劳动竞赛启动仪式。12月25日，中共中车长江车辆有限公司第二次代表大会在武汉召开，104名党员代表出席会议，为公司高质量发展集聚广泛智慧和奋进力量。

**【公司党政工负责人】**

| | |
|---|---|
| 党委书记 | 张　磊（任至8月）<br>张厚胜（8月任） |
| 董事长 | 张　磊（任至8月）<br>张厚胜（8月任） |
| 总经理 | 成　光 |
| 副总经理 | 江锐锋　王宝磊<br>李钦锋　刘　凯<br>杨　军 |
| 总工程师 | 王宝磊（兼） |
| 财务总监 | 刘　凯（兼） |
| 党委副书记 | 成　光　彭　飚 |
| 纪委书记 | 彭　飚（兼） |
| 工会主席 | 彭　飚（兼） |

（长江公司　供稿）

# 中车太原机车车辆有限公司

（统一社会信用代码：911401006644610372）

**【概况】** 2021年末，太原公司在册员工2670人，在岗员工1996人，其中各类专业技术人员716人，高级及以上技术职称人员181人，技能操作人员1288人。占地面积89.02万平方米，总建筑面积30.84万平方米，拥有各类设备3821台（套），资产总额39.4亿元，固定资产15.75亿元。公司设党群部门8个、行政管理部门28个、生产单位17个，分公司1个、合资公司2个。全年实现销售收入24.16亿元，利润714万元。

**【经营管理】** 全面推进“改革三年行动”暨科改示范行动，统筹推进69项具体改革任务，年度改革任务完成率100%。优化法人治理结构，完善“三重一大”决策程序，有效激发了体制机制活力。突出技术赋能，坚定不移科技创新，研发投入强度稳定保持在3.51%。以全面预算与可控费用压降为重点，深化“降本节支增效”，期间费用同比减少3299万元，资产负债率同比降低2.14%。推进信息化和工业化深度融合，获评国家工信部两化融合管理体系贯标示范企业。实施“强基”工程，落实“四基五无”管理目标，17项十大里程碑重点突破项目结题率100%、76项实施清单项目开展全过程跟踪督办，项目完成率98.7%。开展对标提升，大力推进管理体系管理能力现代化建设，提升基础管理水平，45项改善项目完成率100%。实施精益管理体系贯标，全面推动“6621”运营管理平台建设，实现ERP、MES及供应商质量管理平台的集成应用。推动“两模线”建设，打通生产短板瓶颈，完成1200辆新造$NX_{70}$型共用平车生产任务。持续开展“改善不良、杜绝浪费”，累计创造经济效益572.9万元。强化重大经营风险防范化解，实施存量风险专项化解，累计化解风险敞口869万元。压实安全生产主体责任，深入开展安全生产等级评价和专项整治三年行动，不断提升本质安全水平，全面实现“新三零”目标，获评中车安全生产乙级一等企业、山西省安全生产标准化企业。

**【科技创新】** 提高科技创新能力，深化科技创新改革，引入TRIZ创新方法，实行科研项目“分级管理”“揭榜挂帅”，不断提升自主创新能力。强化技术标准化、专利化布局，加大知识产权保护力度，主持参与制、修订长江集团及以上级别标准17项，年度累计申请专利90件。加快科技成果转化，获评山西省科技成果转化示范企业。充分争取政策红利，积极开展项目申报，累计获得科技经费支持1467.5万元。扎实推动重大产品研发，进一步巩固技术主导地位，$KM_{70}$（H）型煤炭漏斗车技术提升方案顺利通过国铁集团评审。适应铁路运输装备发展趋势，完成$KH_{70B}$型不锈钢粉煤灰有盖漏斗车研制。加快和谐机车大部件属地修进程，克诺尔BCM-045制动机实现合作修，$TGF_{76}$型列车供电柜形成批量修能力。平移和谐机车管路检修技术工艺，完成$SS_{7E}$、$SS_9$型电力机车制动管路改造升级。实施$HXD_{3C}$型电力机车“客改货”技术提升，进一步拓宽产品使用范围。深挖轨工配套潜力，先后完成DPT型接触网检修作业车车体、转向架试制，GMC-96B型钢轨打磨车转向架试修。

【生产运营】 稳步扩大和谐机车C6修市场占比，累计完成直流机车65台、和谐机车113台，实现销售收入9.03亿元。车辆业务抢抓“货补客”策略红利，主动对接市场需求，检修总数连续3年刷新历史记录，累计完成车辆新造1410辆、车辆检修5763辆，签约检修车辆数量同比增长22.65%，实现销售收入7.51亿元。坚持“产品+服务”双轨输出，“宁东经验”得到子集团大力推广，年内累计与4家企业签订1188辆属地修订单。国际业务寻求疫情防控形势下新发展路径，积极探索业务增量，产品配件首次外销北美市场。落实“营销中车”战略，稳步提升城市专用车地方影响力，45辆救护车顺利交付用户，实现两条钢轨向城市公路历史性跨越，累计实现营业收入2158万元。积极推动轨工、地铁业务配套，形成专业化、协同化产业发展新格局，累计完成配套收入2.98亿元。发挥售后维保区域优势，全力拓展后市场业务，推动实现重载货车配件库试运营。助推服务性产业发展，深化全产业链钢材加工及仓储物流服务，实现收入1亿元。

【基建与技改】 完成固定资产投资2797.73万元，其中和谐二期续建投资843万元，更新改造完成1954.73万元。实施完成钩缓油漆线改造、激光切割机、长江集团一体化精益研发平台一期、平车中梁组对胎、中梁翻转胎、中梁调修胎等99项工艺更新改造项目。完成车辆污水站大修、低压无功补偿装置大修、能源管控平台维保费用、轨道1#线、2#线大修、水平衡测试等23项大修计划。完成对钢结构厂房天车轨道进行检测调整，对迁车台轨道调整紧固，迁车台地面碎石回填修整，机车工艺调整基础设施配套调整，工会小家修缮，厂区基建设施维修，路面便道塌陷修复等基建项目。通过盘活闲置房建资产、处置公务用车等手段，固定资产周转率达到1.51次。开展专项节能改善活动，制定31个节能技改项目。

【质量管理】 以“中车Q”成熟度自评为契机，全流程梳理产品实现过程薄弱环节，持续推动管理水平提升，质量监督抽查合格率100%。深化质量管理信息系统应用，进一步规范管理行为，提升管理效率，提高实物质量。扎实做好质量损失数据统计分析，查找制约改善提升的瓶颈工序，积极对冲损失减利因素，质量损失率控制在0.15%。深入推进全员、全过程质量管控，聚焦源头质量、惯性问题、工艺执行等重点环节，深入排查整治，确保质量形势平稳可控，2021年第二次和谐机车C6修综合评价排名第二，近一年度4次厂修货车典型故障反馈率累计综合排名第一。

【人力资源管理】 完成人力资源调剂平台建设，初步搭建内部市场化运作模式，加快人工效能释放，有效缓解人员结构性短缺，工业总产值劳产率同比增长32.64%。加强干部队伍建设，全面推行任期制、聘任制、契约化管理，“两制一契”覆盖面达到100%。优化干部选拔任用程序，新任职中层干部竞争性选拔比例达到92%。畅通职业生涯发展通道，设立中层助理岗位，逐步完善阶梯式干部培养与管理模式。加强薪酬制度体系建设，优化内部分配机制，在岗员工人均收较2020年增长2.8%。全年累计完成培训163次，参训8706人次。

【企业文化建设】 深度聚焦中车集团“庆祝中国共产党成立100周年暨中车创业140周年”、长江集团打造“三力长江”暨改革行动年、太原公司高质量发展等主题，坚持内宣外宣并重，切实发挥好宣传舆论优势。先后开展“百年党史微课堂”“学党史 颂党恩”主题摄影书画征集、“致敬革命先烈 传承红色基因”主题党日等系列活动。以“旗帜”为主题编排的舞蹈亮相中国轨道交通工业140年晚会和第二届长江文化艺术节。对内依托中车之歌、《中车赋》、“9·28”中车日等文化载体落地，充分激发员工对中国中车“大家庭”的归属感、自豪感和责任感。强化文化引领，完成了公司质量、精益、安全、廉洁、合规5项个性文化理念征集、遴选和确定。对外通过公司转型发展、新产业拓展等时事热点吸引了人民网、新华网、山西日报、太原日报等各级媒体进行专题报道。山西卫视、太原电视台的融媒体中心深入公司生产一线开展了2次大型网络直播，为中车品牌的正向传播提供积极助力。

**【党群工作】** 紧密围绕党建“固化攀升”主题和“三力长江”总体部署，以高质量党建引领高质量发展。深入学习习近平总书记“七一”重要讲话精神，开展党史天天学、党史百人讲等系列活动，将党史学习融入日常、抓在经常。以“学百年党史 开太车新局”为主题，将4个系列18项活动贯穿全年，进一步激发全体干部职工爱党、爱国、爱企热情。优化完善“一支部一品牌”建设，进一步巩固“深度融合样板支部”试点创建，持续擦亮党建“金名片”。开展违规挂靠、内部专项巡察等相关工作，深化巡视整改，一体推进“三不腐”机制建设。常态化进行纪律教育，组织全级次党员干部诺责诺廉，为公司改革发展提供坚强的政治保障和纪律保障。全心全意依靠职工办企业，结合“我为群众办实事”活动，完成132个“新小家”建设，实行全员体检，发放生日蛋糕，显著提升职工归属感。开展青字号品牌创建、“导师带徒”等系列活动，进一步彰显群团组织战斗力。

**【重要纪事】** 1月15日，公司荣获工信部两化融合管理体系贯标示范企业。3月12日，国铁集团机辆部货车事业部处长黄毅到公司调研指导工作。4月5日，公司中标太原市救护车45辆，标的金额超过2000万元。5月26日，中车股份副总裁马云双到公司讲授党史学习教育党课。同日，他代表中车集团看望了公司老党员彭秀珍。7月19日，公司在专用车生产线举行救护车暨配套医疗设备交接仪式，山西省委常委、太原市委书记罗清宇，太原市委副书记、市长张新伟等领导出席仪式。8月17日，山西省总工会党组成员、副主席李忠贵到公司调研检查。8月28日，公司HXD3C型机车客改货验收合格。9月1日，公司通过省级最高计量标准检查。10月13日，中国国家铁路集团有限公司机辆部相关领导及17家铁路局集团公司机辆系统负责人到公司调研考察并座谈。11月6日，公司和谐电力机车制动机产品通过审核实现属地修。11月23日，山西省委常委、太原市委书记韦韬到公司调研。12月15日，公司正式获批山西省科技成果转化示范企业。

**【公司党政工负责人】**

| | |
|---|---|
| 党委书记 | 史洪斌 |
| 董事长 | 史洪斌 |
| 总经理 | 段云龙 |
| 副总经理 | 梁建平　杨景林<br>苏晓伟　柳广军<br>孟范宏 |
| 财务总监 | 孟范宏 |
| 党委副书记 | 段云龙　张海玲 |
| 纪委书记 | 张海玲 |
| 工会主席 | 张海玲 |

（太原公司　供稿）

# 中车西安车辆有限公司

（统一社会信用代码：916101006631640309）

**【概况】** 2021年末，西安公司在册员工总数3079人，其中在岗员工2705人，正高级职称19人，高级职称121人，中级职称334人，初级职称237人。设有8个党群机构、13个管理机构、6个制造单元、2个市场单元、4个技术单元、5个战略业务单元、1个全资子公司。公司占地面积66.47万平方米，生产房屋建筑面积27.5万平方米，经管铁路26.47公里，固定资产原值7.13亿元，净值1.56亿元，拥有各类设备6763台。全年实现营业收入18.06亿元，归母净利润8051万元。

**【经营管理】** 公司组织开展以“发展高质量，业绩稳提升”为主题的提质增效活动，从加大市场开拓、提升资产运营效率、盈利能力、降本节支增效能力以及经营管理能力五大方面入手，统筹推进生产经营各项工作。坚守“持续改善、消灭浪费、创造价值”运营理念，通过对标先进、全方位改善、精益生产，使成本、质量、效率等明显改善，持续推进精益载体建设，建设标准生产工位207个、精益示范（区）线17条、精益车间8个，达到中车精益管理三级水平。提高生产率保交付、落实责任制保安全、管控全流程提质量，打赢了“百日大奋战”，“新造、客修、货修”三大系统订单按期交付，守住了安全红线、质量底线，全面完成长江集团下达的经营指标。

**【科技创新】** 公司获得铁道学会科学技术奖三等奖1项，中车科学技术奖二等奖1项，三等奖2项；组织开展中车科技成果评价4项；全年申请专利47项，其中国际专利3项，发明专利24项；组织编制铁道行业标准1项，中车企业标准1项，完成公司企业标准5项。积极推进J30型食用油罐箱设计研发，完成产品试制、型式试验和定型；开展J29型大容积乙二醇罐箱设计研发，完成产品试制、型式试验和定型，实现了非圆截面罐箱技术的突破，在非圆罐体内外压承载技术、轻量化技术等方面实现了创新应用；开展J37型欧洲浓硫酸罐箱设计研发，完成产品试制、型式试验和定型，在超大重量罐箱承载技术、角件技术和试验技术等方面实现了创新应用；持续推进冷冻液化气体运储装备的研发，已完成液氢铁路罐车和液氢罐式集装箱初步方案设计；积极推进35吨敞顶集装箱、35吨通用集装箱的试制工作，顺利完成产品试制，并通过型式试验完成产品定型；顺利取得压力容器生产许可证书。开展关键性技术研究，对TG1型偏二甲肼铁路罐车加排系统管路固定结构和气、液相管路密封端盖等进行了改进设计；以黄磷罐箱为原型箱，按照装运浓硫酸的要求进行设计，使该箱型可用于装运浓硫酸等。全年完成专利申请13项，其中发明专利申请6项，海外专利1项。

**【生产运营】** 全年共完成新造货车2610辆，修理货车5123辆，修理客车354辆。新造货车完成8个品种的批量生产，其中$X_{70}$货车的生产实现日产22辆，创造了公司新造产品产量新纪录。修理货车包括国铁车4831辆，同比增加1236辆，增幅31.8%。修理客车包括非空调车40辆，空调车314

辆，同比增加 98 辆，增幅 38.2%。

**【市场营销】** 实现国铁货车新造一标 200 辆 X70、二标 1100 辆 X70 和三标 800 辆 X70，合同订货 2100 辆。企业自备车销售以市场为导向，制订详细实施措施计划，先后中标、新签 6 单共计 581 辆。国铁货车厂修中标 4831 辆（第一批 2234 辆、第二批 2228 辆、第三批 369 辆）。自备车厂修先后签订 10 单共 432 辆。城轨地铁根据“统筹规划、技术升级、快速成型、服务本地”的发展思路，积极与西安长客合作，全年执行 7 列 42 辆西安地铁 5 号线合同。积极开拓海外业务，与意大利 SARA 公司签订 2 台样箱订单并完成相关试验，签订中铝秘鲁公司 8 辆柴油罐车。

**【基建与技改】** 围绕“十四五”战略规划，按照“统筹规划、技术升级、快速成型、服务本地”发展思路，通过“既有厂房及配套设施技术改造项目”建设实施，着力打造以西安为核心、覆盖西北地区的地铁车辆检修和组装基地。2021 年，“既有厂房及配套设施技术改造项目”完成投入 5743 万元，累计投入 9695 万元；续建长江集团重点项目“客车环保综合改造（一期）”，通过了客车检修车体外部喷涂室设备现场验收，整体项目基本完成建设，项目投入 225 万元；非重点更新改造项目主要有钩缓油漆喷涂改造、货检修转向架零部件油漆线新建、轮轴检修厂房西延建设、西龙门吊料场伸缩式活动房建设等，项目投入 1900 万元。新投入激光切割机、新产业中心配套设备、25T 客车轴箱分解线、城轨转向架检修设备等，其中重点项目激光切割机、新产业中心配套设备、25T 客车轴箱分解线、焊接机器人、上模坐垫、液压剪板机已完成安装投入使用。

**【质量管理】** ISO/TS 22163 和“中车 Q”管理体系的有效运行方面，公司内审组坚持问题导向，针对内、外部质量信息反馈突出的质量问题开展审核，倒查、改进体系运行的薄弱环节；改集中审核方式为多次专项审核，强化审核的针对性；改依据标准逐条审核为重点问题追踪审核；在符合性审核的基础上，突出有效性审核；公司顺利通过 ISO/TS 22163—2017 和 ISO 9001—2015 质量管理体系年度监督审核、TÜV 莱茵认证集团公司年度换证审核；“中车 Q”质量管理标准和 ISO/TS 22163 质量管理体系有效融合。造修产品过程管控方面，每批产品开工前，组织设计、工艺、质量部门梳理前期内外部质量问题，识别质量安全风险，评价质量保证能力，提出防控措施并下发有关单位实施，有效防止了批量不合格产品下线交付。产品源头质量整治方面，以落实中车《国铁轨道交通装备运营安全专项整治三年行动实施方案》为主线，联合西安机车车辆监造项目部，开展了客（货）车造修质量专项检查，排查问题均已整治关闭；对国铁集团公布的各个季度客（货）车源头质量问题进行了专项分析和整改。全年公司出厂车辆未发生一般 D 类及以上责任事故，厂修货车典故率排名第一、新造货车典故率排名第七。

**【人力资源管理】** 夯实人力资源管理基础，做好员工总量控制，合理开展劳动力的平衡和调配；加强工资总额控制，坚持工资支付“两低于”原则，全年支出工资总额控制在预算范围内；人力资源管理效率和效能稳步提升，企业增加值劳产率 23.97 万元/人、人事费用率 25.77 万元、人工成本利润率 16%。统筹抓好干部队伍建设，全面推行“两制一契”管理，制定《中层干部“两制一契”管理实施细则》，组织签订《年度目标责任书》114 份、《任职承诺书》32 份、《聘任协议书》101份，优化完善干部退出机制，加快建立"干部能上能下"的畅通渠道，全年共实现中层干部退出领导岗位16人；推进干部队伍年轻化，组织开展中层副职岗位公开竞聘，提拔中层副职9名，新提拔人员中35岁以下6人，促进中层干部35岁以下占比提升7%、平均年龄下降2.2岁。开展职称评审和技师评审，取得正高级职称3人、副高级职称14人、中级职称19人、高级技师2人。全面梳理国家及地方出台的各项优惠政策，累计争取相关补贴资金196.7万元。

**【企业文化建设】** 制发《司歌管理办法》《关于进一步加强中车之歌学习和使用的通知》，强化中车司歌在公司内部的规范使用。以"庆祝建党100周年、中车创业140周年"为主题，紧密围绕司节、司歌、司赋、司书开展系列文化落地活动，举办"中车日"升旗仪式，组织开展"庆祝建党100周年、中车创业140周年"文艺作品征集、《中车赋》锦上添花、《中车赋》文艺作品征集、读《红色中车》学中车历史等活动，有效提升员工的文化认同度。围绕建党一百周年，充分挖掘公司红色文化基因，宣传报道公司员工、百岁老党员贾桢信先进事迹，开展"与党同龄　致敬百岁老兵"文化品牌活动，中国中车党委书记、董事长孙永才到公司看望慰问贾桢信老人，营造了浓厚的学习革命精神，聚力企业发展文化氛围。

**【党群工作】** 党的领导融入公司治理实现攀升，制定并落实"第一议题"学习制度，深入学习贯彻习近平新时代中国特色社会主义思想和习近平总书记视察中车重要指示精神，及时跟进学习习近平总书记最新重要讲话精神；"常规+专项+专题"巡察基层党组织14个；落实"1121"保密要求，全年无泄密事件发生。谋划好动员部署会、学习教育方案、"七一"重要讲话精神宣贯等重点工作，确保规定动作高标准；策划实施"百年奋斗史　复兴中国梦"系列活动，整合报纸、广播、抖音、微信全媒体力量，推送"党史百问""党史微课"100余篇；设计"党员读党史"特色活动，参与党员4000余人次；开展"致敬红色历史"教育活动，举办教育培训21期、受教育党员1000余人次；"我为群众办实事"140多项，确保自选动作有质量、学习教育有收获；下发《党员、干部及员工理论学习计划》5期，推动党的十九届六中全会精神、"七一"重要讲话精神进车间、进班组、进头脑；围绕改革行动、党史学习教育、百日大奋战等开展主题宣传活动，编发《先行报》36期，新媒体推送信息400余条，"讲党史、听简史、读经典"、新产业进军欧洲市场等被省市多家媒体报道，百岁老党员事迹在《人民网》等多家媒体刊出，内聚活力、外塑形象取得新成效。根据组织机构变化调整基层党组织8个，按期完成30个直属基层党组织的换届改选；修订《党建工作管理手册》《党建管理程序文件》等，不断健全完善党建管理体系；严格落实"三会一课"、民主评议党员等党建基本制度，两级领导讲党课109次；广泛开展"亮身份、树旗帜""学党史、当先锋、保质量、践承诺"活动，广大党员承诺践诺3000余项。

**【重要纪事】** 1月，公司荣获中车品牌专项突出贡献奖和2020西安百强企业称号，并顺利通过2020年省级清洁生产审核。2月8日，陕西省委书记刘国中到公司走访调研。3月12日，公司TG38、TG64A型特种铁路罐车通过段修资质审查。4月13日，集团公司外部董事到公司调研指导工作。4月15日，欧洲某危化品运输公司到公司考察，并就具体项目签订了合作协议，标志着公司产品首次进军欧洲运储装备高端市场。5月25日，中国中车党委书记、董事长、总经理（总裁）孙永才到公司调研指导工作。7月8日，国家统计局核算司一级巡视员张冬佑普查中心副主任王宝滨到公司调研指导工作。7月16日，国家脉冲强磁科学中心主任李亮到公司调研。10月12日，长江集团总经理张磊到公司调研指导工作。11月15日，陕西省总工会常务副主席王瑞峰到公司督导调研。11月17日，公司与陕铁院举行校企合作签约仪式。12月9日，公司生产的欧洲硫酸罐箱在BV船级社见证下，顺利通过ISO 1496-3规定的全部12项型式试验。

**【公司党政工负责人】**

党委书记　郑国忠
董 事 长　郑国忠
总 经 理　郭志挺
副总经理　郭小锋　李胜林
　　　　　苏宇东　徐耀宏
　　　　　武　强（任至9月）
总工程师　郭小锋
财务总监　徐耀宏
党委副书记　郭志挺　吴青林
纪委书记　吴青林
工会主席　张革斌

（西安公司　供稿）

# 中车眉山车辆有限公司

（统一社会信用代码：91511400662787535Q）

【概况】2021年末，眉山公司在册员工2700人，其中经营管理人员121人，工程技术人员321人，专业管理人员397人，市场营销人员60人，技能操作人员1687人，其他人员114人。公司下设18个部室，5个直属车间，2个分公司，2个全资子公司，1个控股子公司。公司有固定资产原值11.74亿元、净值4.76亿元，占地面积79.04万平方米，建筑总面积42.25万平方米。全年实现营业收入27.28亿元，归母净利润1.26亿元。

【规划发展】组织完成“十四五”规划纲要、修订稿、送审稿编制并报送长江集团。组织对职能部门和分子公司进行调研，完成人力资源、科技发展等20个职能和业务规划的编制。完成“十四五”规划2021年重点措施制定并报送长江集团，完成“十三五”发展规划评价工作并编制评价报告和2022年举措清单。组织参加“十四五”规划编制、三项制度改革、市场化经营机制改革等培训工作。收集分析制动机、紧固件、铸钢、物流装备等行业发展趋势的相关资料，为制定规划提供支撑。

【经营管理】全年新签国铁整车订单4000辆，自备车订单106辆，新签订单金额同比增长0.32%，国铁车市场份额同比增长0.72%；新签海外整车订单672辆，同比增长11.44%，累计新签订单金额同比增长70.27%。全年共计生产15个车型5054辆整车，实现销售4856辆。全年实现营业收入27.29亿元，同比增长18%，归母净利润1.26亿元，同比增长10%，集团下达22项经营计划指标，完成21项；净资产收益率同比增长0.85%，全员劳动生产率同比增长4.61%，销售净利率4.62%，研发投入比4.95%，整体经营呈现出“市场有增收、生产有增量、研发有增项、质效有增长”的良好发展局面。

【科技创新】7月19日，公司成立科技创新中心，下设科技管理部、试验技术研究所、工艺技术研究所、轨道装备技术研究所、物流装备技术研究所、制动技术中心和紧固连接技术研发中心，内设眉山公司技术战略委员会和技术专家委员会，两个委员会由内外部专家组成，挂靠在科技管理部。截至年末，科技创新中心共有正式员工123人（不含两个分中心），90%以上具有大学及以上学历，其中教授级高级工程师17名，高级工程师59人、工程师17人、高级技师2人。科技创新中心新立项6项中车科技重点项目，13项子集团级，28项子公司级科技项目，在研科研项目数量达76项，其中41项科研项目年内完成结题验收。在2021年度中车科技奖评选过程中，公司获得科技成果二等奖2项、科技成果三等奖4项。加快新产品试制进度，完成了N65-AUS型平车、C64-AUS型敞车、N66-AUS型钢梁运输平车、N68-AUS型钢板运输平车、N69-AUS型18米钢板运输平车、L69-AUS型澳大利亚粮食漏斗车等11种铁路货车新产品和20英尺35吨敞顶集装箱、隧道二衬砼纵向连续灌注系统设备等4种新型工程机械装备的设计、试制工作。其中11项产品实现了销售。全年共申请专利180件，其中发明专利申请为93件，海外专利申请17件；国内专利授权数122件，其中发明授权5件、海外发明授权3件。

【生产运营】 澳大利亚集装箱平车、几内亚矿石敞车、嘉能可平车分别达到单班8台生产能力，生产效率提高33%；嘉能可敞车达到单班6台生产能力，生产效率较策划值（单班4辆）提升50%；X70型集装箱专用平车达产单班18辆，生产效率提高12.5%；澳大利亚五关节平车整车生产能力由两天1组提升至1天1组，生产效率提升1倍。先后组织C86-GIN型几内亚矿石敞车、嘉能可项目、澳大利亚钢板钢梁车项目、X70型集装箱专用平车等11类产品开展生产计划模拟推演工作，提前预见和梳理制造过程中的各类问题、风险和瓶颈共计114项。在钢板钢梁车量产初期，提出X70型集装箱平车钢结构连续22天“大小班”日产24台方案，为钢板钢梁车产线输送65名技能人员，节约劳务用工成本61万余元。提高生产异常处置效率，完成生产异常快速处置47次，实现全年整车批量生产能力达成率100%。成立新疆铁路货车维修工作组，完成4种车型136辆铁路货车修理任务，单班产能从4辆提升至6辆。

【市场营销】 国内市场全年共新签铁路货车整车订单4106辆、配件订单648万元，新签订单收入13.97亿元，完成年度目标的100.1%；销售铁路货车4108辆、配件935万元，实现销售收入14.01亿元，完成年度目标的100.43%。按照年内国内市场铁路货车招标总量计算，公司在国内市场份额为11.05%左右。海外市场坚持“国内总包”“海外客户”双渠道建设，全年新签海外整车664辆，订单金额4.18亿元，同比增长75.6%。落实差异化市场策略，澳大利亚优质市场得到巩固，新增客户3家，新签订单1.56亿元。成功开发阿塞拜疆等3个空白市场。着力探索营销新模式，编制完成《海外驻点方案》。推进海外维保业务，如期完成异地作业的136辆肯尼亚铁路货车检修项目。

【基建与技改】 全年完成工程项目施工管理工作共计110余项，全年基建工程项目无安全事故发生。严格执行工程项目竣工结算送审流程，进一步提高工程项目竣工结算的及时性和准确性，合计审减金额17.80万元，审减率2.62%。公司继续实施“以机代人”工程，主要完成了整车油漆喷涂线、铸钢中小件油漆喷涂线、敞顶箱项目等公司重点技改项目，以及铸钢分公司环保综合整治项目的续建。全年共实施了设备大修项目27个，合同金额约370余万元，完成备料预处理线提升机大修、4000吨油压机PLC系统改造、平巴厂房供电系统大修、7台天车大修、压力容器更新、起重机高度限位改造等20项重点项目。

【质量管理】 严格质量索赔和奖惩，与供应商形成信息反馈、问题处理、索赔与处罚的良好机制。全年统计报检采购产品15103批次，入厂复检不合格44批次，入厂检验合格率为99.71%。对供方处罚34起，处罚金额15700元。让步接收30批次，退货14批次。制定下发了《眉山公司“微创新”质量攻关改进活动实施方案》，全年结题76项。课题“用活焊接机械手，实现曲线焊缝自动焊”获中国中车一等奖，课题“通用敞车下侧门改造”“采用覆膜砂字号芯工艺，提升铸字成型质量”获中国中车三等奖。坚持以顾客为关注焦点，突出重点，明确措施，打造多层次、全方位的售后服务体系；严格贯彻执行“及时、专业、热情、满意”的工作原则，统筹协调各方优势资源，及时协调处理各类外部质量故障及相关信息，强化售后服务工作力度，不断提升售后服务工作质量。全年杜绝了D类及以上事故的发生，无定责行车设备故障发生；国铁集团通报的典故反馈率中，公司2个季度排前三名，并取得了连续10个季度排名前三的最好成绩。

**【人力资源管理】** 落实全级次“两制一契”管理。按“科改示范行动”改革要求，修订完成《中层干部“两制一契”管理实施细则》，下发《关于编制、签订中层领导班子2021年度绩效目标责任书及中层干部“两书”的通知》，按照“两书两办法”规范全级次中层干部职位设置、薪酬管理，完成公司中层及以上领导干部、子公司中层干部的“两书”的签订工作。启动干部绩效管理咨询工作，编制干部绩效管理优化方案，实现“两制一契”管理落实落地。构建干部管理制度体系，全面梳理公司干部管理制度，修订完成《中层干部选拔任用管理办法》《中层领导班子和中层干部综合考核评价办法》等制度；指导3家子公司修订完成干部管理制度，形成全级次干部管理制度体系。加强后备干部培养锻炼，1名公司高管副职后备干部竞争上岗到公司副总经理职位。对18名中层副职后备干部进行交流调整。组织22名中层副职后备干部参加HSE管理体系内审员、现场作业优化与成本改善、研发技术人才、国际贸易业务等12项培训。

**【企业文化建设】** 总结挖掘三线文化，举办了“三线建设”历史图片展，制作宣传读本《红色足迹，三线眉车》《心中的红纽带》；与眉山电视台共同策划“讲好三线建设故事，传承弘扬三线精神”访谈栏目；邀请退休员工讲述激情燃烧的三线建设故事。与省国资委、机械园区党委、市经信局等单位开展“弘扬三线精神”学习交流。拍摄《最美的时光遇见最美的你》宣传视频，组织开展向建党100周年、中车创业140周年献礼文化活动，拍摄庆祝中国中车创业140周年祝福视频、组织“百年伟业 红色中车”庆祝中车创业140周年故事会，征集了16个《中车赋》文艺作品。组织参加了“AT世界建筑设计与技术革新大会”和“27届铝门窗幕墙新品博览会”等。强化对外形象推广，开展“走进国家能源集团”项目，更新改造了公司产品展厅，改版公司广告形象宣传册。在《机车车辆工艺》《县域企业风采》等外部杂志和网页上刊发了对外广告。

**【党群工作】** 公司党委坚持以习近平新时代中国特色社会主义思想为指导，持之以恒加强党的政治建设，推动党的领导融入公司治理。严格落实“第一议题”制度。制定印发《公司党委“第一议题”制度》，及时跟进学习习近平总书记系列重要讲话精神和治国理政新理论、新思想。不断完善公司治理结构，修订印发了《眉山公司“三重一大”决策制度实施办法》《党委会议事规则》《董事会议事规则》等制度。全年召开党委会48次，研究决策事项179个，充分发挥企业党委把方向、管大局、促落实的领导作用。深入开展党史学习教育，坚持把理想信念教育贯穿党史学习教育始终，组织党员领导干部、劳模先进100余人次到延安开展红色教育，特邀专家教授开展2期党史学习专题讲座，开设“党史大讲堂”，109名党员先锋深入基层讲党史。开展“我为群众办实事”主题实践活动，办结完成10件惠民大事和110件群众身边事。《中车眉山公司以“无我”初心践行为民办实事》作为中车集团唯一入选典型经验，在中央“党史学习教育官网”发布，并被中车推荐为中央《党史学习教育案例选编》书籍征选案例。隆重庆祝建党100周年，制定“建党百年颂奋进创一流 永葆红心跟党走”系列庆祝活动方案，先后推出《引领》献礼片，以及《红色足迹三线眉车》《百名党员功勋谱》《岁月如歌》等书籍画册。采取“1个主会场+11个分会场”的形式，组织1200余名党员现场集中观看庆祝中国共产党成立100周年盛会。抓好党建品牌建设，全年吸引40多批次企事业单位前来学习参观。《基于体系融合的党建六字品牌塑形》创新成果在荣获四川省一等奖后，被评为2021年全国企业党建创新优秀案例、第七届国企管理创新成果二等奖。强化“三基建设”，落实“四同步、四对接”要求，全年根据组织机构优化，撤销物资采购部党支部、产品开发部党支部等5个直属党组织，新成立采购配送中心党支部、科技创新中心党支部2个党组织。创建“红五星”先锋党支部考评新模式，首次从28个基层党组织中评选出6个“红五星”先锋党支部，《基于争创“红五星”先锋党支部的党建工作责任考核机制构建研究与实践》在中车党建理论研究和实践成果评选中荣获一等奖。组织28名基层党组织书记开展现场述职评议，全年发展党员28名，预备党员转正21名。

**【重要纪事】** 1月7日，公司再次入选“四川省企业制造业百强”。1月，公司再次与澳大利亚客户签订78辆三种类型平车订单。2月3日，公司召开二届五次职代会暨2021年工作会议。3月2日，物流装备公司取得国家高新技术企业证书。3月26日，中国中车纪委书记王铵、纪委副书记姜海洋来到公司调研。5月28日，智能紧固件连接系统技术研究项目通过中车科研项目验收。6月17日，中国中车对公司总经理人选作出调整，曹平任公司总经理。6月28日—29日，公司通过德国莱茵TÜV公司认证专家的EN 15085焊接质量体系年度审核。7月19日，公司召开“十三五”科技大会暨科技创新中心揭牌仪式。7月20日，公司获得欧洲铁路行业协会（简称Unife）颁发的质量体系银牌证书，这是Unife在国内铁路货车整机企业中颁发的首张质量体系银牌证书。10月15日，中国中车工会主席赵虎到公司看望慰问一线员工。10月21日，公司与中国国家铁路集团有限公司签订了1600辆《$X_{70}$型铁路货车采购项目合同》。10月29日，中共眉山市委常委、眉山市副市长王淑琳，副市长戴林莉到眉山公司调研。10月，公司专利《一种两侧卸货漏斗车》在南非获得发明专利授权，这是公司获得的首个南非发明专利。11月2—3日，公司通过中规（北京）认证有限公司专家组对公司知识产权管理体系为期两天的现场监督审核。12月15日，四川铁道职业学院校长周立、学院机车车辆学院院长龙明贵到公司参观交流，并签署校企合作协议。

**【公司党政工负责人】**

党委书记　潘树平
董事长　潘树平
总经理　潘树平（任至6月）
　　　　曹　平（6月任）
副总经理　肖　颖　杨　鸣
　　　　杜　伟
　　　　曹　平（任至6月）
　　　　黄核仁（任至12月）
　　　　刘　宇（3月任）
　　　　王之成（7月任）
总工程师　杨　鸣
党委副书记　王云东（任至9月）
　　　　曹　平（6月任）
纪委书记　王云东（任至9月）
工会主席　王云东

（眉山公司　供稿）

# 中车贵阳车辆有限公司

（统一社会信用代码：915200003142129700）

【概况】2021年末，贵阳公司在册员工1474人，下设20个职能部门，7个生产单位，1个子公司。总占地面积119.69万平方米，总建筑面积69.39万平方米，资产总额22.17亿元，固定资产原值10.253亿元，固定资产净值3.61亿元，拥有各类设备2565台（套）。全年实现营业收入14.7亿元，归母净利润6176万元。

【规划发展】按照中国中车和长江集团工作部署开展“十四五”战略规划，编制了《贵阳公司“十四五”发展规划》。围绕长江集团下达的各项指标，制定《贵阳公司2021年提质增效工作方案》。修订下发投资管理办法、固定资产投资管理办法、投资项目后评价管理办法，建立投资项目后评价专家库，对2020年及2021年实施的投资项目进行全覆盖后评价。开展“科改示范行动”的各项工作落实，58项改革任务完成47项，完成率81%，完成三年改革任务75%以上的目标。

【改革改制】按照“统筹策划、一类一策、稳步实施”的思路，借助外部专业力量推进混合所有制改革。完成《关于合资设立贵阳中车弹簧制造有限公司的项目建议书》初稿编制，拟定贵阳公司混合所有制改革工作方案。开展对标世界一流管理提升行动的阶段性工作，对照“对标提升”工作清单，推进各项工作落实。职工房屋产权办理有序推进，完成1500余户职工住房双证移交工作。推进规章制度建设，对编号2017年有效版本共18项规章制度进行了专项梳理。全年废止6项制度，修订34项制度，新制定下发18项制度。

【经营管理】推行全面预算管理，开展以“发展高质量、业绩稳提升”为主题的“1618”提质增效活动，“两利四率”指标持续改善。营业收入利润率4%，用工总量比上年减少129人。新引进20家供应商，自采物料采购成本同比下降3.3%。通过国家和地方各项优惠政策获政府补贴，同时节约企业所得税支出。开展设备二级库精细化管理，库存同比下降5.4%。开展“改善不良、杜绝浪费”活动获得增利。建立存车线车辆信息管理系统，调车机车单机油耗同比下降17%。优化物料配送模式，运输汽车单车油耗同比下降35%。开展日常维护管理，运输设备维修费用同比下降30%。公司综合施策，建立健全风险管控机制，加大风险化解力度，企业风险总体可控。完善投资管理体系，建立投资项目后评价专家库，对投资项目全覆盖式后评价，规避投资风险。构建“审计整改销号管理平台”，对发现问题逐一进行销号管理。制定下发《事业部及子公司月度绩效考核方案》。推进“6621”运营管理平台建设，推动精益管理体系化，在货修企业中首批获评精益管理三级企业称号。围绕“七大任务”和“六要素”管理标准化，优化标准工位评价体系，打造具有公司造修特色的“158”工艺管控模式，实现标准工位建设全覆盖。建成中车二级精益车间3个，中车三级精益车间3个，中车二星级示范区线3条，公司级示范区线8条，示范区线建设实现全覆盖。实施三年“强基工程”，落实“四基五无”要求，重点推进的十大突破中32项基本实现。推进车体检修标杆产线建设，全年平均入厂车在修周期6.48天，检修车日产44.5辆。

【科技创新】 公司全年研发投入占比达到3.25%。组织开展20英尺35吨敞顶集装箱试制，获取船级社颁发的集装箱样箱认可证书，取得生产资质。取得集成制动JSQ6厂修资质，扩大了公司货车修理业务的品种和范围。推进“人机协同”，完成轴承二次清洗和轮对退卸工艺改造。强化技术研发力度，弹簧完成23个项目32个规格型号的新产品开发。全年专利申请24件，其中发明申请10件，授权专利14件。

【生产运营】 坚持“安全第一、预防为主、综合治理”安全生产方针，完善管理机制，强化安全生产隐患排查整改，生产安全平稳有序，实现新“三零”目标。践行“绿水青山就是金山银山”发展理念，履行生态环境保护主体责任。实施雨污分流改造，助力打赢污染防治攻坚战。制订“双碳”工作计划，明确“双碳”任务路径图、施工表。通过环境/职业健康安全管理体系年度监督审核。公司渣场环境调查评价相关指标全部符合国家标准。开展的危险废物收集暂存和转移处置，污染物排放浓度符合相关规定。

【市场营销】 核心业务方面，全年获得国铁货车检修订单9935辆，特货车及自备车订单1503辆，检修订单合计11444辆。在国铁新造中标X70型平车1154辆。新增订单中工程专业承包项目订单占比35.7%；桥梁钢结构订单占比64.3%。弹簧业务方面，全年签订订单1.02亿元。新兴业务方面，公司深化企地合作，在新能源、物流、集装箱等业务领域与地方政府建立了良好沟通渠道。

【基建与技改】 实施雨污分流改造项目。完成一、二号马路2千米填埋，公厕改造4个。投入近90万元疏通清理厂内和厂外排洪沟、修复加固受损围墙。全面推行维修项目预算制，工作票制。完成房屋维修费（含投资）的挂账、请款和日常房屋维修费登记和统计工作，完成专项维修项目统计分析和165项工程结算审核。

【质量管理】 推进“中车Q”质量体系贯标，深化全员、全过程质量管理，强化风险源和风险点管控，加快质量管理信息化建设，深化防错技术运用，开展13项专项质量攻关，造修源头质量问题大幅下降。铁路货车网络抽查中新造、检修连续四年排名第一，全年未发生D类及以上责任事故，无批量返厂事故。厂修投标中质量综合排名第二。8项QC成果被评为省部级优秀成果，3项QC成果获中车优秀奖。5月，通过ISO 22163质量管理体系监督审核，9月，通过ISO 9001质量管理体系监督审核。

【人力资源管理】 以激发员工价值创造力和提高人力资本效能水平为重点，统筹制定了“十四五”人力资源规划，着力建设一支适应公司高质量发展需求的人才队伍。推行精干高效的用人理念，推进复合型人才建设和多技能人才培育，用工总量压降4.5%。开展评价多元的育才体系，探索党建评价考核结果的综合运用和选拔任用体系的优化完善，党建工作成为“硬指标”，竞争性上岗成为常态化。公司入职大学生一本率进一步提升，中层管理人员平均年龄41岁，35岁及以下中层管理人员占比36.6%。在校园招聘中增设了高职院校板块，签订实习协议，以“双向选择”方式将优秀毕业生引入技能员工队伍，作为后续技能员工更迭的主要补充渠道。

【企业文化建设】 组织开展“庆祝建党100周年、中车创业140周年”文艺作品征集、“百年伟业　红色中车”主题展览等文化活动，其中中车创业140年文艺作品征集中3个作品分获中车一、三等奖，中车赋推广绘画作品1个获中车二等奖；修订《员工日常行为规范》，持续开展员工不文明行为排查并纳入绩效考核，强化BI建设；加强VI应用月度检查，作为基层单位精益管理工作项点进行考核打分；微信公众号搭建答题平台，完成党史知识等线上答题，开展企业文化和品牌建设培训。

**【党群工作】** 党委充分发挥“把方向、管大局、促落实”作用，全年召开党委会43次，并注重落实“第一议题”制度，党委理论学习中心组全年集中学习26次，做到及时、深入学习贯彻党中央最新精神。持续落实政治巡视问题整改，打通销号关账的最后堵点，就“降逾期应收账款和其他应收款余额”监管标准与上级达成一致，全级次巡视问题全部完成了整改。组建2个巡察组完成对7个党支部的常规巡察，开展“违规挂靠”等专项巡察，开展中央八项规定精神配套制度执行情况、5个专项监督、国资委巡视问题整改、党史学习教育中形式主义官僚主义问题、对“一把手”和领导班子监督工作等9项专项工作检查。围绕“固化攀升年”部署要求，制定党建工作对标清单，开展全国国企党建会精神“回头看”，梳理检视五年来抓党建、促发展的经验成效和差距不足。履行从严治党主体责任，把党风廉政建设工作纳入重要议事日程，建立“大监督”体系。在省部级媒体上共发表公司动态13篇，微信公众号推送267条。开展劳动竞赛和群众性经济技术创新活动，投入260余万元开展“六送三关注”慰问帮扶工作，组织员工集中完成新冠疫苗接种，全面完成了“新小家”建设三年工作规划。召开第一次团代会，总结新贵车成立以来公司共青团工作，部署今后5年公司共青团工作重点，选举产生公司第一届团委委员。

**【重要纪事】** 1月13日，贵州省机械冶金建材工会到公司开展劳模“两节”慰问。2月5日，公司举办第三届职业技能大赛。3月15日，公司召开党史学习动员部署会。4月7日，公司召开首次团代会。6月3日，中国中车副总裁马云双到公司调研。6月30日，公司举办庆祝建党100周年文艺晚会暨党建表彰大会。8月2日，共青团贵州省委和贵阳市委到公司调研，与公司青年员工代表座谈。10月4日，贵州省委常委、贵阳市委书记胡忠雄到公司调研。10月20日，中国中车副总裁马云双带队参观公司生产现场。11月5日，贵阳市委常委、市委副书记陶平生到公司调研。12月22日，公司召开碳达峰、碳中和工作启动会。

**【公司党政工负责人】**

党委书记　严世栋
董事长　严世栋
总经理　高　健
副总经理　董合军　黄　峻
　　　　　吴　勇　邓洪飞
财务总监　黄　峻
党委副书记　高　健　简　勇
纪委书记　简　勇
工会主席　简　勇

（贵阳公司　供稿）

# 中车常州车辆有限公司

（统一社会信用代码：91320412MA200C222T）

**【概况】** 2021年末，常州公司员工总数837人，其中，拥有高级专业技术职称人员29人、中级专业技术职务63人员人、初级专业技术职务人员106人、高级技师31人、技师64人。占地面积197156.069平方米，资产原值36627.75万元、净值19673.43万元。全年实现销售收入8.03亿元，净利润5000万元。

**【规划发展】** 以《中国中车“十四五”发展战略纲要》和《中车长江集团“十四五”发展规划》为统领，围绕长江集团“双主”战略和“三个集中”的管控模式，完成公司“十四五”发展规划编制工作。改革三年行动稳步推进，年度完成78.3%≥75%的目标。进一步完善“管理提升三年行动”专项任务清单，总体任务完成率88.5%。公司2021年度“强基工程”62个项目，年内完成率100%。《货车企业特色成本管控体系》项目被列入中车管理标杆项目创建名单。

**【经营管理】** 持续优化完善公司治理体系，修订公司“三重一大”事项管理实施细则以及董事会、党委会、总经理办公会议事规则，印发《董事会授权管理办法》。全面贯彻落实法治央企、法治中车建设工作要求，推进公司法律事务、合规经营、风险管理、内控评价、审计监督的“五位一体”合规风控审计工作体系建设，严格落实外部董事制度，搭建工作机制，新设审计与风险管理和战略投资委员会。开展年度重大风险评估工作和季度监测，建立健全公司风险监测预警（KRI）指标体系。不断完善成本管理体系，建立并完善月度经营活动分析模板，持续对物耗成本构成重大项目实施精准重点管控，制订细化到月度的专项管控计划。推行低成本经营战略，逐步建立“以毛利为中心”的成本倒逼机制，实施降费节支15条规定。持续加大采购平台运用范围，自采物资采购上网率达98.33%，生产业务外包采购100%上网，内部配套率由原71%提升到了92.55%。合理利用旧件资源，降低新件采购成本约180万元。开展地板材料综合优化，降低材料使用成本58万元等。制定不良存货清单，对一年期以上的配件进行逐项梳理，按照“产供销”管控一体化要求，开展新产业存货专项分析。一年期以上存货年末余额136万元，低于190万元指标。

**【科技创新】** 组织开展优化SQ6型货车厂修、段修批量生产工艺方案，产能提升1倍。围绕新造生产，开展长大车型工艺系列优化，提升长直焊缝自动化焊接效率和质量，柔性化工装改造满足26米以下各长大车型的柔性化生产使用。按照“精益化—自动化—数字化—智能化”四步走实施路径，全面开展转向架检修数字化产线建设。开展高新技术企业认定和常州市技术中心项目申报，已通过高新企业认定。全年申报完成17项专利，其中发明专利6项，实用新型专利11项。

**【生产运营】** 全年完成国铁货修4989辆；路外车辆SQ6型凹底双层运输汽车专用车

厂修470辆、段修120辆，超额完成中标数量；国铁$NX_{70A}$新造200辆；市场新造$KM_{70}$煤炭漏斗车13辆；新造出口智利平车23辆、加蓬敞车90辆，共实施重车预检、强化车体节拍化交车、各工序超期车盯控等管控手段，各型厂修货车平均检修时长压降3.37天。构建安全管理网格化模式，不断推进安全管控“信息化、数字化、智能化”建设，强化相关方日常管控机制和监督退出机制。从风险管控和隐患排查两方面对生产作业现场进行“网格化切分”，实施“百分加减制”责任制管理，全年排查并100%整改各类安全消防隐患195条。坚持绿色生产环保规范化，开展“绿色工厂”创建对标工作，开展危废的减量化管理，全年减少危废20余吨。做好常态化疫情防控和突发疫情应急处置工作，全年未发生异常事件。

**【市场营销】** 全年成功开拓3家新造、维保客户单位。电镦管技术实现200辆国铁新造$NX_{70A}$型共用平车装用。积极实施制备车间新产业“放、管、服”改革，开拓百利菲特新客户，并实现了防水材料从单一产品制造到整体产线打造能力新跃升。在做好铲斗、盘拉机结构件等长期业务的基础上，新增了龙门剪项目、地铁固架机项目、防水材料生产线项目等多项钢结构业务。

**【基建与技改】** 全年新建重点项目转向架检修智能化产线改造项目完成投资959.65万元。新建非重点项目成型磨床、$SQ_6$检修本质安全提升项目、钢结构业务（新产业）效率提升项目、智能激光标识机等共计15项，总投资843.11万元。续建重点项目公司水性漆改造及环保治理项目和环保减排综合治理项目共计2项，完成投资77.63万元。续建非重点项目共计10项，完成投资50.43万元。

**【质量管理】** 围绕公司质量目标，编制年度质量工作计划，分解和细化质量指标，将年度和月度质量工作计划纳入公司QMS系统进行管理，确保各项工作落到实处。开展国铁货车造修企业质量互鉴、“迎‘七一’保安全”质量安全隐患排查整治、质量安全大检查等专项整治活动。对质量管理体系过程KPI进行梳理、补充和优化，扎实推动“中车Q”落地实施，开展“质量安全月”和“质量月”活动，促进员工质量意识和质量保证能力的提升。年内，组织开展智利80英尺集装箱平车新造、阿联酋双层集装箱平车项目等培训10项。全年未发生D类及以上质量责任事故；未发生运用货车批量质量事故，厂外质量信息均得到及时的妥善处置；质量损失26.97≤27万元指标，全面完成质量降损指标，厂修车一次交验拒收率累计为0.12%。

**【人力资源管理】** 开展领导干部“两制一契”管理，修订完善执行《领导干部日常管理监督办法》。高标准执行领导干部选拔任用要求，完成12人试用期满考核，其中1人延长试用期，打开“干部能上能下”的新局面。年内通过内部公开招聘选拔一般管理人员2人、主管4人，员工履约评价胜任退出1人。开展推动高质量发展领导班子建设专项行动。新增2家大型跨省劳务公司，通过多能工使用、跨单位助勤、内调外借等方式解决劳动力紧张问题，满足生产需要。通过退休不补严控管辅人员比例，压降辅助人员9名。制定钢结构业务“放管服”专项薪酬政策，激励产能提升。

**【企业文化建设】** 以微信公众号、OA门户、《常州车辆》专栏为载体，编发15期工作简报，深入学习贯彻习近平总书记系列重要讲话精神。加大对外宣传力度，各级社会媒体刊登稿件14篇，其中劳模工匠传习馆在中央广电总台及客户端等40家媒体报道。征集以《民法典》为主题的全员读书活动心得63篇；发表新闻921篇；微信公众号编发99次。年内组织开展新闻宣传暨文化品牌培训2次。设计并制作公司宣传片及宣传册，全面总结三年BI建设情况；深化VI整改，完成新厂门、主干道、就餐点等区域中车理念上墙。

**【党群工作】** 制定印发公司《2021年保密工作分解计划》和3项保密相关制度，开展公司国家安全和保密宣传教育月活动，组织64位涉密人员签订《保密承诺书》，48位领导干部签订《保密责任书》，进一步强化涉密文件管理，着力完善保密工作建设。健全党史学习教育组织机构，多渠道实现党史学习教育全覆盖，开展“我为群众办实事”实践活动，完成20件惠民“大”事和116件群众身边事；开展党性教育活动300余人次，推进党史学习教育走深走实。制定党建工作“固化攀升”实施方案，优化“十字”品牌工作方案，制定《党支部“三会一课”操作实务指导手册》，绘制16项党务工作流程图，进一步推进党建工作规范化标准化。全年舆情监控未发生异常，未发生大规模上访事件、未发生信访个人极端行为。以“常规+专项+专题”的方式积极配合开展长江集团政治巡察及违规挂靠专项巡察工作，其中政治巡察69项问题已结项49项，完成率71%；违规挂靠4项问题已结项3项，完成率75%，年内整改项点已全部完成。全年组织召开警示教育大会2次，开展各类专项监督14项，对相关单位提出检查建议9条，下发纪律检查建议书3份。坚持“六送三关注”工作，全年发放慰问和困难补助共计21.35万元，为53人次生病住院职工办理住院补贴和大病补助19.31万元，组织开展金秋助学活动，共计助学费用1.8万元。公司女工戚蓉获“全国五一巾帼标兵”称号。杨福才获江苏省劳动模范、常州市五一劳动奖章。开展“学党史、强信念、跟党走”学习教育等活动；开展青年岗位承诺践诺，青年参与率88.27%；开展“我为青年做实事”37项；开展“我为企业发展建新功”主题实践，提报建言献策18项、降本节支“金点子”2项。

**【重要纪事】** 2月2日，公司召开一届二次职代会暨工代会。3月10日，常州市首个劳模工匠传习馆在公司成立。4月20日，最后一辆智利宽轨平车成功下线，标志着公司完成2021年首批出口车生产。4月22日，全国总工会劳动和经济工作部副部长姜文良到公司调研指导新时期产业工人队伍建设改革工作，中国中车工会主席赵虎陪同调研。5月17日，公司举行党委理论学习中心组集体（扩大）学习暨党史学习教育读书班。6月8日，中国中车副总裁余卫平到公司调研安全生产工作。7月14—16日，公司组织开展2021年度质量管理体系内部审核检查活动。8月9—11日，公司通过法国贝尔国际验证技术服务有限公司审核组进行的TS 22163质量管理体系二次监督审核。9月23日，公司召开加蓬敞车项目启动会，首批200辆生产在公司正式启动。10月9日，公司召开国铁NX70A新造保质量保安全保交付动员大会。10月27日，公司举行首辆国铁NX70A型共用平车总经理交车仪式。11月，公司通过“高新技术企业”认定，荣获“高新技术企业”称号。12月29日，2021年最后一辆国铁检修货车顺利通过验收出厂，标志着公司全年4989辆国铁货修和200辆NX70A新造任务顺利完成。

【公司党政工负责人】

党委书记　张国民

董　事　长　张国民

总　经　理　张元涛

副总经理　杨旻栋　周增光

党委副书记　张元涛　朱华锋

纪委书记　朱华锋

监事会主席　朱华锋

工会主席　朱华锋

（常州公司　供稿）

# 中车长江铜陵车辆有限公司

（统一社会信用代码：913407006662146112）

【概况】2021年末，铜陵公司在册员工1178人，在岗员工1058人；有高级专业技术职称人员32人，中级专业技术职称人员110人。整体占地面积34.8万平方米，其中生产厂房建筑面积12.44万平方米。固定资产原值8.43亿元、净值4.15亿元。全年实现营业收入7.51亿元。

【改革改制】公司紧扣长江集团“12453”发展战略，围绕“公司治理、活力效率、科技创新、党建融合”等重点难点问题，全年制定了37项“科改示范行动”改革任务，完成率100%。其中，重点围绕“完善市场化经营机制，抓好市场化选人用人及市场化激励约束机制”这一重点改革领域，在铸造系统实施了单班制改革，由两班8炉调整为单班6炉，减员168人；进一步完善市场化选人用人机制，通过市场化选聘，引进工艺研发部副部长和成熟工艺师各1名，解除劳动合同5人，在确保完成“科改示范行动”任务的同时，也为“两定两优”工作顺利开展奠定基础。

【经营管理】公司紧密围绕“讲政治、守底线、保供应、降成本、冲目标”主线，坚决服从大局，全力兑现客户承诺，满足客户需求。强化预算和绩效管理，通过着力打造“绩效引领力”，公司三级绩效管理体系已基本建成，绩效拉动公司经营品质提升作用凸显。着力改善内在经营品质，完善滚动预算的管控机制，严格收入、利润、成本和费用等关键指标过程管控，持续跟踪分析，及时纠偏调整，增强预算执行的红线意识，确保全年经营目标实现。明晰合规界线，突出抓好法律合规评审关，实现重要决策、规章制度、经济合同法律审核率3个100%。深入开展了境外腐败、利益输送、设租寻租、民企挂靠、“小金库”等问题整治工作，全力配合上级党委巡视巡察，确保生产经营依法合规。全年转供产品和非国铁配件销售创效1255万元。通过轴坯钢战略性采购，全年材料采购成本较同行业平均水平降低1340万元。可控费用发生7700万元，较预算目标下降539万元，降幅6.5%。万元动能成本较上年下降5.5%。积极利用国家政策，取得政策补助566万元。不断探索节拍化生产线建设，以整炉流转为抓手，逐步推行铸锻两条线的全线节拍化管理。持续推进“6621运营平台”建设；积极推广运用精益工具，实现降本增效300余万元。不断推进提质增效工作，各类创效约800万元。

【科技创新】围绕业务市场，稳步推进工艺技术创新，以市场和业务为导向，先后完成了斗唇、苏丹车轴等30种新产品的试制，尤其是斗唇系列产品的试制，攻克了公司在非国铁大型铸件造型、冶炼、浇注等工序上的多项难题。开展地铁车轴精加工、水性漆等工艺试验，完成了长客、浦镇地铁车轴的试制，并通过长客合格供应商资质和浦镇公司现场认证。不断完善技术创新体系，先后获评安徽省先进制造业和现代服务业融合发展试点单位、安徽省铸造行业突出贡献先进单位，安徽省工程研究中心获批立项。完成博士后进站，引进博士1名。与高校、院所开展合作研究，完成履带板铸造模拟、铸件切割打磨自动化等研究项目。完成悬挂梁射线探伤工艺、砂芯制作工艺等改善项目，申报专利41件，授权32件，全年实现创效384万元。

【生产运营】 紧盯防范化解，持续提升风险管控水平，筑牢疫情防线，全年实现新冠肺炎疫情“零确诊、零疑似”目标。扎实开展安全生产专项整治三年行动，完成了铸造车间浇注线改造，实现了定区域浇注；开展了射芯机、钢包开闭机构等安全隐患专项整治，本质安全度进一步提升。对照中车安全等级评价标准以及国家安全生产标准化一级企业标准，开展隐患排查治理，全年累计排查各类隐患1405项，整改率100%，实现了“新三零”目标，并获评中国中车安全生产乙级一等企业。严守环保红线，严格管控污染物排放，实现各类污染物排放远低于年度指标；严格执行环保管理制度，加大现场检查考核力度，环保违章行为得到有效控制。全年未发生一般C级及以上突发环境事件，并获评2021年度安徽省环保诚信企业、安徽省节水型企业。坚守质量底线，以问题为导向，围绕关键工序、特殊过程开展专项管理提升工作，摇枕、侧架、车轴等主要产品一次交检合格率较2020年度均有不同程度提升。全年未发生一般D类及以上事故，无客户重大质量投诉，配件产品监督抽查合格率100%。实现单班月产K6摇枕侧架710辆份，人均产能提升21%，并第一时间响应中车和长江集团要求，优先保证车钩的供应；锻造系统全线超负荷生产，轮轴车间月产车轴达9965根，尤其是在10月份创造了12036根车轴的历史单月最好成绩。全年在安全、环保、质量可控的前提下完成了各项订单，订单兑现率达到100%。

【人力资源管理】 持续深化用人机制市场化改革。落实管理人员竞争性选拔，完成中层干部全体竞聘，36人择优上岗，7名35岁及以下青年干部提拔为中层副职，公司35岁以下中层干部占比达36.2%；10月，面向社会公开招聘引进1名成熟型人才担任工艺研发部副部长兼精益办副主任，全年竞争性选拔比例100%。推进中层管理人员契约化管理，组织全体中层管理人员签订了契约化管理文本，中层管理人员契约化率100%。加强核心人才队伍建设，新增8名长江集团级核心人才。完成2021年度职业技能等级认定工作，119人通过考核，其中高技能人才通过认定29人，较2020年提高61%。3名员工在长江集团技能比赛中获得钳工四、六、七等奖，2名员工在省技能比赛中获二等奖，1名员工获三等奖。公司“王家福市级技能大师工作室”升级为省级大师室。完成江小山“江淮杰出工匠”和王福东安徽省技能大奖称号申报、获评工作。突出协同优化，推进优效优员工作。

【党群工作】 聚焦深度融合，不断固化党建攀升，全面加强党的领导。贯彻落实“第一议题”制度，深入开展全国国企党建会精神“回头看”。深化特色党建品牌建设，推动党建经营深度融合，形成“1+13”党建品牌架构。抓好意识形态管控，开展建党百年系列活动。抓实“三基建设”，推动党建基础工作科学化、规范化、制度化。深入开展党史学习教育。通过全员主题读书、征文、演讲等形式，广泛开展“永远跟党走”群众性主题宣传教育活动，围绕“我为群众办实事”主线，细化制定了“7+10+48”民生项目清单，切实为群众解难题、办实事。持续强化党风廉政建设。全面落实“四必谈、五确保、一测评”纪律教育要求，“多位一体”大监督得到有效实践，巡视巡察工作不断深入，“靠企吃企”等专项整治扎实有效。发挥群团桥梁纽带作用。推动架桥连心激发新活力，持续开展“六送三关注”送温暖活动，巩固“擦亮金名片、建设新小家”工作成效，扎实开展“青年大学习”“金点子”征集和青年安全生产示范岗等实践活动，切实发挥青年生力军作用。

**【重要纪事】** 1月8日，公司整理车间一整焊修班获评中国中车模范职工小家。4月15日，公司获评中国中车精益生产一级单位、整理车间获评中国中车二级精益车间。4月22日，长江集团外部董事赵蔚、中车南非公司总经理王国军到公司进行调研。6月29日，公司党委荣获铜陵市先进基层党组织。7月6日，公司荣获2020年度铜陵市地方企业50强、铜陵市纳税30强。9月24日，中车集团工会焦玮到公司调研。10月29日，公司通过全国高新技术企业认定。12月2日，铜陵市委副书记、市长孔涛到公司调研指导工作。12月2日，公司获评安徽省环保诚信企业。12月17日，公司被确定为第五批省知识产权优势培育企业。12月28日，公司获评中车安全生产乙级一等企业称号。

**【公司党政工负责人】**

| | |
|---|---|
| 党委书记 | 张厚胜（任至9月）<br>徐绍文（9月任） |
| 执行董事 | 张厚胜（任至9月）<br>徐绍文（9月任） |
| 总经理 | 徐绍文（任至9月） |
| 副总经理 | 汪永生　易　超<br>张勇军 |
| 党委副书记 | 徐绍文（任至9月）<br>雷朝阳 |
| 纪委书记 | 雷朝阳 |
| 工会主席 | 雷朝阳 |

（铜陵公司　供稿）

# 中车株洲车辆有限公司

（统一社会信用代码：91430200MA4QPPW571）

**【概况】** 2021年末，株辆公司在册员工2069人，在岗员工2034人。其中，高级专业技术职称79人，中级技术职称131人，高级技师122人，技师189人。占地面积60万平米，生产面积16.8万平方米，固定资产原值6.61亿元、净值2.39亿元。全年实现营业收入22.06亿元，归母净利润8007万元。

**【规划发展】** 完成“十四五”发展规划的编制，构建“124446”发展战略构架，建立全面系统的重点工作发展举措。紧扣公司发展战略和年度经营目标，绘制公司绩效管理体系建设导图，重塑绩效管理指标体系。围绕全年“科改”工作进行统筹谋划，确定实施方案，涵盖7个改革领域，完成60项改革任务及69项任务目标。组织开展提质增效指标及措施分解工作，确定公司“11559”提质增效主题活动，形成59项重点推进指标，完成178项提质增效重点工作。制定公司《投资项目后评价管理办法》《固定资产投资管理办法》《股权管理办法》，修订《投资管理办法》，进一步规范公司投资决策、调整权限和流程，积极探索投资后评价管理模式，逐步完善投资管理体系。完善《公司组织机构主要职责》，进一步理顺和完善各部门职责。

**【经营管理】** 全年累计完成新造车辆22个品种共4759辆。其中，新签18个出口项目共计4.06亿元，实现销售收入3.3亿元；实现车辆配件销售收入5038万元；签订新能源装备项目订单3084万元，实现销售收入1036万元。全年综合创效4133万元。完成智能节能抽油机、新兴物流装备、新能源设备等项目研究工作。加快推动产业培育工作发展，规范新产业从研究挖掘到创新发展的培育流程，全年项目组签订订单超3000万元。公司以全面预算为主线，加强预算过程管控，牢固树立降本节支思想，制定《费用预算过程控制实施办法（试行）》，遵循“无预算不实施，有预算要节支”的原则，对费用执行实行滚动控制。深入研究财税优惠政策，完成2020年企业所得税研发支出加计扣除2439万元，减免企业所得税366万元。完成市场营销部、技术管理部等领导离任经济责任审计，固定资产投资专项审计等，对“两金”压控、成本管理、资金管理等专项工作进行了日常监管。实现职业健康安全“三零”指标，全年提取安全生产费用2000.27万元；开展安全生产三年专项整治行动，确保生产安全。全年申请专利40项，其中发明专利17项。全年科技创新项目立项75项，其中2个项目成功申报中车重点项目，首次实现中车科研项目立项，6项科技成果完成市场化转换。

**【科技创新】** 公司着力构建“一主四辅”（以产品研发体系为主，以标准化、知识产权、试验验证、科技情报管理体系为辅）技术创新体系，健全完善新产业产品研发体系、试验验证体系、知识产权管理体系、科技情报管理体系制度及工作流程，提升技术创新工作效率效益。全年科研创新项目立项75项，结题67项。持续开展Fast Mover智能装卸系统研发，完成香港高空作业车的技术升级研制工作。铝合金焊接机器人工作站正式投产，实现铝合金底门自动化焊接；车轴生产线进一步优化，能够适应不同长度、不同直径的车轴共线生产，已累计生产各型车轴12000余根；启用节拍化流水车体生产线，并顺利完成X70型集装箱专用平车、RoyHill矿石敞车、FMG矿石敞车的批量生产；运用机器人焊接工作站，实现X70型集装箱专用平车枕梁的批量生产，减少委外用工4人，产能达16辆份/班。完成台车车间三线合一工位节拍化看板建设、质量缺陷到班组的程序功能上线、K6型转向架纸质记录电子化，建立监造信息管理系统，扎实推进“精益+数字化”车间建设。拓展自动核算的KPI指标范围，实现“物料配送及时率”和“生产停顿影响”等关键生产运营类指标的自动核算。公司“铁路货车协同制造工业互联网平台”成功入选湖南省工业和信息化厅工业互联网平台，实现生产环节与管理环节的互联互通。全年申请专利40项，其中发明专利17项，PCT 4项；科技创新项目立项75项目。成功申报国家、省、市、区各级项目9项，累计获得政府资金支持超400万元。

【生产运营】 1月，公司启动BRC窄轨煤炭漏斗车生产，6月完成第一批次交付。5月，启动PN准轨煤炭漏斗车生产。7月，PN准轨煤炭漏斗车产能从3辆/班提升至5辆/班，刷新产能记录，单班产能提升67%；X70型集装箱专用车日产24辆提升到32辆，X70型集装箱共用车生产效率再次提升。10月，BRC窄轨煤炭漏斗车、阿联酋集料漏斗车、RoyHill矿石敞车3种出口车项目同时生产，并实现多种车型生产无缝对接，创造公司同时在产出口车项目最高纪录。11月，BRC窄轨煤炭漏斗车日产3辆提升到5辆。

【市场营销】 全年签约合同总金额25.56亿元，全年实现销售收入22.06亿元，其中，新产业销售收入4.9亿元。全年共走访重要客户40余家，签约项目达115个，新客户订单占比29.6%，初步构建公司新产业核心客户网络。年内，成功获得国铁车10.97%市场份额，同比增长15%。全年共签订车辆配件合同近40份，实现销售收入5038万元；非过轨自备车订单数量同比增加84%，合同金额同比增加46%；轨道工程机械装备制造业务共签约20个车型项目，订单金额2500万元，实现销售收入2203万元；与新能源装备客户达成战略全面合作协议，签订合同3084万元，实现销售收入1036万元。全年出口车项目总数达28个，新签项目18个，完成整车制造964辆，共实现海外业务集团内部销售收入3.55亿元。海外维保产业高速拓展，共新签塞拉利昂、几内亚维保服务和新增设备、配件和平车、罐车整修等6个合同，金额总计1886万元，全年实现销售收入1866万元，较2020年增长153%。

【质量管理】 公司质量工作以提质增效为目的，坚持价值导向，增强全员质量意识、市场意识和价值创造意识，提升质量源头自主管理能力。国铁车产品一次交验通过率99.1%，高出目标值0.6%；质量损失控制在215.38万；全年无一般D类及以上质量责任事故，无新造货车批量返厂修质量问题，无因产品质量问题导致严重影响交货期、重大投诉或拒收、召回情况，实现质量安全目标。

【人力资源管理】 修订《核心人才管理实施细则》，完善各层级专家选拔要求和考评标准。修订职业发展通道和评价标准。全年竞争上岗高、中层管理人员21人，中层管理人员中35岁及以下占比20.63%。健全中层管理人员末等调整和不胜任机制，制定《领导干部日常管理监督办法》《关于明确中层管理人员试用期管理有关事项的通知》，全年退出比例达到7%。修订《领导班子和领导人员综合考核评价管理办法》，将组织绩效、党建工作、个人作风等评价内容融入目标责任书。实施领导干部导师育才，高中层管理人员分层分级担任新晋中层和中层后备人才导师。制定《员工招聘管理办法》，修订《中层后备人才管理办法》。积极对接政府部门争取政策支持和资金补助，21人获评株洲市高层次人才。对主要车型进行现场用工写实，建立用工新模型，X70平车单车用工下降7.8%。在装备管理部市场化改革中实施费用与薪酬“双承包”机制，在组装车间由直接工兼职起重吊运工作，培养多能工156人，实现辅助人员同比压降10%。全年15人获评中、高级职称，24人获评技师、高级技师。

**【党群工作】** 开展“百年荣光我争先，砥砺奋进攻坚战”党内突击活动，成立13个党员示范引领队，26个党员先锋责任区，22个党员突击先锋队和19个党员技术攻关队。在“我为群众办实事”实践活动中，制定“我为群众办实事”重点民生项目清单，明确28项重点工作，110项工作措施，132项基层办实事项点，让员工真切“看得到、感受到、享受到”。扎实推进党史学习教育活动，开展“学、思、践、悟”大小活动42项，完成“我为群众办实事”重点民生项目110项。围绕庆祝建党100周年和中车“创业140周年”活动主题开展系列庆祝活动，组织开展“永远跟党走”群众性主题宣传教育活动、“学党史、读司史”主题活动，积极开展“中车日”升旗仪式、“百年伟业　红色中车”主题文化展、《中车赋》文艺作品创作、读《红色中车》《党史百年·株辆印记》活动，将学党史与学中车史、学株辆史结合起来，激发员工的历史使命感、荣誉感和责任感。召开党风廉政建设和反腐败工作会议。通过风险排查、廉洁风险测评，廉洁从业考评等方式，确定高、中、低风险岗位94个，排查风险点200余项，制订措施280余条。以党史学习教育为契机，开展百名纪检干部讲纪律活动，组织宣讲会7场，覆盖400余人次。完善党委巡察制度建设，规范巡察工作流程和问题底稿制度。完成3轮9个党（总）支部常规巡察，反馈问题182个，提出意见建议39条，制定问题整改措施495条，问题整改完成率100%，补齐了管理短板。全年组织基层（分）支会和七类工作室申报劳动竞赛。公司13个（分）支会共申报竞赛项目30个，参赛人数达6500余人；七类工作室申报竞赛项目11个，参赛人数近300人。开展“创新、品质、改革、攀升”主题劳动竞赛，为公司节约生产成本2000余万元。元旦、春节期间开展“送温暖”活动，帮扶困难员工509人，共计发放47.25万元。元旦、春节慰问离退休员工，共计发放慰问物资3224份、慰问金32.08万元。公司以三级建家（公司级、车间级、班组级）的模式开展，三级联动、上下同心、合力建设新小家，共计建家89个。公司团委组织成立青年突击队，从技术研发、职能管理、生产交付三个维度共建立突击队29支，参与人员达296人，为公司生产经营提供有力保障。

**【重要纪事】** 1月13日，长江集团副总经理王红卫到公司“送温暖”慰问走访。2月3日，公司召开一届二次职代会暨2021年工作会议、2021年党建和党风廉政建设工作会议。4月10—12日，公司工会在井冈山举办“学百年党史　守初心使命”工会干部培训班。5月20日，长江集团总经理赵维宗到公司调研指导工作。7月1日，湖南省总工会党组副书记、副主席王邵刚，湖南省总工会劳动和经济工作部部长、湖南省国防工业工会主任罗华到公司考察调研。7月13日，中央企业团工委授予公司备料车间团支部“中央企业五四红旗团支部”。8月16日，株洲市副市长王卫安到公司调研。8月30日，公司整修完成的铁矿石车运营合载总计突破100万吨。9月12日，公司举行PN煤炭漏斗车竣工典礼。9月14日，公司生产的C80EH型通用敞车制造许可续证成功。11月1日，公司荣获第二十二届湖南省企业管理现代化创新成果一等奖。12月8日，公司参展2021（株洲）中国国际轨道交通和装备制造产业博览会。

**【公司党政工负责人】**

党委书记　姜强俊
董　事　长　姜强俊
总　经　理　王卫平
副总经理　申宏梁　彭刚强
　　　　　司九明　武永亮
党委副书记　金亮群　王卫平
纪委书记　金亮群
工会主席　金亮群

（株辆公司　供稿）

# 中车株洲电力机车有限公司

（统一社会信用代码：914302007790310965）

党委书记、董事长　周清和

总经理　傅成骏

【**概况**】2021年末，株机公司在册员工16594人（为合并人数，含分、子公司及洛阳公司、资阳公司），其中在岗员工14552人、非在岗员工2042人。各专业系列高级技术职称人员1205人（其中正高级职称人员173人），高级技师人员533人。株洲本部在册员工7778人（不含子公司）。公司设有党委会、董事会、监事会、专家委员会及研究院（虚拟机构），下设一级机构53个，其中分公司9个、生产事业部5个、研究所2个、职能管理部门16个、营销中心4个、研发中心1个、工程中心1个、合作中心1个、管理中心4个、党群工作部门10个，有全资、控股子公司38家，参股企业有13家。株洲本部占地面积116万平方米；固定资产原值42.43亿元，净值22.41亿元；房屋资产164栋，建筑面积46.4万平方米；各类设备共22775台，原值25.39亿元，净值12.28亿元，设备完好率98.4%。公司主产品主要有电力机车、城轨车辆、城际动车组及磁浮车、轨道工程车、有/无轨电车等。全年实现营业收入235.6亿元，归母净利润13亿元。

【**规划发展**】全面贯彻中国中车“十四五”规划工作部署，总结公司“十三五”发展规划落实情况，完成并上报中国中车《公司“十三五”发展规划自评价报告》。制定公司“十四五”发展规划及其目标任务分解表，建立公司发展规划框架，层层压实责任，推动发展规划落地实施。搭建和完善发展规划体系，组织下属各单位及分子公司制定完成专项规划，并推动各项规划落实落地。持续完善生产园区与生活社区规划，完成智慧物流规划、田心轨道交通生态特色小镇等多个重点建设项目总体布局规划方案。加快“智慧株机”建设，推动智能物流项目、新建车辆试运线项目的报批相关工作。完善公司全球区域布局：设立墨西哥分、子公司，并启动墨西哥本地化制造及维保的境外固定资产投资事项；完成新加坡子公司项目立项暨可研报告，并上报中国中车待批复；设立马来西亚分公司，并完成国家相关部委审批手续；完成福斯罗机车公司增资项目可研报告，并获得国家相关部委批复，正式下达投资规划，同时推动福斯罗机车公司现场升级改造项目，已启动可研报告编制。助力相关子公司组建成立襄阳中车物流有限公司；推动申通南车增资扩股转型升级项目，完成其股权转让协议签署及工商变更；完成资电公司股权转让项目可研报告，获中国中车批复后签署股权转让协议；经中国中车批复，参股成立湖南磁浮集团有限公司；完成洛阳城轨子公司股权转让，助力洛阳公司成为公司中原地区检修基地；组织成立湖南国研交通装备工业设计有限公司，并支撑该公司获得省级工业设计研究院牌照。

**【经营管理】** 合理制定、分解下达年度营业收入指标，并出台“双向激励”政策，激发各单位经营发展动力。合理调整和优化组织机构及其职能的同时，新设立信息软件科技分公司、墨西哥分、子公司、海外总包项目部、改革工作办公室等组织机构。新编、修订制度 80 项，实行制度与流程同发布、同执行。优化绩效体系，拓展精益绩效评价范围，促进管理改善与提升。严控成本支出，精打细算过“紧日子”。坚持“去存量、控增量”总体目标，建立健全业务与财务“两金”管控协调联动机制，“两金”余额控制在中车集团下达目标范围内。切实做好依法治企、合规管理，提高法律合规风险防控能力。发布 4 项财务管控子规划，并以费用报销、委派财务总监管理为入口，开展财务合规体系建设，落实财务监督职能。建成财务管理海外区域中心，建设“合规 + 赋能”财务体系，推进财务管理转型升级。进一步发挥风险管理三道防线作用，借助内部控制、风险管理来化解业务过程中的风险，以审计结果推动经营决策科学化、内部管理规范化、风险防控常态化，实现以审促建式内部审计转型与价值提升。配齐配强子公司外部董事，切实加强子公司董事会建设，发挥董事会“定战略、作决策、防风险”作用，同时坚持绩效结果导向，增强各子企业改革发展活力。启动“株 - 洛 · 资 · 福”文化融合“1+3”专项工作，建立规范的文化管理模式和工作标准，以文化融合促管理融合。推进“一企一策”，持续落实“处僵治困”亏损治理专项工作，子公司中仅乌鲁木齐中车轨道交通装备有限公司略有亏损，实现亏损户数和亏损金额“双达标”。经全方位、多维度实施有效举措，公司如期完成中车集团 T4 经营指标，成为中车集团唯一经营指标“双调增”的子公司。

**【科技创新】** 全年申报国家、国铁、省市财政科研项目 16 项，其中立项 9 项；协助路外业主立项 13 项，其中签订合同 4 项。全年各级技术创新计划新立项共 166 个项目。申报交通部、中国交通协会、湖南省、中国中车等重大科技创新成果 39 项（获奖 29 项），其中参与完成的“分布式智能机车制动系统研制与应用”获中国铁道学会科学技术奖特等奖，牵头完成的“30 吨轴重大功率交流传动电力机车关键技术研究及应用”、参与完成的“高速列车弓网受流关键技术及装备”获中国铁道学会科学技术奖一等奖；牵头完成的“出口塞尔维亚六轴大功率交流传动快捷货运电力机车研制”获中国铁道学会科学技术奖三等奖；申报的“机车全寿命周期数字化平台项目”入选工信部 2021 年大数据产业发展试点示范项目。组织完成成果评价 17 项，其中 9 项被认定为国际领先水平；牵头实施中国中车“十四五”科技重大专项和课题各 1 个。全年承担国家级科研计划 11 项，参与中国中车“85 专项”项目 3 个，GCT 项目牵头 1 项、参与 6 项，按计划完成 7 个项目（课题）结题、2 个项目技术结题验收、1 个项目财务验收。整合科研院所创新资源，成功挂牌重载快捷货运牵引装备技术铁路行业工程研究中心。

**【新产品研发】** 复兴号高原双源（内燃、电力分置式）动力集中动车组6月25日在拉林线正式运营。符合TSI标准的DM20平台调车机车1月开始与福斯罗机车公司联合设计，8月完成技术设计。中国标准时速200公里动力集中动车组动力车11月完成方案设计。内电双源制（内燃、电力集成式）动力集中动车组12月完成动力车技术设计。氢燃料电池混合动力调车机车6月完成样机试制并落车。系列化中国标准地铁列车120公里/时A型车进入总成试制阶段。丽江1号线全景长大坡道旅游观光轻轨铰接车辆11月完成首列车试制。长沙地铁6号线车辆完成项目施工设计、样车试制、批量生产与交付。昆明地铁2号线车辆完成施工设计、首列车落车和厂内调试，开始型式试验。昆明地铁1号线西北延项目为B型车辆，含100公里/时、80公里/时两个速度等级，其中100公里/时速度等级车辆完成施工设计、首列车落车、Q40交车，80公里/时速度等级车辆完成项目施工设计、首列车落车和厂内调试，开始型式试验。湖北黄石现代有轨电车采用超级电容+钛酸锂电池混合动力，已完成项目施工设计和首列车试制。长株潭城轨西环线一期车辆完成施工图设计与归档及首列车试制。长株潭城际动车组2.0版及增购车辆完成升级与优化，并于4月完成5列增购车辆交付与正线载客运营。符合TSI标准双层动车组是国内首款完全自主研发设计并满足欧盟互联互通标准的双层动车组，已完成首列车北京铁道科学院和厂内的试验验证，在德国试验现场开展了车辆整备、调试和部分第三方试验验证。广州地铁18号线、22号线车辆为时速160公里市域D型动车组，完成北京铁科院型式试验、现场型式试验和跑图试验后，已上线正式运营。马来西亚ETS3动车组在原有ETS、ETS2基础上进行优化与提升，12月完成与业主初步设计（PDR）文件关闭。在研制主机、整车产品的同时，公司还自主研制了一系列与主机、整车产品配套的车体、转向架、电器产品、制动产品、智能产品等。

**【生产运营】** 聚焦公司年度生产经营任务，夯实项目管理基础，逐步实现公司项目管理标准化，先后荣获2021年度Future50全球项目管理新星及PMI项目管理优秀项目奖。坚持“消除事故隐患，筑牢安全防线”理念，以疫情防控与安全生产两手抓为主线，多举措全方位提高安全管理水平，实现公司本部及外派员工新冠病毒零感染、轻伤及以上安全生产事故为零的“双零”目标，无环境污染事故及火灾爆炸事故，获评“中车绿色企业”“株洲市健康企业”，“‘五位一体’大安全文化建设与实践”案例入选国家应急管理部首届企业安全文化建设最佳实践案例。全年整车项目完成1907节落车、1882节交付，其中机车项目完成428节落车、382节交付，城轨项目株洲本部完成683节落车与交付，异地子公司完成796节落车、817节交付。

**【市场营销】** 机车动车组市场全年新签订单75.24亿，实现销售收入58.1亿元，应收账款回款52.33亿元。其中，非国铁机车市场获签订单20.91亿元；动车组市场获得5组CJ6型动车组订单，首次完成CJ6型动车组三级修业务，实现动车组产业由“产品”向“产品+服务”转型，同时成功开拓粤港澳大湾区城际动车组市场；国内机车动车组产品的配件、检修、技术服务等实现销售收入18.87亿元。城轨车辆市场全年获得地铁、新型交通车辆8个项目订单，合同金额约67.7亿元，其中地铁车辆订单5个，新型交通车辆（含有轨电车、磁浮车）订单3个；获得轨道工程车订单5个共18辆车；获得配件、架修、大修及运维订单累计约7.3亿元。海外市场全年获签新订单15个（含整车和非整车），合同金额共计9.35亿美元，同时完成瑞典、荷兰、卢森堡3个新市场开拓。海外执行项目实现销售收入10.43亿元。海外项目通过商务执行回款约11.64亿元。

【基建与技改】 优化产业布局，推动实施昆明架大修技术改造、上海中车申通公司数字化检修车间建设等项目。加快“智慧株机”建设，推进实施产线布局优化及智能化改造建设，其中转向架智能制造Ⅱ期项目已投入试生产，数字化管线车间项目完成厂房基础施工和产线招标，智能涂装车间项目完成厂房、辅房主体施工及相关设备技术协议签订。实施实验室能力提升建设，提升公司试验验证能力。在公司生产园区、生活社区实施多个提质改造项目，优化办公区域环境和文化生活设施配置。新增数控镗铣床、搅拌摩擦焊、焊接机器人等大型精密设备共32项，完成设备大修、改造33项。

【质量管理】 持续将质量管控前伸后延，强化“凡机破/清客/救援必交班”制度和质量督查抽查制度，广泛收集机车、城轨、动车存在的重大、惯性、源头质量问题，并建立、实施质量问题分层分级、重大问题挂牌督办、质量月度例会机制。开展“党建共建、质量共生”系列共建活动，探索与周边供应商、分子公司和客户链建立质量管控水平协同发展机制，共同营造“质量共生，协同发展”环境。促进ISO/TS 22163与中国中车质量管理标准等双标融合，公司ISO/TS 22163质量管理体系顺利通过复审。EN 15085和ISO 10012等质量管理子体系均通过年度监督认证。12月获得$HXD_{1B}$型机车维修许可证书，并通过国家铁路局5年一次的行政许可监督检查；CRCC/CURC9月通过5年一次的换证复评审核，继续有效维持机车及动车组、城轨产品等10个单元63种规格型号产品的既有认证资质。建有一级服务站122个，其中新增19个。公司机车（含动力车）国内共发生机破29件、D类事故2件，同比分别下降38.3%、60%，机破率0.048件/百万公里；城轨救援率0.04件/百万公里、清客率0.20件/百万公里；海外城轨救援率为0.03件/百万公里、清客率为0.08件/百万公里，机车机破率为0。国内机车、动车产品顾客满意度指数100.6，国内城轨产品顾客满意度指数95.15，海外产品顾客满意度指数92.9。

【人力资源管理】 持续推进人力资源管理转型，重点从完善体系、深化改革、严控成本、队伍建设、激发活力等方面加强人力资源管理，获评中国中车“五星HR”单位、中国中车人才工作先进单位。制定公司“十四五”人力资源发展规划，确定人力资源各项指标及重点举措，构建支撑公司全球化经营的人力资源管理体系。制定“智慧株机”之人力资源规划，提升公司数字化时代的核心竞争力。制定《子公司人力资源管控指导手册》，持续提升子公司人力资源管理水平。承接中国中车数字化人才培养研究项目，完成数字化人才现状调研与需求分析、数字化人才体系顶层设计方案、数字化人才体系蓝图设计方案、数字化人才培养研究指导手册等，同时以数字化技术平台为依托，打造具有中车特色的数字化人才培养模式，快速培养专业化、复合型的高素质数字化人才队伍。全年引进高端职业经理人1名、海外硕士留学生10人及30余位紧缺人才，校园招聘签约4名博士、220名高校毕业生、30名定制化实习生。依托清华大学、华中科技大学、浙江大学等高校资源，重点开展数字化人才、经营管理人才、国际化人才、高技能人才培养。编制《高技能领军人才培养计划》，发挥技能领军人才示范作用，并组建专项工作组，探索高技能人才培养新路径。制定中车集团“1+X”制动系统检修与装配职业技能等级标准。采用设计人员与技能人员合作的方式，大力培养“双元制”技能人才，打造知识型、技能型、创新型的技能人才队伍。以“控总量、调结构、防风险、提效率”为指导思想，制定《定岗定编回头看实施方案》，同时发挥共享用工平台作用，从紧控制用工总数和人工成本。根据《中国中车中长期激励指导意见》，探索核心人才收益与公司业绩紧密挂钩，建立符合公司发展的中长期激励机制。加快推进中层管理者管理体制变革及“两制一契”管理，激发中层管理者新担当新作为的动力与活力，形成能上能下的良性机制。完成《中层管理者综合考核评价管理办法》修订、《中层管理者薪酬管理办法》制定，进一步完善中层管理者差异化薪酬管理。加强中层干部任职交流、多岗位历练，构建常态化横向交流机制，实现中层干部“补短板、强弱项”。严格规范执行干部选拔任用程序，突出“高素质、专业化、年轻化”导向。完成工程技术通道L9~L3层级、专业管理通道L9~L3层级、市场营销通道L9~L4层级评聘工作。持续开展后备人才梯队建设、青年骨干挂职交流，大力培养和储备年轻后备人才。根据中国中车党委相关要求，制定公司领导班子建设专项行动具体实施方案，着力建设德才兼备的高素质干部队伍，系统提升公司各级领导班子能力。

**【企业文化建设】** 围绕“4+1”文化体系，开展文化内化、文化管理、文化研究等系列工作。高质量实施企业文化根植工程，开展企业文化讲师大赛，进一步弘扬工匠精神，推动中国中车文化、株机特色经营理念入脑入心，得到中车总部高度认可。启动“株-洛·资·福”文化融合“1+3”专项工作，建立规范的文化管理模式和工作标准，以文化融合促管理融合，助力“株-洛·资·福”高质量发展。编撰《质量，企业价值和尊严的起点》文化读本，强化公司质量、安全理念宣导。开展公司企业文化研究与实践活动，推动企业文化融入组织、融入行为，助力企业经营发展。以建党100周年、中车创业140周年、株机创立85周年为契机，利用板报屏展等多种形式，开展系列氛围营造与品牌传播活动。抓好“中车歌”“中车日”“中车史”“中车赋”等中车品牌建设工程，开展火炬传递、升旗仪式、班前会宣贯、“中车赋”文艺作品征集等品牌落地活动，建立文化共识。发布《宣传思想、文化品牌建设工作评价管理方案》，全面覆盖宣传、统战、文化品牌各项工作，推动大品牌体系的集团化管控。持续深化VI、BI建设，开展三级(公司级、部门级、车间级)VI、BI工作提升和督导工作，消除不规范项点。

**【公司入选中国智能制造标杆企业】** 1月13日，公司入选“中国智能制造标杆企业(第四批)”名单，是湖南省首家入选企业。随后，公司继续全面推进“智慧株机”建设，有序开展车体自动化产线、转向架智能制造二期、智能涂装、智能管线车间、智慧物流等项目建设，其中车体自动化产线年内已正式投产。

**【公司出口墨西哥轻轨列车上线运营】** 墨西哥当地时间2月27日，公司为墨西哥蒙特雷轻轨3号线研制的轻轨列车投入运营，中国轨道交通装备首次服务墨西哥。墨西哥新莱昂州州长海梅·罗德里格斯、财政部长阿图罗·埃雷拉为其剪彩。该线目前运营的轻轨列车共26列，全部由公司为其量身研制，具有高颜值、高性价比、高安全性、高舒适性、绿色节能等特性。

**【公司地铁车辆跑出中国地铁第一速】** 3月7日，公司与广州地铁集团联合研制的市域地铁D型车“湾区蓝”在广州地铁18号线逐级提速试验中，跑出176公里/时的速度，刷新中国地铁车辆试跑的最高速度纪录。9月28日，该列车在广州地铁18号线首通段正式上线运营。

**【中国首列出口欧洲双层动车组下线】** 5月31日，中国首列出口欧洲双层动车组在公司下线。中国中车党委书记、董事长、总经理（总裁）孙永才下达发车指令，维也纳、广州、北京、株洲四地嘉宾和代表通过网络直播共同见证该车下线仪式。这是中国首款完全自主研制的、满足TSI标准（欧盟铁路互联互通技术规范）的双层动车组，最高运营时速200公里，可实现不同供电制式、不同功能需求的快速切换，并能无障碍运行于奥地利、德国、匈牙利等5个国家铁路线。该动车组下线剪彩受到媒体和业内广泛关注，被中央广播电视总台庆祝中国共产党成立100周年特别节目《今日中国》直播报道。

**【复兴号动车组驶入青藏高原】** 6月25日，拉林铁路（拉萨至林芝）正式开通运营，由国铁集团牵头，株机公司、大连公司、浦镇公司等联合研制的D2021次复兴号高原内电双源动力集中型动车组在拉林铁路正式运行，彻底结束西藏东南地区不通铁路的历史，中国铁路实现复兴号动车组覆盖31个省（区、市）。

**【庆祝中国共产党成立100周年】** 在中国共产党成立100周年之际，公司组织各单位员工分别集中收看中共成立100周年庆祝大会直播，先后开展“理想之歌”合唱艺术节、党课大讲堂决赛、升国旗集体宣誓仪式暨“万人唱红歌”、党建共建成果发布会、红色株机·四力一品成果展、百人现场书写百米长卷、员工书画摄影作品展等系列活动，隆重庆祝中国共产党成立100周年。

**【全球首列全景观光山地旅游列车竣工】** 公司为云南丽江1号线研制的全景长大坡道旅游观光轻轨铰接车辆，是公司首次研制的带动力铰接转向架、框架式车体结构的轻轨车辆，也是全球首列全景观光山地旅游列车，应用在丽江市旅游风景区，连接丽江古镇和玉龙雪山风景区，是重要的旅游示范线车辆。12月8—11日，该观光列车在2021年中国国际轨道交通和装备制造产业博览会（株洲）现场竣工剪彩并成功展出，成为媒体和与会人员广泛关注的焦点。

**【党群工作】** 公司党委围绕“新时代高铁先锋工程”相关要求，全力打造公司“党建金名片”工程，以高质量党建引领企业高质量发展。持续强化理想信念教育和党性教育，将党史学习教育作为贯穿全年的一项重大政治任务，持续深入推进党史学习教育，同时始终把学习领会习近平总书记重要讲话和指示批示精神作为党委会“第一议题”和中心组“第一专题”。深入贯彻落实中国中车第一次党代会精神，把牢企业改革发展的正确方向。全面贯彻巡视巡察工作方针，积极落实“常规+专项+专题”巡视要求，构建起高质量巡察发展新格局，同时扎实推进中车党委政治巡视整改，深入推进全国国企党建工作会精神贯彻落实“回头看”。从企业、社会、民众三个维度着手，聚焦扭亏脱困、民生改善、社会责任等方面，扎实开展“我为群众办实事”实践活动，制订并完成“办实事”项目143项（其中民生项目

91 项）。组织领导班子成员开展党的报告员形势任务宣讲活动，推进党的十九届六中全会精神、中央党史学习教育动员大会精神、两级“十四五”规划等重要内容进一线、进班组。聚焦建党百年，策划中央广播电视总台专题展示公司双层动车组下线及公司科技创新、国际化经营等方面成就。搭建并完善以微信、微博为主的新媒体平台，以抖音、快手为主的短视频平台，以推特、脸书为主的国际社交媒体于一体的全媒体矩阵，实现一次采集、全媒体传播的格局。以庆祝中车创业 140 年、株机公司创建 85 周年为契机，积极打造中车红色教育基地，丰富“红色中车”内涵。带动群团组织提升公司文化“暖实力”和“软实力”，筑牢思想根基。大力推进“三基建设”，持续将党建与生产经营深度融合，构建党群绩效管理体系，进一步压实基层党建工作责任。制订“不敢腐、不能腐、不想腐”计划，一体推进“三不腐”体制机制建设，发布一体化大监督品牌实施方案，推动党内监督与业务监督主体有机“融合”，确保企业正风肃纪健康发展。大力实施“一体三化”廉洁教育品牌建设，持续强化作风建设，有效保障生产经营和党的建设重点任务落实。2021 年获得中车党建工作考评 A 级。

公司工会深入推进厂务公开、班务公开，及时发布员工关注的热点问题，持续打造民主监督平台，同时借助基层工会组织开展多样化、接地气的民主管理，充分发挥“连心桥”作用，构建和谐良好的民主管理氛围。制定、实施《深化推进公司新时期产业工人队伍建设改革实施方案》，持续开展群众性创新创效活动。积极发动员工参与“新小家”建设，被中车集团评选为“擦亮金名片　建设新小家”专项活动优秀单位。适时开展形式多样的走访慰问送温暖活动，充分体现组织关怀与温暖。围绕建设“快乐、健康、幸福、和谐、高档的美丽田心”目标，开展丰富多彩的文体活动。为公司荣获全国五一劳动奖状、全国群众体育先进单位。

公司团委积极打造青年媒体阵地，全方位、多角度反映青年思想和工作动态，弘扬主旋律、传播正能量，发挥青年媒体效能。全面搭建育才、荐才、用才平台，组织广大团员青年融入生产经营，在技术革新、管理创新上有新作为。

**【下属子公司】** 年内，公司下属全资、控股子公司共 38 家，其中一级子公司 24 家、二级子公司 12 家、三级子公司 2 家，全资子公司 13 家（其中一级子公司 9 家）、控股子公司 25 家（其中一级子公司 15 家），国内子公司 18 家、海外子公司 20 家。

全资一级子公司：沧州中车株机轨道装备服务有限公司全年完成 18 台 SS4B 直流机车大修、25 台 SS4B 直流机车中修涂装、8 台神华号（$HXD_1$）交流电力机车 C5 修、16 台神华号（$CE_{A1A1}$）交流电力机车 C5 修、8 台神华号（$HXD_1$）交流电力机车 C6 修，实现销售收入 3.47 亿元、净利润 3900 万元。湖南智融科技有限公司围绕智能监测、JMRH 两条主线双管齐下，实现营业收入 1.82 亿元、利润 1106 万元。吉隆坡中车维保有限公司继续履行马来西亚 38 列 SCS 动车组 2 年维保项目及整车营销、配件销售、新产业开发等任务，实现营业收入 10588 万元、归母净利润 2460 万元。中车株机（欧洲）有限责任公司执行汉堡、柏林等 8 个欧洲项目，通过直采实现销售收入 5100 万欧元、降本 3858 万元人民币，年营业收入和净利润实现双增长。印度中车株机有限公司全年实现营业收入 388 万元，净利润 5 万元。福斯罗机车有限公司新签项目合同约 14 亿美元，其中整车订单 13.59 亿美元、维保订单0.42亿美元，实现销售收入7.18亿元、净利润383万元。墨西哥轨道交通装备有限公司于2021年1月15日在墨西哥城注册成立，主要负责墨西哥城地铁1号线车辆制造、维保和老车改造等工作，全年实现销售收入719万元、净利润53万元。伊斯坦布尔中车轨道系统车辆与工业有限公司、南非中车株机有限公司无实质性生产，分别代母公司管理其在土耳其、南非设立的子公司。

控股一级子公司：中车洛阳机车有限公司全年检修机车283台，其中和谐机车86台、国铁直流机车154台、路外机车43台，实现营业收入19.8亿元、净利润314万元。中车资阳机车有限公司新造、修理、改造各型内燃、电力机车共164台，同比增长119%，实现营业收入25.07亿元。宁波市江北九方和荣电气有限公司继续保持电容器主营市场龙头地位，实现销售收入1.61亿元、净利润111.68万元。宁波中车轨道交通装备有限公司完成NBML5项目26列车交付任务，实现销售收入10.83亿元、净利润1732.3万元，非关联外部市场收入6817.38万元，荣获“宁波市五一劳动奖状”。广州中车轨道装备有限公司开创“车辆新造+架大修+维保”产业布局新模式，完成广州地铁车辆新造交付17列、架大修交付13列，实现营业收入13.4亿元、净利润5565万元。昆明中车轨道交通装备有限公司完成首个昆明造地铁项目及昆明首期工程、呈贡支线、3号线、4号线、6号线、长水机场低地板、文山低地板等7条线车辆售后、维保服务，实现营业收入72572万元、净利润2249.5万元。武汉中车株机轨道交通装备有限公司完成城轨车辆新造落车80辆、有轨电车新造落车12辆、地铁车辆检修48辆及转向架架修、检修208架，实现营业收入5.38亿元、净利润1215万元。南宁中车轨道交通装备有限公司承担南宁地铁5号线与1号线增购项目车辆本地化制造，完成车辆落车93节、交付18列，实现销售收入60951万元、净利润1777万元，获评国家、广西壮族自治区、南宁市三个级别“专精特新”企业。南宁中车铝材精密加工有限公司生产地铁车辆车体三大板46列、大部件42列、端部件42列、侧墙板40列、侧墙单元27列，实现销售收入18761万元（其中外部市场收入4709万元）、净利润1946万元。乌鲁木齐中车轨道交通装备有限公司全面占领乌鲁木齐地铁配件市场与地铁维保售后业务，实现外部市场收入6277万元、非主机业务订单5500万元、净利润−758万元。河南中车重型装备有限公司实现销售收入2.45亿元、净利润826.23万元，其中轨道交通产品实现销售收入1.27亿元，煤机产品实现销售收入1.08万元，基本形成“轨道+煤机”双轮驱动的发展格局。株洲中车物流有限公司积极开拓“物流运输+包装业务”，开行湘粤非班列7列、中欧班列2列，实现营业收入17.05亿元。上海中车申通轨道交通车辆有限公司控股方由申通集团改为株机公司，为上海地铁车辆提供维保服务，年内完成30列车辆架大修任务，实现营业收入3.35亿元，获评上海市高新技术企业。马来西亚中车轨道交通装备有限公司积极推进KVLRT3项目本地化制造和SCS T20修复项目，完成ETS、ETS2及HMU项目属地化售后服务和HMU和ETS2项目侧窗更换业务，实现销售收入4955万元、净利润390万元。墨西哥铁路工程技术有限责任公司2021年1月在墨西哥城成立，由株机公司（占股51%）与中国中车（香港）有限公司（占股49%）联合组建，主要负责墨西哥城地铁1号线项目车辆、线路、通信系统的分包、执行和管控，年内实现销售收入1.01亿元、净利润774.58万元。

【重要纪事】 1月13日，公司入选“中国智能制造标杆企业（第四批）”。1月18日，公司中标新加坡陆路交通管理局10辆蓄电池工程车项目。2月5日，中国国家铁路集团有限公司副总经理钱铭到公司考察调研。2月6日，公司与中国移动通信集团湖南有限公司签署5G战略合作协议。2月27日，公司为墨西哥蒙特雷3号线研制的轻轨列车投入运营。3月7日，公司研制的D型地铁列车在提速试验中跑出国内地铁试跑最高时速176公里。3月25日，几内亚比绍、东帝汶驻华大使一行到公司考察。3月27日，重载快捷货运牵引装备技术铁路行业工程研究中心揭牌仪式暨首届技术委员会会议在公司举行。3月29日，公司牵头的“株洲轨道交通装备集群”入选“国家先进制造业集群”。4月1日，最高人民法院党组书记、院长周强到公司考察调研。4月9日，湖南省人大常委会党组副书记、副主任黄关春到公司调研。4月11日，公司研制的马来西亚混合动力米轨动车组上线运营。4月14日，国务院国资委党委委员、副主任袁野到公司考察调研。4月16日，全国政协副主席、致公党中央主席、中国科学技术协会主席万钢率全国政协调研组到公司调研。4月29日，公司荣获全国五一劳动奖状。5月16日，国务院国资委原国有重点大型企业监事会主席路耀华、师金泉、罗汉、国一民、李克到公司考察调研。5月19日，交通银行党委书记、董事长任德奇到公司考察调研。5月20日，全国妇联党组书记、副主席、书记处第一书记黄晓薇到公司参观调研。5月27日，湖南省政协副主席贺安杰到公司考察调研。5月31日，中国首列出口欧洲双层动车组在公司下线。6月1日，湖南省委常委、省委组织部部长王成到公司调研。6月25日，公司与国家能源集团联合研制的全球首台最大功率电力机车“神24”上线运行。7月23日，公司与深圳地铁集团在深圳签署120公里/时A型中国标准地铁列车研制及试验项目合作协议。8月25日，长沙地铁6号线首列车在公司下线。8月26日，湖南省委常委、省纪委书记、省监委代理主任王双全率省纪委监委班子成员到公司调研。8月28日，湖南省委副书记、省长毛伟明到公司调研。9月14日，公司为凤凰磁浮项目研制的首列车顺利交付到段。9月28日，公司开展中国中车创业140周年系列庆祝活动。同日，公司与广州地铁集团联合研制的地铁列车在“粤港澳大湾区”最快地铁（广州地铁18号线）首通段上线运营。10月11日，党史学习教育中央第四指导组组长、浙江省原杭州市人大常委会主任于跃敏到公司调研。11月8日，公司为土耳其伊斯坦布尔新机场地铁线路研制的地铁车辆开始上线试运行，以120公里/时刷新土耳其地铁运行时速新纪录。11月10日，湖南省委常委、政法委书记魏建锋到公司调研。11月26日，公司与捷运系统运营（新加坡）有限公司在马来西亚吉隆签署32辆新加坡—马来西亚跨境捷运系统（RTS）轻轨车辆项目合同。同日，深圳地铁16号线全自动驾驶地铁车辆在公司竣工下线。12月5日，湖南省委书记张庆伟到公司考察调研。12月8—11日，公司研制的全球首列全景观光山地旅游列车在中国国际轨道交通和装备制造产业博览会（株洲）竣工下线并展出。12月17日，公司与广州地铁公司签署时速80公里A型中国标准地铁列车研制及试验项目合同。12月27日，公司申报的电力机车入选“第六批国家级制造业单项冠军产品”。

【公司党政工负责人】

党委书记　周清和

董 事 长　周清和

总 经 理　傅成骏
副总经理　肖高华（任至4月）
　　　　　陈又专（任至9月）
　　　　　廖洪涛　张旻宇
　　　　　陈　成　王巧林
　　　　　陈志新　熊锐华
　　　　　单　勇　程　建
　　　　　徐海霞　高殿柱
　　　　　陈　勇
　　　　　梁红波（5月任）
总工程师　高殿柱
财务总监　熊锐华
党委副书记　傅成骏（兼）　王巧林
纪委书记　索建国
监事会主席　曾春来
工会主席　曾春来

（株机公司　供稿）

# 中车洛阳机车有限公司

（统一社会信用代码：91410300664668740Y）

**【概况】** 2021年末，洛阳公司在册员工3247人，在岗员工2277人，其中技术人员237人、管理人员338人、技能人员1576人。公司总占地面积102.80万平方米，建筑面积28.85万平方米，拥有各类机械设备5876台（套），固定资产净值3.84亿元。设有管理处室6个、业务部门6个、生产单元6个。年内，共检修机车283台，其中和谐型机车86台、国铁直流机车154台、路外机车43台，实现营业收入19.8亿元、净利润314万元。

**【规划发展】** 围绕中国中车“好优美高强”和株机公司“智慧株机”建设目标，深入推进经营管理“四力一品”工程，进一步深化“以造带修、造修一体化”战略布局，充分发挥株洛整合优势，突出机车检修主业，创新开拓轨道交通服务业务，紧跟大数据、智能化发展趋势，全力推行“三争当、三推进、一打造”。即争当新时期检修理念的示范者、造修一体化模式的引领者、HXD$_{1}$系列机车专业修的担当者。推进业务深度整合，融入株机公司产业链并建立与株机公司互补的业务平台，为株机公司产业链发展创造价值；推进管理深度聚合，实现组织机构、职能流程、专业管理、党建工作的深度融合及一体化管控；推进文化深度融合，持续宣贯中国中车、株机公司文化核心要素，促进员工观念更新、价值观统一和行为协调一致。

**【经营管理】** 进一步优化经营计划目标体系，搭建公司季度、月度经营计划管控机制，公司经营调度能力进一步加强。建立了围绕关键业绩指标（KPI），重点工作，满意度评价，责任、执规执行，党建工作5个维度组织绩效管理评价体系。优化调整成本管控体系，加强采购过程管控，强化库房管理，重点关注生产过程成本管控，提高公司成本管控水平。完善分解确检体系，坚持“一体化管控”，从“预检、确检”到最终废料形成，从本地到异地项目管控，形成产品全流程、项目全覆盖的分解确检管控机制。深入开展提质增效活动，全年处置废旧物资、积压物资3597万元，盘活固定资产604台，完成洛阳高层次人才公寓、机车试运线等项目验收，转向架总成等厂房权证办理取得积极进展。

**【科技创新】** 加大工艺技术开发，开展和谐型机车检修工艺技术开发，完成HXD$_{1C}$、HXD$_{1D}$型机车批量修技术开发，向铁科院规管室建议HXD$_{1C}$型机车C6修规程优化项目12项。通过HXD$_{1B}$型机车C6修验证修，取得HXD$_{1B}$型机车C6修资质，实现HXD$_{1}$系列机车C6修资质全覆盖。开展轨道工程车辆研制及中大修技术开发，为深圳地铁、广州地铁、神华集团属地修等项目提供有效支撑。推进异地维保技术平台建设，有效支撑靖神公司HXD$_{1}$型机车（陕煤号）C1-C3修项目、鄂尔多斯分公司订单项目工艺技术开发工作。围绕五大检修技术研究，开展控制电源柜、制动夹钳、制动系统等关键部件自主修，实现制动夹钳闸片批量修复技术开发，完成干冰、碳氢清洗剂等清洗技术在转向架部件、电气部件等的应用论证。积极开展工艺标准提升工作，修订完成机车紧固件防松标识技术规范、机车电气线路技术规范、机车涂装技术规范、机车空气管路技术规范等技术标准，不断提升公司工艺标准能力。按照国铁集团要求，组织实施 HXD1D 型机车 C6 修周期上限延长项目，全年完成 22 台机车检测数据的收集及分析。全年取得授权专利 26 项，申请专利 40 项，其中发明专利 16 项，实用新型 24 项。完成公司高新技术企业申报，顺利通过高新技术企业复审。“机车智能检修数字化车间”国家智能制造新模式应用项目顺利通过验收，公司数字化智能化水平再上新台阶。

**【生产运营】** 建立项目统一管控平台，从最基础的项目全流程管理工作做起，抓好异常问题相应处理，全年推进项目 35 个，完成机车检修 283 台。围绕目标做好总体策划，从经营目标出发，重点推动“公司级、事业部级、班组级”三级作业计划落地。紧盯项目生产组织，梳理生产组织流程，以工艺流程图、物料 BOM 为基础，以转向架、机车两条总装线为核心，按照工位制拉动生产需求，制订“1+21+6”的节点计划，突出物料、部件齐套率。编制《采购过程标准化作业指导书》，招标流程持续规范优化。“采购计划执行过程追踪表”“采购计划到货及台车配套表”“和谐机车重点异常物料跟踪表”“委外项目两级管理矩阵表”持续深化，和谐机车 C6 修物料齐套率大幅提高。坚持问题导向，提升异常处置效率，实施“1+2+3”天异常升级处置机制，对于未关闭异常进行日统计、日销号。

**【市场营销】** 全年新签订单 18.79 亿元。在机车检修业务板块，承揽 HXD1C、HXD1D 型机车 C6 修订单 85 台，占市场投放量 67%，完成 HXD1B 型机车试修 2 台；承揽既有机车大中修 159 台；持续深耕地方铁路市场，承担机车检修 48 台。完成 HXD1 系列机车 C6 修价差合同签订，一次性实现现金回款 8.7 亿元。在轨道交通服务业务板块，属地修服务方面，完成包神、新朔公司属地修业务合同签订。机电总包服务方面，中标洛阳市城市轨道交通 3 号线一期工程刘富村车辆基地设备集成采购项目、深圳市城市轨道交通 20 号线一期工程车辆段工程车采购项目等订单。重点关注沈阳地铁探伤服务、西安地铁铣磨服务等业务。成立襄阳中车物流有限公司专业开拓物流市场，全年实现营业收入 2.43 亿元。

**【基建与技改】** 提升公司基础工程建设，全年重点部署和谐型电力机车检修基地建设项目部件综合厂房建设、电力交车库限界规轨道工程、油漆房新建道路工程、中门卫东西侧装修工程、西油库安全整改工程、张景焊接工作室改造工程等项目建设。固定资产投资方面，先后完成采购超高压水射流清洗机、交流平衡重式蓄电池叉车、微控 DK-1 型制动机及阀类试验台、自动开关试验台、车钩缓冲器分解组装装置、便携式称重装置、公司视频监控系统改造、VOCs 在线监测系统装置、襄阳分公司电机浸漆与烘干作业废气收集治理（含污染源自动监控设施）等设备。持续完善环保、消防基础建设，购灭火器 24 具、消防水带 44 盘，维修填充灭火器 564 具。开展防汛专项检查、典型警示教育 7 次、应急演练 8 次，持续提升公司应急能力。

**【质量管理】** 开展过程 C 类风险工序专项审核及核心业务过程成熟度自评，实施特殊过程专项提升，建立生产单元的二级体系评价模型，邀请株机公司参与内审；开展“四规范”专项整治，实施模拟零公里整备及问题销项，对 20 项质量攻关项目实施领导包保，开展走行部、探伤、车下部件安装专项整治；组织开展特殊过程专项提升工作，完成对扭矩紧固、焊接、锡焊、涂装、压接、粘接6项确认准则制定及修订工作；对供应商开展质量约谈22项次，完成8家供应商现场督查、审核，清理独家供应商14家、代理供应商18家；督促16家供应商完成质量体系认证。2人获取ISO/TS 22163高级内审员资质，4人取得内审员资质；4人参与QC诊断师培训；3人取得5项计量资格。

**【人力资源管理】** 加强干部队伍建设，实施“两制一契”管理，完成中层管理者任期评价，并签订《任期协议书》《聘任协议书》和年度目标责任书。加强干部能力提升，开展中层干部培训6期，选取部分中层管理者参加株机中层培训项目。加强人才梯队培养，组织40名青年新秀到株机公司开展专项培训，同时针对入职2~5年的技术人员开展专题技术知识培训3期。优化人力资源结构，根据生产单元岗位需求，分阶段培养机车司机人员、机车电工人员，推动人力资源持续向一线倾斜。完善市场化薪酬分配机制，引入了月度绩效包，将工资向核心技术、管理和技能操作人员倾斜。开展全员岗位绩效管理，实施与岗薪档级、组织绩效和岗位绩效挂钩的绩效工资分配制。

**【企业文化建设】** 开展庆祝“建党100周年”及“中车创业140周年”庆祝活动，开展“中车百年跟党走”主题党日、“与党旗同框　赓续精神”“观百年庆典话感悟”等活动；组织“党史、中车发展史灯谜会”、拍摄140祝福造型视频等活动，重温中国轨道交通工业140年的历史回忆；开展《中车赋》专项文化传播、文化宣讲等活动。加强企业文化建设，开展中车、株机文化理念宣贯培训、班前会常态化学习，做好文化根植培育工作；完成13个基层单位中车、株机文化理念目视化展示，并结合小家建设，进行理念上墙，提高宣传阵地的宣传效果；参加株机公司“我为企业文化代言”金牌讲师竞赛活动、株机公司大安全文化讲师风采大赛。持续做好株洛文化融合宣传工作，全年完成7期株洛文化融合专题稿件撰写。持续做好先锋模范宣传，每季度开展劳模大讲堂活动，对订单交付过程中的先进个人和先进团队进行事迹宣传。

**【党群工作】** 严格落实“第一议题”制度，全年党委会学习“第一议题”35个、党委中心组集中学习14次，确保上级重要指示精神及时学、及时悟。严格履行“前置程序”，党委会全年前置研究200余项生产经营重大事项。落实党群汇报制度，本年度党委听取纪检工作汇报11次，群团工作汇报2次。开展领导班子建设专项行动，领导班子成员分别就分管业务领域、分管部门、作风转变和抓落实方面做了专题汇报，并通过检视问题，进一步增强“八项本领”、提高“七种能力”。召开作风转变专题会议，分别组织生产系统中层正职领导、职能部门中层正职领导召开专题会议，指出各部门在工作作风方面存在的问题，并提出工作要求，强化责任意识、担当意识。加强党对统战工作的领导，健全统战人员基础档案，按季度组织统战对象开展座谈交流，充分发挥统战人员建言献策作用。深入开展党史学习教育，制定《洛阳公司党史学习教育落实措施计划》，确定11个类别，50项具体措施，全面推进。做好党员发展工作，全年接收预备党员3名，党员转正2人。加强党员教育培训，选派8人次参加上级组织的支部书记、组织委员等培训，持续提升党员能力素养。持续选树先进典型，本年度选树典型113名，党员先锋模范作用充分发挥。深化“六送三关注”，开展双节送温暖，慰问困难员工家庭468户、先锋模范及家属11户、驻段服务人员105人。持续推进“新小家”建设，本年度重点推进襄阳分公司、鄂尔多斯分公司、上海、嘉峪关等异地售后服务站点

“新小家”建设，共建成“新小家”96个，全面完成中车“新小家”建设三年行动计划，被中车评为“擦亮‘金名片’建设‘新小家’”先进单位。丰富员工文体生活，参加株洛资足球联谊、株机公司“云”长跑比赛的活动，持续推动株洛文化融合。开展“爱在中车　粽情你我”端午节活动、“学党史　悟思想　办实事　开新局”篮球比赛等活动，提升员工归属感。

**【重要纪事】** 1月25日，洛阳市人大常委会副主任、总工会主席吉振华到公司开展“双节”送温暖调研慰问活动。3月24日，公司主持的“机车智能检修数字化车间”国家智能制造新模式应用项目顺利通过国家工信部门验收。4月7日，中车股份总会计师李铮到公司考察调研。4月19日，洛阳市总工会党组成员、副主席李益玲到公司开展体验调研活动。4月28日，中国中车和谐机车C6修提质增效现场会在洛阳召开。5月13日，由公司与株洲中车物流有限公司合资成立的襄阳中车物流有限公司在襄阳举行揭牌仪式。5月27日，中国中车党委常委、副总裁王宫成到洛阳公司调研指导工作。6月16日，洛阳公司研制的双动力钢轨铣磨车荣获2020年度洛阳市装备制造业十大标志性高端装备荣誉。7月22日，人民日报以《锯錾磨钻削　雕琢毫厘间》为题，对公司全国劳模、五一劳动奖章、中华技能大奖、国务院特殊政府津贴获得者张素丽进行了报道。8月31日至9月1日，公司通过HXD1B型机车轮对、轮轴驱动装置高级修维修资质审查。11月10日，公司高级技师闫伟强被授予“河洛大工匠”殊荣，青年高级技师赵东东荣获“河洛工匠”称号。12月6日，公司成功获取国家铁路局颁发的HXD1B型电力机车C6修维修资质，实现HXD1系列四种车型C6修维修资质全覆盖。12月22日，第五届中原大工匠张景，接受2021年河南省“中国梦·劳动美，大国工匠篇”大型主题宣传活动专访。

**【公司党政工负责人】**

| | |
|---|---|
| 党委书记 | 单　勇 |
| 董事长 | 单　勇 |
| 总经理 | 李　涛 |
| 副总经理 | 秦　远　滕南春<br>叶以兵　常宏岩<br>毛军明　柳　炜 |
| 总工程师 | 毛军明（兼） |
| 财务总监 | 滕南春（兼） |
| 党委副书记 | 李　涛　谢永才 |
| 纪委书记 | 谢永才 |
| 工会主席 | 谢永才 |

（洛阳公司　供稿）

# 中车资阳机车有限公司

（统一社会信用代码：915122000786693055N）

【概况】 2021年末，资阳公司在岗员工1788人（不含子公司），其中经营管理人员430人、专业技术人员372人（不包含在管理工作岗位312人）、技能人员986人；非在岗人员363人；其他从业人员14人。公司占地约172万平方米，资产总额37.74亿元。公司管理服务实设部门20个（含承担经营目标的市场部门）；分公司2个、事业部4个；控股和合并报表子公司3个、参股子公司4个。公司新造、修理、改造各型内燃和电力机车164台（节），同比增长119%，实现营业收入25.07亿元。

【规划发展】 制定"十四五"规划。明确发展定位：建成特色轨道交通装备的核心企业和先进轨道交通装备的链核企业；明确发展目标，到"十四五"末，营业收入规模达到45亿元，归母净利润实现0.8亿元。明确发展步骤，用2年时间扭亏为盈，用3年时间实现新旧动能转换，逐步实现高质量发展。

【改革改制】 公司以重组整合为契机，实施劳动、人事和分配3项制度改革。实施管理诊断问题整改，制定整改措施473项。全年计划完成437项，实际完成431项，累计整改完成率达93.66%。修订制度189个、新增制度68个，全面完成了制度修订工作。压减保障事业部、综合技术部等2个一级单位，各次级机构数量由38个减少为27个。成立曲轴分公司和锻造分公司，实施有效监管下的全面放权、授权经营。

【经营管理】 强化项目管理，建立项目激励约束机制，实施项目制绩效评价，促进相关部门改进项目管理模式。加强"两金"管控，一年期以上存货和应收款项与2021年基本持平。强化绩效管理，调整、完善组织绩效管理评价方案，KPI、GS各项指标更趋合理。加强对供应商的质量、进度管控，独家供应减少54.6%；单一来源减少44%。全年完成采购降本目标2157.41万元。提升信息化管理水平，以数据管理和数据应用为抓手，打造公司协同办公平台、财务智能报表平台、供应商门户系统等，打破数据壁垒，提升管理效率。持续开展工艺技术体系建设，在电气线路、管路、油漆、螺栓紧固质量等4项工艺提升方面取得了明显进步。健全领导责任体系、依法治理体系、规章制度体系、合规管理体系和工作组织体系。通过法律维权，挽回经济损失、化解风险2300余万元。进一步强化审计整改、结果应用和违规责任追究工作，形成审计监督工作闭环。加强境内疫情常态化管控，落实境外"一国一策"疫情防控措施，实现员工"零感染"。强化安全环保管理，实现全年安全生产"三零"目标，无环境污染事故发生。

【科技创新】 完成中天钢铁GK1C、国能包神HXN6型机车、包钢GK1混动改造机车、武钢CHA6A1型混动机车、SDA1、SDD1型机车等13项新产品开发项目。HXN6型机车3个样车产品运用质量基本稳定。大功率混合动力机车技术、液传机车新能源再造技术被用户接受，同时新增了多个牵引系统和动力电池系统供应商，为控制成本奠定基础。地铁工程车进入郑州、长沙、贵阳等多个市场，轨道工程车和钢轨探伤车采用新设计之后，噪声、排放均优于行业标准。完成3000 ~ 3500千瓦陆用发电机组、280ZJC型船机等2个项目的研制，完成HXN$_{6}$型机车用NY6240ZJA型柴油机联轴节等主要部件、HXN60003机车NY6280ZJA型柴油机可靠性升级改造等3个项目的设计。全年完成国内专利申请47件，海外专利申请5件。加入“全国轨道交通电气设备与系统标准化技术委员会”。分别获得1项重点研发项目立项和1项科技成果转移转化示范项目立项。首次联合省内外科研院所、高校等单位，联合申报3项国省科研项目。科技创新建设增添新平台，申报四川省大中型曲轴工程研究中心，获得四川省科技厅批准。

**【市场营销】** 公司获得国铁电力机车订单HXD$_{1C}$型20台、HXD$_{1}$型15台，全年实现营业收入7.99亿元。获得13台HXD$_{1C}$型机车C6修订单。路外机车销售实现翻番。路外机车及配件新签订单同比增长115%，营业收入同比增长134%。与株机公司实现市场协同，获得了山东高速HXD$_{1C}$型机车6台订单。国际市场持续巩固，获得澳大利亚机车用户追加4台新造机车订单。巴基斯坦和加蓬机车维保项目持续推进。出口苏丹内燃机车项目受苏丹政变影响暂停实施。曲轴分公司持续开拓船舶、机车和石油机械曲轴市场，实现收入、利润双增长。锻造分公司实现扭亏为盈。抓住四川省启动都江堰至四姑娘山旅游轨道交通线建设机遇，获得国内首列4节齿轨列车销售合同。HXN$_{6}$型混合动力机车首次实现销售。国能包神铁路采购2台HXN$_{6}$型混合动力机车，大功率混合动力机车首次实现商品化销售。大力培育旧车混合动力改造市场，签订4台改造合同。能源电站业务实现新突破。新签巴基斯坦中水巴沙项目订单，海外能源电站业务首次进入巴基斯坦。孟加拉阿苏岗杰电站项目获得了业主签发的最终验收证明书，中车最大的海外电厂成功交付业主。

**【质量管理】** 细化完善《产品质量提升三年行动计划》，扎实推进质量提升，加大质量问题整治力度，对5起重大质量问题责任人进行严厉处罚；对DF$_{8B}$ 5875号机车空调机组固定螺母未安装、HXD$_{1C}$型机车中央管排接头体焊缝泄漏等5起典型质量问题进行责任追究，对2名责任领导给予降职处理，促进全员提升质量意识。

**【人力资源管理】** 调整中层管理人员57人次，1名中层管理者受到免职处理，4名受到降级处理，4人辞去中层职务。实施定岗定编、富余人员分流、职业发展通道建设、薪酬制度优化等改革举措，分流安置200余名富余人员。建立“岗位、能力、业绩、专项激励”四位一体的薪酬绩效体系，分配机制向关键岗位、高层次人才倾斜，员工职业生涯发展通道L6及以上层级人员，采取“年收入制”的分配方式。开展后备及骨干人才挂职锻炼和轮训，共有425人到株机公司集中轮训、17人挂职锻炼。建立了工程技术、专业管理、市场营销人员职业发展通道，全面完成等级评聘工作，769名技管员工进入职业通道。

**【企业文化建设】** 持续弘扬中车之道，传唱中车之歌，对外报道14篇，其中国家级媒体3篇，省级媒体4篇，市级媒体7篇。撰写的《节能减排又增效　新型机车助重钢跑出绿色“加速度”》在新华社刊登，对公司开拓混合动力机车市场起到了重要的新闻营销作用。《我国首台商品化混合动力改造机车启运》在新华社、人民日报、中央广播电视总台等20余家媒体刊登，实现了央级、省级、市级媒体全覆盖。公司官方微信围绕党史学习教育、株资整合、管理变革、产品及市场开拓等刊发稿件180余条，总阅读量超过10万，较好地展示了企业形象。

【党群工作】 公司党委学习贯彻习近平总书记重要讲话精神，增强“四个意识”、坚定“四个自信”、做到“两个维护”；开展党史学习教育活动，增强了广大党员为人民服务的宗旨意识；开展迎接建党100年系列活动，强化了广大党员对共产主义的信仰；开展领导班子建设专项行动，班子成员本领、能力进一步提升；开展党建“金名片”创建工作，基层党的建设更加富有活力；强化党风廉政建设，营造风清气正的干事创业氛围。党建与经营强融合，组织各级党组织开展党建“子品牌”建设，创建44个党建品牌。公司对10个被巡察党组织和2个专项巡察发现的问题逐一点人点事、明确处理意见、提出整改要求，组织全体领导干部开展集体廉政谈话，对1个单位的4名班子成员进行约谈谈话。公司狠抓党内监督、巡察监督、民主集中制监督，对履行主体责任不力的10个组织给予通报批评，14名基层单位“一把手”受到组织处理。组织111名领导干部、165名业务主管、138名重点岗位人员开展三级廉政谈话、廉洁自律承诺。综合运用日常监督和巡察成果，对有苗头性倾向性问题的员工进行帮助教育，第一种形态运用45人次，较2020年增加11倍。对履职不到位的进行绩效考核，全年共考核21人次。针对存在的问题，下发《纪律检查建议书》17份，提出纪律检查建议22条。

【重要纪事】 1月6日，公司中标$HXD_{1C}$型电力机车C6修10台。1月10日，公司质量管理部检测中心顺利通过国家实验室评审。1月26日，公司国家级、省级和公司级技能大师工作室揭牌。3月6日，公司2台$DF_{12}$型机车从公司交车线出发，分别前往青海和湖南。3月23日，资阳市市长徐芝文到公司调研指导工作。3月25日，中国中车纪委书记王铵到公司调研。4月27日，公司召开薪酬绩效体系优化项目启动会，构建全新薪酬绩效体系。6月3日，中国首台商品化混合动力改造机车改造完成，这标志着公司拥有自主知识产权的、中国首台商品化混合动力改造型机车正式交付用户。9月25日，公司签订中国首条齿轨轨道交通项目订单。9月27日，四川省政协副主席、党组成员钟勉到公司调研指导工作。12月3日，公司首条汽车曲轴生产线在锻造分公司落成投产，预计年产汽车曲轴锻件50余万件。12月3日，四川省科学技术厅公布2021年第一批四川省工程技术研究中心认定名单，资阳公司被认定为四川省大中型曲轴工程技术研究中心。12月30日，公司举行棚户区改造项目安置房建设工程结构封顶仪式。

【公司党政工负责人】

党委书记　陈志新（兼）
董事长　陈志新
总经理　杨文胜
副总经理　胡宪昌　党保雄
　阳云波　李希宁
　周莉
　熊建平（任至7月）
总工程师　李希宁
财务总监　胡宪昌
党委副书记　杨文胜
　梁红波
纪委书记　梁红波
监事会主席　梁红波
工会主席　梁红波

（资阳公司　供稿）

# 中车株洲电机有限公司

（统一社会信用代码：9143020076071871X7）

党委书记、董事长　聂自强

总经理　罗崇甫

**【概况】** 2021年末，株洲电机公司在册员工3654人，其中株洲本部2273人；各类专业技术人员1524人，其中工程技术人员1130人。高级技术职称人员209人，其中教授级高工42人。主营轨道交通、风力发电、工业驱动、新能源汽车驱动、输变电等领域的电机、变压器专业化研制、销售及系统服务。注册资本13.42亿元，净资产32.74亿元。全年营业收入105亿元，归母净利润2亿元。

**【规划发展】** 公司“十四五”战略规划立足于战略目标和战略要素两个维度，形成了“1+23”的战略规划文本体系（即1个总体战略规划文本、23个子规划文本），总体“十四五”发展战略规划于10月份正式上报中车备案和印发。强化对标管理，围绕公司治理、人才开发与企业文化、业务结构、科技创新、品牌推广、集团管控与商业模式、风险管理、信息化、并购重组、国际化、社会责任、绩效衡量与管理共12个维度开展全面对标。结合投资项目全寿命周期管理要求和年度竣工验收计划，成都轨道交通产业园建设（电机）项目顺利通过竣工验收。根据工信部《智能制造综合标准化与新模式应用项目管理工作细则》《智能制造综合标准化与新模式应用项目验收工作手册》要求，完成公司第一个产业类国家级补助项目验收报告编制，并通过工信部审核。推动重点股权投资项目实施，策划与SGB-SMIT集团设立合资公司开发风电变压器项目，快速布局实现风电变压器产业。

**【改革改制】** 按照“快半拍部署、快半步行动、快半年见效”要求，加快推进公司各项措施任务落实落地。公司改革三年行动包含1个总体实施方案、8个专项方案、17个子项目。把党的领导融入公司治理制度化规范化程序化，修订“三会”议事决策清单，进一步厘清各治理主体权责边界，持续完善“三重一大”决策制度实施办法，严格履行党委会前置程序，共召开党委会17次，研究讨论“三重一大”决策事项53项；深入落实中车股份对公司董事会的相关授权，完成公司章程、董事会议事规则等基本管理制度与授权相关规则制度的修订；在各混改子公司搭建了以公司《章程》为基础的较为完善的治理制度体系；健全完善董监事管理制度；进一步规范了制衡机制，完善治理结构。持续巩固轨道交通、风力发电业务的竞争优势，积极推动公司业务结构调整，重点加强战略新兴产业孵化。推进伺服产业混合所有制改革，探索更加市场化的差异化管控。

**【经营管理】** 加强组织管控，完成公司经营范围前瞻性扩大修订并通过批复，新增6项业务。制定矩阵式管理标准范例，对标行业标杆的集团化管控模式，指导推进产业单元实施矩阵式组织管理。深度转换市场化经营机制，深化市场化选人用人、劳动用工、薪酬分配机制。策划并编制《“数字化精益企业”信息化项目实施方案》《智能制造“十四五”发展规划》，有序开展各专项项目实施。全面梳理2020年KPI指标的运行状态，实现207项KPI指标优化，补充完善“两利四率”指标，并强化盈利能力、降本节支、“两金”压降专项考评。发布《公司提质增效专项工作方案》，形成8个专项激励制度办法，搭建了责任全面落实、考评执行强化的提质增效体系。搭建提质增效专项激励机制，加强顶层设计，出台《盈利能力提升专项保证方案》《提质增效专项工作方案》，系统策划7项竞赛，落地税费改革、人才引进等奖励政策，编发降本增效、设计降本、外部政策资金等8个专项激励制度，为提质增效工作落实奠定基础。公司拟联合桂林星辰、员工持股平台和地方基金共同成立四川中车尚成电气有限公司，可行性研究报告已基本通过中车总部评审。

**【科技创新】** 全年完成专利申请总量159件，其中发明专利90件，海外专利申请17件，公司严控专利申请质量，着重布局高质量专利，实现发明专利占比达67.3%。举办公司首届科技大会，发布“十四五”科技规划纲要。承办永磁动力技术与市场应用论坛，策划实施“永磁动力技术”制造业创新中心建设。聚力正向研发，持续提升电磁设计、流体温升、振动噪声等技术能力。全力攻关重大技术，机车牵引电机轴承国产化边界条件研究、铁路车辆牵引变压器酯油绝缘系统国产化等“85、GCT”项目取得重大进展。系列化中国标准地铁列车、CR450动车组等一批重大项目研制有序推进，配套时速600公里磁浮交通系统产品成功下线。完成12兆瓦海上半直驱风力发电机、油浸式和干式海上风电变压器等产品研制。标准化方面，实现了国际标准主起草的“零突破”，公司的IEC60310《轨道交通机车车辆牵引变压器和电抗器》国际标准修订提案已获国际电工委批复。同时，参与2项牵引电机的国际标准修订工作，并首次联合株机、株所申报了系列国际标准提案。

**【新产品研发】** 公司践行“双卓越四突破多点布局”的业务部署，实现在轨道交通、风电产业板块重点突破，同时孵化磁浮、伺服驱动、能源开采、海上风电变压器等业务，形成多个业务增长点，实现竞争能力和市场地位的稳步提升。公司全年产品开发类（含任务级）共有项目214项，其中公司级及以上项目77项。动车领域完成了国内首条基于永磁牵引系统的城际动车组用永磁牵引电机TQ-275研制，完成京张智能高铁动车组牵引变压器研制；开展新一代更高速智能动车组关键技术研究与装备研制（CR450）。机车领域，完成了复兴号高原双源动力集中动车组牵引电机和牵引变压器研制、匈牙利调车机车牵引电机、DM20多流制调车机车牵引变压器研制。城轨领域，完成了系列化中国标准地铁列车190千瓦、230千瓦、250千瓦3种功率6种不同型号的牵引电机的研制。磁浮领域，完成200公里悬浮电磁铁、高温超导地面线圈系统、北京机场线直线电机、凤凰线直线电机和电磁铁的生产及产品交付，完成内嵌式水冷直线电机研制。风电板块，陆上大功率发电机设计实现全型谱5MW+，海上大功率发电机设计实现漂浮产品平台搭建及永磁产品10MW+。工业驱动电机领域，开发出75千瓦曝气风机整机系统、160千瓦~280千瓦功率等级半直驱永磁电机、1400千瓦电铲车用永磁直驱提升电机、10千伏710千瓦高压永磁同步电机等产品。海洋船舶装备领域，完成低振动噪声系列化异步启动永磁同步电机研制。系统集成领域，完成75kW/32000rpm高速永磁曝气鼓风机整机的系统集成开发；完成“三合一”集成制冷压缩机磁浮高速电机驱动器研制等项目；攻克高开关频率的多SiC器件并联设计开发与应用技术。

**【市场营销】** 轨道交通领域，公司产品配属的高原双源制动车组在拉林线投入运营，配属的“瑞雪迎春”智能动车组为北京冬奥会提供服务。磁浮和城轨检修业务快速发展，获得凤凰磁浮线、西门子电机架修、南京地铁故障修等项目订单。风电领域，牢固保持金风、株所、明阳（海上）市场占有率第一位置，实现远景、海装双馈批量订单突破，新增上电、运达、东电、哈电四大客户。与SGB-SMIT集团开展海上风电变压器业务合作，通过此次合作充分发挥既有的牵引变压器技术优势，打造全新产业支柱。工业驱动领域，新签订单同比增长138%，与永锋钢铁、铁建重工、上海海立、中石油等客户广泛开展合作。磁/气浮轴承工程化产品实现小批量应用。其他装备领域，持续巩固市场基础，在新型车辆、新型运输车、舰船等领域实现批量供货。新型变压器产品成功进入台州、昆明等城轨市场。新能源汽车驱动领域，新签订单同比增长200%，业务实现快速发展。海外市场领域，丹麦西门子歌美飒新能源公司（SGRE）等项目实现批量交付，完成德国铁路公司（DB）项目、印尼动车组牵引电机等独立出口项目履约，印度风电联调试验服务、斯里兰卡风电维保等方面实现业务模式新突破。

**【质量管理】** 围绕效率效益指标改善，统筹推进三年“强基”工程和对标世界一流提升工作。围绕核心成本要素，全面开展降本节支增效，全年实现降本3.8亿元。多措并举获取外部资金8572万元。“中车Q”质量标准体系持续完善，质量损失率降低0.4个百分点，“两局一线”等源头质量问题整治进展顺利，省长质量奖创建工作启动实施。深入开展基础管理提升工作，编发知识管理规划纲要，启动第一阶段试点工作。“两化融合”项目加快实施，牵引电机定子线圈智能制造线一期、城轨及标动电机组装生产线项目投产应用。

**【人力资源管理】** 深化市场化选人用人机制，混改子公司全面推行职业经理人制度；健全“两制一契”干部管理顶层设计；加强领导干部契约化动态管理；健全董监事管理制度，子公司董事会应建尽建，实现外部董事占多数改革目标。深化市场化劳动用工机制，实现48人再上岗、5人继续待岗；优员增效，持续开展劳动合同履约评价，退出64人；畅通退出渠道，构建员工内部退养机制。制定《公司技能员工内部退养实施方案》，后续将依规推动内退工作。深化市场化薪酬分配机制，完善工资总额机制建设，提升所属子公司工资总额自主决定权约30%；强化产业单元班子薪酬业绩效益联动，指导四家混改单元建立职业经理人薪酬激励约束实施细则；加强内部分配管理，优化月度工资结构，取消全员一次性奖励，增加与业绩贡献度挂钩的绩效工资比重；完成中长期激励机制落地和持续，推进成都公司员工持股方案评审及磁浮、气浮项目组参与项目收益分红激励研究。建优建强干部队伍，优化人才评价机制，推进人才队伍建设。

**【企业文化建设】** 对标世界一流，紧盯公司“十四五”发展目标，积极推进企业文化执行体系落地。融入管理常态化，制定《公司企业文化及品牌三年提升建设方案》。对公司制度进行动态管理，制定《公司企业文化管理制度等级清单》。持续深化企业文化子文化建设，将公司各类子文化分类纳入公司制度流程体系中。围绕建党100周年、党史学习教育、中国中车“十四五”战略发布、中车创业140周年、公司第二次党代会等主题，对整体VI进行精心设计，其中承担的中国中车“十四五”战略发布会整体VI设计成为中车展板设计推广样板。健全体系强管控，强化品牌管理体系建设，调整公司品牌执行委员会组织架构及管理职能，细化分解控股及参股混改子公司的品牌管控项点，并进行差异管理。完善品牌管理制度，编制《公司品牌使用及管理办法》和《品牌使用许可协议》。承担中车创业140年系列活动和大型参展任务。

**【党群工作】** 公司党委以习近平新时代中国特色社会主义思想为指引，认真贯彻落实习近平总书记“七一”重要讲话精神和党的十九届六中全会精神，扎实开展党史学习教育，全面落实中央经济工作会议、中央企业负责人会议以及中车党委常委（扩大）会、工作会议等有关会议精神。深入开展国企党建工作会“回头看”工作，持续巩固公司党建成果。落实中车党委“固化攀升年”相关工作部署，以打造“金名片”、创建全国先进基层党组织为主线，以“巩固、对标、增效、保障”为目标和抓手，围绕经营攻坚、战略创新、系统变革等推动“大党建”工作。召开公司第二次党代会，完成两委班子换届，提出“两步走”路径和“五个一”发展目标，修订完善公司“三重一大”决策和党委会会议制度，党的领导有效融入治理机制。坚持“学史明理、学史增信、学史崇德、学史力行”的目标导向，系统谋划推进“5453”工作部署。对标全国先进基层党组织，编制实施《公司党建提升三年行动实施方案》。全面推进国企党建工作会“回头看”工作走深走实。推进“三化一阵地”建设，深化“创岗建区”“攻关突击”，切实把党建优势转化为发展优势。探索建立基层党支部标准化建设机制，推动基层党支部建设提质晋档，牵引变压器车间党总支荣获“中央企业先进基层党组织”称号。严格落实“四同步、四对接”，加强混改企业党建帮扶，基层党建全面迈向常态化、规范化、制度化。

加强工会组织建设，组织召开工会二届七次全委（扩大）会议，学习传达上级工会文件要求及全国“两会”精神；编制《关于加强混合所有制企业工会工作和职工民主管理的指导意见》，指导混改企业工会工作开展。推进民主管理，筹备、召开了公司二届二次职工代表大会，审议通过《公司经营工作报告》等相关工作报告。聚焦“全员参与、量化指标、价值引领”，全面开展公司“双创”劳动竞赛。持续深化“六送三关注”、周末女校、EAP等品牌工作，员工幸福度、满意度不断提升。

以打造党建“金名片”为主线，聚焦党建“固化攀升”工作主题，团委组织策划青春领航、青春育才、青春创效、青春强基等系列活动，在“CRRC动力青年”新媒体公众号开设“青听课堂”青年讲党史专栏，推出青年讲党史11期、我为青年办实事5期、读书分享2期、祭英烈3期，阅读量覆盖8000余人次。

【下属子公司】

**成都中车电机有限公司** 公司主要从事电机研制和造、修业务，产品以轨道交通配套电机为主，涵盖地铁、能源采集、新能源汽车、通用工业机械、分布式发电、风力发电、环保设备等领域，产品覆盖全国，并出口至30余个国家和地区。2021年实现销售收入13.2亿元，其中外部收入5.51亿元，净利润298.88万元。

**江苏中车电机有限公司** 公司拥有江苏盐城（本部）、湖南株洲、内蒙古包头、新疆哈密、福建福清、广东阳江六大生产基地。江苏公司与数家国际知名企业在兆瓦级风力发电机领域形成深度合作伙伴关系，产品装配并运转至欧盟、北美、澳洲等国际风电市场。2021年，实现营业收入71.8亿元，同比增长7.2%；总资产周转率同比提升10.5%、存货周转率同比提升2.5%，劳动生产率同比提升1.1%，百元收入人工成本降低6.3%，经营质量与运营能力不断提升。

**湖南中车尚驱电气有限公司** 公司主营业务为高速永磁电驱系统、通用电驱系统、油田电驱系统、矿用电驱系统等产业板块。公司坚持“一切为了客户”的理念，以永磁技术为核心，以技术创新为动力，持续开发永磁化、集成化和智能化的永磁驱动系统，致力于成为全球一流的永磁驱动技术引领者及成套方案解决商。2021年，实现营业收入4亿元，同比2020年增长193.5%。

【重要纪事】 2月23日，12兆瓦海上半直驱永磁同步风力发电机在公司下线，标志着公司在大功率等级电机核心技术上取得重大突破。3月15日，由人民日报社主管主办的《中国经济周刊》在两会特刊上刊发长篇通讯《打通国企混改的“最后一公里”》，聚焦株洲电机公司深化国企改革和高质量发展之路。6月20日，央视《对话》栏目对株洲电机公司永磁技术进行了专题介绍和推介。6月25日，复兴号高原内电双源动车组驶出拉萨火车站向林芝市进发，标志着拉林铁路正式开通运营。公司研制的牵引电机和牵引变压器，通过高寒环境适应性、高原环境绝缘性能等测试，在拉林铁路高海拔、高寒环境运行良好。7月20日，具有完全自主知识产权的世界首套时速达600公里高速磁浮交通系统亮相，其核心动力装备——“动力心脏”（直线电机）和“无影腿”（电磁铁）由株洲电机公司研制。9月3日，公司风电产业单元与SGB-SMIT集团风电变压器业务合作签约仪式在中国株洲与德国雷根斯堡同步举行。12月10日，公司召开第二次党代会，来自各级党组织的142名党员代表出席会议。12月23日，公司召开“‘创’意燎原‘新’火传承”科技创新大会。

【公司党政工负责人】

| | |
|---|---|
| 党委书记 | 周军军（任至6月） |
| | 聂自强（7月任） |
| 董事长 | 周军军（任至6月） |
| | 聂自强（7月任） |
| 总经理 | 聂自强（任至7月） |
| | 罗崇甫（7月任） |
| 副总经理 | 胡雄辉　江有名 |
| | 晋　军　余　乐 |
| | 卢雄文　臧苗苗 |
| | 杨治国 |
| | 项　永（1月任） |
| | 孙成刚（1月任） |
| 总工程师 | 胡雄辉（兼） |
| 财务总监 | 卢雄文（兼） |
| 党委副书记 | 聂自强（任至7月） |
| | 罗崇甫（7月任） |
| | 臧苗苗 |
| 纪委书记 | 谢　欣 |
| 监事会主席 | 谢　欣 |
| 工会主席 | 余　乐（兼） |

（株洲电机公司　供稿）

# 中车大连机车研究所有限公司

（统一社会信用代码：91210200243024402A）

党委书记、董事长　姜　冬

总经理　刘会岩

【**概况**】 2021年末，大连所员工总数966人，在岗员工793人。各类专业技术人员597人，工程技术人员340人。各专业系列高级技术职称人员168人，正高级职称人员45人。11月5日注册资本由3.5亿元增加至4.5亿元。设有旅顺所区生产基地、高新所区技术中心和中长街所区，占地面积合计22万平方米。下设7个事业部及子公司，10个行政职能管理部门、3个业务部门、5个党群管理部门、2个纪委部门。全年实现营业收入8.4亿元，归母净利润－3988万元。

【**规划发展**】 完成公司“十四五”规划编制并发布实施，组织开展专项规划编制工作。确立“两提升三布局”产业发展思路，即“优化提升动力传动和装备两个产业，重点布局安防、高端轴承、热管理三个中车内部独有特色产业”。与中南大学在企业战略管理实务领域开展咨询合作。

【**改革改制**】 制定下发《大连所改革三年行动实施方案》，构建“1+8+20+56”的公司改革三年行动实施体系，紧密围绕改革首要任务，抓好中国特色现代企业制度建设、抓好科技创新、抓好不良存量清退与社会职能剥离、抓好深化混合所有制改革、抓好市场化经营机制转换、抓好党的领导党的建设、组织保障等8个方面、20个子项目，56项主要举措全面推进改革工作。加强董事会建设，中国中车委派的3位外部董事进入董事会，实现外部董事占多数。制定《董事会授权管理办法》，规范董事会授权管理行为，促进经理层依法行权履职。实施组织机构变革，将生产制造从各事业部及子公司剥离，组建制造中心，形成统一的制造平台。事业部保留市场和研发，成为“经营环”，直接面对市场和客户；制造中心作为“运营环”，为事业部提供支撑。

【**经营管理**】 重新启用高新所区技术中心，形成高新所区作为技术中心和管理中心、旅顺所区作为制造中心的双中心格局。开展对标世界一流企业管理提升活动，围绕“四基五无”全面开展强基工程，制定对标一流管理提升和强基工程工作任务清单，年末100%完成工作清单。导入精益经营体系与精益运营体系，对标中车内部先进兄弟单位，在“经营环”以换热系统、安防两个事业部为试点，导入集成产品开发理念和精益营销流程，各选择一条产品线制定产品线经营建设方案；在“运营环”导入精益运营管控工具，提高过程运营效率。建立产线成本核算体系，提高成本管理精益化水平。合并体系文件与规章制度，形成一套能满足各体系认证与业务应用的管理文件。完善风险管理制度体系，修订风险管理基本制度，加强重大经营风险事件的管理，建立健全重大项目风险评估制度，规范投资项目风险管理。修订合规管理制度与合规管理准则，实现将合规管理嵌入公司日常经营管理中，初步搭建起合规管理体系。

**【科技创新】** 全年科技研发投入占比8.87%，新产品贡献率47%，项目目标达成率92%。获批组建辽宁省轨道交通移动装备火灾防控系统工程研究中心，创新中心和重点实验室实现核心产业全覆盖。完成各类专利申报共计99件，其中发明专利64件。获评辽宁省高价值专利培育中心。获得第二十二届中国专利优秀奖、第二届辽宁省专利奖一等奖，辽宁省科学技术进步奖二等奖2项、三等奖2项。建成国内首个轨道交通移动装备火灾防控系统实验室，初步形成消防产品认证体系，申报7项消防企业标准。重大专项“二氧化碳跨临界循环绿色高效动车组空调系统研制”项目通过结题验收评审。唐山公司-兴雄R1线模型车二氧化碳热泵空调机组实现交付并装车。磁悬浮鼓风机在第22届中国环博会上首次展出，分别在污水处理、化工、建材等行业取得应用业绩。完成D180柴油机高、低压级增压器的配机试验，满足柴油机运用要求。智利DMU动力包和BMU动力包项目产品完成样机研制并实现产品交付，满足欧Ⅲ-B排放要求，采用电传式、车下布置方式，最大输出功率为345千瓦。多能源机车热管理系统项目、混合动力包项目分别在国铁集团和辽宁省“揭榜挂帅”。

**【生产运营】** 在制造中心搭建运营、电子、机加、增压组装、动传组装、装置组装、焊接、空调组装等共7条产线，实现制造资源的初步整合、生产物资全面集中采购、制造运营集中管理、质量业务派驻制造过程。积极开展委外转自制工作，首次实现传动箱箱体批量生产，具备DH20E系列传动箱箱体年产12套的加工能力。焊接产线完成水冷板、气路板真空钎焊自制验证，实现260/276等产品的小批量钎焊，具备批产能力。完成八轴油、3C等复合冷却器委外加工转自制工艺验证，具备年产1200台复合冷却器的生产能力。电子产线完成三防涂覆自制工艺验证，实现全产品覆盖。开展HXD3B机车产品自制准备，完成4种线路板试制。完成主型产品在生产制造执行系统全面上线。实施品类采购，完成2个一级品类、9个二级品类和51个三级品类的生产物资三级品类树建设，并在各产线采购组内完成战略采购和执行采购的业务分离。

**【市场营销】** 火灾防控系统、冷却塔、空调、活塞等四种特色产品跟随“复兴号”高原内电双源动力集中型动车组首次开上青藏高原。消防产品小批量装车覆盖所有轨道车类型，业务拓展至地铁工程领域。ZN280型增压器在HXN3B机车新造机车实现批量装用，打破ABB公司在4400马力机车上的垄断。城轨空调实现批量业绩，获得大连地铁1号线、2号线、5号线空调批量订单和3号线整列装车。路局站段合作修理进一步深化，以沈阳局集团公司科研所合作为契机开展和谐车型电子部件自主修。初步建立2种检修业务新模式，基于故障代码的故障解析，实现与客户在全寿命周期管理上的共生关系，故障传输与专家诊断系统产品在沈阳局、北京局、上海局等集团公司装车，为机车检修与故障排查提供有效的数据支撑；通过合作修协议基本锁定主要客户通风机类产品的检修主体地位，CRH380平台动车组牵引电机冷却风机检修产品实现装车。取得$HXN_3$机车HA型增压器高级修资质，为$HXN_3$机车批量进入C6修程做好准备。各类传动箱大修15台，大修数量持续增长。拓展大铁路试验装备业务，在主要客户沈阳局、哈尔滨局等集团公司获取订单1200万元；与战略合作伙伴株洲时代装备、长沙润伟深入合作，在非标检测试验类装备领域形成销售收入2000万元。

**【基建与技改】** 完成高新所区科研楼装修改造项目，包括室内装修改造、通风改造、电气改造、消防改造等。项目总投资约2238万元，全部为固定资产投资。3月30日完成质监验收。6月8日完成政府竣工验收（含消防验收）。6月15日正式投入使用。

**【质量管理】** 全年质量损失率0.38%。取得$HXD_2$型技术提升机车网络控制系统CRCC（中铁检验认证中心）认证证书。将质量管理与实际业务运行相结合，针对特殊过程、外包等重要环节暴露出的问题，参考铁路等行业优秀做法，修订完善《首件鉴定管理制度》《不合格品管理制度》。将技术规范响应充分性、工艺与操作一致性、检查检验有效性等要素纳入年度供应商质量保证能力计划的审核过程，对关键件、重要件供应商周期审核覆盖率达到100%。电子维修QC活动小组获得辽宁省优秀质量管理小组二等奖。

**【人力资源管理】** 持续推进市场化经营机制改革。优化中层管理人员综合考核评价机制，有效落实"两制一契"管理模式。完善四阶人才梯队搭建，选拔30名"新青年"和23名中层后备。健全员工服务期履约评价退出机制，年度履约评价退出比例0.76%。完善市场化薪酬分配机制，加强产业单元工资工效联动管理，实施差异化薪酬，研究落实中长期激励机制，制定下发《超额利润激励管理办法》《关于实施2021年度经营指标双向激励方案的通知》。持续开展高层次人才选拔，吸纳重要科技人才2人，获评"辽宁省新引进新培养人才"1人，新聘中车集团首席技术专家3人，资深技术专家6人，获评正高级职称5人，高级职称14人。持续推进《产业工人队伍建设实施方案》，工位技能"三三制"年均提升5%，高技能人才比例提升至67%。不断提升人力资源管理信息化水平，动态维护定期检查，确保数据高实效高质量。深入推进干部人事档案专项审核，完成233人档案专审。

**【企业文化建设】** 紧跟中国中车步伐，第一时间召开党史学习教育动员部署会，制定工作方案，通过开展缅怀革命先烈、参观红色教育基地、党性教育培训等特色活动，全方位、多层次践行党史教育，推进学习走深走实。正式命名《连所报》，结合员工阅读需求和公司具体实际，整理收录每季度生产经营新闻、党群新闻、人物文化故事以及当季度专题报道。扎实开展品牌建设工作，将品牌建设融入研发、设计、制造、营销、服务等各环节，提升品牌价值增益。突破外部宣传，强化品牌传播，实现省部级新闻媒体发布的突破，发布于省部级新闻媒体新闻共24篇，持续打造大连所对外宣传名片。

**【党群工作】** 公司党委贯彻落实习近平总书记重要指示精神，下发《大连所党委贯彻落实习近平总书记重要讲话精神誓为科技自立自强再攀高峰再立新功的决定》，制定26项重点任务，年度计划节点完成率100%。坚持“第一议题”制度，全年组织召开9次党委理论中心组学习，及时跟进学习习近平新时代中国特色社会主义思想、习近平总书记系列重要讲话、指示批示精神，在学懂弄通做实上下更大功夫，切实把学习成果转化为破解改革发展难题的智慧方法和推动企业高质量发展的实际成效。在完善公司治理中不断加强党的领导，认真落实“党组织研究讨论重大问题作为董事会、经理层决策的前置程序”要求，修订完善“三重一大”决策制度，研究审议涉及企业重大改革、经营发展、选人用人等各类议案百余项。全面贯彻落实党中央关于庆祝建党100周年的部署要求，以“十百行动学百年党史”为主题策划实施十项活动。深入开展“我为群众办实事”活动，建立“我为群众办实事12345”工作机制，以实际行动推动了一批关系战略发展、科技攻坚、品质提升、群众愁盼问题的解决。深入开展党建基础工作标准化，明确支部建设基本原则，制修订17项党建工作制度流程。持续推进党建品牌选树，基层党建子品牌创建率100%。

公司纪委持续强化制度建设，修订《“三重一大”监督管理实施办法》。召开2次干部警示教育大会，持续开展纪检干部讲纪律和廉洁文化建设活动，累计受教育党员干部、群众497人次。开展“一把手”、疫情防控、党史学习、一岗双责、“三重一大”等13项监督检查工作。识别廉洁风险点721个，督促制定防控措施1053项。以聚焦“四个落实”为主线，对4个党支部进行政治巡察，查找问题、督促制定整改措施，实现按计划整改完成率100%的目标。开展9家子公司违规挂靠专项巡察，整改完成率100%。

公司工会积极开展劳模选树，弘扬劳模精神，1名职工获得“辽宁省五一劳动奖章”称号。持续关爱困难职工，维护职工合法权益，走访公司18名困难职工，慰问海外、高原售后人员，开展“六送三关注”特色工作和职工医疗互助保障活动。完成19个“新小家”建设，其中售后服务小家6个，完成三年建设目标，获得“擦亮金名片+建设新小家”先进单位。大力开展技能比武和主题劳动竞赛，助力员工素质提升，调动广大职工为公司年度经营目标实现贡献力量。

公司团委坚持做“深”思想引领，开展学习党史、新中国史、中车发展史的专题教育和结合重要时间节点的主题教育，举办“青春向上”主题文艺汇演、“请党放心，强企有我”英语风采大赛、“重走长征路”红色文化体验等活动。持续推进青年“双导师”工作，以“新青年”作为培养对象，启动第二届青年成长导师带徒活动。创建青年文明号12个，青年安全生产示范岗5个。

【下属子公司】

**大连中车泽通机械有限公司** 大连所全资子公司，成立于2001年4月，主要从事涡轮增压器、铁路机车配件、气体压缩机械、环保专用设备的研制和销售。注册资本2618.282万元。公司紧扣和谐机车检修及新造市场需求，重点绕HXN3机车增压器故障检修及转子换新和HXN3B机车新造增压器方面开拓市场。排放后处理产业培育效果初显，与资阳公司合作完成马鞍山钢铁公司两台机车排放改造项目，初步形成完整供应链。

**大连中车睿通科技开发有限公司** 大连所全资子公司。主要经营生产各类高低压开关及控制设备、电机启动设备、变压器及其相关电器电子成套设备和零部件、高低压电器的生产及销售。与金租公司合作的成套装备业务产融结合项目运作成功。获得B柜资质，可进一步开拓装备市场。

**洛阳中车泽隆机械有限公司** 大连所控股子公司，位于河南省洛阳市，主要经营内燃机车增压器修理和机车用空气压缩机修理，生产经营占用场地面积3500平方米。自2021年取得内电机车及和谐机车各系列空压机高级修维修资质，开发和谐机车空压机C6修业务，空压机检修收入大幅增加。

**大连中车泽隆机械有限公司** 大连所控股子公司。主要经营范围是：流体机械、机械设备、轨道交通检修设备的研发、生产、销售、维修、安装、技术咨询；金属制品、橡胶制品、电子产品、仪器仪表、五金交电、机械设备、建筑材料的销售；计算机系统服务；计算机软件及辅助设备的研发、销售；机电设备安装工程专业承包；货物进出口、技术进出口。

**中铁检验认证（大连）机车检验站有限公司** 由大连所和中铁检验认证中心共同出资于2015年4月成立。主要经营轨道交通领域整车及零部件的试验、检验；技术咨询、技术服务，主要承担内燃机车、机车用柴油机、增压器、机车空调、散热器、中冷器、热交换器、冷却风扇、空气压缩机、滚动轴承、喷油泵、喷油器、铁道机车车辆电子装置等产品的检测。公司紧紧围绕设备能力更新状态及相关标准变更状态，同步更新实验室资质标准范围，旅顺换热试验台、增压器试验台、风机试验台、轴承试验台二期、高低温试验箱、盐雾试验箱等试验能力完成资质扩项，使实验室检测能力顺应市场变化需求。

**【重要纪事】** 1月，“大功率交流传动机车轴箱轴承”项目获2020年度“中国铁道学会科学技术奖”三等奖。2月3日，公司与首创恒基新润水务有限公司签署合作框架协议。3月，火灾防控项目产品通过5项资质认证。3月2日，混合动力包项目进入辽宁省“揭榜挂帅”重大项目榜单，以该项目为依托成立的“辽宁大连机车所轨道交通装备用动力包产学研联盟”进入“辽宁省首批实质性产学研联盟”。3月8日，召开2021年干部大会，传达公司组织机构及党组织调整情况。3月18日，公司承担的“$HXN_3$机车增压器自主化检修”项目通过评审。4月20—22日，公司生产的磁悬浮鼓风机、磁悬浮单元、三元流叶轮及增压器产品亮相第22届中国环博会。4月27日，公司职工张延蕾获2021年辽宁五一劳动奖章，陈广泰、初永春获评2020年享受国务院特殊津贴人员。4月29日，公司承担的《铁路机车智能驾驶技术——$HXD_2$机车自动驾驶技术》和《铁路机车智能驾驶技术——$HXD_3$机车自动驾驶技术》通过西安局集团公司科技成果评审。5月，公司发明专利“交流传动电力机车用模块化冷却装置”获第二十二届中国专利优秀奖。5月8日，公司牵头承担的中车重大专项“二氧化碳跨临界循环绿色高效动车组空调系统研制”以优秀评级结题。6月17日，公司举行高新所区重新启用仪式。6月29日，公司举行庆祝建党百年暨2020—2021年度“创先争优”活动表彰大会。6月29日，中国中车党委书记、董事长、总经理（总裁）孙永才到公司调研。7月，公司首个城轨空调系统批量项目大连地铁1号线、2号线增购工程车辆空调系统装车。8月6日，公司研制的400千瓦氢燃料电池机车热管理系统顺利完成整车性能试验。8月，公司在北京大型养路机械运用检修段的GMC-96B型轨道打磨车上加装的新一代火灾防控系统通过首台车验收，公司火灾防控产品首次应用于工务系统。8月，公司获评辽宁省高价值专利培育中心。9月30日，公司自主设计用于DF7C型内燃机车DHT6型机车尾气脱硝净化装置及用于GKD1型内燃机车DHT7型尾气黑烟净化装置装车交验。10月28日，通过HXN3机车HA型增压器高级修维修资质审查。12月，发明专利《高速内燃动车组用车下布置动力集成系统》获第二届辽宁省专利奖一等奖。12月13日，公司下发“十四五”发展规划。

**【公司党政工负责人】**

党委书记　姜　冬（任至12月）
董事长　姜　冬（任至12月）
总经理　刘会岩
副总经理　安帮贤　辛文涛
王　宇　吴明涛
包洪涛　张日广
总工程师　王　宇
财务总监　包洪涛
党委副书记　刘会岩　王龙华
纪委书记　王龙华
工会主席　包洪涛

（大连所　供稿）

# 中车青岛四方车辆研究所有限公司

（统一社会信用代码：913702002645827 88W）

党委书记、董事长　孔　军

总经理　唐永明

【概况】 2021年底，四方所员工总人数2634人，大学本科以上学历人员1914人。公司注册资本17亿元，占地面积21.5万平方米。公司设置党群部门7个、职能管理部门10个、业务管理部门4个、平台组织3个、战略业务单元4个，公司旗下有5个全资子公司、5个控股子公司。全年四方所深入贯彻习近平总书记视察中国中车重要指示精神，以庆祝中国共产党成立100周年、中国中车创业140周年为契机，深入开展党史学习教育，大力弘扬伟大建党精神、中车之道和“厚德载物、自强不息”的企业精神，全力以赴完成年度经营指标，确保了“十四五”开局各项任务平稳推进。

【规划发展】 针对后疫情时代行业格局和市场形势变化，以及新一轮科技革命和产业变革机遇挑战，以中国中车“十四五”发展战略为指引，践行“七个新突破”要求，多次召开党委会、董事会、总经理办公会专题研究讨论，制定四方所“十四五”战略规划，经第二届董事会第八次会议审议通过报中国中车审批后正式发布实施。“十四五”战略规划勇担打造中车制动单项冠军、行业冠军和基于车车通信的列车自主运行系统（TACS）领先领跑的重任，以“数智转型”为核心，明确了未来五年的重点任务。

【改革改制】 贯彻落实国企深化改革工作要求和中国中车深化市场化经营机制改革工作要求，结合企业改革发展实际，聚焦体制机制不活等痛点难点，制定并推进实施《四方所改革三年行动实施方案（2020—2022年）》和《四方所全面深化改革总体方案》。改革三年行动共确定7方面16项改革任务，明确69项重点改革举措，全年整体完成率达88.6%，在完善法人治理结构、落实董事会职权、探索职业经理人制和完善中长期激励机制等方面取得较大进展。认真贯彻落实中国中车核心系统和关键部件业务重组整合构建业务引领平台要求，牵头实施制动、钩缓两项业务重组工作，坚持“中车利益最大化”原则，充分考虑重组各方的历史情况与未来发展，升维思考重组方案，统筹考虑制动与钩缓两个业务，提出制动钩缓一体化重组整合方案，将发展稳健、盈利能力强的钩缓业务整体注入中车制动，通过合理的股权架构设计，激发重组各方的积极性与主动性，重组方案经四方所第二届董事会第九次会议审议通过报中车审批后实施。

【经营管理】 聚焦“十四五”开局，对外加大市场开拓，对内压降成本费用，全年实现营业收入 54.8 亿元、利润考核指标 4 亿元，报表归母净利润 5.2 亿元，完成中国中车下达的经营任务。其中，电气、钩缓、博锐减振、重庆公司、卡玛克斯等较好的实现经营业绩，为完成全年指标作出积极贡献。资产负债率、营业收入利润率、研发投入强度、国际业务完成率等考核指标继续保持集团“先进标杆”，完成亏损企业治理、降本节支增效、盘活土地资源等提质增效目标。获评青岛市市长质量奖；继续保持“全国文明单位”荣誉；钩缓装置荣获工信部“单项冠军”称号。

【科技创新】 提升能力，强化创新，有效夯实了数智转型基础。全年，共申请专利 325 项，其中国内专利申请 293 项，包括发明 193 项；涉外申请 31 项，包括 PCT（国际专刊）国际申请 13 项，PCT（国际专刊）进入国家阶段的发明申请 16 项。持续保持 8% 以上的研发投入强度，荣登山东省 2021 年度科技领军企业榜单，在全省软件和信息技术服务竞争力百强企业位居第 4，TACS（列车智能运行系统）技术荣获全省交通工程创新创业大赛一等奖。聚焦自主创新，推进完成重点研发项目，其中科技部 8 项、工信部 2 项、山东省 1 项以及中车 42 项。超前完成中车 85 专项计划目标，攻克动车组核心控制系统芯片与软件关键技术，完成“复兴号”智能化动车组司机台核心技术攻关，研制长客时速 600 公里磁浮供电网、诊断网系统等核心产品，实现首批装车交付。聚焦智能升级，基于车车通信的列车自主运行系统（TACS）攻克多项关键技术，基于智能应用的列车运行控制系统相关子系统软件具备大系统集成测试和确认测试条件。车辆智能运维平台实现上线试运行。聚焦行业服务，依托多个国际试验项目，海外整车性能试验能力进一步加强，新材料检测特色实验室建设持续推进。强化知识产权管理，主导与参加制修订国际标准 4 项、国家标准 3 项、行业标准 3 项、中车标准 54 项。推进《铁道车辆》《国外铁道车辆》改版扩版。

【生产运营】 实施指标倒逼，提质增效，显著促进了管理能力提升。坚持降本节支，加强全面预算管理，积极落实减税降费增利政策，实现增利 8980 万元，嵌入式软件增值税退税实现零突破，采购降本率为 2.4%，两级集采率达到 90.2%。数字赋能精益管理，加速子公司 SAP 建设，研发工艺仿真一体化平台（TC）完成试点部门上线。钩缓数字化车间实现设计达产，减振项目通过工信部验收。完成 7 条精益产线和 2 个精益车间建设。严守质量保障安全，采取工序标准化、高耗能产品集中生产，售后服务平台聚焦隐性质量风险，加强全过程管控，坚守政治责任，全力保障拉林线、智能动车组、中老铁路重点项目产品安全运行。巩固处僵治困成果，天津装备顺利完成新厂区整体搬迁和土地收储，积极拓展新业务市场，“处僵治困”案例受到国务院国资委官网点赞，完成资阳电气组织机构优化和管理人员竞聘上岗，稳健实施人员安置。全面防范化解风险，重点防范高风险应收账款，对合同资产动态管理及时预警，初步搭建合同管理系统，首次开展参股企业审计，深化双重安全预防体系建设，全年实现“三零”目标，推进绿色工厂建设，全年无环境污染事件发生。疫情防控有序有效，全年实现零感染、零疑似。集中组织接种疫苗，员工及相关方接种率为95%。落实境外项目防控措施，加强疫情巡检与境外防疫，强化员工人文关怀。

**【市场营销】** 在严峻的市场经营形势下，力拼市场订单，全力做好产品生产交付。巩固国铁业务，核心产品在系列动车组产品份额持续提升。关键系统及核心产品全面装备拉林线、中老铁路和智能动车组。CAB-B和JZ-8机车制动系统批量装车，在广州、北京、上海等铁路局集团公司实现属地化检修。强化城轨业务，发挥重点区域优势，牵引系统获得株机公司丽江有轨电车批量订单，并首次进入浦镇公司市域车平台，PIS系统首次实现城轨批量订单突破。工艺设备集成包深圳地铁项目中标金额近1.2亿元。智能运维在多个城市落地实施，检修业务占城轨总签约额超过20%。拓宽国际业务，在葡萄牙波尔图轻轨项目首次实现西欧市场整体打包供货，制动、牵引系统在智利阿拉米达-兰卡瓜项目实现订单突破，电气柜产品直接进入Talgo公司德铁F073项目，固定式架车机项目实现工艺设备集成包首次直接出口。发力新兴业务，获得浦镇公司首个以太网络防火墙项目订单，完成多地励磁产品批量交付。风电、煤炭、石油等领域市场持续拓展，中车首个全自主屋顶光伏项目实现并网发电。

**【人力资源管理】** 聚焦人才“第一资源”，扎实开展两级领导班子建设专项行动，积极培养新时代国企好干部。深入推进“两制一契”管理，完善干部人才制度建设，以市场化方式从海外引进大数据、人工智能领域专业领军人才3名，探索实施“揭榜挂帅”项目培养模式。增强院士工作站和博士后科研工作站等高层次人才平台建设，与北京大学、复旦大学开展2名博士后联合培养，加快高端人才培养。通过产学研合作建设实习实训基地、开展比赛等方式，持续增强企业对人才的吸引力。

**【企业文化建设】** 以党委中心组学习为引领，持续推进习近平总书记重要指示精神的再学习再认识再深化，开展立体化全方位思想宣传和形势任务教育，围绕深化改革、创新驱动、开源节流等宣传主题，把全体员工的思想和行动统一到全所重大决策部署上来；严格落实意识形态工作责任制，深入宣贯落实中车核心文化理念，通过退休仪式、集体婚礼、慰问海外员工等活动，推进“有温度”的文化育成工程，增强全员发展信心；提升品牌宣传的广度、深度与高度，得到央视、人民日报、学习强国等高端媒体多次报道，进一步提升品牌知名度和美誉度。总结提炼的“以创新文化助推高铁持续‘领先领跑’”企业文化建设成果荣获全国一等奖和山东省第一名。

**【党群工作】** 按照学史明理、学史增信、学史崇德、学史力行要求，深入开展党史学习教育，统筹实施专题研讨交流、专题组织生活会、学史力行办实事等系列举措，组织开展“学党史、开新局、庆百年、立新功”庆祝建党100周年系列活动，一体推进12项公司级、221项部门级“我为群众办实事”实践活动，积极引导广大党员从百年党史中汲取智慧，从中车140年创业史、四方所60余年的改革创新历程中收获经验，把党史学习教育成果转化为破解改革发展难题的智慧和方法，在学党史、悟思想、办实事、开新局方面取得了很好的实际效果。召开四方所第二次党员代表大会，中国中车党委常委、党委副书记王铵受中车党委委托出席会议并讲话。大会总结了五年来的工作成绩，分析了四方所改革发展和党的建设面临的新形势新任务新要求，确立了四方所未来一个时期的奋斗目标和重点任务，在企业发展进程中具有重要里程碑意义。大会选举产生了四方所第二届党的委员会和纪律检查委员会。深入开展国企党建会精神贯彻落实情况“回头看”，统筹谋划中车制动党群组织设置方案，长效推进党支部标准化、规范化建设；巩固深化“不忘初心、牢记使命”主题教育成果，扎实开展三级教育培训，推动基层党务工作信息化流程化，不断夯实“三基建设”；深化党建品牌新内涵，着力培育了33个基层党建品牌，评审产生了11个“五有三好四突出”基层特色党建品牌，“金名片”建设成果显著。

不断夯实全面从严治党主体责任和监督责任，围绕中心工作开展专项监督检查，有力保障了各项重点工作和决策部署的落实落地；积极打造“一主五化三促进”教育监督和“4+N”日常监督纪检品牌。

扎实推进产业工人队伍建设改革和试点，大力开展群众性创新活动，积极发挥创新工作室、技师工作室作用，充分激发和调动了职工的创新意识、担当意识和工作热情。积极深入为群众办实事、为青年办实事，实施“精准帮困”，服务慰问春节留青职工，举办青年集体婚礼和联谊活动，着力解决急难愁盼问题、体现企业关心关怀。

**【重要纪事】** 1月8日，四方所联合承担的“分布式智能机车制动系统研制与应用”项目，荣获2020年度“中国铁道学会科学技术奖”特等奖。2月5日，四方所召开第二届职工代表大会第一次会议，大会总结2020年及“十三五”工作情况，分析研判形势，着眼“十四五”新一轮高质量发展，部署2021年重点工作。3月25日，中国中车党委书记、董事长、总经理（总裁）孙永才一行到四方所天津装备公司调研，对天津装备“处僵治困”成绩表示肯定，并结合党史学习教育提出“判变势、思变局、应变策、开新局”要求，党委常委、副总裁马云双陪同调研。3月27—28日，2021中国仿真技术产业高峰论坛暨中关村工业互联网峰会在北京中关村古城创业大厦召开，四方所受邀参加并获聘中国仿真技术产业联盟首届理事单位。4月12日，中国中车党委常委、总会计师，股份公司副总裁、财务总监李铮一行四方所调研，高度肯定四方所取得的显著成绩，并对四方所工作提出建议。5月9日，国家示范工程——列车自主运行系统（TACS）成果展示会在青岛召开。四方所作为TACS项目技术总牵头方和系统集成方，自主设计研发了关键系统与核心装备，并对系统架构及关键技术提出了一整套解决方案。5月12日，“2021年中国中车业绩表彰大会”在北京召开，四方所获得党建责任制考核A级、特别贡献奖、企业管理创新奖、提质增效专项奖、4项协同创新专项奖等8项大奖。6月25日，复兴号高原内电双源动车组从拉萨首发，拉林铁路正式开通运营。四方所为该型动车组提供了完全自主研发的电气、制动、网络控制和旅客信息等核心系统。6月25日，四方所开展“百年华诞、薪火相传”庆建党百年暨接力跑健步行活动，热烈庆祝中国共产党成立100周年。7月20日，四方所深度参与多项核心系统研制工作的“时速600公里高速磁浮交通系统”在国家高速列车技术创新中心成功下线。9月，中国中车召开科技创新大会，四方所24个项目、2个集体、29名个人被表彰。9月，中央电视台中文国际频道推出系列报道《奋斗百年启新程》，第32集围绕轨道交通行业，聚焦四方所高质量党建引领高质量发展，以“党建引领，打造中国轨道交通的‘智慧方案’”为主题进行专题报道。9月24日，四方所第二次党代表大会召开。10月9日，系列化中国标准地铁列车制动系统在“2021北京国际城市轨道交通展览会”上首次精彩亮相。四方所等相关子企业深入开展其中5个部件自主化攻关，全面实现原材料自主化、产品设计自主化、生产工艺自主化、加工检验自主化，真正实现中国标准地铁列车制动系统自主化。10月10日，中国中车副总裁余卫平到四方所调研指导工作，产业发展部副总经理战宇宙陪同调研。10月29日，山东首次发布科技领军企业名单，四方所位列全省第六名。11月8日，山东省“2021年度山东省软件和信息技术服务综合竞争力百强企业”发布，四方所位列其中第四名。11月，国家铁路局发布通知，四方所主持制定的《铁道车辆制动机单车试验》《铁道货车手制动机》《铁道客车及动车组模态试验方法》《铁路车辆非动力车轴设计方法》等4项铁路技术标准入库2021年铁路重大科技创新成果。12月，四方所主持制定的国际铁路联盟（UIC）国际铁路标准（IRS）80845:2021《机车车辆通过台橡胶风挡供货技术条件》在UIC官方网站正式发布实施。12月，四方所全国产化核心控制器项目在长客股份CR400BF复兴号动车组上顺利完成装车试验。12月，在山东省科学技术协会举办的2021年山东省交通工程创新创业大赛中四方所TACS团队“列车自主运行系统”荣获车辆组一等奖。12月，四方所“钩缓装置”产品荣获国家“单项冠军称号”。12月29日，中国中车党委副书记、总经理（总裁）楼齐良、副总裁马云双到四方所调研指导工作，并参加在四方所举行的“中国中车首个全自主屋顶光伏项目竣工暨并网运行启动会”。12月30日，中国中车党委常委、副总裁王军到四方所调研指导工作，科技质量与信息化中心主任于跃斌陪同调研。

**【公司党政工负责人】**

| | |
|---|---|
| 党委书记 | 孔　军 |
| 董事长 | 孔　军 |
| 总经理 | 邢晓东（任至12月） |
| 副总经理 | 颜　强　姚小强<br>崔风钊　李照平<br>冯　勇<br>聂　翔（任至12月） |
| 总工程师 | 冯　勇 |
| 财务总监 | 颜　强 |
| 党委副书记 | 邢晓东　李宏峰 |
| 纪委书记 | 李宏峰 |
| 监事会主席 | 李宏峰 |
| 工会主席 | 颜　强 |

（四方所　供稿）

# 中车戚墅堰机车车辆工艺研究所有限公司

（统一社会信用代码：91320400137168058A）

党委书记、董事长　王文虎

总经理　李培顺

**【概况】** 2021年底，戚墅堰所在岗员工总人数3179人，高级职称356人，中级职称604人，高级技师119人，技师230人，博士研究生学历10人，硕士研究生学历532人，本科学历1131人，大专学历789人，中专、技校学历296人，高中及以下学历421人。公司固定资产原值34.04亿元，净值16.73亿元；土地共7块（以不动产权证为准），总占地面积70.3万平方米。公司下设事业部4个、分公司1个、创新平台11个、子公司9个，公司年度累计实现销售收入45.12亿元。

**【规划发展】** 着眼发展规模与经营质量协同并重，深化顶层设计，突出战略导向，高标准完成公司“十四五”发展总体规划与专项规划编制。全面融入中车“一核三极多点”业务结构，谋划做强中车机械传动技术研发中心、打造材料工艺原创技术策源地，按照产业管理思维，构建基于工业传动、材料工艺、现代技术服务三大领域的业务体系，制定风电装备、精密减速器等业务产业化推进“时间表”与“路线图”。全面对接中车“五力”经营管理体系，按照平台管理思维，系统规划管控保障举措。

**【改革改制】** 主动破局，探索新路，如期完成国企改革三年行动年度目标。持续完善现代法人治理。对接中车授权放权，加强行权能力建设，完善法人治理体系，各治理主体功能作用进一步发挥。深入推动业务重组整合。推动一批战略重组和专业整合，搭建集成装备及关键部件业务、现代技术服务业务、精密传动业务一体化发展平台，深化智能制造业务发展平台建设。稳步推进市场化经营机制转换。深化三项制度改革，“两制一契”实现全级次中层管理人员100%全覆盖，职业经理人制度在三个产业单元成功落地，健全多元化薪酬分配体系，探索实施工资总额备案制与智能焊割装备项目中长期激励机制。

**【经营管理】** 全年完成中车下达的T2经营目标任务，营业收入同比增长。着力打造

"1622"提质增效"升级版",外抓拓源增收,内抓降本增效,13项对标指标同比改善,实现了规模与效益的逆势双增长。推进设计成本对标,联合开展工艺降本、供应链降本,实现重点产品成本降低;开展费用清理及使用效能评价,9项费用同比降低;常态化开展"两金"资产风险化解;大力开展员工总量控制与人工效能提升,全员劳动生产率显著提升;产业政策与财税政策能享尽享,最大程度化解产品降价、原辅材料价格上涨等减利因素影响。一体推进对标管理提升、"强基工程"与"三个标杆"创建,获省部级以上管理创新成果6项,其中齿轮传动事业部智能车间建设获国家级管理创新成果二等奖。持续加强预算过程管控,构建推行职业经理人制度的子公司考核体系,实施经营指标双向激励。开展关键业务流程优化,检修等业务标准化运营水平加快提升,成都锐洋公司运营步入正轨,江门、青岛等检修基地深化建设。优化新产业项目管理机制,开展项目寻源与商业路演。深化运用设计工艺制造一体化平台、精益研发平台,加快建设智能数据分析平台、固定资产管理平台、供应链管理平台等,完成油压减振器等智能产线建设。搭建戚所生产系统,SQDCI指标体系加快推广应用。加强供应链顶层设计,两级SQE管理持续完善,试点推行品类管理。深化资源统筹,有效应对能耗"双控"和拉闸限电,订单交付及时率达99%以上。全供应链工伤预防项目成为人社部样板试点工程。开展专项包保服务,为"七一"百年庆典、拉林铁路开通等国家重大事件有序开展提供坚实保障。全面推进安全风险分级管控,常态化开展疫情防控,实现疫苗全员应接尽接,安全环保防疫工作实现"五零"目标。全面提升环保精细化水平,获评"江苏省绿色工厂"。

**【科技创新】** 参与国家部委和中车系列规划指南编制,拓展科研机构合作,参与制定2项国际标准、主持制定2项国家标准,首次获得中国专利银奖。围绕川藏铁路等国家重大战略工程开展立项攻关,启动CR450关键零部件研制,轨道交通系列产品搭载中老"澜沧号"动车组助力"一带一路"建设,系列化中国标准地铁列车关键零部件具备装车条件,"85""1025""GCT"专项取得阶段性进展。风电、矿山产品加快向大兆瓦、大吨位升级,成功开发米轨牵引车、铸件综合后处理、3D视觉零件坡口切割装备等智能产品,焊轨装备、电动轮等产品实现智能在线监测,磁浮巡检车液压制动系统、旋筒风帆实现首次交付。建成快速样件制造中心,铝基复合材料制动盘亮相国家"十三五"科技创新成就展,新型耐热钢材料扩大批量应用,深化高端铸铁材料研究,培育矿卡制动鼓等新业务,连铸连轧、有色金属锻造、无折边锁底焊接等一批工艺实现产业化应用,KW产线生产柔性进一步提升。

**【市场营销】** 突出市场资源共享与业务协同,实现核心稳盘与多元并进。机车齿轮产品、时速160公里动力集中动车组基础制动产品、动车组钩缓装置市场份额均有提升,动车组齿轮产品市场份额稳中有升,锻钢制动盘首获批量订单,油压减振器实现销售突破。动车组齿轮箱检修基地新增长春、唐山2个城市布局,检修业务放量大幅增长,城轨齿轮箱检修基地实现在成都、武汉等地布局,闸片检修基地实现在广州、北京等地布局,检修业务基本布局成网。新签高镍、不锈钢涡轮壳占比提升,液压产品销售收入同比增长,业务转型升级步伐加快。工程机械业务实现恢复性增长,新能源储能式焊轨车实现销售突破。风电市场业务同比增长。矿山业务国内外业绩再创新高。试验检测业务成功进入桥梁工程、风电等领域,培训体系认证客户突破100家,首次承办全国性焊工项目赛事。船用柴油机零部件销售收入同比增长。新能源汽车驱动系统业务获多家头部企业订单。着力开拓外部市场，智能工艺装备、智能焊割装备、工业制动装置实现多领域应用突破。发挥材料工艺综合优势，拓展进入医疗器械铸铝件、隧道施工设备铸钢件、路面工程机械铸铁件等业务领域。海外业务销售收入同比增长，产品成功进入Talgo、东洋电机、TSA等主机和系统部件企业，获得轮边减速器、牵引车等集成产品批量订单。

**【质量管理】** 全年外部FAI通过率100%、竣工移交合格率100%、IRIS得分69%、未发生一般D类及以上事故。获取2021年度常州市市长质量奖；首次申报《运用1234精益管理模式打造世界一流高铁核心零部件的最佳实践》并获得全国质量标杆；通过江苏省质量信用AA级企业评定。全面达成IRIS银牌二阶段目标；实现驻外7大检修基地质量管理体系全覆盖，其中4个基地首次IRIS体系覆盖。“中车Q”质量管理体系向“三极多点”单位推广，完成“中车Q”成熟度自评（Ⅲ级）。启动“戚所质造”质量品牌工作，从管理质量、实物质量、服务质量、质量文化四个模块、13个工作维度全面开展质量专项提升。轨道交通板块8种产品获CRCC正式证，17种产品获试用证，城轨板块6种产品获CURC证书；动车组齿轮箱检修业务激增，且异地检修从三级修向高级修延伸，全年共获取5个地址共计19个型号动车组齿轮箱检修资质。7项“微创新”成果获中车成果奖，3项QC成果获“行业优”、1项成果获“中车优”、1项成果获国际质量管理小组会议最高等级成果。完善质量问题整改闭环机制，发布《典型质量案例汇编》。

**【人力资源管理】** 人力资源与人才管理工作全力实施“1143”计划，制定了“十四五”人力资源战略规划，落地推进《市场化选人用人机制研究》项目成果。推进市场化选人用人机制改革，出台《关于深入推进实施中层管理人员“两制一契”管理的意见》，建立健全中层管理人员分层分类管理制度，组织全级次中层管理人员分类签订聘任协议书、任职承诺书和年度目标责任书。制定瑞泰装备公司、汽车零部件公司职业经理人制度实施方案，建立健全法人治理结构；出台职业经理人、业绩考核和薪酬管理等三项制度；组织开展2家子公司职业经理人市场化选聘。协助集团开展党委书记、董事长推荐以及总经理公开选拔；组织选拔2名总助级岗位领导、2名中层正职，完成9名中层干部交流、17名中层干部试用期考核。印发2021年工资支付管理意见，规范两级法人单位员工劳动关系管理，年内劳动合同下移616人。获评正高级工程师12人、高级工程师49人、高级会计师2人、高级经济师1人、高级政工师1人、高级技师15人。杜利清、刘云清获国务院政府特殊津贴，陆忠杰、莫俊超获全国技术能手，伏宇璐、黄勇获江苏省企业首席技师，万升云获中车科技成就奖，王有虹、杜利清获中车科技贡献奖，呙如兵、帅忠全获评第一批常州市领军型创新人才，谢东获常州市企业首席技师，曹金龙、徐作照获国家级竞赛奖励。公司获首批江苏省就业见习示范基地。

**【企业文化建设】** 以建党100周年为契机，制定《戚墅堰所党委关于开展党史学习教育的工作方案》和《“葆百年初心　铸复兴伟业”庆祝建党100周年专项工作方案》，形成42项重点任务清单，制定4大系列活动，组建党史学习教育宣讲团，举办宣讲50余场次。落实“我为群众办实事”实践活动部署，确定“领导班组办实事项目清单”20项，基层党组织160项。设立“党史微课”“红动百年”“党史学习教育”等板块，发布268篇专栏文章，集团专题简报录用16篇、国家部委录用2篇。结合中车创业140年，组织制作“百年伟业　红色中车”主题成就展，开展“云上长征路　共忆百年史”和“百卌中车　星火相传”网络健走跑步活动，举行“葆百年初心　铸复兴伟业”主题升旗仪式，举办李泮溪物品捐赠仪式。形成《公司“奋斗”文化建设的研究与建议》调研报告，《“十四五”企业文化建设发展规划》。深化和《科技日报》《工人日报》等央媒的合作，全年在国家级媒体亮相70余次。承办江苏省“放歌新时代　奋斗新征程”基层好故事分享会、网络正能量摄影作品征集活动，提升公司对外影响力。制作新版宣传片、宣传册，红色小戚微信表情包在微信表情商城上架，与常州民俗名人合作制作特色企业文化用品传播特色文化、传递中车理念。深化“五化展会”理念，公司携最新成果亮相北京国际城市轨道交通展览会、北京国际风能展览会等。年内，公司被评为“新时代党建+企业文化标杆单位”。

**【党群工作】** 举办“学习”“庆祝”主题系列活动，把弘扬伟大建党精神、传承中车红色基因、凝聚干事创业力量有机结合，使广大干部员工受到深刻的政治教育、思想淬炼和精神洗礼，更加坚定践行初心使命、扛起责任担当、推动高质量发展的信心决心。聚焦解难题、暖民心，精准对接发展所需、民心所向，扎实开展“我为群众办实事”实践活动，办好企业高质量发展最大实事，办好群众关切的提升企业年金缴费比例等240项实事好事。坚持高质量党建引领保障高质量发展，着力推动党建工作成果固化和改革发展攀升。丰富“1+N”党建品牌体系，发布10个基层党建工作品牌，“双创先锋”党建品牌获评“新时代特色党建文化品牌”。强化党建创新与党员攻关，围绕生产经营中的重难点开展党建创新工作36项。对照“八项本领”“七种能力”以及领导班子建设标准，扎实开展领导班子建设专项行动。开展常规巡察与“靠企吃企”专项监督，有力彰显“利剑”“探头”作用。建立中车首个劳模创新工作室跨区域共建试点。深化“星火人才”训练营建设，有效激发青年活力。

**【全资子公司】** 年内，公司全资子公司有常州中车瑞泰装备科技有限公司、常州中车铁马科技实业有限公司、常州中车汽车零部件有限公司、常州中车柴油机零部件有限公司、常州朗锐铸造有限公司共5家。

**常州中车瑞泰装备科技有限公司**　全年实现销售收入8.3亿元。顺利完成轨道工程机械、风电矿山业务重组改革，瑞泰公司与重型机械事业部，于7月28日正式合并为常州中车瑞泰装备科技有限公司，成为戚墅堰所首家开展职业经理人改革试点单位。立项并推进大兆瓦行星传动产业能力提升及建设项目，统筹场地租赁、基地扩建和东所置换方案，谋求发展资源，突破瓶颈约束。全年累计完成新产品17件，开展科研项目59个，申请专利22项，其中发明专利12项。配合戚墅堰所成功申报专项《大吨位矿用自卸车电动轮系统研发及产业化技改项目》并获批千万级补贴额度。

**常州中车铁马科技实业有限公司**　全年实现入库收入6.25亿元。公司获“常州市博士后创新实践基地”“常州市高技能人才培养示范基地”；公司闸片车间获评省市“两级示范智能车间”。完成江苏省高端装备研制赶超工程、企业知识产权战略重点项目的落地。全年新增拓展广州局、北京局及南昌局等集团公司3大检修基地，初步形成闸片新造及检修群落，持续保障上海局、昆明局、南宁局、成都局等8个铁路局集团公司的属地检修合作。

**常州中车汽车零部件有限公司** 全年实现销售收入14.5亿元。10月，公司开展职业经理人制度改革，完成董事会、监事会的组建以及职业经理人队伍的市场化选聘。公司获评江苏省“质量标杆”企业称号，荣获无锡康明斯公司“2021年最佳质量改进供应商”奖，荣获博格华纳“保供突出贡献奖”，荣获上海纳博特斯克液压有限公司年度“协力供应商奖”。员工章莉获得“全国火车头奖章、全国铁路巾帼标兵”称号，莫俊超、陆忠杰获人社部“全国技术能手”称号，刘云清、莫俊超、章莉获得中车第二届“高铁工匠”称号。

**常州中车柴油机零部件有限公司** 全年实现销售收入1.2亿余元。聚焦主业发展，强化业务融合。年内开发新产品20余项。强化质量管理，全年质量损失率同比下降。开展全周期精准存货管理，月度平均存货余额同比下降，存货周转次数同比提升。工艺、质量、采购、制造降本齐头并进，全年累计降本250万元。实现数据管理和数字化治理，完成订单履约、工时管理、生产异常处置等5项流程信息化。优员优效，全员劳动生产率提升8.5%。通过江苏省高新技术企业复评，获批江苏省（中车柴油机）大缸径活塞组件工程技术研究中心。

**常州朗锐铸造有限公司** 全年实现销售收入1.92亿元。成功获评“江苏省工程技术研究中心”“中国铸造行业单项冠军企业”“江苏省高新技术企业”“江苏省专精特新‘小巨人’企业”。全年新立科研项目3项；受理发明专利2项；参与发布行业标准1项，参与起草国家标准1项。主持的《轨道交通用超低温高强韧球铁材料绿色成型与应用》项目分别获中国机械制造工艺协会科学技术奖三等奖、中国机械工业科学技术奖三等奖；轨道交通客车制动盘获中国铸造行业单项冠军产品。成功取得BV认证证书，为公司承接新业务奠定基础。QC小组成果“提升640分体制动盘成品率”“降低城轨齿轮箱返修率”分别获2021年国际质量管理小组会议推荐成果交流活动优胜级成果及江苏省优秀质量管理小组活动一级技术成果；“微创新”质量攻关项目“地铁齿轮箱打磨工序外观质量优化”获中车三等奖。完成“江苏省大气污染防治绩效分级B级企业”申报工作。《轨道交通铸造企业基于全流程的成本精细化管理》《铸造企业以全员参与、全场景覆盖、全要素管控为目标的高效安全管理体系建设》分别获江苏省企业管理现代化创新成果一等奖、二等奖各一项。

**【控股子公司】** 年内，控股子公司有中铁检验认证（常州）机车车辆配件检验站有限公司、常州朗锐凯迩必减振技术有限公司共2家。

**中铁检验认证（常州）机车车辆配件检验站有限公司** 年内完成国铁集团计划的动车组粉末冶金闸片、货车弹性旁承体、机车车辆合成闸片等产品的质量抽查检验；完成中铁检验认证中心有限公司（CRCC）下达的各类机、客、货、动及城轨产品30余类共计300余个厂次的检验任务，出具认证类检测报告345份，实现收入2152万元；完成各类轨道交通机车车辆零部件及非轨道交通产品的委托检测近700厂次，出具各类委托检测报告532份，实现收入1864万元。完成并通过了NIL MA050生铸铁中化学成分分析、CNAS PT0017-T148塑料玻璃化转变温度的测定等16项能力验证项目。

**常州朗锐凯迩必减振技术有限公司** 全年实现销售收入1.68亿元。主要完成新造减振器交付19组，累计修理动车及客车等各车型各修程减振器43342个，销售高度阀、差压阀469个。组织通过了国产化减振器第2次CRCC监督认证审核工作和EN 15085-2 CL1焊接体系监督认证工作。开展了四期内部技术沙龙活动，包含产品开发、数据分析、项目管理和精益工具等方面，提升设计开发团队技术及管理能力。

**【重要纪事】** 1月7—8日，焊接和无损检测培训中心携手德国TÜV莱茵公司在常州举办“2021新基建轨道交通论坛”。1月11日，公司荣获“2020年度全市单位反恐工作先进集体”荣誉称号。1月底，公司荣获2020年度江苏省工业信息安全防护星级企业三星级评定。2月20日，公司取得江门检修基地CRH2A、CRH6型车平台动车组齿轮箱分解检修资质，有效期5年。2月26日，公司成功中标中国铁路南宁局集团有限公司柳州机车车辆公司油压减振器检修线项目。3月1日，公司齿轮传动事业部CRH380B高速动车组齿轮箱组装班组获“江苏省青年安全生产示范岗”荣誉称号。3月24日，公司团委荣获2020年度常州市企业共青团组织考核第一名。4月8日，公司组织召开国家重点研发计划“变革性技术关键科学问题”重点专项——《固液耦合超滑新体系及作用机制》项目启动会暨实施方案论证会。4月25日，公司研制的跨座式单轨齿轮箱在重庆轨道交通2号线顺利通过第一阶段400公里空载考核。4月27日，新华社、中新社、新华网、新华日报、现代快报、扬子晚报以及常州本地媒体组成“沿着高速看常州　百年奋斗启新程”媒体团走进公司探访。5月10日，公司申报的《让中国火车讲述最动人的中国故事》入选国有企业品牌建设典型案例。5月31日，全国政协副秘书长、中国经济社会理事会副主席郭军带领“大力培养技术技能人才”调研组到公司调研。5月下旬，公司焊接和无损检测培训中心主任万升云主持制定的国家标准《GB/T 40117——2021无损检测　无损检测人员视力评价》发布。6月1日，公司与华中科技大学材料科学与工程学院签订合作协议。6月7日，中国中车副总裁余卫平、运营与安技环保中心副主任向欣一行到公司检查指导安全环保工作。6月21日，瑞泰公司研制的首台天津地铁内燃机车动力齿轮箱轮对顺利交付给中车大连机车有限公司。6月21日，公司荣获中国中车一级子公司“优秀领导班子”。6月25日，由公司牵头组织的中国中车乒乓球代表队，勇夺全国铁路第十四届运动会乒乓球比赛团体冠军和男子单打冠军。6月25日，公司组织申报的“ZL201510309979.5非完全对称渐开线齿轮及其加工方法”斩获中国专利银奖。6月25日，中车党委常委、纪委书记王铵到公司，以《回望党史看党风砥砺奋进开新局》为题进行党史学习教育专题党课辅导。7月6日，在中国中车召开的对标世界一流管理提升行动暨精益管理工作推进会上，公司荣获“中国中车精益管理最快进步企业奖”。7月13日，中国中车就公司在中国中车与南湖革命纪念馆联学共建中的突出贡献进行通报表扬。7月18日，中国中车焊接和无损检测培训中心入驻仪式在江苏省轨道交通产业园举行。7月26日，常州市工信局节能处处长赵捷一行五人到公司颁发绿色工厂奖牌。8月20日，汽车零部件公司莫俊超、陆忠杰获人社部“全国技术能手”称号。9月6日，公司机车车辆配件中铁检验认证及技术评价服务平台成功获评2021年常州市服务型制造示范平台。9月8日，公司“工业大数据驱动的轨道交通行业热处理智能生产示范应用”项目获批国家工信部“大数据产业发展试点项目”立项。9月17日，公司首次申报的《运用“1234”精益管理模式打造世界一流高铁核心零部件品牌的最佳实践》入选2021年全国质量标杆典型经验。10月16日，安装有公司自主研制的制动夹钳、制动盘和闸片的中老铁路“澜沧号”动车组正式交付老中铁路公司。10月26日，国家工信部规划司司长王伟带队，在省工信厅、市工信局等领导的陪同下，到公司就企业技术改造投资、工业经济运行情况进行调研。12月2日，中央广播电视台总台江苏总站站长季明一行到公司调研轨道交通产业智能制造应用情况。12月10日，公司产改观察员、双师型人才张剑云的《沐浴产改春风　感受工人荣光》宣讲案例获评江苏省总工会“学习强会”行动暨“百年工运话改革·两在两同促发展”主题宣讲活动优秀宣讲案例。12月10日，公司自主研制的动车组油压减振器成功装用CR400BF高速综合检测试验列车。12月13日，公司喜获“新时代党建+企业文化标杆单位”等多项荣誉。12月15日，公司获得CRH380D型动车组用粉末冶金闸片（DC-20型）CRCC正式证书。12月29日，公司获评中国中车2021年度品牌案例和品牌故事杰出贡献奖。12月30日，公司对试验检测中心、焊接和无损检测培训、铁路工业节能监测中心进行业务重组，成立技术服务分公司。

**【公司党政负责人】**

| | |
|---|---|
| 党委书记 | 王洪年（任至4月） |
| | 王文虎（4月任） |
| 董事长 | 王洪年（任至4月） |
| | 王文虎（4月任） |
| 总经理 | 李培顺 |
| 副总经理 | 高　兵　金国宝 |
| | 郑剑云　施建锋 |
| | 庄　军　莫彦承 |
| | 靳国忠 |
| 总工程师 | 靳国忠（兼） |
| 财务总监 | 施建锋（兼） |
| 党委副书记 | 李培顺　高　兵 |
| 纪委书记 | 刘建华（任至10月） |
| | 董　斌（10月任） |
| 监事会主席 | 刘建华（任至10月） |
| | 董　斌（10月任） |

（戚墅堰所　供稿）

# 中车株洲电力机车研究所有限公司

（统一社会信用代码：9143020044517525X1）

党委书记、董事长　李东林

总经理　刘可安

【概况】2021年，株洲所拥有“轨道交通、新材料、风光储新能源、电力电子器件、乘用车电机电控、深海装备、工业传动、智轨快运系统”八大产业板块、十大业务主体、两家上市公司、十一个国家级科技创新平台、三个企业博士后科研工作站，并在美国、英国、德国等地设有五个海外技术研发中心，共有员工17000余人，拥有近7000名研发人员、1名中国工程院院士、200余名博士、3000余名硕士，整体人力资源结构呈现高学历和年轻化的特点。全年实现销售收入361亿元、归母净利润12亿元。

【规划发展】发布“十四五”战略规划，分解、落实重大任务清单。顶层设计持续强化，系统梳理全所流程制度体系，整合废止232项、新增217项。非上市板块10家单位上线财务共享。市场信息交流与协同工作机制逐渐完善。量身定做智行、风电、机电科技、北京重工的管理帮扶方案。积极推动数字化转型试点、科技质量管理复制平移等专项。预算管理全面强化，归集94个费用科目标准，搭建归口费用管控模式。持续推动IPD与TOS实践融合，精益运营综合降本取得实效。“两金”管控与绩效评价、层级晋升关联挂钩。划定经营“红黄线”，试行干部合规履职积分管理。安全环保、疫情防控等综治工作高质达标。

【改革改制】现代企业治理体系持续完善。围绕“业务放权、监督到位、共性共享”方针，实质推进管控模式与组织架构优化。法人治理建立专门委员会机制，中国中车授予株洲所董事会的15项职权均已行权，本级治理能力评估达到央企75分位。境内全级次71家企业实现董事会应建尽建和外部董事占多数，参股企业董监事应派尽派。市场化经营机制加快转换。创新探索株洲所项目收益分红、机电科技虚拟股权激励，激励机制更加丰富多元。时代半导体实施科技型企业股权激励，进一步畅通资本化的激励通道。智行公司加快转制提效，试行“混改”企业差异化管控。三项制度改革持续深化，“两制一契”覆盖全级次子企业经理层。重大专项达成一系列里程碑。时代电气成功登陆科创板，募集资金超过75亿元。博戈724项目、芳纶增资扩股、SMD混资引战、乘用车电驱重组混改、商用车电驱重组等项目稳步推进。奇宏散热、机电科技等子企业获评国家第三批专精特新“小巨人”。

**【科技创新】** 坚定实施创新驱动，为高质量发展持续赋能。“先进轨道交通、补短板”等系列重点专项扎实推进。创新发布六相大功率高速磁悬浮永磁电机控制、风电机组协同控制等行业引领技术。成功研制3300伏/6500伏智能集成功率模块PCU2.0样机，支撑下一代机车、动车应用需求。多维智能感知与控制、长定子非接触供电、能量调度、确定性实时以太网通信等基础前沿技术攻关取得阶段性进展。应用产品平台迭代更新。公司核心系统助力时速600公里高速磁浮成功下线、京雄智能动车组载客运行。动集平台升级进化，助力复兴号开进雪域高原，保障中老铁路顺利双向开通。全自主化牵引辅助与网络控制系统在机车、动车、城轨并行装车验证。首台氢能源轨工作业车成功下线。城际动车组、系列化标准地铁用永磁电机研制成功。LKJ列车运行监控系统获国家制造业单项冠军产品。5.x兆瓦D175机组全球首发，刷新陆上风轮最大直径纪录。3.125兆瓦大功率光伏逆变器、矿卡无人驾驶系统一次性通过“国考”。自主高转速三合一电驱系统批量生产，NVH水平行业领先。复合材料腕臂支撑装置成功研制。新型支座助力“深中通道”国家超级工程。自主可控ROV完成研发、集成与交付。“使命号”智轨电车顺利完成型式试验及批量生产。“羲梦”各子系统完成样机试制与软件验证。公司获批国家级科技项目10项；申请专利1153件，获中国专利银奖1项；主持/参与并发布国际标准5项、国家标准9项、行业标准1项；知识产权运用经验、检测试验项目入选“国家典型/优秀案例”。

**【市场营销】** 机车、动车组牵引系统订单再传捷报，稳固铁路市场份额。城轨牵引系统国内市场占有率连续10年领跑行业。工艺包、地铁站台门的国内市场占有率均跃居行业前三。工务多功能机械首单突破。轨工租赁维保模式在广州、郑州等多地应用。中标上海17号线国内首个牵引系统状态修项目。风电整机“平价时代”，新签订单同比增长161%；后市场新签订单同比增长127%。首次实现自建风电、光伏项目并网，盈利模式进一步拓宽。风电变流器年装机容量突破300万千瓦。光伏逆变器业务迅速重启，进入4家发电企业短名单。风电减振产品市场份额全国第一，联轴器市场份额跃居国内第二。芳纶材料首次运用于轨道交通，并突破航空领域获得空客认证。智能动车组转向架项目实现悬挂产品全覆盖。复合材料桥枕产品首次应用于港澳地区。博戈铝型材变速箱减震支架全球首发，锁定特斯拉、奔驰订单。智轨电车新签西安、宜宾等4条线路，再添吴江T1等2条运营新线，示范效应显著拉升。矿卡电驱销售收入、新签订单双双破亿。功率半导体器件新能源汽车、新能源发电领域收入同比增长超600%、800%。乘用车电驱年交同比增长超300%，站稳行业前十。传感器年交付同比增长320%。全年海外新签订单12亿美元。中标越南松安和马来西亚槟城风电项目。

**【党群工作】** 创新开展10×10党建主题活动，引导广大干部员工增强“四个意识”、坚定“四个自信”、做到“两个维护”。严格落实巡视整改要求，强化党对公司治理各环节的全面领导。各级党组织掀起党史学习教育热潮，党委会微党课、百名党员说党史等多种形式百花齐放。“讲危机　讲问题　讲发展”活动深挖经营的热点、难点和痛点，凝聚全所干部员工接续奋斗共识，激发更大战斗豪情。与政府高校、重点客户、产业链供应链上下游、精准扶贫点等开展100余次联建结对，联建单位纷纷“点赞、互粉”。文化品牌价值持续丰富。提炼“唯实 尊重 创新 成事”的新时代企业精神。“青年论坛”升级改版。“新小家”建设高质量收官。闭环144件关乎衣食住行、教育医疗等民心实事，惠及员工超12000人次。成功举办株洲所首届科技节、何梁何利基金高峰论坛，策划轨博会等20余场行业互动，获人民日报、新华社等媒体广泛关注。加入GWO全球风能组织、成立国家首个轨道交通智能制造工作组，中车C-Car汽车产品平台惊艳亮相上海国际车展，综合影响力不断增强。

【下属子公司】

**襄阳中车电机技术有限公司** 是株洲所全资子公司，年末实现营业收入13亿元，较上年增长11%。水利水务、暖通等工业控制领域实现年度销售1.26亿元。技术研发工作有序推进，工业自动化产品完成云平台数据中心并投入运行；完成高速磁悬浮定子开关站控制器的研制开发。公司技术创新体系进一步加强，先后获得荣获湖北省科技进步奖、湖南省科学技术进步三等奖、中车科学技术二等奖。

**北京中车重工机械有限公司** 是株洲所全资子公司，年完成销售收入4.74亿元，实现了经营预期目标。严格控制“两金”，较上年下降18%。新产业项目取得新突破，无人矿卡改造系统、车顶检测系统形成销售规模，接触网全棚作业车、道岔运输车系统等新产品成功研发下线。成功研发出工程车用车桥U型螺栓的配套螺母、汽车轮毂用防松螺母，实现推广销售。“大型风电叶片机器人智能磨抛技术与系统项目”“高铁白车身机器人自动化生产线项目”均按进度完成。

**株洲中车时代电气股份有限公司** 是株洲所控股子公司，全年完成营业收入151亿元，按要求完成归属母公司净利润等关键指标。扎实推进“先进轨道交通、补短板”等系列重点专项。应用产品平台迭代更新，公司核心系统助力多条重量级高铁线路开通。轨内领域承压奋进，行业地位稳中有升；轨外领域乘势而上，新产业板块不断突破。9月7日成功登陆科创板，并通过聚合产业生态资源，增强长效发展动力。

**湖南中车智行科技有限公司** 是株洲所控股子公司，全年实现营业收入4.5亿元，新签订单7.8亿元。首条智轨商业运营示范线宜宾T1线，日均客流位居中低运量运营线路前3，正点率为98.41%。2021年在西安连中两条智轨线路，在宜宾新签T2、T4两条新线路，国外重点项目均完成试跑实验，获得客户高度认可。“使命号”在西安昆明池景区线及地铁接驳线等落地项目上实现批量推广应用，实现差异化智轨机电系统自主集成应用，智能化技术研究与应用取得多项突破。公司知识产权专业能力逐步提升，全年完成6项团体标准、2项地方标准、1项行业标准的编制发布，全年上报专利申请超30件，其中发明专利20余件。

**株洲中车时代高新投资有限公司** 是株洲所参股实控子公司，是中车株洲所旗下专业从事基金管理和股权投资的业务单元。年内秉承产融结合、价值投资发展初心，围绕株洲所交通与能源战略方向，助推电气智轨、风电等多个产业项目落地；时代投资深耕行业研究，围绕智能总线系统、扁线电机产线、热界面材料、CAE仿真软件领域精准投资布局；同时，所投项目东芯科技、天岳先进科创板成功上市，公司年度IPO项目数创历史新高。

【重要纪事】 3月12日，公司召开党史学习教育动员部署会。热烈庆祝中国共产党成立100周年，公司高质量开展党史学习教育。株洲所首个自建风电项目——延安分散式风电项目顺利并网发电；海外业务攻城略地，从越南双安到马来西亚槟城项目再传捷报。4月7日，株洲所首届科技节正式开幕，会议全面总结“十三五”以来公司科技发展成果和经验，会议发布了智能集成功率模块、全国产化控制平台等9项重大新产品。6月24日，公司全新推出的陆上第VI代风电整机旗舰产品——5.xMWD175风电机组吊装成功。该机组风轮直径为175米，刷新当前全球已安装陆上风电机组的最大风轮直径记录。6月25日，复兴号高原双源动力集中动车组成功首发，西藏正式步入动车时代。其中，该动车组的牵引、网络、列供系统由公司提供。7月10日，公司组织召开了“十四五”发展战略规划宣贯暨改革三年行动专项推进会。会议发布了以“2025·1235”为目标的“十四五发展战略规划，聚焦“战略、投资、改革”工作，为建设“四稳四优六典范”的双高株所展现新作为。9月7日，株洲中车时代电气股份有限公司正式在A股科创板挂牌上市，完成“A+H”两地布局，是湖南省有史以来募集资金规模最大的A股IPO企业。9月25日，在2021城轨交通装备创新技术研讨会上，时代电气正式发布智慧城轨系统解决方案——中车羲梦。10月18日，株洲所认真贯彻落实中车提出构建“一核三极多点”业务结构的目标，作为株洲所三大百亿产业之一的时代新材，实现提级管理，提升为中国中车一级子公司。11月1日，苏州吴江智轨T1示范线一期工程通车仪式在苏州智轨同里停保场举行。苏州吴江智轨T1示范线一期工程是长三角一体化示范区首个虚拟轨道中运量公共交通项目。11月20日，公司自主研发的矿卡无人驾驶系统在陕西榆林神延西湾露天煤矿，顺利通过国家矿山机械质量检验检测中心的权威质检认证，标志着国内首个矿山级规模矿卡无人驾驶批量应用项目正式落地。12月26日，中车电驱第10万台产品下线仪式暨第二届中车电驱自主创新高峰论坛在株洲举行，中车电驱第10万台产品正式下线。襄阳电机融入株洲所十周年之际，实现扭亏增盈，建成国内第一条特种永磁电机智能化生产线。

【公司党政工负责人】

| | |
|---|---|
| 党委书记 | 李东林 |
| 董事长 | 李东林 |
| 总经理 | 刘可安 |
| 副总经理 | 李　略　陈　剑<br>张向阳　刘建勋<br>刘海涛　彭森森<br>杨　军（任至11月）<br>彭华文（任至11月） |
| 总工程师 | 冯江华 |
| 财务总监 | 李　略（兼） |
| 党委副书记 | 刘可安　王　鹏 |
| 纪委书记 | 王小方 |
| 监事会主席 | 王小方 |
| 工会主席 | 袁志刚 |

（株洲所　供稿）

# 株洲时代新材料科技股份有限公司

（统一社会信用代码：91430200712106524U）

党委书记、董事长　彭华文

总经理　杨治国

**【概况】** 株洲时代新材料科技股份有限公司简称时代新材，原隶属株洲所，2021年升格为中车股份一级子公司。公司以高分子材料的研究及工程化推广应用为核心，产品延伸到橡胶、塑料、复合材料、功能材料等多个领域，在轨道交通、风电、汽车、高性能高分子材料等多个产业领域实现大规模工程化应用。2021年末，公司共有员工6312人（含劳务派遣员工），其中境外（新材德国博戈公司）员工3644人，占比57.7%。全年实现营业收入140.51亿元，归属于上市公司股东的净利润1.81亿元。

**【规划发展】** 自启动“十四五”规划编制的工作，充分研判了内外部发展环境，组织系列战略活动，研讨公司未来发展定位，以战略为牵引，进行了多轮上下的互动，明确各业务单元的发展方向、战略举措、三年行动计划及协同机制，并组织业务单元完成四个产业子规划编制，组织相关职能部门完成五个职能分规划编制。同时，公司作为中车新材料产业的重要组成单元，积极配合完成中车新材料产业“十四五”战略发展规划编制，制定了“十四五”市值、收入双“200亿”的目标。在公司年度会议、中车战略发布会上，陆续发布时代新材“十四五”战略规划的重要内容，并通过微信公众号、宣传展板等形式，在公司内部分层分类完成规划宣贯。

**【改革改制】** 根据《中车深入实施市场化经营机制改革方案》，对公司不同状态、不同类别、不同层级的企业，以“优、平、简、去、活”为目标，对全级次子企业深入实施全覆盖、全穿透的涉及产权层级、管理层级、组织机构、产业结构等要素的市场化经营机制专项改革。持续推进减压工作，香港公司按照中车集团要求完成所持博戈股权转让工作，并提交税务局不反对通知书，香港公司进入申请注销阶段；澳大利亚代尔克按当地法律要求完成注销；完成青岛华轩“两非”剥离的阶段性目标，签署《资产托管协议》。对于非主业时代渌园已完成挂牌，基本完成了年度退出任务。时代华先增资实现挂牌，在战略新兴产业（芳纶产业）发展引入外部资金、推动股权多元化改革工作上取得里程碑进展；完成博戈可持续发展项目，启动境外并购企业的战略调整、管控优化工作，与株洲所完成增资协议签署，为博戈改革举措的落地提供资金保障。用好上市平台，加快实施中长期激励机制，启动首期限制性股票激励计划并上报集团，以改革促进企业高质量发展。以中国中车与株洲所改革三年行动为牵引，推动各项清单任务有序推进，总体完成进度接近 90%。

**【经营管理】** 全年围绕“高质经营、高效运营”经营工作主题，推进落实经营计划、财务预算与资金管控、股权投资、“两金”压降、降本增效、精益改善等各项重点工作。全年筹集外部资金 13 亿元，较同期限的基准利率节约利息成本 1103 万元；在保证资金安全边际上合理调控资金头寸，全年实现理财收益超过 1300 万元。以精益改善项目为支撑，落实全流程降本增效工作，全年策划 108 项重点精益改善项目，全年累计降本收益 7400 万元。贯彻落实中车及株洲所“两金”压降工作要求，压实“两金”管控责任目标、工作举措，2021 年末一年以上“两金”余额较上年下降 10%。全面加强参股投资管理，持续推进全资或控股公司压减工作；对照国资委巡视整改及中车株洲所要求，落实亏损企业治理工作，年末减少亏损一户，亏损额较上年减少 1.88 亿元，同比下降 45%。

**【科技创新】** 围绕高分子材料研究与应用，进一步打造“一五七”技术体系，为公司在轨道交通、风力发电、汽车等产业的发展提供了强有力的支撑。全年科研经费投入 6.54 亿元，组织开展科研项目 211 项，均按计划顺利完成项目结项。公司获批“超大型复合材料海上风电叶片关键技术研究及产品研制”等 7 项政府科技项目，外部项目累计到位资金超 3200 万元；牵头中车十四五科技重大专项 1 项，承担中车重大项目 1 项；完成国家工信部强基工程“高性能芳纶纤维层压制品”、智能制造专项“大型风力发电叶片数字化工厂建设”等多个项目的验收。组织申报省科技进步奖 2 项、国家一级行业协会科技进步奖 3 项，科技成果评价 2 项。其中，已获得中国石化联合会一等奖 1 项，获得中轻工联合会技术发明一等奖 1 项。完成了“高效能量阻隔和转化技术”国家重点实验室申报，积极申请国家技术创新平台。完成时代瑞唯、时代华先及博戈株洲三公司开展高企申报工作，并获得批复。此外，博戈株洲荣获工信部小巨人荣誉称号。

全年完成专利申请 232 件，其中发明专利 217 件，PCT 申请（含国外申请）28 件；全年获得授权专利 170 件，其中发明专利 149 件，国外专利 10 件，《新型抗侧滚扭杆系统及其定位安装方法》获湖南省专利一等奖。完成 ISO 22749-1:2021、ISO 22749-2:2021、IRS 80845:2021 三项国际标准、5 项国家标准、6 项行业标准、7 项团体标准、3 项中车标准的制修订工作。

**【新产品研发】** 在轨道交通领域，轨道交通车辆产品线完成了国家重点研发计划标准地铁 4 种车型产品的研制，通过型式试验并完成内部首检；成功为客户西门子公司完成扭杆、空气弹簧产品的研发；通过 CR450 动车组项目实现了轻量化技术与减振降噪技术结合。工业与工程产品线通过整体式复合材料轨枕研制及生产线建设项目，建成了国际最先进的复合材料轨枕生产线，首创大截面超大线束整体一次成型技术；非线性减振轨道系统研制及工程化在无锡地铁上盖物业实现首次应用，成为目前唯一一家提供非线性隔振轨道系统的企业；新研制的复合材料腕臂支撑装置已通过试验验证及挂网考核。

在风力发电领域，持续推进聚氨酯材料在风电叶片中的替代应用，在相关设计技术、成型工艺技术和成型装备等核心关键技术实现突破，产品在行业率先实现批量交付；突破了碳纤维拉挤板、玻璃纤维拉挤板、PET夹心材料等应用关键技术，实现叶片低成本轻量化设计；完成TMT-71.5-76-78-80.5-82系列叶片开发，其中TMT76叶型获得IECRE国际认证；完成TMT-84-86-89系列叶片开发，该系列叶片是公司2.8米节圆最长的系列叶片，应用了公司高强度叶根连接技术；完成TMT91叶片设计，该叶片是时代新材首款3.2米节圆的90m+叶片；成功突破了风电联轴器的关键技术，成功实现批量装机，解决了该产品严重依赖进口的问题。

在汽车零部件领域，亚太研发中心同步德国博戈的技术，全力支持亚太地区的市场拓展。进一步强化时代新材与德国博戈的技术协同，在材料、产品、工艺以及机电一体化和数字化方面进行创新，实现高精度摩擦焊及激光焊技术突破，运用于全球首个铝型材变速箱减振支架，替代原来钢结构材料，在该类产品轻量化转型中取得新的进展。为高端新能源汽车品牌研发的踏板系统，实现了踏板模块以塑带钢的轻量化，并已实现批量生产。

公司在高分子新材料合成改性及工程化应用方面取得系列突破。掌握NDI基聚氨酯配方及工艺的核心技术，解决了预聚体长期储存稳定性难题，实现聚氨酯系列产品工程化应用；基于芳纶树脂原液制备技术、干湿法纺丝技术和大比表面积沉析纤维制备技术取得突破，所得芳纶纤维性能满足国内高端装备领域应用需求，为推动公司芳纶产业上下游贯通与一体化发展奠定基础；掌握原纤化纳米纤维制备及应用关键技术，高附加值的低ESR型高耐压电容隔膜产品，实现替代进口产品，获得小批量应用；掌握超低定量精密涂覆及复合技术，复合电容隔膜实现产品系列化，实现替代进口产品，形成批量销售；采用HP-RTM成型工艺的全球首款纵置复合材料板弹簧完成试制，掌握了HP-RTM成型工艺的关键核心技术。

**【生产运营】** 夯实现场管理基础，聚焦各工厂推进现场5S、TPM管理，针对现场管理薄弱的车间工厂，专项推进现场规范管理，深化“三定”管理原则。释放厂房面积约1000平米，减少搬运距离1500米/天，降本30万元/年。全面推进低成本、区域单元自动化、少人化改善，降低劳动强度，改善作业环境，提升生产效率，轨道WJ8-7、G5轨距挡板及D1套管自动化改善项目，通过无飞边模、自动脱模、自动传输等改善，实现区域单元无人化生产。巩固生态保护污染防治攻坚战三年行动成果，积极开展VOCs无组织排放治理，年减排VOCs约5.4吨，“时代新材VOCs减排治理项目”成功获得120万元中央环保专项资金，并顺利通过了自愿性清洁生产审核验收；推行能源体系标准化、能源绩效持续优化的“双线”管理理念，全年降低公司能耗成本262.9万元。

**【市场营销】** 全年新签订单总额147.8亿元，销售回款154.6亿元，完成年度计划。依托中国中车，积极探索车体高分子新材料领域新的合作模式，依靠整体方案设计能力和客户问题解决能力，通过车体新型材料产品进军车体材料市场。针对业务板块的不同特点制定系统、清晰、详细的市场拓展计划。在检修市场开疆拓土，创造新市场机遇，构建新产业即复合材料产业市场；加强主机延伸、海外线路、带货出海、资本运营；在车辆减振市场绑定大客户提升份额，布局高端市场，开发新客户、新平台；抢占成熟产品存量，在高铁扣件市场降本提质抢市场，精准服务抢份额，良性竞合抢项目；丰富以检查车、导风栏杆、止水带系列产品的路外及附属结构市场。拼占新兴产品增量，在城轨市场，提供线路、上盖物业系统解决方案，实行经营城市六大战区作战模式，参与 EPC、TOD 项目；在线路轻量化市场，紧密与国家能源集团的合作，创新合作模式，推行经营路局，完成线路复合材料和高铁后维保的经营布局；同时积极谋划未来发展路径，重新谋划定位富士扣和代尔克，巩固风电减振市场、建筑减隔震市场，发展风电联轴器及维保市场；大力拓展港口、文物、电网、5G 领域。

**【基建与技改】** 重点围绕检测设备更新、研发平台能力提升、关键生产工艺技术提升、大型风电叶片研发制造平台、各产品线制造智能化升级等开展工作。完成 2500 吨二维加载减隔振试验机和空簧扭摆疲劳试验机可靠性升级改造、产品换型浆液系统清洗及压力筛管道改造、烘缸底部封闭改造，完善蒙西天津大叶型恒温房、油漆烘烤房、切割房、堆场建设及消防升级改造，建成整体式复合轨枕项目生产线。全年累计完成大小技改 100 项，新增工艺设备 211 台套，总计合同金额 6701.51 万元，完成 193 台套新购设备安装、验收。为避免触及投资负面清单红线，提升固定资产投资管理合规性。公司组织召开株洲所系统内的竣工验收交流会，成立了时代新材竣工验收专家工作组，采取作战室工作推进方式，签订了项目验收责任状。全年完成验收项目 10 个，变更调整项目 4 个，全部完成年度目标，应验未验比例由 56% 降至 9%。

**【质量管理】** 公司建立了健全的、系统性的、安全可靠的质量保障体系，主营业务持续构建“总部职能 + 业务单元职能 + 工厂”的三级预防性质量管控模式，深度梳理、精简和优化质量管理流程并与业务流程相融合。持续推动“预防性质量管控体系”的构建，以基于风险的思维、过程方法及 ISO/TS 22163、ISO 9001、CRCC、中车 Q 等质量管理标准核心理念的深入理解与应用为契机，以质量门、质量评审等为手段，促进预防性质量管控体系的落地。公司质量保障体系覆盖公司轨道交通、风力发电、汽车零部件、工业工程、新材料等各大产业领域，实现产品全生命周期的质量策划、质量保证和质量控制，并逐步实现自动化和信息化；各产业领域均建立起了现代化、标准化的生产基地，具备全球化的生产及供货能力。公司 ISO 9001、ISO/TS 22163、IATF 16949、CRCC、AS 9100、DIN 6701 等质量体系持续有效运行，各类产品均已通过权威机构的产品检测和资质认证。

**【人力资源管理】** 深入践行“领跑以人才为先”中车人才观，全力落实中车“十四五”发展战略和改革三年行动实施方案，围绕“规范、精细、共享、价值创造”，持续优化用人机制、激励机制，持续培养造就、吸引凝聚各类人才。研讨并制定《“十四五”人力资源规划》，确立“十四五”期间人力资源“133”计划，全面实现人力资源管理数智化转型；公司整体编制严控，人员编制指标分解到各部门，推动“低效低潜”人员的退出工作，对人员实施结构性调整，年末从业人员总数较上年基本持平，工程技术人员占比提高一个百分点。构建并实施了岗位价值为导向的宽带薪酬体系，通过对旧薪酬体系诊断、调研分析、方案制定、评审，建立了以岗位价值为导向交互式宽带薪酬体系并顺利完成了套改。落实分解“两制一契”经营指标，组织两个业务单元及三个子公司签订“两制一契”任期目标责任书。面向“十四五”人才规划，策划并实施了时代新材“航”系列重点人才培养项目，启航计划聚焦新员工成长。组织开展年度职业技能等级认定工作，申报高级技师5人，技师26人，申报高级工及以下278人。组织开展株洲市第八届“技能天下”职业技能网络直播大赛暨湖南省第一届职业技能竞赛重点项目选拔赛。申报各类政府人才福利政策40余人次；组织成功申报株洲市重点企业人才贡献奖12人，累计获个税奖励15.6万。

**【企业文化建设】** 充分贯彻落实上级党委宣传、思想和品牌文化建设工作的统一部署，围绕公司“规范、共享、精细、价值创造”十字方针，传导政治思想、传递价值理念、打造企业形象，以专业的服务支撑能力和高效的价值创造能力助力产业发展，积极推动宣传品牌文化工作。在同一个中车品牌指引下，讲好新材故事，拍摄《背水一战》品牌故事微电影，获评2020年度中央企业优秀品牌故事、湖南省品牌文化故事微电影一等奖。拍摄制作短视频《荣幸》，参与第三届“一带一路”百国印记短视频大赛。结合公司产业发展中发生的文化故事，策划拍摄《极限挑战》和《尖峰时刻》短视频。围绕党史教育学习征集书画文化作品40余幅。利用升旗仪式、各类宣传平台在全公司范围内开展《中车赋》学习传播，征集《中车赋》朗诵、书法、绘画作品，提交参赛作品25个。策划时代新材品牌文化小故事，编写发布《橡胶种子成“材”记》等6个文化故事。

**【党群工作】** 以习近平新时代中国特色社会主义思想为指引，深入贯彻党的十九大和十九届历次全会精神，以中国中车第一次党代会精神为统领，以打造中车党建“金名片”为主线，以“固化攀升”为主题，聚焦“稳中求进、品质发展”工作思路，站上历史新起点，大幅提升党建工作质量。全面发挥党建政治引领作用，围绕全年经营目标不懈奋斗，聚焦高质量发展。“党史学习教育”突出创新实用，从“学、思、践、悟”四个方面贯彻、驱动各项工作。公司党委委员带头开展党史研讨分享活动。各级党组织深入实地研学，陆续组织“重走革命路，再创新辉煌”井冈山红色研学活动。“用100个精益改善项目，持续获取改善效益”庆祝建党百年；“为群众办实事”深化实事实效，“EN156全球最长聚氨酯风电叶片下线”打造献礼工程。组织开展了“清风新材、‘廉’接幸福”廉洁文化进家庭活动，构建起“单位+家庭”助廉防线。推进新小家建设和群创活动；建设有特色有亮点的职工小家，全年新建8个“新小家”，1个“爱心屋”，1个“金蓝领”工作室；依托各类俱乐部，开展文体活动。新建曲艺俱乐部，各俱乐部会员总人数已达500余人。关注青年身心健康，组织“青春悦跑”、“元宵节开门红”等文体活动；开展系列迎新融入工作，服务新员工加快融入公司进程；成立“单身青年资源池”，搭建青年婚恋交友平台，解决公司员工扩大朋友圈的需求。

**【下属子公司】** 时代新材一级子公司共有5家，其中全资子公司1家，为株洲时代橡塑元件开发有限责任公司；控股子公司4家，包括中国中车新材料科技有限公司（海外子公司）、株洲时代华先材料科技有限公司、株洲中车新锐减振装备有限公司、青岛中车华轩水务有限公司。

**株洲时代橡塑元件开发有限责任公**

**司** 简称元件公司，于1997年6月16日成立，是经湖南省科技厅认定的高新技术企业。元件公司具备独立的设计开发、市场开拓、生产制造及管理等职能。2021年度销售收入9181.89万元，同比增长37.40%，完成年度指102%；利润总额829.56万元，同比增长33.60%；净利润821.72万元，同比增长55.70%，完成年度指标103%。

**中国中车新材料科技有限责任公司** 简称新材德国、博戈公司，主营高端汽车橡胶减振件与精密注塑件，总部位于德国达默，在全球7个国家拥有11个生产基地。截至年末，全球员工3611人。主要产品系列为橡胶金属件和轻量化塑料件两类产品，其中橡胶金属件主要应用于乘用车底盘和动力总成系统，轻量化产品为底盘用的轻量化塑料件产品和轻量化踏板总成等；博戈公司的主要客户为世界著名的汽车整车制造商，如大众、宝马、戴姆勒、通用、福特、特斯拉、菲亚特—克莱斯勒、沃尔沃、塔塔等，上述客户占其产品销售收入的75%左右。

**株洲时代华先材料科技有限公司** 简称时代华先，2017年2月注册成立，总投资近5亿元，建有国际先进的芳纶纸基材料生产线，是中国中车的高性能芳纶材料产业平台。该企业拥有多项专利发明和专有技术，是行业内首家通过AS9100D航空体系认证的芳纶材料企业，目前公司的主要产业领域包括芳纶材料和电容隔膜材料。2021年市场突破捷报频传，轨道交通等产品进入最后的验证阶段，实现三大电容巨头全覆盖。全年实现销售收入7558万元，较上年同期增长4556万元，增幅152%；销售回款较上年同期增加5760万元，增幅197%。

**株洲中车新锐减振装备有限公司** 简称中车新锐，成立于2020年5月8日，是株洲时代新材料科技股份有限公司的控股子公司。中车新锐致力于轨道车辆减振领域技术研究、产品开发、生产制造、产品销售、售后服务及技术咨询服务，是轨道车辆减振降噪轻量化方案的提供者。主型产品包含空气弹簧、金属橡胶件、一系簧、抗侧滚扭杆等。中车新锐拥有完善的研发体系和雄厚的技术研发团队，先进的生产制造平台，领先的检测能力以及健全的质量控制体系。2021年，中车新锐实现销售收入139858万元。

**青岛中车华轩水务有限公司** 简称青岛华轩，前身为青岛华轩环保科技有限公司，2012年8月，中国中车旗下上市公司株洲时代新材料科技股份有限公司完成收购青岛华轩环保科技有限公司60%股份，2016年更名为青岛中车华轩水务有限公司。2021年，青岛华轩面对疫情多点散发和各种艰难的内外部环境，通过全体干部员工的共同努力，全年实现销售收入12315万元，实现净利润1271万元，超额完成年度工作目标，重大历史风险化解取得重要进展。

**【重要纪事】** 1月14日，公司成功中标纽约地铁车辆大修双曲囊空簧项目，打破了竞争对手独家供货格局，实现美国空簧维修市场零突破。2月4日，公司线路市场斩获高铁扣件系统非金属部件亿元级订单，是近年来斩获的单笔金额最大的订单。2月9日，中国中车党委常委、副总裁王宫成一行莅临时代华先考察调研。3月9日，公司与广东省交通规划设计研究院联合研制的国内首个可调高隔震橡胶支座产品成功安装于牛羊田快速通道工程。3月18日，公司获得中车株洲所8500万欧元的增资以实现博戈经营可持续发展目标。3月22日，公司襄阳宏吉获中交二航局A级战略供应商称号。同月，获铁建重工集团2020年度金牌供应商荣誉。4月9日，湖南省工业和信息化厅副厅长、党组成员黄宝林一行莅临时代华先调研考察。4月15日，中国中车党委书记、董事长、总经理（总裁）孙永才调研公司新能源板块业务。4月22日，公司主持承办了石化联合会科技工作会议。5月21日，公司荣获中车大同电力机车有限公司“优秀质量奖”。5月28日，公司自主研发的风电叶片TMT160出口越南。6月19日，湖南省委副书记、省人民政府党组书记、省长毛伟明一行莅临时代华先调研考察。7月1日，博戈公司新任CEO Torsten Gehrmann正式就任。7月7日，中国航发湖南动力机械研究所所长高洁调研公司。7月8日，公司首台视觉检测职能检查车成功应用于国家重大水利工程引江济淮工程。7月19日，公司国家级“大型风力发电叶片数字化工厂建设”智能制造项目顺利通过验收。7月29日，中共株洲市委书记曹慧泉调研公司。8月3日，公司首支171陆上风电叶片下线，创造了风电叶片新项目下线周期最短新纪录。同月，自主研发的TMT76A叶片顺利通过国际可再生能源新体系IECRE国际认证。8月11日，公司荣获国际铁路行业ISO/TS 22163银级证书。8月28日，湖南省人民政府省委副书记、省长毛伟明调研公司。9月17日，公司Talgo F073项目空簧产品以零开口项顺利通过终端业主德国联邦铁路公司DB以及西班牙主机厂Talgo的联合首检，获得ECx250城际高速车项目的批量装车资质。10月18日，中国中车党委副书记、总经理（总裁）楼齐良主持召开中国中车时代新材管理层级调整大会。11月18日，湖南省株洲市委副书记、株洲市人民政府市长陈恢清、株洲市人民政府副市长王卫安考察公司。11月19日，公司首次获评通过EcoVadis全球供应链评估平台认证。12月9日，中国中车党委委员、党委副书记王铵，党委委员、党委工作中心主任高亢一行到时代新材调研指导工作。

【公司党政工负责人】

| | |
|---|---|
| 党委书记 | 刘　军（任至11月）<br>彭华文（11月任） |
| 董事长 | 杨　军（任至11月）<br>彭华文（11月任） |
| 总经理 | 彭华文（任至11月）<br>杨治国（11月任） |
| 副总经理 | 刘　军　程海涛<br>彭海霞　黄蕴洁<br>彭超义　荣继纲<br>侯彬彬　龚高科<br>李华伟<br>宋传江（任至11月） |
| 总工程师 | 程海涛（兼） |
| 财务总监 | 黄蕴洁（兼） |
| 党委副书记 | 李华伟（兼） |
| 纪委书记 | 向中华 |
| 工会主席 | 向中华（任至4月）<br>李华伟（4月任） |

（时代新材　供稿）

# 中车物流有限公司

（统一社会信用代码：91110108737682982M）

党委书记、董事长　刘振清

总经理　谭晓峰

**【概况】** 2021年末，物流公司员工总数111人（含控股子公司南京物流公司40人），其中硕士及以上学历21人，本科学历82人，高级职称23人。公司下设综合管理部等12个部门，其中包括管理部门6个，业务部门5个，招标中心1个，在南京设有控股子公司1个。全年实现销售收入159亿元，完成中国中车下达指标的114%；实现归母净利润9471万元，完成中国中车下达指标的316%。

**【规划发展】** 根据中国中车"十四五"战略纲要和改革发展实际，在充分调研和深刻分析今后五年发展面临机遇和挑战的基础上，经过广泛征求意见，编制完成了"十四五"发展规划，确立了"2161"（聚焦两个优势，做强一个平台，提升六种能力，实现一个目标）的发展思路，确立了中车服务保障型企业的定位，确立了打造以"安全、高效、协同、绿色"为主要特征的央企一流集中采购供应链的奋斗目标。同时，公司对销售收入和净利润等指标按照年度进行了分解，对人员总量、企业增加值、劳动生产率、净资产收益率、总资产周转率等指标进行了详细测算，对集团高度重视的数字化转型、智慧物流大数据运用等重点工作进行安排部署。

**【改革创新】** 落实国企改革三年行动重大任务，研究制定改革三年行动方案，定期组织召开改革三年行动、对标世界一流和强基工程三个重大专项工作推进会，有序推进各项举措。年末改革三年行动方案计划完成率96%，对标世界一流管理提升项目完成率85%，强基工程项目完成率100%。以强化员工职业生涯发展为重点，明确公司人才发展战略，依据员工队伍结构和公司发展实际，聘请专业咨询机构，全面启动职业发展双通道建设，制定并实施《员工职业发展双通道管理办法（试行）》，畅通员工发展通道。

**【经营管理】** 坚持依法合规经营，规范业务流程，夯实管理基础，着力提升管理水平。在对管理制度全面梳理的基础上，编制完成内控管理手册。加强制度建设，全年共制定或修订制度32项。坚持指标引领，强化费用管控，进一步提升资金归集度，日均达99%以上。通过协调沟通询比价，融资成本低于市场平均水平754万元。完成年度供应商评价，评定出A、B、C三类供应商，并在中车购平台公示结果。强化审计监督，完成南京公司原董事长离任审计，完成资金支付和招标两个专项审计。加强安全管理，积极开展安全教育和隐患排查，落实安全生产责任制。坚持一企一策正向激励，制定风险业务化解奖励办法。风险业务化解工作取得积极成效，全年风险业务敞口减少7308万元，实现风险业务现金回款4204万元，完成中国中车下达指标的140%。西山煤电多经公司项目胜诉，全额收回本金1335万元及利息和相关费用443万元。持续抓好问题整改，全面梳理近4年公司巡视、审计、检查、内控评价提出的问题整改情况，共梳理出七个方面62项问题，已全部整改完成。

**【集采业务】** 积极应对集中采购目录快速扩大的形势，全年集采目录执行率达到100%。通过科学谋划采购策略，探索新的集采定价方式等措施，全年集中采购降低成本55867万元（与市场采购价相比），降采率达3.69%。严格执行总部内涵式发展要求，坚持内部配套政策，内部配套率达到了89.53%。总结城轨空调集采经验，探索建立一套标准化的跨项目、跨企业集采流程。积极推进跨项目采购，按年度成功组织城轨铝型材招标，降采率达3%。积极推进联合采购，成功组织时速160公里动集、350公里高寒标动联合采购。加强进口低压电气件集采平台建设，降采案例《进口品牌产品集采模式的探索与实践》入选年度“中车好采购”优秀案例。在做好生产性物料集采的同时，持续抓好非生产性物资的集中采购。办公用品线上采购总金额7585万元，较上年增长151%，综合降采率达8.14%；劳保用品实际采购金额7082万元，其中呼吸类劳保用品降采率达55.5%；工具电商采购正式上线，合计采购金额1440万元，综合降采率达7.14%。

**【智慧物流业务】** 组建物流管理部，协助集团产业链管理中心对物流业务发展进行统筹谋划。持续优化业务顶层设计，与北京交通大学联合开展中车智慧物流战略咨询。着眼采购全流程数据协同，统筹“三位一体”管控，中车工业智慧物流平台建设方案通过集团评审并初见成效，289家集采供应商在平台完成注册。依托集中采购优势，智慧物流业务稳步发展，全年业务规模达4.58亿元。完成新签订单8.3亿元，较上年增加3.2亿元，增长63%；中车智慧物流业务已覆盖中车6家主机企业及相关生产基地。物流配送线路近300条，其中循环取料配送线路109条，较上年大幅增长。“三位一体”智慧物流业务模式荣获中国中车“十三五”数字化专项奖，成功入选中车“十四五”科技重大专项。

**【招标工作】** 坚持将招标作为规范采购和公开公平采购的重要手段，从招标规范性入手，在完善制度、优化流程、配置硬件、加强培训等方面着力，招标采购工作更加规范，实现了招标采购全过程受控、可追溯，阳光采购。全年组织开标、评标项目2444个，发布中标结果2269项，中标金额约227.44亿元。编制下发了《总部经营类服务采购管理办法》等3个招标管理制度。完善了集采项目远程评标工作程序、物资类采购文件模板等3个规范性文件。持续强化评标管理，评标专家队伍不断扩大，评标专家达到916人，其中外部专家862人。本着“从严要求、防范风险”的原则，公司开展了采购管理领域有关问题的自查整改，制定了相关整改措施。梳理管控条款，编制了“招评标规范一口清”，组织开展规范招标行为竞赛活动，强化了合规意识，招标工作更加规范。

【人力资源管理】 严格执行中车股份关于用工的相关规定，坚持以需进人、以岗进人，严格控制用工总量。公司全年共录用新员工 9 名，其中公司本部录用 2 名、南京子公司录用 7 名，基本满足了急用岗位所需。以提高员工综合素质为重点，全力推进员工教育培训工作，先后组织集采业务、招标规范、供应链管理、财务管理、企业文化建设等多项培训，累计培训 299 人次。优化薪酬管理，持续完善《员工绩效考核管理办法》，改革考核激励机制，建立“岗位 + 绩效”的薪酬体系，充分利用年度绩效考核、履职测评、日常考评等多种考核方式，公司薪酬体系更加科学。

【企业文化建设】 抓住建党 100 周年、中车创建 140 周年等契机，积极开展主题宣传。通过纪念“中车日”、吟诵中车赋、传唱中车之歌等形式，强化文化传承，提升文化“暖实力”。牵头组织开展中车创业 140 周年火炬的火种传递活动，特别邀请中车方庄办公区的金控公司、工程公司、财务公司、资本公司、建投公司等 5 家公司参加火炬传递，取得良好的效果，受到集团公司表扬。持续开展“学标准、学制度、学规范”主题活动，不断提高公司各项标准及制度执行力。对标先进开展一次 VI、BI 建设培训，规范 VI 应用审核流程。组队参加北京服贸会和中国西部（重庆）国际物流博览会，公司智慧物流工作接受央视媒体采访，进一步宣传推广中车智慧物流工作。公司企业文化和品牌建设年度考评结果为优秀。

【党群工作】 紧扣中国中车党委“固化攀升年”的工作主题，持续加强“三基建设”，全力推进党建工作与生产经营深度融合。公司党委始终把学习贯彻习近平总书记重要讲话和重要指示批示精神作为党委会“第一议题”、党委中心组“第一专题”，把学习习近平总书记重要讲话与破解公司发展难题、提升公司发展质量结合起来进行了专题研讨，研究制定了公司“十四五”发展规划和改革三年行动方案，明确了公司改革发展目标，提出了破解公司面临发展难题的具体举措。通过“全面 + 特色”“线上 + 线下”“理论 + 践行”等多种举措，扎实开展党史学习教育活动。“我为群众办实事”活动成效显著，全年共完成办实事 20 件。聚焦党的基层组织建设，以“合规经营，业务协同，提升效率”为主题，持续抓好创先争优活动，各党支部共计立项 16 项。各支部分别开展“三发挥一规范”“两扩一升一降”“四事三融合”“保供降采降本增效”等党建经营融合工作。创新公司党建活动方式，以“庆祝百年华诞，传承红色基因，凝聚员工力量，推动高质量发展”为主题，开展“不忘初心，铭记党恩”“走进百年中车、传承红色基因”“凝聚发展共识，把准发展方向”等庆祝建党百年系列活动。认真贯彻《中国共产党国有企业基层组织工作条例（试行）》，调整优化党支部设置。持续抓好党的制度建设，年内先后修订完成中层干部选拔任用制度、党支部年度考核办法、轮岗交流办法等 12 项制度。圆满召开公司党员大会，确立了公司今后五年的发展目标和重点任务。通过线上线下培训相结合的方式抓好党员和员工培训，党建基础工作明显提升。充分利用宣传栏、党建园地、微信等宣传媒体，围绕党史学习教育活动、“十四五”开局之年等重点工作开展宣传，营造良好发展氛围。及时开展思想教育和形势任务宣传，依托“学习强国”、问卷星等平台开展知识竞赛，检验学习成果。党风廉政建设持续加强，开展经常性廉洁从业教育，持之以恒纠正“四风”。全力配合中车纪委派驻纪检组工作，主动接受纪检组监督。群团组织紧扣经营中心，开展“大干100天，确保完成全年经营指标”“我为企业发展建新功”等多种形式的主题劳动竞赛和岗位建功活动，有力地促进了公司经营发展。

【公司党政工负责人】

党委书记　刘振清
董事长　刘振清
总经理　谭晓峰
副总经理　赵维宗（任期6—8月）
　　　　　安卫　杨理
　　　　　张学梅
财务总监　张学梅
党委副书记　谭晓峰
工会主席　安卫

（物流公司　供稿）

# 中车建设工程有限公司

（统一社会信用代码：91110106590663663T）

党委书记、董事长　王宏伟

总经理　刘春桃

【概况】2021年末，工程公司在岗员工总数438人，具有专业技术职称人员371人，占比84.70%。其中，正高级职称7人、副高级职称94人、中级职称207人、初级职称63人；硕士及以上学历141人，本科及以上学历393人。公司是中车"一核两商一流"中系统解决方案提供商的载体单位，是中车城市交通"系统+"业务的主要实施单位，是落实中车"经营城市理念"战略布局的先行军。公司旗下有3家全资子公司，参股6家SPV公司，入股产业链协同的八维通科技有限公司（八维通）。公司全年营业收入40.53亿元，同比增长6.59%；归母净利润2.45亿元，同比增长0.14%；固定资产原值3542万元、净值1030万元，超额完成"双T3"指标，获中车党建工作责任制考核A级。

【规划发展】以"打造城市交通领域中车金名片"为企业愿景，以"为城市交通提供系统解决方案"为使命，以"13579"为总体战略目标（以高质量发展为一条主线，发挥三大平台作用、做强五大板块业务、强化七大能力建设、拓展九大区域市场），拉动中车生产的机电设备在城轨行业应用率达100%；营业收入、净利润和员工收入年增长率不低于10%。遵循"中车定位与公司实际业务相结合""近期与远期发展设想相结合""统一规划、合理布局与分步实施相结合"的三个相结合，形成了公司2025远景顶层设计和"十四五""13579"定向起航战略发展思路；建立了"5+3+1+*N*"（"5"代表五年战略规划、"3"代表三年滚动计划、"1"年度经营计划、"*N*"代表专项子规划）战略规划体系；推行战略规划综合评价与绩效考核评价机制，实行"计划—执行—检查—优化"闭环管理。以国企改革三年行动方案为统领，重点围绕现代企业制度建设、市场化经营、科技创新、党的建设等方面形成"4+8+35"（4个突出方面、8条改革任务、35项主要举措）公司三年改革2021年度重点任务清单。总体完成率为93.7%，已完成改革举措数20项。武夷山、芜湖、上海等项目通过竣工验收，实现在建工程质量验收合格率100%。

【经营管理】 完善“基+专”（基本制度、专项制度）制度体系，按年度计划开展制度废改立工作。制定公司年度经营计划，共形成110项KPI指标、119项GS指标。完成固定资产投资109.77万元，完成长期股权投资7177.0369万元，其中芜湖项目公司注资3913.69万元，无锡项目公司注资3263.3469万元。全年共审核股东会议案51项，董事会议案19项；与各参股公司继续保持良好的沟通机制。及时收集季度经营情况和月度财务报表。编制2021年参股公司重大风险事项识别报告，办理完成大连机电公司3项产权登记。开展“51449”（5个方面，14个重点目标，49项项目措施）等专项工作。全年办公费、业务招待费、差旅费、咨询费四项可控费用增幅均低于收入增幅。工作清单任务共计36项，完成率100%。公司《以目标引领、价值创造为导向的全面绩效考核管理体系建设与实践》入选中车标杆项目创建行动名单。“两金”净额增幅低于收入增幅，“两金”周转效率同比提升112.98%；年末存货余额净值金额同比下降12.7%，存货周转率同比提升57.89%，无一年期以上存货及非正常类存货，应收账款周转率同比提升117.05%，圆满完成中国中车“两金”管控年度工作要求。招标管控能力持续增强，专业分包工程平均毛利润率同比提高2%；落实落地创效成果共31项；用工效能同比增长8.16%，较上年增长6.59%；新增异地授信额度27亿元；强化精细化管理，综合资金收益率同比增长26.24%。

严格落实“强内控、防风险、促合规”工作要求，开展印章管理，完成审计、武夷山、无锡项目风险评估和专项审计等5项，对招标文件、合同协议、公司章程等重要文件审核率持续保持100%；编制《项目风险防控手册》，共计识别128个风险，制定管控措施360余项；逐条梳理公司治理、战略规划、人力资源等25个模块及129项子流程、307个控制点，针对内部控制缺陷及时完成整改，有效维护公司利益。

【科技创新】 科研课题持续推进，承担中国中车定向委托“十四五”科技重大专项课题《基于BIM模型的智慧工地平台应用研究》一项。申报发明专利22项、实用新型21项、软件著作权5项；获得授权发明专利8项、实用新型23项、软件著作权5项。组织申报集团“微创新”质量攻关改进成果，7项成果均获奖励，其中二等奖2项、三等奖5项。公司及其子公司苏州中车建设工程有限公司均获评国家高新技术企业，子公司苏州中车建设工程有限公司获评无锡市智慧城轨工程技术研究中心。协办《现代城市轨道交通》《轨道交通装备与技术》《市政技术》等期刊。公司参与的《系列化中国标准地铁列车研制及试验项目》获中国中车重大科技项目一等奖，2人获评中国施工企业管理协会科技专家。

【生产运营】 在疫情影响下，通过倒排工期制订生产计划，力保各项目按照工期节点完成，公司在建项目进入全面攻坚阶段。台州项目实现洞通，站后工程全面启动；无锡项目进入建设高峰期，8台盾构机相继始发掘进，5台架桥机全部开展拼装，进度指标正常可控；武夷山有轨电车、芜湖单轨1号线、2号线进入初期运营阶段。连续安全生产超1600多天，实现安全生产责任死亡事故为“零”，实现环保污染“零事故”，安全环保隐患整改率100%。并通过职业健康安全管理体系、环保管理体系认证。深化源头治理，开展全面风险评估，建立风险清单数据库，有效应对特殊时段、极端天气等各类风险。开展“安全生产大讲堂”“安全生产月”“消防月”“节能宣传周”“低碳日”等活动，践行“双碳”目标，推进绿色施工项目建设。开展常态化疫情防控，实现“零”感染目标。

【市场营销】重点跟踪16个城市的27个项目，深度参与重庆27号线、天津Z2线项目投标工作，并成功中标常州新北区农村污水处理PPP项目，实现合同额9.7亿元。常州项目是公司中标的第一个环保类PPP项目，为公司参与环保类PPP项目迈出第一步并积累了业绩，同时还是公司与中车环境公司实践“一个中车”协同营销首次合作，具有十分积极的意义。积极参与编制天津、台州、珠海、武夷山、芜湖、无锡、深圳、青岛、长春等9个城市的10个轨道交通系统解决方案，向各地业主展示了中车的优势和实力，推动各地市场开拓具体深入。完成沈阳南站支线PPP项目，3603万元年度回款任务；完成沈阳有轨电车BT项目，2.4亿元回款任务；完成苏州18个中小项目，2211万元的回款任务。首次外派两名技术管理人员，参与墨西哥城地铁1号线整体现代化改造项目。

【质量管理】开展“质量月”活动、积极申报QC成果，先后荣获“全国铁路行业优秀质量管理小组”“浙江省市政行业优秀质量管理小组一等奖”等多个奖项。排查治理质量问题，制定“1000分”检查标准，实现检查工作“有计划、有记录、有结果、有评价”，台州项目在浙江省2021年度城际轨道工程质量安全督查中综合排名第一。

【人力资源管理】坚持战略引领，完成“十四五”人力资源战略规划编制，确立“3543”人力资源战略目标。积极开展人力资本管理体系“臻优”阶段建设工作，修订完善人力资源相关制度4项，新增制度2项，人力资本管理体系建设迈进“臻优”新阶段。开展推动高质量发展开展领导班子建设专项行动和投融资能力提升专项培训，落实中高层管理人员“两制一契”管理，建立履约评价退出机制；全员劳动生产率103万元/人，同比增长8.16%。持续深化分配制度改革，突出价值导向。落实人才盘点结果和绩效考核结果应用，人均工资同比增长10.54%。组织中层管理人员及重点岗位等人才岗位交流32人次。员工参与学习5500余人次，学习时长11000余小时。组织公司级培训28次。积极推进人才评审和注册取证，新增正高级职称3人、副高级职称16人、中级职称7人，新增注册一级建造师11人、一级注册造价工程师14人，各类执业资格证书持证人员303人，占员工总数的69.18%。引进成熟型人才49人，高校应届毕业生12人。积极探索“HR三支柱”人力资源管理模式，完成员工学习培训平台搭建。

【企业文化建设】围绕企业重大事件和重大工程节点等主题开展正面宣传及专题策划。全年外部媒体报道公司新闻共29条，其中中央级媒体3条；微信公众号推文654篇、平均阅读量300+，官方微博年度发文555篇、阅读量近40万。围绕庆祝中国共产党成立100周年，组织开展主题党日，党史知识竞赛，文艺作品征集，红歌大合唱比赛等系列活动；围绕中车创业140周年，开展学习《中车成长之道》《红色中车》，朗诵《中车赋》，传唱中车之歌《与你同行》，征集文艺作品，制作人文版宣传片《匠心筑梦》，举办“美好中车抖IN建工”短视频大赛等活动；组织开展VI专项检查及VI培训，增强员工品牌意识；参加中国中车2021年企业文化和品牌建设考核，连续三年获得优秀企业称号。把BI建设融入公司日常管理中的绩效管理、培训管理、工程项目管理、安全管理、质量管理等。日常工作中，各部门自行对部门员工行为进行检查督导；在施工现场管理中，安全、质量、工程等专业部门开展专业级督导，把员工行为规范融入公司生产经营的方方面面，让中国中车的核心价值观更加深入人心。

【党群工作】 公司党委设一级党组织1个、二级党支部14个，公司共有217名党员(含21名预备党员)。召开公司第二次党员代表大会，选举产生了第二届委员会和纪律检查委员会。深入学习贯彻习近平总书记“七一”重要讲话精神和党的十九大及十九届历次全会精神，深刻领会“两个确立”的决定性意义。认真贯彻落实党史学习教育的部署要求。注重党史学习教育宣讲，坚持领导干部带头学。清单化推进“我为群众办实事”实践活动，切实解决一批员工急难愁盼问题。定期举办形势任务宣讲，宣贯中国中车2021年经营管理工作会议精神和“七个新突破”工作部署，宣贯中车建工“十四五”规划。台州项目、无锡项目分别与党建联盟单位开展党建联盟党建共建活动。持续推进“四新四力”党建“金名片”落地，“双培双保、立项攻关”优秀课题17项。公司纪委紧紧围绕供应商管理、工程招标、物资采购等重点业务开展专项监督，修订公司《廉洁风险防控手册》；强化纪律宣传教育，开展“纪律讲堂”4次、干部警示教育大会3次；打造“五进两言”纪检工作品牌，开展廉政建设大家谈、“我为廉洁工程代言”微视频展播等廉政主题活动累计10余次。公司工会开展“我为群众办实事”实践活动，形成办实事清单13项，已办结13项，完成率100%。开展“送温暖”扶贫帮困活动，慰问员工19人；通过“擂台赛”的方式，开展第二届劳模评选活动；联合各项目部开展以“保生产、保质量、保安全、增效益”为主题的劳动竞赛活动，助力年度生产任务完成；召开青年员工代表座谈会，深入了解青年员工诉求，帮助青年员工成长成才；推进8个“新小家”建设落地，获评中国中车工会擦亮“金名片”建设“新小家”先进单位。截至年底，公司党委已完成对9个党支部的巡察，共反馈问题56项，已完成整改51项。党建工作在年度中车党建工作责任制考核中再次获得A级、位居中车党建工作责任制非制造类企业第一名。

【下属子公司】

**江苏中车城市发展有限公司** 注册资本3亿元，具有市政公用工程施工总承包一级、建筑工程施工总承包三级、机电工程施工总承包三级、施工劳务资质，是公司承揽轨道交通PPP项目工程总包业务的重要载体。

**重庆中车建设工程有限公司** 注册资本5亿元，是承接轨道交通BT工程的项目公司，代表公司履行重庆轨道交通四号线一期工程的建设方职责。

**大连中车机电工程有限公司** 注册资本1亿元，拥有机电工程施工总承包一级、建筑工程施工总承包二级、环保工程专业承包一级、建筑机电安装工程专业承包三级资质，主要开展机电系统集成、建筑机电工程施工，建筑工程施工与管理，环保工程施工与管理等业务。

【重要纪事】 3月15日，公司召开2021年工作会议暨二届二次职工代表大会。3月16日，中车建工党委以视频会议形式召开党史学习教育动员部署会。3月24日，中国中车安全总监赵勇到台州项目检查指导工作。3月31日，中国中车副总裁余卫平到台州项目七工区开展调研。4月6日，无锡市长杜小刚率市相关部门负责人到无锡项目江阴外滩站，实地调研。4月13日，国家铁路局党组成员、副局长安路生到公司承建的台州市域铁路S1线项目调研。4月15日，台州市域铁路S1线一期工程举行党建主题活动暨铺轨仪式、第二季度劳动竞赛启动仪式。公司党委副书记、总经理刘春桃出席仪式。4月21日，中国中车党委书记、董事长、总经理孙永才一行来到由工程公司承建的无锡至江阴城际轨道交通工程调研。4月27日，无锡项目举行无锡地铁城际党建联盟、江阴市交通重点工程建设项目党建联盟“双联盟”共建签约仪式。5月12日，公司荣获中国中车2020年度突出贡献奖、2020年度党建责任制考核A级。5月19日，中国中车安全生产总监、总法律顾问赵勇一行到公司承建并已投入运营的重庆轨道交通4号线一期检查指导工作。5月24日，中国中车总裁助理宁文泽一行到公司武夷山项目调研。6月10—11日，对武夷新区旅游观光轨道交通线线上工程共9个单位工程进行验收，由公司负责施工的仙店车辆段单位工程通过福建南平武夷有轨电车有限公司组织的竣工验收。7月2日，公司召开庆祝中国共产党成立100周年暨“七一”表彰大会。7月23日至8月27日，按照国资委党委统一部署和上下联动有关要求，公司党委与中车党委同步开展违规挂靠专项巡视巡察。11月17日，公司台州项目城万区间盾构左线洞通，标志着台州S1线全线胜利贯通。11月30日，公司台州项目洪家特大桥单位工程作为全线首个单位工程通过竣工验收。12月8日，中国共产党中车建设工程有限公司第二次代表大会圆满完成各项任务，胜利闭幕。12月28日，公司参与建设的芜湖轨道交通2号线一期正式开通运营，初步形成畅连东西、通达南北的现代化城市轨道交通新格局。12月31日，公司参与建设和运营的武夷新区旅游观光轨道交通项目成功举行初期运营开通仪式，南平市副市长何明星，中车集团副总裁马云双、总工程师张新宁等出席。

**【公司党政工负责人】**

| | |
|---|---|
| 党委书记 | 王宏伟 |
| 董事长 | 王宏伟 |
| 总经理 | 刘春桃 |
| 副总经理 | 贾春亮　张民才<br>冀文有<br>刘德欣（1月任） |
| 总工程师 | 张民才（4月任） |
| 财务总监 | 贾春亮 |
| 党委副书记 | 刘春桃<br>黄登启 |
| 纪委书记 | 黄登启 |
| 监事会主席 | 黄登启 |
| 工会主席 | 黄登启 |

（工程公司　供稿）

# 中车国际有限公司

（统一社会信用代码：911101067109217367）

党委书记、董事长、总经理　武　岩

【概况】 中车国际有限公司是中国中车股份有限公司的全资子公司，注册资本70000万元人民币。2021年，公司全面完成4亿元营业收入，归母净利润1000万元的T2经营考核指标。

【规划发展】 全面谋划公司发展战略，高度重视战略规划的导向和统领作用，制定公司"十四五"战略规划。建立公司战略规划、三年滚动规划、年度差异化经营考核一体化管理体系。健全战略规划推进工作机制，加强战略规划与全面预算、经营计划、投资管理等环节的有效衔接.围绕战略落地制定政策、配置资源、建立机制，全力完成"十四五"开局任务。不断强化风险管控，优化和完善内控制度，严格落实三级风险防控体系，通过制定风险隐患防范化解措施，实现境内外风险管控全覆盖。开展全级次风险排查和风险评估工作，年度未发生重大风险。稳步筑牢保密防线，严格落实中央、国资委、集团关于网络安全和信息保密工作规定和保密责任制要求，持续推进保密"强基工程"建设，加强管理、提高认识，加强保密人员队伍建设。多形式、多渠道加强全员保密纪律教育，强化日常监督提醒，全面提升公司员工安全保密意识。

【改革创新】 2021年，面对复杂多变的国际国内形势及新冠肺炎疫情，公司全员上下一心，直面困难挑战，全面落实"12368"经营战略，逆势而上，取得了可喜的经营成果。

【经营管理】 不断优化"两金"全过程管理机制，持续推进"两金"压降工作，管控效果显著。年末考核口径"两金"总额较年初降低29%，超额完成1亿元的压降指标。牢固树立"过紧日子"思想，深入开展"费用支出清理与效能评价"工作，全年可控费用继续维持在较低水平。强化亏损企业治理过程管控，实现境外公司月度无亏损、治理不反弹。加大资产盘活，完成低效无效固定资产和长账龄存货的处置工作。控制资产总量、提高资产周转效率，稳定整体负债率。

全面完成经营活动现金流等专项考核指标。按照中车统一要求，全面落实“合规管理强化年”、综合治理专项行动，严格按照公司制定的专项工作方案要求，有序高效组织开展各项工作，做好督导落实，确保推进到位。严格落实国际化经营全面风险管理指引和产品出口贸易业务风险指南等要求，将合规要求覆盖国际业务全流程。对境外子公司的内控建设、全面预算管控、资金管理、业务合规、整改任务、会计基础工作做好指导监督，稳步提升境外子公司风险应对能力，确保全年重大风险零发生。以全面预算为管理抓手，充分发挥全面预算的指挥和调度功能。持续监督收入、利润等主要指标的完成情况。认真分解和落实两金压降工作，分解落实集团公司年度两金指标，创新思路、加大存货压降工作力度。

**【市场营销】** 全年实现新签出口订单 1.5 亿美元，另有 1.27 亿美元货车项目收到业主正式中标通知书。在新签订单中，澳新市场机车、货车和欧洲货车项目占比约 95%。同时，新西兰货车和德国货车项目的签约价较基础合同分别上涨了 18% 和 36%。全年在手执行出口订单近 20 个。公司项目执行团队克服新冠肺炎疫情带来的不利影响，顶住国际物流运输成本和原材料价格暴涨等多重压力，积极协调项目承制企业与用户的关系，推动出口项目履约交付。其中，新西兰 392 辆货车和坦桑尼亚 44 辆货车以及德铁 140 辆 560.3 双层汽车运输车顺利交付并全部实现货款回笼，德铁 560.4 和英国伦敦地铁货车第二批次样车交付至用户场地，用于批量交付前的 TSI 试验和认证。渠道建设有突破，注重加大新产业及小众产品市场拓展的力度，如南非光伏项目、阿根廷电动大巴项目等。业务模式有创新，寻求合作开拓欧洲货车新业务，探索开展越南货车租赁业务等。公司业务发展定位更加清晰，围绕中车海外业务服务平台公司战略定位，制定公司“十四五”期间要实现“五个更优”的发展目标，立足平台公司定位，致力于发挥中车国际化平台支撑功能，积极推进国际贸易平台、境外“投建营”平台和国际化资源共享平台建设，探索实践在国际物流运输等业务领域的专业化和一体化平台管理。

**【人力资源管理】** 公司持续深化干部人事制度改革、健全市场化选人用人机制。大力宣传中车干部管理“两制一契”管理模式，按照中层领导干部“两制一契”管理实施方案，初步建立并优化中层干部培养选拔管理机制，贯彻推进“两制一契”管理目标落地。全年完成包含境外子企业和代管子企业在内的 7 家企业经理层有关合同或契约的签订工作，落实任期制和契约化管理的经理层总计 14 人，实现“两书”签订的全覆盖。以公司机构改革和“十四五”战略人才发展工作为契机，规范科学的岗位设置，合理配置用工，定位职业生涯发展通道，设计符合机构改革与发展需要的定员定编和岗位设置，稳步健全完善中层干部队伍的建设，为青年员工提供更广阔的职业发展通道。

**【疫情防控】** 公司所属境外公司认真学习领会公司战略思想，严格执行各项规定，发扬不畏艰辛、勇于拼搏的精神，克服疫情影响和其他各种困难，较好完成了全年各项重点工作。认真制定疫情防控方案和应急方案，高效开展区域协同防疫常态化工作，做好境外疫情风险防控的第一防线，确保境外公司员工的人身健康与安全。做好境外支持服务的第一阵地，如澳洲公司协助公司签署澳大利亚 130 辆窄轨煤车销售合同，南非公司协助齐车公司完成出口 34 辆博茨瓦纳苏打粉矿车的交车验收和尾款收缴工作及齐车驻非办事处的注销工作，同时协助株洲时代参与南非光伏项目第五轮招标与中国电建合作配套提供逆变器项目等。马来西亚公司为长客股份公司机场项目提供售后服务支持，为中车各子公司办理工作证提供支持等。发挥品牌宣传的对外窗口作用，发挥前沿阵地的优势，如澳洲公司与澳大利亚知名铁路专业杂志合作，进行品牌宣传和业务推广。马来西亚公司积极同槟城政府推荐中车轻快轨、单轨、空轨、ART车辆等。南非公司作为“南非中国经贸协会”的主要领导单位，与各中资在南企业合作紧密，共商抱团出海之策等。

**【平台化建设实现新突破】** 根据中车“七个新突破”战略部署，为进一步实现规模化、专业化、协同化发展，中车香港公司成为国际公司下属境外子公司的重要成员，国际公司受托管理香港公司是加强国际化经营管控顶层设计，打造体系化、集约化国际业务平台的必然要求，是发挥“集中力量办大事”优势，为提升系统解决方案提供能力，落实中车“十四五”发展战略的重要举措。香港公司外拓市场、内抓管理，业务规模实现快速增长，作为中车境外PPP业务的实施主体，积极推进墨西哥地铁一号线PPP项目执行工作，实现项目收入近2亿元。积极开拓市场、搭建业务品台，全年完成近100个项目识别和跟进，完成以色列海法轻轨等三个项目资格预审。

**【党群工作】** 公司党委增设支部纪检委员、保密委员，形成支部书记抓总、组织委员、宣传委员、纪检委员、保密委员分工负责具体板块的全方位工作格局。公司党委高度重视党员发展工作，根据基层发展需求，精准制订发展党员计划。公司党委坚持将“把方向、管大局、促落实”的工作要求内嵌到公司经营发展各个方面。按照各决策主体的职责边界，认真落实“三重一大”决策事项党委会前置研究决策程序，集体研究讨论“三重一大”等重大议题80余项。根据集团公司最新文件精神，及时修订完善《国际公司“三重一大”决策制度实施办法（试行）》《党委会会议制度》《总经理办公会议制度》《董事会议事规则》等制度，进一步明晰党委与其他治理主体的权责边界。坚持将巡视整改工作做为公司党委的重要工作，形成公司各层级“各司其责、上下联动”的工作模式。党委书记始终坚持把巡视作为“一把手”工程来抓；其他班子成员结合分管工作，抓业务工作的同时抓整改措施细化、落实、销号；各部门作为巡视问题整改主办部门认真推进各项工作措施有效开展，确保按时保质完成整改工作，实现巡视整改工作的“抓、办、督、报”闭环管理。中车党委巡视组2020年底对国际公司开展的常规巡视+专题巡视共提出问题39项，2021年全面完成整改，整改完成率100%。

扎实开展党史学习教育。以庆祝中国共产党建党100周年为契机，深入开展党史、新中国史、改革开放史、社会主义发展史等专题教育。坚持线上线下同步开展，线上开设党史学习云课堂、党史学习教育微课堂，线下开展“传承红色基因火种点·亮国际化中车路”“赓续红色精神血脉·凝聚时代奋进力量”等大型红色主题活动，有效促进党员干部知史爱党、知史爱国、知责前行，营造了良好的红色学习氛围。

公司工会坚持以人为本理念，本着“关爱员工小家，保卫公司大家”的宗旨，持续做好采购防疫物资，确保员工防护到位。持续发挥桥梁纽带作用，加强对员工生活困难、工作困难以及相关诉求的关注，全年慰问员工及员工家属近20人。稳步推进“擦亮金名片　建设新小家”专项活动，成立滑冰、游泳多种兴趣小组，举办“书香中车”“五个一”线上运动会、“十个一”文化活动等系列文体活动，有效促进员工身心健康。坚持党建带团建，落实中车青年工作会议精神，了解青年员工的工作、生活情况，有效激励青年员工在工作中成就自我，激发青年人才成长动力。

【公司党政工负责人】

党委书记　罗崇甫（任至7月）
　　　　　武　岩（8月任）
董 事 长　罗崇甫（任至7月）
　　　　　武　岩（8月任）
总 经 理　武　岩（8月任）
副总经理　时圣林　张　平
　　　　　武　岩（任至8月）
　　　　　余继红
　　　　　刘　刚（8月任）
工会主席　张　平

（国际公司　供稿）

# 中车财务有限公司

（统一社会信用代码：911100000573064301）

党委书记、董事长　董绪章

总经理　赵世军

【概况】 中车财务有限公司是中国中车集团第一家持牌金融机构，注册资本22亿元。2021年末，公司有员工47人，员工100%拥有本科及以上学历，其中硕士以上学历20人（含博士1人），占员工总数的43%。公司拥有健全的公司治理结构，包括股东会、董事会、监事会、经营层。公司全年实现营业收入8.31亿元、净利润3.04亿元（考核口径），年末资产总额471.04亿元，较年初增加108.97亿元，增幅30.10%。各项监管指标全面达标。

【规划发展】 构建以总体规划为统领、各版块规划为支撑、工作路径及具体措施为抓手的"十四五"战略规划体系。"十四五"期间，公司将坚持以集团司库为基本定位，协同运作总部资金和财务公司两个资金池，紧紧围绕"服务、管理、经营"三大核心，筑强"资金归集、资金结算、资金监控、金融服务"四大平台，力争在"十四五"末期实现经营管理一流、行业评级一流、金融服务一流、企业形象一流、党建引领一流。

【改革改制】 公司通过落实党委会前置议事、党建进章程、党建经营深度融合、完善议事清单和"三重一大"制度，把党的领导融入公司治理；通过落实总经理工作机制、授权管理、对标一流管理提升，保障经理层依法行权履职；通过落实"两制一契"、中层干部竞聘、完善员工和经理层绩效考核办法等，实现市场化经营机制转换，改革三年实施方案任务完成率实现预期。公司完成分配利润转增注册资本金申请前期准备。

【经营管理】 稳定提升资金归集和信贷两项基础业务的价值内涵，充分发挥专业化金融服务和集团化金融管理的功能，全力打造一个中心、四个平台，不断提升资金的使用效率及效益。有效保障疫情防控、金融服务双推进、双促进，全面保障集团总部和广大成员企业各项资金支付需求。服务总部筹融资管理灵活运用交易商协会、交易所、商业银行、政策银行等不同融资场所和主体的特点，协助集团总部做好融资匹配。公司供应链金融业务年内全面铺开，为集团上下游供应商提供金融服务和新的融资渠道，在资金上有效支持了集团产业链、供应链建设，同时进一步巩固了集团现代企业产业链链长地位。制定年度投资方案，合理获得投资运作收益。货币市场基金日均规模22.78亿元，同业存单日均规模10.14亿元，累计获得投资收益2849万元。积极开拓逆回购、银行定制理财、总部安全性资金配置品种等新投资渠道，获得收益9922万元，实现现金管理价值的最大化。充分发挥辅助集团资金管理的职能，实现资金配置安全性、流动性、效益性“三性”平衡，备付率降低，配置率提升。1—12月，平均流动性为55.11%。全年扣除拆入资金的净备付率为5.13%，同比降幅达18.96%，通过压缩备付增利326.68万元。开展外汇管理服务，探索建立集团公司外汇风险标准化管理体系，制定《中国中车外汇风险管理办法》。通过加强差异化利率政策运用、推动工会系统资金归集、实施客户经理管理模式，吸引成员企业资金在财务公司持续存放，积极推动上市公司资金归集管理，公司全年人民币日均吸收存款规模约241.95亿元，较上年同期增加39.76亿元，增幅19.66%。全年支付结算金额达3.48万亿元，同比增长13.72%。组织召开集团大额资金风险交流会，进一步扩展大额资金监控功能。

**【金融服务】** 持续加大对成员企业和产业链客户的信贷投放力度，坚持最大程度让利于成员企业，信贷日均规模235.96亿元，同比增加46.26亿元，收益率水平同比降低37个基点；办理保函101笔，合计金额9.47亿元；为成员单位办理委托贷款业务，全年办理委托贷款业务38笔，合计金额26.81亿元。

积极拓展延伸产业链金融业务，为产业链上游中小企业提供便利融资，助力中车产业链健康稳定发展。进一步完善“容易贴”“容易保”等金融产品，加大业务宣传和推广力度，为更多的中车供应商提供了资金支持和金融服务。全年新增供应商客户215户，新增放款金额31.85亿元，在支持成员企业原材料采购的同时，还降低了供应商客户融资成本。

票据业务集中效益明显：全年办理票据承兑4450笔，累计66亿元；办理票据贴现2705笔，累计110.08亿元。积极开展与银行的同业合作，办理票据转贴现业务26.18亿元，同比增加21.18亿元，为集团节约财务费用支出2291万元。办理再贴现业务45.17亿元，同比增加19.6亿元，再贴现已成为公司稳定的低成本融资渠道。组织完成53家成员企业商票信息披露平台批量注册工作；为22家成员企业开通票据账户主动管理服务。

推广跨境资金集中运营，上线人民币跨境支付系统，建设跨境资金池账户体系银企直连，畅通国际结算渠道，为成员企业跨境收付提供便利，助力降低集团跨国资金运营成本。年末跨境资金池业务规模达10亿元，同比业务规模增长3.83亿元，增幅64%。主动服务各企业外汇业务需求，以优于银行的汇率办理企业结售汇和一站式购付汇服务。

**【风险管控】** 持续构建“一个基础、三道防线”的风险管理框架，全面落实集团风险管控年度重点工作安排，将重点风险排查项目贯穿于全年的业务操作之中。全面深化审计监督体系，建立健全上下贯通、全面覆盖流程清晰、规范有序、监督有力的工作机制，强化整改跟踪审计和审计结果运用。开展“内控合规管理建设年”活动和内控体系有效性自查自纠工作，全年持续实现“双0”目标（0不良资产，0不良贷款）。

**【人力资源管理】** 全面落实三项制度改革

和党管干部、党管人才要求，营建“七位一体”人才选拔培养机制。组织开展中层后备干部选拔，搭建中层后备库，干部管理体制进一步健全。健全完善薪酬分配机制，建立员工岗薪档级调整机制，完善季度绩效考核具体指标和工作流程，实现日常与年度绩效考核相结合。制订年度员工培训计划，开展员工大讲堂活动，增强企业动力和活力，有效激发了员工学习业务、钻研业务的热情。

**【信息化建设】** 增加金融科技投入，建立信息化项目外部专家评审机制，完善相关信息化项目立项、预算和采购制度，开展了主营业务系统、统一监管报送平台、财企直连、票交所直联平台、总部资金平台建设。主动担当，积极抽调人力物力参与中车财务共享中心建设。全面推进共享中心咨询项目和实施项目的落地实施，涵盖前期组织机构搭建，流程梳理和自营业务评审、系统选型优化、规则设定等内容，搭建专业财务管理平台。

**【企业文化建设】** 通过提案征集、专题研讨，开展企业文化核心理念升级工作，形成一套与公司战略发展定位相匹配、与中长期发展规划相适应的“3+7”企业文化理念。加快文化宣传和党建可视化阵地建设，文化阵地圆满落成。全年开展劳动竞赛和群众性经济技术创新活动及员工合理化建议提案征集活动。公司全年上缴帮扶资金35.77万元。

**【党建工作】** 围绕“固化攀升”主题，切实建立起落实“第一议题”制度和高质量发展的长效机制。规范党委前置审议制度，完善党委会议事范围清单。落实“三会一课”制度；完善党建经营责任制双向考核机制。深入开展党史学习教育，建立“3+12+38”工作机制，全面完成22项办实事措施。探索构建“多位一体”大监督格局，推动纪检派驻组监督与内部控制、风险管理、审计监督、财务监督等部门职能贯通融合。公司党建引领力、向心力、组织力、战斗力、执行力、凝聚力持续攀升。

**【重要纪事】** 1月8日，公司获批承销成员单位的企业债券、有价证券投资（除股票、信托投资以外）、委托投资三项新增业务资质。3月1日，公司召开2021年工作会议暨全体职工大会、党建工作会暨党风廉政建设和反腐败工作会议、公司工会全体会员大会。3月22日，公司召开党史学习教育动员部署大会。5月8日，公司“于涛源团队”获北京丰台区“丰泽计划”的“拔尖团队”。7月27日，公司承办的中车资金风险管理交流研讨会在北京召开。9月24日，公司人民币跨境支付系统（CIPS）标准收发器上线，为实现跨境贸易集中收付汇、外债归集和境外放款的集中管理打下坚实基础。11月，公司获得财资中国2021年度卓越司库奖

**【公司党政负责人】**

党委书记　董绪章
董事长　董绪章
总经理　赵世军（9月任）
副总经理　张玲
　　周翌星（7月任）
　　张世东（任至12月）
财务总监　张玲
党委副书记　赵世军

（财务公司　供稿）

# 中车资本管理有限公司

（统一社会信用代码：91110108MA00314Q4L）

党委书记、董事长　陆建洲

总经理　黄建东

【概况】 2021年，资本公司注册资金25亿元，设有投资发展部、风险合规部、财务部、综合管理部、党群工作部5个部门，在岗职工18人。全年实现归母净利润1.81亿元，较上年增长34%，超额完成T3归母净利润指标。

【规划发展】 2021年是公司第二个五年开局之年，公司确定“打造国内知名股权投资机构和中央企业头部产业资本运作平台”的“十四五”发展总目标。围绕“十四五”发展总目标，公司提出“1234”的具体奋斗目标，即实现业绩一流、打造优质股权资产和优质人才资产两类优质资产、做强资本合作平台、产融合作平台、产业合作生态圈三项服务产业功能、推进“树品牌、入榜单、出经验、上讲堂”四大措施。

【经营管理】 根据战略规划部署，全面梳理业务资源，加大增收节支力度，经营管理工作安排概括为“12369”，即一个主线、两个主题、三个层次、六项重点改革举措和九大重点任务。随着所属基金和直投项目陆续开展资本运作，项目收益逐步显现，公司收益持续增长。全年实现归母净利润1.81亿元，较上年增长34%。实现净资产收益率6.51%。管理基金实缴出资额24亿元，超额完成T2指标。凝集力量、凝聚智慧，应对基金募集和资金到位复杂局面，平台搭建迈上新台阶。中车转型升级基金落地，完成第二个基金团队组建。芜湖基金收回投资成本并退出，启动首个基金清算程序。响应“中车”字号管控和公司双品牌策略布局，“华舆”字号快速落地，完成3支基金、1家基管更名。截至年末，主发起基金管理公司管理基金总规模150.70亿元，认缴出资105.90亿元，累计实缴出资69.80亿元，基金退出收回8.2亿元。

优化资源配置，各投资主体加快业务发展，超额完成投资任务。资本公司投资项目累计18个，主发起基金累计投资项目52个。年内资本公司完成直投项目1个，金额1亿元；中车国创和中车科创基金投资项目16个，出资金额9.4亿元；中车转型基金投资项目6个，金额5.65亿元。

持续强化投后协同导向，进一步探索投后人员配置机制、投后激励约束机制、投后日常管理机制。投资项目做到有进有退，实现投资的良性循环和增值，5个基金投资项目实现上市，已上市项目达到7个，其中科创板3家，创业板2家，北交所1家，主板1家，多个项目启动上市申报或辅导工作。本年基金投资3个项目实现全部退出，2个项目实现部分退出，基金项目退出回款合计8.21亿元，资本公司实现投资回款3.87亿元。

**【党群工作】** 开展党史学习教育，1月17日，公司召开党史学习教育动员大会，全年各级党组织通过党委会、专题民主生活会、组织生活会，进行学党史，实现党史学习全覆盖。6月，公司班子成员分别为全体员工讲党课。落实《打造中国中车党建“金名片”创建党建品牌的实施方案》工作部署，公司两个党支部分别从《“三引领”助力基金高质量发展》《关于构建党内监督与外部监督融合机制的探索与研究》进行总结，形成自身的党建“金名片”。加强新闻宣传和舆情管理。印发《宣传及舆情工作管理办法》，加强宣传媒体建设。

**【重要纪事】** 1月25—26日，公司召开第一次党员大会。1月27日，中车同方基金更名为华舆正心（天津）股权投资基金合伙企业（有限合伙）。3月26日，公司党委召开党史学习教育动员部署大会。4月15日，公司联合国家制造业转型升级基金、北京市丰台区发展投资有限公司、青岛市引导基金投资有限公司、青岛市动车小镇投资集团有限公司及基金管理公司，共同发起设立中车（青岛）制造业转型升级私募股权投资基金合伙企业。5月26日，公司与中车国创基金、中车转型升级基金通过“直投+基金”方式协同投资，合计出资哈铁科项目4亿元。该项目于6月完成公司股份制改造，12月申报科创板IPO。6月22日，中车国创基金参与首发战略配售项目铁建重工正式登录科创板。9月10日，参加中车创业140周年火炬传递方庄站庆祝活动。11月3日，公司参与投资的芜湖市轨道交通1号线开通运营，该项目是是全国首条无人驾驶跨座式单轨。11月8日，中车国创基金更名为北京华舆国创股权投资基金合伙企业（有限合伙）。12月7日，芜湖基金收回投资成本并退出，启动首个基金清算程序。12月8日，中车武夷基金更名为华舆武夷（天津）轨道交通投资合伙企业（有限合伙）。12月23日，中车招银基管更名为华舆正道（天津）私募股权投资基金管理有限公司。至此，公司响应“中车”字号管控和双品牌策略布局，共完成3支基金、1家基管更名。12月28日，完成中车国创基金三期出资。中车国创基金项目出资金额超过实缴金额70%，于12月28日完成三期出资缴付，到位资金16亿元。12月31日，公司参与投资的武夷新区PPP项目开通运营。

**【公司党政负责人】**

党委书记　陆建洲
董 事 长　陆建洲
总 经 理　黄建东
副总经理　陆　浔（任至7月）
　　　　　张玉东
财务总监　张玉东
党委副书记　黄建东

（资本公司　供稿）

# 中车金融租赁有限公司

（统一社会信用代码：91120118MA06J91H6K）

党委书记、董事长　徐伟锋

总经理　刘学文

**【概况】** 2021 年末，金租公司员工总数 54 人，员工平均年龄 38 岁，其中 35 岁以下员工占比 44%，研究生以上学历占比 57%，三年以上金融同业人员超过 90%，取得中高级职称以上、通过 CPA 和司法考试人员共 31 人，国际化人才（含海外教育背景）8 人，中车管理专家 3 人，财务高级管理人才 1 人，员工团队专业基础扎实，人力资本持续增值。年末，公司资产总额 128.08 亿元，计提拨备余额 4.31 亿元，拨备率 3.68%。全年实现营业收入 8.5 亿元（同比增长 47%）、净利润 1.69 亿元（同比增长 52%），实现开业第三年暨“十四五”开局“双调增、双 T3”经营业绩。荣获租赁行业 2021 年度中国融资租赁榜“年度公司”称号和第四届中国融资租赁“央企租赁产融结合示范企业”腾飞奖。

**【规划发展】** 编制公司“十四五”发展规划，确定以“立足主业、服务集团”为一个定位，以创建“一流产业系金融租赁公司”为一个战略目标，以“专业化、差异化、国际化”为三化经营原则，以“公司治理优秀、专业能力突出、联动效应显著、投资回报良好、资产质量优良”为五项基本特征，以“前两年强基、后三年提质”为两阶段发展路径，以“业绩一流、业务一流、管理一流、形象一流、党建一流”为五个一流发展目标的“113525”规划发展架构；制定加快业务发展“三化”、增强组织发展“三力”、构建经营发展“五大体系”、抓强党建发展“六项建设”的“3356”发展举措。

**【改革改制】** 落实国企改革三年行动重大任务，八大方面 18 项改革任务总体完成率 84.9%，超过 70% 的阶段性目标。有序推进引战增资，对接中国诚通等战略投资者，商谈沟通重点投资条款及投资诉求，拟订股权及公司治理方案草案；研究编制公司开展混合所有制改革实施方案及可行性研究报告，获得中国中车批复，并顺利在北交所挂牌；针对监管反馈的投资者资质监管意见，保持与监管部门和集团公司的高频沟通，有序推动后续合格投资者遴选和引战工作。开展后备干部选拔和职业发展通道动态管理，形成首批5名后备干部人才库，9名员工实现职位晋升，7名员工实现薪酬级别晋升。制定落实董事会三项职权工作方案、经理层业绩考核管理办法、经理层薪酬分配管理办法，推进中层管理人员“两制一契”管理，组织首次中层现场述职考核评价，完成中层管理人员“两书”签订。

**【经营管理】** 推动强基工程落地，全面完成2021年62项强基工作任务清单，全年新增管理制度29个，修订完善管理制度17个，管理体系和基本管理制度优化完善。组织开展创世界一流示范企业行动，完成率达到71.6%，超过预期目标。推动实施对标一流管理提升行动，整体工作任务清单完成率75.76%。组织开展提质增效活动，加强各项管理费用预算管控，年度可控费用较预算目标压降36.43%。持续开展核心业务系统功能优化和重点信息系统开发，实现EAST数据采集上报系统、金融基础数据采集上报系统、利率报备分析系统、人行大集中报送系统于一体的统一监管报送平台搭建。推动核心业务系统与人行二代征信数据标准的接口开发，二代征信报送系统通过人民银行征信中心验收。拓宽融资渠道，与23家金融机构建立授信合作，取得综合授信额度451.8亿元，有效保证了公司业务需求。取得同业拆借资格，与金融机构创新融资品种，研究并落地融资新模式，全年融资94.61亿元，多元化融资能力持续提升。优化完善租后管理制度体系，形成了集租后管理、租赁资产分类管理、租赁物管理、租金管理、租赁业务档案管理、租赁资产评估机构管理等为一体的工作机制。

**【融资租赁】** 联合中国中车总部机车事业部、货车事业部、各制造企业，召开专项金融服务推介研讨会，分类构建集团产业互动平台，形成产品销售和金融服务的连接纽带，形成“产品销售+租赁服务”一体化综合解决方案。年度新增项目投放23笔，金额56.05亿元，其中投放于轨道交通行业资产占比64%，形成金租公司以轨道交通融资租赁为核心的特色优势。年度新增直接租赁项目投放11笔，金额25.14亿元，占比44.85%；公司存量项目直接租赁项目占比30.65%，远高于金融租赁行业存量直租项目占比（13.24%）17.14个百分点。围绕集团产业链上下游企业、集团内成员企业、促进集团产品销售以及降“两金”等方面投放租赁资产15笔，金额38.07亿元，占当年投放项目的67.92%，产融结合成效明显；公司存量产融结合项目余额56.66亿元，产融结合率44.24%，同比增长8.11个百分点。公司年内直接服务集团内企业8户，金额25.14亿元，在动车组、地铁车辆直租等方面发挥“产业+金融”的整体优势，助力四方股份公司、长客股份公司、浦镇公司、四方所、湖南中车智行、河南重装、广东中车新能源等公司产品销售，得到主机企业的认可，产融协同的成效稳步提升。

**【风险管控】** 制定《风险偏好管理办法》，实现各类风险量化监控和潜在风险精确定位。构建信用风险压力测试体系并定期开展测试，实现风险管理的前瞻性管理。开展主动风险管理模式研究，形成跨境租赁投向指引和光伏投向指引，提升了服务中国中车三大板块的主动风险管理能力。制定风险前置服务举措，提升项目审查质效，主动风险管理体系更趋完善。实施承租人动态跟踪和现场检查，做好季度资产分类和重点项目督导，确保所有项目全部按期回收。公司不良资产率持续保持为0，资产质量保持优良，全年未受到监管通报和处罚。以问题导向和常态治理为原则，全面落实“内控合规管理建设年”活动各项要求。积极开展人民银行稳定评级、审慎监管会谈、反洗钱检查、数据报送等非现场检查问题整改，集中力量开展问题整治，各项整改落实到位。全面实施“重点领域 + 重点业务 + 重点控制”审计全覆盖，内审监督有效覆盖公司治理、经营管理、内部控制、风险管理、会计管理、信息系统管理、绩效薪酬管理等各项经营管理活动，共计开展审计项目 11 个，以审计监督助力公司风险合规和管理提升。

**【党群工作】** 开展党史学习教育，围绕建党百年和中国中车成立 140 周年，赴井冈山、二七纪念馆等开展红色教育，赓续红色血脉，传承红色基因；围绕读书班、宣讲会、支部三会一课等形式，带领广大党员干部弘扬伟大建党精神，增强理论武装自觉性，激发担当作为活力。持续巩固“党建 + 经营”经验成果，加强党的建设，发挥党建引领作用。实施支部调整，带动五个党支部战斗堡垒作用和全体党员的先锋模范作用发挥，党建、经营融合深度成效明显。落实公司党委 33 号文要求，切实改进工作作风、提高服务意识、增强责任担当。开展“我为群众办实事”活动，推进 12 项首批重点民生项目清单，在改善员工办公环境、审计促提升、优化绩效考核指标、拓宽员工成长通道等方面发力，群众满意度得到提升。推进党建“金名片”建设，认真落实“一岗双责”责任，党风廉政建设持续加强。“产业金租、绿色金租、红色金租”品牌初步形成。

**【重要纪事】** 3 月 10 日，公司落实“两制一契”管理，召开中层管理人员首次现场述职评价会。3 月 18 日，公司增资扩股项目在北京产权交易所挂牌。3 月 19 日，公司召开 2021 年经营工作会议、党建暨党风廉政建设和反腐败工作会议。3 月 26 日，公司召开党史学习教育动员部署会。4 月 9 日，公司成功投放第一单复兴号高铁直接租赁业务。4 月 12—23 日，公司党员分两批赴井冈山开展党性教育暨党史学习教育培训。4 月 30 日，公司团委组织团员青年开展“学党史、强信念、跟党走”五四主题团日活动。6 月 8 日，公司赴用友金融总部开展第五次党委中心组（扩大）学习暨金融信息科技现场调研。6 月 25 日，公司全体党员走进长辛店二七纪念馆，探访红色中车，致敬建党百年。7 月 1 日，公司组织全体员工收看庆祝建党百年大型活动直播，举办“声情告白、我心向党”庆祝建党百年歌咏会。8 月 19 日，公司召开干部大会。8 月 24 日，中国中车货车企业产融结合座谈会在公司召开。8 月 26 日，公司召开第一次后备干部选拔竞聘会。10 月 16 日，公司召开“凝心聚力、共创辉煌”团建活动。11 月 24 日，中国中车党委书记、董事长孙永才带队到公司调研。12 月 7 日，公司召开全体员工大会、干部警示教育大会、安全消防培训会。

**【公司党政工负责人】**

| | |
|---|---|
| 党委书记 | 徐伟锋 |
| 董事长 | 徐伟锋 |
| 总经理 | 刘学文 |
| 副总经理 | 廖新义　高　硕<br>蒋永建 |
| 财务总监 | 廖新义 |
| 党委副书记 | 刘学文 |
| 工会主席 | 廖新义 |

（金租公司　供稿）

# 中车投资租赁有限公司

（统一社会信用代码：911100007109247853）

党委书记、董事长　杨瑞欣

总经理　高军武

【概况】 2021年末，租赁公司合并口径正式员工51人。公司是经商务部、国家税务总局批准的内资融资租赁业务试点企业，下辖三家子公司，分别为北京北车中铁轨道交通装备有限公司、天津中车投资租赁有限公司、天津中车融资租赁有限公司。全年实现营业收入2538万元，归属于母公司净利润57万元，逾期项目化解7.93亿元，资产回收额3.56亿元，圆满完成效绩评价指标。

【规划发展】 以建设“一核两商一流”和“受人尊敬”为标志的世界一流中车为愿景和使命，研究制定《中车投资租赁有限公司“十四五”发展规划》，确定以特殊资产处置化解和价值发现的核心能力为基础，立足“扭亏、筑基、攀升”发展阶段，铸造“处置化解、持有运营”核心能力，聚焦“代理处置、委托运营、管理咨询”三种服务，在中国中车范围内开展特殊资产处置、化解、运营、代理、委托、咨询等业务的发展规划。

【改革改制】 年内，公司与中铁装备公司重组整合，完成中车股份所持中铁装备公司51%股权划转及工商变更工作，为落实资产管理平台公司发展战略及企业扭亏脱困、风险债权止损奠定了坚实基础。

【经营管理】 持续将全面预算管理作为主线，有效衔接经营管理，全力保障全年调度指标圆满实现。通过规范法律事务处理流程，准确掌握项目动态，制定最佳措施，确保各类案件妥善解决。优化董事会结构，实现外部董事占多数，进一步落实董事会职权。实行重组过渡期管控机制，两公司同地办公，中后台人员合署办公，以业务融合加快人员融合，重塑企业文化。聚焦对已化解项目的债权清收、执行项目的跟进执行回款，盘锦晟华项目完成查封商业房产的司法变卖程序，通过以资抵债再次实现资产回收1.4亿元，实现增利超亿元。大连机床项目完成破产受偿与破产重组债转股的工商登记，化解债权本金1.2亿元，现金受偿30

万元，转股638.4万股。大君瓷业公司完成破产清算受偿，回收现金加银行股权资产合计4389万元，项目债权本息全额化解。金九建材、金九控股两个项目重组履约回款924万元；东北特钢项目重组履约回款820万元；山西宏特重组结清回款2254万元。衡水百威项目首封担保人1083万股银行股权，通过司法执行实现股权抵债，化解债权本金1387万元。

积极盘活在手资产，江苏中能项目回收设备在阿里平台经109次出价后顺利拍卖。依法合规管理现有租户，及时足额收取集洲地产项目租户254万元租金。完成的盘锦晟华、大理沃尔玛等项目6家承继租户的《房屋租赁合同》转签工作，合同总额共计600余万元。公司构建安全管理体系，并对回收资产及现有租户进行安全大检查2次，各类不定期检查29次，投入资金对影响安全的资产进行维修、整改，并要求相关方建立健全安全制度，加强安全培训、日常巡查，发现问题及时整改，根据应急预案进行应急演练。

**【风险管控】** 强化日常风险监测，利用大数据工具掌握风险和舆情动态2557条。完成租赁资产风险分类审核评审，全年累计完成存量项目风险审查、决策审批事项60项。审核租后检查报告251份，下发风险提示函2份。持续优化风险管理制度体系，陆续制定《中车投资租赁有限公司企业信用评级工作规程（试行）》等4项风控制度。从合法性、严谨性、完备性、风险性等各方面，规范制度、合同法律审核流程。做好审计监督及问题整改，将工作重点放在发现经营管理中存在的风险及漏洞上，及时整改落实。紧抓风险化解工作不放松，对租赁公司54个项目及中铁装备公司3个项目专项指标逐一分解落实，并与各责任部门签订《重大风险化解效绩目标责任书》。

**【党群工作】** 坚持政治建设为统领，深入贯彻落实习近平新时代中国特色社会主义思想，抓好“学党史、强信念、感党恩、跟党走”党史学习教育活动，全面贯彻落实集团党委和公司党委庆祝建党100周年的部署要求。聚焦深度融合，尤其是重组后的有机融合，推进租赁公司与中铁装备公司人员在理想信念、价值观念和行为规范上的趋同，更加明确党委“把方向、管大局、促落实”的重要作用。有效落实全面从严治党主体责任，系统梳理政治巡视整改、党建责任制考核发现的问题，采取“见人见事见数据”的“地毯式”整改办法，制定整改措施，按计划推进。推进公司文化建设，借助公司多媒体播放平台，加强中国精神和中车精神理念宣传，进一步深化公司文化理念，塑造“素质过硬、信念坚定”的干部队伍，提升公司企业文化价值。

**【重要纪事】** 3月16日，公司召开年度工作会议。6月赴延安开展“学党史　顾攀升　开新局”党员党性教育培训。7月2日，公司举行董事会年度会议。8月16日，与中车股份签署股权转让协议，中铁装备公司成为租赁公司的控股子公司。8月18日，中国中车副总裁王宫成赴公司讲授党史学习教育专题党课。10月，租赁公司（中铁装备公司）整体搬迁至丰台区汽车博物馆东路诺德中心二期5号楼5层。

**【公司党政工负责人】**

党委书记　杨瑞欣（7月任）
董 事 长　杨瑞欣（7月任）
总 经 理　杨瑞欣（任至7月）

高军武(7月任)
副 总 经 理　董伦云(任至9月)
戴志勇
曹岩(任至8月)
李海权
王越一(7月任)
财 务 总 监　李海权(兼)
党委副书记　高军武
工 会 主 席　李海权(兼)

(租赁公司　供稿)

# 中国中车香港资本管理有限公司

（统一社会信用代码：D163166086DHW9MMXG）

党工委书记、董事长　李　瑾

总经理　郝志军

**【概况】** 2021年末，香港资本公司有员工19人，其中博士3人，硕士12人，本地招聘9人，本地化员工占47%。全年实现营业收入31.6亿元、净利润1.7亿元（超T3指标），其中国际贸易收入29.15亿元。全年新签订单45.3亿元。境外PPP业务并表收入1.75亿元，实现特许经营业务收入零的突破。

**【规划发展】** 积极响应集团对国际业务布局的调整。10月份，根据中车股份战略〔2021〕59号文《关于中国中车（香港）有限公司委托管理有关事项的批复》文件要求和安排，原属香港资本公司的全资子公司中国中车（香港）有限公司（以下简称香港公司）整体委托中车国际公司管理。在时间紧、任务重、要求高的情况下，香港资本公司精心组织、周密安排，制定详细托管事项清单，在较短时间内完成机构、人员、资产的交接，实现两公司平稳过渡。此后，香港资本公司归类于集团下属的类金融类公司，定位为中国中车境外金融服务中心、境外融投资与资产管理平台和境外财务会计共享服务中心。根据此定位，公司的业务发生重大变化，不再从事国际贸易、工程总包及PPP海外业务，公司及时对“十四五”规划目标进行了全面调整。

**【改革改制】** 致力于服务于中车“一核两商一流”战略，面向轨道交通行业，构筑共拓市场平台，依托轨道交通核心装备系统集成能力，发挥中车产业整体效应，聚集中车海外资源，不断开辟发展新空间。10月，为落实集团国际化产业布局，根据集团批复要求，圆满完成香港公司交接托管给国际公司系列工作，实现两公司平稳过度。对标中车改革三年行动方案，制定31项改革三年行动重点工作方案和任务清单，明确每项改革重点工作完成的时间和责任部门，纳入绩效考核，监督执行，有效推动各项改革举措工作有序推进。截至年末，年内22项已全部完成，占公司改革三年行动重点工作任务的 71%。

【经营管理】 以费控系统建设为抓手，增收节支、全面推进提质增效工作。积极加强 SAP 和费控系统建设，提升财务对业务的支持力度，根据业务和管理的需要，对系统进行更新和优化。做好年度预算与年度经营指标的分拆，保障年度目标与组织考核绩效更好地挂钩。在现有《组织绩效管理办法》的基础上，进一步优化和完善组织绩效考核方式，增收节支、全面推进提质增效工作。聚焦“双碳”目标，境外资产管理平台建设、业务开展实现新突破。年内资管公司完成注册并成功取得香港证监会牌照。

财资中心境外资金归集度超过 70%，年末境外内部资金归集规模达到 2.31 亿美元。境外内部贷款归集规模达到 3.38 亿美元。财资中心共取得约 10 家金融机构授信额度 13.3 亿美元，可用额度为 10.7 亿美元。年末，iGTB 实现 200 个银行账户的可视化管理，完成全部中车境外账户 70% 以上的可视化工作。同时，完成基于 SAP 的 ERP 系统建设，构筑了基于 SAP 的财务共享平台、费控平台，为各境外企业提供财务共享服务打下了基础。财资中心与境内财务公司签订跨境资金通道的使用协议，使得境内、外资金以存贷方式跨境流动成为可能。6 月，与财务公司完成第一笔人民币资金出境的业务操作。全年管理提升计划 19 个项点已 100% 完成，强基工程 16 个项点任务已 100% 全面完成。全年公司风险化解工作取得突破：其中集团下达的风险化解指标风险敞口减少 1970 万元，现金回款 4940 万元，减值冲回 3213 万元；麦达斯票据项目，4 月成功收回约 8500 万美元的执行案款，收回的金额已全额覆盖麦达斯专项两案所投入的全部 6656.5 万美元本金及相关费用；四方物流铁矿石项目，在总部相关部门大力支持下，6 月份收回四方物流全部逾期款共约 5949.7 万美元。

【疫情防控】 深入贯彻落实党中央、国资委、中车决策部署，高度重视、密切关注香港疫情形势，实现疫情防控无死角、全覆盖，为经营发展提供坚实的保障。在做好公司防疫工作实现“零感染”基础上，继续履行好中车亚洲区的防疫协同责任。组织亚洲区所有外派员工积极参加《中车外派员工“迎新春”“十个一”系列文化活动》等各类防疫活动，圆满完成了总部交给的防疫任务。根据国资委及集团风险管控要求，公司建立并运行满足国内外监管要求的境外风险、内控、合规三位一体的管理体系框架。

【市场营销】 聚焦中车海外战略，境外轨交特许经营业务实现新突破。抢抓时机，稳步推动重点项目，初步形成 1 个支撑项目、2 个重点开发项目、30 余个重点储备项目、点面结合的全面发展格局。墨西哥项目 PPS 协议已于 6 月 16 正式生效进入实施阶段；以色列海法及耶路撒冷项目资格预审（耶路撒冷项目已通过资审）、已投标的特拉维夫绿紫线项目在评标关键阶段；储备的巴林项目、哥斯达黎加项目、哥伦比亚地铁项目、马来西亚项目分别组建内部工作组，全力推动业主沟通、分包和顾问选聘等前期工作，部分项目 10 月进入资格预审阶段。搭建资源，市场开发取得重大进展：充分利用中车兄弟公司关系网络，向外开拓专业合作伙伴资源，与全球 102 家合作伙伴建立开发全球 PPP 业务的合作关系，其中政府机构类 15 家、工程建设类 19 家、咨询顾问类 41 家、运营类 14 家、投资或金融类 13 家。建立全球项目储备库，并分类实施：根据三大细分领域轨道交通、电动巴士及新能源，按照项目重要性及成熟度归类为A、B、C三级，分级跟踪。目前，项目开发已覆盖美洲、欧洲、亚太、中东等40多个国家和地区的主要特许经营市场。10月，全球市场开发数据库累计识别储备项目124个，其中A类项目31个、B类项目64个、C类项目29个。

**【人力资源管理】** 全面推进“两制一契”管理的实施。制定并下发《“两制一契”实施方案》《中层干部任期制及契约化管理细则（试行）》和《中层干部任期综合考核评价实施细则（试行）》，组织中层干部完成《中层干部聘任协议书》和《中层干部年度目标责任书》的签订，中层干部人员100%纳入“两制一契”管理，建立“两制一契”个人档案，形成干部能上能下机制。推行全员市场化招聘制度，与多家国际知名猎头公司合作建立国际化的人力资源招聘网络，建立具有符合香港本地用工特色的，灵活多样的用工方式，增强对人才的“磁吸效应”形成员工能进能出机制。完善差异化薪酬分配机制。建立既体现市场经济规律、又符合企业实际的收入分配机制，对市场化选聘的国际化专才，探索多元化、个性化的薪酬分配机制，扩大薪酬浮动范围。对高层次人才采取年薪制、协议工资、项目工资等更加灵活的分配方式，合理拉开薪酬差距，彻底打破“大锅饭”，形成员工收入能多能少机制。

**【企业文化建设】** 牢牢把握意识形态工作的领导权、主动权，落实意识形态工作责任制，激发员工的使命感和责任感。着力加强宣传文化建设，实现企业软实力再攀升，提高公司影响力。制定并下发《香港资本公司2021年宣传思想文化与品牌建设工作要点》，推动工作逐项落实。围绕建党100周年，积极开展主题宣传和群众性教育活动，通过专题课程、主题活动、利用红色资源参观学习、歌唱祖国、《中车赋》朗诵等方式，开展积极正面的宣传，引导全体员工树立正确的历史观、民族观、国家观、文化观。开通了公司微信公众号（服务号）平台，进一步完善新媒体领域建设，充分利用新媒体平台扩大企业品牌知名度。根据公司发展战略，完成了公司宣传手册和宣传PPT的制作，作为公司对外宣传的载体，更好的展示公司形象。

**【党群工作】** 贯彻落实中车第一次党代会精神和中车一届二次全委会精神。以习近平总书记指示精神为指导，带头落战略，坚持高站位谋划、高目标引领、高标准实施、高质量发展，深入落实集团公司“十四五”战略，制定香港资本公司“十四五”战略规划。牢牢把握“两个一以贯之”要求，正确处理党工委和董事会、经理层等治理主体关系。完善公司经营和党建制度体系，在公司治理中加强党的领导，按照“三重一大”前置程序，发挥党工委领导作用。落实党工委在公司重大决策中的决定权、把关权和监督权。2021年是中国共产党成立100周年，公司党工委在全面系统学习习近平新时代中国特色社会主义思想和党的十九届历次全会精神的同时，积极部署、深入开展党史学习教育。引导教育党员坚持党的领导，加强党的建设，不忘初心、牢记使命，传承英烈爱国精神。坚定支持“一国两制”和“爱国者治港”，助力“一国两制”伟大事业行稳致远。邀请中央人民政府驻香港特别行政区联络办公室老师做党史专题报告。全力推行市场化招聘竞聘制度。深入实施“两制一契”管理，树立正确选人用人导向，切实把忠诚干净担当的干部选出来用起来。同时，坚持干部“能上能下”，员工“能进能出”和收入“能多能少”的原则。加强党风廉政教育，筑牢思想道德防线。定期组织党员进行廉政专题教育，深入学习中央纪委五次全会精神和中车党委2021年党风廉政建设和反腐败工作会议精神党建与经营深度结合，探索“大监督”管理。公司新设立了审计与风险管理委员会。发挥党风廉政建设和反腐败工作领导小组及廉政办职能作用，配合中车纪委等相关部门履行监督职责。开展了公司领导人员家庭成员、经商办企事项、化公为私和“影子股东”等专项检查工作。

借助党史学习教育，开展“我为群众办实事”实践活动。深刻感悟中国共产党始终不渝为人民的初心宗旨同时，提升员工的企业归属感和凝聚力。在香港疫情缓解之时，组织公司全体员工“砥砺前行　勇攀高峰”的爬山活动。加强了公司员工之间、党群之间、跨部门之间的深度交流与融合，汇聚团队合力。根据《关于调整政治巡视整改措施的指示的批复》(中车集团党办函〔2020〕40号)文件，结合公司防范化解重大风险专项工作，持续推动麦达斯美元票据及美国新港贸易项目进展。完成向总部申请对麦达斯票据案和贸易案重大经营风险项目销号。

**【公司党政负责人】**

党工委书记　李　瑾
董　事　长　李　瑾
总　经　理　郝志军
副总经理　肖绍平
　　　　　刘　刚(任至8月)
　　　　　马　列(8月任)
财务总监　肖绍平
党工委副书记　郝志军

(香港资本公司　供稿)

# 中车信息技术有限公司

（统一社会信用代码：91110108700035941C）

党委书记、董事长　唐献康

总经理　陈　凯

【概况】 2021年末，信息公司在岗员工199人，本科及以上学历人员占比89%，硕士及以上学历人员占比25%，中高级专业技术职称占比35%，集团公司核心人才5人，平均年龄35岁。公司设置6个职能部门、技术中心及5个事业部。年内，公司实现营业收入14279万元，较上年同期增加5341万元；净利润96万元，较上年同期增加4498万元。

【规划发展】 参与制定和实施《中国中车“十四五”信息化发展规划》，完成公司“十四五”发展规划的编制下发，明确公司“12367”业务发展规划任务。围绕战略落地制定政策、配置资源、建立机制，参与修订公司年度差异化经营考核一体化管理体系，加强公司战略规划与全面预算、经营计划、投资管理等环节的有效衔接，全面完成“十四五”开局任务。参与制定、下发《中车总部信息化资产集中统一管理实施方案》《中车总部信息化项目管理办法（试行）》，完成中国中车总部信息化资产存量托管和增量投资主体转移的工作准备，推进中国中车信息化机制改革和信息公司业务转型。

【改革改制】 组织架构优化，运营效率提升。根据公司战略定位和业务发展需要，有针对性地优化业务部门架构，增设基础设施与安全事业部、撤销中车大数据中心筹建组、撤销BIM产品中心，并对部门职责进行优化、相关人员进行调整，以新的组织架构支撑起新的战略任务。业务架构优化，业务能力提升。持续强化以事业部制为核心的经营业务管理体系，完善事业部经营者绩效薪酬等相关规章制度。流程架构优化，管控效能提升。根据“责任明确、风险可控、流程简洁、效率优先、有效可行、注重结果”的原则，打造公司高效的流程信息化管理架构。

【经营管理】 贯彻落实中国中车2021年“12368”经营工作思路和“七个新突破”总体要求。按照公司“十四五”发展规划，围绕“落实战略，优化结构，夯实基础”三个全年工作主题，提升经营规模和经营质量，经营工作走上健康发展轨道。主营业务全年实现盈利，主要业务毛利率17.5%（较上年增长15%），人均产值103.21万元（较上年增长146%），人均毛利13.29万元（较上年增长109%），期间费用率14.56%（较上年下降52%）。通过提质增效、开源节流及提高业务效率和效益指标，公司经营持续稳定。

**【科技创新】** 完善科技创新管理体系，建立技术保障。为规范科技管理工作，对科技管理职能进行调整。完善支撑科技创新体系相关制度，建立运行有效的科研管理体系，形成完整的流程和制度，与公司的敏捷开发体系和CMMI体系相互渗透，互为支撑，互为动力。公司全年科技总投入1585万元，完成4项中车级科研项目立项申报、5项公司级项目方案评审及1项中车级项目验收工作。年内，公司获得"十三五"中车科技创新先进集体奖1项、获中国中车科技贡献奖1名、优秀工程师奖2名、创新青年奖1名。申请软件著作权21件，完成登记10件；申请发明专利4件。推进中车大数据中心和中车工业互联网平台建设。中车大数据中心完成项目初步设计和施工图设计，完成大数据中心一期一阶段机电工程造价编制、基础设备和IT设备各个标段招标采购工作、全年施工方案准备工作，数据中心主体建筑完成封顶，一期一阶段机电工程施工前的前期准备工作基本完成；中车工业互联网平台由公司主导完成《中车工业互联网发展规划》《中车工业互联网建设方案》的编写，完成项目预算及中车工业互联网系统需求、技术架构和安全规范三本白皮书的编写，初步完成工业互联网平台架构体系的规划。完成云原生环境构建，基于云原生和低代码平台，已支撑云PLM、集团管控大数据、投资管控等6个应用系统的开发。

**【质量管理】** 推进业务管理体系落地，增强质量保障，顺利获得CMMI3级软件成熟度认证，软件质量控制体系建设再上新台阶。ISO 9000质量管理体系运行状态良好，顺利获得ISO 27001信息安全管理体系认证、ISO 20000信息技术服务管理体系、科技型中小企业认证。

**【人力资源管理】** 通过"校招""社招"渠道共招聘新员工58人，其中技术研发和项目实施人员52人，2021届应届毕业生19人（其中硕士学历15人、本科学历4人）。加强员工人事档案统一集中管理，完成23名三类人员（中层管理人员、年轻干部、副高级职称人员）人事档案专项审核工作。加强干部梯队建设，组织开展中层后备干部选拔工作，确定公司中层副职后备干部，初步打造中层后备干部人才队伍。开展"师徒结对"活动，促进年轻员工的成长。加大职称评审工作力度，2名员工分别获得高级、正高级职称，23名员工取得初中级职称，公司具有中高级及以上职称70人，较上年增长21%。定期举办"技术沙龙"活动，促进内部技术人才知识、技术和经验交流，提升公司技术氛围。健全薪酬考核体系，实施全员绩效考核、事业部工资总额工效挂钩制度，建立基于任职资格管理的"管理+技术"双通道职级晋升评定机制及"以岗定级、以级定薪"的"八级三档"薪资管理体系。完成2021年度员工职级套改及薪酬调整。

**【企业文化建设】** 围绕建党100周年、中车创业140周年等重要时间节点，组织全体党员开展"红色故事我来讲"党员微党课等活动，组织全体员工开展"红色经典人人唱"、"红色诗歌青年诵"活动，组织开展巾帼榜样学习交流会、《中车赋》"锦上添花"、共唱"中车之歌"等活动，为庆祝建党100周年、中车创业140周年营造良好氛围。建立以微信公众号、公司网站、党建云平台为支撑的宣传体系，加强对公司新定位新作为新形象的宣传推广，全年在中车级媒体上发布信息30余篇，发布微信宣传文章90余篇。持续加强社会主义核心价值观教育，引导广大员工践行中车之道，融入中车企业文化。

**【党群工作】** 全面开展党史学习教育活动。公司党委将党史学习教育作为重要政治任务贯穿全年党建工作。组织制定《公司党委关于开展党史学习教育的工作方案》，召开党史学习教育动员部署会、党史学习教育工作分解落实会，确定在党委和党支部两个层面分别开展“十个一”专项行动。围绕庆祝中国共产党成立100周年，开展“永远跟党走·奋进新征程”主题教育实践活动，深入学习习近平总书记“七一”重要讲话精神。在革命圣地延安举办“寻红色记忆·塑百年初心”党史学习教育专题培训班。组织召开党史学习教育专题组织生活会。公司党委把“我为群众办实事”实践活动作为党史学习教育的重要内容，制订“我为群众办实事”项目清单，确定6个方面12个重点工作项目，年底已全部完成。

通过党委会会议、中心组学习等不同形式，加强对党的十九届五中、六中全会精神和习近平总书记“七一”重要讲话精神的学习。落实党委会“第一议题”制度，及时跟进学习习近平总书记重要讲话精神，持续深化习近平新时代中国特色社会主义思想理论武装。严格履行重大事项党委会前置程序，全年共召开党委会14次，领导和推动企业改革发展各项工作。公司党委高度重视巡视整改工作，针对2020年中车党委巡视反馈的问题，制定《公司党委巡视反馈意见整改方案》，按期高质量开展整改工作，并全部整改完成。针对违规挂靠专项巡视，公司党委开展全面自查，未发现存在违规挂靠相关问题。

公司于12月2日胜利召开党员大会，明确公司未来五年发展的宏伟目标，完成新一届党委换届选举工作。积极开展党建责任制考核工作，组织党支部书记年度述职评议，建立基层党支部季度例会管理机制，推动基层党支部工作闭环管理。借助企业自身优势，积极培育具有公司特色的“数字化党建”品牌，打造的“党建云平台”已于7月1日投入试运行，实现党建创新与业务优势的有效融合。开展“永远跟党走，奋进新征程”等活动，推进“一支部一品牌”创建，取得良好成效。以“一党员一攻关”党建特色活动为载体，发挥党员先锋模范带头作用，积极开展降本增效、创新攻关等活动，全年组织立项44项。深入开展全国国有企业党的建设工作会议精神贯彻落实情况“回头看”工作。

组织召开2021年党风廉政建设和反腐败工作，学习传达上级组织全面从严治党工作要求。组织公司领导班子成员、党支部书记、中层管理人员签订《党建和党风廉政建设责任书》，全体党员签订《廉洁自律承诺书》。组织制定《构建“不能腐”体制机制实施办法》制度。领导班子成员积极履行“一岗双责”，深入落实党风廉政建设责任制要求。根据中车纪委以及派驻纪检组工作安排，持续加强廉洁风险防控，不断完善廉政档案建设，深入开展化公为私、违规经商办企业和“影子股东”专项整治等工作。主动配合监督，公司“三会”议案、审计报告、财务报表等均提前报纪检组监督审核把关。全年组织开展警示教育3次，进一步加强纪律和作风建设。

公司党委专门听取工会、团委工作汇报，对群团工作进行专题研究，组织召开青年工作座谈会。围绕“降本节支增效”，深入开展主题劳动竞赛。开展书香中车女员工读书季、“技术沙龙微课堂”活动，有效提升员工素质水平。结合“我为群众办实事”

实践活动，开展“暖心慰问　贴心关怀”送温暖等活动。

**【重要纪事】** 1月28日，公司召开一届八次职代会暨2021年工作会议，及2021年党建暨党风廉政建设和反腐败工作会议。2月7日，举行公司与国家高速列车青岛技术创新中心、青岛动车小镇投资集团有限公司全面合作暨中车大数据中心项目“云签约”仪式。3月24日，获得CMMI3级软件成熟度认证。7月12日，公司负责具体运行服务工作的中国中车与中国电子轨道交通行业信创适配实验室签约暨挂牌仪式在中国中车总部举行。9月10日，公司获得“十三五”中车科技创新先进集体奖1项、获中国中车科技贡献奖1名、优秀工程师奖2名、创新青年奖1名。11月1日，公司编制的“十四五”发展规划下发。12月2日，公司党员大会在中车方庄办公区会议室隆重召开。

**【公司党政工负责人】**

| | |
|---|---|
| 党委书记 | 唐献康 |
| 董事长 | 唐献康 |
| 总经理 | 陈　凯 |
| 副总经理 | 陈　刚　赵清宁<br>韩毅斌<br>李　鹏（10月任） |
| 财务总监 | 李　鹏（10月任） |
| 党委副书记 | 陈　凯 |
| 工会主席 | 陈　刚 |

（信息公司　供稿）

# 中车工业研究院有限公司

（工商登记营业执照编号：911101063066897448）

党委书记、副院长　刘国岩

院长　龚　明

【概况】 2021年末，中车研究院有正式员工101人，其中博士占比28%，硕士占比65%，高级职称以上人员占比48%，“万人计划”、国务院政府特殊津贴、国际化人才、核心人才、海外留学人才等占比24%，党员占比70%。年内高层次人才引进占比达75%。1人入选中车院士后备人才中长期培养人选，1人获批2021年度茅以升铁道工程师奖，1人入选北京市科技新星计划、丰台区“丰泽计划”、青岛市产业领军人才，11人获中车科技创新个人奖。

【规划发展】 公司“十四五”战略规划获准发布，确定了公司“十四五”期间以技术发展趋势和市场需求为牵引，激活“四型业务”、做优“六大板块”、提升“两类能力”的战略目标，形成目标明确、路径清晰、举措有力、结果可证的“作战图”。进一步发挥平台公司资源统筹管理作用。组织编制中车“十四五”科技发展规划，提出中车海外研发中心建设、试验验证资源建设、中车科技体制改革等指导意见及中车原创技术策源地研究建议。轨道交通车辆系统集成国家工程实验室纳入新的国家工程研究中心管理序列。面向未来的高速列车关键技术研究等4个协同创新项目，完成年度目标，在顶层规划、总体方案、管理模式等方面形成一批成果。

【改革发展】 全面启动由“立项制”向“订单制”的改革，初步形成“市场牵引的订单获取模式”“项目订单全生命周期的成本核算模式”“收益共享风险共担的研究合作模式”“支撑产业的成果转化模式”四大市场化经营理念，以及以需求为牵引、以订单为核心、以项目为载体、以流程管理为支撑的业务管控新思路，构建起符合市场化经营的组织机构，同时优化部门职责，强化了市场拓展和技术供给能力。产业孵化取得突破，注册成立中车成型科技（青岛）有限公司。

【课题研究】 支撑中车战略布局实施，揭榜并完成国资委“中国特色现代企业制度”“央企创新能力评价”课题研究。代表中车完成中纪委、中组部、中国工程院等相关研究课题4项。积极组织中车打造原创技术策源地、现代产业链链长方案编制，承担中车激励机制、高铁创新管理模式、品牌资本化等重点研究课题10余项，撰写20余篇研究报告。揭榜挂帅川藏铁路移动装备前期关键技术研究等“十四五”中车科技重大专项9个项目14个课题。持续提升情报分析能力和服务精细化水平，推出即时型情报产品400余份、情报分析报告12篇，信息情报共享平台资源量达450份、总点击量突破60万次。

【科技创新】 深度践行“七个新突破”战略部署，着重立足“在科技创新上实现新突破”和“在产业布局上实现新突破”，发挥科技创新平台作用，以技术驱动产品、以创新服务产业发展，主动融入和服务新发展格局，加快实施与战略定位一致的市场化改革步伐，持续提升自主创新能力。超级铜搭建项目，完成150T/年中试线和异型薄膜电学性能测试系统，已具备小批量生产及工艺验证能力。CF-LHT技术攻关取得重大成果，高质量超额完成年度攻关任务。成功开发不同强度等级的系列增材制造用铝合金粉末、合金钢轴类系列修复粉末，实现铝合金电机端盖和42CrMo钢电机轴的修复。针对未来轨道交通人工智能技术，开发基于云边协同的模块化人工智能感知与控制平台样机。AIoT工业装备智能化健康管理系统纳入央企《应用场景项目手册》。350千瓦大功率氢燃料电池系统装车验证，实现燃料电池从单体到短堆、从115千瓦电堆到350千瓦电池系统的技术升级，掌握了各功率等级的单堆和系统研发能力。云创平台推广应用企业达20家，参与高校11家，注册设计师超1200人。焊接质量在线检测系统原型机质量问题识别率达90%以上。CAD审图系统实现覆盖应用企业设计审图规则80%以上。提出可灵活配置的移动方舱医院概念。全年在研项目150项，成功发布1项国家标准、4项团体标准及2项中车企业标准，授权发明专利28项，科技成果应用8项。

【党建工作】 高质量开展党史学习教育，围绕“学思践悟”四个方面开展13大类特色主题活动，增强党员党性修养。组织党员100人次先后赴延安、井冈山、嘉兴等红色教育基地学党史、读党史，表达矢志不渝跟党走的决心。隆重举办庆党百年“七一”活动，百幅主题成果作品展让员工全面了解研究院在党的领导下取得的卓越成就。中车第二轮巡视和“违规挂靠”专项巡视问题100%全部按期完成整改。“我为群众办实事”实践活动为民惠民，9个员工家庭入住公租房，3名职工子女顺利入学优质校区，切实增强了员工的幸福感和满意度。

【公司党政负责人】

| | |
|---|---|
| 党委书记 | 刘国岩 |
| 院长 | 龚　明 |
| 副院长 | 刘国岩 |
| | 赵明元（8月任） |
| | 王冬梅 |
| | 杨修伟（任至8月） |
| | 孙帮成（任至10月） |
| 常务副院长 | 刘保明 |
| 财务总监 | 王冬梅 |
| 党委副书记 | 龚　明 |

（中车研究院　供稿）

# 广州电力机车有限公司

（统一社会信用代码：9144010156976520OF）

党委书记、董事长　李　扬

总经理　马开明

**【概况】** 2021 年，广州公司组织架构设有 2 个中心、2 个事业部、10 个职能管理部门。年末在册员工 425 人，员工平均年龄 30 岁，其中高级职称 17 人（含教授级高级工程师 6 人），中级职称 53 人。主营业务为和谐型电力机车高级修、新能源客车生产以及矿山机械产品制造。全年实现营业收入 11 亿元、净利润 516 万元。

**【规划发展】** 深入分析企业面临的形势任务，完成《公司“十四五”发展规划》编制，明确了公司未来五年发展方向。围绕中车“十四五”发展新征程的“七个新突破”要求，提出以创造价值为目标打造机车检修核心竞争力、以市场化经营机制改革激发企业发展新动能、以科技自立自强增添企业发展源动力、以数字化赋能企业转型升级、以党建引领企业高质量发展等五个方面的经营发展思路。以中车“13354”数字化转型战略为指引，围绕中国中车产业数字化推进的“三舱一体系”建设思路，制定《公司“十四五”信息化发展规划》，从顶层设计出发，明确了“数字广机”的建设路径和时间表。

**【经营管理】** 持续筑牢管理根基，大力强化成本管控，不断提升企业经营品质。改革创新持续推动，全面落实国企改革三年行动，年度阶段性工作完成率 93%，扎实开展三年“强基工程”、对标管理提升行动工作，全面完成年度工作目标。数字赋能稳步开展，完成 MES 系统建设及 TCM、ERP 和 MES 三大主业务数据融合贯通，实现机车检修全过程信息化管理以及数据跨部门、跨业务共享。运营管理不断优化，绩效管理、激励导向更加明确，全年优化管理流程 26 个、废改立制度 18 个。风险防控筑牢底线，规章制度、招投标文件、合同合规审核率 100%，开展物流运输费用等 4 个领域的专项审计，有效堵塞了管理漏洞，防范了管理风险。全力落实中国中车机车 C6 修提质增效会议要求，推动“三链融合”工作，深化提质增效项目预约激励机制，全年 7 个提质增效项目实现增利 1100 余万元。围绕机车检修技术、采购、生产三个维度，不断压降机车检修成本和管理成本，采取部件简统化、部件修复工艺研究、委外修转自修等举措，实现技术、制造降本600余万元。以全面预算为抓手，强化费用预算动态管控，9项可控费用同比下降19%。

**【科技创新】** 聚焦机车检修主业，强化技术支撑和技术引领，打造检修核心能力，全年科技工作再上新台阶。完成HXD1B型电力机车C6修检修技术研究及其轮对、轮轴驱动装置的高级修工艺研究，获得了HXD1B型电力机车轮对、轮轴驱动装置高级修维修资质和整车C6修维修许可，C6修检修车型范围扩大到四种。开展机车低压柜、端子柜、蓄电池柜等部件自主修工艺研究工作，自主修能力不断增强；大部件属地修取得重大进展，HXD3C、HXD1C、HXD1D型机车牵引变压器、牵引电机，HXD3C、HXD1B型机车牵引变流装置和微机控制系统完成属地修工艺布局研究，并实现属地修落地。公司全年申请并被受理专利12件，其中发明10件，全年获得专利授权21件，其中发明专利13件。

**【市场营销】** 坚持以为客户为中心、以业务为导向、以创造价值为目标，持续做强机车检修核心主业，努力做优新产业。顺利获取国家铁路局颁发的HXD1B型机车C6修维修许可，机车C6修检修车型范围扩大到四种。全年累计获取机车检修订单123台（其中C5修15台、C6修108台）、修竣机车104台（其中C5修15台、C6修89台），核心主业完成C5修向C6修转型升级，机车检修核心主业进入发展新征程。积极开拓机车检修市场增量，成功获取大秦铁路3台C5修订单，路外检修市场开拓经验得到固化。利用公司既有售后资源，承接广铁装备公司机车维保业务，机车检修后市场业务取得新突破。全年检修主业实现销售收入9.8亿元。根据新产业发展现状，整合新能源客车、工程机械业务职能和资源，增强新产业发展协同力。坚持积极稳妥的市场策略，推动矿用自卸车纯电改造市场开拓，全年新业务实现销售收入1.1亿元。

**【质量管理】** 以“严控机车检修质量，健全质量管理体系，改善供应商产品质量”为工作主线，不断夯实质量管理基础，保障产品质量持续提升。通过ISO/TS 22163、“中车Q”标准贯标工作，不断提升质量管理体系运行的有效性和效率。坚持问题导向，强化闭环管理，聚焦客运机车、“八防”管理，有效防范重大质量风险。根据国铁集团机辆部要求，开展机车检修工艺提升活动，全年杜绝了一般C类及以上铁路交通事故、重大质量投诉，一般D21事故、机破故障分别同比下降20%、30%，连续第四次获得国铁集团机辆部和谐机车C6修综合评价第一名。获得了花都区长质量奖三等奖，机车检修质量提升探索和实践项目获得中国中车第六届管理创新成果三等奖。

**【人力资源管理】** 突出能力业绩导向，修订各类别人才标准指导手册，优化员工职业生涯等级晋升机制，开展技能操作岗位价值评估，畅通员工职业发展、薪酬调整通道。加大员工队伍培养，采取订单式课程培训模式，充分利用中山大学培训资源，开展8期中基层人员专项培训，中基层管理人员业务能力和管理水平进一步提升，实现员工个人与组织持续共同发展。进一步推进“师带徒”工作，组织完成30对师徒协议签订，并制订师带徒培养计划；强化多能工培养，全年新培养跨工种多能工20余名。创新用工管理模式，建立技能员工余缺调剂及短期劳务用工机制，动态解决临时、紧急用工问题，短期用工成本同比降低30%。在岗职工总产值劳动生产率同比提升 16%。

**【党群工作】** 以“固化攀升”为主题，不断夯实“三基建设”，全面深化党建工作提质、增效、升级。党史学习教育扎实开展，紧扣“学党史、悟思想、办实事、开新局”的要求，精心谋划党史学习教育活动，组织开展庆祝建党 100 周年“七个一”专题行动。实施“我为群众办实事”活动，完成饮用水改善工程、办公环境改善工作，建成 12 个职工“新小家”，解决员工热切关注的问题。政治巡视整改工作深入推进，建立健全了整改问题责任清单，层层压实责任，紧盯整改台账，逐条对账、逐个销号，2018 年国资委政治巡视、2020 年中车党委政治巡视整改完成率均达到 100%。党建“固化攀升”成效显著，贯彻落实“第一议题”制度，切实把习近平总书记指示精神落实到公司改革发展实践当中。进一步强化公司治理中党的领导，修订“三重一大”事项决策等规章制度，充分发挥党委“把方向、管大局、促落实”的领导作用。持续深化“三基建设”，党建固化攀升取得实效，中车党建工作责任制考评公司首次获评 B 级。

**【公司党政工负责人】**

党委书记　李　扬
董 事 长　李　扬
总 经 理　马开明
副总经理　李悠盛　李兴钊
　　　　　高春宏　王延良
　　　　　胡国良
总工程师　高春宏（兼）
财务总监　胡国良（兼）
党委副书记　马开明　刘桂军
纪委书记　刘桂军（兼）
工会主席　刘桂军（兼）

（广州公司　供稿）

# 天津电力机车有限公司

（统一社会信用代码：911201165661130397）

党委书记、董事长　问增杰

总经理　李国强

**【概况】** 2021年，天津公司全年结算承修机车165台，实现主营业务收入16.77亿元、利润302万元。公司年末在册员工682人，其中具有高级专业技术职称35人，中级职称123人；中车技术专家3人，中车管理专家1人。新增员工13人，续签劳动合同174人。公司占地约69.5万平方米，生产建筑物11栋、非生产建筑物19栋，总建筑面积约25万平方米，拥有铁路线11.56千米，道岔30组，道路61330平方米，接触网9708.4米，给排水管道18470米。

**【经营管理】** 编制发布公司“十四五”发展规划。围绕“13312”经营思路，强化对生产经营领域重大问题的宏观调控，通过指标管理带动工作。一体化推进对标一流管理提升行动、改革三年行动、三年“强基工程”、年度重点工作，发布7项“管理标杆”项目，对标一流管理提升及三年“强基工程”完成年度全部项目。形成《管理思路汇编》，提出公司“七个新突破”的具体内容。3月1日，成立机车分厂、转向架分厂、装备分厂，撤销制造检修部、装备制造部，各分厂对相关方进度、质量、安全实行一体化管理。成立技术委员会、管理协会。全年累计投资896万元（含无形资产）。确定工商银行为首选合作银行，实现利率较基准利率下浮8%，突破近3年最低资金成本记录，利息支出较上年减少186万元。通过现金折扣模式缓解自有资金压力，资金成本直接抵减87万元。推行生产部门成本二级核算模式。实施“三链一成本”对标，压降机车C6修成本。开展分税种重点研究，加强税金管控。开展审计项目10项。形成全套审计标准化工作模板。开展全面风险管理，对识别出的6项高风险、21项中风险、21项低风险实行动态管理。完善公司制度体系，新增制度20项，修订23项。针对重大合同，制定专项评审流程。建立完善采购管理、招（竞）标管理、仓储配送管理的体制和管理机制，优化改进管理方式，提升管理能力。原材料库存周转率9.47。完成新建天津和谐型大功率机车检修基地项目第一阶段补充项目（构架喷漆设备）环保验收。常态化推进新冠疫情防控，对相关方实施一体化管理。公司新冠疫苗整体接种率 98.8%。

**【工艺创新与管理】** 配合各牵头路局落实修程修制改革工作方案，提供相关数据和优化建议。完成主辅变流柜、主变压器不下车检修方案论证。开展三链一成本对标工作。建立公司级、分厂级的两级工艺管理体系。制修订技术标准 420 份。梳理出各局段个性化清单共 28 项。开展四项工艺提升共查改问题 103 项，明确布管、布线、油漆、防缓标识的工艺标准。智能扭力扳手在转向架组装工序试运用。完成 3 种车型避雷器、4 种车型复合冷却器，JKG 型干燥器、HXD3/3C 机车牵引电机、HXD3D 机车控制电缆的自主修。实现 FXD3-J 型动力车 C5（D4）修试修和批量修，取得 FXD3-J 型动力车 C5（D4）修维修资质。开展科研项目、技术攻关立项、评审工作，年内申报专利 12 件。EN 15085 和 ISO 3834 体系证书保持有效。公司计量器具受检率、合格率等多项指标均达 95% 以上，理化检测准确率 99.5% 以上。开展机车油品首检、复检及其他类型检测共计 225 台次；机车各种仪表及库存仪表检测 4300 块；计量器具检测 594 件；紧固件检测 26 种次 343 个；线缆压接端子拉脱力检测 1893 根。对属地修量具实行一体化管理。

**【生产运营】** 实施推进以“创新挖潜提质量，开源节流增效益”为主题，以“六线降成本”为主要途径的提质增效和降成本工作，全年实现降本增利超 3500 万元。在推进落实修程修制改革降成本方面，实现四项部件的委外修转自主修，原材料采购降成本方面，同比上年降采 234 万元，降采率达 2.22%。通过严格定额管理，对必换件、偶换件领用进行管控，物料成本累计压降 2707 万元。费用压降、管理提升降成本方面，在收入同比增长 75% 的情况下，全口径费用增幅为 15.77%，可控性费用保持上年同期水平。承修机车 165 台，其中完成 HXD1、HXD2、HXD2C、HXD3C、HXD3D 型电力机车 C5 修 81 台，完成 HXD3、HXD3B、HXD3C、HXD3D 型电力机车 C6 修 84 台。完成 FXD3-J 型 C5（D4）修电力机车试修。在管理层面首次开展 6 个管理线，6 个管理平台搭建工作，在生产层面开展机车分厂、转向架分厂、装备分厂三个精益车间建设，持续打造 C5/C6 修总装示范线、转向架检修线、驱动组装线、车轮新造示范线、顶盖检修示范线建设。标准工位覆盖率 100%。分阶段实施现场改善提升活动，现场目视化定置率 90% 以上。

**【市场营销】** 在大秦铁路机车批量入修，“绿巨人”小批量修竣，机车车轮本地加工和装车运用，天津地铁 6 号线列车完工下线，与中车电动、襄樊金鹰的合作迈出实质性步伐五个方面实现“零突破”。修竣各型机车、动车 169 台，机车产品由 C5 修向 C6 修平稳过渡。提出了将公司打造成滨海新区轨道交通产业园的设想，积极落实中国中车与滨海新区政府签订战略框架协议，天津地铁 6 号线列车实现本地化制造。津滨轻轨 9 号线检修项目订单交付，四方城轨齿轮箱检修项目持续开展，北京地铁轮对项目完成生产前准备。培育和实施安阳赛普项目、制动梁加工项目。与中车电动、襄樊金鹰进行合作洽谈。

**【信息化建设】** 完善数字化转型顶层设计，制定《产业数字化推进组织机构和工作方案》，明确“117231”的数字化建设路径。完善各车型修程基础数据库，贯通机车检修管理信息系统与异常管理 APP 的数据传输，初步搭建了 HXD3C 轮对驱动仿真实训系统。应用计算机辅助工艺编制系统（CAPP）开展技术工艺管理。通过两化融合认证。完成检修系统与智能扳手系统数据集成总体设计。

【基建与技改】 年内新购（建）固定资产35台项。完成A2跨标准轨改造、新建A5/6跨卧式加工中心恒温房、检修交车棚加装2台负载实验柜及1、2号大门更新改造工程项目。以3月31日为基准清核固定资产，其中制造板块11.96亿元、修理板块22.47亿元。设备档案立卷入库461卷、修缮档案95卷。设立特种设备动态管理档案室，对236套特种设备建立“一机一档”动态档案。设备完好率99.4%。综合能耗共计完成4257.12吨标煤。工业总产值实现166377.8万元，万元产值综合能耗完成0.02吨标煤/万元；工业增加值实现19157万元，万元增加值综合能耗完成0.22吨标煤/万元。获得天津港保税区生态文明建设专项资金奖励15.99万元。牵引变电所正常运行3581天。

【质量管理】 年末，公司在保机车1086台，配属14个铁路局集团公司29个机务段。年内未发生特别重大、重大、较大质量事故，未发生一般D类及以上事故及批量质量问题；未发生因产品质量问题导致严重影响交货期、被用户投诉、拒收、召回的问题；机破率、机车一次交验合格率、机车试运次数、转向架一次交验率、质量损失率及顾客满意度均达到目标要求。ISO/TS 22163管理体系认证通过。加强检修过程控制、机车到段运用质量问题处置、落实机车设计源头质量问题整治，对关键特殊工序实行“停止见证”，对供应商质量进行“双监督”。推动实验室认可（CNAS）完成扭矩扳手建标。实现配件管理、外部质量信息收集、外部故障处理流程标准化。在沈阳、北京、太原、呼和浩特、郑州、武汉、济南、兰州8个铁路局集团公司11个机务段设置了11个售后服务网点。C6修机车零公里整备实现970分以上，客户满意度实现90分以上。开展质量问题攻关与整改，形成分析报告28份，完成质量攻关改进7项。6个“微创新”项目获得2021年度中车级优秀“微创新”质量攻关改进成果三等奖，2个QC小组获得中车颁发的优秀奖。

【人力资源管理】 开展三项制度改革，初步实现干部能上能下、员工能进能出、薪酬能增能减。制修订制度20项。实现“两制一契”签订全覆盖。开展公司副总师及中层干部竞争上岗工作，36人竞聘成功上岗，2人退出中干序列。形成公司第一批34名后备干部库。年末，公司共有高层管理人员7名、副总师4名、中层干部40名，其中35周岁以下青年干部17名，占总人数的42.5%。引进中层管理1人，建立首批外部专家队伍、首批“双师”队伍。完成管服人员下沉和三个分厂人员定岗定编。新增初级职称5名、中级职称20名、高级职称1名。新增技师职业资格16人、高级工63人、中级工30人。梳理重要岗位52个，重要岗位人员61人。开展公司级培训129项，参培人员近3200人次。制定差异化薪酬分配方案。突出薪酬与经营效益、工作业绩的连挂，工资浮动部分由60%提高至70%。为员工申报补充公积金。

【企业文化建设】 修订《党委理论中心组学习制度》，每月按计划开展学习，集中学习研讨6次并形成研讨成果。制定公司“十四五”文化品牌规划。围绕“建党100周年、中车创业140周年”，策划系列庆祝活动。开展正向宣传，发布动态新闻刊37期，厂刊12期。发布公司微信公众号新闻140余条，被中车转发采用25篇、被省部级媒体转发2篇。常态化开展“三讲”宣教，其中公司级文化大讲堂4次。微信公众号推送17期“讲好身边榜样”成长故事。围绕“双师人才”12人优秀事迹策划专题宣传。天津首列本地化地铁在天津公司下线完工活动新闻被人民日报、新华网、学习强国等20余家媒体报道。公司党委会对意识形态工作进行2次专题研究。加强微信群等管理工作，做好舆情监控。常态化回复员工反馈意见建议，共9期36条。持续规范VI、BI建设。开展了反邪教宣教工作。

**【党群工作】** 召开党史学习教育动员部署会，制定工作方案，成立组织机构和督导检查组。开展4本指定书目、习近平总书记“七一”重要讲话精神等理论知识学习和交流研讨，2篇学习成果刊登在中车党史学习简报上。开展党史学习教育专题组织生活会。公司党委书记、董事长问增杰以《从党的百年辉煌历史中汲取信仰和精神力量　为打造受人尊敬的造修公司奋进》为题讲授专题党课，并被“学习强国”天津国资刊载。举办“回望百年奋斗路，砥砺奋进新征程”专题读书班活动，开展红色党史宣讲16场。公司微信公众号开辟“党史学习”专栏，推送“百个瞬间说百年”33期。举办“百年风华忆征程·两翼起飞创新篇”主题文艺演出、系列文体活动、党史知识竞赛、党课大比拼、劳动技能大赛等活动营造学习氛围。举办“百年华诞·党在我心”党史学习教育知识竞赛。编发党史学习教育简报17篇；上报简报44篇，集团刊登11篇。开展“我为群众办实事”实践活动，形成公司重点项目清单25条。公司团委开展团员青年“学党史、强信念、跟党走”学习教育，举办青年党史宣讲接力活动和“知党史、感党恩、听党话、跟党走”主题团日活动。

发布公司“高、强、深、聚、创、促”党建品牌。立项党建攻关课题53项，创建党员示范岗24个，建立19个党员责任区，成立6支党员突击队。制定《天津公司党委关于中国共产成立100周年庆祝活动方案》，形成6方面17项工作安排。举行全体党员重温入党誓词、新党员集体宣誓暨“中车百年跟党走”主题党日活动，表彰公司2021年度“两优一先”先进人物。开展“庆祝建党100周年·奋进建功新时代”主题活动，在中车“讲好时代党课·溢彩党建名片”活动获奖。开展2021年度公司领导干部“一岗双责”履行情况汇报和党支部书记述职述廉。

构建“九大监督”工作布局，创建“六位一体”大监督工作机制，一体推进“三不腐”，打造“四个零容忍”纪检工作品牌。以改进管理水平，实现公司高质量发展为目标，创建执“零容忍”利器，铸“严实硬”作风纪检工作品牌，发布《“四个零容忍”问责实施方案》。加强对领导干部履行“一岗双责”情况的监督。制定《“一把手”和领导班子监督责任清单》《公司纪委2021年加强“一把手”和领导班子监督工作计划》。对“三重一大”决策事项、领导干部履职待遇、资金支付审批、物资招标采购4个重点领域进行了专项监督检查。开展靠企吃企专项监督检查和自查自纠工作。召开警示教育大会2次。以“读史知纪守初心，修身治家担使命”为主题，开展系列廉洁文化活动。定期点检巡视整改完成情况，阶段目标整改实现100%。配合中车党委巡视五组开展违规挂靠专项巡视巡察并完成整改。

召开职代会和职代会联席会议7次。推行厂务公开民主管理工作，进行张榜公示，设置意见箱。制定并推进落实《新时期产业工人队伍建设改革实施方案》。集体合同签订率100%。落实工资集体平等协商、民主评议领导干部、劳动法律监督和法律援助等工作制度。开展工会“两先三优”评选、“四比一看”劳动竞赛、“巾帼建功”、第七届书香津车女职工读书征文等活动，以及职工群众性文体系列活动。开展“工会进万家”调研走访慰问2名劳动模范和11名困难职工。参加天津港保税区技能大赛并获奖。联合天津港保税区总工会组织开展保税区电力机车职业技能大赛活动。9月10日召开共青团天津电力机车有限公司第一次代表大会，选举产生共青团天津电力机车有限公司第一届委员会。举办“成长、关怀、责任”主题青年员工代表座谈会。开展青春建功活动。

【重要纪事】2月3日，“朱德号”机车(HXD3D1886)修竣出厂。2月7日，公司召开庆祝公司成立10周年系列文化产品发布会暨2020年度先进表彰大会。3月19日，公司党委召开党史学习教育动员部署会。3月25日，中国中车党委书记、董事长、总经理(总裁)孙永才到公司调研指导工作。4月28日，公司获得“天津港保税区五一劳动奖状”。5月12日，公司获中车提质增效专项奖。6月8日，公司党委举办党史学习教育专题宣讲暨读书班开班式。6月10日，首两列天津地铁6号线车辆入公司组装调试。6月21日，公司召开2021年第一次警示教育大会暨形式主义和官僚主义工作动员会。同日，召开天津电力机车有限公司管理协会成立大会。8月18日，公司举行首届“双师型”人才聘任大会。9月9日，长客股份公司党委书记、董事长王锋到公司调研。9月30日，公司召开“十四五”规划发布会。10月10日，FXD3-J型动力集中动车组入公司检修。11月18日，天津市滨海新区首列本地化制造地铁车辆在公司完工下线。11月28日，天津市滨海新区首列本地化制造地铁车辆离厂交付。

【公司党政工负责人】

| | |
|---|---|
| 党委书记 | 问增杰 |
| 董事长 | 问增杰 |
| 总经理 | 王金平(任至5月) |
| | 李国强(7月任) |
| 副总经理 | 王国廷(任至8月) |
| | 李国强(任至7月) |
| | 李大海　冯　强 |
| | 郑　军(9月任) |
| | 赵艳欣(10月任) |
| 总工程师 | 冯　强 |
| 财务总监 | 王国廷(任至8月) |
| | 赵艳欣(10月任) |
| 党委副书记 | 王金平(任至6月) |
| | 杨永孝(任至9月) |
| | 李国强(8月任) |
| | 巴　猛(11月任) |
| 纪委书记 | 杨永孝(任至9月) |
| | 巴　猛(11月任) |
| 工会主席 | 杨永孝(任至12月) |
| | 巴　猛(12月任) |

(天津公司　供稿)

# 中车产业投资有限公司

本栏编辑　李映雪

# 中车产业投资有限公司

（统一社会信用代码：91110106MA002LB211）

党委书记、董事长　胡　洋

总经理　刘　溥

**【概况】** 2021 年，中车产投注册资本 64.41 亿元，实收资本 57.55 亿元，总资产 225.85 亿元，净资产 108.23 亿元。致力于打造新能源汽车、环境治理、氢能源动力三大支柱产业，以及智能制造、膜材料、健康睡眠、储能产业、景区交通装备、部件业务等若干支点产业。按照投资平台与业务单元的双形态管控架构，公司架构分为本级投资平台、次级投资平台和战略业务单元，搭建沃顿科技股份有限公司、中车时代电动汽车股份有限公司、中车环境科技有限公司、中车株洲投资控股有限公司、中车城市交通有限公司、苏州中车氢能动力技术有限公司 6 家次级投资平台和青岛中车轻材料有限公司 1 家业务单元。

**【公司治理】** 建设中国特色现代企业制度，构建“五会一层”治理架构，完善“权责法定、权责透明、协调运转、有效制衡”的治理机制。在完善公司治理中加强党的领导，明确各治理主体权责边界、行权方式、问责机制及沟通机制，实现公司治理与企业管理有机统一。公司设立股东会、党委会、董事会、监事会、职代会和经理层。

**【改革改制】** 公司修订完善业务规划及产业图谱，编制完成《中车产投“十四五”战略规划纲要》，形成中车产投特色“1+5+9”规划体系，即“1 个总体纲要 +5 个所属企业规划 +9 个业务板块规划”。新能源汽车成为中车集团“一核三极多点”业务结构的重要一极，中车电动实现提级管理，按中车集团一级子公司管理，中车电动党委、纪委隶属中车集团党委、纪委管理。国企改革三年行动计划任务超额完成，一体推进创建世界一流企业、对标管理和国企改革三年行动。公司成为中车集团首批实施工资总额备案管理企业之一。公司及所属企业完成组织机构改革和定岗定编优员优效工作方案，其中推进“两制一契”管理和“客车企业基于智能工厂的高质量发展模式构建”两个项目入选中车集团改革标杆项目。制定科技体系专业化管理生态构建方案、科技管理体系构建指导意见及配套制度文件，初步搭建起科技管理体系。公司联合中车环境以增资方式并购云汇环保科技南通有限公司。井冈山4号项目报国务院国资委审批。注册成立上海子公司。沃顿科技完成膜材料三期项目生产线安装调试，实现关键原材料国产化和自主配套。沃顿科技与战略投资者签署股份定增意向协议，非公开增发方案获中车集团批复，中国证监会已受理。张家港氢能基地工程完成预验收，交付“氢龙一号”燃料电池系统。宁波新能源引入战略投资资金4.95亿元。

【经营管理】 公司实现营业收入73.01亿元，利润总额−6.57亿元，归母净利润−3.01亿元；资本回报率−3.88%；净资产收益率−5.98%。经营性净现金流1.93亿元。“两金”同比减少2.47亿元。全年投资计划目标33.37亿元，实际完成13.29亿元，计划完成率39.82%。固定资产投资，总投资控制在4.20亿元以内，固定资产周转率超过3.88。全年处理股权投资项目信息70余项。全年累计投入科研经费4.15亿元，科技研发投入占比5.53%；在研科技项目144项，其中国家部委、省、市、集团项数29项；完成专利申请311件，其中发明专利123件、海外专利20件。“长江项目2021”包括战略聚焦、人才培养、投资并购能力建设、推动次级平台和业务单元引入战略投资者4个项目；“泰山项目2021”包括优化激励约束机制、规范公司治理、完善经营管理机制、管理效率提升、构建科技体系管理生态、安全体系专业化管理生态6个项目；“长城项目2021”包括存量业务经营质量提升、解决成隧公司委托贷款问题、资源创效能力提升、融资渠道及资金管理改善、推动宁波新能源科创板上市、推动储能业务重组整合6个项目；“专题项目2021”包括深化改革和对标管理推动中车产投创建一流企业、中车产投上海总部（子公司）建设、推动产投混改二期资金到位、推动中车商用车发展集团建设、推动低效无效资产盘活5个项目。《基于“两制一契”的市场化选人用人机制建设探索与实践》《大型客车企业基于“智能工厂”的高质量发展方式》获中国中车管理提升标杆项目。《契机混改打造中车产业投资平台的战略决策与实施》获中国中车第六届管理创新成果一等奖，《基于商业车行业大数据的全过程质量管控模式构建》获中国中车第六届管理创新成果二等奖。

【科技创新】 完成全级次科技管理体系现状调研，制定实施科技体系专业化管理生态构建方案、科技管理体系构建指导意见及相关配套制度文件，科技管理体系初步搭建。“推动质子膜协同研制项目”等6个科研项目实现项目里程碑计划。沃顿科技膜用关键原材料试生产成功；中车氢能100千瓦燃料电池通过第三方国标强检，首套400千瓦铁路调车机车燃料电池系统交付用户。3个项目获中国中车科学技术二等奖，其中2个项目在中国中车科技成果评价中被评为国际先进、1个项目被评为国内领先。

【安全环保工作】 落实安全环保防疫“322111”工作要点，23项目标任务全部落实，4家安全“丁”级企业全部晋级脱“丁”，另有3家企业安全等级晋级。安全环保防疫等责及以上生产安全死亡事故为0，火灾爆炸事故为0，新增现岗职业病为0，突发环境事件为0，聚集性疫情感染事件为0。万元增加值能耗0.11吨标煤/万元，累计二氧化硫排放量4.2吨，累计氮氧化物排放量8.98吨，累计化学需氧量排放量24.9

吨，累计氨氮排放量4.01吨，符合集团指标要求。

【人力资源管理】 深入推进国企改革三年行动，深化三项制度改革，按照人力资源一体化体系的“筑基、甄优、攀峰”三个层级，从人才引进与配置、人才培育与发展、人才评价与激励、人才优化与退出四个方面开展工作。完成人才规划、体系保障、干部管理、人才选拔、薪酬管理等制度建设与完善，发布《中车产业投资有限公司干部人才队伍建设方案》《中车产投荣誉体系建设方案》《中车产业投资有限公司核心人才管理办法》《中车产业投资有限公司薪酬总额预算管理办法（试行）》《所属企业超额利润分享管理办法》《中车产业投资有限公司董事会选聘经理层人员管理办法》《中车产业投资有限公司派出董事、监事管理办法》《派出董监事管理办法》《荣誉体系建设方案》等制度。人事任免45人次，推荐董监事、提名所属企业经理层任免35人次。组织公司经理层、部门负责人、所属企业经理层签订年度目标责任书。株洲投资控股公司通过公开招聘的方式补充1名副总经理。组织开展了沃顿科技、中车电动职业经理人制度改革，所属企业拥有职业经理人15人。选拔聘任首届核心人才28人，选拔首届青年骨干52人。首次开展以两级领导班子为核心的卓越领导力培训班，开展核心技术骨干、公司核心管理骨干、财税管理、安全管理、派出董监事履职等专题培训班。举办公司首届技能大赛暨首届青年技能大赛，评选出“中车产投技术能手”和“中车产投青年岗位能手标兵”。

【党群工作】 落实“第一议题”制度。通过党委会、中心组学习深入贯彻习近平新时代中国特色社会主义思想、十九大、十九届历次全会精神，组织学习习近平总书记最新重要讲话精神。研究制定党委工作要点，细化34项工作、91条措施。召开党建和党风廉政建设会议，与7家党组织签订党建和党风廉政建设责任书、保密责任书。制定2021年度党建与党风廉政建设“一岗双责”行动清单自检卡。配合中车党委第二巡视组完成“常规＋专项＋专题”政治巡视，配合集团公司做好国资委党委违规挂靠专项巡视。落实《关于加强巡视巡察上下联动的意见》和研究完善“大监督”保障体系，抓好巡视巡察发现问题联动整改落实。认真落实党史学习教育工作方案，为全体党员发放党史学习教育指定学习资料，开展中心组专题学习研讨12次，印发材料7册46篇。组织中心组成员和本部在京员工参观伟大征程特展和中国共产党历史展览馆；邀请中央党校教授为中心组成员和全级次领导班子讲授《中国共产党的初心使命与奋斗历程》；组织本部全体党员赴雄安、西柏坡开展党史专题学习。开展党史学习教育宣讲和两级领导班子成员、基层党组织书记讲党课活动；全级次基层党支部召开党史学习教育专题组织生活会、领导班子成员召开专题民主生活会。推进“我为群众办实事”实践活动，全级次子企业制定民生项目清单55项，围绕高质量发展六项重点工作制定重点项目清单61项，100%落实。开展庆祝建党100周年活动，组织全级次党员收听收看建党100周年大会，专题学习习近平总书记“七一”讲话重要精神。评选公司“两优一先”。制定印发《关于深入开展创先争优活动指导意见》，开展创岗建区工作。组织全级次子企业开展十九届六中全会精神学习。发挥党委“把方向、管大局、促落实”作用，修订完善《中车产投“三重一大”决策制度实施办法》。

召开党委会20次，涉及议题114项。调研全级次13家独立法人企业党支部建设情况，制定下发《关于独立法人企业党支部（党总支）集体研究把关企业重大事项的意见》。围绕“七个新突破”开展大讨论，召开学习分享会。党委会按季度听取改革三年行动实施方案落实情况专项报告，改革任务完成总任务数的70%。组织发布2020年度“党建引领项目+”课题评审及2021年度党建课题项目，评选出一等奖3项、二等奖5项、三等奖4项；全年申报党建课题40项，12项课题纳入中车产投党委管理课题。中车产投党委《加强混改企业党建工作的实践与思考》、沃顿党委《探索国有企业党支部参与重大问题决策的思考》获集团公司2020年度调研课题成果表彰，公司《表单化管理推进党建工作水平持续提升》获2021年党建理论研究和创新实践成果二等奖。制定集团党委党建责任制考核反馈问题整改措施，对所属党委按照“1+1+3”模式进行检查。召开2020年度党员领导干部民主生活会。召开党支部组织生活会，开展党员民主评议工作，5个党总支、34个党支部、1077名党员参加评议。南方汇通党委召开第四次党员代表大会、氢能公司党委召开党员大会并选举产生党的委员会。10月中车电动提级管理，电动党委党组织隶属关系转交集团。对新并购的南通云汇同步开展党建尽调工作，做到党组织应建尽建。完成对南方汇通党委更名为沃顿科技党委的批复。推动沃顿科技绿色环保党支部应建未建问题整改。举办1期62名入党积极分子及发展对象常州培训班、1期45名党员党性教育遵义示范培训班。完成党内统计工作。年内发展党员57名。元旦、春节和建党100周年之际，两级党组织发放慰问金11.71万元，慰问人数64人。

学习中纪委全会精神和集团党风廉政建设和反腐败工作会议精神。开展整治党史学习教育形式主义、官僚主义问题工作。全年接收信访举报及问题线索12件。对所属企业开展采购领域管理和应收款项风险化解专项监督，落实关于加强对“一把手”和领导班子监督意见。开展以案为鉴强化监督切实保障安全发展的警示教育宣传月活动；召开干部警示教育大会3次，参会人员244人次。全年给予党内警告处分2人、组织处理1人、行政处分1人，提醒谈话2人，下达纪律检查建议书提出建议4条。对中车电动开展“常规＋专项＋专题”巡察，对株洲控股开展“两金”压降专项巡察；开展违规挂靠专项巡察。完成产投纪检体制改革，制定纪检组织体系改革方案，取消所属企业纪委，完成派驻纪检组人员配置。

严格执行保密工作责任制等有关规定，组织所属企业党政正职签订《保密责任书》，并组织新入职员工、借调挂职人员及第三方项目管理人员签订《保密承诺书》。将保密工作纳入年度党建考核、绩效考核和领导班子考评。指导所属企业变更企业保密委员会。推进保密“强基工程”，加强保密能力建设，提高专兼职保密工作人员技能，打造高素质、专业化保密人才队伍。加强对员工的保密宣传教育。结合“4·15”国家安全教育日、保密法制宣传月，组织所属企业张贴保密二十条宣传海报、播放保密宣教视频、发布保密宣传小知识、举办保密知识竞赛、观影红色影片。推动沃顿科技公司统一安装部署DGS加密系统，组织中车电动开展信息技术安全攻防演练。

组织开展学习分享活动5期，开展学习型组织建设。组织全级次子企业学习《中车赋》，开展中车赋文艺作品征集活动，其中大自然公司视频作品获二等奖、株洲控股公司书法作品获三等奖。组织推进《红色中车》学习进车间、进班组。公司获中车2021年度品牌案例和品牌故事创新突破奖。印发《职工代表大会提案工作管理办法》。开展一届职代会四次会议提案征集和2020年度领导人员民主评议工作。印发《新时代产业工人队伍建设改革实施方案》。开展“强基础、提品质、降成本、促增长”主题竞赛活动。开展青年“学党史、强信念、跟党走”学习教育活动。产投团委与所属团委为在京青年代表进行八年抗战党史宣讲。开展党史学习征文活动，收到征文43篇。开展“五四”表彰和岗号手评选，3名团干部、7名团员青年、7个基层团支部和4个青年集体获中国中车表彰。开展“我为企业发展建新功”“降本节支增效金点子征集”等活动。召开青年员工座谈会。

**【重要纪事】** 1月22日，公司召开2021年职业经理人峰会。2月，公司中标四川省宜宾市纯电动环卫车订单。3月1日，公司召开改革三年行动暨重大专项任务推进视频会。3月1日，中车电动客车事业部在中车新能源汽车超级工厂挂牌。3月23日，中车电动C10获“轻量化客车之星”，V5荣获“微公交客车之星”。3月，天力锻业顺利通过EA4T二类车轴HPQ（锻造及热处理）认证，成为国内首家获得EA4T车轴HPQ认证证书的企业。4月19日，中车环境获中国环联颁发的“中国战略性新兴环保产业2020年度领军企业”和“2021年中国环博会百强企业”称号。4月19日，上海瑞伯德中标“2021年中油测井射孔枪自动化生产线采购”项目，中标金额1960万元。4月20日，大自然床垫荣登2021年“C-BPI中国床垫行业品牌榜第三”，连续8年蝉联国内床垫品牌前三名。4月25日，中车电动12辆海外版“新巴客”亮相奥克兰。5月20日，中车电动在宁波举行出口新西兰惠灵顿高端纯电动新巴客发车仪式。5月31日，中车电动974辆新巴客陆续交付沈阳。6月1日，南方汇通公开招聘职业经理人（副总经理岗位）。6月25日，中车电动在宜宾市批量交付纯电动洗扫车、清洗车。6月30日，株洲投资控股公司召开“两优一先”表彰暨“百人计划”人才聘任大会。7月15日，中车电动公开招聘公司副总经理。7月19日，公司召开年中经营工作座谈会暨第一届职工代表大会第四次会议。7月22日，中车产投举办核心技术骨干培训班，以及首届技能大赛暨首届青年技能大赛。7月23日，中车电动捐赠价值400万元环卫装备驰援河南。8月10日，中车电动自动驾驶项目获得上海市首张智能网联商用车载人示范应用牌照。8月17日，南方汇通股份有限公司吸收合并时代沃顿科技有限公司项目（CM项目）取得可行性研究批复。8月26—27日，中车电动开展职业经理人（副总经理岗位）公开面试选拔工作。9月8—11日，沃顿科技公司参加2021金砖国家新工业革命展览会，工信部副部长辛国斌到其展台参观。9月14日，南方汇通股份有限公司更名为沃顿科技股份有限公司。10月8日，中车集团批复成立中车产投上海子公司。10月26日，株洲投资控股公司下属株洲特装公司与张家口市崇礼区政府、多乐美地公司三方举办“世界首创跨座式单轨齿轨山地火车项目”启动会及合作签约仪式。11月9日，环境公司组建联合体中标常州新北区农村生活污水治理设施建设项目，总投资13.9亿元。11月27日，株洲特装与张家界旅游集团签订张家界观光车系统原址提质改造项目合同，金额9817万元。12月8日，公司与中车环境签署云汇公司股权委托协议。12 月 31 日，株洲投资控股公司并购亚威股份项目获证监会受理。

**【公司党政工负责人】**

党委书记　胡　洋
董 事 长　胡　洋
总 经 理　刘　溥
副总经理　江　奕　曹旭鸣　王璐科　邵立鹏
财务总监　曹旭鸣
党委副书记　刘　溥　郑　胜
纪委书记　郑　胜
监事会主席　郑　胜
工会主席　郑　胜

（中车产投　供稿）

# 沃顿科技股份有限公司

（统一社会信用代码：915200007096727366）

**【概况】** 2021年，南方汇通股份有限公司吸收合并全资子公司时代沃顿科技有限公司，于9月14日更名为“沃顿科技股份有限公司”（简称沃顿科技公司）。沃顿科技公司聚焦核心业务，明晰战略定位，全年实现营业收入13.82亿元，较计划增长3.93%；实现净利润1.35亿元，较计划增长4.04%，完成中车产投下达的年度经营T2目标。

**【经营管理】** 完成公司“十三五”发展规划评价和公司“十四五”发展规划编制。开发项目25项，其中CM项目和科技园项目完成开发，科创项目和汇通华城项目挂牌，美活项目和太湖项目获得立项批复，其余项目完成分析和归档。与国电龙源、中建环能和华润环保签署战略合作协议。完成科研经费和专利数量统计。完成中车产投立项产业研究2项，项目配套产业研究2项。开展以“强化价值经营理念，高质量发展”为主题的提质增效活动，完成年度商业计划各项重点工作目标。从提升战略规划引领和管控能力、提升人才培养与人才队伍建设、提升资产运营效率、盘活利用土地资源解决历史遗留问题、进一步提升企业盈利能力、提升降本节支能力、提升科技和安全生产管理能力、提升风险防控能力八个方面开展工作。

**【科技创新】** 完成国家重点研发计划项目《高性能海水淡化混合基质反渗透膜产品开发与应用示范》结题验收。争取省级科技计划项目1项、市级科技计划项目2项。《抗污染复合反渗透膜和组件关键技术研究及其产业化》项目获中国中车科学技术奖二等奖。“中国中车先进膜材料与分离技术研发中心”获中国中车科技创新先进集体奖。申请专利63件，其中PCT发明专利5件；授权专利54件，其中PCT发明专利1件。发布1项国家标准、1项行业标准和2项团体标准。

**【质量管理】** 全年完成12期105件提案改善。开展QC小组活动，实施完成8个公司级课题，通过财务核算可产生年经济收益160余万元。2个QC小组活动课题参加省级QC小组活动评比，均获得省级二等奖。公司获“推进全面质量管理优秀企业”荣誉称号。

**【安全环保】** 全面推进“守初心、增意识、提管理”夯实安全生产管理基础主题活动。加大安全投入，提高本质安全度，全年无重伤以上安全事故发生，无环保事故发生，实现零感染、零确诊目标，企业安全稳定，经营有序开展。开展多项针对性安全培训，全年培训5710人次。

**【产品研发】** 公司膜业务板块拥有一支多年从事膜材料基础工艺过程研究、水处理系统方案设计并在水处理行业具有丰富经验的专家队伍，自主建设了全套复合反渗透膜的中试生产线及国内一流的膜和膜过程分析研究实验室，建立了“原材料检验+材料结构表征+膜性能测试+水质全分析”的全过程检测平台。植物纤维业务板块，拥有一支在棕纤维弹性材料中具有丰富研发和管理经验的专家队伍，有国内唯一的“棕纤维弹性材料研究所”，与国内多家高等院校、科研院所建立了稳定的“产学研用”合作关系，和暨南大学联合建成中国棕纤维弹性材料院士工作站。

**【重要纪事】** 1月14日，公司与中建环能科技股份有限公司签署战略合作框架协议。4月18日，公司组织召开第四次党代会，选举产生公司第四届党委委员和第四届纪委委员。4月29日，公司研发中心员工胡利杰博士获"全国五一巾帼标兵"荣誉。5月12日，公司获中国中车特别贡献奖。6月2日，公司ULP3113-1000大通量家用反渗透膜元件获"泰利斯卓越核芯奖"。9月14日，公司名称由"南方汇通股份有限公司"变更为"沃顿科技股份有限公司"。12月2日，国家体育总局冬季运动管理中心在综合训练馆为大自然床垫举行授牌仪式。12月15日，公司受邀出席2021中国健康环境电器产业峰会，并获"优秀配件知名品牌"奖项。

**【公司党政工负责人】**

党委书记　蔡志奇
董 事 长　蔡志奇
总 经 理　金　焱
副总经理　张万军（任至6月）
　　　　　张晓南（任至4月）
　　　　　郑　巍
　　　　　梁松苗（7月任）
　　　　　涂　刚（7月任）
　　　　　方　勇（7月任）
财务总监　郑　巍
党委副书记　张万军（任至4月）
　　　　　金　焱
　　　　　吴宗策（4月任）
工会主席　吴宗策（8月任）

（沃顿科技公司　供稿）

# 中车株洲投资控股有限公司

（统一社会信用代码：91430200MA4L6X4D8H）

**【概况】** 株洲投资控股公司注册资本金 9.28 亿元。公司 2021 年实现营业收入 17.8 亿元，净利润 1711 万元。年末拥有员工 1105 人。公司着力构建以智能制造为核心主业，新能源、新金属成型、旅游交通装备产业协同发展的“1+3”产业形态。公司下辖 4 个业务单元（子公司），分别为宁波中车新能源科技有限公司、株洲中车天力锻业有限公司、株洲中车特种装备科技有限公司、上海中车瑞伯德智能系统股份有限公司。结合公司自身的投资控股属性和业务单元差异化法人的特性，坚持“产品经营＋资本运营”双轮驱动，着重建立健全业务单元业绩差异化评价机制，引导业务单元强化市场意识，不断提升市场竞争力。

**【规划发展】** 明确企业愿景为“发现并成就隐形冠军”，使命为“追求制造技术升级，参与能源革命”，价值观为“尊崇科技与创新，尊崇价值创造并用于分享”，公司产业投资和经营由发散向相对聚焦战略转变，明确聚焦智能制造、景区交通、新金属成型、新能源等领域，确立“12315”战略目标，即创造企业价值 100 亿元，打造 2 个上市平台，形成 3 个 10 亿级规模产业，实现规模净利润 1 亿元以上，实现营业收入 50 亿元以上。

**【改革改制】** 落实国企改革三年行动重大政治任务，制定下发《中车控股改革三年行动实施方案》，以改革促公司“12315”战略目标实现。制定“平台＋产业＋业务单元”三级发展战略，引领平台、产业板块、业务单元发展，形成投后企业战略规划，把战略转化为投后企业各群体的共识。完善公司章程，明确各治理主体的责权边界，建设外派董监高队伍。根据集团公司关于组织机构改革及“两定两优”工作的指导意见，确立公司是协同效应管理者的定位，开展能力培育、业务重组、资源协同和业务组合。制订组织机构改革方案，明确四个业务单元的行动目标。

**【产业拓展】** 天力锻业拓展“轨道＋非轨道”市场，非轨道业务实现销售收入 1.2 亿元，同比增长 81%。海外业务，EA4T 车轴通过 EA4T 二类车轴 HPQ（锻造及热处理）认证，成为国内首家获此证书的企业，EA1N 车轴获评德国联邦铁路公司颁发的 HPQ 证书，全年向德国出口 BVV 成品车轴 1440 根，同比增长 166%，并获取货运公司 FCA 的 AAR 车轴采购意向订单，入选国家专精特新“小巨人”企业，获得 2021 年株洲市市长质量奖。株洲特装景区交通业务取得张旅集团复购提质改造超亿元订单和韩国客户追加旅游交通整车订单，智能智慧专机实现订单突破，高寒铁路巡检设备进入国铁市场，混凝土搅拌施工车进入调试试验，全年新签订单超 5 亿元，入选国家专精特新“小巨人”名录。宁波新能源由超级电容单体产品向储能系统解决方案延伸，风电储能电源应用市场份额超过 50%，地铁储能系统在宁波地铁站台安全电源供应上实现挂机应用，中标乌兰察布源网荷储一体化项目、大庆黄河综合储能项目。上海瑞伯德进入工程机械行业市场，当年获取订单并实现销售额2000余万元，轨交车辆车体焊缝自动化智能打磨设备实现工程化应用，管理方面推行减员增效。

**【党群工作】** 配合完成中车集团党委新一轮政治巡视，通过巡视整改推动党建和经营管理提升。贯彻“第一议题”制度。深入开展党史学习教育。抓好群众工作，通过党史学习教育系列学习、为群众办实事、“奋发五载、同心筑梦”五周年庆祝活动等，提升员工获得感、幸福感、归属感。宁波新能源和株洲特装完成多维职业发展通道建设套改。实施“百人计划”人才工程，重点向科研技术人员倾斜，首届“百人计划”人才100名，其中技术人员90人。每年向核心人才精准投入400万元，缓解核心技术人员薪酬吸引力不足等问题。开展“党建引领项目+”活动。

**【重要纪事】** 3月15日，天力锻业与清华大学天津高端装备研究院签订《主缸6600吨多向模锻定做合同》。3月17日，上海瑞伯德中标三一重工“泵送新城2#厂房A跨自动下料生产线输送与控制系统”项目。4月19日，上海瑞伯德中标“2021年中油测井射孔枪自动化生产线采购”项目，中标金额1960万元。4月21日，株洲市委书记曹慧泉到株洲特装、天力锻业考察调研。5月16日，宁波新能源与6家战略投资方签署4.95亿元战略增资合作协议。5月18日，天力锻业“高速动车电机转轴研制”获“中国中车科学技术奖三等奖”。5月27日，株洲特装与张家界旅游集团签订“十二生肖”观光专列订单，订单金额2200万元。5月，株洲投资控股公司党委书记、董事长胡志军获2019—2020年株洲市“优秀企业家”称号。5月，株洲特装黄伟获中国铁路总工会“火车头奖章”荣誉称号。6月26日，天力锻业中标山东公司“风电项目”，中标金额1100万。6月30日，宁波新能源中标乌兰察布“源网荷储一体化项目”(三峡集团)，合同金额1112万元。7月20日，上海瑞伯德中标中联重科“混凝土泵车臂架机加随行工装项目”。8月17日，上海瑞伯德中标“唐山公司转向架数字化制造平台建设项目”，中标金额596万元。9月6日，天力锻业“新型硬岩TBM钢质刀圈关键技术研究及产业化项目”入选湖南省科技厅“2021年高新技术创新引领项目”。9月，公司与亚威股份签署《股权认购协议》，拟成为实际控制人。10月19日，中车产投向公司增资3亿元。10月26日，株洲特装与河北张家口市崇礼区委区政府、多乐美地联合举办，“世界首创跨座式单轨齿轨山地火车项目”启动会及合作签约仪式。11月1日，公司举行成立5周年司庆日“奋发五载　同心筑梦”毅行活动。11月10日，湖南省总工会授予株洲特装朱昌盛湖南省五一劳动奖章。11月27日，株洲特装与张家界旅游集团签订张家界观光车系统原址提质改造项目合同，金额9817万元。12月19日，在第三届全国电子信息服务业职业技能竞赛中，株洲特装获“最佳组织奖”，其员工陈剑获职工组全国决赛一等奖。

**【公司党政工负责人】**

党委书记　胡志军
董　事　长　胡志军
总　经　理　任云龙
副总经理　李龙煊(任至7月)
　　　　　黄正强(7月任)

黄正良
高首聪（6 月任）
党委副书记　任云龙
黄正强（任至 7 月）
李群波（7 月任）
监事会主席　向　鹏
工 会 主 席　黄正强（任至 11 月）
李群波（11 月任）

（株洲投资控股公司　供稿）

# 中车环境科技有限公司

（统一社会信用代码：91110106MA00GBXH38）

【概况】 2021年，环境公司资产总额40.79亿元，其中流动资产15.83亿元、固定资产374万元、在建工程12.07亿元、无形资产8.81亿元。公司下设4个管理职能部门、1个党群部门（党委干部部与党群工作部合署办公）、3个业务部门（市政环保事业部、工业环保事业部2个独立利润中心和1个技术部门），有9家控股子公司（并表）、3家非并表子公司、2家分公司。拥有员工215人，其中高级专业技术职称26人，中级职称76人。全年实现营业收入8.49亿元，同比增长39%；实现利润总额5305万元，净利润5043万元，同比增长24%，超额完成双T1指标。

【规划发展】 完成“十四五”发展战略规划编制，确定“1234”的业务定位，致力于成为“立足轨道交通的工业绿色制造及城镇环境友好的系统解决方案提供商”，坚持“1”个绿色发展理念，围绕节能降耗、治污减排“2”个产业方向，形成材料板块、装备板块、服务板块“3”个业务板块，提供轨道交通、工业生产、城市治理、流域治理资源化“4”类综合业务。

【改革改制】 深化劳动、人事、分配三项制度改革。优化组织机构设置，成立市政环保和工业环保两个事业部，同时精简职能部门，实现“小本部，大业务”的组织机构调整目标，完成“平台+实体”的业务架构搭建，提高资源配置效率。配套深入推进职业经理人改革，打造与公司战略发展匹配的“组织与职位体系”，建立市场化用工机制，实现本部全员竞聘上岗，充分发挥薪酬体系的激励作用与业绩导向。在集团公司支持下，公司联合中车产投以增资方式并购云汇环保科技南通有限公司，快速获得了在挥发性有机物（VOCs）治理方面的核心材料、工艺技术和装备制造能力。云汇公司注册资本10894万元，中车产投持股38.7970%，中车环境持股12.0404%，合计持股50.8374%。年末，云汇公司资产总额3.80亿元，其中流动资产3.27亿元，固定资产3137万元，在建工程101万元，无形资产747万元。云汇公司实现营业收入5235万元，实现利润总额124万元，净利润171万元。

【经营管理】 规范所属企业公司治理，系统梳理公司、子公司章程及三会议事规则，初步拟定公司“五会一层”议事清单，巡检各子公司法人治理结构，规范子公司治理。委托贷款金额5.23亿元，其中内部委贷7300万元、宁波新能源13000万元、天力锻业2000万元、上海瑞伯德10000万元、中车电动20000万元。新编制度19项，修订制度72项，进一步完善部门管理机制，明确各部门职责归属，打破部门间业务隔阂。坚持市场导向、订单为王的原则，巩固优势业务，开拓新兴领域，推动内外市场转型升级，依托已设立的项目公司及核心子公司，建立重点区域营销中心公司，成功中标多个项目。持续推进全面预算管理，提高前瞻性财务规划力度，实现公司运营策略与资源配置统一，执行过程中注重跟踪差异分析与调整，强化全面预算管控，通过滚动预算落实公司年度预算，牵引月度收入实现、费用控制、成本管理。通过目标管理方法，制定实施“两金”压降、亏损企业治理等专项工作方案，公司应收账款净值完成指标要求，所有子公司实现盈利。对公司“两金”情况进行全面详细摸底调研，制定回款计划和措施。针对存货进行种类、用途、数量梳理，明确存货处置明细单，为存货处置提供可靠数据支撑。搭建PPP项目风险管控体系，逐一排查控股及参股子公司项目风险，着重推进澄江项目风险化解，10月14日签订提前终止协议实现国有资产保值增值。建立PPP项目管控体系，印发《PPP项目风险评价实施细则（试行）》《重大风险监督及考核管理办法》等。对公司下属的9个PPP项目公司的建设工程实施监督和服务，促使项目合规手续办理形成长效机制。进一步完善法律事务管理体系，细化管理要求；规范新签订合同用印程序、归档要求及台账管理，捋顺审批单与合同资料的归档工作流程。将审计嵌入合同审批流程中，规范采购行为，强化日常审计监督职能，对湖南公司进行经济责任审计，对西安绿荫建设期管理费用进行专项审计，对泰州港中、漳浦绿荫、漳浦中博采购管理开展专项审计。

【科技创新】 公司初步建设“环境本部—区域研究分院—事业部及子公司技术部门”的“三级”技术体系架构，筹建长沙低碳研究院，编制“十四五”科技发展规划，推动技术体系统筹规划与管理。健全完善技术体系管理制度，修订7项管理办法，细化管理流程，制定科研项目立项、结题验收管理办法，构建全过程管理，加强对科研项目节点管控和绩效评价，科研工作逐步制度化、流程化。全年申请专利24项，其中发明专利10项；授权专利17项，其中发明专利3项。公司作为课题牵头单位承担1项中车“十四五”科技重大专项和1项集团重点项目，2项国家科技部重点计划和1项国铁集团项目按计划实施；2项集团级项目和2项子公司级项目通过结题验收。承担青岛轨道交通绿色园区咨询评价项目，该项目入选工信部绿色示范园区，实现技术服务市场化“零”的突破。

【安全环保工作】 公司与湖南公司、中南分公司和9个项目公司分别签订《2021年安全环保目标责任书》。修订《安委会工作制度》，发布《安全生产责任制》《安全检查与隐患治理规定》《安全生产费用提取管理规定》等12项安全生产制度。公司所属各单位制定修订安全生产相关制度38项。注册安全工程师增加2人，持有安全生产培训合格证书的增加至24人。安全管理人员参加各级各类培训112人次。对所属各公司进行安全检查，推进问题整改，制定《危险源辨识、风险评价与控制管理规定》《危险作业安全生产管理制度》《突发事件应急指引》等管理制度和应急预案。开展应急演练。当阳和远安项目全年稳定运营，泉州、高港、临潼、五河、漳浦西北项目部分进入试运营阶段，部分在紧张施工阶段；澄江项目提前终止；漳浦东南和常州项目处在工程建设期；建立完善各项目建设和运营管理制度已并在进一步完善；在建项目进度、质量、安全、成本、环保目标等均处于可控状态。

【市场营销】 公司坚持市场导向，依托已设立的项目公司及核心子公司，建立重点区域营销中心。市政环保事业部获取市场订单额146569.85万元，同比增长23%，其中PPP项目中标常州新北区农村活污水治理设施建设项目，项目总投资约13.94亿元。湖南公司中标雄县项目2个。成立工业环保事业部，实现集团外部市场突破、污泥市场突破、钢铁行业废气粉尘市场突破。中标西安市临潼区污水处理厂污泥处置项目，形成中车污泥处置综合解决方案，实现污泥市场零突破。重点开展钢铁行业大气治理调研分析，11月18日，公司与浙江菲达环保科技股份有限公司联合体中标河钢股份有限公司承德分公司南山供料系统颗粒物超低排放治理总承包项目，中标金额5865万元。12月29日，公司中标黄石新兴新港项目，中标金额为5729.34万元。6—8月，公司连续中标中车长客股份更新改造项目、株洲所半导体氟废水回用系统项目、株洲电力机车废气项目，株洲电力机车废水处理站运维托管项目等，年内新签订中车系统内项目6个，总订单额5059万元。3月30日，公司与湖南湘江新区管理委员会、长沙市岳麓区人民政府、湖南湘江新区发展集团有限公司签订合作协议，约定共建中车长沙智慧环境科学研究院、组建央地合作的节能环保投资运营管理平台、共建节能环保产业发展基金，建立长效机制下的战略合作伙伴关系。

**【银企合作】** 通过PPP手册，规范公司PPP业务融资流程。至年末，公司所属PPP项目公司累计发放贷款16.71亿元，其中当阳公司在建行放款2.97亿元、远安公司在农发行放款1.97亿元，泉州公司在农发行放款1.46亿元，泰州公司在建行放款2.97亿元，漳浦绿荫在中信银行放款0.64亿元，五河公司在农行放款2.6亿元，西安公司在国开行放款2.7亿元，漳浦中博公司在农发行放款1.4亿元。

**【质量管理】** 通过组织开展质量自查，举办质量培训等质量月活动，加强质量管理工作。湖南公司完成ISO9001与BT50430施工质量体系认证，建立质量管理体系，形成质量体系文件，制定质量管理责任制、质量问题处理与调查管理办法等相关制度，优化设计管理程序，提高图纸质量，督促项目部原材料进场验收程序，提高隐蔽工程质量，加强供应商管理工作，通过考评等提高供应商质量。

**【人力资源管理】** 年末，公司拥有员工215人，平均年龄37岁，本科学历占比55%，研究生以上学历占比28%。有中车级核心人才1人、中车产投级核心人才3人。年内14人通过职称评审，其中正高级1人、高级5人、中级8人。完善市场化薪酬分配机制，修订《中车环境科技有限公司工资体系管理办法》《中车环境科技有限公司工资总额工效挂钩及月度工资管控暂行办法》，员工绩效工资与公司绩效、部门绩效及员工个人绩效强关联，公司绩效与市场关联，发挥工资分配的激励约束作用。

**【新世代厕所产业化】** 10月26日，公司与比尔及梅琳达·盖茨基金会通过线上视频会议方式签署合作协议，共同推动新一代卫生系统技术“新世代厕所”在中国的工程化和产业化，合同金额376.5万元。该项目是公司首个横向技术课题，是打造“三级”技术体系的具体实践，首次实现国际技术合作。

**【企业文化建设】** 4月，公司牵头中车集团内环保企业联合参展第22届中国环博会，获“2021年中国环博会百强企业”称号，并在中国环联2021年（第八届）固废资源化高峰论坛上获“中国战略性新兴环保产业2020年度领军企业”称号，提升中国中车在环保领域的美誉度。持续更新公司网站、微信公众号，并在国家品牌网、E20的中国水网、村镇联盟焦点水网、中国环联及中国环保机械行业协会公众号同步宣传报道。

**【党群工作】** 公司各级党组织以党建“固化攀升”为主题，扎实做好党史学习教育，认真践行中车党建“引领促进年”要求，巩固拓展党史学习教育成果，全面提升党的建设引领水平。全年召开党委会议19次，其中涉及重大决策事项45项，重要人事任免11项，重大项目2项。迎接集团公司“常规+

专项+专题”巡视，对巡视发现问题立行立改，针对性制定《中车环境落实巡视反馈意见整改措施及整改责任清单》，做好巡视整改后半篇文章。公司党委中心组开展专题学习研讨7次，公司领导班子成员讲专题党课6次，各党支部开展红色资源教育9次，举办领导班子读书班1期，党史知识竞赛2次，主题征文1次，集团党史教育简报报道公司经验做法3次，积极开展“我为群众办实事”活动。4月1日，公司本部党员干部到首都博物馆参观“伟大征程——庆祝中国共产党成立100周年特展”。9月11日，公司本部全体员工到香山革命纪念馆进行现场教学，开展以“追寻红色印记厚植爱党情怀”为主题的教育活动。强化“三基建设”调整优化党支部设置。对云汇公司开展党建尽调，成立云汇公司党支部。编印《公司党支部标准化、规范化建设工作实用手册》，指导各党支部开展相关工作。深化党建“金名片”建设，进一步拓展完善各党支部党建品牌方案。深化职业经理人改革，党的领导贯穿干部选拔任用全过程，11名中层干部通过公开竞聘上岗。指导湖南公司经理层成员开展职业经理人改革，选拔确定5名职业经理人。组织选拔中层副职后备干部1人，青年骨干3人。实施市场化薪酬体系，制定发布《工资总额工效挂钩及月度工资管控暂行办法》《职业经理人薪酬办法》《工资体系办法》。开展“强基固本、开拓创新，推动环境公司稳步发展”主题劳动竞赛。全面推进职工“新小家”建设，不断完善困难职工救助审批流程，提高帮扶标准，加大对职工本人患重大疾病、直系亲属患重大疾病的定向帮助。推进关爱女职工工程。慰问生活有困难、生育的女职工及家属，积极构建和完善女职工服务体系。

**【公司党政工负责人】**

党委书记　杨志华
董 事 长　杨志华
总 经 理　陈国栋
副总经理　彭建雄　肖　勇
　　　　　周俊好
财务总监　周俊好
党委副书记　陈国栋
工会主席　党永平

（环境公司　供稿）

# 青岛中车轻材料有限公司

（统一社会信用代码：91370214394343769U）

【概况】 轻材料公司是行业内最早开发六边型、四边型钎焊铝蜂窝板的企业，开发出多项新型纯金属钎焊蜂窝材料。公司研制的钎焊铝蜂窝系列产品已覆盖轨道交通、石油化工装备、新能源等领域，取得国家专利20多项。

【经营管理】 公司产品在旅游列车上首次应用，扩大了材料及制品的应用场景。加强与中车研究院青岛分院、中南大学等院所联系，沟通科研立项及工程应用前景。修订、新增《支委会会议管理制度》《“一岗双责”实施办法》等管理制度6项，以制度建设为抓手，强化执行力，增强公司管理能力。坚持“安全第一、预防为主、综合治理”的方针，强化现场监督，深化隐患排查治理、进一步完善职业健康管理体系，以法制化、标准化、规范化的方式推进安全生产。实现死亡事故0起，新增在岗职业病0起，一类火灾爆炸事故和重大影响事故0起。安全评级从丁级上升到丙级。推进技术标准管理体系。加强质量过程管控、制造过程、生产规划和质量管控。加强人才管理，全面推进全员效绩考核。加强资金管理，控制投入，加快产出。加强能源管理，实施点检卡式管理。完善精益管理体系建设，持续提升精益生产和精益管理水平，保证工序间物料有序运转，追求零库存，做好生产线工艺布局优化，杜绝浪费与停滞。

【技术开发及推广】 株洲特种装备有限公司旅行车地板首次装车，实现内装地板项目跨领域合作，开辟铁路系统外新领域。中车氢能FCLM100系统防护罩项目完成首件鉴定、交付，验证工艺可行性，首次实现12毫米超薄铝蜂窝板应用，性能满足客户要求。申请“有一种轨道交通头部车厢顶板”“一种轨道交通氢能源防护罩”等实用新型专利13项。

【党群工作】 7月初，完成支委委员增选，健全支委会配置。充分发扬民主集中制，做好重大事项的前置把关。完善基本制度建设，建立并修订支委会会议制度、“三重一大”制度实施办法、“一岗双责”实施办法等，规范支部议事流程，明确议事规则，明确部长级以上人员管理岗位责任与党风廉政建设责任。完善基本队伍建设，全年转正预备党员1人，接收预备党员1人，支部拥有8名党员，吸收积极分子2人。推进阵地宣传，建立支部特色专栏，宣传党的理论政策，亮明党员身份，公示相关信息，自觉接受职工群众的监督。

【公司党政负责人】

| | |
|---|---|
| 党支部书记 | 李　华（任至4月） |
| | 李　伟（4月任） |
| 董 事 长 | 李　华（任至4月） |
| | 李　伟（4月任） |
| 总 经 理 | 李　华（任至4月） |
| | 刘家泉（8月任） |
| 副总经理 | 刘家泉（任至8月） |
| | 周　炜 |
| | 游玉红（4月任） |

（轻材料公司　供稿）

# 中车资本控股有限公司

本栏编辑　李映雪

# 中车资本控股有限公司

（统一社会信用代码：91110106MA002LAT6K）

党委书记、董事长　邵仁强

总经理　郦德佳

【概况】 中车金控注册资本42.71亿元。2021年，公司立足发挥中车集团类金融企业功能，积极调整业务结构，搭建了以基金业务平台、金融服务业务平台、股权运作业务平台和若干创新型业务平台组成的“3+X”业务布局。公司总部由策略研究中心、党群工作部、综合管理部（党委干部部）、业务发展部、财务部、风险合规部、共享服务中心、党委巡察办、纪委办公室和监督检查室组成。公司下设三家子公司，分别为中车基金公司、中车保理公司、中车保险经纪公司。年末拥有员工115人。

【规划发展】 坚持“产融结合、融融结合、以融促产、以融育产”的战略定位，稳步发展金融和类金融业务，服务中车“一核三极多点”业务布局，支持实体经济发展。编制“十四五”规划纲要，调整“3+X”业务布局指导意见，研究制定股权管理平台指导意见、“基金+”以融育产模式指导意见等。加大深化改革工作力度，指导三家子公司深化市场化经营机制改革，做好顶层设计和战略规划。组建产业培育工作组，探索新型研发机构建设，助力科技成果转化。开展融融结合、大金融服务模式探索、链长工程以及风电产业金融系统解决方案等工作。

【经营管理】 公司确定2021年度经营工作思路和重点工作，编制经营计划目标，组织签订年度《效绩目标责任书》，半年召开运营活动分析会。全年完成营业收入2.59亿元，完成考核净利润3.15亿元，超额完成集团公司下达的年度经营业绩指标。推进改革三年行动实施方案，成立改革三年行动组织机构，制定并修订实施方案，确定首要任务、七个方面工作和组织保障，明确56项具体工作，年内完成53项，完成率94.64%。注销中车股权投资有限公司，压减1户法人企业。保险经纪有限公司引入战略投资者，促进公司保险经纪和风险管理咨询业务更好更快发展。推动制度体系建设，至年末公司共有181项规章制度，年内废止10项、修订91项、新立104项，完成年度废改立工作计划。推进管理创新工作，立项管理创新项目4项，其中2项上报中车集团，《中车产业链供应商池保理融资模式探索》获得集团公司管理创新三等奖。公司资产总额138亿元，全年获地方政府政策兑现税收返还合计1160万元，全面完成“两金”压降指标，实现新旧会计准则平稳过渡。开展提质增效及费用管控专项工作，持续落实降本节支增效，严控各项可控费用支出，全年压降财务费用3813万元，压降幅度19%；压降管理费用2417万元，压降幅度27%。成功发行中车保理4期ABS资产支持计划，发行规模6.55亿元，优先级利率2.80%，创下储架系列最低利率的成绩。开展本部及下属子公司多项资金专项检查活动，形成专项自查报告、整改计划和成果总结。把握“强内控、促合规、防风险”工作总基调，深入开展风险管理对标一流提升工作，“构建风险偏好体系项目”纳入集团公司标杆项目。组织建设风险管理信息系统，推进数字化风控建设，初步实现公司“1+5+N”数字化风控系统建设目标。

**【投资管理】** 公司存量直接投资项目11个，总规模约8.56亿。公司证券业务存量项目11个，ETF共7支。公司实际控制基金管理公司8家，管理基金18支，管理基金认缴规模约109亿元，实缴规模约35亿元。基金投资项目66个，累计投出金额约30亿元，产融结合率60%以上，其中已完全退出项目10个，部分退出项目6个。7月26日，投资设立风能开发产业基金（宁夏）合伙企业（有限合伙），基金总规模16亿元，基金管理人为中车基金管理（北京）有限公司。通过基金投资中车开发、合作方开发及市场化的风资源项目，拓展中车风电产业市场，带动中车风电产业链发展。公司参股基金共4支，分别为国调基金、国改双百基金、扶贫基金、时代创新。完善投资管理制度体系，废改立投资类制度24项，其中新设10项、修订12项、废止2项，投资管理体系成型。组织投资业务专项检查并整改。探索基金投资风场和产业链上下游投资整合，通过债务融资方案，以及风险咨询和“风电产业链保险池”整体方案，进一步提升中车风电行业地位与行业影响力，转移并降低风险，组建风能基金提供中车风电金融系统解决方案，投资株洲所第一个自主开发的延安项目，成功并网送电。建立投后管理工作体系，组织年度投资业务专项检查、年度投后管理工作会议、投后管理协调会。

**【人力资源管理】** 公司坚持党管干部原则与发挥市场机制作用相结合，探索形成“三层递进”市场化选人用人模式。第一层是“两制一契”管理全覆盖，优化完善综合考评机制。第二层是落实子公司董事会选人用人权，选聘7名专职外部董事派驻3家子公司，3家子公司实现外部董事占多数，并实施董事会选聘管理经理层和“总经理组阁制”。第三层是推行职业经理人制度，3家子公司经理层成员均为市场化职业经理人。子公司职业经理人劳动合同到期考核以工作业绩考核内容为主，以综合素质能力和员工满意度测评为辅，年内1名职业经理人不再续签劳动合同。加强年轻干部队伍建设和落实“青年十条”，组织后备干部选拔工作。建立职业生涯发展通道，制定公司核心人才管理办法。开展优秀青年人才推荐与选拔，建立优秀青年人才库。实施市场化分配和中长期激励机制，深入推进薪酬分配改革，在完善企业内部分配机制、优化工资总额管控机制、实施中长期激励机制等方面进行积极探索。推进实施股权业务项目跟投中长期激励，加大企业负责人差异化薪酬管理力度，建立实施与“三层递进”市场化选人用人模式相匹配的薪酬激励机制。

**【党群工作】** 公司统筹推进疫情防控和改

革发展各项工作，2021年度获集团党建考核B级，获企业文化与品牌建设考核优秀企业，党建政研调研论文连续第三年在集团获奖。公司党委下设5个党支部，共有党员71名。深入开展党史学习教育，组织各类党史专题学习21次，组织全体员工赴河南兰考和河北正定开展“奋进百年路·开启新征程”主题党日活动。党委中心组、各党支部前往王荷波烈士墓、李大钊烈士陵园开展多种类型的主题党日7次。开展“辉煌百周年 颂歌献给党”合唱比赛。发布深学细悟共产党人精神学习专题113期，党史领读有声学习专题143期，内部专题报道31期，简报27篇，开展“我为群众办实事”实践活动55项。落实“第一议题”“第一专题”，开展党委中心组学习36次，党委委员、领导班子成员讲授集体党课6次，各党支部书记讲党课5次。制度化巩固“不忘初心、牢记使命”主题教育成果，持续推进“1+5”党建经营深度融合方案。深入探索集团类金融企业党建工作新思路、新方法。建立党建阵地，推行“目视化”管理，创建特色党建品牌。规范开展“三会一课”，组织参观国家党史馆、焦裕禄纪念馆等红色教育，组织开展党费使用、发展党员培训，持续推进党支部标准化规范化建设，抓实“三基建设”。召开党委会32次，审议议案190，严格履行前置程序。全级次子企业党建进章程。

开展“八个一”系列活动，庆祝中车创业140周年。落实管好VI、用好BI建设长效机制。完成公司宣传片、宣传册制作。31篇新闻稿件和6篇党建信息在集团刊发，定期推送新闻、时政信息和学习专题等信息。

全面接受中车集团党委巡视三组的检查，完成年度整改任务。召开2次党风廉政建设联席会，研究制订构建中车金控大监督体系实施方案。组织签定27份“一岗双责”责任书，印发76份口袋版执行手册，组织全员签订廉洁自律承诺书。制定廉洁风险防控措施137项。建立健全21项纪检制度体系，“废改立”14项制度。建立起疫情防控监督检查长效机制。加大对国资委专项巡视、2021年集团政治巡视问题整改的监督力度。持续开展靠企吃企、化公为私、违规经商办企业、影子股东专项整治。针对投资项目、廉洁合规等强化与风控、审计监督相融合。对6家基金管理公司开展执行力检查。实现巡察监督全覆盖，发现问题16项，全部整改完毕。规范处置信访线索。对监督发现问题提醒谈话3人，纪律处分诫勉谈话1人，下达纪律检查建议书9份。开展任前廉政谈话4人次。召开2次警示教育大会，开展警示教育片、现场体验式警示教育，开展“百名纪检干部讲纪律”，69名党员参加党规党纪测评，融入家庭教育征集58幅“爱廉说”廉洁作品，关键节点廉洁提醒7次。

深入开展“双创行动”，立项9项，其中集团立项2项。组织内部集体学习研讨10余次。组织4期专兼职纪检人员集中培训。签署《集体合同》《女员工专项集体合同》，审议《中车金控全员绩效考核管理办法》等4项制度，制定《六送三关注资金管理办法》《困难员工帮扶救助实施细则》。开展“1+*N*金小家”系列员工之家和青年阵地建设。在疫情防控常态化下开展送温暖、送清凉、金秋助学。创新开展基金管理公司工会组织托管，解决劳务派遣员工入会难问题。组织开展3项劳动竞赛和“办实事、创佳绩、开新局”专项竞赛，征集群众性经济技术创新项目26项、员工提案3项，动员青年群众参加“奋战100天全面完成年度经营指标”提质增效建新功活动，围绕安全生产开展星级办公室评比表彰，围绕内控提升筹办“内控提升年”系列活动。完成12万元消费帮扶任务，履行社会责任。结合疫情防控要求，开展防疫宣传和春节云上十大挑战，通过各类文体活动持续提升员工凝聚力。开展“五四”表彰、青年员工座谈会和主题团日，为青年成长成才搭建平台。

【下属子公司】

**中车基金管理（北京）有限公司** 中车基金管理（北京）有限公司注册资本10000万元。公司主要业务是以私募股权投资基金及项目股权投资。全年实现投资金额3.397亿元，共计7个项目落地。年内，新增基金实缴规模2.27亿元，新增基金产品2支。12月，扬州市广陵东证新兴产业投资基金合伙企业（有限合伙）达到实缴规模1.7亿元。7月，公司与宁夏嘉泽新能有限公司、中国电建集团山东电力建设有限公司等机构合作设立风能开发产业基金（宁夏）合伙企业（有限合伙），实缴规模5734.9万元。实现延安60兆瓦风电项目投资落地。筹划设立风资源开发基金、风电产业并购基金。成立中车战新产业培育专项工作组，协调沟通大连所消防产业、二氧化碳空调项目、石家庄冷链项目与长三角区域合作事宜。沟通大连电牵氮化镓项目，与大连公司沟通珠海中车新产业培育事宜。沟通永济封装项目，推进后续进展工作。持续跟进中车产投新能源汽车产业整合方案。实现退出收益1.98亿元，其中航发动力和亚太科技项目全部退出，中油资本项目部分退出，ETF基金退出四支。新股申购业务实现收益20.75万元。实现对已投项目常态化运营监管和价值提升，其中中铁特货、时代电气已上市，山东天岳IPO获科创板上市委通过，中企云链拟香港上市工作方案经论证报集团审批。全年完成30余家直投标和基金投资标公司投后管理报告。实现光懋基金投的金科环境项目退出。至年末，光懋基金完成减持操作36笔，合计减持股份1909496股，合计取得收益1473.8万元。公司不断完善现代企业制度建设，健全公司法人治理结构，在董事会层面建立战略决策、薪酬与考核两个专业委员会。年内下发60项管理制度。制定印发《股权投资业务跟投管理办法》《员工奖励管理办法》，设立募资奖励、风控专项奖励。开展70个项目的前置风险审查，全年风险预警17个。中车金控联合开展基金合规检查，落实九家管理公司50项问题的整改。开展合同检查，落实21项问题整改。总结分析国资委基金检查、“挂靠”巡视等专项检查发现的两类5项问题。结合中车金控存量基金管理公司专项整合实施方案，加强对下属8家基管公司及存量基金的管理和清理整顿工作。完成上海盛岙投资管理有限公司股权评估、备案和中车基金管理（北京）有限公司内部决策流程。完成无锡基管公司契约型基金管理人变更，完成无锡基管公司的注销方案立项。

**中车商业保理有限公司** 中车商业保理有限公司全年实现营业收入22394万元，净利润6666万元，业务规模89.61亿元。公司深耕中车产业链市场，挖掘供应链需求，创新金融服务产品，为核心企业建立供应链金融服务平台，为中车供应链企业提供高效便捷的融资服务。已为119家主机企业提供保理服务，解决产业链上下游4198家供应商超过356亿融资需求。全年新增服务主机厂11家，新增供应商1378家。创新模式提升服务能力，实现二级供应商保理融资产品、银票支付保理产品、融证保理融资产品落地。实现集团风电黄龙、甘谷驿项目落地。

**中车汇融保险经纪有限公司** 中车汇融保险经纪有限公司全年实现营业收入2504万元、净利润1095万元，在岗员工218人。全面保障中车137家企业、1900亿元资产、800亿元产品订单、8万人次企业员工、100

余个海外项目。年末，公司在岗员工 18 人。中车企业财责险业务完成续保项目 123 个，新增项目 35 个。完成新股东北京丰台科技园投资控股有限公司及其独资、控股、参股企业保险数据收集，制定保险经纪服务方案，开拓园区政策性保险。为集团公司 46 家企业员工福利项目提供服务，累计赔付达 967 人次，累计赔款金额约 409.24 万元。为集团及多家子企业提供境外人员意外险服务。完成 11 家企业 23 个首台（套）保险投保工作，保费规模约 3.7 亿元。新材料保险保费金额 1653 万元。引导中车企业通过产品质量保证保险及产品责任保险替代首台（套）保险，协助 6 家企业完成 8 个产品的产品质量保证保险及产品责任保险投保。产品链保险模式在风电等领域应用的研究成果发表于《上海保险》杂志。新增高邮融保达风电场运营期保险项目，服务延安、鸡西等风电项目。搭建完成智慧物流保险平台、中小企业保险保障平台，帮助 11 家物流公司投保货运险，中标芜湖市轨道交通 1 号线、2 号线一期 2021—2022 年度运营期的保险经纪服务项目。协助处理客户服务索赔疑难案件 40 件，报损金额 4751.3 万元，赔付金额 2956.2 万元。累计为服务企业提供多样化风险管控服务 15 次。构建核心业务系统、中车汇融业务平台、中车智程、中车采、中车购等多个业务合作通道的“一核心、一平台、多通道”科技创新平台，初步实现业务线上化。积极引入战略投资者，实现股权多元化。调整公司组织架构，开展市场化人才选聘，加强人力资源体系建设。聚焦“七个新突破”，优化业务布局，精准制定市场开发策略。建立完善现代化企业制度，把党的领导在公司治理中制度化、规范化、程序化。加强董事会建设，落实董事会职权，保障经理层依法行权履职。组织开展对标世界一流公司管理提升行动。坚持依法治企，深化合规风险管理。组织开展内控自查，进行穿行测试和控制测试。对接银保监系统，围绕监管动态，组织监管许可变更事项报送、监管信息报送、行业协会调研、员工培训、风险合规自查与内控缺陷整改等。抓好常态化疫情防控，组织公司员工接种新冠疫苗，构建疫情防控屏障。围绕“固化攀升”主题，修订公司章程，强化党的领导，提升党建工作成效，打造基层党支部品牌。

**【重要纪事】** 2 月 6 日，公司被评为中国中车 2020 年度“四星 HR”单位。3 月 16 日，公司召开党史学习教育动员部署会。3 月 24 日，公司党委副书记、总经理鄢德佳讲授党史学习教育专题党课。4 月 6 日，公司召开提质增效工作动员部署会。4 月 10 日，公司举办智能传感产业培育专家论坛。4 月 13 日，公司党委开展缅怀先烈党史学习教育祭扫活动。4 月 29 日，扬州市广陵东证新兴产业投资基金合伙企业（有限合伙）出资 8000 万元投资广东国鸿氢能科技有限公司。5 月 8 日，公司接受中车党委巡视三组巡视。5 月 12 日，公司获中国中车 2020 年党建考核 A 级、2020 年经营效绩考核评价 A 级、提质增效专项奖以及管理创新二等奖。6 月 8 日，成都云智股权投资基金合伙企业（有限合伙）出资 2500 万投资宁波中车新能源科技有限公司。6 月 18 日，公司开展党史学习教育党课宣讲活动，公司党委副书记、总经理鄢德佳作了题为《弘扬井冈山精神、不忘初心跟党走》的党课教育。6 月 25 日，公司联合开展“辉煌百周年、颂歌献给党”红歌比赛。6 月 28 日，公司参加“中车百年跟党走”主题党日活动。7 月 1 日，公司党委书记、董事长邵仁强讲授党史学习教育专题党课。7 月，中车汇融保险经纪有限公司引入新股东北京丰台科技园投资控股有限公司，组织公司全员市场化招聘竞聘。8月3日，苗永纯、梁弢任公司外部董事。9月3日，柳州民生现代制造投资基金（有限合伙）出资1535.13万元投资株洲时代华先材料科技有限公司。9月13日，公司参加中车创业140周年火炬传递活动。11月11日，公司与资本公司联合重组项目启动会召开。11月19日，公司召开员工代表大会。11月25日，中国中车党委书记、董事长孙永才到公司调研指导工作。12月9日，柳州民生现代制造投资基金（有限合伙）出资2500万元投资广东维尔科技股份有限公司。12月10日，柳州民生现代制造投资基金（有限合伙）出资9200万元投资合众新能源汽车有限公司。12月17日，风能开发产业基金（宁夏）合伙企业（有限合伙）出资5234.9万元投资延安60兆瓦风电项目。12月24日，柳州民生现代制造投资基金（有限合伙）出资5000万元投资江西省江铜耶兹铜箔有限公司。

**【公司党政工负责人】**

党委书记　邵仁强
董事长　邵仁强
总经理　鄢德佳
副总经理　丁有军
财务总监　丁有军
党委副书记　鄢德佳　牛卫东
纪委书记　牛卫东
监事会主席　牛卫东
工会主席　牛卫东

（中车金控　供稿）

# 中车新型基础设施投资开发有限公司

本栏编辑　李映雪

# 中车新型基础设施投资开发有限公司

（统一社会信用代码：9111000071784979XT）

党委书记、董事长　葛泉胜

总经理　殷立达

**【概况】** 10月19日，中车轨道交通建设投资有限公司更名为中车新型基础设施投资开发有限公司，简称中车新投，注册资本51.8亿元，设有2个事业部、2个中心、4个部门和1个分公司，公司经营范围增加工程管理服务、风力发电、太阳能发电技术服务，以及发电、输电、供电业务。全年实现营业收入1亿元、归母净利润1.47亿元，完成中车下达的双T3目标。拥有员工94人，其中硕士53人、博士4人，高级以上职称27人。

**【公司治理】** 强化公司法人治理结构建设，持续厘清各责任主体的权责边界，研究制定公司董事会落实3项职权工作方案，修订《公司章程》和《党委会会议制度》，制定《党委会会议议事范围清单》，明确党委会讨论决策事项。通过优化完善工作流程、会议秩序，规范公司董事会、党委会、总经理办公会的日常运作，通过补充外部董事，提升董事会决策水平。以《公司章程》为纲领，完善公司制度体系，全年新增修订管理制度34项。

**【规划发展】** 制定"十四五"战略规划，明确公司发展方向、重点工作和发展目标，即基于城市基础设施和新能源系统解决方案平台载体定位，以绿色产业投资为主线，秉承创新驱动、共赢发展的理念，围绕城市基础设施、清洁能源两大投资板块，开展项目投资、项目管理、资产经营、资本运作四类业务，通过实施蓝海、标准化、精益管理、数字化四大工程，形成党建引领、融资、投资、资源整合、业务拓展、项目管理、资产运营、风险管控八大能力，打造包括战略、投融资、项目、资产运营、安质环保、风险、审计、合规、财务预算、信息化十个方面的支撑体系，强化党建引领、人力资源两大保障作用，在"十四五"末，实现企业品牌强、经营业绩强、管理体系强、核心能力强和人才队伍强的发展目标。5月7日，集团组织召开风资源开发专项研讨会，确定公司新能源项目投资开发平台定位，公司城市基础设施和新能源双业务模式正式形成。

【经营管理】 公司坚持“稳健发展”工作主基调，确定经营工作思路，制订年度经营计划，分解细化目标责任，建立项目考核督查机制，落实各项保障措施，完成各项公司级重点工作、重点任务。落实国企改革三年行动要求，健全市场化经营机制，优化压缩管理层级至3级以内。开展内控评价专项工作，383个内控节点无重大缺陷。开展提质增效专项活动，强化全面预算管理，严控费用支出，加强成本管控，完成年度日常管理费用支出目标。“对标一流”“强基工程”年度里程碑目标全部实现。

【市场营销】 公司聚焦地方政府需求痛点，集中人、财、物开拓业务市场。新能源市场方面，助力中车形成“1+1+2+N”的风光资源开发业务架构，全年与两省三市县及四家企业签订合作协议、备忘录7份，达成合作共识。9月9月获取河北承德围场100兆瓦风电场项目开发权，实现新能源项目零的突破。在基金公司下设立平台公司，推动中车分布式屋顶光伏项目建设，12月30日，中车首个四方所全自主3.5兆瓦屋顶光伏项目竣工并网发电。城轨市场方面，重点跟进13个PPP项目，牵头组建联合体投标天津Z2线PPP项目，获得经济标第一的成绩。

【资本运作】 公司建强融资平台，成立财务资本中心，与多家金融机构建立战略合作关系，协同基金公司全面提升投融资能力和水平。公司与浙江省交通投资集团有限公司签订北京中车世纪一期契约型股权投资基金份额转让协议，引入浙交投作为外部战略投资者，为台州项目注入资金并完成基金份额转让，成为国资委在北京股权交易中心转让的首笔契约型私募基金案例。主导基金公司引入地方国资受让原民企股东持有的基金公司股权，实现基金公司国资化。助推中车已发行永续债的重新启用，实现提款。协助中车召开产融互动促进会，整合资源，加强项目策划和保障。

【项目管理】 公司深入开展“项目管理年”专项工作，制定实施方案，理顺项目管理流程，完善管理体系，确保管理效益颗粒归仓。履行PPP项目合同责任，统筹协调台州、无锡两个项目，按计划完成台州、无锡项目投资和项目资本金注入，管理资产规模较上年实现增长，进度目标实现预期，完成建设期年度业主绩效考核。12月2日，台州项目在浙江省城际轨道工程质量和安全生产专项督导检查中取得第一名。12月17日，无锡项目获评江苏省省级PPP示范项目。建立项目成本管理体系，落实责任成本，台州、无锡两个项目未发生成本超支。厘清五方责任，践职履约，完善安全管理制度，建立健全应急预案体系，开展安全提升各项活动，消除各类隐患，各项目实现安全、质量、环境全年零责任事故目标。以“PMBOK”为指引，初步建立轨道交通项目管理标准化体系。

【风险管理】 公司完善风险制度体系，健全常态化风险管控机制，搭建公司、项目公司和PPP项目层面的三级风险管控体系，以“精益化＋体系化＋标准化＋网格化”为原则，建立可输出、可复制、可推广的管控标准。建立公司本级14项、台州项目13项、无锡项目6项共33项风险清单，年内完成3项较大风险化解。统筹谋划形成台州项目资本融资、运营维保、风险化解的解决方案，创建中车城轨PPP项目运营新模式，理顺资金退出及运营收益通道，化解项目投资退出风险和运营风险。无锡项目明确概算范围，化解费用风险，被收录在中车风险化解优秀案例库。完成韩城项目二期基金清算，化解存量PPP业务留存风险。

【人力资源管理】 公司依托中车一体化人力资本管理体系，编制打造6支人才队伍，完成7项重点任务以及建立4重管理机制的“十四五”人力资源规划。建立育人育才机制，强化人才引育工作，开展“授业计划”“雏鹰展翅”“雄鹰腾飞”等人才培养工作，帮助新员工快速成长，搭建多维职业生涯发展通道。加强人才分类管理，全年对69名员工进行人才盘点，提升人力资源配置的科学性和有效性。通过内、外部培训，持续加强培训育人工作，全年参加外部培训68人次，全员参加内部培训平均集中培训时间大于50学时，新增行业高级证书取证14人。通过组织内部法制、经济过关考试，充实公司人才库，为公司外派董监高以及后备人才选拔提供支持。完成全员人事档案审核。

【党群工作】 公司坚持完善党建工作体系，制定年度党建工作要点，明确工作目标和方向，并按计划组织实施。制定《公司党委“第一议题”学习制度（试行）》，把学习习近平总书记重要指示批示和党中央决策部署作为“第一议题”。强化“党建共建”，搭建地方政府、沿线街道和项目参建方共同参与的党建联盟，促进项目顺利推进。推动党建进章程，完成无锡项目公司、台州项目公司党支部设立。组织开展“庆祝建党百年奋进建功新时代”“全体党员讲党课”“传承红色基因赓续红色血脉”“百年伟业　红色中车”等党史学习教育系列活动。围绕“严、律、精、细、拓、效、准、实”打造“一支部一品牌”精品工程，推进“三亮三比三评”党建金名片创建。落实意识形态工作责任制，开展党委中心组学习12次、全员形势任务教育4次、“三会一课”百余次。聚焦“企业文化年”的党建工作主题，以司节、司歌、司书和司赋为着力点，深入开展建党100周年和中车创业140周年主题活动策划和宣传，获得中车“企业文化和品牌建设优秀企业”。

落实党建工作责任，组织签订党风廉政建设责任书，开展领导干部集体廉政谈话、干部任前谈话和“一对一”谈心谈话，开展2次党建工作考核检查，组织开展党支部书记抓党建述职评议，强化支部书记“第一责任人”责任。全面落实集团公司党委巡视整改任务，针对20项具体问题制定46项整改措施，100%整改销号。持续落实“四必谈、五确保、一测评”纪律教育机制，通过以案警示、廉洁教育微视频等方式增强党员干部的廉洁自律意识。严格按照中车纪委派驻纪检组的指导，对“三重一大”重要经营决策事项审核把关。坚持党管保密原则，将保密工作纳入党委年度工作内容，组织签订保密承诺书，开展保密工作自查和知识答题。发挥党支部战斗堡垒作用和党员先锋模范作用，从严从实从细做好疫情防控各项工作。清单化推进“我为群众办实事”实践活动，制定并完成28项措施，解决员工群众急难愁盼问题。

【重要纪事】 3月5日，公司召开2021年党建暨党风廉政建设和反腐败工作会、年度工作会议。3月30日，完成韩城空轨公司注销工作。9月10日，公司董事会通过了“十四五”战略规划决议，“一体两翼四业”战略正式实施。

【公司党政工负责人】

党委书记　葛泉胜
董事长　葛泉胜
总经理　殷立达
副总经理　包建文　王洪义　朱文杰
财务总监　包建文
党委副书记　殷立达
工会主席　包建文

（中车新投　供稿）

# 中车时代电动汽车股份有限公司

本栏编辑　李映雪

# 中车时代电动汽车股份有限公司

（统一社会信用代码：91430200663975458E）

党委书记、董事长　肖高华

总经理　刘　凌

**【概况】** 中车时代电动汽车股份有限公司确立“总部8个职能+4个业务部门，分/子公司5个单元+4个科技板块孵化平台”的组织架构，形成“一个中心、七大基地”的战略布局，拥有株洲、常德、无锡、宁波、重庆、石家庄、广州等七大产业基地。整车产品应用于公交、公路、团体、旅游、物流、环卫、校车、工程车、医疗救护等领域，并逐步延伸至房车、货车等领域。年末，公司在册员工2358人，其中技术人员654人、管理人员710人、生产人员994人。公司占地面积164244.2平方米，房屋建筑面积67407.83平方米。合并层面总资产107.03亿元，全年实现销售收入34.22亿元。10月，公司实现提级管理。

**【规划发展】** 完成中车新能源商用车业务“十四五”规划、产投新能源汽车产业发展战略规划、公司“十四五”规划初稿。重庆项目总投资估算42898万元，新建建筑物包括车身车间、总装、涂装及检测调试车间、站房、办公楼、食堂及倒班楼、门卫等。项目建设达到2000台的产能。聘请天职国际、东方博融对公司分别开展组织管控与人力资源优化项目及战略咨询项目。全年完成固定资产投资20180万元，其中重点项目完成投资17836万元，非重点项目完成投资2344万元。组织开展《新能源汽车生产企业及产品准入试验验证能力补充建设项目》自主验收，并上报中车集团。

**【改革改制】** 进行组织架构变革，确定公司为强运营型管理模式。公司总部职能平台及业务平台为决策和管理中心，生产单元为生产制造执行中心，科技产业孵化平台为相关业务执行中心。以“12345”“一变两化三优四投五补”为主要工作举措，坚持利润、效率为导向，实施利润单元考核模式，优化高效赋能管控模式，化解“两金”“重大风险事项”两类风险，做优客车市场、商用车新业务市场、科创板块市场，投资“重要区位、高价值上游资源、高成长下游资源、前瞻性技术资源”四项资源、补强“技术、供应链、制造、信息化、管理”五门基础。推动新能源汽车业务的重组整合和合资合作，推进电驱动系统产业中车内部整合重组事宜，完成项目方案制定。完成公司法人治理基本制度建设，修订完善公司章程，建立制度体系明确职责权限，制定发布《党委议事规则》《股东大会议事规则》《董事会议事规则》《监事会议事规则》《总经理工作细则》等治理制度体系，加强法人治理制度宣贯，监督各治理机构决策事项执行。探索电池 PACK 业务、电辅驱业务与民营强企合资合作事宜。完成电辅驱表外孵化项目方案制定。推进组织及市场化改革，全级次组织机构精简 33%，开展经理层市场化选聘，组织中层干部竞争上岗，全级次中层职数精简 50.9%，实施中层干部“两制一契”管理，全级次中高层干部退出 70.4%，推进薪酬改革和激励机制变革。

**【经营管理】** 公司完成经营管理体系架构搭建，建立标准经营数据管理体系及管理流程，构思数据模型，用“三层数据结构 + 标准套表”初步解决多基地下的经营数据管理难题，制定发布《经营数据统计工作管理办法》。开发管理视窗数据提报系统，构建适用于“强运营管控”管理要求的信息化平台。制定经营计划并推动执行。完成无担保授信 95 亿元。贷款利率控制在 3.20%~3.5%，年平均 3.25%，较上年平均利率下降 10.73%，降低财务费用 960 万元。开具商承、云信、建信融通、融易达等各类银行票据 13.01 亿元，节省手续费 65 万元。授信银行为云信提供开立额度 17 亿元，利用云信平台办理付款结算。收到平台保荐服务费用 43 万元。与工行开展政府已清算新能源汽车补贴保理融资 1.6 亿元及一年以上应收账款保理融资 5.26 亿元，成本控制在同期 LPR 以下，节约成本 309 万元。组织集采中心、系统分公司等采购研究方案，设计公司从外部融资并向供应商提供现金折扣的开源增效模式，完成现金折扣 188 万元，净收益 105 万元。完成融资回款 16 亿元。通过与重庆客户财务充分沟通，将重庆客户 2.45 亿元回款由票据改为现金，计划回款 2.45 亿元由票据改为现金，直接降本 1066 万元，质量保证金 8000 万元由现金改为银行保函，直接降本 348 万元。进一步健全公司风险管理体系，制定风险应对方案，开展风险项目管控，全年风险敞口目标化解完成率 84.59%。股权管理坚持依法合规、优化配置、监管到位的原则。编制《投资管理办法》《长期股权投资管理办法》《固定资产投资及处置管理办法》《投资项目责任落实管理办法》《并购投资管理办法》《股权管理办法》。盘活常德公司、株洲基地，盘活其他低效无效存货资产达 4866.5 万元。推进亏损企业治理，做到全面扭亏为盈。制定两类 14 项提质增效关键措施实施计划，通过材料降本、制造降本、财务降本、资产盘活等方式降本增效 2.15 亿元。常德智能工厂投入使用，建立以制造过程问题为驱动的全链条改善系统，创新精益人才培育模式，改善 60 余项生产、工艺等问题；持续优化工位制节拍化产线平衡率，整体产能爬升至 50 台 / 天，平均生产周期缩短至 19 天。全年回款 50.4 亿元，应收余额下降 14.6%，严格管控存货总量，提高滞留物料周转率，“两金”余额较上年降幅 13.5%。以精益绩效系统促进“产 - 供 - 研 - 销”全过程精细化。公司获评精益管理二级（中）单位，新建 1 个中车精益二级车间。《新能源商用车企业全过程数字化质量管控模式创建》《基于常德“智能工厂”建设的管理创新》获得第二十二届湖南省企业管理现代化创新成果二等奖；《基于商用车行业大数据的全过程质量管控模式构建》获得中国中车第六届管理创新成果二等奖。公司总部作为经营决策中心和指标管理中心，通过设计子公司业绩指标体系，参与指标实现过程项目化管理等方式，管控各子公司具体经营活动。

【科技创新】 公司全年科研投入1.7亿元，新立科研项目16个，延续项目13个，结题11个。其中“第六代纯电驱动系统技术平台开发”项目通过中车成果评价，“基于模块化的10米纯电动城市客车平台产品开发”项目获中车科技进步一等奖，“商用车高可靠智能集成控制器的开发”项目成功申报中央引导地方科技发展专项。下属子公司长沙中车智驭新能源科技有限公司被认定为高新技术企业。年末，公司及下属子公司被认定为高新技术企业的共计4家。申请专利157件，其中发明专利74件，海外专利11件，组织技术人员发表科技论文23篇，其中EI1篇。完成主销产品大中型公交模块化提升和造型升级，发布骨架模块101个，骨架模块化重量超过50%；型材规格数量精简统型，品种减少10%；支架/小件通用化设计，品种减少20%；材料利用率板材提高到85%，型材提高到90%。通过应用机器人焊接工作站、骨架制作精度专项工作，蒙皮平整度明显提升，涂装原子灰用量减少18%。完成大型公交车平台造型更新，应用家族化造型元素、LED灯具；完成公告拓展，两个车型形成批量销售。主销产品平台迭代升级，全新2.0代高品质模块化中大型新能源城市客车完成开发、销售，采用最新家族化造型设计语言，整车经济性、安全性、可靠性提升，平台化、模块化设计理念逐步成型；完成X12高端城市客车与V5微循环城市客车开发、销售，实现公交装备人性化与智能化升级；全新中大型公路客车完成样车开发及试验验证。纯电动洗扫车、洒水车、垃圾压缩车等实现技术升级。第六代纯电驱动系统产品完成测试验证和批量应用。辅助驾驶产品批量装车应用，L4级无人驾驶小巴示范运行。逐步完善智慧公交、智慧环卫、智慧物流平台设计，探索构建公司新能源商用车一体化解决方案。

【市场营销】 国内整车板块全年投标132次，中标63次，中标台数2881台，中标率48.5%。客车板块实现105批次签单，签单金额22.71万元；专用车板块实现26批次签单，签单金额1.5亿元。全年新增客户67家，共签单412台，签单收入2.75亿元。与恩施市交通运输局签订合作协议，就智慧交通方案试点项目等内容进行合作。海外市场累计签单超2.85亿元，在新西兰、马来西亚、韩国、匈牙利等国家形成批量订单。全年发生违约事件0起。通过辅助当地企业整车设计并输出三电系统加电动底盘，与经销商或海外当地运营商联合开发针对目标市场国家的样车，在科特迪瓦、挪威、以色列等国家市场取得突破。开发北欧、中东和拉美地区合作伙伴并签署经销协议，建立战略合作关系。

【产品展出】 4月18日，100辆C12Plug服务重庆长嘉汇半程马拉松。5月4日C10服务湖北长江马拉松。6月1日环卫车在天津环卫展展出。6月5日，环卫新品在甘肃环保产业成果展展出。7月8日，三款新品在北京道路运输车辆展展出，推出智慧交通新方案。9月16日，5款新品在2021年湖南省绿色出行宣传月暨公交出行宣传周活动亮相。9月27日，高端公路客车F12在中非经贸博览会展出。10月26日，公交、环卫产品在绿博会展出。12月10日，智慧公交、智慧环卫在轨博会展出。

【质量管理】 重新梳理公司全范围涉及质量工作管理制度，分级分层修编管理制度。实施ISO 9001/IATF 16949质量管理体系、ISO 3834焊接管理体系、欧盟认证、生产一致性管理体系、专用车ISO 9001质量管理体系认证的维护、改进，并保持相关资质有效。开展以“强化自主管理，建设质量强企”为主题的质量月活动，开展质行者讲师培训、全面质量管理知识竞赛、技术质量征文评比等活动。实施12个重大质量改进专项，开展56项QC改善项目，获得4项省级、3项国家级QC奖项。实施体系审核、制造过程审核专项审核15场。开展质量整改和攻关，电路板物料上线不良率下降40%，来料合格率达到99.4%，新出厂车辆售后市场流锈水问题比率降低。全年累计首万公里平均单台故障0.23项/台，同比上年0.25项/台下降8%。质量损失率控制在0.4%，较上年度下降8.6%。

**【人力资源管理】** 编制公司“十四五”人力资源战略规划。公司领导班子严格落实“一岗双责”。构建职业经理人制度体系，班子成员由9人减至8人，新任副总经理3人，其中1名行业专家、1名中车首席技术专家、1名1984年出生的职业经理人，原经理层退出4人，班子结构更加合理。开展关于推动高质量发展领导班子建设专项行动，加强“五强”班子建设。组织开展全体中层干部竞争上岗，公司党委管理的中高层管理人员退出63人。精简用工总量，科学定岗定编，开展全员竞聘上岗，实现低绩效员工逐步市场化退出。全年引进人才20余名。核定各业务单元用工人数并动态调整。分批次下达人员配置计划。制定薪酬改革方案、揭榜挂帅方案、科研项目分红方案。通过提高绩效比例、强制绩效分布、设置绩效系数等方式，强化收入与组织绩效、个人贡献的匹配。全年组织公司级重点培训项目10余项，人均受训40课时以上。发布红英研修社、菁英博学堂培训方案，围绕建党一百周年、国企三年改革、干部领导力等开展专场培训8次。完成2021年中级专业技术职务职称评聘工作，13名员工获评中级职称。开展高级工及以下等级职业技能认定，3名员工获评高级工。承办中车产投首届职业技能竞赛、中车电动第二届职业技能竞赛，两项赛事共设6个职业工种，110名选手参加比赛，中车电动技能人员获一等奖6人，二等奖12人。举办领英精益坊班组专项培养项目，32名班组管理者参加，改善班组现场精益问题7项。全年社会化引进行业技术、营销人才70余人。依托公司博士后科研工作站，柔性引进1名博士进站开展科研工作。首次采用网络直播形式线上招聘。上线公司集团化招聘与人才测评系统，协同公司总部与下属公司的招聘联动。

**【企业文化建设】** 全年被省级以上媒体报道108次，全网总报道量2100篇。中国中车官微转载报道59篇。《200余台中车电动C10投运新疆阿克苏》报道被人民日报等30余家媒体采访报道。CCTV13播出的《沿着高速看中国》特别节目中，中车电动自动驾驶客车作为智能网联汽车代表被详细报道4分钟;《中车电动：湘豫同心　捐赠价值400万元环卫装备驰援河南》《零距离感受中车电动“超级工厂”的独特魅力》等系列报道，被40余家主流媒体以及行业媒体发布。邀请新华社驻法国分社到巴黎现场进行报道，新华社用5国语言对外报道《全球连线|中企制造自动驾驶客车在法国开启路况示范运行》。以“从车开驶，向美而行”为主题，融入“红色、厚重、温暖”六字基调，从四个方面展示“向美而行”的品牌行动，以庆祝建党100年、中车创业140年、“三大智慧平台”、科技创新等为重点，展示文化自信，强化品牌经营。在2021年“新能源客车第一影响力指数”排名行业第二，获得第十七届中国公共关系行业最佳案例铜奖。VI视觉识别方面，监督检查本单位及所属子企业VI系统，做好VI应用审核。开展“VI回头看”活动超4次，对品牌专管员进行培训。BI行为识别方面，开

展公共秩序、会议管理和办公区域5S管理检查不少于10次，每月督办部门级BI自查管理。开展“中国中车百年伟业再起航”升国旗、中车电动“护航”中车140周年火炬传递、“体验‘車’科技”走进新时代公众开放日等系列活动。开展“庆祝建党100周年、创业140周年”文艺作品征集活动，获得集团公司书画类二等奖1项、三等奖1项。《中车赋》主题文艺作品获集团公司书法类一等奖1项、三等奖1项，朗诵类二等奖1项，绘画类三等奖1项。

**【党群工作】** 持续推进企业现代化治理体系建设，严格落实党委会“前置程序”要求，以“五会一层”决策制度完善为抓手，将党的领导有效融入公司决策、执行、监督等各环节。针对制约企业发展的体制机制问题，推进组织变革，深化三项制度改革。推进公司组织架构调整和管控模式变革，全级次组织机构精简33%。推进巡察整改，全面梳理2021年中车产投党委巡察“五合一”反馈意见，制定整改措施，分类整理形成100个问题点。开展党委理论学习中心组学习。公司党委书记带头宣讲，成立党史教育宣讲团，组织宣讲20余次。开展“百名党员讲党史”微党课竞赛，100名党员参赛。开展“党史知识线上竞赛”，党员、职工群众参赛答题。各级党组织赴韶山、茶陵、嘉兴等红色教学点举行现场教学活动10余场次。为全体党员发放指定教材，组织开展自学。庆祝中国共产党成立100周年，组织开展“七个一”系列庆祝活动，包括重温入党誓词，庆七一升旗仪式及“学史力行”誓师，“百年征程，毅起前行”主题健步行活动、“红心向党”线上红歌会等。开展“我为群众办实事”实践活动，解决基层和群众急难愁盼问题。打造党建金名片，持续推进“一支部一品牌一特色”。常德中车党支部“红五星”党建品牌，通过打造“红色”生产线，实现稳定产能日产30台，最高达日产36台，节拍时间缩短20%，人均劳效提升10%以上。

聚焦改革发展重大决策部署，围绕中心工作强化政治监督，协助党委一体推进“三不腐”，加强“一把手”监督；做实常态化监督，整合“大监督”各方力量开展专项监督；突出再监督职责，畅通线索渠道，严肃执纪问责。

利用“学习强国”平台开展个人学习。推出“建党100年、中车创业140周年”系列“红色品牌”。全年以建党百年为契机，从“绿色新客车·红色新课堂”“党员先锋”、“中车文创”等方面，发布32篇推文。将城市公共交通与弘扬红色文化相结合，使乘客在乘车中学习党史。

推进公司产业工人队伍建设改革。开展“民主管理3+1模式”创新研究，获中国中车工会组织民管工作优秀“三有”创新成果奖。开展中层干部任前民主测评。对公司内部人才流动竞聘上岗过程实施监督。开展多种形式的体育健身和竞赛活动，开展“百年征程　毅起前行”全员健步行、“红色亲情之旅”之情系常德基地“超级工厂”、气排球比赛、“凝心聚力，跃动精彩”跳绳比赛、“喜迎建党百年　欢度缤纷六一”、“书香中车女职工读书季”等文体活动。共青团组织推进青年思想引领、全面从严治团、岗位建功创效等各项工作，团员青年投身企业发展活力明显增强，8人次获得上级团组织表彰，其中肖乾亮获得湖南省青年五四奖章。

**【下属子公司】**

**常德中车新能源汽车有限公司**　是中车电动常德子公司，定位为中车新能源汽车最大的产业化基地。年末，QCDS年度核心指标全部达成，单台质量缺陷数同比下降50%，产能突破50台/天，EHS年度绩效指标全面完成。完成10.5米车型骨架、车架模块化定型；完成8米、10.5米机器人自动焊接夹具开发及应用。完成自动化产线拉通及三大车间瓶颈改善，日产50台以上。完成零部件焊接机器人生产线、侧围机器人焊接生产线、车架机器人焊接生产线的调试拉通。车架焊接机器人生产线在沈阳，无锡、星沙批量订单中组织生产应用，一次合格率≥85%，单片生产节拍≤10分钟。完成涂装机器打磨，中涂及面漆机器人系统调试并投入批量订单生产，完成近700台车辆自动喷涂和300台车辆自动打磨。

**浙江中车电车有限公司** 是中车电动宁波子公司，建设有国内先进的新能源商用车研发中心、院士工作站等研发平台，以及国家工信部“智能制造2025项目”示范工厂。公司业务以宁波为中心，实现浙江区域全覆盖，辐射全球海外各重点城市，年销售收入超过7亿元。继10台氢能大巴亮相2021年博鳌亚洲论坛，年内生产的氢能大巴分别服务于东盟博览会、十三届中国—东北亚博览会。科创成果向市场端转化，应用超级电容及快慢充电池形成快充技术路线，应用氢燃料发动机及电池形成绿色氢能车型，应用铝合金、不锈铁等新材料形成轻量化车型，应用智能驾驶技术形成智能驾驶车示范运营。

**重庆中车恒通汽车有限公司** 是中车电动重庆子公司，专业从事新能源客车、专用车的研发制造。公司占地面积24万平方米，位于重庆市璧山高新区，已建成一条拥有较高智能化水平的焊装、总装、涂装、电泳全工序生产线，具备年产5000台新能源客车生产能力。

**无锡中车新能源汽车有限公司** 是中车电动无锡子公司，公司注册资金6.9亿元，占地483亩，位于无锡惠山经济开发区金惠路569号，年末在岗员工232人。公司产品覆盖公交、公路、团体、旅游等新能源客车，以及校车、工程车、物流车、救护车等专用车系列。公司在江苏省内新能源客车行业排名第三位。向专用车生产基地转化，研发并开展医疗救护类、应急救援类、工程车等专用车业务。投资6651万元充电桩项目，完成无锡公交充电终端的建设与运营。

**长沙中车智驭新能源科技有限公司** 是中车电动智驭子公司，主要负责智慧出行、智慧环卫、智慧物流“三大平台”及智能驾驶的研发及推广。“三大平台”项目总投资5亿元，一期投资1亿元，二期投资2亿元，三期投资2亿元。联合长沙市政府制定自动驾驶公交团体标准，建设全国首条开放道路自动驾驶公交示范线，以长沙智慧公交1号线为起点延伸到上海、广州、重庆、无锡等地，是客车行业开放道路示范项目数量的第一，也是国内首台出口欧洲的自动驾驶公交车。

**智源项目部** 智源项目部于4月批复成立，10月完成组织架构调整。下设市场组、技术组、质量组、制造组，拥有员工42人，由中车电动统一对党群工作、人力资源、资产投资、财务进行管理。负责为中车电动提供整车业务售前售中售后支持，电池方案设计、物流、质量管控等；一体化底盘电池设计开发、生产，轨道交通、商用车、储能、工程机械等电池系统产品开发、生产及销售。成功研制轨道交通首款1500伏磷酸铁锂电池、750伏一体化底盘电池、果园机用48伏电池箱等平台产品；完成电池评测体系、BMS核心算法开发、安全预警技术研究等基础技术布局。全年开发客户16家。实现营收6382万元。搭建完成电池模组手动装配试制能力、模组激光焊接试制能力、PACK手动试制能力。

**【重要纪事】** 2月5日，公司召开一次三届职工代表大会。2月，公司中标四川省宜宾市批量纯电动环卫车订单。4月10日，公司召开党史学习教育动员部署会。4月25日，12辆中车电动纯电动客车亮相奥克兰，获得奥克兰市长点赞。5月20日，在宁波举行公司出口新西兰惠林顿高端纯电动客车发车仪式。5 月 31 日，974 辆中车电动纯电动客车陆续交付沈阳。6 月 30 日，公司召开庆祝中国共产党成立 100 周年暨“两优一先”表彰大会。公司党委书记、董事长肖高华讲授学史力行专题党课。8 月 9 日，中车电动“极光空间”——移动加强型二级生物安全实验室增援江苏疫情防控。9 月 16 日，中车电动自动驾驶客车通过法国巴黎道路测试。10 月 18 日，公司举行管理层级调整大会。10 月，公司“城配智慧物流平台”在长沙上线试运行。11 月 2 日，公司自主开发的农业机械电池平台产品 L606NJA 动力电池系统亮相。12 月，中国中车党委副书记王铵，中国中车党委常委、中车股份副总裁马云双先后到公司调研指导工作。

**【公司党政工负责人】**

党委书记　申宇翔（任至 4 月）
　　　　　肖高华（4 月任）
董 事 长　申宇翔（任至 4 月）
　　　　　肖高华（4 月任）
总 经 理　刘　凌
副总经理　唐广笛　易丰良
　　　　　汪　伟（任至 9 月）
　　　　　刘厚林（9 月任）
　　　　　赵　云（9 月任）
　　　　　张　巍（9 月任）
总工程师　汪　伟（任至 9 月）
　　　　　刘厚林（9 月任）
财务总监　易丰良
党委副书记　刘　凌
　　　　　李群波（任至 7 月）
　　　　　李龙煊（7 月任）
纪委书记　李群波（任至 7 月）
工会主席　李群波（任至 7 月）
　　　　　李龙煊（7 月任）

（中车电动　供稿）

# 中车科技园发展有限公司

本栏编辑　李映雪

# 中车科技园发展有限公司

（统一社会信用代码：91110000551415261J）

党委书记、董事长　官良国

总经理　谢传军

【**概况**】 中车科技园注册资本金80亿元。年末，拥有在岗职工494人，其中总部99人、子公司395人。全年实现营业收入54.4亿元，同比增长23.8%；净利润17.5亿元，同比增长215.7%，完成集团公司下达的双T3指标。公司总部共有11个部门（含巡察组），拥有独资、合资子公司19家，分别为齐齐哈尔东湖房地产开发有限责任公司、黑龙江悦湖房地产开发有限公司（已进入清算注销阶段）、大连大力房屋开发有限公司、大连大力置业有限公司、天津乐湖房地产开发有限公司、荣成翠湖房地产开发有限公司、中车置业（太原）有限公司、太原万佳安居置业有限公司、中车科技园（成都）有限公司、中车科技园（兰州）有限公司、中车科技园（青岛）有限公司、中车科技园（长春）有限公司、长春春城科技园有限公司、天津中车津浦产业园管理有限公司、北京中车南口科创园区管理有限责任公司、北京时代新园物业管理有限公司、南车投资管理有限公司、泰安傲徕峰山庄有限公司、海南鑫源置业发展有限公司。

【**规划发展**】 公司聚焦“1538”经营工作思路，坚持“稳中求进”的工作总基调，以高质量发展为主题，不断推动土地盘活“走出去”、园区运营建模式、产业导入扩路径、巩固基础强管理和深化改革显成效，“系统、精益、跃升”三大动力，打造“八个一流”，加速将公司打造为央企不动产经营平台典范。平台建设方面，围绕中车“五个一流”规划目标及“五化”“五力”“五强化”的建设要求，在土地盘活项目攻坚战、深化改革方面取得进展，在产业园建设运营、盘活存量资产、补齐业务短板、优化机制压实责任等方面完成阶段性目标，为“十四五”时期全面提升系统解决方案能力、打造专业能力优、基础能力强、政治有保障的中车不动产经营平台奠定基础。业务发展方面，立足“土地整理与不动产经营”的战略定位，按照“服务主业、盘活利用好土地不动产资源为公司增收增效”的总体部署，推动重点项目，盘活利用流转土地1000亩、贡献收益20亿元以上，完成年度工作计划。经营业绩方面，积极应对新冠疫情、市场下行等不利因素，制订年度经营计划，确定年度主要经营目标，通过运用动态实时监控系统，及时分析各项目签约、营收和回款缺口，掌握工作进展，明确影响年度目标实现的各类风险，明确工作核心，持续督促落实目标任务。

**【改革改制】** 围绕“全面建设不动产经营平台、打造央企不动产价值提升典范”的发展目标以及国企改革三年行动具体要求，制定改革方案，建立改革工作机构，推进平台业务发展，为集团公司实施“资源优配工程”“多元发展工程”等提供保障。年底，公司六个方面的改革工作，14个子项，37条举措，总完成率83.78%。深入落实三项制度改革，推行领导干部“两制一契”管理，实现中层领导干部竞争上岗10人，畅通外部人才进入、内部人员交流渠道，建立专业人才流动机制，激发人才活力。按照集团公司改革部署，完成南车投资公司产权关系层级调整。

**【经营管理】** 继续开展以“发展高质量、业绩稳提升”为主题的“1+6+15”提质增效工作，制订2021年度提质增效工作方案，开展6大类15项重点专项工作，党政工团齐抓共管、突出管理创新、强化督导考核，压控各项费用支出。继续围绕“对标一流”和“强基工程”专项管理提升行动，明确具体工作要点清单，建立月报制度，动态监控完成情况。明确11方面33项“对标一流”2021年重点突破项目及重点举措里程碑成果，完成32项，完成率97%。明确“三年强基”2021年度“十大突破”项目40个里程碑节点及134项具体实施项目清单，完成率100%。继续加强“两金”压降专项工作，年底公司“两金”总额108.96亿元，控制在年度目标117亿元范围内。制定亏损企业治理方案，落实“一企一策”扭亏控亏措施，持续推进亏损企业治理专项工作。年末，公司全级次法人17户，亏损3户，亏损金额2887万元。全程出席国资委主办的“中央企业存量土地统计分析及盘活利用研究课题”研讨会，联合多家央企共同编纂《中央企业存量土地统计分析及盘活利用研究(2021)》课题报告。

**【项目开发与销售】** 公司落实“全面跃升年”主题，突出精准施策，促进项目去化。持续完善销售管理制度、优化工作流程，制定营销体系标准模板，全面提升销售效率、优化销售管理。运用成交数据，清晰客户画像，获取高质量客户，实施精准销售策略，增加成交机会。实现销售签约额31.3亿元。成都项目，实现销售快速去化。成都项目三期10月底取证，受疫情影响11月24日开盘，通过及时总结一、二期成交客户经验，缩小投放范围，精准投放，促进现场有效导客。制定针对性话术，深度挖掘客户，对竞品动态进行实时监控。项目去化率区域第一。大连项目，蓝月湾项目作为新项目入市，制定了“抢”的销售策略，3月临售抢先市场发声，抢先蓄客，抢先摸底客户，抢先锁定客户，抢先开放亮相，抢先开盘销售。7月开盘，全年成交位列区域第二。花溪镇项目进入顺销期，按照多次加推、小步快跑的推售节奏，搭配制造销售节点，实现快速出货。蓝月湾项目、花溪镇项目联动，区域市场占有率达67%，全年实现T3签约指标。太原项目，通过节点折扣策略把控，分户型制定销售策略，实现145平方米以下户型清尾，在不损失利润的情况下，制定车位去化方案，效果明显。加速了抵账房协议签署工作。荣成项目，深入挖掘业主诉求，打造品质健康生活，开展惠及业主、惠及群众的多层次、多形式、多领域活动。9月澜湾建筑美学体验馆开放，以共享空间服务城市文化生活，不断提升城市人文环境，推动项目品牌深入人心。项目业绩保持区域市场前列。兰州项目，主打共享理念，在区域内进行创新性改造、更新、升级，旨在构筑“最美一公里美好生活圈”，坚守工业文明，谋求城市创新发展。项目业绩处于区域市场前八。青岛项目，项目原址为1900年建成的四方机车厂，项目着重品牌打造，提升城市品质，改善城市环境。在年末102#住宅首开中，取得市北区市场年度解筹率、签约速度第一的成绩。

**【人力资源管理】** 重点在人才队伍系统规划、市场化选人用人机制、差异化薪酬绩效体系建设、干部队伍能力培养提升等方面开展工作。明确公司总部及子公司的招聘标准及招聘流程。强化劳动合同管理，建立内部用工平台，做好人员分流安置。引入竞争性选拔方式，开展中层管理人员竞争上岗工作。开展管理人员“两制一契”工作，完成子公司领导班子“两书”签订，完成公司总部部门负责人和子公司中层管理人员《任期承诺书》签订。业绩导向和价值导向相结合，优化差异化薪酬体系。严格落实增量招聘管理、建好存量流动机制，优化转型期人才队伍结构。年内组织员工交流34人次。

**【企业文化建设】** 承担中车红色文化书籍项目，编辑出版《红色中车：国家名片的红色基因》，为中国轨道交通工业140周年献礼，累计向中车及兄弟单位分发书籍1.3万余册。启动公司品牌建设与规划项目，提炼企业核心价值观体系，传唱中车之歌，广泛开展“中车日”和中车创业140周年庆祝活动，深入开展《中车赋》诵读和VI应用专项培训。做好宣传报道和信息报送，公司OA内网发布新闻1025篇，同比增长118%，在集团网站、《中车简报》、《中车报》等载体发稿120篇，同比增长216%。在副省级以上媒体发表新闻20余篇，微信公众号累计发表153篇。

**【党群工作】** 公司党委领导班子、各支部书记、中层领导干部带头学习，讲党课95次。组织开展“3+读书季”活动，两级党组织开展读书学习活动195次，党员群众550余人次接受学习教育。与地方政府、社区和相关合作单位开展共联共建活动30余次。编发《科技园公司“党史学习教育”工作简报》，宣传“党史学习教育”工作动态和典型经验、先进做法，编印《党史学习教育简报》26期，在集团党史学习教育工作简报发表18篇。学习习近平总书记重要指示批示和讲话精神10次。深入开展庆祝建党100周年系列活动。开展宣传引导、“两优一先”评选、“党课开讲啦”、“永远跟党走”“奋进建功新时代”等7项主题活动。选优配强基层党支部领导班子，5个党支部完成委员增补工作，6个党支部按期开展换届选举，选树3个基层党支部，推动南车投资公司党支部管理工作有效衔接，实现党组织设置全覆盖、支委会与领导班子深度融合全覆盖。开展劳动竞赛、职工提合理化建议、“六送三关注”送温暖等活动。完成8家子公司“新小家”建设。慰问受疫情影响较重的兰州、大连、成都等子公司135名员工。太原置业公司、成都科技园公司分别获得中华全国铁路总工会女职工委员会“铁路爱心屋称号”，开展第五届“书香中车·女员工读书季”活动并获集团优秀组织奖。制定《公司党建带团建工作实施方案》《关于加强公司共青团和青年工作实施纲要》，加快实施青春领航、育才、创效、强基“四大工程”，将优秀青年员工输送到重要技术和管理岗位培养使用，引导公司青年职工岗位成才、全面发展。

【重要纪事】 1月1日，时代园区公司获得中关村科技园昌平园区双创办颁发的“昌平区双创服务平台”荣誉称号。1月5日，中车科技园获中国中车“非制造类企业品牌贡献奖”。1月5日，太原置业公司中车·国际广场一期获“山西省园林小区”称号。3月9日，中车科技园获中国中车2020年度党建工作责任制考核“A级企业”。3月30日，中车科技园获中国中车工会“财务会计规范管理先进单位”四星。4月15日，中车股份副总裁余卫平检查南口科创园区安全工作。4月30日，青岛科技园公司中车四方智汇港项目102#地块举行开工仪式。4月，天津乐湖公司滨海湖生态旅游度假区A7地块（即绅湖园）A区项目16号楼，获天津市建筑业协会2020年度天津市建筑工程“优质结构评价”工程。5月11日，中车科技园获中国中车2020年度“突出贡献奖”“提质增效专项奖”。5月18日，太原置业公司中车·国际广场小学项目获山西省建筑业协会颁发的“2020年度山西省建设工程汾水杯”奖。5月20日，中国中车党委书记、董事长、总经理（总裁）孙永才，中车股份党委常委、副总裁王宫成，中车科技园党委书记、董事长宫良国等受邀到天津市河北区调研考察“中车科技创新城”项目进展。5月27日，中车科技园获中国中车2020年度工会工作考核评价A级企业。6月7日，中国中车党委书记、董事长、总经理（总裁）孙永才，中车股份党委常委、副总裁马云双，中车股份党委常委、副总裁王宫成等到兰州科技园公司调研。6月18日，长春科技园公司取得长客高新厂区低效用地项目土地。6月20日，太原市市委常委、宣传部长、副市长杨继承到原置业公司中车·国际广场三期项目开展安全督查检查。6月21日，中车科技园获中国中车2020年度“优秀领导班子”称号。8月3日，荣成翠湖公司澜湾二期项目开工。9月16日，中国中车党委副书记、总经理（总裁）楼齐良到中车科技园总部调研座谈。9月16日，成都科技园公司中车·共享城艺展中心获2019—2020年度中国建筑学会建筑设计奖-室内设计一等奖。9月22日，南车投资管理有限公司100%股权划转至中车科技园。9月25日，贵州省委副书记、省长李炳军考察调研成都科技园公司中车·共享城。9月28日，兰州市七里河区晏家坪路口环境综合整治项目完工，举行兰州科技园公司“中车·拾光广场”开放仪式。10月27日，中车科技园完成工商登记变更，公司增资30亿元，注册资本金达到80亿元。11月2日，中车科技园与中车商业保理有限公司开展票据业务合作，签订总额度8亿元的合作协议。11月10日，荣成翠湖公司自在澜湾城市客厅项目获TITAN地产奖文化建筑类·铂金奖。12月21日，青岛市市长赵豪志到中车四方智汇港项目考察调研。12月25日，青岛科技园公司中车四方智汇港项目102#地块开盘。

【公司党政工负责人】

| | |
|---|---|
| 党委书记 | 宫良国 |
| 董事长 | 宫良国 |
| 总经理 | 谢传军 |
| 副总经理 | 沈浩淳（10月任） |
| | 于敬华　王国韬 |
| | 赵咏梅　王建永 |
| 财务总监 | 赵咏梅 |
| 党委副书记 | 谢传军　曲　涛 |
| 纪委书记 | 曲　涛 |
| 监事会主席 | 曲　涛 |
| 工会主席 | 曲　涛 |

（中车科技园　供稿）

# 中车北京二七机车有限公司

本栏编辑　李映雪

# 中车北京二七机车有限公司

（统一社会信用代码：911100006646390189）

党委书记、执行董事　孙　斌

总经理　曹　岩

**【概况】** 二七机车公司主要经营范围包括：开发、设计、销售铁路及城市轨道交通运输设备、电子设备、机械电器设备；提供技术咨询服务；出租商业办公用房等。公司实现营业收入14924万元。年末，公司员工674人，资产约27.9亿元。下属参股公司2家，分别为北京中车长客二七轨道装备有限公司、北京中车二七达诺巴特机床制造有限公司。

**【规划发展】** 年内，公司完成出租清单梳理，测算租赁期限和租金，明确承租方准入条件，编制房产出租风险防控预案，编制租赁合同。租赁价格评估报告通过中车集团专家评审。与北京产权交易所、上海联合产权交易所沟通、咨询，开展进场挂牌交易前准备工作。新增盘活土地房屋10.08万平米。全年实现租赁收入11763万元。

**【经营管理】** 落实“提质增效”“强基工程”“管理提升”等工作，公司编制工作方案，建立月度工作报告制度，按时总结上报。超额完成年度主要经营目标，按计划完成全面预算管控、亏损子企业治理、低效无效资产股权处置、应收账款清欠等工作。处置低效无效设备430台，通过盘活资产实现回款1039万元。完成重机公司与二七康库得公司合并报表除表和人员安置工作。做好新冠疫情防控，公司及相关方人员均未出现感染病例。开展制造业遗留危险源处置工作，进行危险源辨识并健全管控措施，公司安全管理有效控制，安全生产状况有序可控，总体稳定。年内，公司无死亡事故、无新增现岗职业病、无轻伤，无重大盗窃案件和重大火灾事故。COD排放量0.1215，氨氮排放量0.0107，二氧化硫、氮氧化物排放量均为0，能源消费量601吨标煤。通过碳排放权交易，实现碳资产收益346万元。开发拓展培训业务，承办中国中车职业技能等级认定考评员培训项目，累计培训617人次；依托二七纪念馆、烈士墓、留法勤工俭学旧址等红色资源开展红色党史培训项目，接待12批次共355人；协助集团公司完成初、中、高、技师、高级技师五个等级的职业技能等级认定；落实职业技能提升行动“互联网+职业技能培训”要求，组织1101人参加“互联网”线上培训，全年培训业务收入超100万元。

【“三供一业”移交】 完成5245户供水移交改造工程，楼内线改造工程完成95%，自来水切改工作基本完成。已完成供电移交改造工程、供电职能及资产移交。已完成供暖改造工程、管理职能、资产移交与划转，完成资产核销。北京房修一建筑工程有限公司于11月1日进驻公司宿舍区接收物业管理工作。

【基建与技改】 完成窦店产业园项目六座厂房及配套附属设施、厂内试验线及联络线建设。6月8日，园区举行中车北京轨道交通装备产业园开园暨北京中车长客二七轨道交通装备有限公司投产下线活动，产业园制造的北京地铁19号线首列车亮相，项目累计完成投资约21亿元，已完成工程施工结算。完成国家冰雪运动科训基地建设，速滑馆、轮滑馆、运动员公寓及综合风洞等训练科研场馆投入使用，国家速度滑冰队等多支国家集训队入驻基地。二七厂国家冰雪运动科研训练基地是备战2022年北京冬季奥林匹克运动会的配套工程之一。

【人力资源管理】 持续推进改革三年行动及市场化经营机制改革，组织领导班子成员签订《聘任（任期）协议书》和《年度目标责任书》，实施“两制一契”管理。开展公司治理体系和治理能力现代化建设，制定并下发《中车北京二七机车有限公司外部董事管理办法》。配合中车集团完成市场化灵活用工操作许可证管理信息化平台上线工作，将相关方及市场化灵活用工人员相关信息纳入规范化、系统化、信息化管理范畴。以中车集团人力资本管理体系数字化建设二期工程和国资委人才资源数据统计工作为契机，规范建立人才报表体系。实施以岗位绩效工资制为基础、多种分配激励机制并存的薪酬体系，加强考核管理，提高工作效率，员工收入逐年稳步增长。开展住房公积金补缴工作，完成住房公积金补缴1603人。

【企业文化建设】 围绕建党100周年、中车创建140周年，以及公司党委中心工作和公司转型发展重点、亮点工作进行正面宣传。“百年二七”微信公众号原创作品数量较上年度增加一倍。组织“庆祝建党100周年、创业140周年”文艺作品征集、《中车赋》文艺作品征集，参与中车“大国顶梁柱　永远跟党走”微电影微视频征集、“百名青年讲党史”视频故事征集、“在党旗下，我们铸就大国重器”中央企业故事大赛和品牌故事大赛等活动。用好红色资源，赓续红色血脉，完成长辛店二七纪念馆全国、国资委爱国主义教育基地申报，基地得到中央政治局委员、全国总工会主席、国资委领导等参观者的好评和认可，成为党史学习教育热门选择。实现公司内部宣传工作逐步向全方位、深层次、高标准的转变。

【党群工作】 不断加强党的建设，发挥党的领导核心作用，政治建设坚强有力，思想建设效果明显，组织建设更加规范，党风廉政建设有效推进，群团、信访、维稳、保密、统战工作稳步开展，较好发挥了各自作用。公司各级党组织紧密围绕经营中心工作，实现年初制定的工作目标。通过产业疏解，改善企业经营状况，超额完成集团下达的经营指标，有序解决历史遗留问题，达成社会职能剥离目标，提升运营管控能力，财务管控成绩显著。逐步明确未来规划定位，四个“二七”重组整合顶层设计，系统谋划，稳步推进。深入实施中国中车“两制一契”管理工作要求，组织开展“五强”领导班子建设专项行动，持续提升领导干部“八项本领”“七种能力”，干部队伍建设不断增强。贯彻落实全国国企党建会精神“回头看”工作成效明显。开展“党史学习教育”，学习习近平总书记“七一”重要讲话精神，开展“我为群众办实事”实践活动，员工获得感进一步增强。

**【重要纪事】** 2月8日，集团公司党委书记、董事长刘化龙，党委副书记、执行董事楼齐良到公司现场调研慰问，实地参观考察二七国家冰雪科研训练基地大道速滑馆、体育训练综合风洞实验室等场馆。10月21日，中央政治局委员、国务院副总理孙春兰到二七国家冰雪科研训练基地调研，听取训练备战工作汇报，考察体育运动综合风洞、模拟训练系统、速滑馆，看望慰问备战运动员、教练员和工作人员。

**【公司党政工负责人】**

党委书记　史硕致（任至8月）
　　　　　孙　斌（8月任）
董事长　史硕致（任至12月）
执行董事　孙　斌（12月任）
总经理　郭凤江（任至6月）
　　　　　曹　岩（8月任）
副总经理　王玉民
　　　　　王武建（任至6月）
　　　　　孙　斌（任至8月）
财务总监　王玉民
党委副书记　郭凤江（任至6月）
　　　　　曹　岩（8月任）
　　　　　陈　江
纪委书记　陈　江
监事会主席　陈　江（任至12月）
工会主席　陈　江

（二七机车公司　供稿）

# 中车北京二七车辆有限公司

本栏编辑　李映雪

# 中车北京二七车辆有限公司

（统一社会信用代码：91110000663703559N）

党委书记、执行董事　孙　斌

总经理　曹　岩

【概况】 二七车辆公司占地面积63.02万平方米，建筑面积19.28万平方米。年末，公司员工1167人，其中正高级工程师3人，具有高级专业技术职称53人，中级专业技术职称41人，具有高级技师资格7人，技师资格22人。公司设备884台，原值10797.89万元，净值2912.86万元。房屋161栋，原值15122.42万元，净值2511.17万元。构建物144处，原值2543.30万元，净值665.25万元。公司主要业务为通用机电业务、现代服务业务。公司实现营业收入15403万元，超额完成指标18%，同比增长2%。公司实现利润总额−8104万元，实现归母净利润−8941万元，减亏37%，实现净利润−8193万元，完成指标。

【规划发展】 集团公司批复公司土地盘活利用功能定位，明确了以建设“两中心”“两区”为功能定位的中车轨道交通装备高科技产业园发展方向及四大规划功能。制定“十四五”发展规划，提出打造现代服务型企业的愿景目标，提出“123”业务发展规划，明确主要发展目标及土地盘活实施路径，制定重点发展措施。12月14日完成长铁公司股权无偿划转，南车二七（北京）车辆厂有限公司不再持有长铁公司股权。9月30日，向集团公司上报南车二七（北京）车辆厂有限公司关于将持有的北京二七长辆物业管理有限公司14.61%的股权公开出售的报告，年内完成备案，年末进行至资产、审计评估报告编制阶段。全年实际投资发生额456.51万元，完成率58%，其中新建项目发生投资319.37万元，续建项目预计发生投资137.14万元，资金来源为自有资金。全年未发生股权投资项目和财务投资项目。

【经营管理】 完善各级子公司法人治理结构，加强和改进企业董事会建设以及外部董事队伍建设，制定下发《公司外部董事管理办法》，推进公司治理体系和治理能力现代化。强化经营计划管理，完善绩效指标管理，专项管控分子公司。制定下发年度经营计划和绩效指标以及各参、控股公司年度资产经营责任书等，月度总结汇报、季度分析考评。推进亏损企业治理专项工作，制定《中车北京二七车辆有限公司2021年亏损企业专项治理工作方案》，定期总结亏损企业治理工作情况，部署阶段性重点工作及要求。加强亏损企业治理力度，强化亏损企业过程管控力度，监督所属子企业日常经营活动。年末，公司亏损企业户数1户，公司本部亏损金额−8946万元，完成年度亏损企业治理目标。开展以“稳中求进，服务创新”为主题的提质增效活动，强化经营计划管理，深化运营分析和经营调度。推动“两利四率”指标持续优化。有序推进对标世界一流管理提升行动，对标提升工作清单完成率86%，强基工程重点突破项目和项目实施清单完成率良好。开展以“节能降碳绿色发展”为主题的节能宣传周活动。落实节能措施，加强供水、供电日常管理，完成全年产值能耗指标。

**【市场营销】** 开拓设备租赁业务，对外租赁设备17台。开展厂房、场地、办公室租赁业务，租赁总面积合计4.8万平方米。通过中车废旧物资处置平台宜企拍实现报废设备竞价销售7标的，成交数量340台，成交金额519.64万元；通过宜企拍实现废旧物资网上竞价销售6批次，成交总金额81万元。继续落实“两金”管控三年工作方案，将“两金”管控长效机制建设和管控成效纳入年度效绩评价考核。年末公司“两金”余额净值12979万元，同比降幅5%，完成“两金”指标，“两金”增幅低于收入增幅。收回坤德公司应收款项151万元，收回泰铁车货款300万元。全年共清收应收账款450万元。

**【基建与“三供一业”移交】** 推进小区职工住宅建设和配售。完成职工住宅项目（一期）一阶段工程项目规划验收和工程建设验收。完成594套新建职工住宅的交付，签订《新建职工住宅购房合同》594户、《旧有住房腾退回购协议书》151户、《承租住房腾退协议书》86户。完成物业及各生活能源签约和收费，完成住房验收及钥匙发放。完成169套腾退旧房评估款、标改成、评估服务费、租赁保证金等情况信息、配售人员信息核对。推进“三供一业”分离移交维修改造工作。完成张郭庄小区、崔村一里小区居民楼内线管线敷设及配电箱安装和验收，完成张郭庄小区电源切换及表计投用。完成供暖供水供气移交各项工程工作。物业移交平稳有序。

**【疫情防控】** 依据国家及各级地方政府、集团公司和公司对新冠肺炎疫情管控的要求，落实牵头单位主体责任，及时下发和向上反馈排查全国多地散点疫情爆发通知70余次，根据疫情防控实际采购和发放防疫物资，强化日常疫情防控管理，加强人员入厂、区域消毒等疫情防控措施落实的检查，加强员工出差及外出管理。员工新冠疫苗接种率达87%。

**【人力资源管理】** 落实集团公司下达的年度用工总量计划，员工限额人数1172人，12月末公司员工人数为1167人。开展职称评审工作和技能等级认定，完成28人初级、中级职称评聘，推荐4人参加集团公司高级及以上职称评审，组织24人参加技能等级认定。向集团公司提报了2022年高校毕业生接收计划。完成公司级培训25项，共计培训1427人次。根据南北“两个二七”公司转型升级形势，协助集团公司完成公司领导班子成员选聘及任职交流。组织公司领导班子成员填报《领导干部个人有关事项报告表》。修订下发《公司协理员管理办法（试行）》。组织开展打造“五强”领导班子专项行动，采用多种形式进行学习，对照“八项本领”“七种能力”以及领导班子建设标准进行深刻查摆和整改提升，加强领导班子自身建设。开展干部人事档案专项审核，完成241卷人事档案专项审核。推进实施以岗位绩效工资制为基础、多种分配形式并存的分配制度，完成公司企业负责人、公司顾问、中层领导和控股企业经营管理者年薪发放，以及员工工资和津补贴发放。落实扶贫干部挂职期间待遇。

**【企业文化建设】** 强化习近平新时代中国特色社会主义思想宣传，把学习成果转化为破解改革发展难题的智慧方法和推动企业高质量发展的实际成效。开展建党100周年系列活动，教育引导广大党员干部坚定理想信念、保持优良作风、增强责任担当意识。强化“同一个中车”文化理念，举办中国中车创业140周年系列庆祝活动，增强中车员工凝聚力。各基层党支部组织本支部党员参观香山革命纪念馆、西柏坡革命纪念馆、中国人民抗日英雄纪念馆、狼牙山等北京周边红色教育基地进行现场教学。积极开展品牌架构管理工作，举办2021年度宣传思想企业文化与品牌建设培训，进一步夯实宣传思想企业文化和品牌建设基础。

**【党群工作】** 公司党委深入开展党史学习教育，学习贯彻习近平总书记在建党100周年大会上的重要讲话精神，全面落实中央企业党建创新拓展年各项部署，巩固深化“不忘初心、牢记使命”主题教育成果，以中车第一次党代会精神为统领，以打造党建“金名片”为主线，以“固化攀升”为主题，全面推进党建工作成效制度化常态化长效化，不断推进党建工作理念创新、机制创新、方式创新，全面推动党建向基层拓展、向纵深拓展、向薄弱环节拓展。党委履行主体责任，发挥“把方向、管大局、促落实”的职责，推动党建与经营深度融合，公司过渡期工作稳步推进。利用公司网站、微信公众号、大屏幕等，推出中国共产党历届党代会简介17期、党史故事16期。及时报道学习教育推进情况。基层党组织通过“三会一课”、主题党日和红色教育基地现场教学等形式开展党性教育。通过中心组理论学习、党支部“三会一课”等形式学习习近平新时代中国特色社会主义思想，并专题学习意识形态工作。公司党委落实全面从严治党“两个责任”，召开党风廉政建设和反腐败工作会议、警示教育大会，党委书记对领导干部进行廉政集体谈话，全体中干签订《党风廉政建设责任书》。开展“喜迎国庆廉洁过节”党规党纪知识答题活动和2021年百名纪检干部讲纪律活动。完成10个基层党组织巡察和全级次巡察工作，发现六方面30项问题，制定整改措施64条，全部完成整改。工会开展“六送三关注”，签订落实《集体合同》《工资专项协议》《女职工专项协议》。走访慰问困难、患病、伤残员工22人，慰问元旦春节值班人员72人及保安人员。慰问受疫情影响留守公司就地过节的员工29人，慰问困难单亲女职工3名，走访慰问劳模8名。获得市总和北京办事处各项救助40万元。完成900名员工体检。

**【下属子公司】**

**北京隆轩橡塑有限公司** 是中车二七车辆有限公司间接控股子公司，注册资金5000万元，注册地为中关村丰台科技园区总部基地，是北京高新技术企业，年内取得北京市“专精特新”企业称号。2021年确定搬迁至产业园内6号厂房，完成厂房租赁协议签署。年末员工230余人，设有市场开发部、技术中心（下设理化实验室）、安全生产部、质量保证部、信息管理部和财务部。主要产品有：铁路货车、客车轴承用工程塑料（塑钢）保持架、塑钢隔圈，注塑工艺心盘磨耗盘和旁承磨耗板，铁路货车过球试验用球，轴承防护件及铁路货车制动配件防护件，风电和工程机械轴承隔球器（隔离块）等。全年销售收入 11953 万元，净利润 1038 万元。

**北京二七储运公司** 北京二七储运有限公司主要业务是仓储、配送、库房租赁，服务中车北京二七车辆有限公司且对外经营。主要负责二七车辆公司及本公司的办公场所、库房及场地的短期租赁及二七车辆公司原有物资存储、收发保管保养、物资装卸、物资配送业务。全年为入驻的 12 家客户提供管理服务，总签约面积 44000 平方米。实现营业收入 1940 万元，利润总额 9.2 万元。

**【重要纪事】** 4 月 16 日，中车股份副总裁余卫平检查公司安全工作。6 月 15—16 日，公司党委对老党员颁发“光荣在党 50 年”纪念章并慰问。6 月 22 日，中国中车党委书记、董事长、总经理（总裁）孙永才到公司调研。9 月 8 日，开展中车创业 140 周年火种交接暨中车二七公司火炬传递仪式。

**【公司党政工负责人】**

| | |
|---|---|
| 党委书记 | 史硕致（任至 8 月） |
| | 孙　斌（8 月任） |
| 董事长 | 史硕致（任至 12 月） |
| 执行董事 | 孙　斌（12 月任） |
| 总经理 | 郭凤江（任至 6 月） |
| | 曹　岩（8 月任） |
| 副总经理 | 王玉民 |
| | 王武建（任至 6 月） |
| | 孙　斌（任至 8 月） |
| 总工程师 | 王武建（任至 6 月） |
| 财务总监 | 王玉民 |
| 党委副书记 | 郭凤江（任至 6 月） |
| | 曹　岩（8 月任） |
| | 陈　江 |
| 纪委书记 | 陈　江 |
| 监事会主席 | 陈　江（任至 12 月） |
| 工会主席 | 陈　江 |

（二七车辆公司　供稿）

# 中国共产党中国中车集团有限公司党校

本栏编辑　李映雪

# 中国共产党中国中车集团有限公司党校

校长　王　铵

【概况】 2021年，中车党校以党史学习教育为主线，发挥学习研究宣传习近平新时代中国特色社会主义思想“主阵地”作用，注重继承和发扬中车红色革命传统和高铁工人精神，以守护“共产党人精神家园”，探索党员教育培训工作新路径，传承中车红色文化基因，认真落实集团公司党员教育培训工作规划，为提升中车党建工作水平提供支撑，为中车持续健康发展提供政治保证。

【党校建设】 打造特色课程体系，深入落实中车党史学习教育动员部署会要求，组织制订以“五个专题、三类项目”为主要内容的党史学习教育“菜单式”课程体系。突出百年红色中车，构建把稳思想之舵、追寻初心之源、筑牢信仰之基、补足精神之钙、解码红色基因“五个专题”和百年信仰、百年精神、百年新局“三类项目”。围绕学习贯彻习近平总书记在党史学习教育动员大会和庆祝中国共产党成立100周年大会重要讲话精神，开发《百年正是风华正茂》《学习领会习近平总书记“七一”重要讲话精神》等15门课程。围绕学习贯彻十九届六中全会精神，开发《马克思主义中国化新的飞跃》《党的历史决议总体解读》等6门课程。围绕中车“七个新突破”战略重点，开发《领导干部“八项本领”“七种能力”提升》《国企改革三年行动方案解读》等5门课程。推动南湖革命纪念馆与集团公司开展党史联学共建活动，“复兴号”模型纳入馆藏展出，彰显中车品牌价值与社会影响力。海南校区成立专门课题组，进一步深化建设海南校区的培训体系、办学模式，借鉴优秀红色文化培训成熟经验，建设海南红色文化培训机制，持续提升教学能力。向中央党校国资委分校提报2项课题，取得课题成果一等奖1项。《中车党校党员教育培训“金名片”建设的实践研究》课题成果，获集团党建理论研究和创新实践成果评审三等奖。

【教育培训】 采取专题辅导与分组研讨相结合、现场教学与主题党课相结合、课程教学与考试测评相结合等方式，以学员为中心，实施灵活多样的教学方法，不断提升培训效果。全年共开发73个学习项目，承办107个培训班，培训各类学员13090人次。注重党史学习教育与生产经营深度融合，通过标杆探究、团队共创、督导反馈等，针对企业重点难点问题，形成一批“可复制、可实施、可推广”的改进方案。借助数字化教学手段，开启“云端”党校工程，举办线上教育培训，助力集团和各子公司落实党史学习教育培训计划。

**【党校负责人】**

校　长　楼齐良（兼，任至10月）

　　　　王　铵（兼，10月任）

副校长　刘春阳（兼，任至4月）

　　　　魏　东（兼，任至12月）

　　　　吴新林（兼，4月任）

　　　　梁　军（兼，任至7月）

　　　　高　亢（兼，7月任）

（中车党校　供稿）

# 中国中车集团有限公司学习培训发展中心

本栏编辑　李映雪

# 中国中车集团有限公司学习培训发展中心

主任　王　铵

**【概况】** 根据教育部、国务院国资委等八部委《关于规范“大学”“学院”名称登记使用的意见》(教发〔2021〕5号)精神及有关部署，集团公司印发《关于中国中车大学更名的通知》(中车集团教育〔2021〕92号)，中国中车大学更名为中国中车集团有限公司学习培训发展中心(简称中车培训中心)。中车培训中心与中车党校为“一个机构，两个牌子”，是集团公司人才培训、党员培训项目实施的核心主体，承担承接集团内管理、技术、技能人才培训，组织实施培训课程开发和内部讲师培训培养，统筹管理集团职业教育及培训体系建设等主要职责。

**【规划发展】** 中车培训中心深入贯彻落实集团公司年度工作会议和人力资源工作会议精神，聚焦“七个新突破”，坚持战略引领、问题导向、创新驱动，系统谋划并启动实施“十四五”教育培训规划，进一步突出教育培训功能定位，围绕人才开发、管理提升、产教融合等重点工作，开展内涵能力建设，优化完善管理机制，推动教育培训工作。围绕人才强企战略，聚焦中国中车“一核两商一流”愿景，对接“十四五”人力资源战略规划，立足中车培训中心功能定位，首次全面系统编制中车“十四五”教育培训规划，确立秉承一个使命、培育四支队伍、优化五大体系、构建三位一体指标、提升三类指标的“14533”总体思路，明确以人才和技能支撑中车高质量发展的目标与任务。

**【人才培训】** 系统梳理成熟项目，形成涵盖领导力、技能人才、精益管理等八类核心内容的培训课程及培训项目体系。采用“线上+线下”“校内+校外”“理论+现场”等教学形式，统筹抗疫与培训。对接中车新投锡澄项目人才需求，提供成熟可靠人才培养方案。对接工程公司业务需求，组织实施12期轨道交通工程施工技术培训。在安全、产业链、精益、质量和风险审计等业务领域，分别举办中车能源节约与生态环境保护统计、中车供应链管理专家特训营、中车精益领导力对标提升特训营、中车精益骨干特训营以及中车审计风控核心人才、中车安全生产讲师、中车优秀安全班组对标世界一流、中车产业链数字化、中车“三极多点”产业中车质量管理体系标准等系列培训。全年组织实施52期，培训8244人次，其中技术、管理类培训项目42期，7761人次；技能类培训项目10期，483人次。

【产教融合】 推进“1+X”证书制度试点，组织开展轨道交通电气设备装调、轨道交通装备焊接、轨道交通装备无损检测职业技能等级证书的标准完善、学分银行建设、教材开发等工作，进一步发挥中车特色技能人才评价优势，夯实考核认证共享机制建设。全年组织实施师资、考评员培训2班次，培训122人，在全国设置考核站77处，开展考核5批次，考评学生3301人，取得证书2095人。组织业内专家完成13项新一批证书标准开发，启动教材编写等工作。按照数字化人才培训培养综合平台目标要求，优化智能制造实训基地建设方案。推进实训基地配套及精益研修院建设。持续推进先进轨道交通装备职业教育集团组建，完成首批有关企业及其他成员单位的征集申报。推进高铁工匠协同创新中心建设，完成章程、经费管理办法等5个工作制度的起草，推动运行机制建立。组织实施中华全国总工会工业机器人集训及江苏省赛并取得优异成绩，承办国铁集团维修电工大赛。完成《职业教育法（修订案）》意见征集，完成铁道行指委及专执委“十四五”规划教材申报及有关工作。组织编写产教融合校企合作案例，《擦亮国家名片　闪耀世界赛场：轨道车辆技术登上世界技能大赛舞台之路》入选2021年产教融合校企合作典型案例名单。中国中车入选国家产教融合型企业。中国中车作为唯一国企在全国职业教育大会交流中车职业教育改革实践经验。《国资工作交流》介绍中国中车产教融合改革经验。

【世赛集训工作】 推进常州城轨基地转型实训基地建设工作。中车集团获批第46届世界技能大赛轨道车辆技术中国集训（牵头）基地，中国中车首席技能专家罗昭强聘为第46届世界技能大赛轨道车辆技术中国技术指导专家组组长。在交通运输部指导下，组织编制《集训组织工作方案》《集训技术方案》《集训工作框架》《集训期间疫情管理规定》，系统谋划、科学组织集训工作。成立集训工作领导小组，持续完善集训基地内涵建设，组织协调推进装备、费用、增建等工作。组织开展集训580人天次，开展理论辅导150余课时、技能训练1320余课时、英语训练200余课时、体能训练110课时，参与辅导专家576人天次，教师84人天次，开展了（牵头）集训基地首阶段集训和考核工作。中车集训基地成为首批世赛江苏省研究中心。

【能力建设】 贯彻落实习近平总书记关于乡村振兴重要指示和党中央决策部署，组织迭代开发并实施“天鹅计划”乡村振兴优秀乡村干部领导力提升培训项目4.0版，对西藏自治区和中车集团定点帮扶的广西百色市的靖西市、那坡县和甘肃天水市的麦积区、甘谷县共计83名乡镇干部和农村专业合作社负责人培训。开发实施西藏自治区政府国资委系统内审监督培训项目。受中华全国总工会委托组织开发全国企业班组长（工位长）能力标准。结合疫情防控工作要求和各单位实际，依托中车网络学习平台，开通直播功能，开播“高铁工匠大讲堂”，征集专业技能、专业知识、通用管理技能、技能人才培养及管理系列课程26门，优选主题课程依托直播平台开讲7讲，线上学习人数超过3万余人。按照护网行动要求，排查网络隐患，成立异常反馈及协调机制，进一步优化系统功能。以企校一体智慧大校园建设为主线，持续优化提升网络学习平台建设，积极推动智慧教学平台项目，开展线上学习功能优化、数据整合等相关工作。先后组织总部党史学习、“七一”讲话学习、安全教育及考核相关活动，全年新增课程200余门，进一步完善学习平台建设。组织总部各部室更新大学生入职课程8门，提升入职培训规范化、一体化水平。

【中心负责人】

主　任　楼齐良（兼，任至10月）
　　　　王　铵（兼，10月任）
副主任　魏　东（兼，任至12月）
　　　　曾金传
　　　　陈永平（兼）

（中车培训中心　供稿）

# 常州铁道高等职业技术学校

（统一社会信用代码：1232040046728393XP）

**【概况】** 常州铁道高等职业技术学校坚持“两个面向”，深化产教融合，优化“三位一体”办学机制，推进中车职业技术学院创建，推进学校高质量发展。学校设有机电工程系、轨道交通系，开设城市轨道交通运营管理、城市轨道交通车辆、城市轨道交通机电技术、铁道信号自动控制、机电一体化技术等十余种高、中职专业。拥有江苏省现代化专业群2个，省级品牌特色专业4个，省高水平示范校实训基地2个，省现代化实训基地1个。年末，有全日制在校生3200人，专任教师143人。

**【中车职业教育改革】** 中国中车党委书记、董事长孙永才作为唯一一家央企代表，在全国职教大会上交流中车深入推进产教融合职教改革的经验做法。学校在教育部举办的“推动现代职业教育高质量发展”主论坛上，介绍中国中车深度参与职业教育办学的实践探索。统筹中车教育培训资源，协同常州城轨基地战略转型建设，整体规划职业教育、实训基地、中车培训中心（党校）的“三位一体”产教融合基地建设项目。世赛轨道车辆技术中国集训基地建设成效显著。对标世赛技术规程及人社部集训要求，完成国家集训队第一阶段考核工作。学校获批江苏省世赛研究中心。承担全国总工会第七届职业技能大赛工业机器人赛项选拔集训，以及全国技能大赛交通运输行业代表队集训，分别获中国职工教育和职业培训协会以及交通运输部书面表扬。推进中车职业技术学院创建，优化完善申报材料，争取将学院创建纳入江苏省高等学校设置“十四五”规划中。

**【高铁工匠协同创新中心建设】** 推进高铁工匠协同创新中心建设，开展“高铁工匠进校园”活动，讲好工匠故事，诠释工匠精神，组织94名高铁工匠、技能大师进校园。高铁工匠、技能大师参与职业教育与培训授课152学时、参与人才培养方案修订5次、参与中车“1+X”标准制定12个，编制教材9本。

**【专业建设】** 申报新专业2个。获批江苏联合职业技术学院高水平专业群1个。修订完善9个高职专业人才培养方案。“城市轨道交通运营管理”人才培养方案被江苏联合职业技术学院评为优秀并推广。打造江苏省教师教学创新团队1个，获江苏联合职业技术学院教学大赛一等奖1项；获常州市教学大赛二等奖3项。参加省职业院校技能大赛，获一金三银。

**【中车培训服务】** 举办西藏自治区国资委系统内审监督培训班，收到西藏自治区国资委感谢信。实施“天鹅计划”4.0版，对中国中车定点帮扶地区83名乡镇干部和农村专业合作社负责人培训。探索实践中国中车人才培养培训一体化系统解决方案，开展安全、产业链、精益、质量和风险审计等业务板块培训。发挥中车培训中心品牌辐射作用，完成52个培训项目。

**【党建工作】** 开展党史学习教育，强化党员干部和师生员工对建党百年、中车创业140周年、建校70周年的思想认同。中车党校制定以“五个专题、三类项目”为主要内容的党史学习教育课程体系，开发82个学习发展项目、26门课程，培训近万人次。协办中车与南湖革命纪念馆党史学习教育联学活动。开展党风廉政和反腐败工作，推动全面从严治党政治责任层层落实、压紧压实，不断向基层延伸。开展师德师风建设、“靠企吃企”专项整治等专项监督检查。开展群团工作，把握正确方向，为学校发展凝聚力量。

**【教学成果奖】**《中车“一体四融”产教融合协同育人的创新实践》获江苏省教学成果一等奖。成果聚焦学校近年来产教融合的创新实践，形成拓展产教融合新思路，搭建产教融合新平台，探索产教融合新路径，实现产教融合体制机制、要素、人才培养模式等多方面创新，形成可借鉴、可推广的典型经验。

**【重要纪事】** 1月26日，学校获第五届江苏技能状元大赛“高技能人才摇篮奖”，学生获第五届江苏技能状元大赛学生组焊接专业三等奖。3月24日，学校学生获2021年省技能大赛焊接项目“一金两银”。4月19日，中国中车党委副书记、执行董事楼齐良到学校调研中车职教改革行动推进情况。4月21日，全国总工会劳动和经济工作部副部长姜文良调研世赛集训基地。5月7日，中国中车党委副书记、执行董事楼齐良对常铁校党史学习教育进行现场指导。6月24日，中国中车党委常委、中车股份副总裁魏岩到学校调研指导工作。9月3日，承办第七届全国职工职业技能大赛工业机器人操作调整工赛项江苏省选拔赛动员会。9月14日，中国职工技协、江苏省总工会、常州市委领导到学校调研。9月28日，学校学生在全国铁道行业青年职业技能无损检测大赛中获冠军。11月1日，召开第46届世赛轨道车辆技术第一阶段集训动员会。12月1日，学校学生在“中焊杯”全国机器人焊接职业技能竞赛获二等奖，学校代表队获团体二等奖。12月3日，学校调研课题获江苏省“汇智论坛”优秀成果二等奖。

**【学校党政工负责人】**

| | |
|---|---|
| 党委书记 | 刘春阳（任至4月） |
| | 吴新林（4月任） |
| 校长 | 吴新林（任至4月） |
| | 陈永平（4月任） |
| 副校长 | 苗　苗　朱月红 |
| | 俞永清　赵太平 |
| | 许　竞（挂职） |
| 党委副书记 | 罗玉红（任至4月） |
| | 陈永平（4月任） |
| 纪委书记 | 罗玉红（任至4月） |
| 工会主席 | 罗玉红（任至4月） |

（常铁校　供稿）

# 中车资产管理中心

本栏编辑　汪云鹏

# 资产管理中心

**【概况】** 2021年末，资产管理中心资产总额87.0亿元，净资产35.1亿元。下属企业包括中车齐齐哈尔实业管理有限公司、中车长江（武汉）实业发展有限公司、中车株洲电力机车实业管理有限公司、中车南京浦镇实业管理有限公司等23个子公司及中车齐齐哈尔实业管理有限公司哈尔滨分公司、中车株洲电力机车实业管理有限公司洛阳分公司、中车株洲电力机车实业管理有限公司襄阳分公司、中车株洲电力机车实业管理有限公司时代分公司、中车长江（武汉）实业发展有限公司江岸分公司、中车南京浦镇实业管理有限公司常州分公司、中车南京浦镇实业管理有限公司铜陵分公司、中车资阳实业有限公司成都分公司和眉山分公司等9个分公司。

**【存续企业改革】** 2021年，全力以赴落实《中国中车集团有限公司三年改革行动实施方案（2020—2022）》，提前完成剥离企业办社会职能和解决历史遗留问题扫尾工作目标任务。下发《关于下达职工家属区“三供一业”分离移交中央财政补助资金内部清算的通知》，完成131个分离移交项目中央财政补助资金集团内部清算工作，集团“三供一业”分离移交扫尾工作圆满收官。集团公司总部及100家所属企业全面实现退休人员社会化管理常态化移交，集团退休人员社会化管理扫尾工作圆满结束。完成《中国中车集团有限公司关于原中国北车集团厂办大集体改革中央财政专项补助资金清算情况的报告》的编制及报送财政部，积极争取财政部及其驻地方监督局支持，持续推进厂办大集体改革中央财政补助资金的清算审核工作。年内，完成唐山实业、西安实业、太原实业、大同实业、济南实业、长客实业等6家主办企业的厂办大集体企业改革中央财政补助资金清算审核工作。研究制定《中国中车集团集团有限公司存续企业改革重组三年行动方案》，确定“四个一批”的存续企业重组模式，明确今后三年中车集团存续企业改革重组的总目标、总任务。3月16日，召开存续企业重组改革启动会，为存续企业重组改革三年行动凝心聚力、营造氛围。二七机车、二七车辆、石家庄实业所属3家北戴河培训疗养机构采用自主清理方式实施改革的方案获得北戴河地区培训疗养机构改革工作组（中直管理局）批复，同意3家培训疗养机构资产通过产权交易市场公开转让。

**【解决遗留问题】** 2021年，研究制订存续企业问题销号管理清单，明确完成时限、工作标准，实施销号管理，为存续企业重组注销奠定基础。完成18家企业职工住房维修基金移交地方管理工作，移交金额1.58亿元。完成27家企业职工房改房权证办理，解决了困扰职工多年的房改房没有“大红本”问题。老旧小区改造取得新突破，资阳实业棚改、太原实业棚改一期、大同实业棚改二期主体结构封顶；成都实业3栋危房改造全面竣工，106户居民实现“居有所安”；襄阳分公司棚改二期交付使用；大同实业棚改三期与属地政府签订协议；贵阳实业职工家属区被列入贵阳市老旧小区改造提升范围。

**【存续企业重组】** 年内，完成资阳实业公司与成都实业公司、眉山实业公司重组工作，注销眉山实业公司；完成石家庄公司与石家庄实业公司重组实施方案的编制及上报工作，探索与主业关联的优质资产回归主业一体化运营。

【经营与管理】 下发《关于做好存续企业提质增效有关工作的通知》，进一步完善存续企业管控机制和职责权限，规范存续企业与托管企业业务边界和存续企业与改制企业产权边界，防止出现合规风险，确保国有资产不流失。建立月度、季度预警管控机制，努力克服新冠肺炎疫情影响，严控各项费用支出，千方百计节支增效。所属企业实现营业收7.71亿元，实现利润总额2.63亿元，所属子公司连续4年全部实现盈利。

【中心负责人】
总 经 理　李国勇
副总经理　刘文华

（资产管理中心　供稿）

# 中车齐齐哈尔实业管理有限公司

2021年末，齐齐哈尔实业公司资产总额80125万元，其中流动性资产16524万元，非流动性资产63601万元；负债总额33247万元，其中流动负债27786万元，非流动负债5461万元；所有者权益46878万元。全年累计实现收入701万元、实现净利润70万元，完成中车绩效考核指标。

按照中车集团的统一安排，成立改革重组三年行动工作组，对重组注销涉及的事项和问题进行排查、梳理，拟定解决的措施建议，编制《齐齐哈尔实业公司重组注销涉及事项梳理分析报告和问题解决建议》，提报总经理办公会审议通过后上报中车集团；按照《齐齐哈尔实业公司问题销号管理清单》，持续推进问题销号工作。

完成物业移交中央财政补助资金内部清算；完成物业移交资产核销专项审计，编制物业移交资产核销请示文件并上报中车集团，资产核销工作基本完成。

（齐齐哈尔实业公司　供稿）

# 中车长春长客实业有限公司

2021年末，长客实业公司资产总额3139.31万元，负债总额3312.17万元，净资产−172.86万元，资产负债率105.51%。公司以资产租赁为主要业务，2021年实现营业收入353.2万元，净利润1.41万元。

年内，公司认真贯彻落实集团公司分离企业办社会职能和解决遗留问题精神，积极做好“三供一业”分离移交和厂办大集体改革费用核销工作，10月核销三供一业分离移交费用17894万元，12月核销厂办大集体改革费用2386万元。

（长客实业公司　供稿）

# 中车沈阳实业管理有限公司

2021年末，沈阳实业公司共有在册员工2人。全年完成营业收入125万元，实现利润总额及净利润7.9万元。

年内，深化整改措施，持续巩固巡视整改成果。针对五个方面问题制定了2021年巡视整改成果巩固台账，年底前全部完成整改目标。全力做好疫情防控，按照沈阳市和沈阳公司整体部署做好疫苗接种，公司员工均在社区完成疫苗接种。

继续做好沟通工作，及时协调处理移交后续问题，确保退休人员移交后的稳定。协调中车沈阳公司继续做好2021年退休人员的信息采集确认和档案整理工作，全年共整理完成2021年退休人员档案110本，死亡未移交人员档案850本。年内，因受有关政策影响，未完成2021年退休人员审批手续。拟在下年初，退休人员退休手续审批办理完成后，按照移交工作流程完成移交。

为做好收购的两户厂办大集体企业—铁道部沈阳机车车辆配件厂二分厂和沈阳铁道制动机厂四分厂固定资产的管理和使用，3月份按照中车集团《关于中车沈阳实业管理有限公司变更经营范围的批复》（中车集团战略函〔2021〕62号）文件要求，公司对经营范围进行变更，在原有经营范围基础上增加“机械设备租赁、汽车租赁、道路货物运输（不含危险货物）业务”。年内，公司与中车沈阳公司制动机分公司签订租赁合同，将2020年收购的厂房和设备租赁给沈阳公司制动机分公司使用，全年共收到房屋租赁业务收入42万元。

对2020年收购厂办大集体企业的存货按照市场需求进行销售，全年共销售完成82万元，存货剩余212万元。与沈阳市皇姑区进行多次沟通和协调，公司收回剩余过渡期间补助费和补偿金；皇姑区政府已将公司教育楼回迁项目纳入“十四五”重点推进项目。

（沈阳实业公司　供稿）

# 中车大连实业管理有限公司

2021年末，大连实业公司全年实现营业收入6344万元，净利润47万元。公司下设机车商厦一个分支机构和大连机车天源实业有限公司、大连机车技师学院两个全资子公司，公司在职员工223人。

9月，大连实业公司完成配件分厂、配件四分厂的资产处置、长期股权清退等工作。完成《梳理分析报告和问题解决措施》编制，起草《重组工作方案》，解决遗留问题。天源公司完成销售收入736万元，实现利润37万元，10月27日完成4户企业工商注销手续。完成大连公司与大连实业公司业务边界划分工作，理顺了物业管理办公室业务，确定资产权属关系。全年签订各类施工、维护合同16份，合同总金额为75.40万元；完成中车大连实业公司75项房屋资产、22项土地资产统计工作；配合协调新型集团及甘井子区住建局解决甘井子区房屋产权、使用权房证办理问题。技师学院实现营业收入4052万元，净利润4万元，其中实习工厂收入2688万元，教学收入1113万元，培训收入251万元；学院在册员工124人，在岗员工107人，学生总数666人，共31个班级。毕业学生总数378人，就业率达99.7%。全年完成46个班级的理论教学任务，共239044学时，共举办各级各类培训班14个，机车商厦全年实现营业收入1150万元，有经营业户186户。

（大连实业公司　供稿）

# 中车唐山实业有限公司

2021年末，唐山实业公司员工总数0人，其中在岗员工0人，资产总额29119万元，负债总额21174万元。全年实现营业收入705万元，利润341万元。

成“三供一业”国有资本经营预算补贴资金的清算工作，经第三方审计机构鉴证，唐山实业公司职工家属区“三供一业”实际发生分离移交费用19681万元。清算工作完成之后，集团公司下拨中央财政补助清算资金4284万元，收到集团公司下拨的补助资金后，及时解决了唐山实业公司的资金缺口，截止到2021年6月所有“三供一业”分离移交资金已经全部支付给了接收单位。

华达公司大集体改制完成之后，部分员工按照改制方案继续作为厂派员工留在华达公司工作，另有32名厂派员工于4月通过公开竞聘选拔到主厂工作，保持了员工队伍稳定，

发挥引领先行优势，剥离企业办社会职能、解决历史遗留问题、厂办大集体改制的后续衔接维稳工作，均按时完成集团公司下达的任务，在所有驻唐央企中名列前茅，为其他企业提供了范本和经验。

（唐山实业公司　供稿）

# 中国北车集团北京二七机车厂有限责任公司

2021年末，二七机车厂占地56970.37平方米，建筑面积50063.54平方米；各类固定资产原值9110万元、净值1943万元；设备净值26万元。2021年集团下达营业收入指标是670万元、利润总额10万元，实际实现营业收入1944万元、归母公司净利润17万元。公司下设1个管理机构—综合管理部。公司主要负责推进“三供一业”移交及房管工作。

年内，公司与北京市自来水集团完成供水职能移交，与北京市丰台国家电网完成供电职能移交及资产移交，与北京市热力集团科利源公司完成供热的职能移交及资产移交。与北京房修一建筑工程有限公司签订了物业移交协议。

为解决公有住房上市难的问题，与国管

局房改办交易办联合创办“二七机车公司公有住房上市专场”活动。5月，与国务院机关事务管理局房改办进行沟通和洽商，为二七厂开设专场日，取消网上预约，简化中间环节，方便了职工家属。

完成36栋单元楼的楼盘表建立，至此全部完成85栋单元楼的楼盘表建立，为后续推进产权证办理相关工作奠定了基础。

做好房屋所有权证产权人名称变更，宿舍区共有73栋房屋所有权证产权人名称变更，计划完成44栋，实际完成47栋。计划完成8栋楼的测绘备案工作，已完成6栋。完成光明里6~10号楼341户的国管局房改批复手续。

（二七机车厂　供稿）

# 中车集团北京南口实业有限公司

2021年末，南口实业公司注册资本8953.507807万元，固定资产原值1508.7万元，净值203.6万元。全年实现营业收入1594.6万元，净利润5524.3万元。

南口实业公司持有的铁科装备公司股权转让南口公司项目立项报告获得中车批复，编制可行性研究报告和风险评估报告上报中车，持续推进项目实施。

截至12月末，公司参股的铁科（北京）轨道装备技术有限公司现有员工248人，全年实现营业收入7.35亿元、净利润1.30亿元。完成鲁南高铁、徐盐铁路、常益长铁路、银西铁路等国家重点建设项目道岔产品批量供货，中标银西铁路、广汕铁路、湖杭铁路、川藏铁路拉林段、马来西亚东海岸铁路等项目。完成50公斤/米钢轨9号、12号、18号单开道岔，客货共线I级铁路60公斤/米钢轨9号、12号道岔，75公斤/米钢轨12号5.3米线间距交叉渡线、50-6号对称道岔等新产品的研发试制。成都地铁19号线项目完成50公斤/米钢轨7号减震器道岔开发、60公斤/米钢轨12号中等钢弹簧浮置板及60公斤/米钢轨42号高等钢弹簧浮置板道岔开发，首次实现减震道岔、钢弹簧浮置板道岔在城市轨道交通中应用。完成60AT2钢轨跟端热加工工艺优化、尖轨铣削工艺优化、道岔尖轨防护优化、钢轨全程无磕碰等20多个项目工艺改进，进一步提高道岔安全性。

（南口实业公司　供稿）

# 中车石家庄实业有限公司

2021年末，石家庄实业公司注册资本金8859.19万元，主要业务为存续资产租赁经营。资产总额20639万元，负债总额12230万元，所有者权益总额8409万元。全年实现营业收入2689万元、净利润340万元。公司承担着主体企业改制后历史遗留问题处理和企业社会职能分离移交等工作，设置综合管理部、工业物业事业部和新能源汽车事业部，与托管公司石家庄公司合署办公。

年内，组织专人对住宅维修资金的提取和使用情况进行专项梳理，已基本梳理完毕，并整理归档，建立电子档案。同时对资金使用进行专项审计工作，并已形成专项审计报告。经与石家庄市住房维修基金管理中心多次沟通，初步完成移交资料的整理报送。依照石家庄市人民政府旧城改造计划，完成实业公司厂前区房屋征收工作，并签订产权调换协议。坚持存续资产全面监管机制，做到账实相符、权证一致，确保了存续资产安全和保值增值。加强存续租赁资产监管，做到"应租尽租、应收尽收"，全年房屋资产租赁收入1135万元。

（石家庄实业公司　供稿）

## 中车大同实业管理有限公司

2021年末，大同实业公司资产总额33903.99万元，负债总额27171.35万元，所有者权益6732.64万元。出资人为中国中车集团有限公司，注册资本为6619.4万元。

积极推进存续企业改革重组工作，梳理形成《存续企业改革重组梳理分析报告和问题解决建议的报告》，共梳理问题20项。按照集团公司问题销号管理制度，形成问题销号清单，2021年解决3项，圆满完成存续企业年度改革重组任务。

实施棚户区改造一、二期项目，共改造老旧住房1688套，明显改善了员工家属居住环境。为了继续改善生活区老旧住宅小区居住条件与生活环境，大同实业公司积极争取、多方努力，2021年10月与大同市平城区政府共同签订了城市棚户区改造（三期）项目协议书，预计改造老旧住房1090套。

（大同实业公司　供稿）

## 中车集团太原实业有限公司

2021年末，太原实业公司注册资本13042万元，资产总额57511.49万元，负债总额47398.69万元，所有者权益10112.80万元。无主要经营业务，营业收入为25.42万元（主要来源于股权投资收益和财务利息收入），净利润为2.87万元。

年内，全面完成"三供一业"分离移交中央财政补助资金内部清算工作。清偿集团公司垫付和借款共计1594万元；办理完成集团公司对太原实业公司的借款转为资本1000万元的相关手续。完成"三供一业"核销资金总计127588594.64元。

2021年1月5—7日，财政部山西监管局对公司厂办大集体改革情况进行现场审核。审核组认为：中车太原实业公司厂办大集体改革把握政策准确，各项成本费用支出符合有关规定。

1月，中共山西省委组织部以晋组复字〔2021〕3号文、中共太原市委组织部以并组通字〔2021〕7号文批复同意三家集体企业党组织关系实行属地化管理。年内，党组织关系已全部接转完毕。2月3日，财政部山西监管局出具《关于中车集团太原实业有限公司厂办大集体改革中央财政补助资金清算审核的报告》，标志着厂办大集体改革圆满收官。改革后的3家新公司正常运营。

持有的太原佳话信息技术有限公司16.69%股权，以公开挂牌转让的方式，于7月完成进场交易，已办理国有产权注销手续。持有的太原市杏花岭区金童幼儿园的12%股权，以公开挂牌转让的方式，于8月完成进场交易，转让价格为18.2112万元。持有的太原畅通致远铁路机车车辆电子有限公司的15%国有股权，采取减少企业注册资本的方式，于7月完成退出，太原实业公司应分配的股权价值为122.025万元。9月完成太原机车路凯运业有限公司整体分流。

职工家属区享堂西街1号、北圪洞街5号共有4583户居民，因历史原因，住房不动产权证办理程序复杂，尚有2688户未办理住房不动产权证。公司成立专项工作组，积极与相关政府部门做好充分沟通，为住户办理不动产权证。截至2021年底，累计办理完成住房不动产权证共计655户，为公司回笼资金791万元。

（太原实业公司　供稿）

# 中车永济电机实业管理有限公司

2021年末，永济实业公司资产总额18168.62万元，其中流动资产10917.91万元、非流动资产7250.71万元，负债18416.11万元，所有者权益−247.49万元，资产负债率101.36%。全年实现营业收入3657.13万元，净利润57.06万元。年末在册员工299人，其中在岗员工230人、内退员工69人。

本着“应租尽租，应收尽收”原则，全年实现资产租赁收入988.92万元。配合北方铜业与南风化工实施重大资产重组于12月15日如期上市，实现持有增值。完成华隆宗地处置变现357.46万元（不含税），宗地成本119.6万元，增值237.86万元；完成山西永济铁路科技综合厂注销清算，获得净收益77055.56元；完成历史债权清收74.83万元；完成“三供一业”分离移交中央补助资金清算；完成13项（5宗土地、8项房产）实物资产不动产权证办理。

依据《中国中车集团有限公司存续企业改革重组三年行动方案》（中车集团资产〔2020〕177号），托管企业中车永济电机公司成立了领导组和工作组，以永济实业公司为主全面梳理问题，讨论形成《永济实业公司重组注销议案》，经托管企业党委会、办公会审议通过上报集团公司。年内，永济实业公司重组注销分解形成问题销号管理清单28项。其中：2021年安排华隆宗地处置变现、山西永济铁路科技综合厂注销清算和1项历史债权清收共3项问题清单销号，12月3项问题清单完成销号评估。

年内，荣获中国中车绿色循环经济交易电商平台——易企拍颁发的“2021年度产权业务特别贡献奖”。

（永济实业公司　供稿）

# 中车济南实业有限公司

2021年末，济南实业公司资产总额8934.79万元，负债总额11112.60万元，所有者权益总额－2177.81万元。实现营业收入152.69万元、净利润1169.18万元。

完成泰山疗养院资产处置，实现收益4980万元。开展低效股权处置，完成济南恒泰公司11.3%参股股权退出工作。与东方新兴公司沟通协商，在股权退出事宜上达成了共识。把握政策窗口期，协调住房保障管理部门，为机车新村新区11栋楼1174户居民办理不动产权大证，为十三宿舍67户个人办理不动产权证。10月“完成三供一业”分离移交财务核销。

（济南实业公司　供稿）

# 中车集团（青岛）四方车辆资产管理有限公司

2021年末，四方资产公司实现销售收入44641万元、净利润550万元，超额完成年度计划指标。公司在岗人员7名（其中含四方车辆公司财务部派驻人员1名），全部与四方车辆公司签订劳动合同。公司主要从事企业自有资产的经营管理；房屋、构筑物及机械设备的租赁；投资和改制咨询；住宿服务；以下范围限分支机构经营：电影放映、公共停车场服务。

2021年，四方资产公司下设综合管理部（含信访办公室）、1个全资子公司——南车四方（青岛）置业有限公司（12月17日更名为青岛瑞祥顺置业有限公司）。另有3个参股公司，分别为：青岛中车轻材料有限公司（持股25%）；青岛四方机车车辆铸钢有限公司（持股25%）；青岛四机宏达工贸有限公司（持股1.93%）。其中，青岛四机宏达工贸有限公司于12月底完成股权退出和工商登记变更。

4月29日托管公司（即四方车辆公司）审议通过了解决历史遗留的宏达公司股权比例问题的方案，5月16日召开了宏达公司临时股东会并审议通过了该方案和股权退出的意向，于5月21日完成该历史遗留问题涉及的应收缴款项的清收工作，共收回资金781万元。11月初完成转让所持宏达公司1.93%股权所需的资产评估和外部审计工作，于11月底在北京产权交易所挂牌交易，于12月28日完成挂牌转让。

做好防汛工作，在雨季之前提早准备，重点对自管公房的屋顶漏雨、园区排水等进行了巡查。年内，共接待居民报修236人次，对符合相关政策的自管公房住户屋顶、外墙渗漏、公共下水管道等问题进行了及时修缮，共维修屋顶漏雨135处、疏通下水管道46处，其他零星维修26处。

年内，完成中车小镇1~6号楼的工程决算工作，对四方资产公司应承担的投资额进行确认，并启动了1~4号楼的无偿划转方案编制工作。认真准备、依法应对青岛瑞友物业管理有限公司在青岛市中级人民法院及山东省高级人民法院提起的四起行政诉讼案（四方资产公司被列为第三人），并取得一审和二审胜诉（案号:〔2021〕鲁02行初47

号;〔2021〕鲁02行初48号;〔2021〕鲁行终1823号;〔2021〕鲁行终1818号），依法维护了企业的合法权益。

（四方资产公司　供稿）

## 中车西安实业有限公司

2021年末，西安实业公司注册资本金20707万元，资产总额（均为非经营性资产）4275.4万元，由中车西安车辆有限公司代管。全年实现营业收入280.2万元（主要是非经营性资产出租收入），实现归属母公司净利润21.6万元。

5月20日，西安北车医院股权在广州联合产权交易中心（以下简称广交所）挂牌公开转让。经网络竞价，江西赞益医疗科技有限公司以成交价1816.87万元成为最终受让方。但最终未签订产权交易合同。10月28日，根据相关规则，广交所终结该项目。11月19日，西安北车医院22.3933%产权在广交所再次挂牌。经网络竞价，宜春内琼医疗科技有限公司成为最终受让方，最终成交价1166.87万元。2022年1月11日交易双方完成产权交易合同的签署，1月17日，广交所出具交易凭证。至此，西安北车医院股权转让工作全面完成。

（西安实业公司　供稿）

## 中车兰州实业管理有限公司

2021年末，兰州实业公司有员工6人，主要承担存续资产管理和大集体企业改革后续工作。全年实现营业收入5510万元、利润133万元，资产负债率为96.59%。设置管理机构14个，有厂办大集体企业1个。

年内，持续推进厂办大集体改革工作，8月份完成对原劳动服务公司多年前已被吊销营业执照的3个内设机构（北京风味小吃店、迎宾食堂、金属构件厂）的工商注销。

按照甘肃地方政府关于国有企业退休人员社会化管理移交的要求，2021年持续对接街道、社区，每月对新退休的人员及时办理相关手续、移交到街道、社区，实现社会化管理。全年合计完成社会化管理移交退休人员58人，并对暂由公司管理的2505册退休人员人事档案，完成向七里河区档案馆的移交、入库。

积极推进历史遗留问题的解决，9月份向兰州市住建局物业管理科移交了兰州实业公司各住宅区花名册、房屋信息、缴存信息等相关资料，12月完成房屋维修资金的缴纳。12月办理完成第五住宅区4、8、9号楼201户住户中第一批25户住户的经济适用房产权证。对第一、四住宅区48户房改房住户产权证、第二住宅区242户住宅产权证的办理工作正在推进中。

（兰州实业公司　供稿）

# 中车南京浦镇实业管理有限公司

2021年末，浦镇实业公司流动资产1841.1万元，固定资产3629.9万元；其他权益工具投资9792.1万元；资产总额18061.8万元；负债总额2074.2万元；所有者权益总额15987.6万元。公司经营业务以固定资产租赁为主，全年实现营业收入631.2万元、净利润24.1万元，较好地完成年度经营指标，并依法缴纳税费110.7万元。浦镇实业公司（本部）由浦镇公司托管，下设综合管理部，负责存续日常事务以及历史遗留问题处理等工作。综管部设部长1人，专职工作人员8人，均由浦镇公司派出。

全年共签订房屋和车辆租赁、房建物等固定资产维保合同65份；开展土地核查、在京不动产情况分析并形成专项报告；对陈放多年、损毁严重的3台设备进行鉴定并报废处理等。加强固定资产维护，针对固定资产状态较差等实际，坚持常态化巡视点检，及时发现与排除隐患，全年组织并完成近30个维保项目施工，确保固定资产使用安全。

多次与南京市社保中心档案管理部门联系沟通，获其同意支持，将符合移交范围的642份档案规范化整理后，全部移交市社保中心管理。

（浦镇实业公司　供稿）

## 中车南京浦镇实业管理有限公司常州分公司

2021年末，浦镇实业公司常州分公司资产总额为32521万元，其中流动资产为26837万元、非流动资产为5684万元，负债总额1416万元，所有者权益31105万元。公司主要经营方式是自有房屋租赁，全年完成营业收入377万元，实现利润总额25万元，全面完成集团下达的年度经营指标。公司由中车戚墅堰机车有限公司托管管理，公司管理层级设董事1名、监事1名。下设社会综合管理部，有资产组、财务组、服务组等若干业务班组。公司共有23名员工，其中在册员工5人（2008年托管公司整体上市时病、内退人员），托管公司委派工作人员17名、内退人员1人。

完成9套住宅房屋拍卖工作，收回房屋拍卖款278.13万元，在评估价的基础上，拍卖价款溢价率达到30%。完成2万股沪宁高速股票的解禁、出售及历年分红工作，收回20万元股票抛售款和9万多元红利。

完成三供一业结算收尾工作。全面完成戚所工房物业项目的资金垫付清算工作，收回了垫付资金196万元。

（浦镇实业公司常州分公司　供稿）

## 中车南京浦镇实业管理有限公司铜陵分公司

2021年末，浦镇实业公司铜陵分公司资产总额为6914万元，其中：流动资产6188万元，固定资产净额726万元，无长期股权投资，资产总额较年初的6881万元增加33万元。全年实现营业收入共计141万元（全部是固定资产租金收入），利润总额1.5万元，完成集团公司下达的全年利润总额大于零的经营指标。

加强对存续资产的日常管理，规范资产租赁，全年签订资产出租合同15份，合同金额19.585万元，及时收取上海业务处出租租金，收回租金45万元。

根据铜陵公司车轴平移项目需要，积极与市自然资源规划局（林业局）义安区分局、市、区不动产登记中心进行沟通联系，完成存续土地测绘确权，出让土地附属房屋权证注销、出让土地分割办证、土地出让评估、土地协议出让合同签订等相关工作，下一步缴纳土地出让金，完成土地权属变更工作。

对7户不符合条件集资建房办证问题，加大工作协调力度，通过与市住建局、市自然资源规划局（林业局）、市不动产登记中心等部门的工作沟通、对接，完善办证资料，完成7户不符合条件集资建房办证申请、批复、权调及土地评估、土地出让金缴纳协议等相关工作，完成产权证办理的阶段性工作，下一步缴纳土地出让金，完成办证备案及办证服务工作。

（浦镇实业公司铜陵分公司　供稿）

# 中车长江（武汉）实业发展有限公司

2021年末，长江实业公司实现经营收入818.75万元，净利润30.88万元，固定资产净值1598.15万元。

年内，制定了长江实业公司存续企业改革三年行动方案，认真梳理了长江实业公司改革重组工作中的重点和难点，紧密结合实际明确了11项重点难点问题，制定了销号措施，明确了时间节点及责任人，进行了“挂图作战”管理。8月份，长江实业公司严格落实违规挂靠专项政治巡视要求，通过深入自查，明确了4个整改项点，并实现1项整改项点的关闭销项工作。

认真总结剥离企业办社会职能有关工作，全面完成“三供一业”职工家属区物业管理移交维修改造财务决算，武昌、江岸两区域分别实现资金结余300余万元和100余万元。积极履行退休人员社会化管理过渡期职责，保证按期发放统筹外费用，与地方接收单位形成联动机制，有效维护了地区稳定。妥善处理历史遗留问题，年内完成武昌厂主厂区剩余310.26亩土地移交，稳妥实现湖北民生石油液化气有限公司租赁经营合同终止事项。原江岸厂老招待所雷龙租赁诉讼事项取得重要进展，所涉房屋已经实现拆除，雷龙公司已撤回诉讼。持续强化基础管理，根据公司人事、机构调整，第一时间办理了工商营业执照变更。修订、制定下发管理制度5项，建立资产巡察工作机制，全年进行涉及消防、相关方、构筑物等安全检查4次。

（长江实业公司　供稿）

## 中车长江（武汉）实业发展有限公司贵阳分公司

9月，完成贵阳实业破产资产包除廉租房及所属土地以外资产的划转。针对低效无效资产，公司积极开展处置工作，在“中车宜企拍”上挂网竞价处置，已成功拍卖变压器、开关柜等20台电器设备，为后续运营工作打好基础。

年内，持续开展职工房屋产权办理工作，充分把握政策窗口期，加强与产权办理部门的沟通协调，设立了临时办理点，安排专员负责该项工作，规范产权办理资料，明确办理流程，分批开展产权办理工作，办理“双证”（上市证、房产证）约1500户。

为推进贵阳实业公司的破产清算，公司积极与中车集团沟通，取得了集团的批复。下一步，公司将按照集团批复，尽快解决贵阳实业廉租房历史遗留问题，加快推进贵阳实业破产清算工作。

（长江实业公司贵阳分公司　供稿）

## 中车资阳实业有限公司

2021年末，资阳实业公司注册资本为40439万元，资产总额114200万元。全年实现营业收入690万元，利润总额7.83万元，净利润7.44万元，纳税总额152万元。公司下设综合管理部、财务资产部、棚户区改造办公室，从业人数75人。公司运营管控由中车资阳机车有限公司托管。按照《中国中车集团有限公司存续企业改革重组三年行动方案》及《中国中车集团有限公司2021年资产管理及存续企业改革重组工作要点》，落实集团公司压减法人户数工作要求，完成眉山实业公司注销登记工作，成立了资阳实业公司眉山分公司、成都分公司。25栋住宅主楼结构全部达到地面13层以上，提前完成“地上主体结构修建至5~10层”年度目标。住户签约方面，按照“做实一户、签约一户、清零一区”目标，2021年，成功新签约3户，实现周祠坝、潮土湾两个区域未签约住户清零。项目平衡用地方面，围绕土地流转，策划项目整体平衡，协调、配合做好棚改平衡用地上市。基础工作方方面，完成2695签约住户资料签约资料、选房资料等归集、整理、归档，建立住户基础信息电子台账，建立住户新旧房屋信息、产权人情况、补差款、初装要求等台账，完成对住户的货币补偿支付4700余万元。按照应租尽租、接轨市场原则，加大存续资产经营租赁工作，实现资产租赁收入600余万元。与大邑县国资委、公安局、不动产登记中心、以及花水湾别墅土地使用证权利人等相关方进行沟通、协商，运用法律措施，充分研究政策，经多方取证、法院调解，补办并领取了花水湾房产不动产权证，妥善解决了20余年未解决的资产权属问题。通过法律途径，第三招待所获得拆迁补偿款997万元，问题资产实现保值增值。

张家湾小区3号楼、狮子山小区25栋126户以及狮子山小区20、21、22栋楼189户集资建房住户，由于土地性质为工业用地、未完全缴纳土地出让金差价等以及晨风工业有限公司不配合（处于破产清算阶段），土地分户工作一直未办理。经反复沟通协调，取得实质性进展，政府相关部门责成工业公司管理人协助办理3栋189户职工住宅分户历史遗留问题。截至2021年底，已有24户住户取得不动产权证。

（资阳实业公司　供稿）

## 中车资阳实业管理公司成都分公司

2021年末，资阳实业公司成都分公司全年实现营业收入265万元、净利润10984万元，完成集团公司下达的经营目标。

按照集团《存续企业改革重组三年行动方案》要求，在资阳实业公司的统筹下，明确重组注销各阶段的工作目标、思路、具体任务、职责分工、方案和措施、时间进度、风险管控、保障措施等，12月完成中车资阳实业管理公司成都分公司注册，实业公司完成吸收合并前期工作，进入税务清理、注销流程。

为卸掉企业自管住宅专项维修基金历史包袱，克服移交工作体量大、涉及房屋性质不同且数据复杂的困难，分四批次实现3789套住房、1724万元向政府专业职能机构的移交，解决了年历史遗留问题。

公司投资1300余万元对3栋106户共5324平方米危房实施抗震安全加固、屋面体系、外立面风貌、室外总平管网体系、公共区域、户内基本功能、户内水电气等改造，排除建筑物存在的安全和消费隐患。4月30日，公司召开危房改造完工交房仪式。

10月，公司筹集近1000万元资金，启动对116套人才、单身及乘务员公寓生活设施设备维修和完善工程。

（资阳实业成都分公司　供稿）

## 中车资阳实业管理公司眉山分公司

2021年末，资阳实业公司眉山分公司实现营业收入183万元，利润0.4万元。

根据中车集团《关于存续企业改革重组三年行动方案》和眉山公司《关于制定改革三年行动工作任务和专项改革实施方案的通知》精神，积极推进资阳、成都、眉山三家实业公司注销重组工作。做好跟踪、分析、总结，及时研究解决实施过程中出现的问题。完成眉山实业公司财务审计、资产评估、税务注销等工作及时将《合并公告》在《眉山日报》公示，办理不动产过户，并于12月29日完成眉山实业公司注销。

强化存续资产日常工作，做好资产的租赁经营工作，对部分地理位置的资产采用制作招租牌，与中介合作等形式广开门路，做到应租尽租；对改制企业租用的部分资产要按照中车集团和眉山公司的相关规定管理，增加企业收入，全年实现资产租赁收入183万元。做好资产维修维护工作。开展资产质量和安全状况调查、分析，定期或不定期进行巡视检查，掌握资产状态，在此基础上做好资产的维修维护，消除安全隐患，保持资产的良好状态。加强资产处置工作，对同升一期部分店铺进行处置。制定了对19个店铺进行处置方案，并完成52个店铺的测绘，以及对19个即将售卖店铺的评估、评估备案等拍卖准备工作。做好退休人员社会化管理工作，完善到龄退休人员信息登记、整理、录入，积极配合眉山公司完成2021年133人社会化管理向地方移交的工作。

（资阳实业眉山分公司　供稿）

## 中车株洲电力机车实业管理有限公司

2021年末，株机实业公司资产总额43.11亿元，其中流动资产36.80亿元、非流动资产6.31亿元；公司负债总额41.47亿元；所有者权益1.64亿元，主要为兰特汇率贬值导致本年较大亏损，引起所有者权益减少。全年实现营业收入3,947万元（主要为房屋与设备租金收入），实现净利润-31,236万元，其中集团借款利息费用1444万元，汇兑损失33961万元。公司由中车株洲电力机车有限公司托管，下设综合管理部、财务部2个职能部门，6名员工均由托管企业委派。

株机实业本部主要资产包括对南非子公司应收账款、固定资产（含投资性房地产）、股权投资。2021年末，应收账款余额199万元，固定资产（含投资性房地产）净额1.06亿元，股权投资净额4.35亿元，其中南非子公司1.87亿元。固定资产（含投资性房地产）主要出租给中车股份内部单位，2021年租金约2257万元。

7月28日，完成襄阳分公司所持湖北银行392609股股权（占比0.0125%）划转到株机实业公司名下及产权登记工作。

推进二幼儿园资产权证办理工作，已完成竣工备案和收集国土竣工测量图等办证资料准备工作。

9月份公示期满后，立即完成株机实业公司持九圆公司股权的工商注销工作，圆满解决该项股权纠纷。有序推进已吊销投资企业办理工商和税务销号工作相关事宜，年内共完成6家已吊销投资企业的工商和税务销号工作。

梳理“三供一业”物业分离移交职工家属区涉及影响居民生活的房屋、配套设施等遗留问题完成情况，完成遗留问题5项。

圆满完成株机公司本部及其子公司退休人员社会化管理移交工作，移交退休人员（含子公司）共计10754人、退休党员3217人，是株洲市第一家完成纸质档案和电子档案同步移交的央属国有企业。

试点完成北门步行街建设银行门面、田心山庄小区总证和实业公司60套公寓权证的办理工作。

（株机实业公司　供稿）

## 中车株洲电力机车实业管理有限公司洛阳分公司

2021年，株机实业公司洛阳分公司完成供暖及物业改造专项审计及资产核销，完成供暖改造工程资产清查专项审计、财务帐面上资产及权益核销；完成物业维修改造工程项目专项审计、财务账面上资产及权益核销。完成住房维修资金移交。完成职工家属区 112 栋楼 5537 户 382942.54 平方米房屋，共计 1723.24 万元住房维修资金移交、资金划转及财务账面上资产及权益核销。

通过派驻董事、监事指导参股企业规范管理，促进持续改善经营，增加收益回报，确保国有资产保值增值。与株机实业公司保持有效沟通，实时协调处理参股企业需要株机实业公司表决的事项。督促参股企业完成法人股东名称变更，在株机公司帮助下，启动参股企业产权补登记工作，为低效股权退出工作奠定基础。

积极与地方政府沟通，密切跟踪政府棚改项目推进方案，催促一期拟建高层项目开工尽快获得审批。棚户区改造一期拟新建高层住宅楼项目，设计方案已经通过评审，正在履行报批、报建程序。

（株机实业公司洛阳分公司　供稿）

## 中车株洲电力机车实业管理有限公司时代分公司

2021 年末，株机实业公司时代分公司实现年度营业收入 400 万元，归属于母公司净利润 13 万元。营业收入主要为时代宾馆、文体中心、雅园公寓、商住楼等资产租赁收入。资产总额为 8173 万元，同期降低 3%，净资产 7462 万元，同期增长 0.2%，净资产收益率 0.17%，“两金”主要为政策性资金往来构成。所辖襄阳电机公司、北京重工公司现无资产经营工作。

全面完成中车株洲所本部“三供一业”分离移交扫尾工作，供水、供电、物业分离移交工程竣工验收、工程造价审计等工作全面完成，工程结算工作全面完成。

与地方政府积极沟通，引进第三方投资改造，促进小区周边菜市场改造升级工作，改善了托管公司员工的生活环境。

（株机实业公司时代分公司　供稿）

## 中车株洲车辆实业管理有限公司

2021 年末，株洲车辆实业公司总资产为 43224 万元，其中：流动资产为 6365 万元，其他权益工具投资 10678 万元，固定资产净额 4019 万元，在建工程 22162 万元。负债 18984 万元，其中流动负债 8262 万元，非流动负债 10722 万元。净资产为 24240 万元。全年共签订租赁合同 30 份，年租赁收入 396 万元，实现净利润 2 万元，完成集团公司要求的不亏损经营目标。

公司有“859”号文件改制企业长期股权投资 2 项，分别是株洲新通铁路装备有限公司和株洲八达铸业有限公司。及时按照要求进行资料提报和工作跟进，完成参股股权退出后的工商登记变更工作。

为盘活北京办事处、430 医院、老中学三处土地、房产，制定资产处置工作实施方案，在最短的时间内完成驻京办房产评估、完成集团评审、公示、备案以及产权证更名工作，驻京办房产已在北交所挂牌交易。老中学土地房产不动产登记房地合一测量工作已完成实地测量，测量结果也已出具，目前在株洲市自然资源局权属科进行资料确认。

（株洲车辆实业公司　供稿）

## 北京时代志业机车车辆有限公司

2021年，北京时代志业承担北京中车重工机械有限公司职工家属区“三供一业”分离移交改造、职工保障性住房及配套工程建设和存续企业资产管理等相关工作。

北京时代志业职工家属区“三供一业”分离移交工作已按照集团公司部署全部完成；其配套工程（楼内线改造项目）于11月完成。

积极推进北京时代志业保障性住房建设项目的区域内两个改制公司腾退搬迁，其中北京格绿环保设备有限公司于4月完成搬迁。

职工家属区燃气入户改造项目于2021年8月竣工，并完成竣工相关验收顺利通气。

（时代志业公司　供稿）

# 人物与荣誉

本栏编辑　汪云鹏

# 先进人物

## 【国家级荣誉称号获得者】

**全国五一劳动奖章**

| | |
|---|---|
| 兰州公司 | 宋耀荣 |
| 唐山公司 | 陈占峰 |
| 长客股份公司 | 王善更 |
| | 何　岩 |
| 资阳公司 | 朱　兵 |

**全国优秀党务工作者**

| | |
|---|---|
| 齐车公司 | 张玉祥 |

**全国优秀共产党员**

| | |
|---|---|
| 长客股份公司 | 罗昭强 |

**全国优秀共青团干部**

| | |
|---|---|
| 唐山公司 | 赵　毅 |

**全国优秀共青团员**

| | |
|---|---|
| 株机公司 | 魏　来 |

**中青年科技创新领军人才**

| | |
|---|---|
| 四方股份公司 | 梁建英 |

**中华技能大奖**

| | |
|---|---|
| 四方股份公司 | 郭　锐 |

**全国技术能手**

| | |
|---|---|
| 长客股份公司 | 周晶辉 |
| 长江集团 | 易　冉 |
| 株机公司 | 桂志红 |
| 戚墅堰所 | 莫俊超 |
| | 陆忠杰 |

**全国五一巾帼标兵**

| | |
|---|---|
| 长客股份公司 | 王丽萍 |
| 常州公司 | 戚　蓉 |
| 中车产投 | 胡利杰 |

**全国最美家庭**

| | |
|---|---|
| 大连公司 | 臧兰兰 |
| 眉山公司 | 余向其 |

**中国科协第十次全国代表大会代表**

| | |
|---|---|
| 大连公司 | 臧兰兰 |
| 四方股份公司 | 宁允展 |

## 【省部级荣誉称号获得者】

**最美铁道科技工作者**

| | |
|---|---|
| 四方股份公司 | 丁叁叁 |

**第六届中国科协（第四届铁路）青年人才托举工程**

| | |
|---|---|
| 四方所 | 苗　峰 |
| 株机公司 | 肖泽桦 |

**中国交通运输协会科技英才人物奖**

| | |
|---|---|
| 长客股份公司 | 朱　彦 |
| 株机公司 | 廖洪涛 |

**中国交通运输协会科技创新青年奖**

| | |
|---|---|
| 株洲所 | 刘海涛 |
| 四方股份公司 | 陈大伟 |

**茅以升铁道工程师奖**

| | |
|---|---|
| 齐车公司 | 程　伟 |
| 山东公司 | 袁国庆 |
| 长客股份公司 | 李雪飞 |
| 唐山公司 | 李富强 |
| 大同公司 | 徐艳晖 |
| 永济电机公司 | 尚前博 |
| 四方股份公司 | 付善强 |
| 浦镇公司 | 胡基贵 |
| 长江集团 | 何远新 |
| 株机公司 | 佟来生 |
| 株洲所 | 胡云卿 |
| 中车研究院 | 章潇慧 |

**交通技术能手**

全国交通技术能手

| | |
|---|---|
| 齐车集团 | 邱齐宇 |
| 长客股份 | 赵密强 |

大连公司　于春生
浦镇公司　王　强
二七机车　赵连颖

**火车头奖章获得者**

齐车公司　姜长永
沈阳公司　赵荣辉
石家庄公司　王慧娟
山东公司　付　强
西安公司　张出蕾
铜陵公司　高　爽
长江公司　张文胜
眉山公司　陆　强
长客股份公司　艾子洋
　赵　栩
兰州公司　马志文
唐山公司　王远霏
永济电机公司　杨　杰
四方股份公司　刘斌普
成都公司　孙　强
四方车辆公司　张雷刚
浦镇公司　孟　飞
株机公司　陈立胜
资阳公司　朱　丹
株洲电机公司　盛金龙
戚墅堰所　陈士华
天津公司　段如峰
广州公司　兰　平
中车产投（株洲特装公司）黄　伟

**中央企业优秀党务工作者**

长江集团　何朝阳
唐山公司　徐　军
株洲所　唐　军

**中央企业优秀共产党员**

长客股份公司　马　凯
大同公司　刘　涛
戚墅堰公司　秦　辉
株机公司　陈裕军
戚墅堰所　张剑云

**2019—2020年度中央企业优秀共青团干部**

四方股份公司　刘辉辉
长客股份公司　李　桐
株洲电机公司　姜尚昆

**2019—2020年度中央企业青年岗位能手**

沈阳公司　胡庆林
永济电机公司　任向武
戚墅堰所　魏泽利

**2019—2020年度中央企业优秀共青团员**

大同公司　徐新宇
四方所　王　斌
浦镇公司　沈弘博
株机公司　王琦琦

**全国铁路优秀工会工作者**

中国中车总部　刘　智
四方股份公司　王正强
长客股份公司　邵小明
眉山公司　王云东
西安公司　张革斌
资阳公司　陈　伶
株洲电机公司　陈　娥

**全国铁路巾帼标兵**

戚墅堰所　章　莉

**全国铁路先进女职工**

戚墅堰所　章　莉
株洲所　陈燕平
齐车公司　刘　妍

**全国铁路先进女职工工作者**

长江集团公司　胡琳琳
唐山公司　成建敏

**全路困难职工解困脱困工作先进个人**

二七机车公司　郭春辉
洛阳公司　张炬明
兰州公司　徐嘉颖
天津中车机辆装备公司　王重发
戚墅堰所　刘　青
贵阳公司　谢永梅

沈阳公司　王功辉

**全国铁路体育先进个人**

中国中车总部　王志刚
齐车公司　马劲松
石家庄公司　刘敏卿
大连公司　薛国玉
兰州公司　徐嘉颖
唐山公司　马志刚
永济电机公司　刘　洋
四方股份公司　郎咸杰
四方车辆公司　徐义明
太原公司　张　敏
西安公司　张　斌
铜陵公司　俞　皓
贵阳公司　梁　侃
浦镇公司　王道胜
戚墅堰公司　周　斌
株机公司　刘金勇
戚墅堰所　耿　桦
株洲所　向晓清

**最美铁路人**

唐山公司　张雪松

**新时代 · 铁路榜样**

大连公司　藏兰兰
戚墅堰公司　张　忠

**江苏省劳动模范**

常州公司　杨福才

**四川省劳动模范**

资阳公司　杜绍贵

**江苏省企业首席技师**

戚墅堰所　伏宇璐
黄　勇
浦镇公司　刘　聪

**江苏大工匠**

浦镇公司　王　强

**江苏工匠**

浦镇公司　张洪逵
沈文圣
戚墅堰公司　鞠　波
朱黎明

**湖北省“荆楚工匠”**

长江公司　程　琪

**第三届“四川工匠”**

眉山公司　甘俊林
资阳公司　李小刚
缪　辉

**四川省企业基层管理“十佳”**

眉山公司　王之成

**四川省企业优秀基层管理者**

眉山公司　王小东
韩金刚
魏　鹏

**贵州省五一劳动奖章**

贵阳公司　董小缘

**湖南省五一劳动奖章**

中车产投　朱昌盛

**辽宁省五一劳动奖章**

大连公司　谷晓东

**河南省五一劳动奖章**

洛阳公司　李高峰
赵东东

**辽宁省“三八”红旗手**

大连公司　李巧艳

**江淮杰出工匠**

铜陵公司　江小山

**安徽省技能大奖**

铜陵公司　王福东

**河南省优秀党务工作者**

洛阳公司　单　勇

**河南省中原大工匠**

洛阳公司　张　景

**四川省道德模范**

资阳公司　钟俊林

**湖南省优秀共青团员**

株机公司　张　驰

**吉林省优秀共青团干部**

长客股份　李　桐

**山西省优秀共青团员**

太原公司　王文博

**安徽省青年岗位能手**

铜陵公司　汪　涛

**黑龙江省优秀共青团干部**

齐车公司　杨佳男

**黑龙江省优秀共青团员**

齐车公司　任一凡

**湖南省青年五四奖章**

齐车公司　肖乾亮

**湖南省向上向善好青年**

齐车公司　肖乾亮

**河北省青年安全生产示范岗**

唐山公司　李子禹

**河北省优秀共青团员**

唐山公司　常家宝

**全国铁路青年五四奖章**

唐山公司　高栋梁

**全国铁路优秀共青团干部**

戚墅堰所　王　楠

**全国铁路优秀共青团员**

大同公司　李颜清

**全国铁路青年岗位能手**

四方股份　冯　强
永济电机　张瑞峰

## 【中国中车荣誉称号获得者】

**中国中车人才工作先进个人**

齐车集团　张　忠
齐车公司　王辉荣
石家庄公司　常冬艳
长江集团　刘　虹
眉山公司　王　刚
株辆公司　李大胜
四方股份公司　徐　超
四方车辆公司　韩泽瑜
成都公司　王　洪
长客股份公司　王立东
株洲所　陈　瑶
株机公司　吴　艺
洛阳公司　毛军明
唐山公司　赵　明
大连公司　王　鹏
兰州公司　刘秦文
浦镇公司　沈文静
永济电机公司　郭湘云
大连电牵公司　赵　兴
株洲电机公司　郑智平
戚墅堰所　郭东泽
大同公司　范晓鹏
四方所　皇甫光旭
戚墅堰公司　谢兆东
大连所　于　彬
中车产投　赵超然
二七车辆公司　卢　刚
科技园公司　栾翔宇
常铁校　苗　苗
工程公司　王胜男

**中国中车第二届“高铁工匠”**

齐车公司　张敬华（女）
马吉民
李　松
石家庄公司　郭　磊
邢忠东
李　强
山东公司　田兆彬
长客股份公司　艾子洋
周晶辉
王丽萍（女）
唐建坤
丁相庆
王善更

| | |
|---|---|
| 大连公司 | 乔　岩 |
| | 权庆东 |
| 兰州公司 | 王怀玉 |
| 唐山公司 | 刘春海 |
| | 陈占峰 |
| | 高栋梁 |
| | 郭从民 |
| | 付阳阳 |
| 南口公司 | Simon Hahn |
| 大同公司 | 南利军 |
| | 刘斌涛 |
| | 祁卫东 |
| | 王大龙 |
| 永济电机公司 | 邱文军 |
| | 李小锋 |
| 四方股份公司 | 管益辉 |
| | 何建英 |
| | 仲积峰 |
| 成都公司 | 吴小兵 |
| 四方车辆公司 | 张高飞 |
| 浦镇公司 | 姚光虎 |
| | 张洪逵 |
| 戚墅堰公司 | 鞠　波 |
| | 陈士恩 |
| 太原公司 | 齐晓刚 |
| 西安公司 | 王勇军 |
| 常州公司 | 杨福才 |
| 长江公司 | 张文胜 |
| 眉山公司 | 甘俊林 |
| 株辆公司 | 邹长青 |
| 株机公司 | 许贤杰 |
| | 张利好 |
| | 文　献 |
| | 周　峰 |
| 洛阳公司 | 李高峰 |
| 资阳公司 | 曾纪云 |
| 四方所 | 王　涛 |
| 戚墅堰所 | 刘云清 |
| | 张学斌 |
| | 莫俊超 |
| | 章　莉（女） |
| 株洲所 | 郭红英 |
| | 周友军 |
| 时代新材 | 左立良 |
| 中车电动 | 肖乾亮 |

**中国中车优秀工会工作者**

| | |
|---|---|
| 齐车集团 | 王晓军 |
| 齐车公司 | 陈　鹏 |
| 沈阳公司 | 杨宏利 |
| 石家庄公司 | 史玉雷 |
| 山东公司 | 张　军 |
| 长客股份公司 | 郭洪久 |
| | 赵　昊 |
| 大连公司 | 刘　红 |
| | 季秋富 |
| | 徐嘉颖 |
| 唐山公司 | 成建敏 |
| 南口公司 | 王剑宁 |
| 永济电机公司 | 高　娜 |
| | 金晓宇 |
| 四方股份公司 | 李乐营 |
| | 高仕峰 |
| 广东公司 | 李卓均 |
| 成都公司 | 沈晓林 |
| 原四方有限公司 | 高玉功 |
| 浦镇公司 | 杨　霞 |
| 戚墅堰公司 | 王建文 |
| | 金凯蓉 |
| 太原公司 | 张　敏 |
| 西安公司 | 张　斌 |
| 常州公司 | 吴松涛 |
| 铜陵公司 | 杨月虹 |
| 长江公司 | 潘阳云 |
| 眉山公司 | 李红梅 |
| 株辆公司 | 高翔瑞 |
| 贵阳公司 | 许　立 |
| 长江集团 | 龚　莉 |
| 株机公司 | 刘金勇 |

| | |
|---|---|
| | 董　文 |
| 资阳公司 | 王　戈 |
| 洛阳公司 | 张　谦 |
| 株洲电机公司 | 胡立新 |
| 四方所 | 颜　强 |
| 戚墅堰所 | 耿　桦 |
| | 刘　青 |
| 株洲所 | 邵　云 |
| | 谭永能 |
| | 陈　筠 |
| 金控公司 | 杨　溟 |
| 科技园公司 | 程　馨 |
| 国际公司 | 王　宵 |

**中国中车优秀团干部**

| | |
|---|---|
| 齐车集团 | 朱泽红 |
| 齐车公司 | 肖　乐 |
| | 龙　飞 |
| 沈阳公司 | 劳丽杰 |
| | 王哲生 |
| 石家庄公司 | 李　欣 |
| | 张文彧 |
| 山东公司 | 聂元旭 |
| | 许志森 |
| 长客股份公司 | 李　桐 |
| | 关春晖 |
| | 韩晓琦 |
| 长春车辆公司 | 夏遵奥 |
| 大连公司 | 曲　艺 |
| | 洪　宇 |
| | 史雪涵 |
| 兰州公司 | 杨立斌 |
| 唐山公司 | 刘　杰 |
| | 王　爽 |
| | 张　禄 |
| 二七机车公司 | 吴欣阳 |
| 二七车辆公司 | 方　战 |
| 南口公司 | 郭　泽 |
| 大同公司 | 胡　琨 |
| | 马少杰 |
| | 景婉玥 |
| 永济公司 | 李　莎 |
| | 郝令肖 |
| | 谭　静 |
| 大连电牵公司 | 汪盼盼 |
| 四方股份公司 | 刘辉辉 |
| | 于海辰 |
| | 袁艺倩 |
| 成都公司 | 冉　文 |
| 广东公司 | 李钊铭 |
| 四方有限公司 | 刘庆彦 |
| 浦镇公司 | 苏　晟 |
| | 高晓阳 |
| 戚墅堰公司 | 董　浩 |
| | 刘雅琴 |
| 长江集团 | 刘　延 |
| | 王首大 |
| 太原公司 | 贾玉洁 |
| 西安公司 | 王宇虎 |
| 常州公司 | 周　骏 |
| 铜陵公司 | 付娜娜 |
| 长江公司 | 赵晓葳 |
| | 吴　满 |
| 眉山公司 | 陶丹青 |
| 株辆公司 | 李　盛 |
| 贵阳公司 | 令狐绍辉 |
| 株机公司 | 姚　屹 |
| | 徐　茜 |
| | 欧阳博之 |
| 资阳公司 | 刘玉琴 |
| 洛阳公司 | 李泽彦 |
| 株洲电机公司 | 周　睿 |
| | 宁钟黎 |
| | 王　超 |
| 大连所 | 李彦阳 |
| 四方所 | 冯晨光 |
| | 刘海鹏 |
| | 万纪君 |
| 天津装备公司 | 刘雨鹏 |

| | |
|---|---|
| 资阳电气公司 | 张　旭 |
| 戚墅堰所 | 王　楠 |
| | 钱任飞 |
| | 束婧雅 |
| 株洲所 | 李　欣 |
| | 陈　禹 |
| | 王必成 |
| 物流公司 | 冯　雨 |
| 工程公司 | 肖富公 |
| 金租公司 | 李呈翔 |
| 信息公司 | 王　曦 |
| 财务公司 | 李龙涛 |
| 广州公司 | 谢文宏 |
| 天津公司 | 吕　强 |
| 常铁校 | 江玉民 |
| 中车科技园（成都） | 孔　佳 |
| 中车产投 | 李冠楠 |
| | 韩　嫣 |
| | 马新朋 |
| 中车建投 | 宋天童 |

**中国中车优秀团员**

| | |
|---|---|
| 齐车公司 | 郝明非 |
| | 李良宝 |
| | 曲峰利 |
| 沈阳公司 | 王　鸿 |
| | 杨　超 |
| 石家庄公司 | 赵　旭 |
| 山东公司 | 王春满 |
| | 余　琨 |
| 长客股份公司 | 孙文鑫 |
| | 张忠伟 |
| 长春车辆公司 | 邹晓东 |
| 大连公司 | 王劭旭 |
| | 李稷东 |
| 兰州公司 | 沈延扬 |
| 唐山公司 | 郭　欣 |
| | 李子禹 |
| 二七机车公司 | 张　烁 |
| 二七车辆公司 | 杨　迎 |
| 南口公司 | 贾　冕 |
| 大同公司 | 李颜清 |
| | 师智杰 |
| 永济公司 | 冯新博 |
| | 李　钊 |
| 大连电牵公司 | 王　晨 |
| 四方股份公司 | 陈嘉怡 |
| | 庄耀辉 |
| 成都公司 | 沈书乐 |
| 广东公司 | 袁善聪 |
| 四方有限公司 | 栾小俊 |
| 浦镇公司 | 薛慧迎 |
| | 张　婧 |
| 戚墅堰公司 | 姜智慧 |
| 太原公司 | 靳　伟 |
| 西安公司 | 刘东东 |
| 常州公司 | 李　铭 |
| 铜陵公司 | 张亨伟 |
| 长江公司 | 方立璇 |
| 眉山公司 | 汪宏原 |
| 株辆公司 | 蒋　龙 |
| 贵阳公司 | 张园译 |
| 株机公司 | 黄昊雯 |
| | 李　淇 |
| 资阳公司 | 李玉婷 |
| 洛阳公司 | 韩守栋 |
| 株洲电机公司 | 张月兴 |
| | 张恩来 |
| 大连所 | 张　磊 |
| 四方所 | 杨　柳 |
| | 张晓晓 |
| 天津装备公司 | 马　超 |
| 资阳电气公司 | 曹瀚喆 |
| 戚墅堰所 | 边寅初 |
| | 王平远 |
| 株洲所 | 寇晨晨 |
| | 於珂睿 |
| 物流公司 | 谢靖靖 |
| 工程公司 | 张　泉 |

| | |
|---|---|
| 信息公司 | 要锦涛 |
| 金租公司 | 刘熙倩 |
| 广州公司 | 杨正权 |
| 天津公司 | 靳　飞 |
| 常铁校 | 董槟洱 |
| 中车科技园（青岛） | 张丹峰 |
| 中车产投 | 陈亦珂 |
| | 李坤奇 |
| | 徐运赟 |
| 中车金控 | 袁世辰 |
| 中车建投 | 徐晨蕊 |

**中国中车杰出青年岗位能手**

| | |
|---|---|
| 齐车公司 | 蔡天云 |
| 长客股份公司 | 姜　帆 |
| 大连公司 | 孙传庆 |
| 唐山公司 | 韩国鹏 |
| 大同公司 | 吕嘉明 |
| 四方股份公司 | 任　欢 |
| 浦镇公司 | 肖　飞 |
| 太原公司 | 祁春生 |
| 株机公司 | 罗　凯 |
| 戚墅堰所 | 李贯忠 |

**中国中车青年岗位能手**

| | |
|---|---|
| 齐车集团 | 尹志强 |
| 齐车公司 | 范俊超 |
| | 王冠楠 |
| | 赵永春 |
| 沈阳公司 | 张天鑫 |
| | 贾天宁 |
| 石家庄公司 | 吴　帆 |
| 山东公司 | 李　佳 |
| 山东风电公司 | 张立柱 |
| 长客股份公司 | 王　涛 |
| | 周　坤 |
| 长春车辆公司 | 张琳琪 |
| 大连公司 | 张　哲 |
| | 王　崇 |
| 兰州公司 | 王生鹏 |
| 唐山公司 | 刘　刚 |
| | 马　彪 |
| 二七机车公司 | 李凯暄 |
| 二七车辆公司 | 任慧杰 |
| 南口公司 | 吕文航 |
| 大同公司 | 蒋　维 |
| | 李颜清 |
| 永济电机公司 | 李　娜 |
| | 顼恒博 |
| 大连电牵公司 | 赵长春 |
| 四方股份公司 | 韩　超 |
| | 王　鲁 |
| 成都公司 | 尉志强 |
| 广东公司 | 赖威任 |
| 四方车辆公司 | 陈　超 |
| 浦镇公司 | 杜宇佳 |
| | 张东辉 |
| 戚墅堰公司 | 方子强 |
| 长江集团 | 林荣冯 |
| 太原公司 | 张志荣 |
| 西安公司 | 任舜鹏 |
| 常州公司 | 刘培坤 |
| 铜陵公司 | 高　爽 |
| 长江公司 | 但唐凯 |
| 眉山公司 | 袁　亮 |
| 株辆公司 | 谭　达 |
| 贵阳公司 | 杨　坚 |
| 株机公司 | 文　凯 |
| | 张　帅 |
| 资阳公司 | 马　帅 |
| 洛阳公司 | 张　辉 |
| 株洲电机公司 | 李如海 |
| | 唐赢武 |
| 大连所 | 黄佳伟 |
| 四方所 | 王炳杰 |
| 戚墅堰所 | 陆忠杰 |
| | 王廷霞 |
| 株洲所 | 丁　驰 |
| | 黄江蛟 |

| | |
|---|---|
| 时代新材公司 | 刘鹏辉 |
| 物流公司 | 董婷婷 |
| 工程公司 | 那明望 |
| 金租公司 | 孙玮谦 |
| 资本公司 | 马　冉 |
| 信息公司 | 孙　岩 |
| 广州公司 | 林子婷 |
| 天津公司 | 常跃鹏 |
| 常铁校 | 王淑琴 |
| 中车金控 | 蔺　雪 |
| 中车科技园 | 刘　媛 |
| 中车产投 | 赵超然 |
| | 张金学 |
| | 刘显科 |
| | 易　如 |
| 中车电动 | 欧阳鹏飞 |
| 中车新投 | 鲁耀华 |

**中车优秀信访工作者**

| | |
|---|---|
| 中国中车总部 | 樊正茂 |
| 齐车集团 | 刘　涛 |
| 齐车公司 | 于丽萍 |
| 沈阳公司 | 王宇亮 |
| 石家庄公司 | 孙若飞 |
| 山东公司 | 王松林 |
| 长客股份公司 | 蒋志军 |
| 长春车辆公司 | 杨延峰 |
| 大连公司 | 丛莲君 |
| 兰州公司 | 杨晓雄 |
| 大同公司 | 卢晶华 |
| 唐山公司 | 孙素娟 |
| 二七机车公司 | 周燕平 |
| | 朱小雨 |
| 二七车辆公司 | 王宝庆 |
| 南口公司 | 吴翠萍 |
| 四方股份公司 | 王军源 |
| 成都公司 | 杨佐卫 |
| 四方有限公司 | 包劲夫 |
| 永济电机公司 | 肖建军 |
| 浦镇公司 | 刘锡强 |
| 戚墅堰公司 | 牟卫忠 |
| 戚墅堰所 | 牟　旦 |
| 长江集团 | 郑学峰 |
| 太原公司 | 马正宁 |
| 西安公司 | 陈　辉 |
| 眉山公司 | 汪云鹏 |
| 铜陵公司 | 王德胜 |
| 株机公司 | 邹　健 |
| 株洲所 | 贺正凡 |
| 天津装备公司 | 仇金龙 |
| 中车科技园 | 胡兴运 |
| 南车投资公司 | 李继领 |

**中国中车科技创新英才人物奖（科技大奖）**

| | |
|---|---|
| 中车研究院 | 孙帮成 |
| 齐车集团 | 魏鸿亮 |
| 长客股份公司 | 于青松 |
| 大连公司 | 曲天威 |
| 四方股份公司 | 丁叁叁 |
| 株机公司 | 廖洪涛 |
| 株洲所 | 尚　敬 |

**中国中车科技创新英才人物奖（科技成就奖）**

| | |
|---|---|
| 齐车集团 | 李向伟 |
| | 李　华 |
| | 唐　晶 |
| 长客股份公司 | 朱　彦 |
| | 王金田 |
| | 王春生 |
| 大连公司 | 杨守君 |
| | 赵　刚 |
| 唐山公司 | 康洪军 |
| | 刘春明 |
| | 王立航 |
| 大同公司 | 仝　雷 |
| 永济电机公司 | 薛秀慧 |
| 四方股份公司 | 陶桂东 |
| | 吴冬华 |
| | 韩晓辉 |

浦镇公司　黄文杰
　杨　俊
戚墅堰公司　谢经广
长江集团　胡海滨
　刘凤伟
　贾云龙
　姜瑞金
株机公司　樊运新
　陈喜红
株洲电机公司　李进泽
大连所　刘俊杰
四方所　孙国斌
　刘宏友
戚墅堰所　万升云
株洲所　周桂法
　刘国友
　杨　军
中车研究院　李明高
中车产投　刘　凌

**中国中车科技创新英才人物奖（科技贡献奖）**

齐车集团　刘振明
　韩俊峰
　赵天军
　刘寅华
　许英奎
长客股份公司　康成伟
　李雪飞
　张欣盟
　齐玉文
大连公司　敖建安
　邢　瑜
　王　威
唐山公司　张　雷
　栗木功
　陈彦宏
大同公司　原志强
　张志和
永济电机公司　刘冠芳
　王雪迪
　李　广
四方股份公司　刘　泰
　蒋　欣
　张振先
　刘韶庆
浦镇公司　胡基贵
　刘寅虎
　门永林
戚墅堰公司　李友峰
　蔡红霞
长江集团　何远新
　刘映安
　刘文胜
　周增光
　郑　涛
株机公司　李希宁
　沈　江
　王　位
株洲电机公司　周黎民
　胡　贵
大连所　刘淑华
四方所　刘　辉
　殷培强
戚墅堰所　王有虹
　杜利清
株洲所　张志学
　王　进
　梅文庆
　路向阳
中车研究院　刘　昱
信息公司　李　丽
中车产投　汪　伟

〔人力资源中心（党委干部部）、群团工作中心（工会办公室）、各子公司　供稿〕

# 先进集体

## 【国家级集体荣誉】

### 全国五一劳动奖状
株机公司
四方股份公司

### 全国文明单位
四方所

### 全国工人先锋号
长客股份公司高速动车组制造中心

### 全国群众体育先进单位
株机公司

### 全国安全文化示范企业
株机公司

### 第二十二届中国专利金奖
四方股份公司

### 第二十二届中国外观设计金奖
四方股份公司

### 第二十二届中国专利银奖
戚墅堰所　株洲所

### 中国智能制造标杆企业（第四批）
株机公司

### 全国五一巾帼奖状
唐山公司总装配二厂端子压接班

### 全国五一巾帼标兵岗
唐山公司总装配二厂端子压接班
兰州公司机电车间电工班

### 全国巾帼文明岗
株机公司机车事业部检查二班

### 全球制造业优秀物流工程奖
株机公司“转向架智能物流项目”

### 国家工业遗产
株机公司“粤汉铁路株洲总机厂”

### 中国战略性新兴环保产业领军企业
环境公司　沃顿公司

### 中国环博会百强企业
环境公司　沃顿公司

### 国家级专精特新“小巨人”企业
株洲投资控股公司
南宁中车轨道交通装备有限公司

### 中国商用车十大卓越品牌
中车电动

### 全国工会财务工作先进单位
长客股份公司工会

### 中国国际贸易服务博览会“绿色发展奖”
长江集团

### 全国五四红旗团委
长客股份公司团委

### 全国五四红旗团支部
四方股份公司检修服务事业部团总支

### 全国青年文明号
四方股份公司总装分厂 EMU 调试 1 工段
长客股份公司高速动车组制造中心装配一车间司机室班
齐车公司货车分厂制动组装班组
戚墅堰所常州中车铁马科技实业有限公司科研班组

### 全国青年安全生产示范岗
大连公司机械装备分厂单元制动班

## 【省部级集体荣誉】

### 中央企业先进基层党组织
齐车集团党委
四方股份公司党委
大连公司党委
浦镇公司党委
永济电机公司国铁事业部线圈车间党支部
四方所钩缓事业部党总支
株洲电机公司轨道交通事业本部牵引变压器车间党总支

**2019—2020 年度中央企业五四红旗团委**

株洲所团委

唐山公司团委

**2019—2020 年度中央企业五四红旗团支部**

山东中车风电有限公司团支部

株辆公司备料车间团支部

大连公司城铁开发部团支部

**2019—2020 年度中央企业青年文明号**

戚墅堰公司国际商务营销团队

四方有限公司转向架分厂焊接四班

工程公司台州市域铁路 S1 线一期 PPP 项目工程总承包项目部

中车电动客车事业部总装车间

眉山中车制动科技股份有限公司组装车间装配一组

长江公司青年防疫突击队

**2019—2020 年度中央企业青年文明号**

专项名单（抗疫类）

长江公司青年防疫突击队

**全国铁路火车头奖杯**

大连公司城铁开发部

大同公司机械二车间

戚机公司肯尼亚维保事业部

株洲所风电事业部

**全国铁路模范职工之家**

株机公司工会

大连公司工会

四方所工会

铜陵公司工会

**全国铁路工会财务工作特等奖**

中车集团工会

**全国铁路工会财务工作先进单位**

长江集团公司工会

大连公司工会

株洲电机公司工会

**全国铁路模范职工小家**

齐车公司转向架分厂工会

唐山公司铝合金厂工会

浦镇公司钢结构车间工会

株辆公司台车车间工会

山东公司同力钢构有限公司工会

株洲中车时代电气公司工会

洛阳公司部件事业部工会

**全国铁路先进女职工集体**

长客股份公司国家轨道工程研究中心京张高铁运营设计保障团队

四方股份公司动能供应分厂牵引变电二班

永济电机公司西安捷力公司定子车间小并头包扎班

**全国铁路先进女职工组织**

石家庄公司工会女职工委员会

大同公司工会女职工委员会

**全路困难职工解困脱困工作先进集体**

齐车公司工会

戚墅堰公司工会

资阳公司工会

长江公司工会

**全国铁路体育先进单位**

齐车集团有限公司

长客股份公司

大连公司

唐山公司

株辆公司

株洲电机公司

戚墅堰所

株洲所

国际公司

**湖南省环保诚信单位**

株机公司

**辽宁省高价值专利培育中心**

大连所

**江苏省绿色工厂**

戚墅堰所

**天津市第三批入库科技领军企业**

天津电力机车

**江苏省产教融合型企业**
戚墅堰公司
**第四届中国融资租赁“央企租赁产融结合示范企业”腾飞奖**
金租公司
**山西省科技成果转化示范企业**
太原公司
**四川省环保诚信企业**
眉山公司
**贵州省绿色工厂**
贵阳公司
**贵州省劳动关系和谐企业**
贵阳公司
**贵州省技术创新示范企业**
贵阳公司
**江苏省高新技术企业**
常州公司
**江苏省劳动关系和谐企业**
常州公司
**安徽省环保诚信企业**
铜陵公司
**第五批安徽省知识产权优势培育企业**
铜陵公司
**马来西亚交通部铁路车辆科技创新奖**
株机公司
**马来西亚交通部维保维修及大修新星奖**
株机公司
**湖南省创新企业文化建设先进单位**
中车电动
**湖南省模范职工小家**
株机公司车体事业部工会
**湖南省“先进基层党组织”**
株机公司转向架事业部工艺质量一部党支部
**湖南省高技能领军人才、劳模工匠师徒“结对子”活动优秀组织单位**
株机公司车体事业部
**湖南省优秀物流园**
株洲中车物流有限公司
**湖南省物流行业抗疫先进单位**
株洲中车物流有限公司
**湖南省青年文明号**
株机公司电气设备分公司电器组装车间
**广西工业企业“质量管理标杆”**
南宁中车轨道交通装备有限公司
**江苏省青年安全生产示范岗**
戚墅堰所齿轮传动事业部 CRH380B 高速动车组齿轮箱组装班
**全国铁路青年安全生产示范岗**
浦镇公司杭州公司 H5001 静调工位
齐车公司转向架分厂粗加组
齐车公司铸钢分厂探伤班组
**全国铁路青年五四奖章集体**
长客股份京张高铁“复兴号”智能动车组设计团队
**全国铁路五四红旗团委**
永济电机公司团委
齐车公司团委
**全国铁路五四红旗团支部**
大连所电力电子团支部
**辽宁省先进团委**
大连公司团委
**辽宁省青年文明号**
沈阳公司产品研发部力拓钢轨列车项目组
**河北省青年安全生产示范岗**
唐山公司调试厂列调机械班
**河北省青年文明号**
唐山公司产品研发中心电气开发部牵引室
唐山公司运修技术中心产品全生命周期数据中心
唐山公司技术研究中心产业技术研究部
唐山公司技术研究中心振动噪声研究室
唐山公司技术研究中心总体技术室
**河北省五四红旗团委**
唐山公司团委

**江苏省五四红旗团支部**

戚墅堰所汽车零部件公司团委经营管理二团支部

**山东省青年安全生产示范岗创建集体**

山东公司货车制造中心货总工区交车班

**山西省青年文明号**

永济电机金属结构车间组装二班

**四川省青年安全生产示范岗**

眉山中车制动科技股份有限公司组装车间装配一组

## 【中国中车级集体荣誉】

**中国中车突出贡献奖**

四方股份公司
株洲所
株机公司
长客股份公司
浦镇公司
戚墅堰所
大连公司
中车科技园
工程公司
金租公司

**中国中车特别贡献奖**

齐车集团
山东公司
石家庄公司
贵阳公司
眉山公司
沃顿科技公司

**中国中车突出进步奖**

天津公司
中车新投
物流公司

**中国中车一级子公司“五强”优秀领导班子**

四方股份公司
株洲所
株机公司
长客股份公司
浦镇公司
大连公司
齐车集团
大同公司
中车科技园
工程公司
中车金控

**中国中车科技创新先进集体**

齐车集团货车研究院基础研究部
齐车公司技术开发中心货车设计室、工艺技术部
山东公司环境工程研究所
株辆公司信息技术部
西安公司储运装备产品研发团队
眉山公司质量管理创新团队
长江公司产品研究所
长客股份公司工程技术中心工艺开发及规划团队、基础研发部、质量保证部
大连公司城铁开发部、机车开发部、柴油机技术部
唐山公司产品研发中心总体开发部、制造技术中心总体工艺部、运营管控中心数字化部
中国中车网侧高压电器技术研发中心
大同公司技术中心研究院
永济电机公司风电产品研发团队、绿色和智能化轨道交通电气系统研发团队
四方股份公司科技发展部、技术中心项目总体部、国家工程技术研究中心技术研究部
浦镇公司数字化部、科技管理部标准化团队
南京中车浦镇海泰制动设备有限公司总体部
戚墅堰公司技术管理部
株机公司产品研发中心转向架研发部、城轨系统研发部、机车系统研发部
株洲电机公司科技管理部、研究院牵引电机研究所
中国中车换热技术研发中心
四方所技术中心轨道车辆核心系统智能化及一体化技术研究团队、轨道交通核心技术标准研究创新团队

戚墅堰所新一代轻量化高性能材料工艺研发及应用团队、复兴号高速动车组关键零部件研发团队
株洲所科技质量管理创新团队、先进高分子材料技术攻关团队、轨道交通高性能牵引电气系统开发团队
信息公司技术中心
中车研究院技术研究部产品平台研究室
工程公司城市轨道交通研究院
中国中车先进膜材料与分离技术研发中心
中车科技园产品研发部
中车试验技术专家组
中车技术标准化专家组
中车知识产权专家组
中车计量理化人员技术考核和资格鉴定委员会
科技质量与信息化中心
铁路业务中心
城市交通事业部

**中国中车人才工作先进单位**

四方股份公司
长客股份公司
株洲所
株机公司
唐山公司
大连公司
浦镇公司
永济电机公司
株洲电机公司
戚墅堰所
四方所
齐车公司

**中国中车“五星 HR”单位**

中车产投
中车金控
中车科技园
齐车集团
齐车公司
长江集团
眉山公司
株辆公司
四方股份公司
长客股份公司
株洲所
株机公司
唐山公司
大连公司
浦镇公司
永济电机公司
株洲电机公司
戚墅堰所
大同公司
四方所
戚墅堰公司
大连所

**中国中车工会工作红旗单位**

大连公司工会
齐车集团工会
长客股份公司工会
四方股份公司工会
戚墅堰所工会
长江集团工会
戚墅堰公司工会
株机公司工会
国际公司工会
中车科技园公司工会
中车金控公司工会

**中车工会工作先进单位**

浦镇公司工会
株洲所工会
永济电机公司工会
四方所工会
唐山公司工会
四方有限公司工会
株洲电机公司工会
南口公司工会
财务公司工会
工程公司工会
物流公司工会
租赁公司工会

中车研究院工会
中车建投公司工会
中车金租公司工会

**中国中车“擦亮金名片　建设新小家”优秀单位**

齐车集团齐车公司工会
齐车集团山东公司工会
长客股份公司工会
永济电机公司工会
四方股份公司工会
浦镇公司工会
戚墅堰公司工会
长江集团长江公司工会
长江集团眉山公司工会
长江集团株辆公司工会
长江集团贵阳公司工会
株机公司工会
四方所工会
戚墅堰所工会
株洲所工会

**中国中车“擦亮金名片　建设新小家”先进单位**

大连公司工会
唐山公司工会
长江集团常州公司工会
长江铜陵公司工会
株洲电机公司工会
广州公司工会
齐车集团沈阳公司工会
兰州公司工会
大同公司工会
成都公司工会
四方车辆公司工会
长江集团太原公司工会
长江集团西安公司工会
资阳公司工会
洛阳公司工会
工程公司工会
大连所工会
天津公司工会
中车产投沃顿公司工会
中车科技园公司工会
中车建投公司工会

**中国中车五四红旗团委**

齐车集团公司团委
长客股份公司团委
大连公司团委
唐山公司团委
大同公司团委
永济公司团委
四方股份公司团委
浦镇公司团委
戚墅堰公司团委
长江集团公司团委
株机公司团委
株洲电机公司团委
四方所团委
戚墅堰所团委
株洲所团委
齐车集团石家庄公司团委
长江集团长江公司团委

**中国中车五四红旗团支部**

齐车公司冲压分厂团总支、哈尔滨公司双盛分公司团支部
沈阳公司配修分厂团支部
石家庄公司新制车间团支部
山东公司研究院团支部
长客股份公司北京中车长客二七公司团支部
长春车辆公司长客模具公司团支部
大连公司机械装备分厂团支部
兰州公司柴油机车间团支部
唐山公司产品研发中心团支部
二七机车公司人力资源部团支部
二七车辆公司财审团支部
南口公司财务团支部
大同公司机车电器车间团支部
永济公司国铁事业部检修车间团支部
大连电牵公司国铁事业部团支部

四方股份公司城轨事业部团支部
成都公司城轨分厂团支部
广东公司经营质量团支部
四方有限公司转向架事业部团总支
浦镇公司车体车间团总支
戚墅堰公司技术中心团支部
太原公司钢二团支部
西安公司城轨制造中心团支部
常州公司装备环保团支部
铜陵公司质量管理部团支部
长江公司落车团支部
眉山公司紧固件公司团支部
株辆公司机关团支部
贵阳公司总装车间团支部
株机公司涂装事业部团总支
资阳公司新产业事业部团支部
洛阳公司机关团支部
株洲电机公司江苏中车电机有限公司团委
大连所动力传动团支部
四方所技术中心团总支
天津装备公司制动事业部团支部
资阳电气公司技术团支部
戚墅堰所营销团支部
株洲所时代电气轨交技术团总支
物流公司南京物流服务团支部
工程公司台州项目第二团支部
信息公司技术中心团支部
广州公司制造中心团支部
天津公司技术信息中心团支部
常铁校质检 1851 班团支部
中车产投中车电动研发检测团总支、株洲控股特装科技团总支、南方汇通时代沃顿团支部

**中国中车青年安全生产示范岗**

齐车公司铸钢分厂天车六组、动能运输分厂机电组、哈尔滨公司制造分厂剪冲组
沈阳公司落成分厂检修交车班
石家庄公司钢结构车间四单二焊接班
山东公司同力钢构济南分公司维修班
长客股份公司检修运维事业部装配检修一车间落车班、铁路客车业务部售后服务部北京北售后服务站、长春车辆公司客车修理分公司客车装配厂下线班
大连公司城铁分厂组焊十二班、检修分厂调试班
兰州公司机车车间电气工段
唐山公司动车检修事业部转向架车间构架组装工位、客车检修事业部电器车间电器班
二七车辆有限公司资产技术管理小组
南口公司中车福伊特传动技术（北京）有限公司风电齿轮箱试验班组
大同公司机械二车间车轴组、机车电器车间屏柜一组模板压接组
永济电机公司机加事业部二机车间动车班、检测实验中心大功率永磁牵引电机型式试验站
大连电牵公司武汉公司
四方股份公司车体分厂铝合金动车一号线总装班、城轨事业部成都地铁 18 号线维保服务团队
成都公司城轨分厂组装四班
广东公司总装设备舱班
四方车辆公司车体事业部端墙组焊班、电气事业部箱柜二班
浦镇公司总装分厂 A2001 工位、合肥公司制造部 A0301 工位、机车制造公司技术一组
太原公司电机车间技术组
西安公司产品制造部通用车辆区转胎组
常州公司制备车间备料班
铜陵公司整理车间维修班组
长江公司货车制造部下料工区数控组
眉山公司备料车间 4000T 班组
株辆公司组装车间侧墙班
贵阳公司转向架车间中间架组装班
株机公司车体事业部备料车间、城轨事业部总成车间
资阳公司资电公司调试班

洛阳公司转向架事业部机加工数控加工班

株洲电机公司轨道交通事业本部牵引变压器车间组装六班、牵引电机车间加工工段转轴班

大连所制造中心机加产线机加一班

四方所制动事业部电控一班

天津装备公司制动事业部团支部安全管理提升组

戚墅堰所瑞泰装备公司风电组装工段组装二班

株洲所时代电气集采中心成品运输部成品二班、时代电气制造中心路外产品部二班

物流公司南京中车物流服务有限公司华东项目组

工程公司无锡项目团队

信息公司基础设施与安全事业部基础平台组

广州公司制造中心试验班

天津公司转向架分厂附件检修班组

常铁校机电工程系维修电工教学团队

中车产投中车电动客车事业部涂装车 间、株洲控股天力锻业机加工班、南方汇通时代沃顿刮膜A班、中车环境泉州中车水务有限公司

中车建投无锡项目安全管理团队

**中国中车青年文明号**

齐车公司起重机分公司技术质量部、技术开发中心货车一室设计组、哈尔滨公司转向架分厂技术室

沈阳公司市场营销部青年先锋队、制备分厂中梁班

石家庄公司总装车间组二班

山东公司国际业务部非洲业务分部

山东风电公司同力钢构技术研发中心

长客股份公司客车制造中心钢车体车间总组成班、铁路客车业务部售后服务部北京北服务站、长春车辆公司客车修理分公司钢结构厂钢二班

大连公司柴油机公司技术部市场应用室、海外事业部市场二室、兰州公司风电事业部营销组

唐山公司产品研发中心司机室系统室、组装事业部调试线列一班组

二七机车公司人力资源部

二七车辆公司隆轩青年技术小组

南口公司财务部

大同公司车体车间技术组、检修事业部拆解一工位

永济电机公司总装车间齐齐哈尔生产基地4.5MW直驱电机总装班、机车牵引电机在线测试组

大连电牵公司电传动系统业务团队

四方股份公司工程研究中心智能化技术研发团队、佛山公司生产攻关青年团队

四方股份公司成都公司技术中心技术部城轨总装组

广东公司技术部电气组

四方车辆公司电气事业部箱柜二班

浦镇公司合肥中车技术部工艺组、人力资源部薪酬定额组

戚墅堰公司配件公司技术二组项目团队

太原公司转向架车间技术组

西安公司J26（1CC）型罐式集装箱研发组

常州公司技术中心青年攻坚队

铜陵公司铸造车间手工芯班组

长江公司修理业务部落车工区制动二组

眉山公司眉山中车制动科技股份有限公司基础制动工艺组

株辆公司组装车间$X_{70}$骨架班

贵阳公司转向架车间技术组

株机公司财务中心、科技管理部科研管理组

资阳公司钢结构事业部车架班组

洛阳公司$HXD_{1C}$、$HXD_{1D}$机车C6批量修及$HXD_{1B}$样车试修项目技术组

株洲电机公司尚驱公司市场化经营机制建设项目团队、轨道交通事业本部牵引电机车间绕线班

大连所机车车辆火灾防控系统产品研制项目组

四方所北京研发中心
戚墅堰所海外事业部
株洲所时代电气集采中心综合管理部、智行公司质量管理部
时代新材公司轨道交通减振降噪关键材料技术研发团队
物流公司南京中车物流服务有限公司管理中心
工程公司无锡至江阴城际轨道交通工程 PPP 项目
信息公司中车购事业部产品规划室
金租公司业务管理中心
广州公司新产业事业部
天津公司技术信息中心工艺技术室
中车金控风险合规部
常铁校项目办公室
中车科技园青岛公司
中车产投投资运营部、株洲控股特装科技公司制造中心总成车间、沃顿科技工业膜 B 班、环境公司市政环保事业部
中车电动长沙中车智驭新能源科技有限公司青年集体
中车新投财务资本中心

**中国中车维稳工作先进集体**

齐车集团
大连公司
大同公司
长江集团
株机公司

**中国中车信访工作先进集体**

长客股份公司
唐山公司
二七车辆公司
南口公司
四方股份公司
永济电机公司
浦镇公司
戚墅堰公司
戚墅堰所
株洲所
齐车公司
长江公司
兰州公司

〔人力资源中心（党委干部部）、群团工作中心（工会办公室）、各子公司　供稿〕

# 统计资料

本栏编辑　汪云鹏

## 表 23-1　2021 年中车集团主要经营指标完成情况综合表

单位：亿元　币种：人民币

| 指标名称 | 单位 | 实际完成 | 指标名称 | 单位 | 实际完成 |
|---|---|---|---|---|---|
| 营业总收入 | 亿元 | 2384.3 | 当年新签生产订单 | 亿元 | 2662.1 |
| 利润总额 | 亿元 | 153.4 | 其中：海外订单 | 亿元 | 327.3 |
| 归属母公司净利润 | 亿元 | 57.3 | 期末手持未完生产订单 | 亿元 | 2289.3 |
| 资产总计 | 亿元 | 4782.8 | 其中：海外订单 | 亿元 | 804.3 |
| 负债总计 | 亿元 | 2882.2 | 工业总产值 | 亿元 | 2547.19 |
| 所有者权益合计 | 亿元 | 1900.6 | 能耗总量 | 吨标煤 | 637381 |
| 净资产收益率（不含少数股东权益） | % | 7.12 | 新造及修理机车产量 | 台 | 2201 |
| 资产负债率 | % | 60.26 | 新造及修理动车组产量 | 标准组 | 843 |
| 总资产周转率 | 次 | 0.52 | 新造及修理城轨、地铁产量 | 辆 | 8879 |
| 固定资产投资完成额 | 亿元 | 81.0 | 新造及修理客车产量 | 辆 | 4469 |
| 劳动生产总值（增加值） | 亿元 | 665.7 | 新造及修理货车产量 | 辆 | 97178 |

## 表 23-2　2021 年中车股份利润表及现金流量表相关科目变动分析表

单位：千元　币种：人民币

| 科目 | 本期数 | 上年同期数 | 变动比例（%） |
|---|---|---|---|
| 营业收入 | 225731755 | 227656041 | −0.85 |
| 营业成本 | 179303892 | 176954601 | 1.33 |
| 销售费用 | 7264149 | 8683345 | −16.34 |
| 管理费用 | 13481469 | 13773241 | −2.12 |
| 研发费用 | 13085219 | 13349896 | −1.98 |
| 财务费用 | 380159 | 829091 | −54.15 |
| 经营活动产生的现金流量净额 | 20592700 | −2032393 | — |
| 投资活动产生的现金流量净额 | −13685364 | 312779 | — |
| 筹资活动产生的现金流量净额 | 7110955 | −3952852 | — |

## 表 23–3　2021 年末中车股份主要固定资产、设备综合汇总表

| 序号 | 项 目 | 单 位 | 年度数值 |
| --- | --- | --- | --- |
| 一 | 固定资产原值 | 万元 | 11611874.30 |
| | 其中净额 | 万元 | 6030106.83 |
| 二 | 机械动力设备原值 | 万元 | 5406451.60 |
| | 其中净额 | 万元 | 2092627.63 |
| 三 | 用地面积 | 万平方米 | 4704.31 |
| | （一）生产用地（含研究所科研用地） | 万平方米 | 4211.67 |
| | （二）生活用地 | 万平方米 | 89.53 |
| | （三）其他用地 | 万平方米 | 321.34 |
| 四 | 房屋构筑物面积 | 平方米 | 16877493.66 |
| | （一）生产房屋（含研究所科研用房屋） | 平方米 | 15842038.75 |
| | （二）生活福利房屋 | 平方米 | 596710.20 |
| 五 | 机械动力设备 | 台 | 162383 |
| | 其中：主要生产设备 | 台 | 85220 |
| | 重点设备 | 台 | 10662 |
| | 高精尖设备 | 台 | 2709 |
| | 特种设备 | 台 | 13202 |
| | 1990 年前设备 | 台 | 4405 |
| | 设备出租、出售 | 台 | 5886 |
| 六 | 铁路及电力线路、动力管道 | | |
| | （一）厂（所）区铁路（不含厂房内铁路） | 千米 | 780.06 |
| | （二）高压电力线路（6 千伏以上的架空及电缆线路） | 千米 | 954.88 |
| | （三）动力管道（蒸汽、上水、风、乙炔、氧气、煤气、天然气等） | 千米 | 2351.24 |

注：此表含广州公司、天津公司两家非并表企业数据

## 表 23–4　2021 年中车股份固定资产分项情况表

单位：千元　币种：人民币

| 项目 | 土地资产 | 房屋及建筑物 | 机器设备 | 运输工具 | 办公设备及其他设备 | 合计 |
| --- | --- | --- | --- | --- | --- | --- |
| 一、账面原值 | | | | | | |
| 1. 期初余额 | 280525 | 49326261 | 49158264 | 2749612 | 6399330 | 107913992 |
| 2. 本期增加金额 | — | 2312067 | 4950143 | 122475 | 617284 | 8001969 |
| （1）购置 | — | 74941 | 1002221 | 20628 | 307161 | 1404951 |
| （2）在建工程转入 | — | 2113538 | 3947476 | 101212 | 309972 | 6472198 |

续表

| 项目 | 土地资产 | 房屋及建筑物 | 机器设备 | 运输工具 | 办公设备及其他设备 | 合计 |
|---|---|---|---|---|---|---|
| （3）非同一控制下企业合并增加 | — | — | 446 | 635 | 151 | 1232 |
| （4）投资性房地产转入 | — | 123588 | — | — | — | 123588 |
| 3. 本期减少金额 | 15886 | 667428 | 1456340 | 140462 | 223293 | 2503409 |
| （1）处置或报废 | — | 224630 | 1172304 | 133785 | 178463 | 1709182 |
| （2）处置子公司减少 | — | 27609 | 27330 | 3035 | 3162 | 61136 |
| （3）转入在建工程 | — | 83418 | 74079 | 2138 | 158 | 159793 |
| （4）转入投资性房地产 | — | 85389 | — | — | — | 85389 |
| （5）外币报表折算差额 | 15886 | 160756 | 182627 | 1504 | 41510 | 402283 |
| （6）其他减少 | — | 85626 | — | — | — | 85626 |
| 4. 期末余额 | 264639 | 50970900 | 52652067 | 2731625 | 6793321 | 113412552 |
| 二、累计折旧 | | | | | | |
| 1. 期初余额 | — | 14008144 | 29019843 | 1929907 | 4311822 | 49269716 |
| 2. 本期增加金额 | — | 1778214 | 3671633 | 118207 | 612269 | 6180323 |
| （1）计提 | — | 1753217 | 3671633 | 118207 | 612269 | 6155326 |
| （2）投资性房地产转入 | — | 24997 | — | — | — | 24997 |
| 3. 本期减少金额 | — | 216077 | 1075044 | 69861 | 184111 | 1545093 |
| （1）处置或报废 | — | 132756 | 856579 | 60348 | 154390 | 1204073 |
| （2）处置子公司减少 | — | 5351 | 16068 | 2777 | 2112 | 26308 |
| （3）转入在建工程 | — | 13513 | 60423 | 5292 | 146 | 79374 |
| （4）转入投资性房地产 | — | 25506 | — | — | — | 25506 |
| （5）外币报表折算差额 | — | 38951 | 141974 | 1444 | 27463 | 209832 |
| 4. 期末余额 | — | 15570281 | 31616432 | 1978253 | 4739980 | 53904946 |
| 三、减值准备 | | | | | | |
| 1. 期初余额 | — | 65728 | 570402 | 44567 | 17014 | 697711 |
| 2. 本期增加金额 | — | — | 27505 | — | — | 27505 |
| （1）计提 | — | — | 27505 | — | — | 27505 |
| 3. 本期减少金额 | — | 334 | 111272 | 36 | 1218 | 112860 |
| （1）处置或报废 | — | 334 | 107553 | 36 | 138 | 108061 |
| （2）外币报表折算差额 | — | — | 3719 | — | 1080 | 4799 |
| 4. 期末余额 | — | 65394 | 486635 | 44531 | 15796 | 612356 |
| 四、账面价值 | | | | | | |
| 1. 期末账面价值 | 264639 | 35335225 | 20549000 | 708841 | 2037545 | 58895250 |
| 2. 期初账面价值 | 280525 | 35252389 | 19568019 | 775138 | 2070494 | 57946565 |

## 表 23-5 2021 年末中车股份所属一级子公司主要固定资产排序

| 序号 | 单位 | 固定资产原值（万元） | 序号 | 单位 | 机械动力设备原值（万元） | 序号 | 单位 | 用地总面积（万平方米） | 序号 | 单位 | 房屋构筑物面积（平方米） |
|---|---|---|---|---|---|---|---|---|---|---|---|
| 1 | 长客股份公司 | 1561158.10 | 1 | 株洲所 | 802544.50 | 1 | 齐车集团 | 648.18 | 1 | 长江集团 | 2362202.76 |
| 2 | 四方股份公司 | 1358770.39 | 2 | 长客股份公司 | 634605.89 | 2 | 长客股份公司 | 608.16 | 2 | 大连公司 | 2212570.27 |
| 3 | 株洲所 | 1347932.20 | 3 | 四方股份公司 | 576344.77 | 3 | 长江集团 | 563.16 | 3 | 齐车集团 | 1930200.04 |
| 4 | 齐车集团 | 1013938.01 | 4 | 唐山公司 | 474223.19 | 4 | 四方股份公司 | 477.09 | 4 | 长客股份公司 | 1698484.11 |
| 5 | 长江集团 | 987985.93 | 5 | 齐车集团 | 427548.68 | 5 | 大连公司 | 463.40 | 5 | 四方股份公司 | 1566487.99 |
| 6 | 唐山公司 | 928898.95 | 6 | 长江集团 | 416393.55 | 6 | 株机公司 | 395.50 | 6 | 株洲所 | 1286199.31 |
| 7 | 株机公司 | 836824.83 | 7 | 株机公司 | 394724.94 | 7 | 株洲所 | 255.36 | 7 | 株机公司 | 1145148.67 |
| 8 | 大连公司 | 719093.88 | 8 | 大连公司 | 279560.14 | 8 | 浦镇公司 | 222.34 | 8 | 唐山公司 | 979767.89 |
| 9 | 浦镇公司 | 412447.70 | 9 | 戚墅堰所 | 207093.72 | 9 | 唐山公司 | 218.79 | 9 | 浦镇公司 | 509217.42 |
| 10 | 戚墅堰所 | 340436.06 | 10 | 大同公司 | 204892.64 | 10 | 永济电机公司 | 165.54 | 10 | 永济电机公司 | 494306.96 |
| 11 | 大同公司 | 310690.90 | 11 | 浦镇公司 | 163751.48 | 11 | 大同公司 | 126.37 | 11 | 戚墅堰所 | 419302.70 |
| 12 | 永济电机公司 | 285324.29 | 12 | 永济电机公司 | 151115.87 | 12 | 戚墅堰公司 | 101.72 | 12 | 戚墅堰公司 | 388077.77 |
| 13 | 四方有限公司 | 197281.09 | 13 | 资阳公司 | 112427.37 | 13 | 资阳公司 | 72.51 | 13 | 大同公司 | 377925.45 |
| 14 | 株洲电机公司 | 196587.84 | 14 | 戚墅堰公司 | 94762.43 | 14 | 戚墅堰所 | 69.90 | 14 | 四方有限公司 | 252714.00 |
| 15 | 资阳公司 | 195045.59 | 15 | 株洲电机公司 | 94045.88 | 15 | 天津公司 | 69.49 | 15 | 资阳公司 | 236000.00 |
| 16 | 戚墅堰公司 | 186672.58 | 16 | 四方所 | 78402.15 | 16 | 四方有限公司 | 62.97 | 16 | 株洲电机公司 | 221853.42 |
| 17 | 四方所 | 180945.06 | 17 | 四方有限公司 | 65058.63 | 17 | 株洲电机公司 | 59.03 | 17 | 四方所 | 206109.34 |
| 18 | 四方车辆公司 | 123576.00 | 18 | 天津公司 | 61605.04 | 18 | 四方车辆公司 | 38.12 | 18 | 大连所 | 161179.01 |
| 19 | 天津公司 | 118399.25 | 19 | 南口公司 | 53932.61 | 19 | 四方所 | 32.15 | 19 | 四方车辆公司 | 159210.82 |
| 20 | 大连所 | 106697.92 | 20 | 四方车辆公司 | 45961.48 | 20 | 广州公司 | 23.67 | 20 | 广州公司 | 123700.00 |
| 21 | 广州公司 | 103145.00 | 21 | 广州公司 | 33419.25 | 21 | 大连所 | 22.76 | 21 | 天津公司 | 110395.82 |
| 22 | 南口公司 | 58477.27 | 22 | 大连所 | 31266.48 | 22 | 南口公司 | 4.35 | 22 | 南口公司 | 27819.80 |
| 23 | 金租公司 | 18699.40 | 23 | 研究院 | 2229.07 | 23 | 工程公司 | 3.52 | 23 | 工程公司 | 8165.20 |
| 24 | 租赁公司 | 7555.99 | 24 | 工程公司 | 431.75 | 24 | 物流公司 | 0.23 | 24 | 金租公司 | 454.91 |
| 25 | 物流公司 | 5251.11 | 25 | 香港资本公司 | 80.45 | 25 | 金租公司 | 0.00 | 25 | 物流公司 | 0.00 |

续表

| 序号 | 单位 | 固定资产原值（万元） | 序号 | 单位 | 机械动力设备原值（万元） | 序号 | 单位 | 用地总面积（万平方米） | 序号 | 单位 | 房屋构筑物面积（平方米） |
|---|---|---|---|---|---|---|---|---|---|---|---|
| 26 | 工程公司 | 3542.18 | 26 | 租赁公司 | 29.64 | 26 | 租赁公司 | 0.00 | 26 | 租赁公司 | 0.00 |
| 27 | 研究院 | 2812.03 | 27 | 金租公司 | 0.00 | 27 | 研究院 | 0.00 | 27 | 研究院 | 0.00 |
| 28 | 财务公司 | 2345.94 | 28 | 物流公司 | 0.00 | 28 | 财务公司 | 0.00 | 28 | 财务公司 | 0.00 |
| 29 | 国际公司 | 957.73 | 29 | 财务公司 | 0.00 | 29 | 国际公司 | 0.00 | 29 | 国际公司 | 0.00 |
| 30 | 信息公司 | 221.37 | 30 | 国际公司 | 0.00 | 30 | 信息公司 | 0.00 | 30 | 信息公司 | 0.00 |
| 31 | 香港资本公司 | 98.92 | 31 | 信息公司 | 0.00 | 31 | 香港资本公司 | 0.00 | 31 | 香港资本公司 | 0.00 |
| 32 | 中车资本 | 60.79 | 32 | 中车资本 | 0.00 | 32 | 中车资本 | 0.00 | 32 | 中车资本 | 0.00 |
| | 合计 | 11611874.30 | | 合计 | 5406451.60 | | 合计 | 4704.31 | | 合计 | 16877493.66 |

### 表 23-6　2021 年中车股份主营业务分行业、分业务、分地区情况表

单位：千元　币种：人民币

主营业务分行业情况

| 分行业 | 营业收入 | 营业成本 | 毛利率（%） | 营业收入比上年增减（%） | 营业成本比上年增减（%） | 毛利率比上年增减（个百分点） |
|---|---|---|---|---|---|---|
| 轨道交通装备及其延伸产业 | 225731755 | 179303892 | 20.57 | −0.85 | 1.33 | −1.70 |

主营业务分产品情况

| 分产品 | 营业收入 | 营业成本 | 毛利率（%） | 营业收入比上年增减（%） | 营业成本比上年增减（%） | 毛利率比上年增减（个百分点） |
|---|---|---|---|---|---|---|
| 铁路装备 | 90685334 | 69699352 | 23.14 | 0.22 | 2.40 | −1.64 |
| 城轨与城市基础设施 | 54555862 | 43451544 | 20.35 | −6.01 | −7.08 | 0.91 |
| 新产业 | 71820826 | 59899171 | 16.60 | 0.14 | 5.86 | −4.51 |
| 现代服务 | 8669733 | 6253825 | 27.87 | 17.23 | 12.85 | 2.80 |
| 合计 | 225731755 | 179303892 | 20.57 | −0.85 | 1.33 | −1.70 |

主营业务分地区情况

| 分地区 | 营业收入 | 营业收入比上年增减（%） |
|---|---|---|
| 境内市场 | 205697355 | −2.32 |
| 境外市场 | 20034400 | 17.41 |

## 表 23-7　2021 年中车股份主要产品产量表

| 序号 | 业务板块及生产单位 | 计量单位 | 实际完成 | 序号 | 业务板块及生产单位 | 计量单位 | 实际完成 |
|---|---|---|---|---|---|---|---|
| 一 | 新造机车 | 台 | 683 | 2 | 长江集团（合并） | 辆 | 17800 |
| 1 | 株机公司 | 台 | 155 | 六 | 修理货车 | 辆 | 62965 |
| 2 | 大连公司 | 台 | 254 | 1 | 长江集团（合并） | 辆 | 33039 |
| 3 | 大同公司 | 台 | 58 | 2 | 齐车集团（合并） | 辆 | 29926 |
| 4 | 资阳公司 | 台 | 128 | 七 | 新造动车组 | 标准组（辆） | 160 |
| 5 | 戚墅堰公司 | 台 | 88 | 1 | 四方股份公司 | 标准组（辆） | 78 |
| 二 | 修理机车 | 台 | 1518 | 2 | 长客股份公司 | 标准组（辆） | 41 |
| 1 | 株机公司 | 台 | 373 | 3 | 唐山公司 | 标准组（辆） | 26 |
| 2 | 大连公司 | 台 | 300 | 4 | 四方有限公司 | 标准组（辆） | 12 |
| 3 | 戚墅堰公司 | 台 | 288 | 5 | 株机公司 | 标准组（辆） | 3 |
| 4 | 太原公司 | 台 | 176 | 八 | 修理动车组 | 标准组（辆） | 683 |
| 5 | 大同公司 | 台 | 97 | 1 | 四方股份公司 | 标准组（辆） | 451 |
| 6 | 广州公司 | 台 | 105 | 2 | 长客股份公司 | 标准组（辆） | 138 |
| 7 | 天津电力 | 台 | 165 | 3 | 唐山公司 | 标准组（辆） | 58 |
| 8 | 资阳公司 | 台 | 14 | 4 | 四方有限公司 | 标准组（辆） | 25 |
| 三 | 新造普通客车 | 辆 | 646 | 5 | 四方有限公司（BST） | 标准组（辆） | 11 |
| 1 | 唐山公司 | 辆 | 298 | 九 | 新造城轨地铁 | 辆 | 8245 |
| 2 | 浦镇公司 | 辆 | 244 | 1 | 长客股份公司 | 辆 | 2256 |
| 3 | 长客股份公司 | 辆 | 88 | 2 | 四方股份公司 | 辆 | 1682 |
| 4 | 四方股份公司 | 辆 | 16 | 3 | 浦镇公司 | 辆 | 2407 |
| 四 | 修理普通客车 | 辆 | 3823 | 4 | 株机公司 | 辆 | 1511 |
| 1 | 长客股份公司 | 辆 | 714 | 5 | 唐山公司 | 辆 | 314 |
| 2 | 四方股份公司 | 辆 | 885 | 6 | 大连公司 | 辆 | 75 |
| 3 | 四方有限公司 | 辆 | 837 | 十 | 修理城轨地铁 | 辆 | 634 |
| 4 | 唐山公司 | 辆 | 552 | 1 | 长客股份公司 | 辆 | 221 |
| 5 | 浦镇公司 | 辆 | 474 | 2 | 四方股份公司 | 辆 | 261 |
| 6 | 西安公司 | 辆 | 361 | 3 | 大连公司 | 辆 | 32 |
| 五 | 新造货车 | 辆 | 34213 | 4 | 浦镇公司 | 辆 | 120 |
| 1 | 齐车集团（合并） | 辆 | 16413 | | | | |

## 表 23-8　2021 年末中车股份资产及负债状况表

单位：千元　币种：人民币

| 项目名称 | 本期期末数 | 本期期末数占总资产的比例（%） | 上期期末数 | 上期期末数占总资产的比例（%） | 本期期末金额较上期期末变动比例（%） |
|---|---|---|---|---|---|
| 货币资金 | 48585115 | 11.38 | 33492359 | 8.54 | 45.06 |
| 交易性金融资产 | 10694693 | 2.51 | 5799390 | 1.48 | 84.41 |
| 应收票据 | 23022568 | 5.39 | 12779393 | 3.26 | 80.15 |
| 债权投资 | 2002484 | 0.47 | 1169010 | 0.30 | 71.30 |
| 其他非流动金融资产 | 370460 | 0.09 | 578293 | 0.15 | −35.94 |
| 短期借款 | 15815647 | 3.71 | 10128677 | 2.58 | 56.15 |
| 预收款项 | 22911 | 0.01 | 212951 | 0.05 | −89.24 |
| 一年内到期的非流动负债 | 4612838 | 1.08 | 7569139 | 1.93 | −39.06 |
| 长期借款 | 7454276 | 1.75 | 4202602 | 1.07 | 77.37 |

## 表 23-9　2021 年中车股份长期股权投资情况表

单位：千元　币种：人民币

对子公司投资

| 被投资单位 | 期初余额 | 本期增加 | 本期减少 | 期末余额 |
|---|---|---|---|---|
| 长客股份公司 | 11538846 | — | — | 11538846 |
| 株洲所 | 11113162 | 109410 | — | 11222572 |
| 株机公司 | 5669546 | 33240 | — | 5702786 |
| 四方股份公司 | 4895235 | 183130 | — | 5078365 |
| 唐山公司 | 8429399 | 8070 | — | 8437469 |
| 大连公司 | 6188301 | 148940 | — | 6337241 |
| 齐车集团 | 7894071 | — | — | 7894071 |
| 长江集团 | 5674459 | — | — | 5674459 |
| 租赁公司 | 3214106 | — | — | 3214106 |
| 戚墅堰公司 | 2411044 | — | — | 2411044 |
| 戚墅堰所 | 2165166 | 79130 | — | 2244296 |
| 资本管理公司 | 2511188 | — | — | 2511188 |
| 浦镇公司 | 4276757 | 808910 | — | 5085667 |
| 香港资本公司 | 3180486 | — | — | 3180486 |
| 工程公司 | 845372 | — | — | 845372 |
| 永济电机公司 | 2266438 | 6550 | — | 2272988 |

续表

| 被投资单位 | 期初余额 | 本期增加 | 本期减少 | 期末余额 |
|---|---|---|---|---|
| 四方所 | 3119677 | 14300 | — | 3133977 |
| 财务公司 | 2434613 | — | — | 2434613 |
| 株洲电机公司 | 1351727 | 3950 | — | 1355677 |
| 资阳公司 | 1061086 | — | — | 1061086 |
| 南口公司 | 524412 | — | — | 524412 |
| 大同公司 | 1313207 | — | — | 1313207 |
| 大连电牵 | 196206 | — | — | 196206 |
| 大连所 | 713907 | 100000 | — | 813907 |
| 物流公司 | 630196 | — | — | 630196 |
| 中车研究院 | 200000 | 28000 | — | 228000 |
| 国际公司 | 682337 | — | — | 682337 |
| 信息公司 | 119175 | 86120 | — | 205295 |
| 金租公司 | 2430000 | — | — | 2430000 |
| 其他子公司 | 2212330 | — | — | 2212330 |
| 合计 | 99262449 | 1609750 | — | 100872199 |

对合营、联营企业投资

| 被投资单位 | 期初余额 | 本期增减变动 | | | | | | | | 期末余额 |
|---|---|---|---|---|---|---|---|---|---|---|
| | | 追加投资 | 减少投资 | 权益法下确认的投资损益 | 其他综合收益调整 | 其他权益变动（注1） | 宣告发放现金股利或利润 | 计提减值准备 | 其他 | |
| 一、合营企业 | | | | | | | | | | |
| 芜湖市运达轨道交通建设运营有限公司 | 506530 | 992420 | — | （8701） | — | — | — | — | — | 1490249 |
| 大连东芝机车电气设备有限公司 | 362386 | — | — | 58812 | — | — | （6713） | — | — | 414485 |
| 长春长客—庞巴迪轨道车辆有限公司 | 300700 | — | — | 12431 | — | — | — | — | — | 313131 |
| 株洲时菱交通设备有限公司 | 186164 | — | — | 4826 | — | — | （20000） | — | — | 170990 |
| 株洲中车时代高新投资担保有限责任公司 | 217893 | 50000 | — | 10500 | — | — | （5000） | — | — | 273393 |
| 青岛四方法维莱轨道制动有限公司 | 119188 | — | — | 24573 | — | — | （45000） | — | — | 98761 |
| 其他 | 1100550 | 289021 | （6963） | （52726） | （3730） | — | （16394） | （392） | — | 1309366 |
| 小计 | 2793411 | 1331441 | （6963） | 49715 | （3730） | — | （93107） | （392） | — | 4070375 |

续表

| 被投资单位 | 期初余额 | 本期增减变动 | | | | | | | | 期末余额 |
|---|---|---|---|---|---|---|---|---|---|---|
| | | 追加投资 | 减少投资 | 权益法下确认的投资损益 | 其他综合收益调整 | 其他权益变动（注 1） | 宣告发放现金股利或利润 | 计提减值准备 | 其他 | |
| 二、联营企业 | | | | | | | | | | |
| 中华联合保险控股股份有限公司 | 5250627 | — | — | 55944 | 15240 | 451 | （10000） | — | — | 5312262 |
| 湖南中车时代电动汽车股份有限公司 | 1476771 | — | — | （348717） | — | — | — | — | — | 1128054 |
| 济青高速铁路有限公司 | 1208474 | — | （2165） | （25721） | — | — | — | — | — | 1180588 |
| 北京时代新园区物业管理有限公司 | 456903 | — | — | （7375） | — | — | — | — | — | 449528 |
| 资阳中车电气科技有限公司 | 353392 | — | — | （86008） | — | — | — | （267384） | — | — |
| 中交佛山投资发展有限公司 | 317500 | — | — | 31441 | — | — | （95403） | — | — | 253538 |
| 天津电力机车有限公司 | 322795 | — | — | 1323 | — | 308 | — | — | — | 324426 |
| 天津中车津浦产业园管理有限公司 | 326409 | — | — | 330347 | — | — | — | — | — | 656756 |
| 上海阿尔斯通交通电气有限公司 | 193419 | — | — | 63373 | — | — | （32905） | — | — | 223887 |
| 华能铁岭大兴风力发电有限公司 | 166541 | — | — | 23366 | （10982） | — | （20592） | — | — | 158333 |
| 其他 | 3253261 | 295823 | （39560） | 15642 | 5251 | 33311 | （116052） | — | （1591） | 3446085 |
| 小计 | 13326092 | 295823 | （41725） | 53615 | 9509 | 34070 | （274952） | （267384） | （1591） | 13133457 |
| 合计 | 16119503 | 1627264 | （48688） | 103330 | 5779 | 34070 | （368059） | （267776） | （1591） | 17203832 |

# 附　录

本栏编辑　肖洪乐

# “十四五”现代综合交通运输体系发展规划

（国发〔2021〕27号）

交通运输是国民经济中具有基础性、先导性、战略性的产业，是重要的服务性行业和现代化经济体系的重要组成部分，是构建新发展格局的重要支撑和服务人民美好生活、促进共同富裕的坚实保障。为加快建设交通强国，构建现代综合交通运输体系，根据《中华人民共和国国民经济和社会发展第十四个五年规划和2035年远景目标纲要》《交通强国建设纲要》《国家综合立体交通网规划纲要》，制定本规划。

## 第一章　发展环境

“十三五”时期，我国综合交通运输体系建设取得了历史性成就，基本能够适应经济社会发展要求，人民获得感和满意度明显提升，为取得脱贫攻坚全面胜利、实现第一个百年奋斗目标提供了基础保障，在应对新冠肺炎疫情、加强交通运输保障、促进复工复产等方面发挥了重要作用。五年里，我国交通运输基础设施网络日趋完善，综合交通网络总里程突破600万公里，“十纵十横”综合运输大通道基本贯通，高速铁路运营里程翻一番、对百万人口以上城市覆盖率超过95%，高速公路对20万人口以上城市覆盖率超过98%，民用运输机场覆盖92%左右的地级市，超大特大城市轨道交通加快成网，港珠澳大桥、北京大兴国际机场、上海洋山港自动化码头、京张高速铁路等超大型交通工程建成投运。战略支撑能力不断增强，中欧班列开行列数快速增长，京津冀一体化交通网、长江经济带综合立体交通走廊加快建设，交通扶贫百项骨干通道基本建成，新建、改建农村公路超过147万公里，新增通客车建制村超过3.3万个，具备条件的乡镇和建制村全部通硬化路、通客车，快递网点基本覆盖全部乡镇，建制村实现直接通邮。运输服务质量持续提升，旅客高品质出行比例不断提高，航班正常率大幅上升，集装箱铁水联运量年均增长超过20%，快递业务量翻两番、稳居世界第一。新技术新业态蓬勃发展，具有完全自主知识产权的全系列复兴号动车组上线运行，C919客机成功试飞，ARJ21支线客机规模化运营，跨海桥隧、深水航道、自动化码头等成套技术水平跻身世界前列，船舶建造水平持续提升，网约车、共享单车、网络货运平台等新业态快速发展、治理能力不断增强。“放管服”改革持续深化，铁路、空域、油气管网等领域重点改革任务扎实推进，高速公路省界收费站全面取消，交通物流降本增效成效显著。绿色交通、平安交通建设稳步推进，新能源汽车占全球总量一半以上，营运货车、营运船舶二氧化碳排放强度分别下降8.4%和7.1%左右，民航、铁路安全水平保持世界领先，道路运输重大事故数量和死亡人数分别下降75%和69%左右。

与此同时，我国综合交通运输发展不平衡、不充分问题仍然突出。综合交通网络布局不够均衡、结构不尽合理、衔接不够顺畅，重点城市群、都市圈的城际和市域（郊）铁路存在较明显短板。货物多式联运、旅客联程联运比重偏低，定制化、个性化、专业化运输服务产品供给与快速增长的需求不匹配。智能交通技术应用深度和广度有待拓展，部分关键核心产品和技术自主创新能力不强。交通运输安全形势仍然严峻，产业链供应链保障能力不足。绿色低碳发展任务艰巨，清洁能源推广应用仍需加快。综合交通运输管理体制机制有待健全完善，制约要素自由流动的体制机制障碍依然存在。

“十四五”时期，我国综合交通运输发展面临的形势更加复杂多变。从国际看，当今世界正经历百年未有之大变局，新一轮科技革命和产业变革深入发展，新冠肺炎疫情冲击全球产业链供应链和国际物流体系，经济全球化遭遇逆流。从国内看，我国开启全面建设社会主义现代化国家的新征程，区域经济布局、国土开发保护格局、人口结构分布、消费需求特征、要素供给模式等发生深刻变化，对综合交通运输体系发展提出新要求，交通运输行业进入完善设施网络、精准补齐短板的关键期，促进一体融合、提升服务质效的机遇期，深化改革创新、转变发展方式的攻坚期。要适应国土空间开发保护、新型城镇化建设、全面推进乡村振兴的要求，优化发展布局，强化衔接融合，因地制宜完善区域城乡综合交通网络；要坚持以创新为核心，增强发展动力，推动新科技赋能提升交通运输发展质量效率；要增强综合交通运输体系韧性，调整发展模式，将绿色发展理念、低碳发展要求贯穿发展全过程，提高自身运行安全水平和对国家战略安全的保障能力；要将满足人民对美好生活的向往、促进共同富裕作为着力点，转变发展路径，促进建管养运并重、设施服务均衡协同、交通运输与经济社会发展深度融合，以全方位转型推动交通运输高质量发展。

## 第二章 总体要求

### 第一节 指导思想

以习近平新时代中国特色社会主义思想为指导，全面贯彻落实党的十九大和十九届历次全会精神，立足新发展阶段，完整、准确、全面贯彻新发展理念，构建新发展格局，坚持以人民为中心的发展思想，以推动高质量发展为主题，以深化供给侧结构性改革为主线，以改革创新为根本动力，以满足人民日益增长的美好生活需要为根本目的，以加快建设交通强国为目标，统筹发展和安全，完善结构优化、一体衔接的设施网络，扩大多样化高品质的服务供给，培育创新驱动、融合高效的发展动能，强化绿色安全、开放合作的发展模式，构建现代综合交通运输体系，为全面建设社会主义现代化国家提供战略支撑。

### 第二节 基本原则

服务大局，当好先锋。坚持人民交通为人民，充分发挥交通作为中国现代化开路先锋的作用，不断增强对经济社会发展全局和国家重大战略的保障能力，有效支撑引领区域协调发展、乡村振兴和新型城镇化，提供能够更好满足人民群众需要的交通运输服务。

系统推进，衔接融合。坚持系统观念，合理确定交通运输基础设施网络规模、技术标准、建设时序，补齐西部地区路网空白，优化网络结构功能，科学合理挖掘既有设施潜力，精准补齐联通衔接短板，提升运输资源配置效率，促进跨领域、跨区域、跨行业协调融合发展。

创新驱动，深化改革。注重新科技深度赋能应用，提升交通运输数字化智能化发展水平，破除制约交通运输高质量发展的体制机制障碍，推动交通运输市场统一开放、有序竞争，促进交通运输提效能、扩功能、增动能。

绿色转型，安全发展。落实碳达峰、碳中和目标要求，贯彻总体国家安全观，强化资源要素节约集约利用，推动交通运输绿色低碳转型，加强运行安全和应急处置能力建设，提升国际互联互通和运输保障水平，保障产业链供应链安全。

### 第三节　发展目标

到2025年，综合交通运输基本实现一体化融合发展，智能化、绿色化取得实质性突破，综合能力、服务品质、运行效率和整体效益显著提升，交通运输发展向世界一流水平迈进。

设施网络更加完善。国家综合立体交通网主骨架能力利用率显著提高。以“八纵八横”高速铁路主通道为主骨架，以高速铁路区域连接线衔接，以部分兼顾干线功能的城际铁路为补充，主要采用250公里及以上时速标准的高速铁路网对50万人口以上城市覆盖率达到95%以上，普速铁路瓶颈路段基本消除。7条首都放射线、11条北南纵线、18条东西横线，以及地区环线、并行线、联络线等组成的国家高速公路网的主线基本贯通，普通公路质量进一步提高。布局完善、功能完备的现代化机场体系基本形成。港口码头专业化、现代化水平显著提升，内河高等级航道网络建设取得重要进展。综合交通枢纽换乘换装效率进一步提高。重点城市群一体化交通网络、都市圈1小时通勤网加快形成，沿边国道基本贯通。

运输服务更加高效。运输服务质量稳步提升，客运“一站式”、货运“一单制”服务更加普及，定制化、个性化、专业化运输服务产品更加丰富，城市交通拥堵和“停车难”问题持续缓解，农村和边境地区运输服务更有保障，具备条件的建制村实现快递服务全覆盖。面向全球的国际运输服务网络更加完善，中欧班列发展质量稳步提高。

技术装备更加先进。第五代移动通信（5G）、物联网、大数据、云计算、人工智能等技术与交通运输深度融合，交通运输领域新型基础设施建设取得重要进展，交通基础设施数字化率显著提高，数据开放共享和平台整合优化取得实质性突破。自主化先进技术装备加快推广应用，实现北斗系统对交通运输重点领域全面覆盖，运输装备标准化率大幅提升。

安全保障更加可靠。交通设施耐久可靠、运行安全可控、防范措施到位，安全设施完好率持续提高。跨部门、跨领域的安全风险防控体系和应急救援体系进一步健全，重特大事故发生率进一步降低。主要通道运输安全和粮食、能源、矿石等物资运输安全更有保障，国际物流供应链安全保障能力持续提升。

发展模式更可持续。交通运输领域绿色生产生活方式逐步形成，铁路、水运承担大宗货物和中长距离货物运输比例稳步上升，绿色出行比例明显提高，清洁低碳运输工具广泛应用，单位周转量能源消耗明显降低，交通基础设施绿色化建设比例显著提升，资源要素利用效率持续提高，碳排放强度稳步下降。

治理能力更加完备。各种运输方式一体融合发展、交通基础设施投融资和管理运营养护等领域法律法规和标准规范更加完善，综合交通运输一体化融合发展程度不断提高，市场化改革持续深化，多元化投融资体制更加健全，以信用为基础的新型监管机制加快形成。

展望2035年，便捷顺畅、经济高效、安全可靠、绿色集约、智能先进的现代化高质量国家综合立体交通网基本建成，“全国123出行交通圈”（都市区1小时通勤、城市群2小时通达、全国主要城市3小时覆盖）和“全球123快货物流圈”（快货国内1天送达、周边国家2天送达、全球主要城市3天送达）基本形成，基本建成交通强国。

专栏 1 “十四五”时期综合交通运输发展主要指标

| 类别 | 指标 | 2020 年 | 2025 年[①] | 属性 |
|---|---|---|---|---|
| 设施网络 | 1. 铁路营业里程（万公里） | 14.6 | 16.5 | 预期性 |
| | 其中：高速铁路营业里程 | 3.8 | 5 | 预期性 |
| | 2. 公路通车里程（万公里） | 519.8 | 550 | 预期性 |
| | 其中：高速公路建成里程 | 16.1 | 19 | 预期性 |
| | 3. 内河高等级航道里程（万公里） | 1.61 | 1.85 | 预期性 |
| | 4. 民用运输机场数（个） | 241 | >270 | 预期性 |
| | 5. 城市轨道交通[②]运营里程（公里） | 6600 | 10000 | 预期性 |
| 衔接融合 | 6. 沿海港口重要港区铁路进港率（%） | 59.5 | >70 | 预期性 |
| | 7. 枢纽机场轨道交通接入率[③]（%） | 68 | 80 | 预期性 |
| | 8. 集装箱铁水联运量年均增长率（%） | — | 15 | 预期性 |
| | 9. 建制村快递服务通达率（%） | 50 | >90 | 预期性 |
| 智能绿色 | 10. 重点领域[④]北斗系统应用率（%） | ≥ 60 | >95 | 预期性 |
| | 11. 城市新能源公交车辆占比[⑤]（%） | 66.2 | 72 | 预期性 |
| | 12. 交通运输二氧化碳排放强度[⑥]下降率（%） | — | 〔5〕 | 预期性 |
| 安全可靠 | 13. 道路运输较大及以上等级行车事故万车死亡人数下降率（%） | — | 〔12〕 | 约束性 |
| | 14. 民航运输飞行百万小时重大及以上事故率（次/百万小时） | 0 | 〔<0.11〕 | 约束性 |
| | 15. 铁路交通事故十亿吨公里死亡率（人/十亿吨公里） | 0.17 | <0.3 | 约束性 |

注：①〔 〕内为 5 年累计数。②指纳入国家批准的城市轨道交通建设规划中的大中运量城市轨道交通项目。③指国际枢纽机场和区域枢纽机场中连通轨道交通的机场数量占比。④指重点营运车辆、邮政快递自有干线运输车辆、应安装具备卫星定位功能船载设备的客船及危险品船等。⑤指新能源公交车辆占所有地面公交车辆的比重。⑥指按单位运输周转量计算的二氧化碳排放。

## 第三章　构建高质量综合立体交通网

按照国家综合立体交通网“6 轴 7 廊 8 通道”主骨架布局，构建完善以“十纵十横”综合运输大通道为骨干，以综合交通枢纽为支点，以快速网、干线网、基础网多层次网络为依托的综合交通网络，加快推进存量网络提质增效，聚焦中西部地区精准补齐网络短板，稳步提高通达深度，畅通网络微循环，勾画好美丽中国的“交通工笔画”。

### 第一节　完善综合运输大通道

优化综合运输通道布局。建设综合性、立体化、大容量、快速化的交通主轴，构建多方式、多通道、便捷化交通走廊，强化主轴与走廊间的协调衔接。提升京沪、沪昆、广昆、陆桥以及北京至港澳台、黑河至港澳、额济纳至广州、青岛至拉萨、厦门至喀什等通道功能，推进待贯通段建设和瓶颈段扩容改造，畅通沿海与内陆地区通道。推动通道内各种运输方式资源优化配置和有机衔接。

加强战略骨干通道建设。推进出疆入藏通道建设，扩大甘新、青新、青藏、川藏四条内联主通道通行能力，稳步推进川藏铁路建设，加快推进新藏铁路和田至日喀则段前期工作、适时启动重点路段建设，有序推进滇藏铁路前期工作，密实优化航空航线网络布局，构建多向联通的通道布局。畅通沿江通道，加快建设沿江高铁，优化以高等级航道和干线铁路、高速公路为骨干的沿江综合运输大通道功能。升级沿海通道，提高铁路通道能力，推进高速公路繁忙路段扩容改造，提升港口航道整体效能，构建大容量、高品质的运输走廊。贯通沿边通道，提级改造普通国省干线，推进重点方向沿边铁路建设，提高安全保障水平。建设西部陆海新通道，发挥铁路在陆路运输中的骨干作用和港口在海上运输中的门户作用，强化东、中、西三条通路，形成大能力主通道，衔接国际运输通道。

专栏 2　战略骨干通道建设工程

1. 出疆通道。建设和田至若羌、伊宁至阿克苏、若羌至罗布泊、精河至阿拉山口增建二线等铁路，实施精河经伊宁至霍尔果斯铁路扩能改造。建成京新高速公路巴里坤至木垒段，完成国道 315 依吞布拉克—若羌—民丰段建设改造。

2. 入藏通道。建设川藏铁路雅安至林芝段，推进青藏铁路格尔木至拉萨段电气化改造、日喀则至吉隆铁路等项目前期工作，适时启动新藏铁路重点路段建设。建成京藏高速公路那曲至拉萨段、雅叶高速公路拉萨至日喀则机场段，提质改造川藏公路 318 线、滇藏新通道西藏段（丙察察），推动国道 219 米林至墨脱段建设，实施川藏铁路配套公路工程。

3. 沿江通道。建设成都重庆至上海沿江高铁。实施长江中上游干线航道等级提升工程，系统疏解三峡枢纽瓶颈制约，推进三峡翻坝转运、金沙江翻坝转运设施建设，深化三峡水运新通道前期论证。推动宁芜高速、沪渝高速武汉至黄石段、渝宜高速长寿至梁平段以及厦蓉高速、银昆高速成都至重庆段等高速公路扩容改造。

4. 沿海通道。建设上海经宁波至合浦沿海高速铁路。按二级及以上标准推动沿海国道 228 改造，推进沈海高速火村至龙山段、福鼎至诏安段等扩容改造。

5. 沿边通道。有序推进酒泉至额济纳等铁路建设，开展波密至然乌等铁路前期工作。推动沿边国道 219、国道 331 待贯通和低等级路段建设改造，实现 85% 以上达到三级及以上标准。

6. 西部陆海新通道。建设黄桶至百色、黔桂增建二线、南防增建二线等铁路，实施隆黄铁路隆昌至叙永段扩能改造。推动呼北高速灌阳至平乐段等国家高速公路待贯通路段建设。研究建设平陆运河。推进广西北部湾国际门户港和洋浦区域国际集装箱枢纽港建设。

## 第二节　建设多层级一体化综合交通枢纽

打造综合交通枢纽集群。建设京津冀、长三角、粤港澳大湾区、成渝地区双城经济圈等国际性综合交通枢纽集群，提升全球互联互通水平和辐射能级。培育一批辐射区域、连通全国的综合交通枢纽集群，合理组织集群服务网络，提高集群内枢纽城市协同效率。

优化综合交通枢纽城市功能。提升国际性综合交通枢纽的全球联通水平和资源要素配置能力，增强部分枢纽国际门户功能。优化全国性综合交通枢纽客货中转设施、集疏运网络及客运场站间快速连接系统。增强区域性综合交通枢纽的衔接转运能力，发展口岸枢纽。强化不同层级综合交通枢纽城市之间功能互补、设施连通、运行协同。

完善综合客运枢纽系统。优化客运场站和城市公共交通枢纽布局，鼓励同站布设，加强与城市交通系统有效衔接。对换乘潜在需求大的综合客运枢纽，做好衔接通道用地和空间预留。推动新建综合客运枢纽布局立体换乘设施，鼓励同台换乘，实施既有枢纽换乘设施便捷化改造，推动主要运输方式间便捷换乘。整合接入综合客运枢纽的不同运输方式信息资源，加强数据、时刻、运力等对接。促进综合客运枢纽站城融合，探索建立枢纽开发利益共享机制，推动枢纽与周边区域统一规划、综合开发，加强开发时序协调、服务功能共享。

建设综合货运枢纽系统。优先利用现有物流园区以及货运场站等设施，规划建设多种运输方式高效融合的综合货运枢纽，引导冷链物流、邮政快递、分拨配送等功能设施集中布局。完善货运枢纽的集疏运铁路、公路网络，加快建设多式联运设施，推进口岸换装转运设施扩能改造。实施邮政快递枢纽能力提升工程，加强邮政普遍服务和快递处理中心等设施建设，与铁路、公路、民航等枢纽加强统筹。推进 120 个左右国家物流枢纽建设。

专栏 3　综合交通枢纽建设重点工程

提升北京、天津、上海、广州、深圳、成都、重庆等枢纽城市的全球辐射能级。依托上海浦东、天津滨海、广州白云、成都天府等枢纽机场以及深圳西丽、重庆东站等铁路客运站，建设一批综合客运枢纽场站，推进综合客运枢纽场站间直接连通，实施北京、上海、广州、重庆等铁路枢纽优化工程，提升上海国际航运中心能级，建设天津国际航运中心，建设广州东部公铁联运枢纽、重庆陆港型物流枢纽等综合货运枢纽场站。

增强南京、杭州、沈阳、大连、哈尔滨、青岛、厦门、郑州、武汉、海口、昆明、西安、乌鲁木齐、宁波等枢纽城市的国际门户作用。完善杭州、宁波、厦门、郑州、武汉等枢纽规划，建设南京禄口、杭州萧山、厦门翔安、昆明长水、西安咸阳、武汉西站、宁波西站、海口新

(续)

海港等综合客运枢纽场站，建设大连、厦门国际航运中心和宁波舟山国家大宗商品储运基地。

提升石家庄、太原、合肥、济南、长沙、南宁、兰州等枢纽城市全国集聚辐射功能。优化主要枢纽场站及集疏运设施布局，围绕济南遥墙、长沙黄花、南昌昌北、兰州中川等枢纽机场以及雄安站等铁路枢纽站，建设一批综合交通枢纽场站。

## 第三节 优化综合立体交通网络

构建以高速铁路、国家高速公路、民用航空等为主体的快速网，完善以普速铁路、普通国省道、港口航道等为主体的干线网，提高基础网保障能力。

建设现代化铁路网。坚持客货并重、新建改建并举、高速普速协调发展，加快普速铁路建设和既有铁路扩能改造，着力消除干线瓶颈，推进既有铁路运能紧张路段能力补强，加快提高中西部地区铁路网覆盖水平。加强资源富集区、人口相对密集脱贫地区的开发性铁路和支线铁路建设。推进高速铁路主通道建设，提升沿江、沿海、呼南、京昆等重要通道以及京沪高铁辅助通道运输能力，有序建设区域连接线。综合运用新技术手段，改革创新经营管理模式，提高铁路网整体运营效率。统筹考虑运输需求和效益，合理规划建设铁路项目，严控高速铁路平行线路建设。

**专栏4 路网建设重点工程**

1. 普速铁路。建设柳州至广州、瑞金至梅州、温州经武夷山至吉安、定西经平凉至庆阳、太子城至锡林浩特、仙桃经洪湖至监利、太原至和顺、大理至攀枝花、乌北至准东增建二线等普速铁路，协调推进首都地区货运东、北环线铁路建设。推进富裕至加格达奇、南京至芜湖、鸦鹊岭至宜昌、天津至蓟县、汪清至图们、中卫至平凉等铁路扩能改造。

2. 高速铁路。建设北京经雄安新区至商丘、包头至银川、襄阳至常德、天津至新沂、西安至重庆、西安至十堰、长沙至赣州、雄安新区至忻州、太原至绥德、延安经榆林至鄂尔多斯、长春经辽源至通化、敦化至牡丹江、哈尔滨经绥化至铁力、上海经乍浦至杭州、宁波经台州经温州至福州、焦作经洛阳至平顶山、阜阳至黄冈、益阳至娄底、铜仁至吉首、邵阳至永州、南昌至九江、湛江至海安等高速铁路。

完善公路网结构功能。提升国家高速公路网络质量，实施京沪、京港澳、京昆、长深、沪昆、连霍、包茂、福银、泉南、广昆等国家高速公路主线繁忙拥挤路段扩容改造，加快推进并行线、联络线以及待贯通路段建设。合理引导地方高速公路有序发展。加快普通国省道低等级路段提质升级，将西部地区普通国道二级及以上公路比重提高到70%，实现对重要口岸、枢纽、产业园区、旅游景区有效覆盖，强化安全设施配置。完善“四好农村路”高质量发展体系，深入开展示范创建，实现通三级及以上公路的乡镇比重达到85%左右，推动较大人口规模自然村（组）通硬化路，因地制宜推进建制村双车道公路建设和农村过窄公路拓宽改造，强化农村公路与干线公路、村内主干道衔接。推进渡改桥等便民设施建设。

**专栏5 公路网建设重点工程**

1. 待贯通路段建设。推进京雄等雄安新区对外高速公路以及呼北高速炉红山至慈利段、德州至上饶高速安徽段、溧阳至宁德高速黄山至千岛湖段、上海至武汉高速无为至岳西段、集宁至阿荣旗高速白音查干至乌兰浩特段、杭州湾地区环线高速杭州至宁波支线等国家高速公路待贯通路段建设。

2. 瓶颈路段升级改造。推进京哈高速绥中（冀辽界）至盘锦段、青兰高速涉县至冀晋界段、连霍高速忠和至茅茨段、沪昆高速昌傅至金鱼石段、荣乌高速威海至烟台段、济广高速济南至菏泽段、京港澳高速耒阳大市至宜章（湘粤界）段等高速公路繁忙路段扩容改造。推进国道210白云鄂博至固阳段、国道217阿勒泰至布尔津段、国道227贵德至大武段、国道353巨甸至维西段等升级改造及国省干线穿越城区段改移工程。

优化畅通水运设施网络。建设京津冀、长三角、粤港澳大湾区世界级港口群，支持山东打造世界一流的海洋港口，推进东北地区沿海港口一体化发展，优化港口功能布局，推动资源整合和共享共用。有序推进沿海港口专业化码头及进出港航道等公共设施建设。适度超前建设粮食、能源、矿产资源的接卸、储存、中转设施，推进沿海沿江液化天然气码头规划建设。提升内河港口专业化、规模化水平，合理集中布局集装箱、煤炭、铁矿石、商品汽车等专业化码头。加强内河高等级航道扩能升级与畅通攻坚建设，完善长江、珠江、京杭运河和淮河等水系内河高等级航道网络，进一步提升珠三角高等级航道网出海能力，全面加强长三角、珠江—西江高等级航道网未达标段建设。推动重要支流航道和库湖区航道、内河旅游航道、便民码头建设。

**专栏6　水运设施网络建设重点工程**

1. 沿海港航设施。推进天津北疆与东疆、青岛董家口、南通通州湾、上海洋山、厦门翔安、深圳盐田、广州南沙、汕头广澳、湛江宝满、洋浦小铲滩、钦州大榄坪等集装箱码头工程。推进唐山京唐、黄骅散货港区、日照岚山、连云港连云、宁波舟山衢山、防城港企沙等矿石码头工程。推进营口仙人岛、黄骅散货港区、烟台西港区、青岛董家口、连云港徐圩、宁波舟山金塘、厦门古雷等原油码头工程。加快小洋山北侧综合开发。推进曹妃甸港区煤炭运能扩容、日照港转型升级工程。推进锦州港、唐山京唐、曹妃甸、日照岚山、连云港港、宁波舟山条帚门、深圳港西部、广州港、洋浦港、北部湾防城港和钦州等20万吨级及以上航道建设。

2. 内河港航设施。积极推进涪陵至丰都段航道整治，研究推进长江干线宜宾至重庆段、宜昌至武汉段航道整治，加快治理安庆至南京段重点航段，进一步改善南京以下12.5米深水航道条件，加快改善长江口北港航道条件，研究推进长江口南槽航道整治二期工程，推进大芦线东延线等河海直达航道工程。推进西江航运干线3000吨级航道整治和船闸扩能工程。开展京杭运河山东段航道整治，推进苏北段船闸、航道扩能工程，推进杭甬运河整治提升工程、常山江航运开发工程。推进引江济淮航运工程建设，开展淮河干线及沙颍河航道整治、船闸改扩建，推进淮河出海航道工程。推进右江百色、红水河龙滩等枢纽通航设施建设。推进京杭运河黄河以北段适宜河段通航。开展湘桂赣粤运河前期研究论证。

扩大航空网络覆盖。推动区域机场群协同发展，建设京津冀、长三角、粤港澳大湾区、成渝等世界级机场群。适时启动能力紧张枢纽机场改扩建工程，强化枢纽机场综合保障能力。合理加密机场布局，稳步建设支线机场和专业性货运枢纽机场，提升综合性机场货运能力和利用率。有序推进通用机场规划建设，构建区域短途运输网络，探索通用航空与低空旅游、应急救援、医疗救护、警务航空等融合发展。优化航路航线网络，加强军民航空管基础设施建设，推广应用空管新技术。

**专栏7　民用运输机场建设重点工程**

实施广州、深圳、昆明、西安、重庆、乌鲁木齐、哈尔滨等国际枢纽机场和太原、沈阳、福州、杭州、宁波、合肥、济南、武汉、长沙、南昌、南宁、拉萨、兰州、银川、西宁等区域枢纽机场改扩建工程，建设呼和浩特、厦门、大连、三亚新机场。建成鄂州专业性货运机场，提升天津、郑州等机场国际航空货运能力。建设嘉兴、瑞金、郴州、湘西、丽水、韶关、阆中、威宁、邢台、朔州、安阳、亳州、乐山、府谷、黔北（德江）、盘州、阿拉尔、和静等支线机场。

加强油气管网高效互联。完善东北、西北、西南和海上四大油气进口通道。加快全国干线天然气管道建设，完善原油、成品油管网布局，推进东北、西北、西南等地区老旧管道隐患治理。推进油气管网互联互通和支线管道建设，扩大市县天然气管道覆盖范围并向具备条件的沿线乡镇辐射。

### 第四节　强化一体融合衔接

加快解决制约人民美好出行、货物高效流通的瓶颈，强化综合交通网络有机衔接。打通公路省际待贯通路段，加强干线公路与城市道路有效衔接，推进城镇密集地区干线公路过境段、进出城瓶颈路段升级改造。加强枢纽机场与轨道交通高效衔接，使换乘更加便捷。强化进港区、进园区、进厂区、进规模化农产品基地等集疏运设施建设，加快推动铁路进港口重点港区和大型工矿企业、物流园区、重点物资储备库。统筹考虑资源高效利用、生态环境保护和防洪航运安全，有序建设各种运输方式共享通道资源的过江跨海通道。推动超大特大城市的大型综合客运枢纽间通过轨道交通互连。加快实现联系紧密的综合货运枢纽间通过联络线或专用通道互连。

**专栏 8　综合交通网络衔接重点工程**

1. 港口机场集疏运工程。完善上海港、唐山港、天津港、宁波舟山港、青岛港、深圳港、福州港、北部湾港等港口集疏运系统。推动杭州萧山机场、厦门翔安机场、长沙黄花机场、昆明长水机场等接入轨道交通。

2. 省际间待贯通路段畅通工程。有序实施丹锡高速克什克腾至承德联络线河北段、本溪至集安高速本溪至桓仁（辽吉界）段、赤峰至绥中高速凌源（蒙辽界）至绥中段、安康至来凤高速渝鄂界至建始段、都匀至香格里拉高速西昌至香格里拉段等省际高速公路建设。

3. 城市内外交通衔接改造工程。推进国道 104、国道 107、国道 205、国道 207、国道 210、国道 220、国道 228、国道 233、国道 309、国道 310、国道 312、国道 319、国道 320、国道 329、国道 343、国道 347 等城镇过境路段升级改造。

4. 过江跨海关键性工程。建成深中、黄茅海等跨海通道。建设涪陵江北、伍家岗至点军山、枞阳至贵池、靖江至江阴、崇明至太仓等公铁两用过江通道以及隆叙铁路改造过江大桥。推动钦州市龙门大桥、钦州至北海大风江大桥等跨海大桥建设。适时启动珠江口狮子洋、莲花山通道建设。规划研究沪甬通道。

### 第五节　加强基础设施养护

推动落实全生命周期养护，强化常态化预防性养护，科学实施养护作业，加强养护工程质量检验评定，强化养护管理监管考核，提高基础设施使用寿命。加强桥梁隧道、通航建筑物、港口锚地、跑道停机坪等公共设施养护管理。加大养护新技术推广力度，建设交通基础设施长期性能科学观测网，鼓励自动化、信息化巡查，提高管理养护科学决策水平，推进养护机械化和标准化。加强铁路综合维修养护一体化管理。发展和规范公路养护市场，逐步增加向社会购买养护服务。深化农村公路管理养护体制改革，全面实施农村公路路长制。健全桥梁养护管理责任体系和工作机制。完善航道常态化养护机制，推动航道养护基地及配套设施设备建设。

## 第四章　夯实城乡区域协调发展基础支撑

充分发挥交通运输对国土空间开发保护的支撑引领作用，增强对实施区域重大战略、推动区域协调发展、全面推进乡村振兴的服务保障能力。

### 第一节　有力服务区域重大战略

建设多节点、网格状、全覆盖的京津冀一体化综合交通网络，基本建成轨道上的京津冀，高标准、高质量打造雄安新区对外交通网络，加强北京城市副中心与中心城区、廊坊北三县交通基础设施互联互通，强化北京冬奥会、冬残奥会交通保障。依托长江黄金水道，整体设计推进长江经济带综合交通运输体系建设，补强沿江高铁和铁路货运能力，全力打通公路省际待贯通路段，提升江海联运、铁水联运发展水平。推进粤港澳大湾区基础设施互联互通，优化航运和航空资源配置，加强港澳与内地的交通联系，支持香港提升国际航运、国际航空枢纽地位。推动长三角地区交通运输更高质量一体化发展，加快对外交通、城际交通、都市圈交通高效衔接和有机融合，协同推进港航、海事一体化发展，推动上海市、江苏省、浙江省、安徽省共建辐射全球的航运枢纽，加快提升江苏通州湾江海联动示范区功能，打造长江集装箱运输新出海口。构建海南岛内畅通、陆岛连通、全球通达的现代综合交通运输体系，建设现代化综合交通枢纽，稳步推进自由贸易港建设。构建黄河流域绿色安全便捷综合交通网络，强化跨区域大通道建设。

### 第二节　支撑引领区域协调发展

补齐西部地区交通基础设施网络短板，提升干线铁路覆盖度、干线公路通畅性和农村公路均等化水平，打造成渝地区双城经济圈 1 小时交通网，畅通多向出川出渝综合运输通道。提升东北地区交通基础设施网络整体效能，进一步畅通对外通道，推动沿海内陆沿边一体开放。推进中部地区内陆开放大通道建设，增强承东启西、连南接北功能，进一步巩固提升综合交通枢纽地位。构建东部地区现代化综合交通运输体系，加快区域一体化交通网络建设，提升重点运输通道能力和综合交通枢纽辐射能级，实现交通运输优化升级。提升欠发达地区、革命老区、边境地区对外通道能力，拓展网络通达深度，补齐生态退化地区基础设施短板，加强建设保障资源型地区转型发展、老工业基地产业转型升级的交通基础设施。

### 第三节　夯实乡村振兴交通基础

统筹新型城镇化和乡村振兴发展需要，逐步提升城乡交通运输一体化水平。巩固拓展具备条件的乡镇、建制村通硬化路成果，推动交通建设项目更多进村入户，鼓励农村公路与产业园区、旅游景区、乡村旅游重点村等一体开发。推动农村客货邮融合发展，持续推进乡镇运输服务站建设，整合交通、邮政、快递、供销、电商等资源，构建功能集约、便利高效的农村运输发展新模式。巩固建制村通客车成果，提升农村客运运营安全和服务水平，加强农村客运安全监管，推动构建农村客运长效稳定发展机制。推动农村物流融入现代流通体系，加快贯通县乡村电子商务体系和快递物流配送体系，建设便捷高效的工业品下乡、农产品出村双向渠道，打造农村物流服务品牌。

### 第四节　强化边境交通设施建设

服务沿边城镇体系建设，以公路、机场为重点，大力改善边境地区交通出行条件，提升边境城镇人口集聚能力。统筹推进边境地区国省干线公路、农村公路等建设，全面完善国道干线主骨架，推进沿边公路并行线建设和低等级公路提质改造，加快抵边公路建设，尽快形成层次清晰、结构合理的沿边公路网。稳步推进边境地区机场建设，构建多层级航空网，扩大航空运输服务覆盖面。补强同江、二连浩特、阿拉山口、霍尔果斯、瑞丽、磨憨等口岸后方铁路通道能力。加强抵边自然村邮政设施建设，实现邮政服务普遍覆盖。

**专栏 9　边境地区交通基础设施建设工程**

1. 沿边抵边公路。建设集安至桓仁、珲春至圈河、泸水至腾冲、米林经墨脱经察隅至滇藏界、青河经富蕴至阿勒泰、布伦口至红其拉甫、巴里坤至老爷庙、莎车至塔什库尔干、二连浩特至赛罕塔拉、大红山至霍勒扎德盖、云南界至那坡平孟、西畴至富宁等沿边抵边公路。推进麻扎至公珠、孟泽至嘎拉、萨玛达至扎日、边巴至加玉等沿边公路并行线待贯通路段建设和低等级路段改扩建。

2. 边境机场。建设塔什库尔干、普兰、定日、隆子、绥芬河、昭苏、准东（奇台）等机场，迁建延吉机场，建设札达、叶城等 20 个左右边境通用机场。

## 第五章　推进城市群和都市圈交通现代化

深入推进以人为核心的新型城镇化，分层分类完善交通网络，加强互联互通和一体衔接，促进城市群、都市圈和城市内交通运输协同运行，推动城市群和都市圈交通运输率先实现现代化，提升城镇化发展质量。

### 第一节　建设城市群一体化交通网

强化重点城市群城际交通建设。围绕京津冀、长三角、粤港澳大湾区、成渝、长江中游等城市群，以轨道交通、高速公路为骨干，提升城际运输通道功能，加强核心城市快速直连，构建多节点、网络化的城际交通网，实现城市群内主要城市间 2 小时通达。整体推进京津冀、长三角、粤港澳大湾区城际铁路和市域（郊）铁路建设，有序推动成渝地区双城经济圈城际铁路和市域（郊）铁路建设，加强与高速铁路、普速铁路一体衔接，扩大对 5 万人口以上城镇的有效覆盖。

有序推进其他城市群城际交通建设。提升山东半岛、粤闽浙沿海、中原、关中平原、北部湾等城市群内的城际主通道功能，推进哈尔滨—长春、辽中南、山西中部、黔中、滇中、呼包鄂榆、兰州—西宁、宁夏沿黄、天山北坡等城市群内的城际主通道建设。建设有效衔接大中小城市和小城镇的多层次快速交通网络，积极推进利用既有铁路富余运力开行城际列车。

## 第二节　构建都市圈通勤交通网

打造轨道上的都市圈。建设都市圈多层次轨道交通网络，推进干线铁路、城际铁路、市域（郊）铁路、城市轨道交通融合衔接，合理推动轨道交通跨线运营。积极利用干线铁路、城际铁路提供通勤服务，充分利用既有铁路富余运力开行市域（郊）列车，增加列车停站数量和在重要客流集散地的停站频率，鼓励高峰时段公交化运营，提高通勤服务质量。探索将重点都市圈中心城区轨道交通以合理制式适当向周边城市（镇）延伸。

完善多层次道路交通网。合理加密快速路通道，因地制宜规划建设都市圈环线和城市绕城环线。科学布局建设加油加气站、公交场站、停车设施。积极推动城市公交线路向周边城镇、功能节点延伸，鼓励都市圈内毗邻城市（镇）开行公交，开展客运班线公交化改造。

**专栏 10　重点城市群和都市圈交通网络建设工程**

1. 重点城市群城际铁路。充分挖潜干线铁路城际功能，推进核心城市间城际铁路及区域联络线建设，建设雄安新区至石家庄、天津至承德、苏州经无锡至常州、衢州至丽水、深圳至惠州、佛山至东莞等城际铁路，基本建成京津冀、长三角、粤港澳大湾区等城市群城际铁路网。

2. 重点都市圈市域（郊）铁路。实施一批既有铁路的市域（郊）运输功能改造工程，利用既有萧甬铁路开行绍兴至上虞市域（郊）列车。推进北京东北环线等整体提升工程，建设上海嘉闵线及北延伸段、南京市域 18 号线、杭州至德清、宁波至象山、重庆至合川等市域（郊）铁路。

3. 高速公路环线。推动武汉、长春、西安等都市圈高速公路环线建设，实施部分高速公路拥挤路段改扩建工程，优化调整首都地区环线高速公路线路。

## 第三节　打造城市现代交通系统

完善城市交通基础设施。科学规划建设城市综合交通系统，加快发展快速干线交通、生活性集散交通、绿色慢行交通，实现顺畅衔接。加强大城市微循环和支路网建设，优化快速、主干、次干、支路比例，加快城市支路街巷建设改造和畸形交叉口改造，分类分区优化停车设施供给，提高停车资源利用效率和精细化服务水平，加强资源共享和错时开放。合理提高中小城市路网密度，用好用足停车资源，适度增加停车设施，规范停车秩序。补齐县城、县级市、特大镇的城市道路和公路客运站设施等短板，稳步推进老旧小区、医院、学校、商业聚集区等区域公共停车设施建设，适度增加灵活便捷的道路班车配客站点。建设安全、连续、舒适的城市慢行交通系统，提高非机动车道和步道的连续性、通畅性，在商业办公区域、公共交通站点、旅游景区等场所增加非机动车停放设施，改善行人过街设施条件。

打造多模式便捷公共交通系统。深入实施公交优先发展战略，持续深化国家公交都市建设。超大特大城市构建以轨道交通为骨干的快速公交网络，科学有序发展城市轨道交通，推动轨道交通、常规公交、慢行交通网络融合发展。大城市形成以地面公交为主体的城市公共交通系统，发展重要客流走廊快速公交。中小城市提高城区公共交通运营效率，逐步提升站点覆盖率和服务水平。推广城市道路交通信号灯联动控制，保障公交优先通行；推广在电子公交站牌、互联网信息平台等发布公共交通实时运营信息，优化换乘引导标识，普及交通一卡通、移动支付等服务，提高公共交通吸引力。

# 第六章　扩大优质运输服务供给

顺应人民美好生活新期待，统筹考虑旅客运输和货物运输的不同发展趋势及阶段性特征，兼顾基本需求和多样化需求，推动运输服务多元化、品质化发展，扩大经济高效安全的运输服务产品供给，逐步实现人享其行、物畅其流。

## 第一节　提升旅客出行服务品质

加快发展旅客联程运输。稳妥推动交通运输票务系统信息共享和对外开放，提高道路客运联网售票水平，普及电子客票，到2025年，二级及以上道路客运站的电子客票覆盖率达到99%、省际和城际客运线路的电子客票覆盖率达到80%，努力实现一站购票、一票（证）通行。优化跨运输方式安检流程，推动安检互认。加强干线运输方式间、城市交通与干线运输方式间的运营信息、班次时刻、运力安排等协同衔接，做好首末班车“兜底”服务。推进城市候机楼建设，推行行李直挂服务。培育旅客联程运输经营主体，创新一体化联运产品，丰富综合交通运输信息服务产品。

发展高品质客运服务。优化高速铁路运输组织，扩大复兴号动车组上线运行范围，逐步实现高速铁路达速运行，提高普速铁路服务质量，鼓励开行夕发朝至列车。加强监管，鼓励和规范发展道路客运定制服务。促进航空服务网络干支有效衔接，优化航班时刻资源配置，持续提高航班正常率，增加航空运输服务品类。积极培育邮轮市场，拓展旅游产品，促进邮轮服务升级，推动游艇、游船、房车旅游发展，优化完善自驾车旅行服务设施，依托汽车客运站发展旅游集散业务，培育交通消费新模式。

提高客运服务普惠均等水平。持续开好公益性“慢火车”，优化开行方案，改善站车条件。推动有条件的地区实施农村客运公交化改造，保障好群众出行。发展边远地区基本航空服务，改善轮渡通行条件，方便边远地区群众日常出行。提升客运场站无障碍设施服务水平，推广应用低地板公交车、无障碍出租汽车，规范老年及残疾人代步车使用，强化对困难群体和特殊人群的服务保障。

## 第二节　构建高效货运服务系统

建设高效货运服务网络。完善与产业布局、消费格局相适应的大宗货物、集装箱物流网络，建设大容量、低成本、高效率物流骨干通道，保障化肥等重要农资季节性运输。有序发展铁路双层集装箱运输，探索开行定制化的铁路直达货运班列，充分利用富余运力和设施能力发展高铁快运等铁路快捷货运产品。推动道路货运高质量发展，提升规模化、集约化水平。加强航空货运能力建设，培育壮大专业货运机队，优化航线和时刻配置，提升机场物流组织效率和服务品质。完善以物流园区、配送中心、末端配送站为支撑的城市三级物流配送网络，加强与干线运输、区域分拨有效衔接。完善县乡村三级物流服务体系，提升产供销一体化服务能力。提升口岸通关能力和便利化水平。

大力发展货物多式联运。推进大宗货物和集装箱铁水联运系统建设，扩大铁水联运规模。以长江干线、西江航运干线为重点，提升江海联运组织水平。加快推进多式联运“一单制”，创新运单互认标准与规范，推动国际货运单证信息交换，探索国际铁路电子提单，逐步普及集装箱多式联运电子运单。加快多式联运信息共享，强化不同运输方式标准和规则的衔接。深入推广甩挂运输，创新货车租赁、挂车共享、定制化服务等模式。推动集装箱、标准化托盘、周转箱（筐）等在不同运输方式间共享共用，提高多式联运换装效率，发展单元化物流。鼓励铁路、港航、道路运输等企业成为多式联运经营人。

发展专业化物流服务。强化国家骨干冷链物流基地功能，完善综合货运枢纽冷链物流服务设施，加强不同运输方式冷链设施衔接，补齐集配装备和仓储设施短板，推动铁路集装箱冷链服务模式创新，强化分级分类质量监管，提升冷链物流服务品质。推动大宗货物储运一体化，推广大客户定制服务。统一货物危险特性分类标准，加强货物包装、运输作业和运输工具标准化建设，推广智能化储运监控、风险监测与预警系统应用。优化重点制造业供应链物流组织，提升交通运输对智能制造、柔性制造的服务支撑能力。

持续推动降低物流成本。降低物流制度成本，优化证照和许可办理程序，完善铁路货运价格市场化灵活调整机制。降低物流要素成本，保障重大物流基础设施建设用地需求。落实物流减税降费措施，规范和降低港口航运、公路铁路运输等物流收费，全面清理规范涉企收费。

### 第三节　发展现代邮政快递服务

提升寄递服务质效。创新邮政普遍服务，实现邮件全程跟踪查询。开展快递服务质量品牌创建行动，发展航空快递、高铁快递等差异化产品。推进快递进村，强化县乡村寄递物流资源共享，推动共同分拣、共同运输、共同收投，基本实现建制村直接收投邮件快件。推进快递进厂，深度嵌入产业链价值链，发展入厂物流、线边物流等业务。推动快递出海，加快建设邮政国际寄递中心，建设南昌、长沙、成都、郑州、南宁、南京、大连、义乌等邮政处理中心和国际邮件互换局（交换站），构建国际快件运输网络，推动国际寄递服务便利化。

完善寄递末端服务。建设多元化、智能化末端服务网络，推进城乡快递服务站、智能收投终端和末端服务平台等布局建设和资源共享。推动城市居住社区配建邮政快递服务场所和设施。建设集邮政、快递、电商、商贸等功能于一体的寄递物流综合服务站。推广无人车、无人机运输投递，稳步发展无接触递送服务。支持即时寄递、仓递一体化等新业态新模式发展。

**专栏 11　运输服务品质提升行动**

1. 客运服务提质升级。打造京张高速铁路客运服务示范线。推动具备条件的公路服务区向交通、生态、旅游、消费等复合型服务区转型，因地制宜打造一批特色公路服务区，建设普通国省干线公路服务区示范工程。鼓励建设多功能乡镇综合服务站。有序创建城乡交通运输一体化示范县。

2. 旅客联程运输发展。在 50 个城市组织开展旅客联程运输试点，开展行李直挂、安检互认等服务，创新空铁联运、公空联运、公铁联运服务模式，鼓励不同运输方式共建共享设施设备，加快推进联运票务一体化、行李服务便利化、信息资源共享化，加快空铁联运产品升级。

3. 多式联运提速。强化国家物流枢纽多式联运功能，组织开行一批铁水联运班列，发展公空衔接的卡车航班。引导多式联运经营人、各类运输企业开展跨行业信息互联互通、协同运作。推进舟山江海联运服务中心建设。深入实施多式联运示范工程。探索开行铁路双层集装箱班列。

4. 专业化货运系统培育。优化货运班列运输组织，逐步扩大班列运行范围，稳步推进班列开行成网，依托有条件的高铁客运列车开展高铁快运业务。提升航空货运枢纽中转效率，构建中枢轮辐式货运航线网络。

5. 城乡货运配送提质。完善城市配送节点网络，优化车辆便利通行政策，推进城市配送全链条信息交互共享和组织模式创新。在 100 个左右城市有序实施绿色货运配送示范工程。

## 第七章　加快智能技术深度推广应用

坚持创新驱动发展，推动互联网、大数据、人工智能、区块链等新技术与交通行业深度融合，推进先进技术装备应用，构建泛在互联、柔性协同、具有全球竞争力的智能交通系统，加强科技自立自强，夯实创新发展基础，增强综合交通运输发展新动能。

### 第一节　推进基础设施智能化升级

完善设施数字化感知系统。推动既有设施数字化改造升级，加强新建设施与感知网络同步规划建设。构建设施运行状态感知系统，加强重要通道和枢纽数字化感知监测覆盖，增强关键路段和重要节点全天候、全周期运行状态监测和主动预警能力。

构建设施设备信息交互网络。稳步推进5G等网络通信设施覆盖，提升交通运输领域信息传输覆盖度、实时性和可靠性。在智能交通领域开展基于5G的应用场景和产业生态试点示范。推动车联网部署和应用，支持构建“车—路—交通管理”一体化协作的智能管理系统。打造新一代轨道交通移动通信和航空通信系统，研究推动多层次轨道交通信号系统兼容互通，同步优化列车、航空器等移动互联网接入条件。提升邮政机要通信信息化水平。

整合优化综合交通运输信息平台。完善综合交通运输信息平台监管服务功能，推动在具备条件地区建设自动驾驶监管平台。建设基于区块链技术的全球航运服务网络。优化整合民航数据信息平台。提升物流信息平台运力整合能力，加强智慧云供应链管理和智慧物流大数据应用，精准匹配供给需求。有序建设城市交通智慧管理平台，加强城市交通精细化管理。

**专栏 12　交通基础设施数字化网联化升级工程**

1. 智能铁路。实施新一代铁路移动通信专网工程。选择高速铁路线路开展智能化升级。推进川藏铁路应用智能建造技术。实施铁路调度指挥系统智能化升级改造。

2. 智慧公路。建设京雄、杭绍甬等智慧高速公路工程。深化高速公路电子不停车收费系统（ETC）在多场景的拓展应用。建设智慧公路服务区。稳步推进集监测、调度、管控、应急、服务等功能于一体的智慧路网云控平台建设。

3. 智慧港口。推进大连港、天津港、青岛港、上海港、宁波舟山港、厦门港、深圳港、广州港等港口既有集装箱码头智能化改造。建设天津北疆C段、深圳海星、广州南沙四期、钦州等新一代自动化码头。在“洋山港区—东海大桥—临港物流园区”开展集疏运自动驾驶试点。

4. 智能航运。完善内河高等级航道电子航道图，实施长江干线、西江航运干线数字航道服务能力提升建设工程，试点建设应用智能航标，在三峡坝区河段等长江干线典型区段开展数字航道智慧服务集成。建设京杭运河数字航道。推进涪江、信江等智慧航道建设。推进船闸智能化升级，加强梯级船闸联合调度。完善船岸、船舶通信系统，增强船舶航行全过程船岸协同能力。开发应用电子海图和电子航道图的船载终端。

5. 智慧民航。围绕智慧出行、智慧物流、智慧运行和智慧监管，实施容量挖潜提升工程，推进枢纽机场智慧化升级，建设民航智慧化运营管理系统。

6. 智慧城市轨道交通。推进自主化列车运行控制系统研发，推动不同制式的轨道交通信号系统和有条件线路间的互联互通。构建智慧乘务服务、网络化智能运输组织调度、智慧能源管理、智能运维等系统。推广应用智能安检、移动支付等技术。

7. 综合交通运输信息平台。完善综合交通运输信息平台功能，推进地方交通大数据中心和综合交通运输信息平台一体化建设。实施铁路12306和95306平台优化提升工程。推广进口集装箱区块链电子放货平台应用。建设郑州等航空物流公共信息平台。研究建设无人驾驶航空器综合监管服务平台。

### 第二节　推动先进交通装备应用

促进北斗系统推广应用。完善交通运输北斗系统基础设施，健全北斗地基增强网络，提升北斗短报文服务水平。稳步推进北斗系统在铁路、公路、水路、通用航空、城市公共交通以及全球海上航运、国际道路运输等领域应用，推动布局建设融合北斗技术的列车运行控制系统，开展民航业北斗产业化应用示范。

推广先进适用运输装备。开展CR450高速度等级中国标准动车组、谱系化中国标准地铁列车研发应用，推广铁路重载运输技术装备。提升大型液化天然气运输船、极地船舶、大型邮轮等研发能力，推进水下机器人、深潜水装备、深远海半潜式打捞起重船、大型深远海多功能救助船等新型装备研发。推广绿色智能船舶，推进船舶自主航行等单项智能船舶技术应用，推动船舶智能航行的岸基协同系统、安保系统和远程操控系统整体技术应用。加强适航审定能力建设，推动C919客机示范运营和ARJ21支线客机系列化发展，推广应用新舟700支线客机、AG600水陆两栖飞机、重型直升机、高原型大载重无人机等。推进智能仓储配送设施设备发展。

提高装备标准化水平。推广应用轻量化挂车，开展常压液体危险货物罐车专项治理，稳步开展超长平板半挂车、超长集装箱半挂车治理工作。推进内河船型标准化，推广江海直达船型、三峡船型、节能环保船型，研发长江游轮运输标准船型。推动车载快速安检设备研发。巩固提升高铁、船舶等领域全产业链竞争力，在轨道交通、航空航天等技术装备领域创建中国标准、中国品牌。

### 第三节　创新运营管理模式

以满足个性化、高品质出行需求为导向，推进服务全程数字化，支持市场主体整合资源，提供“一站式”出行服务，打造顺畅衔接的服务链。稳妥发展自动驾驶和车路协同等出行服务，鼓励自动驾驶在港口、物流园区等限定区域测试应用，推动发展智能公交、智慧停车、智慧安检等。引导和规范网约车、共享单车、汽车分时租赁和网络货运平台等健康发展，防止无序扩张。加快发展“互联网+”高效物流新模式、新业态。加强深远海目标高清晰观测、海上高精度时空服务。提高交通运输政务服务和监管能力，完善数字化、信息化监管手段，加强非现场监管、信用监管、联合监管，实现监管系统全国联网运行。

### 第四节　夯实创新发展基础

推动交通科技自立自强。强化交通运输领域关键核心技术研发，加快研发轴承、线控底盘、基础技术平台及软硬件系统等关键部件，推动实现自主可控和产业化。加强交通运输领域前瞻性、战略性技术研究储备，加强智能网联汽车、自动驾驶、车路协同、船舶自主航行、船岸协同等领域技术研发，开展高速磁悬浮技术研究论证。强化复杂环境条件下线路、大跨度桥梁、超长隧道等建造技术研发以及高性能工程材料研发。加强高升程、大吨位升船机关键技术研发。

培育交通科技创新生态圈。促进政产学研用在交通运输领域深度融合。鼓励优势企业整合交通科技产业链资源，通过开放数据、开放平台、开放场景，培育交通科技产业生态圈，建设交通科技产业孵化基地。强化行业重点科研平台建设，推进重点实验室、技术创新中心等建设，培育国家级科技创新基地。

强化数据开放共享。加强交通运输数据分级分类管理。进一步完善交通运输数据资源开放共享机制和交换渠道，制定数据资源开放制度规范，推动条件成熟的数据资源合规开放和共享利用。加强交通运输数据安全管控，完善数据分级分类安全保护制度，制定智能交通数据应用安全标准，规范数据源采集和处理使用等活动，加强重要数据和个人信息保护。

## 第八章　全面推进绿色低碳转型

坚持绿水青山就是金山银山理念，坚持生态优先，全面推动交通运输规划、设计、建设、运营、养护全生命周期绿色低碳转型，协同推进减污降碳，形成绿色低碳发展长效机制，让交通更加环保、出行更加低碳。

### 第一节　优化调整运输结构

深入推进运输结构调整，逐步构建以铁路、船舶为主的中长途货运系统。加快铁路专用线建设，推动大宗货物和中长途货物运输“公转铁”“公转水”。优化“门到门”物流服务网络，鼓励发展城乡物流共同配送、统一配送、集中配送、分时配送等集约化配送模式，提高工矿企业绿色运输比例，扩大城市生产生活物资公铁联运服务供给。

### 第二节　推广低碳设施设备

规划建设便利高效、适度超前的充换电网络，重点推进交通枢纽场站、停车设施、公路服务区等区域充电设施设备建设，鼓励在交通枢纽场站以及公路、铁路等沿线合理布局光伏发电及储能设施。推动交通用能低碳多元发展，积极推广新能源和清洁能源运输车辆，稳步推进铁路电气化改造，推动内河船舶更多使用清洁能源，进一步降低交通工具能耗。持续推进港口码头岸电设施、机场飞机辅助动力装置替代设施建设，推进船舶受电设施改造，不断提高岸电使用率。

### 第三节　加强重点领域污染防治

落实船舶大气污染物排放控制区制度。推动船舶污染物港口接收设施与城市公共转运处置设施有效衔接，健全电子联单监管制度。完善长江经济带船舶和港口污染防治长效机制。开展港区污水、粉尘综合治理，推进生产生活污水、雨污水循环利用，完善干散货码头堆场防风抑尘设施。开展交通运输噪声污染治理，妥善处理大型机场噪声影响，积极消除现有噪声污染。

### 第四节　全面提高资源利用效率

推动交通与其他基础设施协同发展，打造复合型基础设施走廊。统筹集约利用综合运输通道线位、桥位、土地、岸线等资源，提高国土空间综合利用率。推进科学选线选址，推广节地技术，强化水土流失防护和生态保护设计，优先避让具有重要生态功能或者生态环境敏感脆弱的国土空间，尽量避让噪声敏感建筑物集中区域。推进快递包装减量化、标准化、循环化。推动废旧设施材料等资源化利用。

### 第五节　完善碳排放控制政策

实施交通运输绿色低碳转型行动。研究制定交通运输领域碳排放统计方法和核算规则，加强碳排放基础统计核算，建立交通运输碳排放监测平台，推动近零碳交通示范区建设。建立绿色低碳交通激励约束机制，分类完善通行管理、停车管理等措施。

**专栏 13　交通运输绿色低碳发展行动**

1. 充换电设施网络构建。完善城乡公共充换电网络布局，积极建设城际充电网络和高速公路服务区快充站配套设施，实现国家生态文明试验区、大气污染防治重点区域的高速公路服务区快充站覆盖率不低于 80%、其他地区不低于 60%。大力推进停车场与充电设施一体化建设，实现停车和充电数据信息互联互通。

（续）

2. 新能源和清洁能源运输装备推广。推动城市公共服务车辆和港口、机场场内车辆电动化替代，百万人口以上城市（严寒地区除外）新增或更新地面公交、城市物流配送、邮政快递、出租、公务、环卫等车辆中电动车辆比例不低于 80%。在长江干线、京杭运河和西江航运干线等开展液化天然气加注站建设。

3. 超标排放汽车船舶污染治理。建立健全汽车排放闭环管理机制。加快淘汰高耗能、高排放的老旧汽车，全面提升船舶设计能效和营运能效水平，鼓励购置低能耗、低排放运输装备。

4. 绿色交通基础设施建设。推动既有交通运输设施绿色化改造，加快港口船舶岸电设施和机场电动设施设备建设使用。推进京杭运河现代绿色航运综合整治工程。

5. 近零碳交通示范区建设。选择条件成熟的生态功能区、工矿区、城镇、港区、机场、公路服务区、交通枢纽场站等区域，建设近零碳交通示范区，优先发展公共交通，倡导绿色出行，推广新能源交通运输工具。

## 第九章　提升安全应急保障能力

坚持总体国家安全观，落实国家安全战略，维护和塑造国家安全，将安全发展贯穿于综合交通运输各领域、各环节，牢牢守住安全底线，夯实安全发展基础，提升突发事件应急保障能力，筑牢国家安全屏障。

### 第一节　提高交通网络抗风险能力

强化交通基础设施安全风险评估和分级分类管控，加强重大风险源识别和全过程动态监测分析、预测预警，在重要通道、枢纽、航运区域建设气象监测预警系统，提高交通基础设施适应气候变化的能力。稳定提升多灾易灾地区、主要产业及能源基地等重点区域的多路径连接比率，完善紧急交通疏散、救援和避难通道系统，增强交通运输网络韧性。加强交通运输领域关键信息基础设施、重要信息系统的网络安全防护，推进信息系统设施设备自主可控。

### 第二节　维护设施设备本质安全

建立健全基础设施资产管理体系，严把设施设备产品源头质量关，合理安排建设周期，推进精品建设和精细管理。加强交通安全设施建设，推动安全配套设施、重点目标防范设施与主体工程同步设计建设运营。加强高速铁路人防、物防、技防相结合的预警防护监测，强化铁路防灾抗险等设施建设。规范设置城市道路交通安全设施和交通管理设施。以临水临崖、隐患路口路段、交通标志标线等为重点，加强农村公路、桥梁隧道隐患排查整治和安全设施配套。完善水运工程安全配套设施和桥梁防船舶碰撞设施。

### 第三节　加强安全生产管理

健全企业安全风险分级管控、隐患排查治理、事故和重大险情技术调查等工作机制，加强生产安全事故统计分析，强化监督检查执法。综合利用科技手段，开展风险动态监测预警和分析研判。落实企业安全生产主体责任，强化安全生产监督管理责任。加强铁路沿线安全环境整治，夯实民航运行安全全链条管理，强化城市轨道交通运营保护区安全管理，加强寄递渠道安全监管和应急管理。强化设施设备运行安全，完善货车生产改装监管机制，杜绝非法改装货运车辆出厂上路。加大货物装载源头监管力度，禁止超限超载车辆出场（站）上路行驶。完善危险化学品运输网络，优化运输通行管控措施，强化港口、隧道、闸坝等重点部位通行管理。优化职业驾驶员、快递员、船员等从业环境，强化机动车驾驶员培训质量管理。

### 第四节　强化安全应急保障

健全综合交通运输应急管理体制机制，完善应急协调机制和应急预案体系，加强交通运输调度与应急指挥平台建设。推进区域性公路应急装备物资储备中心建设。加强水上交通安全监管、航海保障和救助打捞能力建设，完善沿海和内河溢油应急设备库，构建陆海空天一体化水上交通运输安全保障体系。建设城市轨道交通应急演练中心。以骨干航空物流企业为主体构建航空应急服务网络。建设海事监管指挥系统。在开展城市交通基础设施地下空间、低洼区域、重点区段、重要点位、关键设施等隐患排查基础上，建立健全风险台账和灾害隐患清单，补齐设施设备、应急抢险物资等短板，持续完善应急处置预案，健全应急响应机制，提升应对极端天气能力。加强应急专业队伍和志愿者队伍建设，充实国家应急运输储备力量。健全应对重大疫情、防范应对恐怖袭击、保障信息安全等非传统安全应急指挥体系和应急交通组织。

**专栏 14　综合交通运输安全应急能力提升重点工程**

1. 关键基础设施安全防护。实施老旧铁路、老旧枢纽场站、航运枢纽、大型通航建筑物等设施安全检测和除险加固行动，持续推进危旧桥梁改造专项行动。建设交通基础设施结构健康监测系统，实施关键信息基础设施防护建设改造工程，建设网络安全风险监测和态势感知平台。开展青藏高原重大交通基础设施运行监测。

2. 应急保障能力建设。建设基于大数据的应急运输综合指挥调度平台。建设交通安全应急卫星系统工程，优化综合导航服务功能。以执法船艇、专业救助船舶以及国有航运企业远洋运输船舶、客滚船、客渡船为重点，稳步推广使用带有北斗卫星应急示位功能的救生衣、救生艇（筏）。组织开展综合和专项应急演练。建设邮政寄递渠道安全监管“绿盾”工程（二期）、邮政机要通信工程。推动先进安全应急装备在交通运输领域应用。

3. 水上救助能力提升。加强水上巡航搜救打捞、远洋深海极地救援、防污染应急能力建设，完善沿海和南海海区应急救捞基地布局，建设长江干线、西江航运干线水上应急综合救助基地。

## 第十章　推动高水平对外开放合作

坚持开放合作，推进互联互通，加强基础设施“硬联通”、制度规则“软联通”，保障国际物流供应链安全，提升国内大循环效率和水平，塑造参与国际合作竞争新优势。

### 第一节　推进基础设施互联互通

打造全方位、多层次、复合型的“一带一路”基础设施网络，积极推动与周边国家基础设施互联互通，推进口岸铁路、口岸公路、界河航道建设。强化面向东南亚、南亚、中亚等重点方向的陆路运输大通道建设，支持西藏打造面向南亚开放的重要通道。进一步完善海上战略通道，谋划建设亚欧陆海贸易通道、东北陆海贸易通道，补齐沿线基础设施短板。

## 第二节 进一步畅通国际运输

发挥中国—新加坡互联互通项目示范效应，加强与周边国家协商合作，持续推动西部陆海新通道铁海联运提质增效，促进跨境班列班车发展。优化国际海运航线网络布局，提高中韩陆海联运效率，推动中欧陆海快线健康发展，扩大“丝路海运”品牌影响。稳固东南亚、东北亚等周边航空运输市场，有序拓展欧洲、北美洲、大洋洲等洲际航线网络，建设“空中丝绸之路”。稳步扩大国际道路运输便利化协定签署实施范围。优化国际联程联运组织和中转服务，完善海外转运服务网络。

## 第三节 推动中欧班列高质量发展

升级改造中欧班列铁路口岸和后方“卡脖子”路段，加快技术装备升级和信息化建设。加快建设中欧班列集结中心，推广中欧班列统一运单和内外贸货物混编运输，提高货源集结与班列运行效率，扩大图定铁路货运班列开行范围。健全中欧班列考核评价体系，健全行业自律机制，巩固维护品牌形象，强化风险防控。推动国际铁路联运规则衔接统一，探索建立与贸易、金融联动发展新规则，推动建立中欧班列政府间合作机制。

## 第四节 深化多领域交流合作

主动与国际规则标准接轨，协调推动运输工具、装载单元、换装转运设备、作业流程、安全规则、服务规范、信息数据等标准对接。支持企业参与“一带一路”沿线交通基础设施建设和国际运输市场合作，推广交通与产业园区、城市一体开发建设的国际产能合作新模式。建立中国国际可持续交通创新和知识中心。加强深远海航行保障、搜救打捞、自动驾驶、科技人才等领域交流合作，打造国际一流船检机构，积极参与国际航空、海运业减排全球治理。

## 第五节 保障国际物流供应链安全

着力形成陆海空统筹的运输网络，加强供需对接和运力协调，提升国家物流供应链保障能力。务实推动与东盟国家及重要海运通道沿线国家的合作，加强海事国际合作，与海上丝绸之路沿线国家合作推进海外港口建设经营，建设现代化远洋运输船队，维护国际海运重要通道安全畅通。增强国际航空货运能力，提高航权、时刻等关键资源配置效率，支持航空公司构建国际货运航线网络，打造具有全球竞争力的航空物流企业，提升航空物流全球响应能力。培育壮大具有国际竞争力的物流企业，稳步推进建设海外分拨中心和末端寄递配送网络。提升国际物流供应链信息服务水平，做好与外贸企业的物流信息对接。

**专栏 15 国际运输竞争力提升行动**

1. 促进国际互联互通。实施满洲里、二连浩特、阿拉山口、霍尔果斯等铁路口岸站扩能改造，建设大理至瑞丽、玉溪至磨憨等铁路，推进佳木斯至同江（抚远）等铁路扩能改造。建设乌恰至康苏、博乐至阿拉山口等高速公路，实施红山嘴、乌拉斯台等口岸公路建设改造。推进黑龙江、鸭绿江、图们江等国境国际河流航道建设。推进希腊比雷埃夫斯港、阿联酋哈利法港、印度尼西亚瓜拉丹戎港等海外港口建设经营合作。

2. 做优中欧班列品牌。建设成都、重庆、郑州、西安、乌鲁木齐等中欧班列集结中心示范工程，整合班列运行平台，强化中欧班列统一品牌，打造明星运输产品。推进中欧班列运输通道和口岸扩能改造，推进境外战略性中转场站建设。推广国际货协 / 国际货约运单，完善中国国际货运代理协会提单，逐步扩大应用范围。修订中欧班列高质量发展评价指标。

3. 拓展西部陆海新通道国际服务。打造西部陆海新通道班列运输品牌，制定班列高质量发展指标体系。推进重庆西部陆海新通道物流和运营组织中心、成都商贸物流中心、广西中国—东盟多式联运联盟基地和服务中心建设，布局建设沿线物流枢纽和口岸。做优做强北部湾港和洋浦港，加强国际船舶登记、保税燃油供应、航运金融等综合服务。推进国际铁路运单物权化和海铁联运“一单制”。

（续）

4. 提升国际物流供应链自主可控能力。支持国内航空公司加大全货机引进和改造力度，扩大货运机队规模，发展全货机运输。优化航空货运枢纽机场航班时刻资源配置。培育一批具有全球竞争力的物流供应链龙头企业，引导企业优化境内外物流节点布局，逐步构建安全可靠的国际物流设施网络，实现与生产制造、国际贸易等企业协同发展。

## 第十一章　加强现代化治理能力建设

坚定不移推进改革，聚焦制约综合交通运输高质量发展的深层次矛盾问题，优化完善管理体制、运行机制、法律法规和标准体系，建设高水平人才队伍，推进治理能力现代化，持续增强综合交通运输发展动力和活力。

### 第一节　深化重点领域改革

进一步厘清铁路行业政府和企业关系，推进铁路行业竞争性环节市场化改革，推动具备条件的地方自主建设运营城际铁路、市域（郊）铁路，推进国家铁路企业股份制改造和优质资产上市，完善铁路费用清算和收益分配规则。推进公路收费制度和养护体制改革，推广高速公路差异化收费。持续推进空管体制改革，完善军民航空管联合运行机制，实施空域资源分类精细化管理，优化全国航路航线网，深化低空空域管理改革。实现邮政普遍服务业务与竞争性业务分业经营。研究完善西江航运干线、界河航运管理体制机制。深化交通运输综合行政执法改革。构建全要素水上交通管理体制，优化完善海事监管机制和模式。

### 第二节　促进形成统一开放市场

建立健全城市群交通运输一体化发展机制。落实公平竞争审查制度，规范中欧班列、港航、民航国际航线等补贴政策。建立以信用为基础的新型监管机制，加强信用信息共享公开、风险监测和安全管理，推进事前信用承诺、事中信用评价和分级分类监管、事后奖惩和信用修复。探索建立交通运输创新发展容错制度。规范交通运输新业态、新模式价格管理，健全巡游出租汽车价格形成机制，深化道路客运价格市场化改革。

### 第三节　创新投融资体制机制

全面落实交通运输领域中央与地方财政事权和支出责任划分改革方案，优化债务结构，防范化解地方政府隐性债务风险。完善与项目资金需求和期限相匹配的长期资金筹措渠道。稳定并完善交通专项资金政策，继续通过成品油税费改革转移支付等渠道支持交通基础设施养护，优化完善支持邮政、水运等发展的资金政策。完善收费公路专项债券制度。支持符合条件的项目实施主体通过发行企业债券等途径开展市场化融资，稳妥推进基础设施领域不动产投资信托基金（REITs）试点，规范发展政府和社会资本合作模式，支持开发性金融、政策性金融、社会资本依法依规参与交通基础设施建设，鼓励社会资本设立多式联运等产业投资基金。依托全国投资项目在线审批监管平台，加强事中事后监管。

### 第四节　完善法律法规和标准规范

加快构建适应现代综合交通运输体系的法律法规和标准体系。研究制修订公路、铁路、民用航空以及综合交通有关法律法规，促进各项制度有效衔接。构建综合交通运输高质量发展标准体系和统计体系，完善综合交通枢纽、旅客联程运输、货物多式联运、智能交通、绿色交通、交通安全应急、无障碍交通、新业态新模式等技术标准，强化各类标准衔接。推动危险品多式联运服务规则一体衔接和检测结果互认。加强计量、标准、认证认可和检验检测等质量技术基础建设，强化质量监督管理。

### 第五节　强化人才队伍和交通文明建设

建设交通运输新型智库联盟，优化领军人才发现机制和项目团队遴选机制，深化科研经费管理改革，完善人才评价体系，大力培养使用战略科学家，造就规模宏大的青年科技人才队伍。加强创新型、应用型、技能型人才培养，壮大高技能人才队伍，培养大批卓越工程师。加强交通运输文化软实力建设，推动交通文化精品工程建设，深化交通文博工程建设，提高交通参与者文明素养。加强交通运输全媒体传播能力建设，提升交通运输政务媒体的传播力、引导力、影响力、公信力。进一步严明纪律、改进作风，提高交通运输执法队伍能力和水平，严格规范公正文明执法。创新法治宣传教育新机制新方法，落实普法责任制，培育交通法治文化。

## 第十二章　强化规划实施保障

坚持党对交通运输发展的全面领导，加强组织协调、要素支撑和督促指导，发挥试点示范带动作用，确保规划有力有序有效实施。

### 第一节　加强党的全面领导

坚持用习近平新时代中国特色社会主义思想武装党员干部头脑，认真贯彻落实党中央、国务院决策部署，增强“四个意识”、坚定“四个自信”、做到“两个维护”。充分发挥党总揽全局、协调各方的领导核心作用，加强党对交通运输发展各领域、各方面、各环节的领导。加强交通运输行业基层党组织建设，引导广大党员发挥先锋模范作用，把基层党组织建设成为交通强国发展的坚强战斗堡垒。

### 第二节　加强组织协调

各有关部门要提高思想认识，按照职责分工，完善配套政策措施，加强部门协同，强化上下联动，做好本规划与国民经济和社会发展规划纲要及国土空间、流域综合等规划的衔接，做好铁路、公路、水运、民航、邮政等专项规划与本规划的衔接落实，扎实推进重大工程项目建设。地方各级人民政府要紧密结合发展实际，细化本规划确定的主要目标和重点任务，做好地方综合交通运输发展规划与本规划的衔接落实。

### 第三节　推进试点示范

围绕一流设施、一流技术、一流管理、一流服务，在跨区域综合运输大通道资源优化配置、交通运输领域新基建、国际性综合交通枢纽集群、城市群和城乡交通一体化、“四好农村路”高质量发展、交通旅游融合发展、设施设备服务管理标准化、投融资体制改革和模式创新、国际物流供应链建设、绿色低碳交通发展等方面，有序推进交通强国建设试点示范，建立健全试点成果总结和系统推广机制，依托车购税等资金加大对试点示范项目的支持力度。

### 第四节　强化要素保障

加强资金政策保障，安排政府投资积极支持交通基础设施建设，将符合条件的项目纳入地方政府债券支持范围。加大养护资金投入，充分引导多元化资本参与交通运输发展，形成建养并重、可持续的资金投入机制。探索枢纽土地综合开发等多样化支持政策。完善跨部门、跨区域重大项目协同推进机制。用好跨区域补充耕地统筹机制，强化重点项目用地、用海、用能等资源要素保障，做好资源要素预留和供应。

### 第五节　做好督促指导

建立健全交通运输领域重大规划、重大政策、重大工程评估制度，按要求开展重大决策社会稳定风险评估。加强规划实施事中事后监管和动态监测分析，适时开展中期评估和建设项目后评估，督促指导规划落实，必要时动态调整，确保规划落地见效。

（摘自中国政府网）

# 2021 年铁道统计公报

2021 年，铁路行业坚持以习近平新时代中国特色社会主义思想为指导，全面贯彻党的十九大和十九届历次全会精神，扎实推进党史学习教育，弘扬伟大建党精神，按照党中央、国务院决策部署坚持稳中求进工作总基调，立足新发展阶段，完整、准确、全面贯彻新发展理念，服务构建新发展格局，着力推进铁路科技创新，着力推进铁路运输市场化改革，着力推进铁路治理体系和治理能力现代化，持续强化铁路常态化疫情防控，坚决维护铁路安全稳定，推动铁路高质量发展，为“十四五”开好局、起好步作出积极贡献。

## 一、运输生产

旅客运输。全国铁路旅客发送量完成 26.12 亿人，比上年增加 4.08 亿人，增长 18.5%。其中，国家铁路 25.33 亿人，比上年增长 16.9%。全国铁路旅客周转量完成 9567.81 亿人公里，比上年增加 1301.62 亿人公里，增长 15.7%。其中，国家铁路 9559.09 亿人公里，比上年增长 15.8%。

**全国铁路旅客运输量**

| 指标 | 单位 | 2021 年 | 比上年 ±% |
|---|---|---|---|
| 旅客发送量 | 万人 | 261171 | 18.5 |
| 国家铁路 | 万人 | 253287 | 16.9 |
| 旅客周转量 | 亿人公里 | 9567.81 | 15.7 |
| 国家铁路 | 亿人公里 | 9559.09 | 15.8 |

**全国铁路旅客发送量**

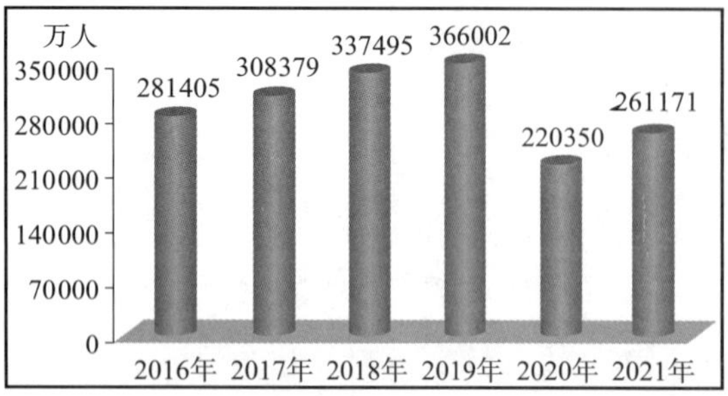


**全国铁路旅客周转量**

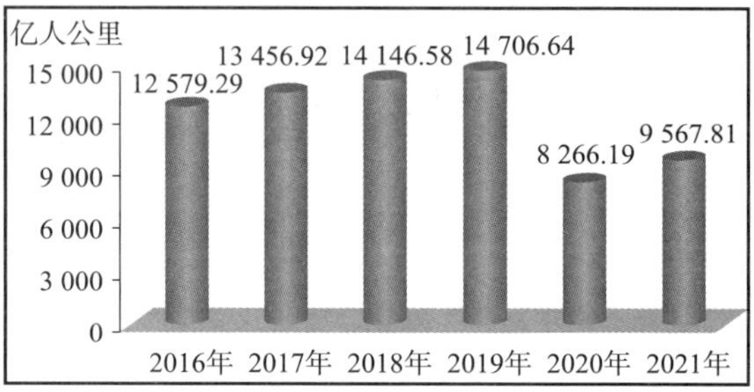


货物运输。全国铁路货运总发送量完成 47.74 亿吨，比上年增加 2.21 亿吨，增长 4.9%。其中，国家铁路 37.26 亿吨，比上年增长 4.0%。全国铁路货运总周转量完成 33238.00 亿吨公里，比上年增加 2723.54 亿吨公里，增长 8.9%。其中，国家铁路 29950.01 亿吨公里，比上年增长 9.3%。

**全国铁路货物运输量**

| 指标 | 单位 | 2021 年 | 比上年 ±% |
|---|---|---|---|
| 货运总发送量 | 万吨 | 477372 | 18.5 |
| 国家铁路 | 万吨 | 372563 | 16.9 |
| 货运总周转量 | 亿吨公里 | 33238.00 | 15.7 |
| 国家铁路 | 亿吨公里 | 29950.01 | 15.8 |

**全国铁路货运总发送量**

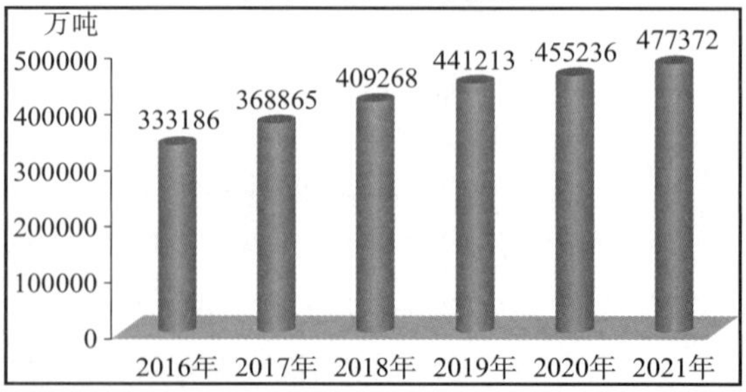


换算周转量。全国铁路总换算周转量完成 42805.81 亿吨公里，比上年增加 4025.16 亿吨公里，增长 10.4%。其中，国家铁路

39509.10 亿吨公里，比上年增长 10.8%。

全国铁路货运总周转量

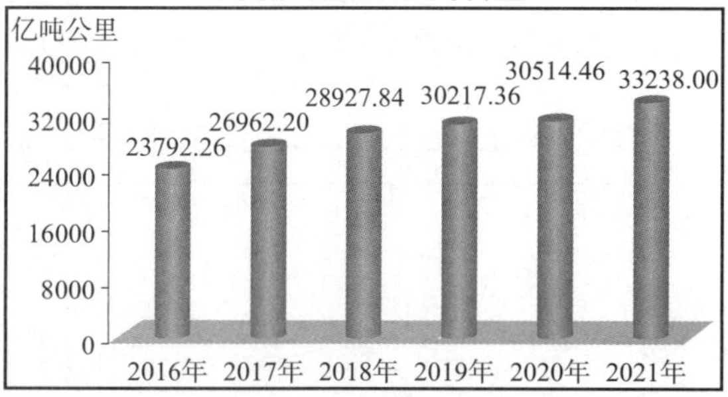


全国铁路总换算周转量

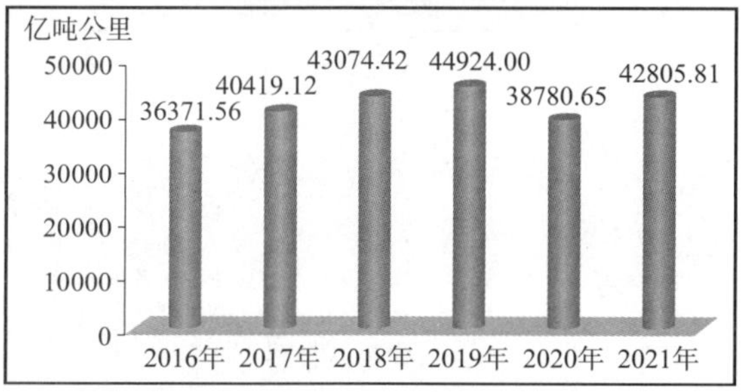


运输安全。全年全国铁路未发生铁路交通特别重大、重大事故；发生较大事故 1 件，比上年减少 12 件。铁路交通事故死亡人数比上年下降 23.1%。

## 二、铁路建设

全国铁路固定资产投资完成 7489 亿元，投产新线 4208 公里，其中高速铁路 2168 公里。

全国铁路营业里程 15 万公里，其中，高速铁路营业里程达到 4 万公里；复线率 59.5%；电化率 73.3%；西部地区铁路营业里程 6.1 万公里。全国铁路路网密度 156.7 公里 / 万平方公里。

国家铁路营业里程 13.1 万公里，复线率 61.9%；电化率 75.4%。

## 三、运输装备

全国铁路机车拥有量为 2.17 万台，其中，内燃机车 0.78 万台，电力机车 1.39 万台。全国铁路客车拥有量为 7.8 万辆，其中，动车组 4153 标准组、33221 辆。全国铁路货车拥有量为 96.6 万辆。

国家铁路机车拥有量为 2.09 万台，其中，内燃机车 0.74 万台，电力机车 1.35 万台。国家铁路客车拥有量为 7.6 万辆，其中，动车组 4012 标准组、32097 辆。国家铁路货车拥有量为 89.2 万辆。

## 四、技术标准和科技创新

重要技术标准制修定。发布《铁路客车通用技术条件》等铁道国家标准 9 项，《铁路辙叉结构高度测量器检定规程》铁道国家计量规程规范 1 项。发布《机车车辆非金属材料及室内空气有害物质限量》《邻近铁路营业线施工安全监测技术规程》等铁道行业标准 39 项，《铁路专用计量器具计量规程规范编写规则》等铁道行业计量规程规范 2 项。发布由我国主持制定的《铁路基础设施 钢轨焊接 第 1 部分：钢轨焊接的通用要求和试验方法》等国际标准化组织（ISO）、国际电工委员会（IEC）国际标准 5 项，《铁道货车通用技术条件》等铁道国家标准英文译本 2 项，《调度集中系统技术条件》《磁浮铁路技术标准（试行）》等铁道行业标准英文译本 47 项。

科技创新及获奖。铁路行业共有“高压富水长大铁路隧道修建关键技术及工程应用”等 10 个项目获 2020 年度国家科学技术奖，其中国家科学技术进步奖一等奖 1 项、国家科学技术进步奖二等奖 7 项、国家技术发明奖二等奖 2 项。铁路行业共有“一种桥梁用 Q345qDNH 耐候钢的焊接方法”等 35 项专利获第二十二届中国专利奖，其中中国专利金奖 3 项、中国专利银奖 4 项，中国外观设计金奖 1 项。铁路重大科技创新成果库 2021 年度入库 248 项，其中铁路科技项目 42 项、铁路专利 42 项、铁路技术标准 38 项、铁路科技论文 126 篇。

## 五、节能减排

综合能耗。国家铁路能源消耗折算标准煤1580.74万吨，比上年增加85.86万吨，增长5.7%。单位运输工作量综合能耗4.07吨标准煤/百万换算吨公里，比上年减少0.16吨标准煤/百万换算吨公里，下降3.9%。单位运输工作量主营综合能耗4.02吨标准煤/百万换算吨公里，比上年减少0.15吨标准煤/百万换算吨公里，下降3.5%。

**国家铁路单位运输工作量综合能耗、主营综合能耗**

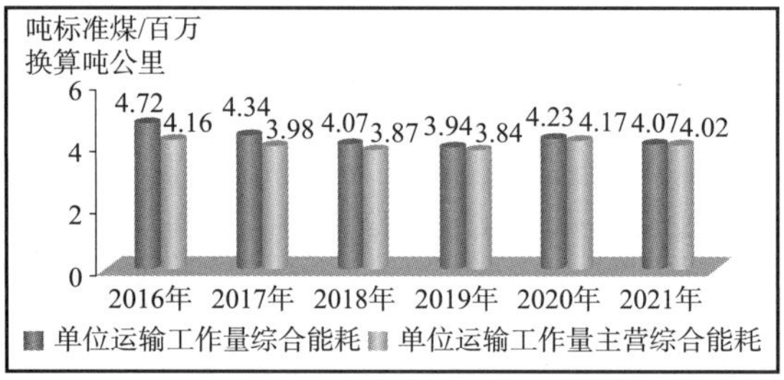


主要污染物排放量。国家铁路化学需氧量排放量1611吨，比上年减少12吨。二氧化硫排放量0.2万吨，比上年减少0.1万吨。

**国家铁路化学需氧量、二氧化硫排放量**

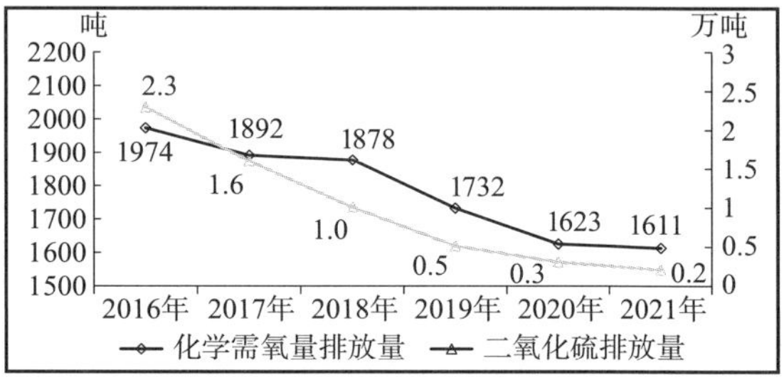


注：1. 除注明外　国家铁路含国铁集团及其控股合资铁路。

2. 客货运量为精密数，其余数据均为速报数。

3. 统计范围不含港澳台。

4. 除注明外，比上年为同口径。

（摘自国家铁路局网）

# 中国中车未来发展的讨论与分析

## 一、行业格局和趋势

### （一）宏观政策方面

进入“十四五”时期，中国沉着应对百年变局和世纪疫情，构建新发展格局迈出新步伐，高质量发展取得新成就，实现了“十四五”良好开局。经济发展和疫情防控保持全球领先地位，国家战略科技力量加快壮大，产业链韧性得到提升，改革开放向纵深推进，民生保障有力有效，生态文明建设持续推进。另一方面，中国经济发展面临需求收缩、供给冲击、预期转弱三重压力，世纪疫情冲击下，百年变局加速演进，外部环境更趋复杂严峻和不确定，公司发展也面临行业市场需求导向变化、行业竞争加剧、科技创新体制改革等挑战。与此同时，世界经济保持恢复性增长的基本面、我国经济韧性强、长期向好的基本面没有改变，国家加快构建新发展格局、推动高质量发展，深入实施交通强国、制造强国等重大战略，统筹推动国企改革、释放改革红利。综合研判，中国中车发展仍然处于重要的战略机遇期。

在2021年3月公布的《中华人民共和国国民经济和社会发展第十四个五年规划和2035年远景目标纲要》中提出，要加快推进制造强国、质量强国建设，促进先进制造业和现代服务业深度融合，强化基础设施支撑引领作用，构建实体经济、科技创新、现代金融、人力资源协同发展的现代产业体系；立足产业规模优势、配套优势和部分领域先发优势，巩固提升高铁等领域全产业链竞争力，从符合未来产业变革方向的整机产品入手打造战略性全局性产业链；实施领航企业培育工程，培育一批具有生态主导力和核心竞争力的龙头企业；培育先进制造业集群，推动先进轨道交通装备等产业创新发展。推进CR450高速度等级中国标准动车组、谱系化中国标准地铁列车等研发应用。要加快建设交通强国，建设现代化综合交通运输体系，推进各种运输方式一体化融合发展，提高网络效应和运营效率；完善综合运输大通道，加强出疆入藏、中西部地区、沿江沿海沿边战略骨干通道建设，有序推进能力紧张通道升级扩容，加强与周边国家互联互通；构建快速网，基本贯通“八纵八横”高速铁路；完善干线网，加快普速铁路建设和既有铁路电气化改造，优化铁路客货布局；推进城市群都市圈交通一体化，加快城际铁路、市域（郊）铁路建设，有序推进城市轨道交通发展；提高交通通达深度，推动区域性铁路建设；构建多层级、一体化综合交通枢纽体系，优化枢纽场站布局、促进集约综合开发，完善集疏运系统，发展旅客联程运输和货物多式联运。

### （二）行业政策方面

在2019年9月中共中央、国务院印发的《交通强国建设纲要》中提出，到2035年，现代化综合交通体系基本形成，基本形成“全国123出行交通圈”（都市区1小时通勤、城市群2小时通道、全国主要城市3小时覆盖）和“全球123快货物流圈”（国内1天送达、周边国家2天送达、全球主要城市3天送达），交通科技创新体系基本建成，交通关键装备先进安全，交通国际竞争力和影响力显著提升；交通装备先进适用、完备可控，加强新型载运工具研发，实现3万吨级重载列车、时速250公里级高速轮轨货运列车等方面的重大突破；推广新能源、清洁能源、智能化、轻量化、环保型交通装备及成套技术装备，广泛应用智能高铁等新兴装备设施。

在2021年2月中共中央、国务院印发的《国家综合立体交通网规划纲要》中提出，到2035年，基本建成便捷顺畅、经济高效、绿色集约、智能先进、安全可靠的现代化高质量国家综合立体交通网，实现国际国内互联互通、全国主要城市立体畅达、县级节点有效覆盖，有力支撑“全国123出行交通圈”和“全球123快货物流圈”。构建以铁路为主干，以公路为基础，水运、民航比较优势充分发挥的综合交通立体网，到2035年国家综合立体交通网实体线网总规模合计70万公里左右。国家铁路网规模达到20万公里左右，其中高速铁路7万公里（含部分城际铁路）、普速铁路13万公里（含部分市域铁路）；形成由“八纵八横”高速铁路主通道为骨架、区域性高速铁路衔接的高速铁路网，由若干条纵横普速铁路主通道为骨架、区域性普速铁路衔接的普速铁路网，京津冀、长三角、粤港澳大湾区、成渝地区双城经济圈等重点城市群率先建成城际铁路网，其他城市群城际铁路逐步成网；研究推进超大城市间高速磁浮通道布局和试验线路建设。将加强京津冀、长三角、粤港澳大湾区、成渝地区双城经济圈4极，长江中游、山东半岛、海峡西岸、中原地区、哈长、辽中南、北部湾和关中平原8个组群，呼包鄂榆、黔中、滇中、山西中部、天山北坡、兰西、宁夏沿黄、拉萨和喀什9个组团之间的交通联系强度，构建6条主轴、7条走廊、8条通道组成的国家综合立体交通网主骨架。

在2021年12月9日印发的《“十四五”现代综合交通运输体系发展规划》中提出，要推动先进交通装备应用，推广先进适用运输装备，开展CR450高速度等级中国标准动车组、谱系化中国标准地铁列车研发应用，推广铁路重载运输技术装备；推进水下机器人、深潜水装备等新型装备研发；推进智能仓储配送设施设备发展；巩固提升高铁等领域全产业链竞争力，在轨道交通等技术装备领域创建中国标准、中国品牌。要夯实创新发展基础，推动交通科技自立自强，强化交通运输领域关键核心技术研发，加快研发轴承、基础技术平台及软硬件系统等关键部件，推动实现自主可控和产业化；加强交通运输领域前瞻性、战略性技术研究储备，开展高速磁悬浮技术研究论证。要全面推进绿色低碳转型，坚持绿水青山就是金山银山理念，坚持生态优先，全面推动交通运输规划、设计、建设、运营、养护全生命周期绿色低碳转型，协同推进减污降碳，形成绿色低碳发展长效机制，让交通更加环保、出行更加低碳。

**（三）产业投资方面**

根据《中华人民共和国2021年国民经济和社会发展统计公报》，国家铁路局官网及《国铁集团2021年统计公报》，2021年全国铁路固定资产投资完成7489亿元，其中国家铁路6616亿元；投产新线4208公里，其中高铁2168公里。到2021年底，全国铁路营业里程突破15万公里，其中高铁超过4万公里。客货运量持续增长，2021年，全国铁路完成旅客发送量26.1亿人次，同比增长18.5%；完成货物发送量47.2亿吨，同比增长5.9%。其中，国铁集团完成旅客发送量25.33亿人次，同比增长16.9%；完成货物发送量37.26亿吨，同比增长4.0%。据中国城轨协会2022年1月发布的统计快报，截至2021年底，全国（不含港澳台）累计有50个城市开通城轨交通运营线路9192.62公里，其中地铁7253.73公里，占比78.9%。2021年当年新增洛阳、嘉兴、绍兴、文山州、芜湖5个城轨交通运营城市。新增城轨交通运营线路长度1222.92公里，新增运营线路39条，新开既有线路的延伸段、后通段23段。

2022年，国家将全面完成铁路投资任务，高质量推进川藏铁路等国家重点工程，投产新线3300公里以上（其中普速铁路1900公里左右）；预计国铁集团完成旅客发送量30.38亿人次、同比增长20%，货物发送量38.04亿吨、同比增长2.1%。2021年，国家发展改革委共批复佛山、青岛、无锡3个城市的新一轮城市轨道交通建设规划，涉及项目线路长度共计314.6公里，新增投资额2233.54亿元。

中国中车持续关注国内外政治经济形势与动态、行业发展趋势，研判市场需求。按照以销定产的模式满足既有市场的需求，确保主要产品按时交付和安全运行。以供给侧结构性改革为主线，抢抓“一带一路”、国家铁路网建设、城际和市域（市郊）铁路建设、城市轨道交通建设、运输结构调整等战略机遇，持续强化创新驱动，持续优化资源配置，持续优化产品结构，持续创新商业模式，为客户提供更加智能、高效、环保、可靠的轨道交通装备和全寿命周期系统解决方案，实现与利益相关方的多赢共赢。

## 二、发展战略

“十四五”战略规划：立足新发展阶段，贯彻新发展理念，构建新发展格局，以推动高质量发展为主题，以改革创新为根本动力，践行科技强国、制造强国、交通强国、质量强国战略，打造创新驱动的“五化”（即数字化、高端化、多极化、国际化、协同化）业务发展体系，高效合规的“五力”（即战略引领力、组织变革力、价值创造力、品牌影响力、风险防控力）经营管理体系，坚强有力的“五大保证”（即政治保证、思想保证、组织保证、人才保证、纪律保证）党建引领体系，建设发展前景好、经营绩效优、社会形象美、幸福指数高、党建引领强的新中车，建成以轨道交通装备为核心、具有全球竞争力的世界一流高端装备制造商和系统解决方案提供商。

### （一）铁路装备业务

突出全球竞争力、创新力、影响力和控制力，树立全要素市场经营理念，保持国内市场份额，稳固全球行业规模第一位。深化与国铁集团等大客户的跟随合作战略，主动适应高速化、重载化、服务化、智能化、绿色化发展趋势，持续增强干线铁路市场响应、产品开发和品质保证能力，为我国铁路运输安全和装备创新升级提供强力支撑。构建协同一体化售后服务体系，深化配件中心建设，形成一体化售后服务解决方案，深入开展产品维护、检修技术研究，大力拓展维保业务，做强做优检修业务。增强产品全生命周期服务能力，搭建产品全生命周期技术和成本框架体系，建设全生命周期管理大数据平台，加快由制造向“制造+服务”转变。

### （二）城轨与城市基础设施业务

深入研究、统筹谋划智慧城轨八大体系顶层设计，推广系列化中国标准地铁列车示范应用，积极发展有轨电车、磁浮、单轨、APM等新制式中小运量城轨装备，助力新型城镇化发展。大力发展适应多层次、多模式、多制式轨道交通系统融合发展的干线铁路、城际铁路、市域（郊）铁路、城市轨道交通运输装备，满足我国城市群、都市圈发展多样化需求。发挥公司整体优势，加强规划设计咨询、机电集成与总包、建设工程总包与咨询、运营服务与咨询、投融资支撑等体系搭建，逐步形成轨道交通行业全产业链系统解决方案能力。

### （三）新产业业务

加快核心系统和关键部件的系列化、谱

系化、标准化、模块化，提升核心竞争力，拓展全球市场，打造单项冠军、隐形冠军。通过自主创新与重组并购，加快补齐通信信号业务短板。突出专业化、规模化、成长性和高质量发展，围绕交通、能源、工业领域，按照“资源协同、高端定位、分类管理、优进劣退”原则，拓展和培育战略新兴业务。强化创新驱动，激发主体活力，整合关键资源，推动协同发展，形成拳头产品，努力把风电装备、新材料等业务打造为行业地位突出、经济效益良好、支撑作用明显的支柱业务，成为公司重要的业务增长极。加强产业研究，聚合创新要素，构筑核心能力，增强活力动力，培育发展矿用车、数字化、多式联运、冷链等业务，成为公司新的业务增长点。

**（四）现代服务业务**

突出支撑作用、带动作用、协同效应和风险防控，以中车整体利益最大化为原则，聚焦服务主业实业，创新商业模式，优化要素配置，规范内部运作，稳健发展现代服务业务。按照市场化、标准化和共建共享共赢原则，规范发展物资集采与供应链服务，资金集中服务，信息化建设及资产管理、运维服务，前瞻性、共性和基础性技术研究服务，建设工程总包等内部支撑业务。坚持脱虚向实，推进产融结合、以融促产、以融育产，聚合内外资源，防范重大风险，提升专业能力，稳健发展金融服务、金融租赁、PPP特许经营等平台业务，全面提升系统解决方案能力，带动公司轨道交通装备业务和战略性新兴业务发展。

**（五）国际业务**

构建适应国际化经营的组织架构和管控体系，夯实国际化基础建设，促进信息、营销、制造资源协同共享。按照“整机带动部件、制造带动服务、轨道交通带动战略新兴、总包带动产业链”原则，发挥优势企业牵引带动作用，不断扩大海外经营规模和市场份额。建立健全市场营销网络，灵活掌握国际化商业规则，丰富市场开拓方式，充分利用海外机构资源能力，建立符合目标市场需求的系统解决方案提供能力，以轨道交通装备主机企业带动配套企业和全产业链“走出去”。积极参与战略性新兴产业国际市场竞争，持续拓展风电装备、新材料等业务领域国际市场空间。加强目标市场产品和技术开发，拓展商业模式，实现境外PPP和机电总包业务规范化运作。

**三、经营计划**

2021年，是中车实施“十四五”发展战略的开局之年。公司立足新发展阶段，贯彻新发展理念，构建新发展格局，坚持“稳中求进”工作总基调，以高质量发展为主题，不断激发创新改革两大动力，着力打造“强基、赋能、攀高”三大引擎，加快构建六大机制，深入推进八项重点任务。面对异常严峻的经营形势，公司全力开拓国内、国际市场，强化运营管控，积极提质增效，克服疫情对行业的深化影响，克服原材料价格上涨影响，实现业绩基本稳定。

2022年，公司仍然面临较为复杂的经营形势，公司将坚持稳效益创价值，落实“十四五”发展战略，主要经营思路和目标是：继续坚持“稳中求进”工作总基调，完整、准确、全面贯彻新发展理念，服务构建新发展格局，以高质量发展为主线，聚焦“七个新突破”，把握“两个关键”，激发“三大动力”，抓好“八方面重点工作”，保持经营业绩的稳定，努力开创经营发展各项工作新局面。

**四、可能面对的风险**

**（一）战略风险**

当前国内铁路运输改革持续深化，国铁

集团及各铁路局集团公司制改革完成，客户对铁路装备需求结构性变化加快，对铁路装备自主化检修的范围和比重不断扩大，动车组检修规程进一步规范。随着社会分工逐渐细化及轨道交通装备技术水平不断提高，用户需求正在从单一的车辆向产品全寿命周期服务一体化转变；招标方式逐步从单一的车辆采购向工程总包、PPP模式转变，轨道交通产业链价值结构发生变化；轨道交通装备应用新材料、新技术和新工艺，并向谱系化、轻量化、高速重载化和绿色智能化等方向发展更加迫切。这些变化可能导致市场环境和发展空间出现诸多不确定因素，对公司实现战略和经营目标带来风险。

应对措施：及时收集与公司经营相关的产业政策及行业规划信息，做好政策和趋势研究，积极应对政策和产业规划可能出现的变化。加强新产品开发，开拓新业务模式，积极为客户创造价值。夯实内部管理，提高公司经营管理水平，降低营运成本，努力提高经营效率，增强抵御政策风险的能力。

**（二）市场风险**

在国内市场方面：轨道交通装备市场、干线铁路建设、铁路运营权全面放开，社会资本投资轨道交通装备领域的意愿明显增强，国资、民资、外资企业纷纷进军轨道交通领域，跨界竞争成为常态，行业竞争更加激烈。新技术新业态的蓬勃发展，国内铁路客货运输在市场意识、服务意识、创新意识方面不断优化，市场需求可能出现结构性调整。新型肺炎疫情可能对公司生产经营组织、零部件和原材料供应、产品交付周期产生阶段性影响，部分大宗原材料价格处于持续上涨态势，公司利润目标将继续承压。

在国际市场方面：全球轨道交通行业正在深度整合，行业巨头洗牌加速、重组整合频繁，市场竞争不断加剧。国际贸易保护主义持续升温，行业国际竞争日趋白热化，国际市场不确定不可控因素增加，全球轨道交通行业2022年需求预计依旧呈下降趋势。国际政治经济等因素可能引发产品成本增加、订单获取难度加大，公司“国际化”战略将面临更多的挑战。

应对措施：积极对接主要客户，搜集国家经济、政治、行业等信息，做好市场趋势的研究；通过坚持创新引领、延伸产业链、提供系统化服务方案等方式，优化公司产业结构，拓展新的商业模式；持续推动产品成本优化工作，加强对标管理，深挖降本项点，推进降本增效目标实现；精心做好顶层设计，加强对公司全球管理架构、跨国管控模式的研究与实践，提升跨国经营能力；搭建业务平台，持续推行“五本模式”，加快推进五要素合一的国际化经营，以核心出口企业和平台公司为依托，全面加大海外市场开拓的广度和深度，完善全球产业布局；加强组织动员，启动应急响应预案，投入资源全力应对疫情，做好与上下游客户的沟通，降低对公司经营带来的不利影响。

**（三）产品质量风险**

铁路市场主要客户全力构建人防、物防、技防“三位一体”的安全保障机制确保铁路安全，对轨道交通产品质量的安全性、可靠性提出了更高要求，对公司不断完善的产品谱系及持续深化的技术创新带来更大挑战。公司为轨道交通装备企业，产品多数与社会公众的利益相关。随着大量动车组的投入使用，公司产品质量和运用安全成为社会持续关注的焦点，产品的质量问题可能会导致社会公众的财产损失或人员伤亡事故的发生，如出现重大安全和质量问题可能对公司产生不利影响，甚至在一定时间内对行业的发展造成冲击。

应对措施：统筹谋划，加强产品实物质量控制。以“中车Q”质量标准为核心，强化设计环节质量安全防范，细化生产过程质量安全控制，稳定产品实现过程质量保证能力，确保产品实物质量稳定。推动质量管理数字化转型，提升产品质量安全水平。强化供应链质量风险管理，确保质量安全隐患在产品实现源头得到有效控制。持续开展产品源头质量问题整治，推进质量安全责任制建设，健全安全质量问题应急保障机制，提高应对突发事件和紧急救援的反应速度和协调水平，降低事件造成的危害和影响。

**（四）汇率风险**

随着国际化经营步伐加快，公司产品出口、境外投资、并购等经营活动不断增多，可能因汇率波动引发各种风险。如：国际金融环境动荡，汇率走势难以预测，可能发生汇兑损失；部分境外产品项目以小币种结算，难以实现汇率风险自然对冲；项目收汇时间不确定，套期保值方式受限等。2022年，由于经济发展的不确定性，汇率大幅波动的可能性仍然存在，会在一定程度上影响项目竞争力和已签约项目效益。

应对措施：公司密切关注汇率变动趋势，树立汇率风险中性管理理念，加强相关人员的风险防范意识，建立全过程汇率风险管理机制，开展外汇风险内部对冲，秉承套保原则合理使用外汇衍生工具，加强香港子公司在境外资金结算中的作用，不断降低汇率风险。

**（五）境外经营风险**

由于新冠肺炎疫情在国外的蔓延与流行，公司境外业务出入境受限，可能导致拟开展的技术交流和投标澄清受阻，可能导致业主来访和拜访计划延期或取消。此外，境外人工短缺、海外部件断供、船运资源紧张、海运周期不可控、项目成本增加等负面影响仍在持续，对公司既有境外业务的经营带来不利影响。

应对措施：创新市场开拓途径和方式，充分利用海外子公司、当地合作伙伴等当地资源加强目标市场开拓。在出境面临困难的情况下，继续有效利用“云平台”加强与国内总包商、设计院、贸易公司的联系，以国内资源带动国外贸易；持续完善海外市场营销模式，探索拓展海外市场参与模式。建立市场项目信息的长期跟踪机制，有效维护客户关系，利用中信保等政策性保险机制控制项目落地后的回款风险。

**（六）产业结构调整风险**

由于历史原因，公司轨道交通部分板块存在结构性产能过剩矛盾，面临产业结构性调整。因受产业关联度、产业基础、技术条件、资源禀赋等多方面因素的影响，给公司的产业结构转换带来诸多的困难与挑战。

应对措施：公司已成立专门机构研究轨道交通业务板块改革方案，按照不同板块不同策略原则，通过业务重组、压缩产能等方式，激发企业活力，逐步形成资源共享、发展共赢的格局；对已经完成重组整合的企业，推动实现由“物理变化”到“化学变化”的深层次融合，充分释放改革成效；持续优化轨道交通资源配置，实现资源效益最大化、公司利益最大化。

（摘自中国中车2021年年度报告）

# 中国中车所属子公司联络信息表

（2022年9月更新）

| 序号 | | 单位简称 | 地址 | 邮编 | 联系电话 | 传真 |
|---|---|---|---|---|---|---|
| 一 | | 中车股份 | 北京市海淀区西四环中路16-5号 | 100036 | （010）51862017 | （010）63984766 |
| 1 | 1 | 齐车集团 | 黑龙江省齐齐哈尔市铁锋区厂前一路36 | 161002 | （0452）2930811 | （0452）2930811 |
| 2 | 1-1 | 齐车公司 | 黑龙江省齐齐哈尔市铁锋区厂前一路36号 | 161002 | （0452）2939546 | （0452）2938534 |
| 3 | 1-2 | 沈阳公司 | 辽宁省沈阳经济技术开发区开发大路28 | 110142 | （024）62053875 | （024）62053228 |
| 4 | 1-3 | 石家庄公司 | 河北省石家庄市栾城区裕翔街168号 | 051430 | （0311）87637642 | （0311）87637168 |
| 5 | 1-4 | 山东公司 | 山东省济南市槐荫区槐村街73号 | 250022 | （0531）88305124 | （0531）88305138 |
| 6 | 1-5 | 山东风电公司 | 山东省济南市高新区世纪大道3666号 | 250100 | （0531）58809112 | （0531）58809136 |
| 7 | 1-6 | 锡盟风电公司 | 内蒙古自治区锡林郭勒盟太仆寺旗宝昌高新技术产业园振兴街北侧东环南路西侧通尼斯厂区内 | 250022 | （0531）88305124 | （0531）88305138 |
| 8 | 2 | 长客股份公司 | 吉林省长春市绿园区长客路2001号 | 130062 | （0431）87902301 | （0431）82938740 |
| 9 | 3 | 大连公司 | 辽宁省大连市沙河口区中长街51号 | 116021 | （0411）84198254 | （0411）84654245 |
| 10 | 3-1 | 兰州公司 | 甘肃省兰州市七里河区武威路63号 | 730050 | （0931）2946321 | （0931）2867279 |
| 11 | 4 | 唐山公司 | 河北省唐山市丰润区厂前路3号 | 064000 | （0315）3089023 | （0315）3089025 |
| 12 | 5 | 南口公司 | 北京市昌平区南口镇道北 | 102202 | （010）81905501 | （010）81905505 |
| 13 | 6 | 大同公司 | 山西省大同市平城区前进街1号 | 037038 | （0352）7162133 | （0352）7162022 |
| 14 | 7 | 永济电机公司 | 山西省永济市电机大街18号 | 044502 | （0359）8075162 | （0359）8075290 |
| 15 | 7-1 | 大连电牵公司 | 辽宁省大连旅顺经济开发区浩洋北街1号 | 116052 | （0411）62685211 | （0411）62685733 |
| 16 | 8 | 四方股份公司 | 山东省青岛市城阳区锦宏东路88号 | 266111 | （0532）87801188 | （0532）87801688 |
| 17 | 8-1 | 成都公司 | 四川省成都市新都区石木路527号 | 610511 | （028）86333122 | （028）86333133 |
| 18 | 8-2 | 四方车辆公司 | 山东省青岛市城阳区宏平路9号 | 266111 | （0532）68017272 | （0532）68017212 |
| 19 | 10 | 浦镇公司 | 江苏省南京市高新开发区泰山园区浦珠北路68号 | 210031 | （025）85847402 | （025）58604655 |
| 20 | 11 | 戚墅堰公司 | 江苏省常州市戚墅堰延陵东路358号 | 213011 | （0519）85053700 | （0519）85053600 |
| 21 | 12 | 长江集团 | 湖北省武汉市江夏经济开发区大桥新区 | 430212 | （027）51170122 | （027）81942011 |
| 22 | 12-1 | 长江公司 | 湖北省武汉市江夏经济开发区大桥新区 | 430212 | （027）51170378 | （027）51170390 |
| 23 | 12-2 | 太原公司 | 山西省太原市万柏林区兴华西街129号 | 030027 | （0351）2649450 | （0351）3049563 |
| 24 | 12-3 | 西安公司 | 陕西省西安三桥建章路 | 710086 | （029）82369253 | （029）82367111 |
| 25 | 12-4 | 眉山公司 | 四川眉山市东坡区思蒙镇 | 620032 | （028）38502013 | （028）38502046 |
| 26 | 12-5 | 贵阳公司 | 贵州省贵阳市白云区都拉营 | 550017 | （0851）84473204 | — |
| 27 | 12-6 | 常州公司 | 江苏省常州市延陵东路360号 | 213011 | （0519）85051343 | （0519）85051343 |
| 28 | 12-7 | 铜陵公司 | 安徽省铜陵市义安区新桥办事处701社区 | 244142 | （0562）6804212 | （0562）6803344 |

续表

| 序号 | | 公司简称 | 地址 | 邮编 | 联系电话 | 传真 |
|---|---|---|---|---|---|---|
| 29 | 12-8 | 株辆公司 | 湖南省株洲市荷塘区车辆厂（同心东路东） | 412003 | （0731）22807499 | （0731）28403134 |
| 30 | 13 | 株机公司 | 湖南省株洲市田心路 1 号 | 412001 | （0731）28441266 | （0731）28432399 |
| 31 | 13-1 | 洛阳公司 | 河南省洛阳市瀍河区启明东路 2 号 | 471002 | （0379）62635310 | （0379）63570296 |
| 32 | 13-2 | 资阳公司 | 四川省资阳市晨风路 6 号 | 641301 | （028）26282115 | （028）26653416 |
| 33 | 14 | 株洲电机公司 | 株洲市石峰区田心高科园 | 412001 | （0731）22593111 | （0731）22593105 |
| 34 | 15 | 大连所 | 辽宁省大连市沙河口区中长街 49 号 | 116021 | （0411）85873804 | （0411）84601617 |
| 35 | 17 | 四方所 | 山东省青岛市四方区瑞昌路 231 号 | 266031 | （0532）86083101 | （0532）84992961 |
| 36 | 18 | 戚墅堰所 | 江苏省常州市五一路 258 号 | 213011 | （0519）89808888 | （0519）89808889 |
| 37 | 19 | 株洲所 | 湖南省株洲市石峰区 169 号 | 412001 | （0731）28498304 | （0731）28432946 |
| 38 | 20 | 时代新材 | 湖南省株洲市天元区海天路 18 号 | 412007 | （0731）22837789 | （0731）22837788 |
| 39 | 21 | 物流公司 | 北京市丰台区芳城园一区 15 号楼 | 100078 | （010）51897337 | （010）52608291 |
| 40 | 22 | 工程公司 | 北京市丰台区芳城园一区 15 号楼 | 100078 | （010）51897158 | （010）52608497 |
| 41 | 23 | 国际公司 | 北京市海淀区西四环中路 16-6A | 100063 | （010）51891362 | （010）51891656 |
| 42 | 24 | 财务公司 | 北京市丰台区芳城园一区 15 号楼附楼 1~5 层 | 100036 | （010）51872507 | （010）51872504 |
| 43 | 25 | 资本公司 | 北京市丰台区芳城园一区 15 号楼 | 100078 | （010）51897170 | （010）52608000 |
| 44 | 26 | 金租公司 | 北京市丰台区汽车博物馆东路诺德中心二期 5 号楼 5 层 | 100160 | （010）83926988 | （010）83926988 |
| 45 | 27 | 租赁公司 | 北京市丰台区汽车博物馆东路诺德中心二期 5 号楼 5 ~ 6 层 | 100160 | （010）51362062 | （010）51362060 |
| 46 | 28 | 香港资本公司 | 香港金钟道 88 号太古广场二期 1108 室 | — | （+852）24458885 | （+852）28497775 |
| 47 | 29 | 信息公司 | 北京市海淀区西四环中路 16 号院 7 号楼 15 层 | 100039 | （010）51870500 | （010）51870222 |
| 48 | 30 | 中车研究院 | 北京市丰台区汽车博物馆东路诺德中心二期 5 号楼 7 层 | 100160 | （010）51362218 | （010）51362210 |
| 49 | 31 | 广州公司 | 广州市花都区山前旅游大道西 18 号 | 510850 | （020）37728999 | （020）37728888 |
| 50 | 32 | 天津公司 | 天津市滨海新区临港经济区渤海二十六路 2778 号 | 300452 | （022）25619700 | （022）25619899 |
| 二 | | 中车产投 | 北京市丰台区汽车博物馆西路华夏幸福创新中心 A 座 11 层 | 100070 | （010）51397088 | — |
| 三 | | 中车金控 | 北京市丰台区芳城园一区 15 号楼 | 100078 | （010）52600923 | （010）52608011 |
| 四 | | 中车新投 | 北京市丰台区芳城园一区 15 号楼 | 100078 | （010）51897016 | — |
| 五 | | 中车电动 | 湖南株洲市国家高新技术开发区栗雨工业园 57 号 | 412007 | （0731）28493788 | （0731）28493788 |
| 六 | | 中车科技园 | 北京市海淀区复兴路 69 号院 11 号 B 座 7 层 | 100078 | （010）81921666 | — |
| 七 | | 二七机车公司 | 北京市丰台区长辛店杨公庄 1 号 | 100072 | （010）83306001 | （010）83303736 |
| 八 | | 二七车辆公司 | 北京市丰台区张郭庄甲 1 号 | 100072 | （010）83804089 | （010）83876184 |
| 九 | | 中车培训中心（中车党校） | 北京市海淀区西四环中路 16-5 号 | 100036 | （010）51872543 | （010）63984740 |
| 十 | | 常铁校 | 江苏省常州市武进区戚厂工房十区 1 号 | 221233 | （0519）85052428 | — |

# 索 引

**使用说明：**

一、本索引将年鉴中的条目按音序法进行编排。

二、索引条目后的数字表示该内容所在的页码，数字后的字母（a、b）表示栏别，即版面的左、右栏。


## A

安技与环保　131
安全环保　411b
安全环保工作　406b　417b
安全培训　133a
安全生产等级评价　133a
安全文化活动　134a
安全制度标准　132a
安全专项排查　132b
安全专项整治　132b

## B

保密工作　63b
保首都安全　132a
北京时代志业机车车辆有限公司　490
标准地铁项目落地　265a
标准化风电场建设　208b
标准化工作　109a

## C

财会人才建设　98b
财会学会工作　180b
财税管理　98a
财务管理　97
财务基础工作　98b
财务投资预算管控　96a
采购与供应链管理　152b
采用永磁技术的混合动力调车机车　273a
差异化考核　96b
产教融合　470a
产品开发　151b
产品开发和技术研究　108a
产品研发　411b
产品研发与推广　150b
产品展出　439b
产品质量安全情况　128a
产融互动　96b
产业布局　86b
产业发展　278b
产业发展部　154
产业工人队伍建设改革　173a
产业链管理中心（机电事业部）　152
产业拓展　413b
产业与市场拓展　58a
常州铁道高等职业技术学校　471
城市交通事业部　151
出口几内亚 6000 马力机车　273b
出口肯尼亚米轨机车　273b
出口泰国机车　273b

处僵治困 88b
传播平台建设 169b
创建世界一流示范企业 86a
创先争优与评先推优 167a
创新工作室揭牌 252b
纯电动新能源机车 273b
存续企业改革 475a
存续企业重组 475b

## D

党费管理 168a
党风廉政建设 62b
党建带群建 162b
党建带团建 179a
党建工作 376a 394b 471b
党建工作责任制考核 166a
党建研究会建设 166b
党建与经营深度融合 162a
党内关怀帮扶 167b
党群工作 187b 192a 195b 199a 202b 206a 213a 219a 223a 228b 231b 236b 242b 249a 253a 256b 260a 265b 274a 279b 284a 287a 290a 294b 298a 301a 304b 308a 315b 322b 326a 330a 334b 340b 346a 351b 358a 363a 368a 372a 378a 381a 383b 387b 391a 397a 401a 407a 414a 418b 420b 424b 433a 441a 449b 454b 461a 60
党史学习教育 161a 168b 176a 259b
党委领导作用发挥 60a
党委巡视监督 62a
党校建设 465a
党校负责人 466a
党员管理 167a
党组织和党员情况统计 165a
党组织建设 165b
低碳产业发展 136b
电力业务许可及电价补贴申报 208b
调研督办工作 83a
定点帮扶 85a
董事会工作 77
董事会换届情况 77b
董事会会议 77b
董事会及专门委员会成员调整 77a
董事会审计与风险管理委员会 78b
董事会提名委员会 79a
董事会薪酬与考核委员会 78b
董事会战略委员会 78a
督导检查 136a
多元业务 186a

## F

发展党员情况 166b
法律纠纷案件处理 102b
法律事务工作 102b
法治工作 101
法治中车建设 101a
非执行董事履职 79b
风险防控 95b
风险管控 375b 380b 383a
风险管理 100a 432b
复兴号动车组驶入青藏高原 315a
复兴号高寒动车组投入运营 252a

## G

改革创新 361b 370b
改革发展 393b
改革改制 183b 190a 194a 200a 204a 209b 215b 221a 227a 234b 239b 246a 258a 262a 276b 296a 303a 324a 327b 332a 338b 343b 350b 354b 374b 379b 382b 385b 389b 405b 413a 416a 437b 448a

改革管理　87b
改革与发展　58a
概况　183a　190a　194a　197a　200a　204a　208a　209a　215a　221a　225a　230a　234a　239a　246a　250a　255a　258a　261a　270a　276a　281a　285a　288a　292a　296a　299a　303a　306a　310a　320a　324a　327a　332a　338a　343a　350a　354a　361a　365a　370a　374a　377a　379a　382a　385a　389a　393a　395a　398a　405a　411a　413a　416a　420a　423a　431a　437a　447a　453a　459a　465a　469a　471a　475a
概述　57a　60a　77a　80a　83a　85a　89a　92a　95a　97a　99a　101a　107a　128a　129a　131a　139a　140a　141a　142a　143a　147a　148a　149a　151a　152a　154a　155a　161a　163a　165a　168a　170a　172a
干部人才队伍建设　60b
干部人事制度改革　140a
干部日常监督　140b
高层次人才队伍建设　141a
高寒动车组担当京哈高铁主力车型　211b
高铁工匠协同创新中心建设　471b
工会财务经审　175b
工会工作　172
工会组织建设　175a
工业智慧物流业务　153a
工艺创新与管理　399a
公司出口墨西哥轻轨列车上线运营　314b
公司出口以色列轻轨项目　212b
公司党政负责人　214a　275b　349b　376b　378b　388b　394b　420b
公司党政工负责人　189a　193a　196b　199b　203b　207a　220b　224a　229b　233a　238b　244b　249b　254b　257b　260b　269b　280b　284b　287b　291b　295b　298b　302a　305b　309b　318b　323b　326b　331b　337a　342b　353b　360b　364a　373a　381b　383b　392b　397b　402b　410a　412b　414b　419b　428b　433b　443a　450b　455b　462b　369b
公司地铁车辆跑出中国地铁第一速　315a
公司负责人　208b
公司复兴号高原双源动车组首登雪域高原　218b
公司两项专利获奖　253a
公司旅顺基地项目建设　219a
公司品牌案例入选国资委 100 个案例　252b
公司入选中国智能制造标杆企业　314b
公司生产的“澜沧号”动车组运抵老挝万象　218b
公司生产的洛杉矶地铁车辆揭幕　212b
公司研制的复兴号智能动车组投入运营　212b
公司研制的深圳城轨首列车下线　212a
公司治理　405a　431a
公司主持制定并发布国际标准　252b
共青团工作　176
股东大会　79a
股权（产权）管理　91a
固定资产处置　92b
固定资产投资管理　90a
固废管控试点　135b
管理创新　95b
管理提升　59a　94b
管理团队建设　140a
广州电力机车有限公司　395
规划发展　183a　190a　194a　197a　200a　204a　209a　215a　221a　225a　230a　234a　239a　246a　250a　261a　270a　276a　292a　296a　299a　306a　310a　320a　324a　327a　332a　338a　343a　350a　354a　361a　365a　370a　374a　377a　379a　382a　385a　389a　393a　395a　413a　416a　423a　431b　437a　447b　453a　459a　469a
规划改革　255a

国际交流与战略合作 156a
国际评级 97b
国际事业部 155
国际业务发展规划 155b
国家支持资金争取 91a
国资委经营业绩考核 93b
海外风险管控 157a
海外项目执行情况检查 156b
海外政策研究和市场调研 156a

## H

合规管理 101b
合资合作企业 232a
红色文化建设与传承 168b
环保投入与成效 136b
混合所有制改革 88a
货车事业部 149

## J

机车事业部 147
基本建设 226b
基层党组织建设 61a
基建与“三供一业”移交 460a
基建与技改 191a 211a 217b 222b 241a 248a 251b 256a 259a 263b 271b 282b 286a 289a 293b 297a 300a 313a 321b 334a 357a 400a 454a
集采业务 362a
纪检工作 170
纪检组织建设 172b
纪律监督 171b
纪律建设 162b
技能人才队伍建设 141a
技术开发及推广 420a
技术开发与成果 154b
技术引进与产品开发 148b
技术质量管理 153b
监事会成员参加其他会议情况 80b
监事会工作 80
监事会会议 80a
监事会专题调研 80b
建党百年系列庆祝活动 161a
健康企业建设 133b
降本增效 135b
教学成果奖 472a
教育培训 465b
节能与安全管理 231a
解决遗留问题 475b
金融服务 375a
金融管理 95
金融业务顶层设计 96a
金台铁路动力集中动车组下线 212a
经营管理 148b 152a 184a 190b 194b 197a 200b 204a 209b 215b 221b 227b 230b 234b 240a 246b 250b 255a 262a 270b 277a 281a 285a 288a 292a 296b 299a 303a 306a 311a 320a 324a 328a 332b 339a 343b 355a 361b 366a 370b 374b 377a 380a 382b 386a 389b 395b |398a 406a 411a 416b 420a 423b 432a 438a 448a 453a 459b
经营业绩 57b
经营与管理 476a
精益管理 94a
警示教育 172a

## K

科技创新 58b 185a 194b 197b 201a 204b 210a 216a 221b 235a 240a 247a 251a 255a 258a 262b 271a 277b 281b 285b 288a 292b 297a 299b 303b 306b 311b 320b 324b 328a 333a 339a 344a 351a

355a 366b 390a 394a 396a 406b 411a 417a 439a
科技创新大会 107a
科技创新体系建设 107b
科技奖励评审 108b
科技投入 108b
科技项目管理 108a
客车事业部 148
课题承接 103b
课题研究 393b
控股子公司 347b
亏损企业治理 93a

## L

劳动竞赛管理与劳动保护检查 173b
劳动用工管理 142a
劳动用工与薪酬管理 142
劳模工作室建设 174a
劳模先进选树 173b
两化融合贯标与数字企业建设 130a
领导干部管理与监督 140
绿色工厂创建 135a

## M

民主管理 174a
民族统战工作 63b

## N

内部控制 100a
内部配套管理 153a
内部审计 99b
能管平台升级 136a
能力建设 470b
能源环保规划工作 135b
女工工作 174b

## P

品牌建设 169b
平台化建设实现新突破 372a

## Q

企业文化沉淀与传承 169a
企业文化建设 187b 191b 195b 199 202a 206a 211a 218a 223a 228a 231a 236a 242b 248b 252a 256b 259b 272b 279b 283b 286b 290a 294a 297b 300b 314a 322a 325b 330a 334b 340b 345b 358a 363a 367b 376a 387a 390b 400b 418b 440b 449a 454b 461a
企业协会工作 180a
青年典型选树 177b
青年岗位建功引领 178b
青年价值引领 177a
青年人文关怀 178a
青年示范岗争创活动 178b
青年思想政治引领 177a
青年志愿者行动 179a
氢燃料电池项目 273a
庆祝中国共产党成立 100 周年 315a
全球首列全景观光山地旅游列车竣工 315b
全资子公司 346b
群团工作 63a

## R

人才队伍建设 141
人才激励 143b
人才培训 141b 469b
人才引进与校园招聘 142a
人力资源管理 187a 191b 195a 198b 202a 205b 211a 218a 222b 227b 231a 236a 242a 248b 252a 256a 259b 264b 272a

279a 283b 286b 289b 294a 297b 300b 304a 307b 313b 322a 325b 329b 334a 340a 345a 357b 363a 367a 371b 375b 387a 390b 396b 400b 407a 418b 424b 433a 440a 449a 454a 460b
人力资源规划与体系建设 139
人力资源开发与管理研究会工作 180b
人力资源体系建设 139a
人力资源信息化 139b
人力资源战略管理 139a
融资租赁 380a

## S

三基建设 161b
商标管理 103a
社会责任管理 83b
审计队伍建设 101a
审计风控经验传播 100b
审计体系建设 99a
审计与风险管理 99
生产经营 208a
生产运营 185a 191a 195a 198a 201a 205a 210b 216b 222a 225b 235a 247b 251a 255b 258b 263a 282a 286a 288b 293a 297a 299b 304a 307a 312b 321a 333b 339b 356b 366b 399a
时代电气科创板上市 89a
时速 600 公里高速磁浮交通系统下线 252b
世赛集训工作 470a
市场化经营机制改革 87b 139b
市场营销 147a 148a 149a 152b 154a 156a 186a 191a 195a 198a 201b 205a 210b 217a 222a 226a 235b 241a 247b 251b 255b 258b 263b 271a 278a 282b 289a 293a 297a 300a 307b 312b 321a 325a 329a 333b 340a 344b 351b 356b 367a 371a 386b 396a 399b 417b 432a 439b 460a
公司复兴号高原双源动车组首登雪域高原 218b
公司出口以色列轻轨项目首列车首次试跑 212b
售后服务 228a
数字化转型 59b
思想政治学习与培训 173a
送温暖活动 174b

## T

提级管理 205b
提质增效 98a 198a
提质增效活动 92b
天津电力机车有限公司 398
通用技术工作 108b
统计与对标工作 92b
投资管理 424a 89
投资计划与预算管理 90a
投资者关系管理 79b

## W

土地资源管理 89b
团干部和团员队伍建设 179b
团组织建设 179b
外部兼并收购 91b
外事管理 84b
网络安全管理 131b
微创新改进活动 128b
违规责任追究 100b
文书档案工作 84a
文体活动 175a
沃顿科技股份有限公司 411
污染防治 135b

## X

下属子公司 237a 243a 253b 266a 274b 316b 331a 335b 352a 358b 368b 426a 441b 461b
项目管理 432b
项目开发与销售 448b
消防安全 134b
新产品开发 147a
新产品研发 190b 194b 201a 204b 226b 312a 328b 355b
新产业发展 198a
新世代厕所产业化 418b
新闻传播 169b
新一代储能式有轨电车研制成功 211b
薪酬分配改革 143b
薪酬总额管理 143a
信访维稳工作 83b
信息化工作 129
信息化规划与制度建设 130a
信息化建设 376a 399b
信息化项目建设与管理 130b
信息披露 79b
行政工作 57
宣传工作 177a 168
宣传思想工作 61b
学会·协会工作 180
学校党政工负责人 472b
巡察工作推进会 164b
巡视队伍建设 165a
巡视工作 163
巡视工作组织领导 163a
巡视规范化建设 164b
巡视联动贯通 164a
巡视整改 163b
循环物资交易平台建设 153a

## Y

压减工作 89a
研发制造平台建设 226a
业财融合 98a
业务模式创新 151b
业务重组 86b
疫情防控 134a 371b 386b 460b
意识形态责任落实 168a
银企合作 418a
应急工作 134b
预算管理 97a
员工情况统计 142b
运营管控 92a
运营管理 147b 150a 151a 156b 92

## Z

增资类项目管理 92a
战略发展 85
战略规划管理 86a
战略合作 88b
长春 6 号线站台门项目中标 211b
长期股权投资管理 90b
招标工作 362b
政务工作 83
政研会工作 180a
政治监督 170a
政治建设工作 60a
政治理论学习 168a
政治思想引领 161b
政治巡视 163a
支部队伍建设 85b
知识产权工作 109b
职称评审与技能认定 142b
质量安全保障工作 128b
质量发展规划工作 128a
质量管理 147b 149b 150b 187a 191b 195a 198b 202a 205b 211a 217b 222b

226b　235b　241b　248a　251b　256a　259a　264b　271b　278b　283a　286b　289b　293b　297b　307b　313a　321b　325b　329b　334a　345a　357a　367a　390a　396b　400a　411b　418a　439b　128　300b
质量管理体系建设　128b
质量管理制度建设　128a
质量荣誉　129a　132a
质量审核与督查　128b
质量专项活动　128b
智慧安全平台建设　133a
智慧物流业务　362b
智能制造项目管理　130b
中车创业 140 周年活动　173b
重点监督　171a
重要纪事　175b　188b　192a　196a　199a　203a　206b　213a　219b　223b　229a　232b　238a　244b　249b　253b　257a　260b　268b　275a　280a　284b　287b　290b　295a　298b　301b　305a　308b　318a　323a　326a　331a　336a　341a　348a　352b　359b　368b　376b　378a　381a　383b　392a　402a　409a　412a　414a　427b　433b　442b　450a　455a　462a　472a
株洲时代新材料科技股份有限公司　354
助力青年成长发展　177b
铸锻业务调研　136a
专项整治　170b
专业建设　471b
资本运作　97a　432a
资产管理　201b　205a
资产管理中心　475
资金管理　97
子公司效绩评价与考核　93b
综合改革专项工程　88a
综合事务工作　84a
综合事务管理　84b
综述　176a
总部党委工作　161
总部人力资源管理　144a
总部人事管理　143
总部职能管理　144b
组织工作　165
作风建设　162a　171b